SAGGI MARSILIO

CRITICA

Gian Piero Brunetta

# Il viaggio dell'icononauta

*dalla camera oscura di Leonardo
alla luce dei Lumière*

Marsilio

© 1997 BY MARSILIO EDITORI® S.P.A. IN VENEZIA

ISBN 88-317-6699-6

# INDICE

IL VIAGGIO DELL'ICONONAUTA

13  Gli occhi come remi
    13  A cavallo di un raggio di luce
    17  I modi del vedere: Idèin, Istorèin, Thaumàzein, Theorèin...
    19  Esperanto visivo e mercato comune delle immagini

23  Per una mappa europea del navigar visionario
    23  Il giro del mondo in quaranta vedute
    25  Sentieri luminosi e cavalieri della luce
    31  Geografia e lessico dell'immaginazione visiva
    37  La predicazione visiva e la nascita di una nuova religione
    39  Il mondo per un soldo
    42  Le meraviglie dell'ottica nella piazza universale dello spettacolo

47  L'occhio e la luce: creazione e conquista di un universo meraviglioso
    47  L'occhio al centro dell'universo
    52  Quando per alchuno picholo spiracolo rotondo...
    57  Un mare radiante
    61  La meraviglia tra sistole del cuore e passioni dell'anima
    71  Mirificas apparentias per arte fieri, utente natura in visione
    79  Magia nera e magia bianca
    84  Oltre le mappe della cartografia
    86  L'occhio e il cervello
    88  Entra in scena il proto-spettatore
    90  Athanasius Kircher e l'Ars magna sciendi

103  La piazza e i segni dei passi
    103  La luce della lanterna e il grande reticolo di vincoli europei

# INDICE

- 105 Ciarlatani e ambulanti nella piazza universale di tutti i mestieri
- 112 Con l'arte e con l'inganno...
- 115 I segni dei passi
- 119 La grande migrazione dalla Savoia
- 127 Avventure e gesta degli ambulanti
- 129 Mestieri che vanno per le vie
- 135 Epopea dei venditori di stampe
- 143 Tosi, andé a vender fulminanti...
- 147 La triste storia di Pietro Samonato
- 149 I discendenti della stirpe di Ulisse

### 155 Nuovi occhi artificiali e camere delle meraviglie
- 155 Conoscenza e dominio
- 163 Riscrivere il libro della realtà
- 169 La camera ottica

### 175 La lanterna magica
- 175 L'occhio che illumina l'invisibile
- 177 Dalla «lanterne de peur» all'enciclopedia visiva universale
- 183 Genesi della lanterna: cronaca, storia e mito
- 189 La lingua delle immagini come lingua franca europea
- 193 La lanterna magica! Chi la vuol vedere?
- 198 Iconologia e iconografia
- 205 Un piccolo museo artistico portatile
- 208 Pandemonium
- 210 La lanterna tra ragione e sentimento
- 213 La magia va in salotto
- 215 La gabbia dei folli
- 218 L'Università per il popolo
- 224 La cerimonia degli addii

### 229 Tuffarsi nei colori dell'arcobaleno
- 229 I Lumière e la sfida alla pittura impressionista
- 230 Eredità e esempio di una tradizione secolare
- 236 Un paiuolo alchemico
- 242 Dipingere la fotografia

### 247 Il mondo nuovo
- 247 L'antenato del Cinemascope
- 251 Dal prospettoscopio al mondo nuovo
- 254 La veduta: fortuna di un genere ibrido
- 257 Cittadinanza virtuale: tutto l'altrove a portata di sguardo
- 262 L'oculus artificialis e la nascita del turismo visivo
- 264 In sta cassela mostro il mondo nuovo

- 273 Venezia, caput mundi
- 277 Nascita dell'icononauta
- 282 Beatissimo Padre... con tutto il dovuto rispetto...
- 289 Il lontano siamo noi

299 Gli spettri dell'anima
- 299 Gli spettri della fantasmagoria
- 304 Un'infernale luminosità
- 307 Etienne-Gaspard Robert detto Robertson
- 329 Dalla fantasmagoria ai fantasmi dell'inconscio

335 La tragedia del cosmorama
- 335 Una giovinetta, bella come la Madonna, uccisa a furor di popolo
- 340 Cinque continenti in settanta quadri
- 346 Un mondo costituzionalmente colpevole
- 349 Siracusa, giugno-luglio 1837
- 359 La rivolta e la tragedia

363 L'occhio circolare
- 363 Uno specchio a 360 gradi
- 367 Il tempo della città e il tempo della battaglia
- 375 Robert Barker e l'invenzione del panorama
- 382 La panoramania in Europa
- 385 Il cadavere della natura
- 392 Il diorama, viaggio nel tempo e nella luce
- 397 Perdita di identità

409 Il lessico della modernità
- 409 Si realizza il sogno della comunicazione universale
- 410 Sinfonia delle metropoli
- 413 Ventimila corpi raccontano...
- 422 Disegnare la natura con la luce
- 427 L'occhio vivente
- 441 Edison, profeta della nuova luce

445 I Lumière e la magia della luce cinematografica
- 445 1895: annus mirabilis
- 448 Foto di gruppo con i Lumière
- 458 La grande magia del Novecento
- 460 La scena primaria
- 463 Dal Luna Park al cuore della città
- 472 La grotta di Aladino
- 485 Verso l'alba di una nuova civiltà della visione

# INDICE

489 Una storia di molte storie. Nota bibliografico-metodologica
    490   Afferrare l'inafferrabile
    500   Il ruolo dello spettacolo ottico nella scacchiera della modernità

505 Indice dei nomi

#  IL VIAGGIO DELL'ICONONAUTA

I.

# GLI OCCHI COME REMI

> L'uomo cantami, dea, l'eroe del lungo viaggio
> OMERO, *Odissea*
>
> Venient annis
> quibus Oceanus vincula rerum laxet
> et ingens pateat tellus
> tiphysque novos detegat orbes
> nec sit terris ultima Thule.
> SENECA, *Medea*

### A CAVALLO DI UN RAGGIO DI LUCE

Non conosceva di sicuro le ricerche in atto dei fratelli Lumière il sedicenne Albert Einstein quando, nei primi mesi del 1895, vagabondando per gli Appenini, dalle parti di Genova, così annotava sul suo diario:

Se volassi a cavallo di un raggio di luce, alla sua stessa velocità, come mi apparirebbe il mondo e la luce stessi [1]?

E non sapeva che, di lì a pochi mesi, il Cinématographe Lumière avrebbe consentito a una nuova specie umana di viaggiare, a cavallo di un nastro di luce, alla conquista dello spazio e del tempo, del vicino e del lontano, di mondi reali e fantastici. Nel corso di quell'*annus mirabilis* che è il 1895 [2] – paragonabile, sotto molti punti di vista, al 1543, anno di pubblicazione del *De revolutionibus orbium celestium* di Copernico e del *De humani corporis fabrica* di Andrea Vesalio – si realizza, grazie a Louis e Auguste Lumière, la folle utopia profetizzata da Théodore de Banville solo qualche anno prima: uno spettacolo in cui un nuovo tipo di spettatore avrebbe potuto avere a disposizione

---

[1] F. Prattico, *Einstein enfant prodige*, «La Repubblica», 5 maggio 1987, p. 20.
[2] Vedi l'analisi che di questo anno fa, a partire dall'invenzione del cinematografo J. Clair, *L'anatomia impossibile 1895-1995. Note sull'iconografia del mondo delle tecniche*, in J. Clair (a cura di), *Identità e alterità. Figure del corpo 1895-1995*, Venezia 1995, pp. XXV-XXXI.

tutti i palazzi, tutte le ville, tutte le foreste, tutti i paesaggi e... cambiare di luogo alla velocità del pensiero, senza imporre alla nostra attenzione l'abominevole raffreddamento degli intervalli[3].

L'*homo cinematographicus* si è affacciato alle soglie del nuovo secolo e ha viaggiato per decenni alla velocità della luce del cinema. Ne è stato svezzato, alimentato in senso sentimentale e culturale, educato e guidato verso nuovi mondi. O verso una migliore comprensione del mondo in cui viveva[4]. L'intera mappatura del DNA dell'uomo novecentesco rivela presenze ramificate del gene cinematografico, ma anche di geni che formano la sua visione che vengono da più lontano. Grazie alle continue epifanie offerte dallo schermo questo essere ha potuto compiere, da solo, o in compagnia di milioni di persone, una serie infinita di *ascensus ad Superos* lungo percorsi di luce simili alla scala di Giacobbe. Ha potuto ascendere alla porta del cielo, vedere da vicino il volto d'un gran numero di divinità, godere di un numero indefinito di «rivelazioni». Così come, innumerevoli altre volte, i suoi sono stati *descensus ad Inferos*, viaggi nelle profondità della mente e dei desideri collettivi, immersioni in zone oscure, in territori abitati da demoni di vario tipo e natura[5]. In moltissimi casi le immagini, più che rispecchiare la realtà, sono state specchio dei dati primari della mente. Hanno tradotto emozioni e molteplici tipi di linguaggi, da quello dei sogni a quello dei miti.

Già prima dell'invenzione del cinematografo lo schermo su cui si proiettava la luce della lanterna magica è stato, al tempo stesso, specchio del visibile, elemento di separazione e congiunzione tra visibile e invisibile. Lo schermo, o anche il semplice muro, hanno assunto, volendone valorizzare l'aspetto simbolico, una funzione spirituale del tutto identica all'iconostasi, così come l'ha definita Pavel Florenskij nel suo straordinario saggio sulle *Porte regali*[6].

Non solo l'esperienza religiosa, il senso di ascesi mistica, la magia bianca e nera, i saperi alchemici, l'ermetismo, ma anche la

---

[3] T. de Banville, *L'Ame de Paris*, Paris 1890, p. 20.
[4] Ho tentato di raccontare la civiltà e le avventure dell'uomo cinematografico e la metamorfosi della sala dai baracconi ambulanti ai multischermi in *Buio in sala*, Venezia 1989.
[5] Per questi temi in letteratura si veda N. Frye, *The Secular Scripture*, Cambridge 1976.
[6] «L'iconostasi è la visione: ...questa gruccia della spiritualità, l'iconostasi materiale non è che celi qualcosa ai fedeli... ma anzi addita ad essi, mezzi ciechi, il mistero del santuario, dischiude ad essi, storpi e sciancati, l'ingresso nell'altro mondo», P. Florenskij, *Le porte regali*, Milano 1981, p. 57.

scienza sperimentale, l'ottica, la fisica, l'astronomia, sono, di fatto, terreni fondamentali di coltura, mai del tutto abbandonati, entro cui prende vita la specie dell'*homo cinematograficus*.

Che costituisce l'ultimo anello della catena evolutiva di una specie anteriore, che mi piace chiamare degli icononauti, o viaggiatori nelle immagini. Le cui prime apparizioni risalgono all'epoca di Leonardo e delle grandi scoperte geografiche. E la cui diffusione e proliferazione ha goduto di un incremento malthusiano nel corso dei secoli successivi. L'icononauta, o «uomo visionario», presenta caratteristiche genetiche ed evolutive differenti rispetto all'uomo del Medioevo e a quello del Rinascimento[7]. I suoi spazi mentali o immaginativi risultano modificati e dilatati, anche se accolgono non pochi elementi della cultura anteriore.

L'icononauta ha avuto e ha molti poteri. Che hanno a che fare con la modernità e il mondo classico, la scienza e la magia naturale:

1. quello di muoversi nell'iconosfera, lo spazio delle immagini – territorio enorme, ma classificabile e descrivibile – facendone un habitat e una fonte primaria di alimentazione emotiva e culturale;

2. di voler dominare e colonizzare il tempo e lo spazio (anzi i tempi e gli spazi) e viaggiare, fin da piccolo, alla scoperta del lontano, dello sconosciuto, del diverso, considerando la notte come una frontiera da superare e dilatare[8]. Per esempio col nottografo di Robertson, macchina per registrare i pensieri notturni. Nell'esperienza dell'icononauta confluiscono più tempi. Quelli circolari del mondo contadino, quelli periodici di fiere e feste, i tempi del mito e del rito, quelli del mondo industriale e della civiltà delle macchine: questi tempi ora ne condizionano l'esperienza, ora scandiscono lo spettacolo, ora entrano in conflitto tra loro. Sempre, comunque, il tempo della festa assorbe e assoggetta gli altri;

3. di riuscire a assimilare e far circolare forme di cultura popolare e contadina con manifestazioni di cultura alta e urbana;

4. di riconoscersi in una specie dotata di caratteri e codici sovranazionali, di praticare identiche forme di culto in luoghi dotati di caratteristiche simili, di sentirsi parte di un'identica *oikoumene*;

5. di riuscire a «ocularizzare» il proprio corpo (come la *Lamia* di Keats, che ha la pelle «come il pavone ricoperta d'occhi») a

---

[7] C. Ginzburg, *Il formaggio e i vermi*, Torino 1976, p. 1.
[8] Per un discorso sulla notte come frontiera nella città contemporanea vedi M. Melbin, *Night as Frontier*, in «American Sociological Rewiew», 1978, pp. 3-22.

coinvolgere tutti i sensi sinesteticamente nell'atto della visione e ad avvertire la sensazione di essere cellula di un unico occhio collettivo. E, al tempo stesso, di essere dotato, come le schiere angeliche, della polioftalmia: di veder rappresentata la propria memoria e il proprio sapere grazie alla miriade di occhi aperti nel buio e uniti dalla stessa intensità del desiderio;

6. di poter usare gli occhi come remi, o ali, per navigare liberamente, alla velocità della luce, per spingersi al di là delle apparenze, in oceani di immagini dalle dimensioni sconfinate. Senza peraltro naufragarvi dolcemente, come avverrà a Leopardi, pur provando il senso della perdita dei confini del proprio Io;

7. di essere disposto alla meraviglia e a riconoscere nella meraviglia – con intenzioni del tutto opposte a quelle di Descartes, che pure la considerava come la prima delle passioni [9] – la propria passione fondamentale, capace di muovere in progressione tutte le altre;

8. di imparare a muoversi tra arcipelaghi di immagini reali e simboliche, ora mescolandole e confondendole, ora tenendone ben distinte le caratteristiche. E a ricomporre mentalmente, grazie a singoli frammenti, il senso di insiemi più ampi;

9. della disponibilità a lasciar invadere i paesaggi interiori da immagini archetipiche, da richiami provenienti dal mondo del mito, da dimensioni ctonie, da presenze perturbanti, spesso capaci di rendere familiare il diverso, l'estraneo, il *monstrum* [10];

10. di apprendere in modo naturale il linguaggio delle immagini, come prima forma di conoscenza del mondo e personificazione dei dati della realtà, di sapersene servire come vero e proprio mezzo di comunicazione, riuscendo a superare ogni forma di separazione politica, geografica, linguistica.

11. di praticare col cinema una visione frattale, frammentata in una miriade di fotografie animate di centri urbani e luoghi notevoli del mondo e di aspirare alla totalità della visione, cercando di giungere a uno sguardo unitario che gli consenta di abbracciare il globo

---

[9] Il testo fondamentale di Descartes dedicato alle passioni è pubblicato nel 1649 col titolo *Les passions de l'âme*. In edizione italiana è compreso nel secondo volume delle *Opere*, Bari 1967, ma anche in un volume singolo a cura di E. Garin, *Le passioni dell'anima. Lettere sulla morale*, Bari 1966.

[10] Il libro più completo sulle forme mostruose e sui prodigi della natura, che condiziona a lungo la visione dell'icononauta, a parere di chi scrive, è la *Physica Curiosa sive Mirabilia Naturae et Artis*, scritto da P. Gasparis Schotti ed edito a Würzburg nel 1662.

terrestre (gli è stato possibile nell'Ottocento grazie alla costruzione del globo terrestre di Wildt a Londra e, più di recente, con gli spettacoli dell'IMAX in cui la terra è filmata da una navetta spaziale in orbita attorno a lei);

12. di diventare un punto di riferimento fondamentale per qualsiasi processo di secolarizzazione del sapere: una specie di cavia, una componente della pubblica sperimentazione scientifica, non indispensabile a certificarne la bontà, quanto a dimostrare, col suo abbandonarsi alle passioni, la persistenza dei legami tra micro e macrocosmo, tra sfera umana, sfera celeste e fenomeni naturali.

Ponendo come punto d'orientamento ideale e punto d'arrivo di un processo a pendenza lieve – come avrebbe detto Foucault – l'invenzione dei fratelli Lumière, si vuole compiere un viaggio a ritroso, tutt'altro che teleologicamente orientato, lungo un arco di alcuni secoli, cercando di addentrarci in un territorio dai confini molto incerti – quello della visione popolare, dei mutamenti delle forme, delle modalità della visione, delle forme di spettacolo ottico e delle loro metamorfosi – che hanno preceduto e preparato la strada all'invenzione del cinematografo. Non si tratta di un percorso lineare, quanto piuttosto di una serie di modalità e metamorfosi nella rappresentazione del mondo e nella visione di cui è possibile indicare le interrelazioni e le dinamiche nel medio e lungo periodo.

I MODI DEL VEDERE: IDÈIN, ISTORÈIN, THAUMÀZEIN, THEORÈIN...

Nel seguire iconologia e iconografia racchiuse e trasmesse dalle macchine ottiche, l'iscrizione di alcune forme e al tempo stesso del vissuto dei pubblici nel tempo della storia, le modificazioni della visione e della consapevolezza dei poteri visivi, vogliamo indicare, fin d'ora, l'ampiezza dello spettro semantico dei verbi legati al vedere. In un certo senso la considerazione di questi verbi ci consente di partire e misurare il territorio anzitutto in base a una specie di linguistica del corpo: si va da *idèin*, che definisce prima la facoltà della vista e poi indica il potere di trascendere i dati immediati, a *istorèin*, che designa il testimoniare ciò che si è visto, a *thaumàzein*, che indica il senso di meraviglia, a *theorèin*, legato al contemplare e al creare, per passare per una serie di verbi latini come *videre, spectare, contemplare, speculare, monstrare, mirari, inspicere, respicere, vigilare, observare*... L'atto della visione è multiplo. Guidato da ragioni fisiche, intellettive, emotive, spirituali, portato a raggiungere effetti diversi e dotato di una struttura poliedrale: quasi mai, fin dal mondo classico, è frutto di una semplice modalità fisiologica. Per lo più ha a che fare con le capacità del soggetto di rispettare i confini che le convenzioni religiose, politiche o sociali impongono alla sua visione. O di valicare i semplici dati percettivi, o elaborare interiormente le immagini, o dilatare gli spazi mentali per consentire alle immagini stesse una più libera circolazione. Jean Starobinski nell'*Introduzione* a *L'occhio vivente* attribuisce questi poteri allo sguardo:

> Difficilmente lo sguardo si attiene alla pura constatazione delle apparenze, essendo nella sua stessa natura il voler esigere di più. In verità questa impazienza pervade tutti i sensi. Al di là delle sinestesie abituali, ciascun senso aspira a scambiare i propri poteri. Goethe ha detto in una sua elegia che le mani vogliono vedere, gli occhi desiderano accarezzare. E noi possiamo aggiungere che lo sguardo vuol diventare parola, accetta di perdere la facoltà di percepire immediatamente, per acquisire il dono di fissare più durevolmente ciò che fugge. In compenso la parola cerca spesso di cancellarsi per lasciar via libera alla pura visione... Di tutti i sensi, la vista è il senso più dominato dall'impazienza[11].

Qui interessa studiare i rapporti e i modi in cui alcuni insiemi di immagini si fissano e diffondono, creando le fondamenta comuni dell'immaginazione popolare europea per alcuni secoli e modificando, nello stesso tempo, forme, luoghi, modalità della visione e percezione del mondo. Se «infinite, diramate, spesso impervie – come ha scritto Sergio Bettini, pensando alla diffusione dell'immagine di Venezia nell'immaginazione di alcuni grandi scrittori – sono le vie attraverso le quali l'immagine di un'opera d'arte si concreta nella coscienza»[12], i percorsi con cui le immagini popolari penetrano nello spazio mentale dell'uomo europeo e lo conducono a contatto visivo di mondi e realtà vicine e lontane, abitate e costruite dai suoi simili, si moltiplicano in modo indefinito. Il percorso della visione che intendiamo seguire e il viaggio ottico che vogliamo raccontare da una parte vuole ancorarsi a un preciso riconoscimento di una volontà locale, di una spinta legata a una cultura ben riconoscibile e radicata in un territorio, dall'altra spazia da dimensioni fantastiche, da aperture verso realtà ultraterrene alla riproduzione di mon-

---

[11] J. Starobinski, *L'occhio vivente*, Torino 1975, p. 1.
[12] S. Bettini, *Tempo e forma*, Macerata 1996, p. 27.

di in cui tutti i rapporti e le proporzioni si possano confrontare con esperienze della realtà circostante. È una mappa costellata di confini e tabù, che, al tempo stesso, rivela una dilatazione, quasi in progressione geometrica, degli spazi topologici, un senso di conquista ininterrotto e una costante variazione dei modi del vedere e mescolare la propria vita alle immagini osservate da parte di folle di icononauti distribuiti in tutto il territorio europeo.

### ESPERANTO VISIVO E MERCATO COMUNE DELLE IMMAGINI

Tra le ipotesi che hanno guidato questo lavoro ve ne sono alcune a cui viene affidato un carattere portante: gli spettacoli ottici e le immagini colte e popolari, grazie alla loro capillare diffusione attraverso canali paralleli e intersecantisi dal Seicento in poi, creano una sorta di esperanto visivo e una forma di comunicazione privilegiata sul piano europeo, nonché la prima forma di mercato comune delle immagini, che si estende dalla penisola iberica fino alla Siberia per allargarsi, da un certo momento in poi, anche alle Americhe. Nei repertori offerti dalle lastre della lanterna magica o dalle vedute del mondo nuovo e dalle innumerevoli macchine delle meraviglie che attraversano e illuminano l'Ottocento, alla cui diffusione materiale hanno contribuito in modo decisivo folle di ambulanti, è possibile riconoscere un giacimento di segni e simboli che hanno continuato a alimentare la vita psichica e immaginativa dell'uomo del ventesimo secolo.

L'Italia dal Rinascimento a tutto il Settecento gioca un ruolo chiave di culla, epicentro teorico, nucleo e punto di irradiazione materiale della luce e del verbo luminoso.

I Lumière, che si ritrovano in pratica nella fase terminale di questo percorso, non ritengono di aver compiuto una scoperta rivoluzionaria rispetto alla fotografia: per loro il movimento è solo un valore aggiunto (tanto è vero che le loro prime riprese si chiamano *photographies animées* o *photographies vivantes*) e il *cinématographe* si inserisce in una catena ben ordinata di invenzioni visive che si sono succedute con ritmo crescente dalle scoperte di Niepce e Daguerre[13] lungo tutta la seconda metà dell'Ottocento.

---

[13] Per questo è ancora utile il libro di M. Coissac, *Histoire du cinématographe*, Paris 1925.

Che per un certo tempo non vi sia una vera consapevolezza nel territorio dello spettacolo ottico e ambulante della novità rivoluzionaria dell'invenzione può essere desunto anche dal fatto che, in varie occasioni, dal 1896 in poi, i proprietari di un *Teatro meccanico, Padiglione fisico-meccanico*, o di un *Grandioso Museo Artistico-meccanico* come Giovanni Agostini, Menotti Cattaneo, Antonio Cardinali, operanti sulla piazza veneziana, pubblicizzino il cinematografo per i suoi «quadri di panorama, con figure movibili artistiche e di attualità»[14].

Ben prima dei Lumière le macchine della visione, dalle camere oscure ai cosmorami, ai fenakisticopi, agli aletoscopi, fino ai praxinoscopi di Emile Reynaud e ai kinetoscopi di Edison, avevano aperto la possibilità di diffondere a pioggia, su popolazioni distanti e differenti, gli stessi saperi e le stesse emozioni, lo stesso spirito di conquista. E, come vere e proprie metafore dell'occhio, erano riuscite a fissare e accogliere al loro interno le immagini del mondo e a consentire di misurarlo, visitarlo e raccontarlo con un discorso visivo e non solo verbale.

C'è un verso della *Divina Commedia*, che riprende una frase della profezia di Tiresia dell'*Odissea* in cui si dice «dei remi facemmo ali al folle volo», che, come una scintilla, ha innescato le prime associazioni di questa ricerca sul «volo dell'icononauta», sui luoghi visitati o abitati, sulle sue reazioni emotive, sugli strumenti utilizzati di volta in volta, sulle mappe reali e su quelle dell'immaginario e sugli itinerari e sulle rotte seguite nel corso dei secoli[15].

L'icononauta è, a pieno titolo, un «ulisside»: la sua curiosità e disponibilità alla fascinazione e a entrare in dimensioni altre, le deambulazioni emotive lungo i territori del proibito, per incontrare fantasmi e dèmoni, il coraggio e la capacità di varcare con Robertson il regno dell'Ade, o di spingersi verso le visioni paradisiache sono degne d'attenzione quanto quelle dei viaggiatori del Settecento. Anche se non hanno lasciato analoghe tracce visibili. Mentre ai tradizionali viaggiatori è concesso passare da un luogo all'altro senza vedere (e questo ovviamente è un fenomeno che si accentua

---

[14] A. Trevisan, *Forme spettacolari minori a Venezia tra '800 e '900*, in «Biblioteca teatrale», n.s., a. II, nn. 5-6, 1987, p. 274.

[15] La lettura dell'introduzione all'*Odissea* di Maria Grazia Ciani (Venezia 1994) ha avuto un ruolo decisivo, sia nel convincermi a affrontare il viaggio, che nell'indicarmi, nel sistema caotico in cui mi muovevo da alcuni anni, una rotta non lineare, ma ben visibile, da percorrere lungo l'arco di alcuni secoli.

tanto più ci si avvicina ai giorni nostri), l'icononauta, come Ulisse, è *polytropos*[16]: tanto più sa guardare tanto più il suo percorso si allunga. Ma questo viaggio, oltre che di attrazioni irresistibili, è pieno di paure e le immagini delle lanterne magiche, il più delle volte, lo attirano in territori sconosciuti e infidi, in sabbie mobili che ne inghiottono corpo e anima. Nel ripetersi periodico dell'avventura visiva l'icononauta viene ogni volta galvanizzato, se non letteralmente fulminato, dall'immagine e, al tempo stesso, sente che quelle immagini, a cui sta assistendo, richiamano anche i fantasmi e i ricordi di esperienze visive precedenti, che stanno nel suo teatro interiore. Le immagini diventano anche i «paradisi artificiali» dei poveri e il viaggio ottico è osteggiato dalle autorità religiose anche per il suo apparire come una droga.

È curioso che, nella descrizione della sede degli occhi dell'*Epitome* del *De humani corporis fabrica* di Vesalio, si parli di ciglia disposte come remi:

> Oculi inferius et superius palpebris intecti: quarum sedes ubi invicem connivent, e erectis ordinataque, ut in navibus remos spectamus, serie positis pilis quos Cilia nuncupamus[17].

L'icononauta non solo viaggia a cavallo della luce, ma offre, come in una variante simbolica dell'iconografia di San Sebastiano, i suoi occhi ai raggi luminosi per esserne trafitto[18] e per compiere, oltre a un viaggio di scoperta materiale del mondo anche un viaggio di iniziazione. Con le sue parole l'uomo dotato di poteri alchemici, che manovra le diverse macchine della visione, riesce a far in modo che dalla luce nasca il mondo, si possano creare dal nulla tutte le cose e l'immaginazione possa liberare per più individui quelle energie interiori di cui parlerà Schopenhauer:

> Ogni immaginare dell'uomo viene dal cuore: il cuore è il sole all'interno del microcosmo. Ogni immaginare dell'uomo passa dal piccolo sole del microcosmo al sole del grande mondo, nel cuore del macrocosmo. Così l'imaginatio del microcosmo è un seme che diventa materiale, ecc...[19].

---

[16] Vedi *ibid.*, p. 19.
[17] A. Vesalio, *Andreae Vesalii Bruxellensis, scholae medicorum Patavinae, suorum de humani corporis fabrica librorum Epitome*, Padova 1983. Si tratta di una riproduzione anastatica dell'edizione di Basilea del 1543: la citazione è nella pagina che raffigura l'*Externum humani corporis sedium partiumve*.
[18] V.M. Kubovy, *La freccia nell'occhio*, Padova 1992.
[19] A. Schopenhauer, *Magnetismo animale e magia*, in *Memoria delle scienze occulte*, Pordenone 1992, p. 30.

La luce diventa carne e sangue nel momento in cui sfonda la parete retinica: con la potenza delle immagini trasmesse, dilaga nelle cellule nervose e cerebrali, entra nei circuiti venosi e arteriosi, si addentra nei reticoli della memoria, crea immediate radici profonde, depositandosi in maniera uniforme, producendo effetti simili in persone molto diverse per cultura, stato sociale, convinzioni religiose... Quanto scrive Maurizio Ciampa analizzando la luce nell'*Ultima cena* di Tintoretto potrebbe benissimo adattarsi agli effetti della luce su qualsiasi tipo di pubblico raccolto attorno a una lanterna magica: «La luce... tocca le figure, trasforma il misero interno domestico in un universo vibrante»[20]. Guardare, con l'avvento delle lanterne magiche e delle macchine che aumentano a dismisura i poteri della visione, significa toccare, cercare di far proprio fisicamente, tutto ciò che rientra nel campo visivo. Il vedere è un atto sinestetico, che coinvolge, in varia misura, tutti i sensi. E oltre i sensi le passioni, le emozioni, l'intelletto, l'anima... La luce, che ha giocato un ruolo fondamentale nelle teofanie greca e cristiano-giudaica, la luce che nasce nella *Teogonia* di Esiodo dal Caos, è complementare a *Erebos* e a *Nux* e può portare nel mondo antico cecità o morte, e che dal Rinascimento in poi svolge ruoli complementari, mortiferi e salvifici, al tempo stesso è un fenomeno fisico e spirituale. Può aiutarti a capire meglio lo spazio in cui vivi e a vivere nello spazio in cui guardi. La luce che emana dalle lanterne magiche presenta molti pericoli: può certo – come una reincarnazione di Medusa[21] – rivelare zone oscure, aprire porte che stanno al di là del mondo visibile. Lo spettacolo di lanterna magica può legittimamente apparire come una variante del sabba, per il suo carattere notturno e la capacità di richiamare «stregoni e sbilfoni»[22], ma può anche dilatare a dismisura la geografia mentale e attivare le facoltà immaginative in un numero indeterminabile di persone.

---

[20] M. Ciampa, *Nove croci. Immagini della passione*, Milano 1997, p. 34.
[21] Vedi, in questo senso, il fondamentale lavoro di Max Milner, *On est prié de fermer les yeux*, Paris 1991.
[22] Anche se in nessun lavoro di Carlo Ginzburg dedicato alla stregoneria si trova alcun accenno alle camere oscure e alla possibilità di evocare, per magia naturale, le immagini di tutto un mondo di credenze e la cultura e l'immaginazione popolare evocate nei *Benandanti*, Torino 1966, in *Il formaggio e i vermi*, cit. e nella *Storia notturna*, Torino 1989, formano uno sfondo ideale entro cui veder muoversi i primi tentativi di portare gli spettacoli ottici al di fuori delle pagine dei libri.

2.

# PER UNA MAPPA EUROPEA DEL NAVIGAR VISIONARIO

IL GIRO DEL MONDO IN QUARANTA VEDUTE

La diffusione delle immagini per alcuni può apparire come una pioggia benefica, che feconda e apre orizzonti nuovi a milioni di persone legate per tutta la vita all'esperienza ristretta del proprio ambiente. Per altri si abbatte sull'Europa dal Settecento con la stessa potenza, gli stessi sintomi e manifestazioni acclarate di un'epidemia, o una pestilenza[1]. Per questo verrà combattuta. Per questo gli effetti della sua contaminazione lasciano tracce durature, anche se minime, in apparenza invisibili nei destinatari. Esiste una sindrome fobica nei confronti delle immagini e della loro pericolosità sociale, che viene da lontano e giunge fino a noi, con trasformazioni minime.

Le lanterne magiche, nel momento stesso in cui proiettano una qualsiasi immagine su una superficie, annullano lo spazio circostante e creano un nuovo spazio. Privo di profondità: uno spazio da contemplare. Un cerchio magico in cui è pericoloso rimanere, ma da cui è difficile uscire prima che l'officiante abbia terminato il rito. La lanterna magica prima, il mondo nuovo poi, creano «dei luoghi delle immagini» inediti. Pongono le fondamenta di una nuova civil-

---

[1] Per una storia delle epidemie e degli untori in Europa, dalla peste manzoniana a oggi, si veda l'importante monografia di P. Preto, *Epidemia, paura e politica nell'Italia moderna*, Roma-Bari 1988, a cui questa ricerca è debitrice oltre che dell'indicazione del capitolo sull'eccidio del Cosmorama, anche di molte suggestioni sulle paure indotte o naturali nei confronti degli spettacoli ottici.

tà, di una nuova Torre di Babele, destinata a elevarsi nel tempo e a giungere fino a noi.

Il lanternista ha il potere di creare la vita, di evocare ed esorcizzare la morte: il semplice raggio luminoso che, come un soffio vitale, si posa sui muri e su qualsiasi tipo di superficie, crea realtà illusorie che aspirano a essere più vere del vero. Il lanternista, che giunge da un altrove indefinito, è ancora un tramite tra mondo reale e altri mondi, mentre col cinema la figura dell'operatore verrà privata di qualsiasi aura magica e di qualsiasi capacità di portare con sé saperi ulteriori. Accanto al lanternista, da un certo momento in poi, percorrendo gli stessi sentieri e occupando gli stessi spazi, si muove e opera l'ambulante che mostra il mondo nuovo, una macchina ottica che offre, per pochi centesimi, i primi viaggi nel mondo conosciuto. Piccoli Grand Tour attraverso diversi continenti, costituendo e fissando degli stereotipi e un modello di viaggio poi sviluppato nel corso dell'Ottocento da spettacoli ottici come i panorami, i diorami, i cosmorami, i kaiserpanorami, ma anche ripreso e valorizzato dalla narrativa di Jules Verne nel *Giro del mondo in ottanta giorni*, la cui fonte di ispirazione, con ogni probabilità, è quella di uno spettacolo di diorama o cosmorama. Esattamente settantotto vedute sono quelle che compongono il rotolo per Mondo Nuovo della Biblioteca Casanatense di Roma. E a questi stessi modelli di viaggio ottico si rifaranno i programmi iniziali dei fratelli Lumière[2].

A somiglianza del mondo nuovo la luce dei Lumière aspira a racchiudere nello spazio della piccola scatola – come in una variante avanzata delle *Wunderkammer* e del museo moderno – il mondo visibile. A differenza della visione totale dei panorami, in cui con un solo sguardo si poteva abbracciare un surrogato perfetto della città, il cinema dei Lumière ha come scenario un mondo che si compone di una miriade di visioni parziali, che esibisce la sua complessità e pluralità. Alla visione panoramica si sostituisce, con l'invenzione dei Lumière, la visione caleidoscopica della realtà. Il cinema, grazie all'estrema maneggevolezza dell'apparecchio da ripresa e alla sua mobilità, gode di un'inedita pluralità di punti di vista e registra una realtà in continuo movimento.

Dalle lanterne magiche il cinematografo eredita invece la capa-

---

[2] Ha indagato questo aspetto nella sua tesi di dottorato con ottimi risultati Marco Bertozzi, *L'immaginario urbano nel cinema delle origini. La veduta Lumière*, Bologna 1996.

cità di sintonizzare l'emozione d'un gruppo di persone e mutare il rapporto di scala tra soggetto della visione e oggetto osservato. Mentre i pantoscopi racchiudono in un quadro di dimensioni minime un frammento di realtà, e hanno il potere di confondere nello spettatore la percezione di realtà e illusione, il cinema ha la capacità di diventare realtà assoluta e far esplodere lo spazio dello schermo, riuscendo a dilatarne i confini e a porre lo spettatore a contatto con l'universo («La sala come un tunnel s'aprì all'universo» ha scritto Marguerite Yourcenar in *Moneta del sogno*)[3].

Potremmo anche servirci, facendo un po' di *bricolage* teorico, di un principio cosmologico per fissare alcune caratteristiche generali dell'universo in espansione che vogliamo descrivere: anzitutto potremmo parlare di omogeneità e isotropia di questo universo, o più semplicemente di caratteristiche omogenee riscontrabili anche in realtà molto distanti tra loro. E poi potremmo parlare dell'estrema rapidità – quasi la velocità della luce – con cui si diffonde l'energia proveniente dai primi nuclei di immagini catturati e riproiettati grazie alla camera oscura.

### SENTIERI LUMINOSI E CAVALIERI DELLA LUCE

La storia che stiamo per raccontare è una storia di luce, di sentieri luminosi e cavalieri della luce. Di fantasmi, poteri magici e alchemici che danno forma, e sostanza materiale alla luce, e sanno servirsene come faro per illuminare tutte le scienze e costruire sistemi universali del sapere. Di viaggiatori che percorrono l'Europa da un capo all'altro, di mappe e spazi mentali collettivi abitati da miriadi di immagini[4]. Di rapida volgarizzazione e assimilazione di scoperte scientifiche e invenzioni tecnologiche da parte della cultura popolare. Di invenzioni che consentono alle realtà artificiali di sostituire in tutto la realtà naturale. Di segni dei passi e segni dei sogni, di paure e riso capace di esorcizzarle, di stupore e meraviglia, di passioni travolgenti e tentativi di dominarle, di comunione tra il

---

[3] M. Yourcenar, *Moneta del sogno*, Milano 1986, p. 108.
[4] Per un quadro generale dedicato alle tipologie dei viaggiatori, alle forme del viaggio, ai luoghi di soggiorno, ai percorsi e agli effetti dei viaggi sulla cultura dal Rinascimento al Seicento vedi lo straordinario affresco di A. Maczak, *Viaggi e viaggiatori nell'Europa moderna*, Roma-Bari 1992. Vedi anche C. De Seta, *L'Italia nello specchio del Grand Tour*, in *Storia d'Italia. Atlante*, V., *Il paesaggio*, a cura di C. De Seta, Torino 1982.

corpo fantasmatico delle immagini proiettate e il corpo degli spettatori, di *monstra* e riti misterici... Questi cavalieri cavalcano i raggi luminosi, sfidano ostacoli di ogni tipo e paure collettive e invitano pubblici di qualsiasi età e cultura a guardare anche là dove esistono prescrizioni e limiti alla visione.

E ancora intendiamo parlare di spettacoli da piazza e pubblici che diventano soggetti veri dello spettacolo, di feste e integrazione degli spettacoli ottici nello spazio delle feste popolari, di io individuale e reale che si converte in un io sociale ed emotivo-culturale, di laicizzazione dei saperi religiosi, di ibridazione di quelli scientifici con quelli alchemici, di culture contadine e culture della civiltà borghese che si intersecano e confondono tra loro. Di tentativi periodici di sovvertire le culture dominanti in nome di utopie egualitaristiche, di nascita di processi e distretti industriali che costituiscono modelli di lunga durata. Di grandi migrazioni di immagini da un sistema iconografico a un altro, di coerenza e coesione dell'iconosfera, di mescolanza tra tecnologie, manifestazioni artistiche e leggi di mercato che trasformano il prodotto artistico in merce, della capacità di mettere in scena il mondo, o addirittura più mondi... Ma soprattutto della trasformazione del luogo dello spettacolo, concepito come una variante povera e effimera delle camere delle meraviglie, in centro del mondo.

È importante studiare com'è stata rappresentata e raccontata la visione, come la pittura, la letteratura, le arti applicate, il giornalismo, la diaristica, abbiano cercato di fissare dal vivo un paesaggio abitato da figure in estasi (un'estasi colorata o in bianco e nero e non certo un'«estasi bianca» di pura contemplazione del *lumen* divino)[5], rapite o assoggettate alle immagini e comunque capaci di comunicare e rispondere, col linguaggio del loro corpo, ai messaggi e ai racconti delle immagini. Il racconto visivo sa mettere a frutto gli echi e i ricordi di realtà primitive e cerca di esorcizzarne le paure. Un racconto che esprime anche una forte pulsione a aprirsi verso il nuovo, a mettere a disposizione di tutti la facoltà di moltiplicare, in modo quasi infinito, i poteri della visione (come l'avviso pubblicitario di un *Microscopio solare* esibito al Caffè Gamba in riva degli Schiavoni a Venezia agli inizi dell'Ottocento promette di ingrandire «gli oggetti più minuti dodici milioni di volte della pro-

---

[5] M. de Certeau, *Extase blanche*, in «Traverses», a. x, n. 29, ottobre 1983.

pria grandezza»)⁶. La scienza non ha paura di scendere in piazza, di apprendere i linguaggi degli imbonitori e dei ciarlatani per offrire le briciole o le particole dei propri saperi alla tavola dei poveri e creare nuovi testimoni della propria potenza.

Il nostro racconto parte da un punto (l'occhio leonardesco, centro simbolico della nuova concezione antropomorfica rinascimentale) scelto convenzionalmente e opportunamente accettato perché si colloca in un periodo che segna l'inizio dell'era moderna. Da questo punto si snoda, seguendo ora la luce delle lanterne magiche, ora i racconti degli ambulanti col mondo nuovo, ora i passi dei venditori di immagini lungo le strade d'Europa. Cercando sempre di osservare ogni fenomeno di spettacolo visivo nella sua rete di relazioni, nei suoi sistemi iconografici, ideologici e culturali di riferimento.

Un sistema a alta coesione e difficoltà e a massima diffusione si espande nello spazio e varia nel tempo con estrema lentezza, modificando tutte le caratteristiche di sistemi preesistenti e contigui.

Non intendiamo sdipanare, ancora una volta, una storia lineare ponendo lungo una catena ordinata gli inventori e le loro macchine, secondo una linea di sviluppo darwiniano, senza mai volerci assumere un rischio interpretativo e senza percepire la complessità della rete di relazioni delle fonti con altre storie. Ci piace piuttosto procedere alternando totali e campi d'insieme a primi piani e dettagli, cercando sempre di inserire i dati relativi alle macchine ottiche in un tessuto più ampio, seguendo un andamento che tenga conto della geometria dei frattali⁷.

Tenendo presenti, come buon viatico metodologico, alcune considerazioni fatte da Jean Starobinski ancora agli inizi degli anni sessanta abbiamo cercato di muoverci tra uno «sguardo a strapiombo», mirante alla totalità e uno che aspira a una maggiore intimità con l'oggetto descritto, «sapendo in anticipo che la verità non è né nell'uno né nell'altro tentativo, ma nel movimento che va instancabilmente dall'uno all'altro»⁸.

---

⁶ La locandina è riprodotta a p. 13 del libro di A. Trevisan, *A Venezia l'altro teatro*, Venezia 1990.
⁷ B.B. Mandelbrot, *Gli oggetti frattali. Forma caso e dimensione*, Torino 1987.
⁸ Starobinski metteva in guardia, opportunamente, dai pericoli sia dello sguardo troppo ravvicinato che di quello troppo totalizzante, o a strapiombo, con cui deve fare i conti il presente lavoro: mediante lo sguardo a strapiombo «l'occhio non vuol lasciare sfuggire nulla di tutte le configurazioni che l'arretrarsi permette di cogliere. Nello spazio allargato che lo

Intendiamo, per quanto possibile, interrogare le fonti, cercare di unire fenomeni distinti e distanti sotto alcuni denominatori comuni, quali quello della formazione dell'immaginario moderno, della creazione di una gigantesca rete di trasmissione europea delle immagini, dello sforzo utopico di trovare una forma superiore e universale di comunicazione in cui il visivo si risolva nel linguistico e viceversa. Ma anche il corporeo diventi forma di comunicazione linguistica e insieme, visivo e corporeo dello spettacolo ottico popolare, riescano a assumere un ruolo unificante nella cultura dell'Europa moderna e contemporanea.

La lanterna magica, nella formazione dell'immaginario moderno, si presta benissimo – lo ha già ha suggerito Jacques Perriault[9] – a uno studio della lunga durata: le sue funzioni multiple, la sua diffusione ipertrofica, le sue modificazioni tecnologiche, il suo essere parte, nello stesso tempo, della storia dello spettacolo e del pensiero scientifico, la rendono un oggetto di studio privilegiato. Da elemento di persuasione religiosa e illusione, produttore di meraviglia e paura, la lanterna si trasforma, nel corso di tre secoli, in strumento indispensabile alla divulgazione e trasmissione del pensiero scientifico, in mezzo di persuasione commerciale, in aiutante magico dei processi educativi – una sorta di *Encyclopédie* portatile – in strumento di selezione, controllo delle informazioni e conoscenze da parte di poteri religiosi o istituzionali, in gioco per bambini, in punto di confluenza e irradiazione di tutte le immagini possibili.

La geografia antropica dell'Europa si può vedere, all'interno di una storia della visione del mondo moderno, come un unico corpo in cui la diffusione delle immagini sacre e profane, iniziata nel Cinquecento ha la forza e la capacità di circolare lungo il sistema nervoso, oltre che quello venoso e arterioso e distribuirsi per i capillari minimi, riuscendo a raggiungere, in pratica, qualsiasi luogo abitato. Il sacro convive col profano e l'imbonitore si confonde o assume il ruolo del predicatore[10]. Migliaia di lanternisti e venditori

---

sguardo percorre, l'opera è certo un oggetto privilegiato, ma non è il solo oggetto che si impone alla vista. Essa si definisce per mezzo di ciò che l'avvicina, non ha senso che nel rapporto con l'insieme del contesto. Ora ecco lo scoglio: il contesto è così vasto, le relazioni così numerose che lo sguardo è colto da una segreta disperazione: non riuscirà mai a mettere insieme tutti gli elementi di quella totalità che gli si annuncia», J. Starobinski, *Arte e illusione*, Torino 1962, p. 27.

[9] J. Perriault, *Mémoires de l'ombre et du son*, Paris 1981, p. 18.

[10] Vedi quanto osserva F. Floccia a proposito di alcuni dipinti di Tiepolo come il *San*

di stampe hanno collaborato alla costruzione di un'unità interna all'Europa e, più di tutto, hanno contribuito a far sentire la permeabilità dei confini politici e amministrativi e di tutte le forme di separazione convenzionale dei territori. C'è una grande folla di persone che si spostano lungo i sentieri e le strade d'Europa per secoli, vendendo indifferentemente immagini e sogni. Persone che, con Peter Burke, possiamo inserire tra i «portatori attivi della cultura popolare»[11], assieme ai ciarlatani, menestrelli, comici dell'arte, buffoni, giocolieri, pagliacci, ammaestratori di animali, burattinai, equilibristi, funamboli, saltimbanchi, cantambanchi, venditori di medicine miracolose. E ai venditori di opuscoli e libri di *colportage*. Un microinsieme che, a poco a poco, si espande e si distingue in questa folla perché ha la capacità di creare una nuova forma di «cittadinanza virtuale», dotata di caratteristiche ben visibili, istituzionalizza riti e forme di culto di una religione laica nella quale si riconosceranno credenti di religioni in opposizione tra loro. Nulla a che vedere, si badi bene, con quegli «sciami di carmelitani, gesuiti, serviti, barnabiti, crociferi, Fratelli della Misericordia, benedettini spagnoli» evocati da Angelo Maria Ripellino in *Praga magica*[12], che, ostentando i simboli di una chiesa trionfante alla fine della guerra dei trent'anni, vanno a indottrinare e imporre il credo cristiano al popolo cecoslovacco.

I lanternisti, o i tesini che vendono stampe, o i savoiardi, secondo una definizione diffusa nell'iconografia popolare, non sono animati da alcuno spirito crociato. Non vogliono catechizzare, né combattere in nome di o contro qualcosa. Sono messaggeri di un *mundus imaginalis*, «angeli indecisi»[13], che si muovono in spazi incerti tra luci salvifiche e fiamme infernali. Semmai possiamo considerarli i primi annunciatori dei nuovi Nirvana delle merci.

Nelle loro immagini appare in più occasioni Cronos, un vecchio con la barba lunga, le ali e la clessidra in mano, perché il lanternista

*Francesco Ferrer predica alle folle* o il *Mondo Nuovo* della villa di Zianigo, ora visibile al museo di Ca' Rezzonico in cui, rappresentando da una parte il travolgente predicatore domenicano e dall'altra il girovago che racconta il mondo a un pubblico di nobili e contadini, Tiepolo «pone sullo stesso piano il tema della fede e della devozione con quello della scienza e della libertà di pensiero», F. Floccia, *Pittura di costume con figura di ciarlatano ovvero dall'"ironia" della storia alla "perfida" parodia della retorica*, in *La piazza universale. Giochi, Spettacoli, macchine di fiere e luna park*, a cura di E. Silvestrini, Roma 1988, p. 53.

[11] P. Burke, *Cultura popolare nell'Europa moderna*, Milano 1980.
[12] A. Ripellino, *Praga magica*, Torino 1973, p. 25.
[13] Per questo motivo vedi M. Cacciari, *L'angelo necessario*, Milano 1992, p. 41.

regala ai suoi anonimi spettatori il potere della cronocrazia: ossia la capacità di far muovere la macchina del tempo in senso antiorario, ma anche quella di avvertire l'inesorabile scorrere del tempo e le scadenze ultime per la vita di tutti (in moltissime lastre la morte ha la falce in una mano e la clessidra nell'altra)[14]. Appaiono anche molte altre divinità, da Pan a Venere ad Apollo – fin dal frontespizio della seconda edizione dell'*Ars Magna Lucis et Umbrae* di Kircher – che fanno circolare a tutti i livelli le grandi figure del mito e il senso di una religiosità legata alla natura e agli influssi astrologici. Grazie a loro si rafforza il senso di una comunità a cui è dato il privilegio di assistere all'ibridazione di forme di cultura lontanissime tra loro, di godere dell'iniziazione a riti misterici, che spesso modificano e sovvertono i modelli esistenti. In seguito alla loro apparizione i bambini possono muovere i primi passi nei territori di conoscenze che esulano dagli spazi delle esperienze circostanti. La strada luminosa che parte dalla lanterna che racchiude un mondo nuovo («concludit novum mondum» come dice l'elegia settecentesca dell'abate Gaetano Buganza)[15], o più mondi, ti invita ad andare lontano, a tenere gli occhi ben aperti, a farti rapire e uscire da te stesso.

Già nei primi decenni del Settecento non c'è angolo dell'Europa, dai Paesi Bassi alla Russia, non c'è festa, fiera, mercato, piazza, luogo d'incontro pubblico, ma anche spazio privato, per quanto isolato, che non sia stato raggiunto dai portatori di immagini luminose, o dai venditori di stampe popolari, come ci viene documentato da un'iconografia ormai ricchissima e consultabile grazie a una serie di recenti pubblicazioni sulla lanterna magica e sugli spettacoli da piazza[16]. Tutte le forme di spettacolo ambulante sono viste con sospetto, circondate di interdetti e divieti posti, con azione concentrica, dalla chiesa e dalle istituzioni politiche e amministrative. Tuttavia, mentre nello spettacolo di lanterna magica prima, e in

---

[14] Vedi il memorabile saggio di Erwin Panofsky, inizialmente edito da Saxl nel 1923, poi rielaborato col titolo *Father Time* negli *Studies in Iconology* del 1939 e oggi pubblicato da Einaudi, *Studi di iconologia. I temi umanistici nell'arte del Rinascimento*, Torino 1975.

[15] G. Buganza, *La lanterna magica*, in *Poesie latine*, Firenze 1786, riportata integralmente in L. Mannoni, D. Robinson, D.P. Campagnoni (a cura di), *Luce e movimento. Incunaboli dell'immagine animata*, Pordenone 1995, p. 99.

[16] Mi limito a segnalare tra le opere più recenti il già citato Silvestrini (a cura di), *La piazza universale*; K. Hoffman, *Magische Schatten*, Francoforte 1988; D. Robinson, *The Lantern Image. Iconography of the Magic Lantern 1420-1880*, Nutley 1993; T. Ganz, *Die Welt im Kasten*, Zürich 1994.

seguito nelle *Fantasmagorie* di Robertson, sono ben visibili le intenzioni sovvertitrici – non di rado il comun denominatore tra le diverse immagini mostrate in successione è una *vis comica* che tende ad avvalorare la morale del mondo alla rovescia[17] – negli spettacoli di mondo nuovo si cerca di condurre, quasi per mano, l'occhio dello spettatore[18] a prendere atto di un ordine esistente e di un'armonia perfetta tra forze sociali, paesaggio naturale e meraviglie architettoniche create dall'uomo.

### GEOGRAFIA E LESSICO DELL'IMMAGINAZIONE VISIVA

Oggi, più che mai, è necessario riscrivere la storia della visione e studiarne i legami con il sottoinsieme della visione popolare[19]. Partendo dalla riformulazione delle teorie della visione prodotte da nuovi studi sulla fisiologia umana, ma anche cercando di non mettere mai tra parentesi l'intera partecipazione del corpo ai processi visivi. È necessario inoltre riscrivere questa storia ponendosi sia dalla parte dei soggetti dell'emissione che da quella dello spettatore. Cercando di ricomporre il senso, le tipologie dei viaggi individuali o collettivi di iniziazione e conoscenza. In questo senso sono ancora attualissime le considerazioni di Carlo Ginzburg – al cui lavoro complessivo, alle cui suggestioni e aperture metodologiche questa ricerca deve molto – e le domande che si poneva nel libro *Il formaggio e i vermi* sul mondo del mugnaio Menocchio, sui modi in cui il pubblico popolare poteva intervenire nella lettura degli almanacchi, dei libri di pietà o delle vite dei santi modificandoli, riplasmandoli, magari fino a snaturarli[20]. Ma anche le sue considerazioni sulla circolarità della cultura nell'Europa preindustriale, sui rapporti di scambio tra cultura alta e popolare, sulle possibilità, da parte della cultura popolare, di lasciare traccia di sé e testimonianze del proprio passaggio e della propria azione. E ancora è possibile

---

[17] F. Tristan, *Le monde à l'envers*, Paris 1980.
[18] Al tema del *Toucher du regard* Max Milner, nel libro citato *On est prié...*, ha dedicato il primo capitolo.
[19] Un tentativo pionieristico – assai condiviso nella sua impostazione generale anche da chi scrive – di racchiudere in una sintesi i temi della visione secondo un'ottica molto inclusiva è nella voce *Visione* scritta da M. Brusatin e A. Costa per il x volume dell'*Enciclopedia* Einaudi, Torino 1981, pp. 1110-1144.
[20] Ginzburg, *Il formaggio e i vermi*, cit., vedi *Introduzione* e pp. 27 ss.

lavorare su forme e modi della visibilità, sulla convenzionalità delle rappresentazioni visive e sul loro implicare costantemente «le ragioni dell'utopia, del sogno, dell'immaginazione e del desiderio»[21].

In effetti ancora ci si deve interrogare sul ruolo dei fruitori popolari e sulla capacità di ricezione, sulle modalità di lettura e interpretazione effettiva dei testi visivi, o piuttosto di comunione del corpo con l'*ostentum* visivo e di assimilazione del linguistico nel corporeo, sulla progressiva partecipazione cosciente dei destinatari, sul modificarsi degli orizzonti di attese di pubblici sparsi e molto variegati sia in senso culturale, religioso, geografico e politico. Le immagini si modificano nel corso del tempo, mantenendo alcuni elementi comuni e, più di tutto, si modificano lo sguardo, la visione, le capacità percettive e interpretative dei pubblici che nel tempo si succedono. L'intero immaginario offerto agli inizi del Settecento dai lanternisti non si è ancora liberato dalle figure provenienti dai portali delle cattedrali gotiche e romaniche, dai libri delle ore, dagli antifonari e dai cicli di affreschi: figure poste al di fuori del tempo e dello spazio: sono ancora affascinanti, anche se ormai destituite della loro capacità di significazione allegorica, tropologica e anagogica. Vi sono tanti diavoli in azione nelle lastre, tanti folletti, ma il lanternista sembra tenerli sotto controllo e non sono certo le apparizioni demoniache dei lanternisti savoiardi a produrre grandi paure nel pubblico, che spesso manifesta persino nei bambini un atteggiamento sorridente e di grande familiarità nei loro confronti. Nel comporre un immaginario per i primi spettacoli di lanterna magica si puntava alla parodizzazione di motivi religiosi, e si cercava di spingersi il più possibile dalla parte della visione del mondo del destinatario popolare. Al di là del riso immediato, in effetti cosa poteva significare la testa di un cuoco che si staccava dal corpo e, quasi per effetto di un colpo di bacchetta magica, si sostituiva alla testa del maiale posta sul vassoio da portata, mentre quella del maiale si collocava perfettamente sul collo del cuoco? O il cacciatore col fucile che viene assalito e beccato sul naso dall'uccello a cui vorrebbe sparare?

E le epifanie costanti non solo di diavoli, ma di schiere di streghe, scheletri, demoni terrestri, fauni, satiri, folletti, fate, figure mitologiche, creature angeliche, non avevano certo funzioni escatologiche, quanto piuttosto costituivano un tentativo di familiarizzazio-

---

[21] Brusatin e Costa, *Visione*, cit., p. 1113.

ne col «perturbante», riprendevano temi e racconti delle fiabe popolari, poi raccolti dai fratelli Grimm. Sarà poi Robertson, con la *Fantasmagoria*, a tentare di risarcire la lanterna di un potere terrorifico sull'immaginario mai realmente rivendicato.

Sappiamo, grazie a una considerevole serie di testimonianze, che gli spettacoli ottici, siano stati di fantasmagoria o di lanterna magica, di mondo nuovo o di kaiserpanorama, hanno agito sulle passioni, hanno contribuito a modificare la percezione del mondo, hanno rafforzato credenze e contribuito a diffondere nuove idee e rappresentazioni del vicino e del lontano.

Certo non si tratta di sottovalutare, o mettere da parte, i creatori delle macchine, gli inventori, gli scienziati che, passo dopo passo, hanno portato all'animazione delle immagini e a una storia di tipo evoluzionistico-teleologico, ormai ampiamente esplorata, per quanto le ricerche più recenti sono riuscite a metterne a fuoco in modo assai più netto molti momenti e molti nessi. Importante insieme alle risposte e alla ricezione è conoscere che tipo di saperi veicolino e colleghino i lanternisti nel corso del tempo. Nel suo vagabondare nomadico il lanternista a ogni spettacolo riesce a operare forme di sutura – sia pure momentanea – tra parti del corpo sociale per tradizione separate tra loro. La luce di cui è portatore si distribuisce in modo omogeneo su qualsiasi tipo di pubblico. Lo spettacolo ottico produce il miracolo alchemico di trasformare in materia preziosa la natura rozza dei suoi utenti. È altrettanto importante reintegrare, nello stesso cerchio comunicativo, i messaggeri e portatori di luce assieme a coloro che, per secoli, si sono abbeverati alle fonti luminose produttrici di immagini sulle pareti delle osterie, nelle taverne, nelle locande, nelle scuole, nelle piazze dei villaggi contadini e nei salotti della borghesia. Tutti luoghi tradizionali in cui si svolgeva anche la miriade di altri tipi e modi di spettacolo popolare (come bene ha documentato Burke nel citato *Cultura popolare nell'Europa moderna*) e in cui forme conosciute di letteratura popolare vengono travasate nelle immagini, creando nuovi luoghi della memoria collettiva, tutte da analizzare e riconoscere[22]. Riteniamo che proprio in questi spettacoli popolari si possa riconoscere la genesi di una fiamma e uno spirito difficilmente in altro modo, o per altri aspetti, riconducibile a comuni elementi culturali, politici o religiosi.

---

[22] Vedi le ricerche di R. Schenda, *Folklore e letteratura popolare: Italia-Germania-Francia*, Roma 1986.

Osservando il fenomeno nella sua lunga durata e nella sua diffusione capillare si può ipotizzare una sorta di crescita esponenziale nel consumo delle immagini religiose e laiche e un rapidissimo diffondersi di un vera e propria alfabetizzazione visiva su tutto il territorio europeo. Nella nostra storia tutto si tiene e come nelle teorie del caos il battito d'ali di una farfalla a Venezia può provocare un terremoto dalle parti di Mosca o Parigi.

In principio la *lux* o l'immagine è unica, come l'evento, poi diventa un rito, più o meno periodico, una pratica diffusa e condivisa, poi si configura come una vera e propria dimensione temporale. Una dimensione nella quale i comportamenti cambiano a seconda del succedersi dei grandi eventi che modificano l'assetto politico e i confini geografici del vecchio continente, con manifestazioni di iconofobia esasperata che si sviluppano assieme alla diffusione delle immagini[23]. In effetti le stesse immagini, come ha osservato Manlio Brusatin, «aprono gli occhi ai ciechi e rendono gli intelligenti ottusi»[24]. Le forme dell'iconografia popolare[25], i luoghi e i modi del loro consumo si modificano seguendo ritmi e tempi ora in sintonia ora in asincronia rispetto a quelli della storia.

Pur derivando, all'inizio, in parte dall'iconografia medioevale, le immagini popolari e per spettacoli ottici perderanno poco a poco il rapporto con la tradizione ermetica e con la funzione di trascinare lo spettatore oltre i confini dell'io, in uno stato di *trance*, catalessi o estasi[26], per aiutarlo, invece, a fissare un lessico del mondo, diventando poco per volta forme circolanti di dizionari universali.

Le immagini popolari di santi, paesi di cuccagna, cani barbini e gatti domestici, alberi della vita, scale delle vite dei martiri, episodi del Vecchio e Nuovo Testamento, catastrofi, eventi straordinari, in omaggio alla legge dei vasi comunicanti, passano dalle xilografie alle acqueforti, dalle stampe alle ceramiche, dalle lastre per lanterna magica alle vedute d'ottica, alle oleografie... Un sistema iconografico ad alta densità, fondato su un numero vasto, ma in realtà ben

---

[23] K. Klark, *Iconophobia*, in *Moments of Vision and Other Essays*, New York 1981.
[24] M. Brusatin, *Storia delle immagini*, Torino 1989, p. xix.
[25] L'iconografia è stata definita da Panofsky come «quel ramo della storia dell'arte che si occupa del contenuto e del significato delle opere d'arte in quanto distinti dalla loro forma», E. Panofksy, *Il significato delle arti visive*, Torino 1962.
[26] Sull'ampiezza e sulla molteplicità di forme di rappresentazione delle visioni estatiche nella cultura occidentale e sulla necessità di riannodare i molti fili che uniscono il mondo greco a quello moderno vedi Ginzburg, *Storia notturna*, cit., pp. 99-129.

definibile di immagini, si espande nello spazio e nel tempo. In parallelo interi giacimenti narrativi già circolanti nelle campagne grazie al *colportage*[27], dalla *Chanson de Roland* alla leggenda di Guglielmo Tell, dai *Reali di Francia* ai racconti dei Grimm, si offrono agli illustratori per essere sintetizzati e tradotti in serie di lastre per lanterna magica, così come le matrici incise di Piranesi o di Canaletto vengono acquisite a Parigi, Augsburg o a Bassano dai Remondini per essere inserite nei loro cataloghi come «Realetti Prospettive», ossia come stampe per pantoscopi o per apparecchi ottici.

I portatori di macchine ottiche attingono all'immensa iconosfera popolare, riprendendo episodi dell'Antico e del Nuovo Testamento, evocando le meraviglie del mondo, richiamando alcuni eventi storici capaci ancora di suscitare interesse, e riprendendo con discrezione e moderazione svariati *faits divers*. Al tempo stesso – e in misura ben più sostanziale – pescano nei territori contigui della pittura, dell'architettura, della scenografia teatrale. Cultura alta e letteratura popolare coesistono, anche se lo spirito didattico/enciclopedico, e più di tutto quello mercantile, sembrano prendere, poco per volta, il sopravvento. Il viaggiatore di uno spettacolo ottico deve poter ritrovare gli elementi di luoghi vicini e lontani nei quali potrebbe imbattersi un viaggiatore colto a contatto con i luoghi veri. Accanto all'esperienza materiale del Grand Tour per i giovani della borghesia emergente in Francia, Germania e Inghilterra, l'importanza dei viaggi mentali era già stata presa in considerazione e celebrata, in pieno Settecento, da tanti letterati. Solo che era riservata al perfetto gentiluomo, che grazie alle letture dei libri, degli atlanti, delle mappe e delle carte geografiche avrebbe potuto tranquillamente fare il giro del mondo senza spostarsi da casa. Peccato che non si considerasse come, in quegli stessi anni, una simile opportunità era offerta al contadino della Borgogna o dell'Alsazia, o dell'estrema provincia dell'impero austro-ungarico, al pescatore della Bretagna, ai mercanti olandesi, ai marinai veneziani, agli abitanti di piccoli borghi o paesi in Russia o Polonia. E non importava il loro livello di alfabetizzazione perché fossero ammessi al viaggio. Il mondo, grazie a queste macchine, risultava tutto accessibile. Con l'eccezione del cuore di tenebra del continente africano

---

[27] R. Mandrou, *De la culture populaire aux XVII<sup>e</sup> et XVIII<sup>e</sup> siècles: la Bibliothèque bleue de Troyes*, Paris 1964.

che la fotografia rivelerà molto tardi ben oltre la seconda metà dell'Ottocento.

Era anche la scoperta della rotondità del globo che ne riduceva idealmente le distanze. Il grande turismo di massa, il fenomeno della dislocazione temporanea di migliaia di persone, condannate di fatto a rimanere chiuse nel proprio spazio vitale per tutta la vita, inizia da queste esperienze piuttosto che dai pur diffusissimi manuali di viaggio. A far viaggiare, a trasportare in pochi minuti nelle mille e una città del mondo, bastavano le parole di un narratore capace di far toccare i luoghi vicini e lontani con lo sguardo. Poco per volta, accanto a una rappresentazione e a un sistema iconografico per lanterna magica che sembra ispirarsi alle *Bibliae pauperum* e appartiene a un mondo anteriore all'invenzione della prospettiva, si sviluppa un tipo di rappresentazione che vuole trasmettere un'esperienza dello spazio reale quanto più fondata sulla conoscenza diretta dei luoghi. Il lanternista scompone il mondo, ne moltiplica i riflessi e le manifestazioni, indica come le strade del visibile siano indefinite e suggerisce di continuo l'illusorietà delle apparenze. Mentre chi mostra le vedute vuole ricondurre tutto lo spazio conosciuto sotto lo sguardo della ragione, ridare ordine allo spazio, riportarlo a regole geometriche e matematiche.

Grazie a questi uomini *sans feu ni lieu* si accendono miriadi di fuochi da cui scaturiscono raggi luminosi e decolla e sembra dunque realizzarsi quel sogno di dar vita a una «lingua universale» che nel corso del Seicento ha impegnato a lungo filosofi e pensatori come Bruno, Comenio, Leibniz, Dalgarno, Wilkins, Kircher...[28]. Intanto gli studiosi di fisica cominciano a sperimentare e descrivere le possibilità multiple d'uso scientifico e spettacolare delle proiezioni e si incontrano le prime descrizioni di spettacoli ottici[29].

---

[28] V.R. Pellerey, *Le lingue perfette nel secolo dell'utopia*, Roma-Bari 1992; U. Eco, *La ricerca della lingua perfetta nella cultura europea*, Roma-Bari 1993. Vedi anche P. Rossi, *Lingue universali, classificazioni, nomenclature*, in *Aspetti della rivoluzione scientifica*, Napoli 1971, pp. 293-367.

[29] Alberto Zotti Minici ha portato con le sue ricerche un contributo fondamentale alla comprensione di alcuni aspetti particolari dei processi di secolarizzazione della scienza e dei rapporti tra sviluppo dei saperi scientifici e uso degli esperimenti scientifici stessi in funzione spettacolare. In particolare si veda la sua tesi di dottorato *Dispositivi ottici alle origini del cinema: immaginario scientifico e spettacolo nel XVII e XVIII secolo*, discussa nel 1992, di imminente pubblicazione.

## LA PREDICAZIONE VISIVA E LA NASCITA DI UNA NUOVA RELIGIONE

Come in un gioco di scatole cinesi i venditori di immagini e di sogni diventano pedine importanti del grande gioco avviato da questi studiosi. Sono loro, con uno spirito missionario ed evangelico che non ha nulla in comune con quello religioso dei gesuiti, a diffondere un esperanto della comunicazione visiva che consentirà di ricevere direttamente un messaggio e tradurlo, senza sforzo, nella propria lingua d'origine. Una volta avviata questa predicazione è necessario attribuire a queste migliaia di anonimi personaggi anche un ruolo di portatori e produttori di cultura, in quanto ogni singola immagine, o venduta o mostrata all'interno di uno spettacolo ottico, è corredata di significati che il venditore o il lanternista elaborano tenendo conto dei destinatari, contribuendo a diffondere saperi alternativi quasi mai coincidenti con quelli della scienza e della religione ufficiali.

Le immagini per lanterne magiche, o quelle delle vedute d'ottica, formano il lessico, la morfologia e la sintassi di questa nuova lingua, creano forme tangibili di alfabetizzazione diffusa in Russia come nei Paesi Bassi, o nella penisola iberica. Questa lingua si legittima, diffonde e stabilizza grazie alla costituzione di quello che abbiamo chiamato «mercato comune delle immagini», che si sviluppa dal Settecento soprattutto in quattro capitali – Augsburg, Bassano, Parigi e Londra – e riesce a coprire rapidamente il territorio continentale[30].

In modo complementare, e in un arco di tempo di circa due secoli, i lanternisti, o coloro che mostravano uno spettacolo di pantoscopio, hanno modo di creare, all'interno dell'ordito delle grandi vie di comunicazione, delle strade e dei sentieri che univano i paesi europei, una trama di forme simboliche, significati e «comportamenti condivisi», di orizzonti d'attese, emozioni e passioni comuni e diventare veri e propri mediatori tra mondo contadino e civiltà urbana, tra produzione artistica e manufatti artigianali[31].

«Gli spettacoli da fiera, le immagini della lanterna magica sono stati nelle società tradizionali dei mezzi di diffusione e di fissazione

---

[30] Per un primo approccio d'insieme ai quattro centri europei produttori di vedute d'ottica si veda il saggio di A. Milano, *Les «vues d'optique»*, in *Viaggio in Europa attraverso le vues d'optique*, a cura di A. Milano, Milano 1990.

[31] V.P. Joutard, *Iconographie et tradition orale*, Marseille 1979.

eccezionali» ha notato Vovelle, sottolineando proprio il ruolo centrale, per gli studiosi di storia delle mentalità, dell'iconosfera costituita dalle immagini popolari[32].

Da una parte la storia delle mentalità ci può guidare a capire e interrogarci sull'uso e sugli effetti della diffusione sociale delle immagini, dall'altra i metodi elaborati da Aby Warburg ci possono aiutare in una ricerca che pensa di ottenere frutti considerevoli dall'indagine iconografica e iconologica applicata a quella che consideriamo la parte più cospicua delle fonti a nostra disposizione. Iconografia e letteratura ci consentono di utilizzare frammenti sparsi e del tutto eterogenei per ricomporre – come in un gigantesco grafo e da un punto di vista più ampio – una mappa provvisoria della visione popolare in cui siano segnalati i luoghi dell'azione, delineati rituali, morfologie e tipologie degli spettacoli concorrenti e operanti negli stessi spazi, identificati i soggetti e le modalità della rappresentazione, gli strumenti della visione, la *dispositio* e l'*actio* narrativa, il ruolo della parola e del racconto orale, gli oggetti rappresentati, le risposte e gli effetti sui destinatari.

Non è rilevante, in questo lavoro, soffermarci sulla qualità dell'*inventio* individuale, quanto piuttosto sottolineare il formarsi di un processo industriale che moltiplica, in modo indeterminato e meccanico, le immagini e finisce per mescolare e uniformare i valori. Le copie di incisioni, tratte da quadri di Rubens o Rembrandt, avranno lo stesso valore di vedute ricavate dai rami originali di Canaletto, o da altre vedute anonime. In questo processo di atomizzazione e diffusione delle stampe popolari e di omologazione di certe forme di sapere visivo dei mondi contadini e borghesi non interessa neppure distinguere tra i vari livelli di qualità dei prodotti, o capire se la domanda si orientasse consapevolmente verso i soggetti d'autore: interessa piuttosto far riemergere dal buio i comportamenti, gli atti significativi dei venditori ambulanti, le strategie di persuasione adottate, i mutamenti delle tecniche discorsive e gestuali in un arco di tempo che vede non pochi cambiamenti sulla scena della storia europea.

In ogni caso le vedute d'ottica sanciscono la fiducia nei principi di visibilità assoluta del mondo.

Grazie a una considerevole quantità di fonti iconografiche e letterarie, mai realmente esaminate e valutate per la loro specificità

---

[32] M. Vovelle, *Idéologies et mentalités*, Paris 1982, p. 79.

funzionale, è possibile ricostruire luoghi, modi, caratteristiche dei pubblici e reazioni alle diverse forme di spettacolo ottico in diversi paesi europei e nei contesti più disparati, giungendo a riconoscere i caratteri comuni, ma anche a isolare singole individualità rappresentative di una storia collettiva. La storia della ricezione degli spettacoli ottici di tutta l'era del cosiddetto pre-cinema e in un certo senso anche l'estetica della ricezione nel suo progressivo abbandono del senso di paura – mai però definitivo – a favore della percezione dell'utile e del bello, si può cominciare a ricostruire partendo dalle fonti iconografiche, da una rilevante quantità di testimonianze visive che colgono insieme emittenti, destinatari, tipologie degli spettacoli, molteplicità dei contesti e dei luoghi in cui si svolgono ed emozioni superficiali e profonde ben impresse sui volti di spettatori di ogni età e condizione sociale.

È indispensabile che il percorso dello spettatore faccia sempre corpo col percorso della visione e sia possibile analizzare analogie e differenze tra il tempo dell'esperienza attuale e quello dello spettatore del passato. Lo spettatore può avere la sensazione di spostarsi rapidamente, a cavallo della luce, nello spazio e nel tempo e planare dolcemente, grazie al mondo nuovo, in spazi lontani sentendo di poterli chiudere nel palmo di una mano. O iniziare un viaggio verso il regno dei morti, o provare un senso di annullamento e stupore panico nei confronti dell'universo.

Lanterne magiche e apparecchi di spettacoli ottici gli daranno la sensazione inebriante di poter imprigionare, tra un battito di ciglia e l'altro, il senso dell'eternità. E più di tutto di possedere, grazie alla luce, lui, uomo senza storia, sia pure per un attimo, il dominio del mondo e il dono divino dell'onnipotenza e dell'onnipresenza.

Personaggi privi di qualsiasi percezione del sé, di qualsiasi vita affettiva, di qualsiasi curiosità e capacità di percezione del mondo, si sentono all'improvviso proiettati in spazi sconfinati, non avvertono più alcun vincolo spazio-temporale. La piccola lanterna riesce a farli volare e a farli sentire parti di una vita cosmica.

### IL MONDO PER UN SOLDO

Da quando appaiono sulla scena di tutti gli spettacoli del mondo i lanternisti hanno la capacità di innestare nelle culture orali di tradizione millenaria culture visive in cui l'immagine diventa Verbo e il Verbo visivo comunica, in modo potente e inedito, con catecumeni sempre nuovi. La parola assume varie funzioni: di formula magica, capace di dare realtà materiale ai fantasmi, di elemento di concatenazione sintattica o paratattica tra fattori eterogenei, di allargamento dei poteri dell'oggetto mostrato. La parola scritta entra nell'immagine, spesso sotto forma di didascalia in più lingue (il latino in molti casi è ancora la lingua franca). Nel momento in cui il libro riesce a far apparire la cultura orale come retaggio di civiltà primitive, l'oralità si prende la sua rivincita grazie all'avvento dell'era delle macchine e degli spettacoli ottici, riuscendo a conferire alla parola nuovi poteri. Alla realtà del canto dell'aedo, che dal mondo omerico riesce a giungere fino ai giorni nostri, come ci ha insegnato Florence Dupont[33], dal tardo Seicento si sostituisce l'affabulazione del lanternista, o dell'impresario del mondo nuovo, per ricreare, forse, non le condizioni del *térpein*, dell'ebbrezza postprandiale (anche se qualche lanternista lubrifica la gola con un bicchiere di vino tra un racconto e l'altro), ma un forte senso comune, di eccitazione, emozione e meraviglia di fronte ai prodigi e ai *monstra* che nascono dalla piccola scatola magica.

Senza aver frequentato scuole o accademie, essendo appena in grado di leggere e scrivere i lanternisti hanno il potere di modificare le leggi dello spazio e del tempo, di spezzare il pane della scienza, di creare non un mondo, ma molti mondi. Le immagini del mondo entrano nelle scatole magiche e queste scatole diventano il mondo. Le lanterne magiche segnano il punto di raccordo tra la rappresentazione del mondo medievale e le esigenze delle nuove macchine ottiche di andare alla scoperta del lontano e dell'invisibile, tra magia naturale e scienza moderna, e di esibire – come nel paese di Cuccagna – gli oggetti affascinanti della nuova civiltà mercantile, di moltiplicare in modo indefinito i poteri dell'occhio e diventare anche occhio interno. La scatola del mondo nuovo, oltre a sintonizzarsi con la cultura dell'illuminismo, mostra piuttosto legami con le arti figurative, la pittura e l'architettura.

È evidente che – sia pure in una misura di scala molto modesta – il racconto delle imprese delle folle di venditori di stampe o di lanternisti assume le caratteristiche di un *epos* popolare, che vede incontrarsi e quasi incalmarsi, in uno stesso ceppo socio-antropologico, realtà del mondo contadino, dei borghi e grandi città europee,

---

[33] F. Dupont, *Da Omero a Dallas*, Roma 1993.

credenze primitive e circolazione di conoscenze della cultura illuministica.

Persone, gesti, reazioni, emozioni, età, classi, una cosmologia sociale e culturale di *gens de peu*, secondo la felice definizione di Pierre Sansot[34], nella quale si producono i legami di una vera e propria *re-ligio*, si manifestano sforzi alternativi rispetto a quelli dei grandi collezionisti di racchiudere l'universo in uno spazio minimo, alla portata di tutti, si fissano comportamenti collettivi destinati a evolvere lentamente sino al ventesimo secolo.

Si vogliono analizzare, con grande rispetto, i segni minimi, ormai quasi invisibili, collegarli tra loro, legittimarli e investirli di significati e poteri plurimi. Certo sarà difficile seguire, passo per passo, il percorso dei due fratelli Giovanni e Pasqualino Rizzà nel loro viaggio del 1719 verso l'Ungheria e la Germania con le loro 36 risme di materiale vario, o conoscere l'esito di questa spedizione e dell'ipoteca che i Remondini avevano messo sui loro beni a garanzia della «robba» che avevano fornito loro per un valore di 504 troni. E non ci bastano le poche lettere indirizzate sul finire del Settecento da Antonio Vendramini a Giuseppe Remondini da Lisbona e da Londra per capire l'andamento di una spedizione che puntava ad aprire sedi stabili nei due paesi. Ma componendo tra loro una serie considerevole di frammenti minimi sarà possibile immaginare e seguire quasi materialmente alcuni percorsi («Partito da Lisbona il 24 agosto rivai in Londra ad abraciare li miei figli. Quatordeci giorni dimorai in quela Capitale poi intrapresi il viaggio novamente alla volta di Hamburgo ed ora mi ritrovo alla fiera di questa città»)[35], stabilire un piano comune e restituire visibilità a un fenomeno che ha avuto un ruolo importante nel costituire un patrimonio e un tessuto culturale comune dell'Europa moderna.

Proprio nel secolo in cui la potenza economica della Serenissima comincia a declinare, il Veneto della terraferma, il Veneto contadino reagisce, e, nel giro di breve tempo, assume un ruolo di «capitale» dell'immaginazione popolare del mondo moderno, di luogo propulsivo e di trasmissione su scala europea di una cosmologia figurativa nella quale coabitino i modelli alti della grande pittura veneta cinque-settecentesca con quelli dell'iconografia popolare

---

[34] P. Sansot, *Les gens de peu*, Paris 1991.
[35] Antonio Vendramini, *Lettera del 16 ottobre 1800*, in *Epistolario Remondini*, Biblioteca civica di Bassano, XXII, 29, lettera n. 6519.

sacra e profana, con quelli del vedutismo architettonico e topografico di origine olandese. Lo sviluppo poderoso di un'industria delle immagini, che ha il suo centro motore nell'asse Bassano-Pieve Tesino e si può assumere a modello di una capacità imprenditoriale, di una creatività e di un senso dell'avventura i cui geni sembrano essersi trasmessi anche alle attuali generazioni, modifica, non solo in senso mercantile, il ruolo delle immagini nella vita sociale e culturale europea. Le microstorie dei venditori di stampe di Pieve Tesino hanno una ricaduta e un interesse che va ben al di là della storia locale e attraversa più territori socio-culturali e artistici[36].

In pratica si crea una trama e un ordito di modi di trasmissione delle immagini e un circuito integrato di iconografia colta e popolare e spettacolo ottico la cui esistenza facilita la fulminea diffusione del cinema.

### LE MERAVIGLIE DELL'OTTICA NELLA PIAZZA UNIVERSALE DELLO SPETTACOLO

Gli spettacoli ottici, dopo una nascita nei trattati di fisica o di magia naturale e uno svezzamento nei gabinetti scientifici e delle meraviglie, sono entrati in punta dei piedi nella piazza di tutti i mestieri. E si sono mescolati in uno spazio in cui agivano da tempo, a vario titolo, buffoni, giocolieri, acrobati, menestrelli, prestigiatori, comici dell'arte, burattinai, funamboli, personaggi in maschera, esecutori di ballate, forzuti, suonatori, che periodicamente si esibivano e disperdevano ritrovandosi altrove, con altri elementi, per formare nuovi insiemi eterogenei, nuovi microcosmi. Questi spettacoli poveri e marginali poco per volta sono destinati a diventare i sovrani della scena, a entrare in concorrenza con le forme alte del teatro[37].

---

[36] Si deve più di tutto a Mario Infelise il merito di aver contribuito a ricostruire la storia industriale e culturale della tipografia Remondini: tra i suoi molti contributi segnalo *I Remondini di Bassano. Stampa e industria nel Veneto del Settecento*, Bassano 1980, e *L'editoria veneziana nel '700*, Milano 1989 e il catalogo della mostra di Bassano, curato con P. Marini, *Remondini. Un editore del Settecento*, Milano 1990. Per un quadro problematico e critico vedi A. Zotti Minici, *La fortuna critica dei Remondini di Bassano*, nel volume curato dallo stesso Zotti, *Le stampe popolari dei Remondini*, Vicenza 1994. Pionieristici anche i lavori di Elda Fietta a partire dalla sua tesi del 1969-70, *Girovaghi del Tesino in Europa e in America*, e il saggio *Il commercio tesino nel mondo*, in *Stampe per via*, a cura di B. Passamani, Bassano 1972, e *Con la cassela in spalla: gli ambulanti del Tesino*, Ivrea 1987.

[37] Si veda il citato volume curato da Silvestrini, *La piazza universale*.

Così scrive Renato Francescotti a proposito dello spettacolo ambulante a Trento in piazza della Fiera:

> Per secoli alla Piazza della Fiera arrivavano i venditori per i mercati e le sagre: l'ampio piazzale ferveva del grido dei venditori, del movimento della gente... Arrivavano in Piazza Fiera le giostre, i serragli, i circhi. Vi conviveva una fauna pittoresca: giocolieri, zingari... uomini forzuti, mangiatori di spade e di fuoco [38].

Una folla osservata nel tempo con sospetto, costituita all'inizio, come nei secoli successivi, da «calcagnantes, trufatores et malagentes» [39], nella quale i portatori di magia ottica non si distinguevano, esercitando un fascino del tutto simile a quello dell'immenso popolo degli ambulanti e dei vagabondi:

> Il vagabondo, tramite tra mondi diversi, assume su di sé il fascino dell'esotico, ma contemporaneamente diventa il polo su cui si scaricano le paure dell'ignoto [40].

A lungo prima di entrare nelle case borghesi e diventare uno strumento didattico, o un gioco per bambini, lo spettacolo ottico appare come elemento di turbamento sociale in nome di una cultura che giunge dal basso o sa adattare al mondo popolare i frammenti dei saperi scientifici e religiosi che predicano l'armonia universale, il ritorno del trionfo dell'uomo sulla natura e echeggiano, e riducono in briciole le concezioni del mondo di sette misteriose come quelle rosacrociane o massoniche.

In effetti c'è qualcosa nelle piccole macchine – fin dall'inizio – che appartiene a tutte le forme di spettacolo popolare e, al tempo stesso, vuole misurarsi, oltraggiosamente con le forme più elevate dell'arte e del pensiero. E c'è un punto, quando si accelerano i processi di produzione delle immagini, in cui, nel calderone della visione popolare i due spettacoli di lanterna magica e mondo nuovo sembrano fondersi (ma già si è vista nel Settecento la lanterna magica portata sulle spalle da Scaramouche-Diogene in spettacoli

---

[38] R. Francescotti, *Gente di quartiere*, Trento 1980, pp. 79-80.
[39] Vedi il capitolo dedicato a questo tipo di personaggi in P. Camporesi, *Il paese della fame*, Bologna 1978, pp. 53-75.
[40] F. Meneghetti Casarin, *I vagabondi. La società e lo stato nella Repubblica veneta alla fine del '700*, Roma 1984, p. 307. Vedi anche G. Sanga (a cura di), *La piazza. Ambulanti, vagabondi, malviventi, fieranti*, in «La ricerca folclorica», a. x, n. 19, aprile 1989, p. 18.

di commedia dell'arte[41] e con molta probabilità, effetti ottici sono utilizzati in varie forme di spettacolo fin dal Seicento e la luce stessa può essere promossa a *deus ex machina*). Dai primi dell'Ottocento in poi si perde la coscienza delle differenze tra lanterna magica e pantoscopio, come si può vedere sia nelle svariate incisioni di Pinelli su spettacoli romani di mondo nuovo come nelle immagini prodotte a Metz da Gangel in cui si mostra uno spettacolo di pantoscopio in Cina con una didascalia che dice:

> La lanterna magica cinese è in tutto e per tutto simile alla lanterna magica francese: certi strani meccanismi e dei quadri mobili sono adattati a questo genere di teatro nomade.

Nell'Ottocento, alla fase della grande avventura di predicazione e diffusione capillare del nuovo verbo visivo, alla fiducia magico-scientifica nella possibilità di espansione indefinita dell'immaginazione, ne subentra una di scoperte di nuove macchine e nuovi sistemi rappresentativi con caratteristiche mimetiche (la fotografia), con effetti tridimensionali (le stereoscopie), totalizzanti (i panorami), che accelerano il progetto di riproduzione della realtà e del suo movimento. L'anima romantica, che attinge alla cultura medioevale ed è insofferente dei limiti posti dalla ragione alle esperienze individuali, affida profeticamente all'occhio, in una prima fase, il potere di procedere verso dimensioni interiori. Poi l'attenzione sembra spostarsi dal paesaggio e dal mondo al corpo umano come mondo. Allo sforzo di rispecchiare fedelmente lo spazio subentra il tentativo di cogliere il tempo, di trovare il modo di fissare il movimento, comprenderne le leggi. Tutto il secolo è attraversato da una sorta di ossessione visiva[42] o da una frenesia del visibile[43] che nasce in un contesto romantico e può riconoscere il suo punto di riferimento iniziale nell'opera di Goethe o del giovane Leopardi e, in seguito, ha il suo epicentro nelle ricerche e scoperte delle nuove meraviglie dell'ottica, per poi rimbalzare dalla pittura al teatro, alla letteratura, influenzandone la prosodia, i temi, le forme narrative e spettacolari.

---

[41] Vedi la figura di *Scaramouche Diogène sur les tréteaux de la Foire*, ripresa nel libro di Pierre Louis Duchartre, *La comédie italienne*, Paris 1924, p. 103.

[42] A. Costa, *Introduzione*, in Id. (a cura di), *La meccanica del visibile*, Firenze 1983, pp. 11-30.

[43] J.L. Comolli, *Machines of the Visible*, in *The Cinematic Apparatus*, a cura di T. De Lauretis e S. Heath, New York 1985.

Grazie all'incontro e alla con-fusione dei percorsi dei lanternisti e dei venditori di vedute d'ottica, al disperdersi del pensiero scientifico e alchemico nei saperi degli ambulanti, avviene una metamorfosi assai feconda: nel firmamento dell'immaginazione popolare si accendono nuove luci, quelle della fotografia, anzitutto, e tutte le nuove forme e invenzioni di apparecchi legati agli spettacoli ottici appaiono come prodigi, o comete dotate di una luminosità nuova e potentissima, annuncianti l'avvento di una nuova era.

Lo sviluppo dei linguaggi della visione, dalla lanterna magica alla fotografia, coi suoi

rituali che traducono le pratiche religiose tradizionali per meglio rispondere ai traumi della modernizzazione, è intimamente connesso con lo sviluppo del commercio, della città, delle relazioni sociali[44].

Il cinema diventerà, nel giro di pochi anni, il più potente collettore e acceleratore di particelle del mondo dello spettacolo, della cultura popolare, ma anche l'interprete e il messaggero della modernizzazione, oltre che il custode di tanti saperi del passato e sarà capace di attuare ogni sorta di riduzione, trasformazione e contaminazione tra le differenti forme espressive dell'arte e della letteratura e gli elementi costitutivi dell'iconografia del mondo moderno e contemporaneo.

E, in tutto il mondo, di fronte alle miriadi di quadrati magici sorti ovunque, si apriranno contemporaneamente milioni di occhi le cui pupille riceveranno la manna luminosa e si prepareranno ad andare sulle ali dorate di nuovi pensieri visivi verso una nuova terra promessa.

---

[44] A. Abruzzese, *Ai confini della civiltà. Pretesti sulla fotografia: vedere Napoli e poi morire*, in G. Fiorentino, *Tanta di luce meraviglia arcana*, Napoli 1992, p. 8.

3.

# L'OCCHIO E LA LUCE: CREAZIONE E CONQUISTA DI UN UNIVERSO MERAVIGLIOSO

### L'OCCHIO AL CENTRO DELL'UNIVERSO

La grande avventura della visione inizia quasi negli stessi anni in cui Cristoforo Colombo parte alla scoperta del Nuovo Mondo. Per la precisione una decina d'anni prima.

Se la cultura rinascimentale, nei suoi aspetti dominanti, è antropocentrica e mira a stabilire i rapporti tra natura organica e inorganica, micro e macrocosmo, la storia che vogliamo esplorare parte e si sviluppa in base a una concezione in cui l'occhio è al centro, ma anche è «Il» centro dell'universo, il punto di confluenza dello spirito universale, lo specchio e la misura di tutte le cose. «L'occhio, dal quale la bellezza dell'universo è specchiata dai contemplanti...»[1] scrive Leonardo nel *Trattato della pittura* e in uno dei suoi *Pensieri,* in cui cerca di dimostrare come l'occhio, il raggio di sole e la mente «sono i più veloci moti che sieno»[2], sostiene che «l'occhio subito ch'è aperto, vede tutte le stelle del nostro emisferio»[3].

La nostra storia muove i suoi primi passi in territorio italiano, tra Milano, dove Leonardo comincia dopo il 1482 a studiare i meccanismi della visione, Napoli, Roma, Venezia, Padova, Firenze, dove diversi modelli del sapere filosofico, artistico e scientifico entrano, poco alla volta, in rotta di collisione tra loro, le mappe

---

[1] L. da Vinci, *Trattato della pittura,* a cura di E. Camesasca, Milano 1995, p. 20.
[2] Id., *Scritti letterari,* a cura di A. Marinoni, Milano 1974², p. 66.
[3] *Ibid.*

della conoscenza del mondo vengono ridisegnate e la natura delle cose rimessa in discussione, a partire dai dati dell'esperienza diretta.

I viaggi di scoperta e conquista del mondo, le possibilità di conoscerlo in superficie e profondità, misurarlo, definirne i rapporti, riclassificarlo, esplorarne nuove dimensioni, avvengono anche grazie al riconoscimento – da parte di Leonardo in primis – dei poteri conoscitivi dell'occhio. E alla valorizzazione progressiva di questi poteri con l'aiuto di saperi legati all'esperienza e strumenti scientifici innovativi e allo sforzo di superarne i limiti naturali.

«Ciascuna epoca, quando riceve nuove idee, ottiene pure nuovi occhi» ha scritto Heinrich Heine. Alla fine del Quattrocento sono anche i «nuovi occhi», l'esperienza che passa attraverso l'organo della vista, a contribuire alla nascita e scoperta delle nuove idee. A produrre una spinta determinante verso la costruzione di un pensiero scientifico che parte dall'osservazione diretta dei fenomeni. In primo luogo si tratterà di capire come è fatto l'occhio, qual è la sua morfologia e fisiologia, quali i rapporti con la sfera conoscitiva. In questo senso, per la qualità dell'elaborazione e il mutamento dei sistemi di riferimento, senza peraltro rompere i ponti col pensiero medioevale, ci sembra opportuno sottolineare il fatto che tutte le strade del territorio che ci accingiamo a esplorare portano e partono da Leonardo da Vinci. La visione leonardesca della totalità del mondo come organismo singolo trova una corrispondenza perfetta nell'occhio, l'unico organo del corpo umano grazie a cui è possibile pensare di muoversi alla conquista della sua totalità.

Anche se due grandi storici della scuola delle «Annales», Febvre e Mandrou [4], ci hanno detto che, ancora nel Cinquecento, la vista non è il senso più importante, anzi occupa la terza posizione, dopo l'udito e il tatto, e a grande distanza da entrambi per importanza, ci sembra che il pensiero di Leonardo agisca da modificatore di tutto il sistema di conoscenze attraverso i sensi, fissi nuovi ordini gerarchici e nuove misure di scala per artisti, filosofi e scienziati.

Per la storia della visione nel mondo moderno Leonardo ha un ruolo analogo a quello di Colombo per le esplorazioni e scoperte geografiche. Il suo pensiero, perfettamente isolato rispetto a una

---

[4] L. Febvre, *Le problème de l'incroyance au XVI<sup>e</sup> siècle. La religion de Rabelais*, Paris 1968 e R. Mandrou, *Introduction à la France moderne 1500-1640: Essai de Psychologie historique*, Paris 1974.

concezione filosofica, scientifica e religiosa che non intende attribuire alla vista poteri conoscitivi, anticipa di oltre un secolo il *Sidereus nuncius* galileiano. Che insieme con gli studi sulla *Diottrica* di Descartes, che contribuisce alle valorizzazioni del potere della vista della cultura barocca e delle teorie ottiche del Settecento. Non è solo importante per le meditazioni sull'occhio e sulla camera oscura, quanto perché nelle sue scoperte sembrano confluire le spinte contrastanti che circolano in Europa alla fine del Quattrocento, proiettate alla conquista di nuovi orizzonti di percezione e conoscenza del mondo. Leonardo si concentra sul fatto che le meraviglie del mondo non sono altrove, non vanno scoperte spingendosi oltre le colonne d'Ercole dei mondi conosciuti: sono a portata dello sguardo di ognuno. Hanno a che fare con le esperienze quotidiane, si possono specchiare nell'occhio in ogni momento. I termini in cui Leonardo definisce i poteri dell'occhio (rendendoli superiori a quelli di tutti gli altri sensi) e ne trova una perfetta analogia nella camera oscura sono destinati a orientare le teorie della visione per quasi due secoli, a indicare la strada da percorrere a tutti gli artisti che si serviranno della camera ottica per catturare il mondo e vederlo con maggiore precisione[5]. Se la camera oscura leonardesca comincerà a muoversi assieme con gli artisti che ne faranno uso e diventerà un organo aggiunto fondamentale per la comprensione della realtà, dalla metà del Cinquecento servirà anche per indicare all'osservatore, promosso rapidamente alla condizione di spettatore, percorsi mai praticati prima e per aiutarlo a scoprire mondi accessibili solo all'occhio interno dell'immaginazione. Nel momento in cui comincia a muoversi, la camera ottica indica all'occhio dello spettatore del mondo moderno un duplice percorso che lo porta da una parte a un rapporto più ravvicinato col reale e dall'altra lo avvia verso spazi e tempi che stanno al di fuori del vissuto. Si crea anche un tempo, individuale e collettivo, legato al rito dello *spectare*.

Siamo alla vigilia della rivoluzione scientifica: le nuove ricerche di anatomia e astronomia, micro e macroscopica, potranno avvenire grazie all'uso sistematico di strumenti ottici che spingono i poteri dello sguardo verso frontiere inimmaginabili, minando dalle fondamenta i principi di conoscenza del mondo basati sul pensiero ari-

---

[5] Per questo aspetto è fondamentale il primo capitolo di J. Crary, *Techniques of the Observer*, Cambridge, Massachusetts, 1995, pp. 25-66.

stotelico e tolemaico. Tuttavia, proprio in una fase in cui ci si avvia verso orizzonti sconosciuti per la scienza, i cui risultati saranno subito accolti nella medicina e chirurgia come nella navigazione, nell'agricoltura come nella cartografia, le ricerche sull'ottica partono dalla messa a fuoco dell'esperienza del vicino, da un'interrogazione sui meccanismi della visione e procedono grazie ai legami ben stretti con le pratiche dell'occultismo, con l'ermetismo e i saperi alchemici.

Tutto lo scenario che stiamo per affrontare si presenta, nel lungo periodo, come luogo di compresenza di due visioni del mondo e del sapere in antitesi tra loro, che non riescono mai a staccarsi l'una dall'altra, a divaricare i loro percorsi e i loro destini. Se non si mette subito in chiaro questo intreccio non si riesce a capire l'interazione dei fenomeni, la loro circolazione contemporanea a livelli alti e popolari, nonché la lunga durata e l'ampiezza del processo di laicizzazione progressiva dell'immaginazione dell'uomo europeo.

Nel momento in cui si decide di varcare le colonne d'Ercole per andare alla scoperta di nuove terre ci si accorge che lo stesso corpo umano è una «terra incognita» e che, tra tutti gli organi ancora sconosciuti, l'occhio è il più misterioso e può costituire, rispetto all'Atlante corporeo, quello che il Nuovo Mondo rappresenta per l'Atlante geografico. Le descrizioni dell'occhio o delle caratteristiche e poteri della camera oscura di molti scritti del Cinquecento hanno, dal punto di vista conoscitivo, le stesse caratteristiche dei diari di viaggio di Colombo o Ramusio, di Walter Ralegh o di tutti i viaggiatori che descrivono le meraviglie del Nuovo Mondo. A partire da Leonardo l'occhio consente il «possesso» fisico delle cose del mondo. Anche se ancora a lungo per la storia della visione sarà più importante non soffermarsi sui dati fuorvianti del visibile e puntare a vedere il senso delle cose che trascende l'esperienza e collega ogni singolo elemento a un disegno universale.

Come la *Cosmographia* di Claudio Tolomeo è l'opera di riferimento chiave per la geografia e la scienza naturale cinquecentesca, così per l'ottica e la fisica, tutte le conoscenze rinascimentali sull'occhio si rifanno agli scritti del pensatore arabo nato nel 965, Al-hazen (Abu Ali Alhasan Ibn Alhasan, Ibn Al-Haitan), le cui opere maggiori di ottica, *De Aspectibus* e la *Perspectiva*, sono tradotte e studiate fin dal Medioevo e il suo capolavoro, *Opticae Thesaurus Alhazeni Arabis*, viene stampato a Basilea nel 1572.

Al-hazen – che, pur distaccandosene, ricava le sue informazioni sull'occhio da Galeno[6] – capovolge e contesta i fondamenti del pensiero antico, di Pitagora, Euclide e Parmenide, con un'affermazione che avrà grandi conseguenze sugli sviluppi futuri dello studio dell'organo della vista:

> La visione si realizza per mezzo dei raggi di luce che provengono dall'esterno ed entrano nell'occhio... L'atto della visione non si realizza per mezzo dei raggi emessi dall'occhio e... la credenza di coloro che pensano che qualcosa venga emessa dall'organo della visione è falsa[7].

Nel pensiero del mondo antico la visione è determinata dalla luce che proviene direttamente dall'interno dell'occhio, non da quella prodotta dall'oggetto[8]. Euclide, Platone, Aristotele, Archita, Epicuro, Crisippo, Tolomeo, pensano a un fuoco interno, «fratello» dello stesso fuoco diffuso nel mondo dagli dei sotto forma di luce (Platone), alla capacità di produrre una sorta di tensione nell'aria che, nei confronti dell'oggetto, prende la forma di un cono che unisce l'oggetto alla pupilla (Crisippo).

Fin a tutto il Rinascimento non si è ancora certi se sia la luce a colpire l'occhio dall'esterno o se i raggi partano dall'interno della pupilla verso le cose osservate. Per capire il funzionamento dell'occhio sembra opportuno servirsi di procedimenti che ne riproducano le caratteristiche: *in primis* si riconoscono o si stabiliscono delle analogie con la camera oscura[9].

Prima di Leonardo, negli scritti medioevali di Bacone, Guillaume de Saint-Cloud, Vitellio e John Peckam, e dopo il 1500 ancora nell'opera del 1543 di Francesco Maurolico, *Cosmographia... in tres dialogos distincta: in quibus de forma, situ, numeroque tam coelorum et elementorum, aliisque rebus ad astronomica spectantibus... disseritur*, si fa riferimento alla camera oscura più di tutto come al mezzo migliore per osservare le eclissi di sole[10]. La camera oscura è cono-

---

[6] Come ha mostrato R. Pierantoni, *L'occhio e l'idea*, Torino 1981, p. 15.
[7] La citazione è *ibid*.
[8] G. Simon, *Le regard, l'être et l'apparence dans l'optique de l'Antiquité*, Paris 1988.
[9] In *The Camera Obscura. A Chronicle*, Bristol 1981, J.H. Hammond traccia una storia della camera oscura a partire dalle più lontane testimonianze della cultura cinese. Vedi anche A. Scharf, *Art and photography*, Hammondsworth 1974. Vedi anche F. Bevilacqua-M.G. Iannello, *L'ottica dalle origini all'inizio del '700*, Torino 1982.
[10] Il quadro bibliografico più completo sugli scritti del Cinquecento, che include, oltre alle traduzioni di Vitruvio, gli scritti di A. von Nettesheim, Witelo, Reinhold, Maurolico, Robert Recorde, Jean Pena, Daniele Barbaro, L. Digges, E. Danti ecc., si trova in *Pre-Cinema History*, a cura di A. Hecht, London 1993, volume postumo di Hermann Hecht, in partico-

sciuta dal Medioevo. Nell'*Epistola de secretis operibus* di Bacone, lo studioso medioevale più visionario e proiettato nel futuro, ben prima di Leonardo del resto, si ipotizzano macchine volanti, sommergibili, automobili, polvere da sparo, microscopi e telescopi, specchi, tutti strumenti ottici o mezzi di locomozione che l'autore dichiara di aver visto, a eccezione delle macchine volanti [11]. Bacone è il primo studioso che attacca l'uso degli strumenti ottici come mezzi illusori da parte dei necromanti.

### QUANDO PER ALCHUNO PICHOLO SPIRACOLO ROTONDO...

L'idea che guida le prime ricerche di Leonardo, partito a sua volta alla scoperta dei misteri dell'occhio e impegnato, al tempo stesso, a capire la natura e i modi di diffusione della luce, è quella di catturare le immagini della realtà che la luce fa circolare nello spazio e trasferirle, tali e quali, ovunque si desideri. Nello scrivere queste righe, che vanno lette con l'aiuto di uno specchio, Leonardo, come in tutti i suoi scritti, ricorre alla «magia catottrica»:

Lassperentia chemosstra liobbietti mandino le loro spetieoversimilitudini interseghate dentro allocchio con omore albugino si dimostra quando per alchuno picholo spiracolo rotondo peneteranno le spetie delli obbietti alluminati inhabitatione forte oscura alora tu riceverai tali spetie nuna carta bianca dopo la posta dentro attuale abitatione alquanto vicina aesso spiracholo e vedrai tutti lipredetti obbietti in essa carta colle lor proprie figure masaran minori essieno soto sopra perchausa di detta inteseghazione.

Nell'ottavo foglio del *Codice Atlantico* (Foglio D, recto A), scritto tra il 1485 e il 1490, alla vigilia della scoperta dell'America, Leonardo accompagna la descrizione della «camera oscura» con un disegno dell'intersezione dei raggi che penetrano per il piccolo foro e rinviano su una superficie bianca le immagini rovesciate dell'oggetto illuminato.

---

lare alle pp. 1-7. Su ogni autore Hecht redige una scheda con una citazione specificamente riferita ad un argomento relativo all'ottica o alla camera oscura o a spettacoli ottenuti per mezzo di specchi e indica i testi più recenti in cui queste opere sono citate.

[11] In quest'opera, scritta tra il 1257 e il 1265, Bacone oltre a immaginare una lanterna magica parla di «congegni a pale meccaniche azionate come le ali degli uccelli», di veicoli capaci di «navigare senza rematori» e di macchine capaci di «viaggiare per terra senza animali e che si spostano con una velocità incredibile...» R. Bacone, *Letters concerning the marvelous power of art and nature, and concerning the nullity of magic*, Easton 1923.

Dal momento che considera l'occhio come la parte più perfetta del corpo, la metafora più adatta a definirne grossolanamente le caratteristiche è quella che lo paragona alla camera oscura, il cui funzionamento gli appare come la più convincente dimostrazione della sua teoria della luce che proviene dalle cose e non dall'interno dell'occhio[12]. Come la camera oscura l'occhio riceve semplicemente le radiazioni luminose che giungono dagli oggetti:

> L'occhio non essere atto se non a ricevere, sì come l'orecchio, la similitudine delle cose, senza mandare alcuna virtù incontra di quelle[13].

Lo spazio della camera entro cui si forma l'immagine è simile a quello del cervello umano, a cui l'occhio invia i messaggi visivi. Identica, in un certo senso, la virtù «imprensiva», che consente appunto alle immagini di imprimersi nel fondo dell'occhio o della camera oscura. Importante sarà la distanza dell'oggetto e il diametro del «picholo spiracolo rotondo» per ottenere una somiglianza autentica. L'unico punto di difficile risoluzione è dato dal fatto che nella camera oscura, rispetto all'occhio, il mondo appare rovesciato. Leonardo vi provvede

ricostruendo l'occhio secondo il suo giudizio di protoingegnere. Aggiunge in qualche disegno una lente ulteriore o altrove, dà al cristallino una strana forma a cardioide. Entrambe le soluzioni funzionano bene, otticamente parlando. Ma l'anatomia è diversa[14].

La sfida a capire le relazioni tra occhio e luce è dettata insieme dal bisogno di ricorrere a nuovi tipi di esperienze per capire le leggi che regolano i rapporti tra le componenti minime e l'insieme del cosmo e dalle ragioni mistiche che informano il pensiero neoplatonico. Lo stesso principio analogico, che fa sembrare simili l'occhio e la camera oscura, è ancora, peraltro, figlio dei saperi medioevali più che della scienza sperimentale, anche se partecipa della nuova atmosfera culturale e in tutta la sua opera Leonardo dichiara di combattere l'alchimia e la necromanzia per il loro distacco dall'esperienza empirica delle cose.

In ogni caso, nell'osservazione ravvicinata della fiamma e del suo

---

[12] M.H.L. Pirenne, *Optics, painting and photography*, London and New York 1970.
[13] A.M. Brizio, *Scritti scelti di Leonardo da Vinci*, Torino 1980, p. 165.
[14] Pierantoni, *L'occhio e l'idea*, cit., p. 22.

cuore di luce («di colore splendido e di figura di core, colla punta rivolta al cielo»), Leonardo ha l'impressione di scorgere l'energia che investe i corpi, ne strappa le «similitudini» e crea nello spazio gli «infiniti razzi delle spezie dei corpi», che si intrecciano e intersecano gli uni agli altri, senza però occupare gli spazi altrui, e riformandosi di continuo:

Guarda il lume e considera la sua bellezza. Batti l'occhio e riguardalo. Ciò che di lui vedi prima non era e ciò che di lui era più non è. Chi è quel che lo rifà se 'l fattore al continuo more[15]?

L'occhio è in grado di spingersi fino a quella soglia estrema oltre la quale sono percepibili quelle «infinite ragioni che non sono in esperienza».
Inoltre – e questa è la cosa più importante – per lui l'occhio è «finestra dell'anima» e tra tutti i sensi è l'organo più potente. E le immagini, rispetto alla parola e alla poesia, hanno il potere di «eccitare li risguardatori» e di provocare «voti e diverse orazioni accorrendovi generazioni e folle da diverse provincie»[16]. Leonardo sottolinea e capisce la «forza delle immagini» e la loro capacità di far convergere, verso un unico punto, gli sguardi di intere folle. Per merito suo la prospettiva non riguarda solo le linee in cui si dispongono le figure nello spazio, ma si allarga a coinvolgere le figure degli osservatori («i risguardatori»), i cui sguardi vengono orientati verso un unico punto.
Nei suoi scritti, nelle centinaia di disegni raccolti nei *Sei libri dell'ombra e della luce*, egli continuerà a interrogarsi sui fenomeni della visione, mutando punto di vista nei diversi manoscritti, polemizzando e staccandosi in maniera progressiva, e sempre più evidente, dalle teorie euclidee secondo cui è l'occhio a emettere fasci di luce che viaggiano nello spazio fino a incontrare gli oggetti. Si può misurare il percorso confrontando le affermazioni del *Codice Atlantico* con quelle del manoscritto A/B n. 2038. Secondo il suo pensiero non è verso il fondo dell'occhio che convergono le immagini luminose dell'oggetto, ma «tutto l'occhio è implicato nel processo di visione» e le immagini rimangono impresse nel nervo ottico:

---

[15] Codice F, Foglio 49, verso.
[16] *Scritti d'arte del Cinquecento. II. Pittura, scultura, poesia, musica*, a cura di P. Barocchi, Torino 1978, p. 245.

Il circulo della luce, che appare in mezzo al bianco dell'occhio, è di natura apprensiva delli obieti. E questo circulo medesimo ha in se' un punto che apparisce nero, il quale è un nervo forato, che va dentro alle intrinseche virtù, il quale è pieno della virtù imprensiva e giudiziale, che capita al comun senso. Ora li obieti che sono opposti a li occhi, fanno co' razzi delle loro spezie a similitudine di molti arcieri, i quali volessino trarre per uno buso d'uno scoppietto, che quello che si troverà infra li arcieri per linea retta alla diritura del buso dello scoppietto, quello fia più atto a toccare colla saetta il fondo d'esso buso [17].

Le immagini sono infinite, così come sono infinite le linee e i raggi che trasmettono e tuttavia ogni linea, ogni raggio, trasmette i colori e le forme del corpo che le produce.

Se il tema della freccia nell'occhio, usato anche da Mantegna e Alberti come metafora della prospettiva [18], rivela l'influenza del pensiero esoterico e delle scienze occulte tramite gli scritti di Marsilio Ficino, in Leonardo, nel momento stesso in cui si descrive l'occhio e il suo ipotetico funzionamento, si sta procedendo in parallelo alla costruzione d'un occhio artificiale ideale che ha tutte le caratteristiche della camera oscura e che, a sua volta, mantiene dei legami con la cultura ermetica.

Leonardo vede l'uomo come modello del mondo:

L'uomo è detto da li antiqui mondo minore e certo la dizione è ben collocata imperocché si come l'omo è composto di terra, acqua, aria foco, questo corpo della terra è il simigliante [19].

Egli sembra porre l'occhio umano al centro dell'universo, sostituendolo a quello divino, conferendogli poteri illimitati di raccolta e trasmissione di informazioni e conoscenza:

L'occhio che si dice finestra dell'anima, è la principale via donde il comune senso può più copiosamente e magnificamente considerare le infinite opere della natura... Se voi istoriografi o poeti, oltri matematici, non aveste con l'occhio visto le cose, male le potreste voi riferire per le scritture [20].

[17] Brizio, *Scritti scelti*, cit., pp. 165-166.
[18] Kubovy, *La freccia nell'occhio*, cit., in particolare vedi l'introduzione.
[19] Codice A, F. 55, verso.
[20] In V. Ronchi (a cura di), *Scritti di ottica. Tito Lucrezio Caro, Leonardo da Vinci, G. Rucellai, G. Fracastoro, G. Cardano, D. Barbaro, F. Maurolico, G.B. Dalla Porta, G. Galilei, F. Sizi, E. Torricelli, F.M. Grimaldi, G.B. Amici*, Milano 1968, p. 17.

Nel Foglio 270 del *Codice Atlantico* elenca le virtù dell'occhio:

> Le linee radiose portano con se' la virtù visiva... I corpi... mandano fuori di se' la forma loro e il colore e la virtù... Il sole ha corpo, figura, moto, sprendore, calore e virtù generativa, le quali cose parte da se' sanza sua diminuzione... Dico la virtù visivale astendersi per li razzi visuali insino alla superficie de' corpi non trasparenti e la virtù d'essi corpi astendersi insino alla virtù visivale e ogni corpo empiere la antiposta aria della sua similitudine.

Nei suoi scritti letterari e in tutto il *Trattato della pittura* l'occhio risulta protagonista assoluto, fin dal titolo, di molti capitoli della prima parte teorica («Come l'occhio meno s'inganna ne' suoi esercizi che nessun altro senso», «Qual è maggior danno per la specie umana che perdere l'occhio o l'orecchio», «Come la scienza dell'astrologia nasce dall'occhio», «Dell'occhio», «Il pittore dà i gradi alle cose opposte all'occhio»)... La perdita dell'occhio è dunque perdita «della bellezza del mondo, la quale consiste nella superficie dei corpi, sì accidentali come naturali, i quali si riflettono nell'occhio umano»[21].

Con tutte le sue ricerche di anatomia, ottica e fisica, Leonardo cerca di illustrare il potere dell'occhio di mettere a fuoco, in modo chiarissimo, i fenomeni naturali, contribuendo a renderli intelleggibili. Ma, come ha osservato Marinoni «dentro alle immagini, scrutate nei minimi particolari, sempre palpita una forza arcana, di cui egli non sa dare una definizione»[22].

Rispetto allo sguardo dei filosofi, che cerca di penetrare all'interno dei corpi, per coglierne le verità interne, è in ogni caso l'occhio del pittore che sa cogliere «nelle superfici, colori e figure di qualunque cosa creata dalla natura... la prima verità di tali corpi, perché l'occhio meno s'inganna»[23].

L'occhio è in grado di esplorare, fin nei minimi particolari, la natura del movimento delle forze naturali, come l'aria e l'acqua e cercare di giungere, attraverso la comprensione delle leggi del moto, ai segreti della vita. Fondamentale è, inoltre, in tutti gli scritti leonardeschi, la presenza dell'occhio del «risguardatore» e i pericoli

---

[21] *Trattato della pittura*, cit., p. 20.
[22] A. Marinoni, *Arte e scienza in Leonardo*, in da Vinci, *Scritti letterari*, cit., p. 16.
[23] *Trattato della pittura*, parte I, n. 6.

a cui può andare incontro se posto non nel punto di visione ottimale.

Se gli studi leonardeschi sulla «notomia dell'occhio» ci appaiono rivoluzionari anche per il pensiero fisiologico e anatomico, colpisce come, in più occasioni, egli si soffermi anche sull'importanza delle lenti di vetro nel processo della visione, occupandosi ora di occhiali ora di lenti per ingrandire gli oggetti. Leonardo immagina anche – a un certo punto (ma già lo aveva fatto prima di lui Bacone nell'*Epistola de secretis operibus*) – il cannocchiale («occhiali da vedere la luna grande»), tentando di opporsi a una vera e propria congiura del silenzio nei confronti delle lenti, considerate per secoli prodotto demoniaco [24].

Il pensiero di Leonardo rimane però segreto, racchiuso nei suoi disegni e manoscritti, custodito da una ristretta cerchia di amici, sepolto per secoli nel fondo delle biblioteche. Per ragioni tuttora difficili da spiegare, se non con la straordinaria circolazione del pensiero e dell'energia intellettuale del periodo, il nucleo delle sue idee e il suo modo di affrontare il problema della visione, comunque, non solo fissa il punto di partenza ideale, ma traccia le linee di un percorso che sembra prendere le mosse direttamente da lui e ispirarsi a lungo alle sue idee, quasi che il suo pensiero, come la luce, avesse irradiato il cammino di scienziati e artisti dei secoli successivi, a partire dal Seicento [25].

### UN MARE RADIANTE

Per fortuna il sapere scientifico gode di una inedita possibilità di circolazione, grazie all'invenzione della stampa: parole e immagini viaggiano sempre più insieme (le immagini da ancelle della parola puntano ad assumere presto un ruolo dominante, anche se vengono duramente combattute nei paesi in cui si sviluppa la riforma lute-

---

[24] Nell'introduzione al citato *Scritti di ottica*, Ronchi scrive: «Le lenti di vetro furono escluse dal campo della scienza (era necessario aggiungere al nome di "lente" la qualifica "di vetro" o "cristallina", altrimenti l'interlocutore avrebbe creduto si trattasse di legumi) e fu considerato addirittura ignominioso occuparsene; così nessuno scienziato si interessò alle lenti di vetro. Se esse non scomparvero dalla faccia della terra lo si deve agli artigiani che, proprio perché non erano competenti in fatto di conoscenza del mondo reale, non trovarono alcuna ragione per non apprestare occhiali per i poveri "veki"», p. XXI.

[25] S.J. Ackermann, *Leonardo's Eye*, Warbourg 1978.

rana e il credo calvinista) e moltiplicano i risultati delle ricerche di fisica, anatomia, geografia, botanica assieme con la diffusione del pensiero astrologico, ai pronostici apocalittici illustrati...[26]. E se le intuizioni di Leonardo alimentano indirettamente – come si è detto – il lavoro teorico e pratico di altri studiosi e artisti, esiste una spinta conoscitiva che desidera affrancarsi dall'autorità aristotelica e neoplatonica e che, in breve tempo, affronta gli stessi temi leonardeschi e propone ipotesi e soluzioni analoghe[27].

Qualsiasi percorso e qualsiasi pezzo si intenda scegliere e muovere sulla scacchiera del gioco della visione, vi sono, all'inizio, alcune mosse obbligate. Per circa un secolo la luce, l'occhio e la camera oscura vengono osservati più che nella loro specificità di fenomeni fisici per il loro carattere magico. Da questo punto di vista, in ogni caso, il pensiero di Leonardo, troppo in anticipo sui tempi, non farebbe parte della cultura del suo tempo. Leonardo, che, in nome dell'esperienza, aveva cercato di sottrarsi in parte all'influenza neoplatonica (senza peraltro riuscire a eliminare la presenza e la percezione di quelle forze arcane, cui non riusciva a dare un nome o una giustificazione empirica), si definiva «homo sanza littere». Voleva dire, di fatto, di non avere una buona conoscenza del latino[28] e di preferire l'attività pratica alla speculazione teorica, ma questo non gli creava complessi di inferiorità rispetto alla scienza ufficiale. Né gli impediva di praticare, con risultati eccezionali, vere e proprie scorribande in territori più o meno lontani rispetto a quelli dell'arte e ostentare con orgoglio la propria conoscenza empirica dei fenomeni analizzati. Oltre a studiare l'anatomia, l'ingegneria, l'idraulica, si addentrava con sicurezza nei territori della musica, della cosmologia, dell'astronomia, dell'ottica, della meccanica, della meteorologia... La sua biblioteca, ricostruita analiticamente da almeno un secolo, a partire dagli studi di Gerolamo d'Adda del 1873[29], rende

---

[26] V.N. Zemon Davis, *Le culture del popolo*, Torino 1980, in particolare il settimo capitolo, *La stampa e il popolo*, pp. 259-308. Inoltre Schenda, *Folklore e letteratura popolare*, cit., e P. Burke, *Cultura popolare nell'Europa moderna*, cit. e *Scene di vita quotidiana nell'Italia moderna*, Roma-Bari 1988.

[27] Al di là delle supposizioni sulle influenze possibili di Leonardo su persone della sua cerchia (Cesare Cesariano ad esempio) è molto facile che di certe sue ricerche fossero resi partecipi allievi e amici. E, in questo senso, la camera oscura si presta perché sintetizza in maniera perfetta un insieme assai variegato di preoccupazioni.

[28] Da Vinci, *Scritti letterari*, cit., p. 14.

[29] Vedi nel citato volume curato da Marinoni l'importante capitolo *I libri di Leonardo*, *ibid.*, pp. 239-257.

bene l'ampiezza dei suoi interessi e la possibilità di formarsi una teoria della visione grazie a vari testi filosofici, fisici e di scienza naturale: dall'*Historia naturale tradocta di lingua latina in fiorentino* di Plinio, alla *Cosmografia* di Tolomeo, al *Flores Astrologiae* di Abu Mashar, al *Questiones in Aristotelis De coelo et mundo* di Alberto di Sassonia, alla *Sphaera Mundi* di Giovanni Sacrobosco, al *Liber phisionomiae* di Michele Scoto, o l'*Anatomicae sive historia corporis humani libri V* di Alessandro Benedetto. Pur non potendone fare a meno, e dovendolo sempre assumere come punto di riferimento, Leonardo non era tanto attratto dal pensiero filosofico della tradizione aristotelica o platonica, quanto dalla filosofia naturale, dalla possibilità di tradurre e applicare l'osservazione empirica della realtà a nuove scoperte. Non gli erano però estranee le dottrine alchemiche e cercava di armonizzare, nei suoi scritti e nel suo lavoro artistico, tutte le forme di conoscenza. Nel momento in cui osserva il movimento e gli effetti della luce e studia i percorsi della luce dalla superficie dell'occhio attraverso la retina fino al cervello, sente che questo problema coinvolge aspetti che vanno al di là della fisica e dell'anatomia.

La luce costituiva per lui il piano di base, il denominatore comune per la nascita di un sistema comunicativo che portasse alla ridefinizione del mondo conosciuto, o alla classificazione di realtà sconosciute. La luce è come un liquido amniotico necessario per alimentare l'occhio che nasce come corpo o come elemento totalizzante, che può ricevere vita anche dal *Corpus hermeticum*. Per Leonardo l'atto della visione è un atto fisiologico già cognitivo, che riesce a distinguere, assieme all'infinita varietà delle cose in natura, anche la bellezza del mondo e il coinvolgimento di chi osserva («La cosa è differente e meravigliosa»). Per lui, al punto d'arrivo del suo pensiero, la luce non è un raggio astratto, ma un «mare radiante», che interagisce comunque e incessantemente con la materia, ma che coinvolge anche le reazioni di chi osserva, rendendole mutevoli. La meraviglia, che ci spinge a impadronirci delle cose, viaggia in lui con la consapevolezza della indeterminatezza dei dati della conoscenza.

Allo sguardo del pittore, il cui occhio deve essere molto «apprensivo», le superfici svaniscono di continuo, non si può mai dominare per intero una superficie, un contorno, o una linea. Più ci si avvicina all'oggetto più la linea si deforma e il corpo tende a spezzare il contorno.

Quello che Leonardo chiama «lo spirito visivo» lavora su tutta la superficie dell'occhio, non su un unico punto. Anche per quanto riguarda la camera oscura l'immagine non è del tutto speculare a quella colta. Si può possedere l'immagine, farla propria, mai però del tutto.

Questo è un elemento non secondario della modernità del pensiero vinciano. E del fatto che, pur muovendosi verso gli orizzonti della scienza nuova e sperimentale, Leonardo non taglia, come si è capito, i legami con l'ermetismo e la magia e con un tipo di pensiero di cui tutti gli ambienti italiani con cui viene a contatto negli ultimi decenni del Quattrocento sono impregnati[30].

Possono saltare le leggi della prospettiva, i poteri dell'occhio si dilatano, ma possono essere ulteriormente potenziati e riappare, in maniera quasi ossessiva, fin dai primi decenni del Cinquecento, l'esigenza di servirsi di specchi e strumenti ottici per moltiplicare le vie d'accesso alle realtà microscopiche come alla vita degli astri, ai mondi interiori e ai segreti della natura.

Modificando dunque quanto sostengono Mandrou e Febvre, è possibile affermare che all'inizio del mondo moderno, grazie alla convergenza di più fattori, di cui alcuni ereditati dal pensiero medioevale e mai del tutto abbandonati, la vista, non senza lotte e contrasti, assume un ruolo dominante per l'uomo che afferma un suo diverso essere nel mondo[31]. Lo si vede molto bene nel *Cosmographical Glasse* di William Cuningham nella frase che l'autore fa dire a un personaggio a cui è stata spiegata la differenza tra cosmografia, geografia e corografia:

> Per quanto dalle tue parole io abbia ricavato ora più utilità che da tutte le mie letture, rendendomi conto della vera differenza che c'è tra questi tre nomi, tuttavia, se vuoi darmi le immagini di ognuno di essi, io le imprimerò così bene nella mente che sono sicuro di non dimenticarle, dato che è vero quello che si dice, che le cose viste rimangono impresse più a lungo di quelle solo udite[32].

---

[30] Fondamentale tuttora per la vastità dell'esplorazione l'opera in otto volumi di Lynn Thorndike, *A History of Magic and Experimental Science*, New York 1923.
[31] Vedi il primo capitolo di M. Jay, *Downcast Eyes*, Berkeley 1993, in particolare pp. 44 ss.
[32] W. Cuningham, *The Cosmographical Glasse*, London 1559, citato in L. Nuti, *Ritratti di città*, Venezia 1996, p. 39.

Più di recente lo spirito complessivo che guida l'occhio dell'uomo rinascimentale e lo traghetta verso i nuovi mondi è ben riassunto in questa considerazione di Adalgisa Lugli:

> Sembra quasi che l'uomo rinascimentale abbia acuito il senso della vista o forse che abbia solo il coraggio di guardare più lontano. Guardare lontano e tracciare cerchi sempre più vasti, porta a scoprire il Nuovo Mondo, ma prima ancora a scoprire il mondo intorno a se', la natura, gli animali e gli oggetti[33].

A più di cent'anni di distanza dalla morte di Leonardo, quando Descartes pubblicherà la *Diottrica*, la vista avrà ormai conquistato la sua leadership definitiva sugli altri sensi, come risulta fin dalle prime righe dell'opera stessa:

> Ogni comportamento della nostra vita dipende dai nostri sensi e poiché la vista tra questi è il più universale e nobile, non v'è alcun dubbio che le invenzioni che servono ad accrescerne la potenza siano tra le più utili che si possano dare[34].

### LA MERAVIGLIA TRA SISTOLE DEL CUORE E PASSIONI DELL'ANIMA

L'apertura della camera oscura corrisponde alla scoperta del mondo circostante grazie a un singolo punto definibile con mezzi matematici: in questo punto il mondo può essere, in un certo senso, dedotto e compresso attraverso una progressiva accumulazione di dati. Teoricamente, quasi in base a un principio analogo a quello della prospettiva[35], tutto il visibile esterno può essere catturato e racchiuso in un punto. Di fatto il senso di conquista e appropriazione del mondo da parte dell'uomo rinascimentale si accompagna presto, grazie anche ai meccanismi ottici, al senso di precarietà, illusorietà e ingannevolezza e alla parallela coscienza di aumentare, in modo indefinito, i propri poteri. Sulla soglia del foro praticato nella camera oscura, appaiono, come angeli della porta, Ermete Trismegisto, Marsilio Ficino, Pico della Mirandola, per indicare come il vedere possa spingersi oltre i dati sensibili e la scoperta

---

[33] A. Lugli, *Naturalia et mirabilia*, Milano 1983, p. 73.
[34] R. Descartes, *La Diottrica*, in *Opere scientifiche*, a cura di E. Lojacono, Torino 1983, p. 184.
[35] S.Y. Edgerton Jr., *The Renaissance Rediscovery of Linear Perspective*, New York 1975.

della pluralità del mondo possa anche essere interpretata come «figura» della sua unità superiore.

La camera oscura non può non apparire agli occhi degli studiosi di «magia naturale» come un perfetto esempio di corrispondenza cosmologica tra l'Uno e il molteplice.

Già nella descrizione del funzionamento di una camera oscura del *De subtilitate* di Gerolamo Cardano, geniale figura cinquecentesca di medico e scienziato, che aveva cavalcato con successo tutti i campi dello scibile[36], l'esperimento non ha solo lo scopo di accrescere la conoscenza del mondo sensibile. Cardano, definito da qualcuno come un «misto di genialità follia, presunzione e misticismo»[37], verrà processato per eresia nel 1570, quasi alla fine della vita, divenendo una delle prime vittime del nuovo spirito del Concilio tridentino.

Nel *De Subtilitate* Cardano sottolinea il fatto che l'uomo anzitutto è stato creato per indagare le cose divine, ma anche per unire le cose umane alle divine e per riuscire a realizzare tutto ciò che la sua mente è in grado di produrre[38]. Nella stessa opera troviamo varie descrizioni di camere oscure:

> Quod si libeat ea quae in via sunt, sole splendente in finestra orbem e vitro collocabis, inde occlusa fenestra videbis imagines per foramen translatas in opposito plano, sed cum obscuris coloribus, subicies igitur candidissimam chartam eo loco quo imagines vides, et intentam rem mira ratione assequeris[39].

---

[36] Della prodigiosa attività editoriale di Cardano resta traccia nel *De propria vita liber*, scritto tra il 1575 e il '76 alla vigilia della morte: dei cento e più libri elencati si possono ricordare almeno l'*Ars Magna*, il *Commento a Tolomeo* in 4 libri, l'*Astrologiae Encomium*, la *Metaposcopia*, il *De Consolatione*, il *De gemmis et coloribus*, la *Dialettica*, il *De somniis*, il *Geometriae novum*, il *De aethere*, i 7 volumi *De Aphorismorum libri*, gli 11 del *De aeris constitutione*, i 5 del *De sapientia*, i 12 del *Contradicentium medicorum*, i 5 dell'*Hippocratis Epidemia* ecc. Per l'edizione italiana vedi *Della mia vita*, a cura di Alfonso Ingegno, Genova 1982.

[37] La definizione è dello storico della matematica Cajori, citato in M. Quigley Jr., *Magic Shadows, Story of Origins of the Motion Pictures*, New York 1960, p. 34

[38] G. Cardano, *De Subtilitate*, Norimberga 1550, pp. 247 ss.

[39] «Se a uno piace vedere ciò che accade nella strada, quando il sole è splendente, porrà un disco di vetro nella finestra, quindi, chiusa la finestra, vedrai le immagini che attraverso il foro arrivano su un piano di fronte; ma con colori scuri: allora porrai una carta bianchissima nel luogo dove vedi le immagini e otterrai lo scopo desiderato in modo meraviglioso», G. Cardano, *De Subtilitate, De luce et homine*, in Ronchi (a cura di), *Scritti di ottica*, cit., p. 55 (la traduzione è dello stesso Ronchi).

Cardano aggiunge alla camera leonardesca una lente convergente per riprodurre, nel modo migliore, la realtà esterna («ea quae in via fiunt»): la sua posizione, nei confronti degli strumenti ottici, è però assai diversa da quella di Leonardo, in quanto egli ritiene che sia gli specchi, che i cannocchiali, distorcano la visione («Specula concava et convexa, item perspicilia, non aequalia, falsas reddunt imagines»). È proprio la distorsione e falsificazione della realtà ciò che lo affascina, perché non fa altro che abbellire da una parte la realtà stessa e accelerare i processi immaginativi dell'occhio dall'altra. Meraviglia e possesso diventano tappe di un processo di assimilazione della sostanza e dell'anima delle cose che troverà il suo punto di confluenza nella camera oscura e nella lanterna magica, ma che ha anche a che fare coi poteri individuali, con doti legate alle capacità immaginative, che possono manifestarsi fin dai primissimi anni di vita.

Nell'autobiografia Cardano, parlando delle proprie doti predittive, di sogni profetici e eventi straordinari che hanno accompagnato la sua vita, rievoca una particolare capacità di dar consistenza materiale ai propri sogni e, in pratica, d'essere riuscito a sognare a occhi aperti e a vedere nell'aria della propria stanza gli oggetti dei propri sogni, quasi anticipando i futuri esperimenti con la camera oscura: nell'eccezionale rievocazione di sogni all'età di quattro anni, che Cardano interpreta come «indizio di una natura fuori della norma», possiamo, in ogni caso, fissare alcune caratteristiche biologiche del nostro individuo visionario il cui embrione si forma all'inizio del Cinquecento:

L'indizio apparve quando avevo quattro anni e ne durò pressapoco tre. Per volontà di mio padre restavo a letto fino alla terza ora del giorno e quando mi svegliavo il tempo che mancava per arrivare all'ora stabilita lo passavo allietato da uno spettacolo che non deluse mai la mia attesa. Vedevo dunque immagini diverse, come di corpi aerei (sembravano fatte di anelli piccolissimi, come quelli delle corazze, ma fino a quel momento non ne avevo mai viste), che salivano dal basso dell'angolo destro del letto e lentamente ascendevano in un semicerchio per poi discendere dal lato sinistro e scomparire. Erano immagini di castelli, case, animali, cavalli con i loro cavalieri, erbe, alberi, strumenti musicali, teatri, uomini dall'aspetto diverso e vestiti in foggie svariate, soprattutto trombettieri con trombe che sembravano suonare senza che si sentisse voce né suono; poi soldati, moltitudini campi, corpi con forme che io non avevo mai visto fino ad allora, boschi, selve e altro che non ricordo, talora era un irrompere simultaneo di forme che, pur senza confondersi le une con le altre, si muovevano vorticosamente.

Si trattava di visioni chiare, ma non come di cose realmente presenti, né così consistenti che l'occhio non potesse attraversarle: anzi, gli stessi anelli di cui ho parlato erano opachi, ma trasparenti allo sguardo. Lo spettacolo mi piaceva non poco e io osservavo tutto attento queste meraviglie... C'erano in effetti fiori di vari tipi, quadrupedi, uccelli di ogni specie, ma a tutti mancava il colore, sebbene fossero così ben disegnati, perché erano fatti d'aria[40].

Il senso e la ricerca dell'arte della meraviglia e della scoperta di mondi «meravigliosi», in senso etimologico, passa, quasi obbligatoriamente per molti pensatori e artisti del Cinquecento, attraverso il piccolo foro della camera oscura che accoglie il raggio di luce.

Ha scritto Stephen Greenblatt:

Il meraviglioso è un aspetto centrale di tutto il complesso sistema, verbale, visivo, filosofico, estetico, intellettuale, emotivo, attraverso il quale l'uomo del tardo Medioevo e del Rinascimento, apprendeva e quindi possedeva o scartava, lo sconosciuto, l'altro, il terribile, il desiderabile, l'odioso[41].

Lo stesso Greenblatt ha messo in evidenza che la scoperta del Nuovo Mondo da parte di Colombo è avvenuta, secondo le sue stesse parole, «maravillosamente»[42].

Nel corso del Cinquecento e fino all'opera di Kepler *Ad Vitellionem paralipomena*, del 1604[43], la camera oscura viene definita come *cubiculum obscurum, cubiculum tenebricosum, conclave obscurum, locus obscurus*: Kepler, che di fatto sarà il primo a descriverne a fondo caratteristiche e funzionamento, e che, nella *Diottrica* del 1611, esamina le lenti concave e convesse e i loro poteri, parla di

---

[40] Cardano, *Della mia vita*, cit., pp. 117-118.
[41] S. Greenblatt, *Meraviglia e possesso*, Bologna 1994, p. 50.
[42] *Ibid.*, p. 104.
[43] J. Kepler, *Ad Vitellionem paralipomena; quibus astronomiae pars optica traditur; potissimum de artificiosa observatione aestimatione diametrorum deliquiorumque solis et lunae. Cum exemplis insignium eclipsium. Habes hoc libro, lector, inter alia multa nova, tractatum luculentum de modo visionis, et humorum oculi usu, contra opticos et anatomicos, authore Johanne Keplero, S.C.M. tis Mathematico*, Francfurti 1604. Vedi anche J. Watherhouse, *Notes on the early history of the camera obscura*, in «The Photographic Journal including the Transaction of the Royal Photographic Society of Great Britain», 31 maggio 1901, pp. 270-290.

*camera clausa*, per mettere in evidenza l'assoluta autonomia della camera, concepita anche come luogo di spettacolo ottico. Questo «cubiculum» oscuro sembra aspettare solo di essere fecondato dalla luce, ma buio e luce sono elementi fondanti le pratiche magiche con cui si deve fare i conti in ogni fase di sviluppo successivo.

Facciamo qualche piccolo passo indietro. Leonardo muore nel 1519. Due anni dopo l'architetto milanese Cesare Cesariano pubblica una traduzione del *Trattato* di Vitruvio *De Architectura*, dove (nella pagina XXIII del primo volume) si descrive un esperimento di camera oscura effettuato da un monaco benedettino di nome Panuzio[44]. L'autore della nota, per vie indipendenti da Leonardo, di cui ha di certo visto qualche dimostrazione, avendo lavorato con lui (tra l'altro a lungo alcuni disegni del libro di Vitruvio sono attribuiti a lui), insegna anche come realizzare una camera oscura.

Il *De Subtilitate* di Cardano esce a Norimberga nel 1550: verso la metà del Cinquecento gli elementi fondamentali, teorici e pratici, per la realizzazione di un apparecchio o di un sistema per la riproduzione di immagini, sono pertanto tutti conosciuti.

E subito, nell'atto stesso in cui si comincia a produrlo, ci si interroga sugli effetti emotivi, conoscitivi e spettacolari del fenomeno ottico. La scienza, che sta lasciandosi di buon passo alle spalle i territori del pensiero aristotelico, si imbatte lungo il cammino in nuovi soggetti e interlocutori imprevisti, i *clerici vagantes* della commedia dell'arte, la folla di venditori di immagini e dei «formatori di spettacolo», come li definirà Garzoni. Decide pertanto assai presto di porgere loro il braccio e fare un po' di cammino insieme.

L'occhio viene presto reintegrato in un corpo costituito non da un singolo individuo, ma già da un pubblico ideale, eterogeneo dal punto di vista socio-culturale, anche se all'inizio prevalgono i nobili, composto da genti di tutte le età. Dalla seconda metà del Cinquecento un ideale spettatore viene chiamato in causa da più parti e gli si offre la possibilità di assistere in luoghi d'incontro tradizionali come le piazze o le bettole, ma anche tra i monumenti del passato (come avverrà a Cellini spettatore al Colosseo di una evocazione di schiere di diavoli) alle meraviglie d'uno spettacolo della natura, o alle manifestazioni di poteri e capacità dello scienziato-mago di dominare la natura e carpirne segreti nascosti o invisibili. Le imma-

---

[44] L. Vitruvio Pollione, *De Architectura libri dece, traducti de latino in vulgare, affigurati, comentati: & con mirando ordine insigniti da Cesare Cesariano*, Como 1521.

gini evocate avranno poi un effetto durevole sull'immaginazione e sull'attività onirica. Cellini così evoca due memorabili e terrorizzanti sedute con un necromante:

> Andaticene al Culiseo, quivi paràtosi il prete a uso di negromante, si mise a disegnare i circuli in terra con le più belle cerimonie che immaginar si possa al mondo; e ci aveva fatto portare profummi preziosi e fuoco, e ancora profummi cattivi. Come e' fu in ordine fece la porta al circulo; di poi compartì gli ufici. Dette il pintaculo in mano a quell'altro suo compagno negromante... Durò questa cosa più d'unora e mezzo; comparse parecchie legione, di modo che il Culiseo era tutto pieno...[45].

Lo scultore non ottiene alcuna risposta alle sue domande e il necromante gli dice che bisogna tornare una seconda volta:

> Cominciato il negromante a fare quelle terribilissime invocazioni, chiamato per nome una gran quantità di quei demoni capi di quelle legioni, e a quelli comandava per la virtù e potenzia di Dio increato, vivente ed eterno in voci ebree, assai ancora greche e latine; in modo che in breve spazio si empié tutto il Culiseo l'un cento più di quello che aveva fatto quella prima volta... Voltosi il negromante a me mi pregava che io gli tenessi il fermo, perché le legioni erano l'un mille più di quel che lui aveva domandato e che erano le più pericolose... In questo il negromante che tremava di paura... Vincenzo Romoli, che tremava verga a verga... Io che avevo paura quanto loro, m'ingegnavo di dimostrarlo... Il fanciullo s'era fitto il capo fra le ginocchia dicendo: io voglio morire a questo modo, che morti siamo. Di nuovo io dissi al fanciullo: queste creature son tutte al di sotto di noi e ciò che tu vedi si è fummo e ombra... E mentre chi'io così diceva, guardando Agnolino Gaddi, il quale si era tanto spaventato che la luce degli occhi aveva fuor del punto... Ciascuno di noi tutta quella notte sognammo diavoli[46].

In questo caso gli spettatori, assieme al mago officiante quasi vengono sconvolti al punto tale da aver «la luce degli occhi fuor dal punto» e paralizzati completamente dalla paura: questo sentimento oltre a spingerli a desiderare di morire attiva anche una sorta di fissione nucleare dell'attività onirica. I proto-spettatori in cui ci imbattiamo di uno spettacolo ottenuto forse con giochi di specchi sono battezzati dal sentimento della paura. Bisognerà attendere quasi tre secoli per ritrovare un analogo senso di terrore visivo, di sconvolgimento nel profondo.

---

[45] B. Cellini, *La vita*, a cura di E. Mottini, Milano 1939, p. 87.
[46] *Ibid.*, pp. 88-90.

In seguito gli autori dei racconti e dei vari tipi di esperimenti interpellano l'ideale spettatore, rivolgendosi a lui con un «tu» familiare per associarlo anche alla rivelazione del segreto della «magia naturale». L'idea di «meraviglioso», così prevalente e capitale tra Rinascimento e Barocco, di continuo richiamata nelle pagine che da questo momento parlano di ottica, diottrica, catottrica, anche in termini scientifici, viene, in ogni caso, da lontano. Ha a che fare in senso etimologico con un vedere che non è solo fisico e coinvolge la sfera delle emozioni, delle passioni e anche quella intellettiva. Agostino, per esempio, usa spesso il termine *miraculum* nel senso di uno stato di innamoramento costante per il mondo («Etiam mundo ipse miraculum») che, etimologicamente, deriva da *miror, mirari*, mentre Isidoro di Siviglia e altri trattatisti medioevali preferiscono *monstrum*, che viene da *monstrari*, in cui è implicito il senso di «segno, ammonimento, profezia, manifestazione della potenza e volontà divina»[47]. È Cicerone che, nel *De natura deorum*, raccoglie in un'unico spazio etimologico gli «ostenta, i portenta i monstra e i prodigia» che, come nota Adalgisa Lugli, «sottintendono tutti il senso di dimostrazione (ostendere, praeostendere, monstrare, praedire)»[48].

Se risaliamo al *Commentario sulla Metafisica di Aristotele* di Alberto Magno troviamo, per esempio:

Definiamo la meraviglia una costrizione e sospensione del cuore causata dalla sorpresa per l'apparizione ai sensi di qualcosa di talmente portentoso, grande e insolito che il *cuore subisce una sistole...*[49].

La meraviglia è un atto di conoscenza oltre che un processo di *ex-stasis* (Kircher parlerà di *parastasis* anche nel senso di trasporto al di fuori di se stessi):

Ora l'uomo che dubita e prova meraviglia evidentemente non sa. La meraviglia è dunque il movimento dell'uomo che non sa nel suo cammino per indagare su quello che provoca la sua meraviglia e determinarne la causa[50].

---

[47] Per il senso etimologico di *Monstrum* vedi di C. Kappler, *Demoni, mostri e meraviglie alla fine del Medioevo*, Firenze 1983, p. 203.
[48] Lugli, *Naturalia et mirabilia*, cit., p. 125.
[49] A. Magnus, *Opera omnia*, Paris 1890, VI, p. 30a.
[50] *Ibid.*

Lungo tutto il Cinquecento, e in seguito proprio sul terreno degli spettacoli ottici che ci interessano, la meraviglia si lega in modo indissolubile all'idea di proiezione e pulsione verso il nuovo e all'idea di possesso. È proprio la meraviglia a creare i primi abitatori di un *mundus imaginalis* conquistabile qui e ora e a portata di mano di chiunque.

Per Descartes, che dominerà col suo pensiero il secolo successivo aprendo la strada all'illuminismo e al pensiero positivistico, la meraviglia rientra invece per intero nel dominio delle passioni: anzi è la prima delle passioni (precede l'amore, l'odio, il desiderio, la gioia, la tristezza) e come tale va sottoposta e assoggettata al controllo della ragione:

Quando vedendo un oggetto per la prima volta ne siamo sorpresi, e lo giudichiamo nuovo, o molto diverso da quanto lo conoscevamo in precedenza, o da quel che supponevamo doveva essere, allora ce ne meravigliamo e ne siamo stupiti; e poiché ciò può accadere prima che ci rendiamo conto se l'oggetto ci conviene o no, la meraviglia mi sembra la prima di tutte le passioni [51]

scrive Descartes nell'articolo 53 de *Le passioni dell'anima* e così la definirà nell'articolo successivo:

La meraviglia è una sorpresa improvvisa dell'anima, per cui essa si volge a considerare con attenzione gli oggetti che le sembrano rari ed eccezionali [52].

Non solo l'età barocca, ma tutto il mondo antico, da Platone che vedeva nella meraviglia la caratteristica precipua del filosofo, a tutto il Medioevo e il Rinascimento, sono attraversati dal senso di meraviglia e dal meraviglioso [53].

In effetti:

fin dalle origini del pensiero occidentale ritroviamo la convinzione che la meraviglia sia la scaturigine unica e insostituibile di quel particolare modo di essere dell'uomo nel mondo che è il suo tendere verso la conoscenza.

---

[51] Descartes, *Le passioni dell'animo. Lettere sulla morale*, cit., p. 38.
[52] *Ibid*.
[53] Per il Medioevo vedi J. Le Goff, *L'immaginario medioevale*, Roma-Bari 1988, per il Rinascimento vedi il citato Greenblatt, *Meraviglia e possesso*.

L'iridescenza proteiforme del cosmo indifferenziato, i fenomeni cangianti, le apparizioni e le sparizioni, le metamorfosi degli oggetti provocano nell'uomo che li vive lo stupore ammirato, il Taumàzein[54].

Proprio l'«iridescenza proteiforme del cosmo» ispira a Cardano una serie di considerazioni sui poteri del prisma cristallino e sulla sua capacità di offrire all'occhio una sintesi delle meraviglie del creato e di provocare quasi una sensazione di ascesi mistica:

In esso anche i colori, soprattutto se è posto contro Sole per il senso della lunghezza, appaiono bellissimi e inimitabili, applicato agli occhi, poi, specialmente dove si trovano alberi e prati, mostra uno spettacolo di una bellezza celeste: corone, arcobaleni, tappeti sparsi ovunque, colori vivacissimi, rosei, candidi, verdi, purpurei, cerulei, dorati, tutti frammisti e di aspetto gradevolissimo: inoltre mostra in alto una seconda immagine delle cose, capovolta come se le pianure si elevassero sopra i mondi[55].

La meraviglia, sentimento comune e diffuso, diventerà un elemento fondante e necessario per la buona riuscita degli spettacoli ottici. Sulla scia delle suggestioni di Le Goff sull'immaginario medioevale è possibile pensare che la centralità dell'elemento meraviglioso negli spettacoli di lanterna magica cerchi, fin dall'inizio e molto a lungo, di sottrarsi al potere e al controllo delle ideologie dominanti, proponendo immagini del mondo non riconducibili a un'unità del sapere, ma rappresentative della compresenza di una pluralità di forze spirituali e conoscenze appartenenti al mondo precristiano, laico o paganeggiante, al sapere ermetico, alla prognostica e alle conquiste della nuova scienza. Inoltre, con la sua capacità di farti incontrare con figure non appartenenti alla sfera del quotidiano, di produrre eventi prodigiosi e materializzare esseri provenienti da altri mondi, la lanterna magica avrà la capacità di prolungare, lungo tutta l'era moderna, quegli aspetti della cultura medioevale che vedevano irrompere di continuo nel quotidiano esseri provenienti dalle sfere del sovrannaturale, o da dimensioni sovrasensibili[56]. Certo molto presto le accademie e la scienza si impadroniranno delle lanterne e dagli inizi del Settecento sarà possibile vederne la diffusione anche per usi didattici: a noi interes-

---

[54] P.A. Rossi, *Verso l'aldilà empirico della percezione*, in *La lente*, Genova 1988, p. 52.
[55] Nel cit. *Scritti di ottica*, curato da Ronchi, p. 58.
[56] Per l'iconografia medioevale rinvio al Kappler, *Demoni, mostri e meraviglie*, cit.

sa però sottolinearne prima di tutto la natura iniziatica e la capacità di fondere più pratiche provenienti da lontano.

Comunque si volesse affrontare il problema, bisognava chiarire in via preliminare, da dove venissero queste immagini, che effetti potessero produrre e a che livelli potessero trovare spazio per insediarsi stabilmente nell'animo e nella mente dello spettatore. Le immagini capaci di produrre meraviglia potevano, per esempio, avere a che fare con vari libri circolanti in moltissime copie dai primi decenni del Cinquecento, che avevano rimesso in circolazione gli elenchi dei prodigi conosciuti fin dal mondo antico (come il *De prodigiis liber* o il *Prodigiorum ac ostentorum cronicon*)[57] oppure essere frutto di pratiche stregonesche o demoniache.

Mentre il mondo antico e quello medioevale la collegano a vere e proprie «intermittences du coeur», nel Seicento Descartes in generale non pensava che la meraviglia producesse modificazioni del cuore e del sangue, credeva piuttosto che dipendesse solo dal cervello e potesse esercitare influssi negativi per l'eccesso di concentrazione:

> Questa sorpresa ha tanta efficacia nel far sì che gli spiriti della cavità del cervello si rivolgano verso il luogo dov'è l'impressione dell'oggetto ammirato, da spingerveli questa volta tutti... Così il corpo resta immobile come una statua, e dell'oggetto si scorge solo l'aspetto che si è presentato dapprima e, di conseguenza, non se ne può acquisire una conoscenza più particolareggiata. Questo è ciò che comunemente si chiama essere stupefatti, e lo stupore è un eccesso di meraviglia che non può essere se non cattivo[58].

Rispetto a Descartes la meraviglia per Spinoza non appartiene al dominio delle passioni, ma è un modo di concepire le cose, una interruzione della normale attività della mente, una vera e propria *imaginatio*

la mente resta fissata, poiché questa singolare immaginazione non ha alcuna connessione con le altre[59].

Ma non precorriamo troppo i tempi. Prima di giungere a trovare

---

[57] Vedi M. Brusatin, *L'arte della meraviglia*, Torino 1986 e in particolare pp. 25 ss.
[58] Descartes, *Le passioni dell'anima. Lettere sulla morale*, cit., p. 444.
[59] B. Spinoza, *Etica dimostrata con metodo geometrico*, Roma 1988, p. 219.

idealmente posto nel pensiero di filosofi come Descartes o Spinoza, per un certo tempo, in pratica lungo tutto il Cinquecento, i contributi nella direzione dell'uso della camera oscura come strumento di meraviglia e mezzo di percezione dell'alterità del mondo, o della possibilità di far scaturire dalla luce delle camere oscure più mondi, si moltiplicano. Nel libro *La pratica della prospettiva* di monsignor Daniele Barbaro, patriarca di Venezia (edito a Venezia nel 1569), l'autore scrive che, praticando un foro nello scuro di una finestra, applicandovi un «occhiale da vecchio» e facendo buio nella stanza, su un foglio di carta

vedrai le forme nella carta come sono e le digradazioni e i colori e le ombre et movimenti, nubi, il tremolar delle acque, il volar degli uccelli e tutto quello che si può vedere[60].

Quattro anni dopo Egnazio Danti, traducendo la *Prospettiva* di Euclide, suggerisce questa «mirabile esperienza»: attraverso un «bugio» negli scuri della finestra

cosa meravigliosa si vedranno anco gli uccelli volar per aria e le nugole dipinte camminare nella dipintura come fanno in cielo e le immagini delle persone che passino per la piazza[61].

Le meraviglie della natura sono attorno a noi, la camera oscura ci consente «de visu» di appurarle e capirne la bellezza e, al tempo stesso, di leggerle come segni, emblemi di altre realtà.

MIRIFICAS APPARENTIAS PER ARTE FIERI, UTENTE NATURA IN VISIONE

Nel 1589, appare a Napoli in latino, e pochi anni dopo in edizione italiana, un'opera di Giovan Battista Della Porta (1535-1615): *Magiae naturalis libri XX*[62]. Nel libro XVII della seconda edizione si descrivono una camera oscura e le sue possibilità di rappresentazione visiva:

---

[60] In *Scritti di ottica*, cit., p. 192.
[61] E. Danti, *La Prospettiva di Euclide. Nella quale si tratta di quelle cose che per raggi diritti si veggono...* Firenze 1573.
[62] Di *Della magia naturale del Sign. Gio. Battista Della Porta napolitano Libri XX* abbiamo utilizzato l'edizione napoletana del 1611. Sulla figura di Della Porta ancor oggi fonda-

Insegneremo anchora come si possa fare che in una camera si vegga una caccia una battaglia e altri prodigi. Ora aggiungerò per far fine a questa materia un segreto che non so se potrassi trovar cosa più ingegnosa né più bella che dar piacere a gran signori che in una camera all'oscuro sopra lenzuoli bianchi si veggano caccie, conviti, battaglie d'inimici, giochi e finalmente ciò che ci piace, così chiaramente e luminosamente e minutamente come se l'havessi davanti agli occhi...[63].

Della Porta conosce di certo l'opera di Cardano e la traduzione di Danti della *Prospettiva* di Euclide, e ha presente, oltre a Pecham, Witelo, Ruggero Bacone e Al-hazen, che cita più volte, anche altri scritti che parlano della camera oscura. Come il *De occulta philosophia* di Cornelio Agrippa di Nettesheim del 1533, libro pericoloso e condannato, che alcuni empi possono tenere («ex censura christiana edicto vetitum, apud unos impios reperitur»)[64].

Ciò che gli interessa più di tutto non è la capacità della camera oscura di riprodurre solo la realtà esterna, bensì quella di produrre «meraviglia» (ma in lui il termine assume un significato nuovo, carico di echi ermetici), di divenire una scena di uno spettacolo riservato ai «gran signori» del tutto artificiale:

Potremo anchora far le medesime apparenze senza raggi del sole, ma ciò senza meraviglia, overo quando di notte s'accendono fuochi per le feste di giochi, overo per far questa apparenza, quelle cose che nelle piazze o camere si fanno illuminati da molte torcie, vederle in camera oscura, accomodando come prima habbiamo detto; ma che il lume non illustri il bucco; perché impedisce l'operatione; perché la luce seconda è quella che porta le immagini. Non lasceremo d'insegnare cosa piena di diletto insieme e di meraviglia, poi che siamo caduti in questo ragionamento che di notte si veda dentro una camera una immagine pendente.

Di mezza notte si vedrà in mezo una camera una imagine pendente in aria di qualunque cosa vorrai, non senza paura e terrore di chi la vedrà. Dinanzi al buco della porta s'accomodi quella immagine che tu vorrai che si veda dentro quella camera, e d'intorno quella sie molte faci accese, nel mezo della camera oscura si accomodi un lenzuolo bianco pendente, overo alcuna tavola che riceva l'imagine, che viene da quel buco, per quelli che staranno nella camera oscura non vedranno quel lenzuolo, laonde

---

mentale è la monografia di M.T. Muraro, *Giambattista Della Porta mago e scienziato*, Milano 1966.

[63] Della Porta, *Della magia naturale*, cit., p. 486.
[64] P. Giovio, *Opera omnia*, II, Basileae 1577, p. 186.

parerà quella imagine come pendente in aria, molto luminosa, e la vedranno non senza paura, e terrore e principalmente se l'artefice la saprà rappresentare artificiosamente[65].

Alla fine di ogni spettacolo Della Porta racconta di aprire le porte per «far conoscere l'artificio» e svelare il mistero. Il rito, così come ci viene descritto e «rivelato», è un rito demiurgico, frutto di una *scientia bona*, che si oppone, in modo deciso, alle pratiche necromantiche.

E davanti alla sua camera Della Porta racconta di aver preparato già in passato immagini di

arbori, case, selve, monti, fiumi, animali, veri o finti, cervi, cinghiali, elefanti, leoni, rinoceronti e altri animali... e poi venghino i cacciatori e sianvi i suoni di corna, di trombe e di conche marine... così coloro che saranno dentro la camera vedranno gli arbori, gli animali, le facce de' cacciatori che non sapranno giudicare se siano veri... Io molte volte ho dato questi spettacoli à gli amici miei che l'hanno mirati con gran meraviglia e stupore che dandole le cagioni di filosofia e di prospettiva non volevano credere che fossero cose naturali, finché aprendo le porte li feci conoscere l'artificio. Da questo secreto si manifesta a filosofi e prospettivi in che luogo si faccia la vista nostra e si toglie via la questione così famosa se la vista faccia intromettendo ovvero estromettendo, né con altro argomento più gagliardo si poteva dimostrare. Perché l'immagine entra per la pupilla, come entra nella camera per lo buco della finestra e quella porzione di sfera cristallina che sta nell'occhio è in vece della carta; il che so che abbia a piacere molto ad ingegnosi e speculativi, nelle opere nostre dell'optica, dove ne havemo parlato più diffusamente[66].

Anche per Della Porta, dunque, la camera oscura è metafora dell'occhio e possiede capacità rappresentative illimitate. In pratica è un microcosmo che riproduce tutte le possibili immagini del mondo visibile e consente di avvicinare fenomeni naturali non visibili e misteriosi.

Nella meravigliosa *Fabrica humani corporis*, indagata e scomposta pochi decenni prima da Vesalio, l'occhio costituiva ancora l'organo più misterioso e potente. I suoi poteri apparivano perfezionabili e moltiplicabili in una misura di cui non si possono prevedere

---

[65] Della Porta, *Della magia naturale*, cit., p. 486.
[66] *Ibid.*, p. 487.

le caratteristiche e la portata. Per Vesalio, l'occhio non era un semplice strumento di percezione del visibile. Veniva concepito, in modo assai simile a Leonardo, come uno strumento di creazione della realtà, un punto di raccordo con l'universo e la pluralità delle sue dimensioni. Della Porta invece considera importante servirsi di vari strumenti ottici, come lenti e specchi, per ridar «forma e forza alla potenza visiva»[67], per andare alla scoperta di ulteriori realtà «meravigliose».

L'autore del *De magia naturali* si può considerare il più rappresentativo discepolo italiano di Paracelso. Nelle sue pagine si parla oltre che di ottica, di astrologia, astronomia, chimica, alchimia, si danno suggerimenti per l'osservazione pratica dei fenomeni e si emettono profezie. Se Leonardo sembra rompere – ma solo in parte – col pensiero astrologico e le pratiche magiche per proiettarsi in avanti, Della Porta, come Cardano, si raccorda con le teorie e il pensiero di Marsilio Ficino, Pico della Mirandola e di Agrippa, di cui è dei più geniali seguaci ed epigoni. Accanto a lui, però, non possiamo ignorare Giordano Bruno, John Dee[68], o Tommaso Campanella, nella cui attività e nel cui pensiero l'ottica gioca un ruolo molto importante come mezzo per produrre illusione e meraviglia.

Della Porta, come Paracelso, crede che i fenomeni naturali siano più numerosi di quelli descritti nei libri e sostiene che il compito della magia naturale sia di spingersi alla scoperta della realtà con l'aiuto divino. La luce, che guida l'uomo alla scoperta degli spettacoli straordinari della camera oscura, per lui – diversamente da Leonardo – è la stessa che lo può spingere verso i segreti e i misteri della natura. E, al di là della natura stessa, verso la via della grazia.

La magia naturale è, in ogni caso, conoscenza di processi e fenomeni naturali più che impiego di forze sovrannaturali. Per Della Porta esiste una corrispondenza perfetta tra l'esperienza e le dimostrazioni scientifiche. Ma questo dato non è proprio solo della scienza. «Magia» per Marsilio Ficino, Paracelso, Agrippa, Bruno e Della Porta, non vuol dire stregoneria, quanto piuttosto, come afferma anche Pico della Mirandola

---

[67] B. De Giovanni, *Magia e scienza nella Napoli seicentesca* in AA.VV., *Il Seicento a Napoli*, Napoli 1984, p. 30.

[68] Per un ritratto di questo alchimista che ha ammaliato l'Europa delle corti con i suoi specchi magici e i suoi esperimenti vedi F. Jesi, *John Dee e il suo sapere*, in «Comunità», n. 166, 1972, pp. 272-303.

somma della saggezza naturale e parte pratica della scienza naturale, fondata sulla esatta e assoluta comprensione di tutte le cose naturali[69].

Il mago deve immergersi nelle armonie della natura e trasmettere il suo sapere al più largo numero di persone. La magia, secondo Cornelio Agrippa, comprende

la contemplazione più profonda delle cose più segrete, della loro natura, potere, qualità, sostanza e virtù, come pure la conoscenza della loro natura complessiva. Essa ci istruisce sulle differenze e somiglianze tra le cose, da cui produce gli effetti più meravigliosi, unendo le virtù delle cose, applicando l'una all'altra, congiungendo e annodando appropriati soggetti, inferiori ai poteri e alle virtù dei corpi superiori[70].

Della Porta, che condivide interamente l'idea di magia degli autori appena ricordati, è attirato dagli esperimenti ottici perché gli sembrano realizzare pulsioni e atti desideranti nei suoi possibili uditori:

È per sostenere la fantasia che si avventurava fuori dalla sfera dell'ordinario... dimostra con le sue macchine e i suoi esperimenti che è possibile produrre e riprodurre fenomeni straordinari[71].

Il termine magia subisce dunque continui riadattamenti nel corso del Cinquecento e del secolo successivo[72]. Facendo ricorso all'osservazione – secondo Pico – era possibile trasferire le forze del mondo celeste in quello terrestre per compiere opere naturali, piuttosto che miracoli.

La prima specie adunque di magia non è altro che una somma perfetta e consumata cognizione della Filosofia naturale, aiutata nelle sue opere meravigliose dalla notizia della virtù intrinseca e occulata delle cose, con

---

[69] G.B. Pico della Mirandola, *Opera Omnia*, 2 voll., Basel 1556-1573, vol. I, p. 167, citato in Webster, *Da Paracelso a Newton*, Bologna 1984, p. 87.
[70] C. Agrippa, *De occulta philosophia*, I, 2, in *Opera*, vol. I, p. 2.
[71] Muraro, *Giovanbattista Della Porta*, cit., p. 111.
[72] Della vasta bibliografia sull'argomento oltre al già ricordato Webster, segnalo E. Garin, *Magia e astrologia nel Rinascimento*, in *Medioevo e Rinascimento*, Bari 1954, D.P. Walker, *Spiritual and demonic Magic from Ficino to Campanella*, London 1954 e i fondamentali lavori di P. Zambelli, *L'apprendista stregone*, Venezia 1995 e *L'ambigua natura della magia*, Venezia 1996.

le quali applicata convenevolmente a soggetti disposti c'insegna di partorire quasi miracoli di natura[73].

Questa magia trova i suoi destinatari, interlocutori e custodi, tra il pubblico popolare a cui annuncia l'avvento di un'imminente età dell'oro.

Sulla stessa lunghezza d'onda, a cent'anni di distanza, sembra collocarsi anche Giordano Bruno per cui mago è principalmente «l'uomo sapiente, dotato di capacità operativa»[74]. Bruno sostiene fin dalle prime righe del *De magia* che ci sono «tanti significati di magia quanti tipi di maghi» e offre un elenco che ne fissa una tipologia molto ampia, indispensabile, agli effetti del nostro discorso, per includere, in questa o quella definizione, i lanternisti dei secoli successivi e i loro rituali (si pensi soprattutto all'attività di Etienne-Gaspard Robertson alla fine del Settecento):

Mago, in primo luogo va inteso come sapiente: tali erano i *Trismegisti* in Egitto, i *Druidi* presso i Galli, i *Gimnosofisti* in India, i *Cabalisti* presso gli ebrei... In secondo luogo mago è assunto come qualcuno che compie cose ammirevoli con la sola applicazione degli attivi e dei passivi, come avviene nella medicina e nella chimica, a seconda del genere; e questa è la *magia naturale* comunemente intesa. In terzo luogo è magia quando accompagnano l'operazione circostanze tali che ne risultano opere di natura e intelligenza superiore atte a suscitare ammirazione con l'apparenza; e questa è la specie che viene chiamata *magia prestigiatoria*. In quarto luogo è quella che viene dalla capacità di antipatia e simpatia delle cose, ad esempio da quelle che respingono, trasformano ed attraggono... questa è la *magia naturale* in senso proprio. In quinto luogo è quando a questa capacità si aggiungono parole, canti, calcoli di numeri e di tempi, immagini, figure, sigilli, caratteri, o lettere; anche questa è magia, intermedia tra quella naturale e quella extra o sovrannaturale, che si designerebbe come *magia matematica* e più adeguatamente ancora come *filosofia occulta*. In sesto luogo si ha magia se al genere descritto si aggiunge il culto di intelligenze ed efficienti esterni o superiori con preghiere, consacrazioni, incensi, sacrifici... E questa è *magia trasnaturale* e *metafisica* e si chiama propriamente *teurgia*. In settimo luogo è magia lo scongiurare o l'invocare demoni ed eroi, ma non per se stessi, bensì per evocare, attraverso di essi, anime di uomini defunti, per trarne oracoli, divinare, conoscere cose lon-

---

[73] Pico della Mirandola, *Opera omnia*, cit., p. 87.
[74] G. Bruno, *De Magia, De vinculis in genere*, a cura di A. Biondi, Pordenone 1986, p. 11.

tane o future per mezzo dei loro cadaveri o parti di cadaveri; e questa specie di magia... è detta *necromanzia*. Se invece manca la materia, ma l'agente invasato delle evocazioni cerca l'oracolo invocando lo spirito che giace nelle proprie viscere, allora il mago è chiamato propriamente *Pitonico*... In ottavo luogo alla formula magica si aggiungono parti di cose, ricavate in modo qualsiasi, indumenti, escrementi, resti, tracce e tutto ciò che si crede abbia ricevuto qualche partecipazione per contatto. In questo caso o ciò si fa per sciogliere, legare e indebolire: allora il mago viene detto *stregone malefico*... In nono luogo sono detti maghi tutti coloro che si accingono a divinare in qualunque modo su cose lontane e future, e questi sono detti generalmente indovini dal loro fine; e le loro specie più importanti sono quattro, a seconda dei principi materiali, fuoco, aria, acqua e terra, da cui vengono le denominazioni di *piromanzia, aeromanzia, idromanzia e geomanzia*... Infine mago e magia sono assunti in accezione disonorevole... per cui mago sarebbe un qualunque sciocco malfattore, che grazie al rapporto, e magari al patto col diavolo, è messo in condizione di giovare o danneggiare [75].

Scienziati, filosofi e pensatori del Cinquecento hanno dunque piena consapevolezza dell'esistenza di vari tipi di magia. Sulla stessa lunghezza d'onda di Bruno si pone Campanella, che, nel *De Sensu rerum sive de magia*, pubblicato in edizione italiana a pochi anni di distanza dal libro di Della Porta, separa, a sua volta, i diversi modi di utilizzazione dei saperi magici, semplificando in modo netto la casistica:

Ora io affermo esserci magia divina che l'uomo senza grazia di Dio intende né opera e questa fu quella di Moisé e d'altri santi gloriosi... Ci è magia naturale come quella delle stelle e della medicina e fisica... e ci è magia diabolica di coloro che per arte del demonio fan cose mirabili a chi non l'intende, e questa senza dimonio spesso si fa da cantambanchi in presenza di sciocchi: ma queste sono cose d'astuzia e non di sapienza. La naturale dunque sta in mezzo e chi ben l'esercita con pietà e reverenza del Creatore, merita spesso esser levato alla soprannaturale... Ma chi l'abusa in ammaliare le genti, avvelenare, arrabbiare e burlare merita che il demonio s'inserisca, l'inganni e conduca alla perdizione [76].

In questo quadro sia la camera oscura, che, a maggior ragione, la lanterna magica possono diventare aiutanti indispensabili per i differenti tipi di utilizzazione della magia, da quella naturale alla prestigiatoria, dalla matematica, alla transnaturale o teurgia.

---

[75] *Ibid.*, pp. 8-9.
[76] T. Campanella, *Il senso delle cose e la magia*, Genova 1987, pp. 223-224.

Per tutti i pensatori cinquecenteschi, seguaci del pensiero di Pico e Ficino, il mago che usa le immagini per dimostrare i propri poteri può tradire la propria vocazione principale di indagatore delle leggi naturali e scadere a livello dei tanti imbroglioni e ciarlatani che affollano le piazze. Così li descrive Thomaso Garzoni:

> Questi magi, come diligentissimi esploratori della natura conoscendo quelle cose che da lei sono preparate e applicando per tempo gli attivi e i passivi, spessissime fiate innanzi il tempo pattuito e ordinato della natura producono effetti li quali dal volgo sono per miracoli tenuti... o formar aria o nuvole o pioggia o tuoni o animali di diverse sorti come si vanta d'averne fatto molto Ruggero Bacone con la paura e natural magia e si come fa professione d'insegnar cose simili Giovan Battista della Porta napoletano in un suo libro assai curioso di *Magia naturale*, alla qual cosa si riferisce quel che Giulio Camillo, persona di fede e d'autorità, riferisce di quello suo amico grande che formò, per via di lambicchi un fanciullo di carne a cui diede anco fiato, benché per un istante solamente ritener lo potesse e qua si riferiscono tutti i prestigii magici naturalmente fatti i quali non sono altro che mere illusioni e inganni apparenti, come quei dei ciurmatori, benché vi siano anche i prestigii fatti con incanti Geotici, imprecazioni e fraude di demoni né quasi si inseriscono certi vapori di profumi, lumi, medicamenti, legami e sospensioni, con anella, imagini, specchi e altre simili ricette e istromenti d'arte magica[77].

La rapidità con cui circolano le opere a stampa e la centralità di alcune figure, unita all'enorme fortuna delle opere di personaggi come Cardano, Vesalio, Pico della Mirandola, Erasmo, Agrippa, Della Porta, fanno sì che si possa registrare una rapidissima assimilazione e ricaduta, al di là del territorio abitato dai dotti, degli effetti di ogni opera significativa. Vi sono poi personaggi come John Dee e Bruno che viaggiano per l'Europa per diffondere in varie corti, assieme col verbo ermetico, anche l'uso magico di strumenti ottici, come specchi[78], camere oscure, e così via.

È anche per merito della straordinaria diffusione delle immagini, dell'intrecciarsi di esperienze e ragionamenti di questi pensatori e dell'immediata possibilità di tradurre in immagini i loro scritti, che, già nel cuore del Rinascimento, si crea subito un vero e proprio lessico visivo dalle dimensioni abbastanza ampie, ancora carico di

---

[77] T. Garzoni, *La piazza universale di tutte le professioni del mondo*, Venezia 1610, p. 172.

[78] Per una storia degli specchi vedi B. Goldberg, *Lo specchio e l'uomo*, Venezia 1989. Inoltre vedi *Lo specchio e il doppio*, a cura di G. Macchi e M. Vitale, Milano 1987.

significati simbolici e allegorici, capace di agire in profondità e sul lungo periodo, e modificare la percezione e rappresentazione del mondo nell'immaginazione collettiva.

Intanto, grazie al pensiero di personaggi come Bruno, si comincia a concepire l'immaginazione

non più come uno dei sensi interni, ma come l'insieme dei sensi interni. Nell'uomo l'immaginazione ha come supporto un'anima immaginativa, uno *spiritus phantasticus*, tra materia e spirito, il quale, secondo una tradizione venuta da Sinesio e trasmessa dal neoplatonismo fiorentino, è affine all'anima del mondo e allo spiritus sottile che costituisce gli influssi planetari [79].

L'immaginazione diventa l'organo che armonizza tutti i sensi e ci consente di stabilire naturalmente la relazione tra microcosmo e macrocosmo [80].

Per Paracelso, vera stella polare nello sviluppo di questo pensiero, l'immaginazione è la più alta tra tutte le facoltà umane, un «sole interiore» che col suo corpo invisibile agisce sia sul corpo visibile che sugli astri, riuscendo a influenzarli [81].

L'avvento del «tempo del popolo» profetizzato da Paracelso sarà anche conseguenza di una nuova organizzazione del sapere entro al quale il mondo immaginario avrà un ruolo fondamentale.

### MAGIA NERA E MAGIA BIANCA

Le immagini si formano nell'occhio, confluiscono nella camera oscura per opera di forze fisiche o magia naturale e possono formarsi direttamente nel cervello e nella mente per influssi di poteri non sempre benefici. Poteri che creano vincoli con le forze occulte.

In tutti i tempi la chiesa – pur non disdegnando l'uso delle immagini a fini edificanti – le ha temute e combattute e pensato che la loro fascinazione fosse, in qualche modo, opera demoniaca. I pericoli delle immagini sono così segnalati da San Tommaso nella *Summa Theologica*, I, 117, 3:

---

[79] Starobinski, *L'impero dell'immaginario*, in *L'occhio vivente*, cit., pp. 286-287.
[80] R. Klein, *L'immaginazione come veste dell'anima in Marsilio Ficino e Giordano Bruno*, Torino 1975.
[81] W. Pagel, *Paracelsus*, Basilea 1958.

Talvolta per l'immaginazione dell'anima lo spirito del corpo ad essa congiunto, viene trasformato. Questa trasformazione degli spiriti si opera sopra tutto negli occhi ai quali giungono gli spiriti più sottili. Gli occhi infatti stregano l'aria che si estende fino a uno spazio determinato per cui gli specchi, se sono novi e puri, contraggono qualche impurità sotto lo sguardo di una donna che ha le mestruazioni, come dice Aristotele nel *De somno et vigilia*. Così quando un'anima è fortemente incline alla malizia, come accade sopra tutto alle vecchie, si verifica il secondo modo, indicato sopra: il suo sguardo risulta venefico e nocivo, sopra tutto ai bambini, che hanno il corpo tenero e recepiscono facilmente le impressioni.

Dal Medioevo ai giorni nostri l'iconofobia è stata praticata per secoli ricorrendo a tutti i mezzi e a ogni tipo di argomentazione e trovando consensi non soltanto in ambito religioso[82].

Sant'Agostino, nel trentacinquesimo capitolo delle *Confessioni*, senza parlare di influssi demoniaci, ha condannato la *Concupiscientia oculorum* perché può distogliere dai desideri spirituali, ma alla fine dell'opera ha anche reso grazie a Dio «per tutto ciò che vediamo». Mentre Tommaso D'Aquino, nella citata *Summa theologica*, difendeva la vista come «sensus magis cognoscitivus», distinguendo tra una buona e una cattiva idolatria nell'uso delle immagini.

In una pagina de *Il nome della rosa* di Eco il frate Guglielmo di Baskerville così parla delle varie forme di magia che sottendono le possibilità d'uso delle lenti («oculi de vitro cum capsula») che possono potenziare, a seconda dello spessore, le facoltà visive:

Che meraviglia – continuava Nicola – eppure molti parlerebbero di stregoneria e manipolazione diabolica.
Puoi certo parlare per queste cose di magia – acconsentì Guglielmo – ma vi sono due forme di magia: c'è una magia che è opera del diavolo e che mira alla rovina dell'uomo attraverso artifici di cui non è lecito parlare. Ma c'è una magia che è opera divina, là dove la scienza di Dio si manifesta attraverso la scienza dell'uomo, che serve per trasformare la natura e uno dei cui fini è prolungare la vita stessa dell'uomo. E questa è magia santa a cui i sapienti devono sempre più dedicarsi non solo per scoprire cose nuove, ma per scoprire tanti segreti della natura che la sapienza divina aveva rivelato agli ebrei, ai greci e agli altri popoli antichi e persino a noi infedeli...
Ma perché coloro che posseggono questa scienza non la comunicano a tutto il popolo di Dio?

---

[82] K. Clark, *Moments of Vision and Other Essays*, New York 1981.

Perché non tutto il popolo di Dio è pronto ad accettare tanti segreti ed è spesso accaduto che i depositari di questa scienza siano stati scambiati per maghi legati da un patto col demonio, pagando con la loro vita il desiderio di rendere gli altri partecipi del loro tesoro di conoscenze[83].

L'esperienza dei sensi – la realtà così come appare – è comunque una costruzione assai fragile, che può essere compromessa in modo definitivo dall'uso di strumenti ottici. Sugli stessi occhiali – è scritto nel *Paradiso Perduto* di Milton

chi può dire se il Tentatore non conosceva l'uso di questa lente quando mostrò al Signore tutti i regni della terra?

Solo la seconda vista, quella di streghe e maghi nel pensiero medievale e in gran parte in quello rinascimentale, può entrare in profondità e evocare le illusioni. Nel *Malleus maleficarum* (*Il martello delle streghe*, pubblicato alla fine del Quattrocento, nel 1486-87, proprio nello stesso periodo in cui Leonardo inizia le proprie meditazioni sui poteri dell'occhio), l'occhio ha un ruolo importante perché è l'organo privilegiato attraverso cui può avvenire il contatto col diavolo:

Certi hanno gli occhi infuocati che con il solo sguardo stregano gli altri e soprattutto i bambini[84].

E più oltre il pensiero viene chiarito parlando specificamente della fascinazione esercitata attraverso gli occhi:

Può accadere che un uomo o una donna, guardando il corpo di un bambino, lo sommuova con lo sguardo e l'immaginazione o con qualche altra passione sensibile. E siccome la passione sensibile si accompagna con un certo mutamento del corpo e siccome gli occhi sono molto teneri e quindi molto ricettivi delle impressioni, può capitare talvolta che per qualche passione interiore gli occhi siano tramutati in cattiva qualità sopra tutto quando contribuisce a questo una certa immaginazione, la cui impressione subito trabocca negli occhi sia perché sono molto teneri sia per la vicinanza della radice dei sensi particolari all'organo dell'immaginazio-

---

[83] U. Eco, *Il nome della rosa*, Milano 1982, pp. 92-93.
[84] H. Kramer-J. Sprenger, *Il martello delle streghe*, a cura di A. Verdiglione, Venezia 1977, p. 44.

ne. E quando gli occhi si sono tramutati in una qualità nociva può capitare che trasformino in qualità cattiva una cosa a essi contigua...[85].

In tutta la trattatistica sulla stregoneria, dal Medioevo alla Rivoluzione francese, le immagini e l'immaginazione sono concepite come figlie del demonio e delle tenebre («E gli uomini preferirono le tenebre alla luce» è scritto nel *Vangelo* di Giovanni, 3,19): nel *Canon episcopi,* di incerta datazione, si parla per la prima volta di Satana che

trasformandosi in un demone di luce prende possesso della mente di ognuna delle donnicciole... e durante le ore del sonno inganna la mente alternando visioni liete a visioni tristi[86].

Da queste affermazioni, che diventano una sorta di credo e comandamento per tutta la trattatistica sulla stregoneria, le immagini sono sempre un *artificium* prodotto dal demonio per i suoi fini malvagi[87]. È chiaro che qualsiasi tipo di immagine scaturita dalle tenebre e prodotta con qualsiasi mezzo non potrà che essere combattuta dalle forze religiose.

Nel libro di Johann Wier *De Lamiis*, pubblicato nel 1577, che si muove su basi opposte a quelle degli autori del *Malleus* (a cui va riconosciuto, se non altro, di aver dato piena legittimazione teorica, filosofica e religiosa ai roghi su cui bruciano le streghe dagli inizi del Cinquecento in tutta Europa), ma anche di altri pensatori (come Ulrich Molitor, Bernardo Rategno da Como, Silvestro Pirerias...), si parla degli effetti della malinconia sulle facoltà mentali, e si cerca di ricondurre a cause fisiologiche il sogno o certi stati allucinatori che producono particolari tipi di visioni, senza però eliminare il dubbio di qualche intrusione malefica:

E allora, in casi del genere (sempre che Dio lo permetta) perché non potrebbe uno spirito ingannatore insinuarsi negli organi dei sensi e turbare per certi suoi fini gli umori e i vapori adatti alle funzioni di essi e determinare le condizioni idonee a uno stato allucinatorio, anche in base

---

[85] *Ibid.*, p. 51.
[86] *Canon Episcopi*, in *La stregoneria*, a cura di S. Abbiati, A. Agnonetto e M.R. Lazzati, Milano 1991, p. 24.
[87] La trattatistica sull'«occhio del diavolo» è molto ampia. Basterà ricordare *The Evil Eye*, a cura di C. Maloney, New York 1976; L. Di Stasi, *Mal Occhio: The Underside Vision*, San Francisco 1891; T. Siebers, *The Mirror of Medusa*, Berkeley 1983.

a una scelta sapiente del carattere del sesso dell'età, di ogni altro elemento che possa cooperare?

Perché non potrebbe, comunicando le nuove forme scaturite da tutto ciò nell'immaginazione agli organi della facoltà visiva, mediante il nervo ottico, produrre uno stato tale in cui si giunga ad affermare – anche a rischio di morte – di aver visto e percepito cose che mai nella realtà si sono viste, perché la natura non lo consente? La malvagità del diavolo si insinua attraverso ogni occasione che la materia sensibile possa offrire... Dice Aristotele che la facoltà immaginativa, così come Proteo o il camaleonte, è una sorta di tesoro delle forme che le sono trasmesse dalla percezione. E la stessa cosa sostiene a proposito dei sogni: le immagini che appaiono in questi si dirigono alla testa e agli organi della percezione così come quando si innalzano le forme fittizie delle nuvole, nel vapore acqueo o terrestre sembrano figure diverse di animali, salendo dal suolo nell'aria per effetto del calore del sole: allo stesso modo le immagini dei sogni sono la raccolta di diverse forme che derivano dall'innalzarsi dei vari vapori.... Se si alza il vapore nero della melancolia appare qualcosa di orribile, quasi una figura demoniaca, ed è qui che si insinua con maggior diletto il demonio... È per questo che si crea l'illusione che tutte queste visioni siano realtà, per la natura fisica stessa delle immagini che si imprimono in noi con la forza del sonno.

Ottenuta (sempre col consenso di Dio) la facoltà di produrre tali immagini e di imprimerle in esseri viventi, i demoni, mediante queste forme, fanno vedere apparenze fittizie di esseri ora allegri, che mangiano, bevono, ballano, cantano, si danno ai piaceri di Venere; ora tristi, che tramano, oppure subiscono solo del male, ora uomini, ora bestie, ora in atto di copulare, ora di volare, e queste sensazioni rimangono impresse in loro con la forza della realtà. Lo stesso Satana ha il potere di assumere la figura dell'angelo della luce. Impossessatosi della mente di qualcuno e soggiogatolo a sé e resolo infedele a Dio, ecco si trasforma in angelo radioso e guida per tramiti tortuosi la mente che tiene prigioniera[88].

Nel *De Lamiis*, Wier non esclude dunque affatto che le immagini possano essere anche eterodirette per opera di forze demoniache e distingue luoghi e cause che agiscono o determinano l'immaginario. Quando però egli riprende dal *Canon episcopi* l'affermazione che lo stesso Satana può assumere le sembianze dell'«angelo della luce» sembra offrire, a sua volta, motivazioni analoghe e com-

---

[88] J. Wier, *Le streghe*, a cura di Margherita Isnardi Parente, Palermo 1991, pp. 70-71. Il libro è una sintesi di un vasto trattato in cinque volumi pubblicato nel 1563 dal titolo *De praestigiis daemonum et incantationibus ac veneficiis*. Per un inquadramento del pensiero e dell'opera di Wier si veda l'introduzione della curatrice (*Le vecchierelle pazze di Johann Wier*).

plementari a quelle degli autori del *Malleus maleficarum* per le future crociate contro le immagini della lanterna magica. La magia naturale avrà buon gioco a servirsi di apparecchi come la camera oscura per mostrare l'interazione costante tra mondi celeste e terrestre e per proporre l'uso degli strumenti ottici come modo corretto di rappresentazione e spiegazione dei risultati scientifici senza rinunciare alla visione magica del mondo.

### OLTRE LE MAPPE DELLA CARTOGRAFIA

Lungo tutto il Cinquecento e nei primi decenni del Seicento i problemi connessi alla visione rimangono legati ai temi della rivelazione e, al tempo stesso, vengono a costituire una sorta di frontiera avanzata del sapere in cui la sperimentazione scientifica non taglia mai il cordone ombelicale sia rispetto ai saperi magici che all'immaginazione di futuri utopici. Senza una forte presenza del pensiero utopico non si può pensare all'avvento dell'era della lanterna magica, che intende spingere il suo sguardo verso territori ben più ampi rispetto a quelli, pur sconfinati, esplorati dai cannocchiali, dal microscopio e dai telescopi e non si sente in condizioni di inferiorità rispetto a questi strumenti. Alla costruzione, nell'immaginazione cinque-seicentesca, della città di *Utopia* di Tommaso Moro, della *Città del sole* di Campanella, della *Nuova Atlantide* di Bacone, di *Christianopolis* di J. Valentin Andreae, di *Nova Solyma* di Samuel Gott, e di tutte le città collocate «oltre le mappe della cartografia» (è questo il titolo di un importante saggio di Lionello Puppi)[89] potranno apportare un contributo (anche se molto a lungo continueranno ad essere circondate dal sospetto di funzioni prevalenti di tipo apotropaico) decisivo e concreto le camere oscure e le lanterne magiche con la loro capacità di creazione dal nulla di mondi dotati di una completa autonomia.

A un certo punto nel *Senso delle cose e della magia* di Campanella vengono affrontate, con molta ironia, le possibili utilizzazioni della camera oscura, mescolando appositamente esperimenti scientifici e dicerie popolari:

---

[89] L. Puppi, *Oltre le mappe della cartografia*, in *Il terzo nome del gatto*, Venezia 1989, pp. 95-115.

Dicono molti che facendo un lume di grasso d'anguilla o d'altro pesce serrando le finestre che non vi sia altro lume parerà la casa piena d'acqua e d'anguille, sì che le donne per timore s'alzeranno le falde in su... Io non ho potuto provare queste cose perché tutta la vita ho menato in guai, né mi paiono possibili, perché l'olio d'oliva farìa ordinariamente parer in casa un uliveto. E così candele di castrato e bove faria parere castrati e bovi. Giovan Battista della Porta afferma questo, ma li scoce dentro l'olio e poi con quel liquore fa l'effetto, e così scocendo una testa d'asino nell'olio farà parere aver tutti gli astanti una testa d'asino...

Si fanno con arte naturale e mezzi scientifici molte cose a queste simili che paiono impossibili a chi non le sa, come vedere, nell'aria, pendere un'immagine che si riflette per certe palle di vetro trapassando e nel cono della piramide fa questa prova... Fanno vedere l'immagine d'un uomo rappresentata non sai donde e vedrai solo una scrittura sopra una tabella... Così in una carta si forma immagine lunga due palmi e mirando per traverso quelle linee che non parevano imagini fanno imagine certa perché quel ch'è lontano par più picciolo che il vicino e le luci oblique da loro vengono congiunte [90].

In chiusura del capitolo sulle *Varie apparenze far l'arte e l'astuzia alla vista servendosi della natura* Campanella considera anche le applicazioni della catottrica, esplorate qualche decennio dopo nelle loro possibilità futuribili da Kircher e, di lì a qualche secolo, realizzate per mezzo delle trasmissioni di immagini via satellite:

Si può, di qui a Roma, portare l'imagine di un uomo per specchi moltiplicati. Pensano alcuni che la luna potesse servire per specchio di Napoli a Spagna, nella medesima ora esponendo una scrittura a Napoli verso la luna che essa rifletterebbe poi dentro uno specchio di chi sta in Spagna e leggeralla. Ma questo è impossibile perché la luce riflessa della nostra scrittura non arriva fino alla luna... [91].

La conclusione però è che, nella maggior parte dei casi, queste apparenze e giochi d'illusione rivelano la presenza di forze demoniache più che di una volontà o possibilità di conoscenza:

Mille cose simili fansi per gioco o per furberia; ma che li Demonii facciano vedere le cose in altra guisa che sono non si deve dubitare... [92].

---

[90] Campanella, *Il senso delle cose e la magia*, cit., pp. 286-288.
[91] *Ibid.*, p. 289.
[92] *Ibid.*, pp. 289-290.

## L'OCCHIO E IL CERVELLO

In parallelo all'attenzione per la magia ottica si sviluppa però il pensiero animato da intenzioni scientifiche che porta a Kepler, Newton, Galileo, dove appunto la vista – grazie a vari strumenti – scopre possibilità di allargare i poteri dello sguardo molto al di là degli orizzonti visibili conosciuti.

Anche Johannes Kepler fa importanti osservazioni sulla camera oscura agli inizi del Seicento e soprattutto tenta di servirsene per la dimostrazione del funzionamento dell'occhio. Grazie a lui si afferma, in via pressoché definitiva, la convinzione che la retina è un fotorecettore che trasmette informazioni al cervello.

Sulla sua scia si pone il gesuita tedesco Johannes Scheiner, che giunge a una rappresentazione dell'occhio tuttora accettata. Scheiner usa spesso strumenti ottici in appoggio alle sue lezioni. Entrambi giungono a capire come l'occhio da solo abbia un campo limitato, ma con l'aiuto di particolari strumenti (il cannocchiale da una parte, la camera oscura dall'altra) possa acquisire una portata imprevedibile.

In questo momento siamo in una posizione che potremmo definire di equilibrio quasi perfetto tra magia e scienza.

In seguito all'affermazione del pensiero scientifico di Copernico, Galileo e Newton, nei decenni successivi si è pensato che la magia, i saperi alchemici, la conoscenza del mondo fondata sulla teologia e la filosofia, ricevessero un colpo mortale.

Nella sua *Diottrica*, edita nel 1637 Descartes – che ha compiuto questo tipo di esperimenti con Villebressieu [93] – sembra tornare a Leonardo, ristabilendo l'analogia tra l'occhio e la camera oscura («Dicono che tale camera rappresenta l'occhio, il foro la pupilla, le lenti il vetro cristallino...») [94]. Una volta ripreso quello che ormai poteva sembrare un luogo comune, Descartes propone di estrarre un occhio da un uomo, o da un animale morto, di staccarlo quindi dal corpo di un osservatore e di porlo al posto del buco della camera oscura:

Non deve entrare nessuna luce, all'infuori di quella che potrà penetrarvi attraverso quest'occhio, le cui parti, come sapete, da c fino a s sono

---

[93] A. Baillet, *La vie de Monsieur Descartes*, vol. I, Paris 1961, pp. 256-257.
[94] Descartes, *La Diottrica*, cit., p. 235.

tutte trasparenti. Fatto ciò, se guardate su questo corpo Bianco RTS vi vedrete, forse non senza ammirazione e piacere, una figura che rappresenterà del tutto in prospettiva tutti gli oggetti posti in direzione dei punti VXY, purché facciate in modo che quest'occhio mantenga la sua forma naturale proporzionata alla distanza di quegli oggetti[95].

Grazie a questa operazione di separazione totale dell'occhio dal corpo Descartes mira a

evitare le incertezze della visione umana e le confusioni dei sensi, e la camera oscura è congruente con la sua ricerca di fondare la conoscenza umana su una visione puramente oggettiva del mondo[96].

Poi, però, a conclusione della sua dimostrazione, Descartes dice che le immagini non si formano solo nel fondo dell'occhio, ma vanno fino al cervello. Gli studi sull'ottica – ovviamente – dopo le scoperte galileiane avevano ricevuto una spinta decisiva e si può dire che tutti i tracciati fin qui delineati confluiscano potentemente nel pensiero cartesiano:

Descartes se ne era interessato giovanissimo sia dal punto di vista immaginativo (le illusioni, lo spettacolo proprio del diffusissimo campo della Prospettiva) che da quello strettamente scientifico, consistente soprattutto nel cercare i fondamenti teorici dello spettacolo offerto dagli strumenti ottici. Si è preparato sui grandi manuali di Al-hazen e Vitelio... ha letto più di quanto comunemente si pensi gli scritti... di G.B. della Porta, è al corrente fin dagli anni del collegio della scoperta del cannocchiale e delle mirabili applicazioni che ha saputo farne Galileo, ha visto le opere di Maurolico, ha meditato seriamente e a lungo su quelle di Kepler, che considera il suo maestro in questo campo, conosce i lavori di Scheiner...[97].

Il pensiero di Descartes sull'*Ottica* sarà importante e soprattutto sarà decisivo il suo richiamo a un lavoro degli scienziati in cui i risultati ottenuti dal singolo siano subito messi a disposizione della comunità. Ci vorrà però ancora molto tempo perché ciò avvenga.

---

[95] *Ibid.*, pp. 236-237.
[96] Crary, *Techniques of the Observer*, cit., p. 48.
[97] E. Lojacono, *Introduzione* a Descartes, *La Diottrica*, cit., pp. 178-179.

Ancora nel 1677 Johann Cristoph Kohlhans, nel descrivere una lanterna magica e le tecniche di costruzione ricorre all'ebraico, al greco e al latino, sostenendo di non voler rivelare a tutti il suo segreto, bensì solo ai letterati [98]. In ogni caso molti pensatori nei decenni successivi, da Leibniz nella *Monadologia* a Locke nel *Saggio sull'intelligenza umana,* continueranno a stabilire analogie tra l'intelligenza e la camera oscura.

La storia che stiamo cercando di ricomporre ci insegna che lo sviluppo scientifico ha forse contribuito, senza volerlo, alla diffusione ulteriore, se non al rafforzamento, di un tipo di sapere che ha continuato a oscillare tra magia nera e bianca e a nutrirsi di pratiche magiche per conquistare i pubblici più eterogenei.

Soprattutto la cultura secentesca è stata caratterizzata da quello che Martin Jay chiama «regime oculare barocco», ossia da una perfetta compresenza della vista razionale, proiettata verso orizzonti sempre più vasti e indefiniti, e dell'occhio interiore mirante alla vista assoluta.

### ENTRA IN SCENA IL PROTO-SPETTATORE

Ciò che interessa, a questo punto, e segna una svolta e un ampliamento della portata dei fenomeni ottici, è l'inclusione definitiva e stabile in ogni descrizione, scientifica o magica, di un soggetto della visione, reale e ideale. Questo proto-spettatore si affaccia nella trattatistica magico-scientifica degli inizi del Seicento come lo *Star Child* di *2001, a Space Odissey* di Stanley Kubrick. Da questo periodo in tutti gli scritti sulla camera oscura comincia a farsi più definita la figura dello spettatore, colto nell'atto di aprire gli occhi alle meraviglie che la magia ottica gli offre e si precisano le emozioni di piacere, paura e meraviglia che si vogliono e possono suscitare in lui. Più di tutto si mettono in luce i pericoli in cui può incorrere la visione dello spettatore ingenuo: così nell'*Opticorum libri VI Philosophis iuxta ac Mathematicis utiles,* di François d'Auguillon si parla del cattivo uso della camera oscura da parte di necromanti e ciarlatani:

---

[98] J.C. Kohlhans, *Neu-erfundene matematische und optische Curiositëten*, Leipzig 1677, p. 319 (devo questa segnalazione a C.A. Zotti Minici e alla sua tesi di dottorato).

Alcuni prestigiatori mendaci sono soliti circuire la plebe ignorante. Essi, per apparire esperti nell'arte necromantica, di cui a stento conoscono il significato, si vantano di poter evocare dagli inferi gli spettri dei demoni e di farli comparire agli occhi degli spettatori. Introducono i curiosi dell'occulto in una stanza buia, in cui non possa giungere alcuna luce, se non quella che il sottile diametro di vetro immette. Qui, intimato il più assoluto silenzio, simulati i misteri con il loro agire e con le loro parole e persino con la stessa attesa, annunciano che il demone sta per arrivare. Nel frattempo uno dei loro assistenti indossa la maschera del demone che è proprio come il popolo usa rappresentarlo... Una volta preparati così abilmente i trucchi viene intimato il silenzio, come se stesse per uscire un Dio da questo artificio. Quindi alcuni impallidiscono, altri sudano per la paura. Si prepara un piano di carta opposto al raggio di luce che entra nella stanza. Su di esso avanza lo spettro del demone come se si avvicinasse e poi si allontanasse, e i presenti sollevano timidamente gli occhi, lo fissano e rimangono a contemplarlo... Sono tanto sprovveduti quegli uomini che, per vedere l'ombra di un istrione sprecano tempo e denaro[99].

L'esperienza individuale leonardesca ha lasciato ormai il posto allo *spectaculum* collettivo, alla consapevolezza che al movimento delle immagini e degli sguardi possa corrispondere una serie di moti dell'animo omogenei nel catecumeno del rito visivo. Paura e meraviglia e in parte anche il piacere – come si è detto – sono le sensazioni dominanti, che si mescolano indissolubilmente tra loro. È subito evidente che gli strumenti ottici sono un mezzo formidabile per ingannare, distogliere dalla percezione della realtà, ma possono essere usati per arricchire le conoscenze sia di un pubblico ignorante che di un pubblico colto. La chiesa cattolica si rende conto molto presto di quanto le immagini possano servirle nella guerra *ad maiorem Dei gloriam* contro la Riforma e il pensiero protestante[100]. E, dagli inizi del Seicento, cerca di appropriarsene dal punto di vista teologico e materiale attraverso la *longa manus* gesuitica. Nel 1641 Mario Bettini, gesuita e professore di matematica a Parma, rifacendosi proprio a d'Auguillon, offre un quadro di possibili utilizzazioni («segreti utilissimi ai Filosofi sia della politica sia della natura») a fini anche spettacolari della camera oscura:

---

[99] F. d'Auguillon, *Opticorum libri VI, Philosophis iuxta ac Mathematicis utiles*, Antwerpiae 1613.
[100] J. Phillips, *The Reformation of Images: Destruction of Art in England 1535-1660*, Berkeley 1973.

I. Non solamente sotto il sole, ma anche di notte, si possono fare queste rappresentazioni, purché le fiaccole accese illuminino gli oggetti stessi che la luce trasferirà nel buio della stanza. Potresti, con questo strumento, raccontare le cose che uno ha fatto, anche se fino a quel momento sono state considerate occulte, tanto da sembrare inaccessibili ad alcuno dei mortali.

II. Vuoi comunicare qualche informazione a un detenuto che sia a conoscenza di questo arcano fenomeno, anche di notte, all'insaputa di tutti? Fai in modo che la luce del Sole o delle fiaccole ti colpisca...

III. Chi è ignaro della pittura non apprenderà da qui tanto quanto apprenderebbe se fosse già esperto di tale tecnica, in quanto non l'ha mai imparata, tuttavia potrebbe esercitarla, fissando su un foglio di carta colori in tutto simili a quelli che appaiono attraverso la lente su un piano opposto.

L'immagine risulterà minuta e eguale in tutto al prototipo.

IV. I siti e le distanze delle rocche, delle fortificazioni delle città e ancor più numerosi esempi che attengono alla geografia, corografia, topografia, devono essere trasferiti nei quadri come sono precisamente e veramente nella realtà.

V. (Nel quinto caso viene citato il passo di d'Auguillon).

VI. Vuoi vedere un esercito costituito da un uomo solo e ampliare i suddetti spettacoli, arricchirli anche con un più scarso apparato di un gran numero di macchine e soggetti da vedere? Moltiplica i fori nelle finestre oscurate. Il medesimo soggetto apparirà sulla carta collocata di fronte moltiplicato tante volte quanti sono i fori che attraversa e da un corpo solo vedrai con divertimento corpi molteplici, come un esercito schierato che si muove con le stesse armi e la stessa andatura. Se i vari oggetti si mostreranno moltiplicati nei vari momenti e nelle varie operazioni sotto il sole, fuori dalla finestra, allora attraverso i molteplici fori ti faranno vedere, per così dire, una fiera con una gran folla atteggiata e mescolata con grande varietà di colori e splendido diletto dei tuoi occhi[101].

### ATHANASIUS KIRCHER E L'ARS MAGNA SCIENDI

«De Lumine, nonnisi obscura loqui possumus»: così si apre il *Proemio* del *De lumine*, opera postuma del 1665 del padre gesuita Francesco Maria Grimaldi, scopritore della diffrazione della luce. Il libro studia, con l'aiuto dei più recenti studi di fisica, le leggi di

---

[101] M. Bettini, *Apiaria Universae Philosophiae Mathematicae in quibus Paradoxa et nova pleraque Machinamenta ad usus eximios traducta et facillimis demostrationibus confirmata...*, Bologna 1641.

diffusione della luce e della formazione dei colori[102]. Questo trattato, quasi contemporaneo alla grande opera d'un altro gesuita, ben più famoso, l'*Ars Magna Lucis et Umbrae* di Athanasius Kircher, separa nettamente, e forse per la prima volta da parte di uno scienziato-religioso, il discorso scientifico da quello mistico-religioso.

È interessante questo trattato perché in più parti descrive con cura esperimenti di proiezione di immagini in una camera oscura, senza peraltro trarne considerazioni più ampie, non prendendo mai in considerazione l'esperienza ottica come evento spettacolare:

> Experite applicando candele flamulam AB prope foraminulum C apertum in Lamina, seu tabella DE, post quam in loco obscuro erige folium chartae vel tabellam altam candidam FG, in hac enim videbis imaginem flammae AB sed situ everso depictam, nempe quia flammae apex A, radians per foramen C, non mittit lumen ad alium puntum tabellae FG praeterquam ad H per radium A CH, qui terminatus ibidem pingit apicem A non alibi quam in H [103].

Il *De lumine* raggiunge, con ogni probabilità, la sua naturale comunità di dotti a vent'anni di distanza da quando Kircher, con l'*Ars Magna Lucis et Umbrae*, ha puntato alla massima espansione possibile del suo pubblico di lettori.

Athanasius Kircher (1601-1680) è la figura centrale e più significativa nella storia della prima fase di scoperta della riproducibilità delle immagini. Tutto ciò che finora abbiamo trovato e ricomposto a frammenti, all'interno d'uno sviluppo lento del cammino che porta la camera oscura al centro degli interessi e degli studi di scienziati, filosofi e artisti, con Kircher raggiunge un livello di piena presa di coscienza delle sue possibilità e dilata, in maniera iperbolica e ipertrofica, il quadro e i sistemi di riferimento.

I motivi di rinnovato interesse e recente riscoperta della modernità di Kircher, nello scenario che stiamo cercando di delineare, non sono solo riferiti ai suoi presunti meriti di inventore della lanterna magica, tutto sommato poco rilevanti rispetto al dato dell'influenza complessiva del suo pensiero, quanto alla sua capacità di mescolare il senso dell'esattezza della scienza con l'attenzione alla «scienza delle illusioni», alla sua capacità di inventare macchine e

---

[102] F.M. Grimaldi, *De lumine coloribus et iride aliisque adnexis libri duo*, Bologna 1665.
[103] *Ibid.*, p. 214.

immaginare «mondi» costruiti per dare spettacolo o per valorizzare lo spettacolo del mondo.

L'opera di Kircher è, in assoluto, l'aspetto più appariscente della cultura scientifica e seicentesca, storicamente più fertile delle accademie galileiana e newtoniana proprio perché si svolge in un eccesso di meraviglia che crede al miracolo perché ne intuisce l'amplificato meccanismo e non crede alla scienza tanto da farne una religione, rispetto ai filosofi credenti che fanno della scienza una religione[104].

Spirito inquieto e nomadico, in senso materiale oltre che culturale, Kircher (se Ulisse è politropo questo gesuita, a pieno diritto, si può definire polimate[105], conoscitore di molti campi del sapere), secondo uno dei suoi biografi recenti è nato troppo presto o troppo tardi[106]. E comunque è stato letteralmente cancellato dalla presenza contemporanea di Galileo, Descartes, Newton e dalla spinta da loro impressa alla scienza e al pensiero moderno. Chiamato a Vienna nel 1633 a succedere a Kepler come astronomo imperiale, parte per la corte asburgica da Avignone, contro il parere dei suoi superiori, e sceglie di effettuare la prima tappa per mare, da Marsiglia a Genova. Non giunge mai a destinazione in quanto un violento temporale lo spinge prima in Corsica e poi a Civitavecchia. Roma dista poche miglia e Kircher desidera andare a conoscere i superiori per chiarire le ragioni della sua scelta. Qui non solo è accolto con tutti gli onori, ma è invitato a rimanere come docente di matematica in un primo tempo, poi come direttore del Collegio Romano e creatore del museo che prenderà il suo nome.

Kircher occupa un ruolo importante sulla scena del pensiero filosofico-scientifico dei primi decenni del Seicento non tanto per il suo ruolo antigalileiano, e il suo desiderio di dare ordine al mondo, catalogandolo e cercando di coglierivi in tutte le cose la corrispondenza con tutto (*omnia in omnibus*), quanto per il suo utopico sforzo di trovare – in un'Europa lacerata dalla guerra dei trent'anni, con la Chiesa che arma il braccio dei gesuiti per impegnarsi nella battaglia della controriforma – dei punti di raccordo tra realtà in conflitto tra loro. E per creare, anche attraverso la ricerca di una

---

[104] Brusatin, *L'arte della meraviglia*, cit., p. 35.
[105] Ho trovato la definizione in J. Lacouture, *Jésuites, 2. Les Revenants*, Paris 1991, p. 323.
[106] G. Godwin, *Athanasius Kirker*, London 1979, p. 14.

lingua perfetta, uno «strumento per stabilire una nuova concordia, non solo europea, ma planetaria»[107]. Ancora nella sua ultima opera del 1676, *Turris Babel*, egli tenta di costruire una storia dell'umanità successiva e complementare a quella dell'*Arca Noe*, e di mostrare come, dopo la frammentazione delle lingue, si deve poter pensare di unificare i diversi popoli sotto il comun denominatore della dottrina di Cristo.

In effetti, osserva Eco:

benché assetato di mistero e sinceramente affascinato dalle lingue esotiche, Kircher non aveva veramente bisogno di una lingua perfetta della concordia per unificare il mondo... Ma barocco tra i barocchi... egli non riesce a pensare se non per immagini[108].

Eco fa di Kircher una figura centrale del romanzo *L'isola del giorno dopo*[109]. Lo chiama padre Caspar Wanderdrossel «*e societate Jesu, olim in Herbipolitano Franconiae Gymnasio, postea in Collegio Romano Mathematum Professor*»[110] e a un certo punto del romanzo gli fa usare la lanterna magica, anticipandone l'uso addirittura al 1642:

Caspar aveva aperto un lato della scatola, lasciando scorgere, su un trappiede una grande lampada che, dalla parte opposta al becco, invece del manico aveva uno specchio rotondo di speciale curvatura. Acceso lo stoppino, lo specchio riproiettava i raggi luminosi entro un tubo, un breve cannocchiale la cui lente terminale era l'occhio esterno. Di qui (non appena Caspar ebbe richiusa la scatola), i raggi passavano attraverso i vetri del listello, allargandosi a cono e facendo apparire sulla parete delle immagini colorate, che a Roberto parvero animate tanto erano vivide e precise.

La prima figura rappresentava un uomo dal volto di demone, incatenato su uno scoglio in mezzo al mare, frustato dalle onde. Da quella apparizione, Roberto non riuscì più a staccare gli occhi...[111].

Nel riconoscere l'importanza del pensiero per immagini di Kircher, Eco riprende un'osservazione centrale del lavoro di Valerio Rivosecchi sulla *Poligraphia universalis* e sullo sforzo condotto per

---

[107] Eco, *La ricerca della lingua perfetta*, cit., p. 178.
[108] *Ibid.*, p. 179.
[109] U. Eco, *L'isola del giorno dopo*, Milano 1994.
[110] *Ibid.*, p. 226.
[111] *Ibid.*, pp. 421-422.

tutta l'esistenza dal gesuita di trovare un modo per superare le barriere linguistiche:

> In realtà la vera lingua universale che Kircher cercò di ricostruire andava ben al di là delle tavole di traduzione della *Poligraphia:* essa è da ricercarsi nella trama dei simboli, degli archetipi, delle figure geometriche essenziali, faticosamente resuscitati dal passato e ogni volta ripresentati nelle sue opere in discorsi affidati molto più alle immagini che alle parole. Il «pensare per immagini», proprio di tutte le opere di Kircher... è forse il suggerimento più prezioso a quanti, linguisti, missionari e artisti, credevano allora all'instaurazione di una comunicazione universale[112].

Le immagini, per lui, oltre a essere simboli, vanno a costruire insiemi che appaiono come «teatri della memoria», voci di un vero e proprio dizionario universale.

Kircher pensa sempre in termini universali: nella sua opera ogni immagine, ogni pensiero, tutte le cose e tutte le parvenze entrano a far parte di una cosmogonia o una cosmologia. Non è possibile dar ragione dell'insieme, ma anche di singole parti della sua sterminata bibliografia su cui, dopo un silenzio di secoli, esiste ormai una letteratura di tutto rispetto che ne ha rivalutato l'importanza e illuminato non pochi aspetti che affascinano per la loro capacità di toccare corde vicine a noi[113]. Si può comunque riconoscere che, nel suo neoplatonismo cosmologico, nella sua calcidoscopica varietà e poliedricità, ogni frammento è parte dell'universo. Ogni minimo elemento visibile è collegato ai mondi superiori e invisibili e quindi basterà fissare alcuni punti notevoli agli effetti del nostro viaggio per capire la gittata della sua influenza[114].

Nelle sue opere l'occhio, organo del senso, manifesta il suo potere nel momento in cui è visto come occhio interno.

In un disegno a pag. 783 dell'*Ars Magna Lucis et Umbrae* egli pone all'esterno della stanza un occhio privo di corpo. Trionfa, in questo disegno, l'idea del potere assoluto dell'occhio o dell'ocularizzazione del corpo. Il vedere come atto di doppia conoscenza, come percezione della superficie esterna delle cose e «itinerarium

---

[112] V. Rivosecchi (a cura di), *Esotismo in Roma barocca, Studi su padre Kircher*, Roma 1982, p. 167.
[113] Nella vasta bibliografia segnalo I. Reilly, P. Conor, S.J., *Athanansius Kircher, S.j. Master of Hundred Arts*, Rome-Wiesbaden 1974.
[114] Rivosecchi (a cura di), *Esotismo in Roma barocca*, cit., pp. 168 ss.

mentis» lungo le scale della luce per riconoscere la perfetta organizzazione del mondo e le rispondenze tra mondo terrestre e mondi celesti. Ma c'è anche l'occhio divino, rappresentato all'interno di un triangolo, che diffonde i suoi raggi di fuoco attaverso le nove schiere angeliche (vedi il frontespizio dell'*Arithmologia*).

Il suo pensiero, non tanto per i risultati e la produttività sul piano scientifico, quanto per l'audacia ideativa e immaginativa, la capacità di tentare gli accostamenti più arditi, scoprire le analogie più inimmaginabili, di effettuare le misurazioni più imprevedibili, sempre più appare come la faccia nascosta, ma complanare, di una ricerca speculativa e teorica che ha in Galileo la sua dimensione più visibile e vincente. Kircher non pone limiti al sapere (la pansofia) e alla possibilità di conoscenza. Nei suoi libri dichiara di trattare «de omnibus rebus et de quibusdam aliis», dall'ottica alla necromanzia, dal magnetismo alla crittografia, dalla filosofia neoplatonica-pitagorica all'occultismo, dalla pittura alla geometria, dai sistemi di misurazione della terra alla teoria dei colori, dai fossili alla fisica, alla lingua egiziana, alla storia della musica e degli strumenti musicali. Inventa macchine per comporre musica e macchine calcolatrici, studia i geroglifici egiziani e ne propone una chiave di lettura che, fino alla scoperta di Rosetta, verrà presa per buona...

Pur avendo modo di servirsi del cannocchiale, Kircher non accetta le scoperte galileiane, né, tanto meno, quelle di Copernico e Kepler. Mentre preferisce piuttosto rifarsi, nel suo *Itinerarium exstaticum*, alla teoria geocentrica di Tycho Brahe, cercando di conciliare la tradizione aristotelico-tolemaica coi movimenti apparenti degli astri[115].

L'«ars magna sciendi» gli serve per trovare la chiave del sapere universale: la cerca nell'arte combinatoria, ma anche nelle immagini: si serve della matematica e non esclude dalle sue pratiche la magia.

Magia, termine che appare continuamente nei suoi scritti, come abbiamo già visto per Giordano Bruno significa capacità di servirsi della scienza naturale, di osservarne e riprodurne i fenomeni per mezzo di macchine, di conoscere i vincoli esistenti tra il mondo materiale con quello spirituale e divino.

---

[115] I. Gomez de Liano, *Athanasius Kircher. Itinerario del exstasi o las Imagines de un saber universal*, Madrid 1990, p. 140.

Il sapere per lui – e per altri gesuiti che gli avevano aperto la strada – non era concepito come un disordinato e gigantesco accumulo di nozioni separate e indipendenti, ma come un'architettura armonica, un ordine già prefigurato dalla volontà divina, reperibile e riflesso nella perfetta e mirabile «machina mundi» secondo la più compita armonia.

Kircher, con la sua curiosità insaziabile, che affronta le più lontane e diverse civiltà, avvicina le varie filosofie e religioni e i costumi e le tradizioni, sembra considerare ogni aspetto della realtà come una «via» per ascendere al divino «archetipo» attraverso la «scala delle perfezioni» del mondo creato. Ed è comprensibile che egli miri a trasformare anche la sua ispirazione matematica in un sistema di «corrispondenze di accordi e armonie» dalle quali risulti sempre la «mirabile» architettura cosmica eternamente pensata dalla mente divina [116].

Pur animato da una visione unitaria Kircher divide comunque l'universo del sapere in due grandi aree: da una parte la teologia articolata in molte branche, che vanno dalla soprannaturale alla cabalica, passando per la teologia morale e profana, dall'altra la fisica:

D'altra parte anche le partizioni proposte per la fisica per quanto non nuove sono pure rivelatrici; perché vi occupa un luogo ben evidente anche la "magia naturalis", l'arte che meglio rivela le simpatie e antipatie occulte delle cose, ne unisce e scioglie i legami e insegna ai sapienti gli effetti mirabili dell'applicatio activorum cum passivis [117].

Kircher pensa a completare la costruzione di un'arte universale, una «ars artium, scientiarum officina, foecundum mentis seminarium, totius humanae cognitionis clavis» [118], con un linguaggio non meno universale, convertibile in tutti gli idiomi e particolarmente utilizzabile in tutte le operazioni combinatorie: «L'Ars magna sciendi» ovvero *La Polygraphia novae et universalis ex combinatoria arte detecta*. Magia naturale è dunque per lui quella scienza «che servendosi delle cause più nascoste e recondite opera effetti straordinari

---

[116] C. Vasoli, *L'ars magna sciendi*, in *Enciclopedismo in Roma barocca*, cit., pp. 64-65. Dello stesso Vasoli vedi anche *Sperimentalismo e tradizione negli "schemi" enciclopedici di uno scienziato gesuita del Seicento*, in «Critica storica», XVII, 1980, pp. 101-127.
[117] *Ibid.*, p. 70.
[118] A. Kircher, *Ars Magna Sciendi. In XII Libros Digesta quae novo et universali methodo, Per Artificiosum Combinationum contextum de omni re proposita plurimis et prope infinitis rationibus disputari, omniumque summaria quaedam cognitio comparari potest*, Amsterdam 1669, p. 1.

e meravigliosi». Non a caso attende da questa scienza come cercherà di fare un altro gesuita, il bresciano Lana Terzi

il fare una nave che cammini per l'aria, il volare degli uomini come gli uccelli, il moto perpetuo, le lucerne perpetue, la pietra filosofale da trasmutare i metalli, la medicina universale per tutte le infermità, il modo di ringiovanire e simili [119].

Per qualche anno Kircher accarezza l'idea di scrivere un trattato di *Magia universalis*, poi convince Caspar Shott, suo allievo, a scriverla in sua vece. Proprio con questo titolo Shott pubblica un libro nel 1659.

La prima edizione dell'*Ars Magna Lucis et Umbrae* è del 1646: opera che giganteggia al centro del secolo della cultura barocca sia per il suo carattere di viaggio post-dantesco verso la contemplazione del mondo metafisico, che come viaggio nella scienza che si sta trasformando [120].

Il primo momento essenziale di questo percorso, è l'osservazione della natura, in cerca di fenomeni meravigliosi, di quelli che vengono definiti «inusitata spectacula», e l'attitudine che si vuole sviluppare è quella verso una sorta di magia contemplativa.

In questo senso è sorprendente la descrizione al capitolo v del *Libro II* degli effetti ottenuti in una camera oscura «ornata di pietre preziose»:

Tra gli spettacoli dai quali ricordo di aver tratto il più grande godimento, anche questo di cui parlerò non è da poco. Infatti a stento si può descrivere quanta meraviglia susciti negli spettatori. Così si proceda. Si prendano dei prismi come vedi in AB fig. 2 uniti nel senso dei raggi e regolari; ma i singoli poliedri siano del tipo che si suole usare per moltiplicare le immagini, cioè sfaccettati. Fatto ciò si esponga il poliedro, precedentemente inserito nella sua apertura, ai raggi solari. Così otterrai da questo poliedro che i raggi del Sole che sistematicamente penetrano i

---

[119] F. Lana Terzi, *Prodromo overo saggio di alcune invenzioni nuove presse all'Arte maestra, Opera che prepara il P. Francesco Lana bresciano... per mostrare li più reconditi passaggi della naturale filosofia*, Brescia 1670 (si veda però l'edizione a cura di A. Battistini, Milano 1977, che riporta la frase a p. 54).

[120] «L'Ars Magna... si può leggere quasi come un trattato di tecnica dell'immaginazione, diviso e concepito come un *iter extaticum*, che conduce dall'osservazione del mondo fisico alla pura speculazione simbolica e metafisica», V. Rivosecchi, *Il simbolismo della luce*, in *Enciclopedismo in Roma barocca*, cit., p. 217.

prismi triangolari, si rifrangano meravigliosamente nel vetro e si diffondano illuminando l'intera camera con una stupenda visione: cioè essa apparirà ornata di ogni genere di pietre preziose, in maniera così magnifica e superba che si dovrà ammettere di non aver mai visto nulla di simile. Si potranno osservare smeraldi, piropi, zaffiri, ametiste, rappresentati in modo così naturale da ingannare gli stessi sensi per la vivacità straordinaria dei colori[121].

Poi, con qualche accorgimento, le pietre preziose potranno dar vita a una non meno «meravigliosa» volta stellata:

Se vuoi trasformare la camera in cielo stellato, fa in modo che questo prisma, inserito nell'apertura della finestra lungo l'asse, sia esposto ai raggi solari e sia fatto girare a mo' di ruota. Esso offrirà così un dilettevolissimo spettacolo: infatti tutte le luminosissime figure delle pietre che vengono fatte ruotare, rappresentano all'interno della camera oscura un cielo stellato, non senza stupore da parte degli spettatori[122].

L'universo appare come una fabbrica delle meraviglie, che offre all'osservatore una quantità di spettacoli straordinari e non riproducibili dall'uomo: da quelli dell'atmosfera, come nuvole, aloni, arcobaleni, aurore, tramonti, a quelli della sfera celeste[123].
Se finora abbiamo pensato alla camera oscura come metafora dell'occhio, con Kircher la camera oscura diventa il luogo per eccellenza in cui condensare e cogliere, con un solo sguardo, il senso del mondo nella sua varietà e unità[124].
In questo senso si veda il libro x dell'*Ars Magna Lucis et Umbrae*, che ci appare come un inventario straordinario del mondo, una sorta di promemoria o di schema ideale per il suo Museo.
L'enciclopedismo medievale e rinascimentale, come la cultura collezionistica, vengono esaltati nella sua opera, ma, più di tutto, il suo sistema di pensiero viene tenuto insieme da quella corrente occulta che attraversa il pensiero rinascimentale e si alimenta della traduzione ficiniana del *Corpus Hermeticum* di Ermete Trismegisto, che vede in tutte le cose l'emanazione della potenza divina, che è permeata da influssi cabalistici, da contiguità e somiglianze con il

---

[121] A. Kircher, *Ars Magna Lucis et Umbrae In decem Libros digesta...*, II, Roma 1671, p. 818.
[122] *Ibid.*
[123] Rivosecchi, *Il simbolismo della luce*, cit., p. 217.
[124] A. Lugli, *La ricerca come collezione*, in *Enciclopedismo in Roma barocca*, cit., p. 277.

pensiero dei Rosacroce e da un bisogno di abbracciare, in un unico sapere, tutta la conoscenza del mondo. Kircher conosce e cita nelle sue opere gli scritti di Robert Fludd, come l'*Utriusque Cosmi Historia*, e di John Dee, la *Monade hieroglyphica*.

Se la cultura ermetica rinascimentale confluisce e grazie a lui sarà in grado di comunicare ancora a lungo, come rappresentante della cultura enciclopedica del mondo antico, Kircher «costituisce l'ultimo massimo capitolo prima dell'illuminismo»[125].

Uno degli aspetti che più lo proietta però verso la modernità e, al tempo stesso, ne fa un esponente di punta della cultura barocca, è la «teatralizzazione della scienza», la sua capacità moderna di pensare e organizzare, in senso spettacolare, ogni branca del sapere.

Immenso teatro per esempio è il suo museo, sia nel senso di Giulio Camillo, che dei bestiari medioevali e delle «camere delle meraviglie» rinascimentali: un punto di concentrazione di tutte le meraviglie del mondo, una miriade di figure immaginarie e di oggetti reali. Così lo descrive nella dedica iniziale del terzo tomo dell'*Oedipus*:

> Il polimorfo regno del Morfeo Geroglifico: dico un teatro disposto in immensa varietà di mostri e non nudi mostri di natura, ma così adornato delle chimere enigmatiche e di un'antichissima sapienza che qui confido gli ingegni sagaci possano racchiudere smisurati tesori di scienza, non senza vantaggio per le lettere. Qui il cane di Bubasti, il Leone Saitico, il Capro Mendesio, il Coccodrillo spaventevole per l'orrendo spalancarsi delle fauci, scoprono gli occulti significati della divinità della natura, dello spirito della Sapienza Antica, sotto l'umbratile gioco delle immagini. Qui i sitibondi dipsodi, gli Aspidi virulenti, gli astudi Icneumoni, i crudeli Ippopotami, i mostruosi Dragoni, il rospo dal ventre rigonfio, la lumaca dalla contorta conchiglia, il bruto irsuto e innumerevoli spettri mostrano la mirabile catena ordinata che si dispiega nei segreti della natura.
> Si presentano qui mille esotiche specie di cose ed altre immagini trasformate dalle metamorfosi, convertite in figure umane e di nuovo restaurate in se stesse in mutuo intreccio, la ferinità con l'umanità, e questa con l'artificiosa divinità; e infine la divinità che per dirla con Porfirio scorre per l'intero universo, ordisce con tutti gli enti un mostruoso connubio; dove ora, sublime per il volto variegato, levando la cervice canina, si palesano il Cinocefalo e il turpe Ibis, e lo Sparviero avvolto da maschera rostrata... e dove ancora allettando con virgineo aspetto sotto l'involucro

---

[125] E. Battisti, *Perché Kircher oggi*, in *ibid.*, p. 16.

dello Scarabeo, si cela l'aculeo dello Scorpione... In questo pantomorfo teatro della natura contempliamo, dispiegato davanti al nostro sguardo, sotto il velame allegorico di una occulta significazione[126].

Con Kircher la predicazione religiosa e scientifica, anche quando mira a smascherare «i fabbricanti di menzogne» e a «condannarli ed esecrarli insieme alla Santa Chiesa», punta a costituire, anzitutto, un evento spettacolare:

Le macchine ottiche di Kircher dovevano avere, presso il grosso pubblico un ruolo, oltre che teatrale, apologetico. Ed è in questo spirito che Kircher doveva produrre davanti a stuoli di fedeli stupefatti, ma anche divertiti, spettacoli incredibili come quando, con uno specchio cilindrico, proietta in aria l'immagine di Gesù che ascende ai cieli, oppure servendosi di uno specchio concavo, di una lente iperbolica e della luce di una candela, proietta su un muro l'immagine del demonio: «In questo modo, iscritta nello specchio la figura dell'empio demonio è trasmessa in un luogo oscuro può facilmente distogliere dalla perpetrazione dei mali[127].

La *lux* è dunque per Kircher manifestazione della potenza divina, essenza prima, incorruttibile e infinita (*Iddio disse: «Sia la luce». E la luce fu*), il raggio che emana da questa *lux* è il Figlio e lo Spirito Santo non è che il calore che riscalda l'universo. A seconda dei gradi di luce si scende nella scala degli esseri dalle creature angeliche agli animali.

L'*Ars Magna* si chiude con la metafisica della luce e dell'ombra... Kircher assume la metafora plotiniana dell'irraggiamento del sole nell'universo sul quale la luce si dispiega per gradi, secondo una gerarchia di stadi dell'essere, per ricondurre poi le proprietà della luce al mistero della Trinità... Questi aspetti rimandano ancora alla politica di unificazione cristiana dei gesuiti, che trova in Kircher un abile esecutore: la metafora della luce e del sole, presente in molte tradizioni filosofiche, sia cristiane che arabo-giudaiche, è infatti quella che meglio si presta a raccordare, senza mettere in crisi le basi dottrinali, ermetismo e cristianesimo, interpretazione della genesi e della Bibbia, Platone ed Ermete Trismegisto. La strategia di integrazione è dunque quella consueta: espansione e apparente

---

[126] A. Kircher, *Oedipus Aegyptiacus, hoc est universalis hierogliphicae veterum doctrinae, temporum iniuria abolitae, instauratio*, III, Roma 1652, p. 5.
[127] M.G. Ianniello, *Kircher e l'Ars Magna Lucis et Umbrae*, in *Enciclopedismo in Roma barocca*, cit., pp. 231-232.

liberalità nell'abbracciare fedi diverse, conquista, assorbimento e risoluzione... [128].

Kircher si muove in base a un grande piano e vede nella lanterna magica – a un certo punto – lo strumento privilegiato al servizio di una predicazione religiosa su scala universale.

Questa suggestione di unità produsse in Kircher non teorie fisiche e filologiche corrette, ma miti suggestivi e potenti. Ma perché la cultura filologica e scientifica non dovrebbe essere anche una «lanterna» magica o una camera oscura da cui sgorghino non solo positive strumentazioni tecnologiche, ma emozioni e spettacolari sorprese? [129].

---

[128] *Ibid.*, p. 232.
[129] Battisti, *Perché Kircher oggi*, cit., p. 18.

4.

# LA PIAZZA E I SEGNI DEI PASSI

> Mimi, salii vel saliares, balatrones,
> emiliani, gladiatores, gignadii,
> praestigiatores, malefici quoque multi,
> et tota ioculatorum scena procedit.
> GIOVANNI DI SALISBURY

### LA LUCE DELLA LANTERNA E IL GRANDE RETICOLO DI VINCOLI EUROPEI

In principio era il buio più totale. Poi, grazie a un piccolo forellino nella parete, è stata creata la camera oscura a immagine e somiglianza dell'occhio. E la *lux* vi ha fatto trionfalmente la sua irruzione. La camera oscura consentiva di muoversi lungo i sentieri della luce, di sprofondare nelle tenebre infernali e di innalzarsi almeno fino alla soglia dell'accecante *lumen* dello splendore dei cieli. Poi la camera oscura è cresciuta e si è moltiplicata e quel raggio luminoso capace di scomporsi e rivelare la varietà dei colori o di dar vita a innumerevoli figure dotate di una propria autonoma vitalità e mobilità, ha cominciato a diventare l'alimento comune per l'occhio di tanti esseri umani sparsi in vari luoghi della vita sociale europea.

A un certo punto, dalla fine del Seicento, la luce della lanterna magica e le immagini delle stampe popolari hanno giocato insieme, senza volerlo, un ruolo importante – centrale a nostro parere – per la costruzione di una unità culturale interna all'Europa. Questa unità si è formata anche grazie al coagularsi e consolidarsi di esperienze visive, emotive e conoscitive non facilmente documentabili, ma comuni e dotate di un grande potere vivificante per l'uomo europeo, colpito nei secoli precedenti da pestilenze e guerre devastanti. Né le guerre, né i confini, né i pericoli di cui il cammino poteva essere disseminato, avranno il potere di arrestare un tipo di azione destinata a allargare gli orizzonti conoscitivi e a modificare le geografie mentali di milioni di persone escluse da tutte le forme alte di diffusione del sapere, pronte però a seguire il lanternista o l'impresario del mondo nuovo lungo i sentieri della luce.

Senza volerlo, senza saperlo, spinti da una medesima volontà, le migliaia di lanternisti, venditori di stampe e piccoli impresari di spettacoli ottici, oltre che le compagnie di comici dell'arte o di «formatori» di altri tipi di spettacoli, che, nell'arco di oltre duecento anni si muovono incessantemente da un lato all'altro del continente, contribuiscono a creare vincoli comuni e profondi nell'immaginazione collettiva europea, a porre le basi di spazi mentali e abitativi condivisi, sottratti all'influenza religiosa e politica locale. Se per Giordano Bruno il «grande reticolo di vincoli» che legano le forze dell'universo è dato da Dio, dal Demone, dall'Animo, dall'Essere animato, dalla Natura, dalla Sorte, dalla Fortuna e dal Fato[1], per questi personaggi i vincoli sono dati, più modestamente e concretamente, dal senso della meraviglia, dalla percezione di emozioni e passioni comuni di tipo laico, dalla scoperta di curiosità per il lontano e l'altrove, dalla fascinazione e dal richiamo del proibito, dal riuscire a comunicare, attraverso un linguaggio fatto di gesti, movimenti del corpo, delle braccia, degli occhi. Il fittissimo reticolo di immagini, sensazioni, paure, curiosità, attrazioni e repulsioni che riescono a diffondere copre in pratica, in modo capillare, tutta la geografia antropica dell'Europa. Non ci sarà alcuna possibilità di sfuggire o evitare il contatto con le immagini, sacre o profane: grazie alle immagini sarà possibile – senza sbarazzarsi peraltro dell'eredità iconografica allegorica e figurale – procedere a una riclassificazione del mondo, cercando di penetrare i corpi e di esplorare visivamente la materia. L'iconosfera popolare, in modo costante e visibile, diventerà parte integrante di ogni forma di conoscenza e di ogni tipo di realtà sociale. Quella dei venditori di immagini è un'azione di catechesi vera e propria, depurata di ogni fanatismo fideistico, da qualsiasi settarismo religioso o spirito fondamentalista. Col diffondersi del mercato delle stampe si offrirà un contributo determinante alla divulgazione e proliferazione dei grandi modelli dell'arte sacra e profana dal Cinquecento in poi. Se lo sforzo di racchiudere entro un unico spazio il sapere universale culminerà nella grandiosa realizzazione dell'*Encyclopédie*, sulle spalle delle migliaia

---

[1] Bruno, *De Magia*, cit., p. 115.

di venditori di stampe, o nelle cassette di mondo nuovo, o negli spettacoli di lanterna magica, sia pure in forma ridotta, sarà sempre racchiuso un insieme di immagini concepito come vero e proprio alfabeto e dizionario del mondo.

Il movimento di questo esercito di iconofori non produrrà alcun fenomeno sismico e tuttavia è possibile immaginare a ogni manifestarsi della loro azione, oscillazioni sensibili nei sismografi emotivi applicati agli uditori. Queste emozioni si possono ancora registrare nella vasta iconografia che le ricerche degli ultimi anni, il lavoro della Magic Lantern Society, una serie di mostre, la sistemazione di alcuni musei, hanno contribuito a ricomporre.

### CIARLATANI E AMBULANTI NELLA PIAZZA UNIVERSALE DI TUTTI I MESTIERI

Il luogo per eccellenza da cui partire, o in cui porsi in attesa dell'avvento della luce della lanterna magica, o dell'arrivo dei venditori di stampe è la piazza. Non una piazza geograficamente definita, anche se piazza San Marco a Venezia, piazza Navona a Roma, la piazza di Saint Germain a Parigi hanno una maggiore visibilità, ma la piazza come luogo di incontro e massima socializzazione, concentrazione e scambio di energie tra i rappresentanti dei diversi gradini della scala sociale.

Quando Thomaso Garzoni da Bagnacavallo, nella *Piazza universale...*, scritto alla fine del Cinquecento e Gian Domenico Ottonelli in *Della Christiana moderazione del teatro* (1652) cominciano a delineare le prime mappe di arti e professioni vecchie e nuove, tra le centinaia di figure non c'è alcun sintomo o indizio che faccia presagire l'arrivo di venditori di illusioni visive, o di custodi e artefici di «magia luminosa». Nel suo «furor» accumulatorio e nelle sue ambizioni totalizzanti Garzoni parla comunque a lungo delle forme del vedere e si diffonde sul potere dei «perspettivi overo otici». Cita Vitellione, Pomponio Gaurico, Bacone, ma non fa alcun riferimento all'uso di specchi o strumenti ottici a fini di magia da parte di necromanti e illusionisti, come invece aveva fatto Della Porta. *La piazza universale...* è un libro in cui si mescolano le eredità dei saperi del mondo antico con quelle medioevali e del pensiero magico-cabalistico del tardo Rinascimento. Aristotele va a braccetto con Pico della Mirandola, Seneca con Filone, Lucano con Ariosto e Dürer, Lorenzo Valla con Gerolamo Cardano.

L'autorità letteraria e filosofica prevale sull'esigenza di conoscere e sperimentare, anche se il libro è percorso da una tensione verso nuove ricerche in campo medico, astronomico, scientifico...

Garzoni raggruppa e classifica centinaia di professioni. Separa le famiglie dei Comici dai Tragedi, da quelle dei Mimi e degli Histrioni. Analizza tutte le attività divinatorie di profeti, sibille, vati, aruspici, metaposcopi, piromanti, hidromanti, aeromanti, geomanti, chiromanti... Dedica in particolare molte pagine alle tecniche truffaldine dei «Formatori di spettacoli e massime dei Cerretani e dei Ciurmadori». Grazie a lui vediamo in azione folle di truffatori che

con varie arti e inganni illudono le menti del popolazzo e allettano l'orecchio a sentire le frottole e gli occhi a vedere le bagatelle, i sensi tutti a stare attenti alle prove ridicolose che in piazza stanno[2].

L'attenzione al coinvolgimento dei cinque sensi dello spettatore al processo di galvanizzazione e ipnosi che il «popolazzo» subisce è una novità nella letteratura tardo rinascimentale. Sui volti degli spettatori, sui loro corpi, è possibile cogliere, come se fosse un passaggio di nuvole sullo sfondo del cielo, le reazioni sparse di stupore, il formarsi del riso con la sua capacità di scuotere tutto il corpo e l'addensarsi del senso di paura e angoscia con la sua capacità di paralizzarlo. Il *De humana Phisiognomonia* di Della Porta, edito nel 1586, aiuta a considerare come

animi a corporis motibus non sunt impassibiles et animae passionibus corpus corrumpatur[3].

Corpi e volti raccontano molte storie e mostrano il formarsi di una catena ininterrotta di spettatori: all'aperto e al chiuso, in luoghi profani e sacri, per assistere a riti religiosi, impiccagioni, roghi e spettacoli di cantimbanchi.

In ogni caso è la piazza il luogo di massima socializzazione e da un certo momento la piazza del mercato e della fiera

il magico spazio scenico in cui la vita popolare trovava il suo medium

---

[2] Garzoni, *La piazza*, cit., p. 322.
[3] G.B. Della Porta, *De humana Phisiognomonia*, Vico Equense 1586, p. 5.

fermentante, luogo d'incontro non solo economico e sociale, ma anche centro di diffusione culturale e laboratorio teatrale aperto[4],

il luogo in cui si concentrano le passioni collettive e si possono decifrare i moti dell'animo e insieme quelli del corpo, il punto trigonometrico in cui tutte le arti, i mestieri e forze sociali sono periodicamente obbligati a incontrarsi. La piazza è un luogo caotico dove i mestieri si mescolano e confondono, le grida, i suoni e i rumori formano una quantità di onde sonore, in cui sulla performance individuale prevale l'insieme delle manifestazioni e l'energia emotiva del singolo viene catturata e convogliata assieme a quella della folla.

Garzoni, pur fingendo di scagliarsi contro quella folla composita di ciarlatani, con non celata ammirazione scompone e ricompone i gesti dei vari attori e coglie l'energia che si crea nell'uditorio con la precisione di un pittore dotato di camera ottica

a tempi nostri il numero e le specie di costoro son cresciute a guisa della mal erba in modo che per ogni città, per ogni terra, per ogni piazza non si vede altri che ceretani e cantimbanchi che più presto mangiaguadagni puon dimandarsi che altramente...E tutti con varie arti e inganni iludono le menti del popolazzo e allettano l'orecchio a sentir le frottole raccontate da loro, gli occhi a vedere le bagatelle, i sensi tutti a star attenti alle prove ridicolose che in piazza fanno... Basta che da un canto della piazza tu vedi il nostro galante Fortunato insieme con Fritata caccar carotte (ossia raccontare frottole) e tratener la brigata ogni sera dalle vintidue fino alle vintiquatro ore di giorno, finger novelle, trovar istorie, formar dialoghi, far caleselle, cantar all'improvviso, corruciarsi insieme, far la pace, morir dalle risa, alternarsi di nuovo, urtarsi in sul banco, far questioni insieme e finalmente buttar fuori i bossoli e venire al quanquam delle gazette che vogliono carpire con queste loro garbatissime e gentilissime chiacchiere. Da un altro canto esclama Burattino, che par che il boia gli dia la corda, col sacco indosso da fachino, col beretino in testa che pare un mariuolo, chiama l'udienza ad alta voce, il popolo s'appropinqua, la plebe s'urta, i gentiluomini si fanno innanzi, e a pena ha egli fornito il prologo assai ridicoloso e spassevole, che s'entra in una strana narrativa del padrone che stroppia le braccia, che stenta gli animi... Fra tanto sbucca fuor de' portici il Toscano e monta su con la putta, smattando come un asino...[5].

---

[4] P. Camporesi, *I mestieri degli erranti*, in AA.VV., *Cultura popolare dell'Emilia Romagna. Mestieri delle terre e delle acque*, Bologna 1979, p. 54.
[5] Garzoni, *La piazza*, cit., p. 324.

In questo spazio comune sono ancora la parola e l'epifania del soggetto narrante a richiamare sguardi e sensi nel pubblico «Fra' Mastro Paolo di Arezzo comparisce in campo con uno stendardo grande, con la spada in mano da un canto, dall'altro con la frotta di biscie...»[6] a caricare lo spettacolo e la visione di poteri magici e taumaturgici:

> Hor qui comincia a narrar la falsa origine di casa sua, si conta l'Historia di quando fu morto nell'isola di Malata... si mette mano alle scatole e si cava fuori un carbonaccio lungo due braccia e poi un madrasso e poi una vipera e si spaventa il popolo con l'horrido aspetto di tali animalazzi... ma non finisce qui... si butta fuori un aspede sardo, un basilisco morto, un crocodilo portato d'Egitto, una tarantola di campagna, una luserta d'India e con la mostra di tai serpenti si pone horrore alla turba.
> Hor da ogni parte si vede la piazza piena di tali Ciurmadori...
> Chi vende polvere da sgrossar le ventosità di dietro, chi una ricetta da far andare i fagioli tutti fuor della pignatta alla massaia, chi vende allume di feccia per stoppini perpetui, chi l'oglio dei filosofi, la quinta essenzia da farsi ricchi, chi oglio di tasso barbasso per le freddure, chi pomata di sevo di castrone per le creppature.. chi unguento da rogna per far buona memoria, chi sterco di gatta e cane per cerotti... chi occhiali fatti per vedere allo scuro... chi mangia stoppa, chi getta fuori una fiamma, chi si lava il volto col piombo liquefatto, chi finge di tagliar il naso a uno con un cortello artificioso, chi si cava di bocca diece braccia di cordella... queste e infinite altre sono le prove dei moderni cerretani...[7].

Dal Medioevo, per secoli, fino a tutto l'Ottocento, la piazza è uno spazio magico al cui interno si creano tanti cerchi sciamanici che uniscono e sciolgono, in una sorta di moto perpetuo, la folla di officianti e spettatori e consentono il moltiplicarsi iperbolico e il riprodursi infinito dell'incanto, dello stupore e della meraviglia. In questo spazio, il sismografo emotivo di cui si è parlato registra i movimenti più forti, i picchi emotivi più alti. Le passioni, le emozioni, il senso di attrazione-repulsione sono ben documentati nelle stampe sei-settecentesche oltre che nella letteratura.

Nella piazza l'immenso popolo dei mestieri ambulanti produce il suo spettacolo pirotecnico di colori, suoni, emozioni. In certi luoghi periodicamente, in altri tutti i giorni. In genere questo po-

---

[6] *Ibid.*, p. 747.
[7] *Ibid.*, pp. 747-749.

polo si dissolve di colpo senza lasciare tracce sensibili del suo passaggio, se non nelle paure collettive. Da un certo momento in poi i mestieri si disperderanno per le vie delle grandi città, da Roma a Londra, da Parigi a Madrid, e poi prenderanno anche loro strade che portano nelle campagne, nei borghi, nei paesini sperduti come documentano le molte serie di incisioni che dal Seicento dei Carracci e di Mitelli[8] giungono fino all'Ottocento in tutti i paesi europei.

La memoria letteraria e iconografica dei fenomeni di vita ambulante è ricchissima, e così pure la letteratura e il lavoro storiografico che si sono sviluppati negli ultimi anni[9].

La legge distingue a fatica, negli innumerevoli bandi che cercano di frenare e controllare queste folle in movimento, tra le figure dei vagabondi, di tutti gli erranti che camminano fianco a fianco:

> Accanto ai mendicanti-giullari potevano camminare i frenetici fraticelli del santo assisiate... Quella povertà che il giullare divino Francesco aveva clamorosamente sposato sulla grande piazza *coram patre*, da molto tempo era la compagna indivisibile del vagabondo, fosse esso cantore, cantimbanco, giocoliere, ammaestratore di animali parlanti, di orsi danzanti, di cani indovini pieni di spirito «pitonico», oppure imitatore del canto degli uccelli, maestro della gherminella o funambolo, tutti comunque «gens de mala vida». Fianco a fianco, sulle insicure imprevedibili strade del passato, viaggiavano predicatori e venditori ambulanti, profeti e falsi pellegrini, eresiarchi e gaglioffi, eminenze grigie e paltonieri astuti, uomini di santa vita e fuggiaschi delle galere, clerici vagantes e ciarlatani, mercanti di cavalli esperti di lingue balcaniche e di gerghi internazionali, miserabili soldati «svaligiati», venditori di stampe e di lanterne...[10].

I comici dell'arte e i formatori di spettacoli (un bando veneziano del 1760 caccia – per esempio – da piazza San Marco tutto il mondo dei ciarlatani e dei teatranti all'improvviso) per secoli affluiscono naturalmente in piazza. La piazza come afferma Arlecchino è

---

[8] F. Varignana (a cura di), *Le collezioni d'arte della Cassa di Risparmio di Bologna. Le incisioni. Giuseppe Maria Mitelli*, Bologna 1978.

[9] Testo capitale sulla cultura contadina è M. Bachtin, *L'oeuvre de François Rabelais et la culture populaire au Moyen Age et sous la Renaissance*, Paris 1970 (trad. it., Torino 1980). Ancora da segnalare come fondamentale il saggio di P. Bogayrëv e R. Jakobson, *Il folklore come forma di creazione autonoma*, in «Strumenti critici», n. 3, 1967. Tra i molti lavori di Piero Camporesi, oltre a quelli citati, fondamentali anche per questa ricerca *Il libro dei vagabondi*, Torino 1973, e *La maschera di Bertoldo*, Torino 1976.

[10] Camporesi, *I mestieri degli erranti*, cit., p. 45.

il più bel posto del mondo, dove se pianse, se ride, se canta, se bala, e se se xe poveri non se paga niente[11].

Non è possibile censire le diverse figure di vagabondi e ambulanti che, a vario titolo, si incontrano coi venditori di stampe e i lanternisti. Ma è bene, comunque, distinguerne tipologie e caratteristiche socio-culturali e, soprattutto, non confonderne l'etica e le ragioni che li spingono ad abbracciare la vita degli erranti e a manifestare il morbo della «*pestiferae vagationis*»[12].

Perché una cosa è fare la questua, una cosa è vendere unguenti miracolosi, una cosa è vivere di imbrogli, di piccoli furti e della credulità e ignoranza altrui, una cosa è vendere sogni, una cosa è vendere beni, come stampe, almanacchi, libri.

Per tutti, comunque, può valere una sorta di ideale punto di partenza comune che ne nobilita agli occhi dell'immaginazione popolare le origini: per i francesi *Charlatan* deriva dagli aedi girovaghi che raccontavano le gesta di Carlo Magno.

Tutti i verbi legati al parlare derivano da Ciarlatano:

> Questi verbi comincianti tutti dalla lettera C, cicalare, ciarlare, cinguettare, ciangolare, ciaramellare, chiacchierare e cornacchiare, si dicono di coloro i quali favellano per non avere che favellare, ma per non aver che fare, dicendo senza sapere che dirsi e in somma cose inutili e vane, cioè senza sugo o sostanza alcuna[13].

Giullari e ciarlatani, portavoce dello spirito popolare, maestri della parodia e della dissacrazione, temuti e riprovati dalla gerarchia ecclesiale per tutto il Medioevo vedranno poi moltiplicarsi gli attacchi contro di loro da tutte le parti. Classico è il *pamphlet* di Scipione Mercuri:

> Quest'arte del ciarlatano è molto antica... Ma chi sia stato il suo primo inventore sin qui non l'abbiamo ancora detto. E io per esquisita diligenza che v'abbi saputo usare nel ricercarlo appresso gravissimi autori, non l'ho potuto mai ritrovare; nondimeno dalle condizioni che usano detti ciarla-

---

[11] Citato in R. Leydi (a cura di), *La piazza. Spettacoli popolari italiani descritti e illustrati*, Milano 1959.
[12] Per un ampio quadro sulle diverse forme di povertà in Europa dal Medioevo al Seicento, vedi B. Geremek, *Mendicanti e miserabili nell'Europa moderna*, Roma-Bari 1989.
[13] Vedi il Varchi nell'*Ercolano* cit. in S. Piantanida, *Ciarlatani*, in Leydi (a cura di), *La piazza*, cit., p. 232.

tani ne sono pur venuto in qualche notizia. Le condizioni adoprate da questi nell'essercitar la loro arte per lo più sogliono essere cinque. Primo il mascherarsi. Secondo salir sopra il banco. Terzo dire delle bugie. Quarto gabbar i semplici. Quinto vender ballotte ed altre robbe. Queste sono le condizioni se bene i mezzi sono diversi, secondo i propri umori perché altri essercita le predette condizioni con li zanni, altri con burattini alcuni con le meretrici, chi a suon di lira, chi a suon di leuto e di arpa. Ora queste stesse condizioni vedo che osservò il diavolo nel Paradiso terrestre, dunque egli fu l'inventor d'arte così infame. E che ciò sia il vero egli si mascherò perché prese la forma del serpente; se non salì sopra il banco salì sopra l'albore dal quale si fanno le tavole, e di queste i banchi; disse delle bugie [14].

Che cosa promettono i cerretani o ciarlatani? Offrono scatolette dai poteri miracolosi: promettono salute, giovinezza, lunga vita, amore e ricchezza. Questo tipo di ciarlatano, che spesso vende preparati di erbe con qualche potere medicinale – come Maestro Antonio Faentino per il quale l'Ariosto compose nel 1545 l'*Erbolato*, componimento in prosa concepito come l'esposizione da parte di un imbonitore dei poteri miracolosi di un preparato d'erbe, o come Baldassarre Faentino detto il Tonante, o Iacopo Coppa detto il Modenese [15] – e che, in molti casi, è anche commediante, non va confuso con le schiere di pitocchi, gli eserciti di mendicanti, le folle di pellegrini e le masse di imbroglioni che non offrono nulla e sfruttano l'ingenuità e credulità popolare. Anche se fin dal Medioevo, la Chiesa per prima si scaglia contro tutti i buffoni, i giullari, i ciarlatani, gli istrioni, che portavano in mezzo al popolo degli spettacoli trasgressivi e li definiva indifferentemente come *ministri Satanae*.

Vi sono comunque contatti e ibridazioni continue e progressive tra i diversi mestieri che portano a riconoscere nel lanternista la figura in cui si mescolano i geni di più famiglie di *histriones*, di *praestigiatores* e *joculatores*. Tutti fratelli nella *theatrica* o *scientia ludorum* i portatori o formatori di spettacolo ambulante subiscono delle metamorfosi e si adattano con intelligenza – fino a che sarà loro possibile – ai mutamenti degli ambienti, dell'economia e portano il loro contributo al mutamento delle mentalità.

A noi interessa qui ricordare, come unico esempio di questa

---

[14] S. Mercuri, *De gli errori popolari d'Italia*, Padova 1645.
[15] Camporesi, *I mestieri degli erranti*, cit., p. 55.

metamorfosi, il veneziano Giuseppe Cavazza, che tra la fine del Settecento e gli inizi dell'Ottocento

vide nell'invenzione della Lanterna magica una sicura attrattiva e organizzò con successo la sua compagnia di «Bianti ombranti»[16].

### CON L'ARTE E CON L'INGANNO...

Con l'arte e con l'inganno/ vivrò tutto l'anno./Con l'inganno e con l'arte/vivrò l'altra parte[17].

Così suona una quartina in una stampa che ritrae uno dei tanti pitocchi e ciarlatani dell'iconografia sei-settecentesca.

A partire dal secondo e terzo decennio del Cinquecento un personaggio entra ormai a far parte del paesaggio sociale: il mendicante professionale, il vagabondo strutturale, il pitocco o guitto, barone e cialtrone, ritratto con tanta suggestiva efficacia da Alessandro Magnasco, «pittor pitocco», da Giacomo Francesco Cipper detto il Todeschini ecc... Un esercito di sbandati, accattoni sciancati, marginali di tutti i tipi sciama per le strade d'Europa, di villaggio in villaggio, di città in città, di stato in stato, ora accolto con moderata e diffidente carità cristiana, ora respinto, ora mite e supplice, ora risentito e pronto a rappresaglie più o meno oscure e concrete contro chi non dà vitto e alloggio[18].

Le categorie di falsificatori e imbroglioni sono moltissime. Rafaele Frianoro – in un curioso libriccino stampato a Bassano nel 1627, poi divenuto un *long-seller* della letteratura di *colportage*, dal titolo *Il vagabondo, overo sferza dei Bianti. Opera nuova nella quale si scoprono le fraudi, malitie & inganni di coloro che vano girando il mondo alle spese altrui* – ne elenca ben trentaquattro. Tra i «Bianti» (quelli che cercano di procurarsi una falsa beatitudine sulla terra andando per «Bia», o via), gli «Affrati» (o falsi frati, che vestono falsi abiti religiosi per ottenere più facilmente elemosine), gli «Acaptosi» (che fingono di avere parenti in cattività dei Turchi), gli «Affarfanti» (i veramente furfanti), gli «Alacrimanti» (che non chie-

---

[16] Citato in Piantanida, *Ciarlatani*, cit., p. 254.
[17] *Ibid.*, p. 221.
[18] P. Preto, *Gli emarginati*, in *Mentalità comportamenti e istituzioni tra Rinascimento e decadenza, 1550-1700*, a cura di Giuseppe Galasso, Milano 1988, p. 170.

dono nulla ma allungano semplicemente le mani), gli «Ascioni» (che si fingono sciocchi), gli «Accadenti» (che fingono di cadere), i «Cagnabaldi», che scambiano mercanzie buone con oggetti di pochissimo valore, gli «Attremanti» (che si fingono tremanti), gli «Admiranti» (sono quelli che raccontano fatti insoliti), gli «Aconii» (quelli che portano appesa al petto un'immagine d'un santo che danno da baciare), gli «Attarantati» (che fingono di essere morsicati da una tarantola), non è facile muoversi ed evitare l'imbroglio. Ma, una volta doppiati e neutralizzati questi imbroglioni, si possono incontrare gli «Appezzenti», gli «Accapponi», i «Cocchini», gli «Spetrini», gli «Juchi», gli «Alacerbanti», i «Falpatori», gli «Affarinati», gli «Alampadari», i «Reliquiari», i «Loroti», i «Crociari», i «Comparizanti», i «Morgigeri», i «Testatori» (coloro che portano addosso finte reliquie), i «Pauliani» (seguaci di San Paolo, che si fanno mordere da una vipera) i «Calcidiari» (che offrono un calice alle donne gravide il giorno di Pasqua), i «Formigotti» (tornati dalla guerra, senza lavoro) ecc...[19].

I bandi, le grida, i regolamenti di polizia e di vigilanza si sono moltiplicati dal Cinquecento all'Ottocento per tentare di mettere un freno agli imbrogli e alle imposture e per limitare la circolazione di merci ad opera di venditori ambulanti. In Francia nel 1727 si impone ai *colporteurs* di saper leggere e scrivere e un editto del 1757 prescrive la pena di morte per chi diffonde i libri clandestini. Nel 1834 una legge li obbliga a domandare un'autorizzazione municipale per esercitare e nel 1852 bisogna rivolgersi all'autorità prefettizia per poter vendere stampe e libri – peraltro già sottoposti a controlli severissimi di censura – in una data circoscrizione[20].

I ciarlatani e i venditori di beni e medicinali portentosi, come tutto il popolo di comici, acrobati e «formatori di spettacoli», hanno però continuato a muoversi, a mescolarsi, a mutare d'abiti, a mantenere una visibilità, a divenire oggetto di racconto visivo, letterario, orale, musicale: si sono riprodotti e moltiplicati nel tempo.

Il viandante, inteso più come vagabondo che come pellegrino, il «forestiero», l'uomo di cui non si conosce nulla, la figura del nomade, per non parlare di quella dello zingaro («I cingani e le cingane non per altro sono nati al mondo che per essere ladri»)[21], qualsiasi

---

[19] Vedi il capitolo *La controcultura dei vagabondi*, in Burke, *Scene di vita quotidiana*, cit., pp. 82-95.
[20] Vedi A. Monestier, *Le fait divers*, Paris 1982, p. 118.
[21] B. Barezzi, *Il picaro castigliano*, Venezia 1622, p. 130.

cosa faccia, è, comunque, una figura sospetta anche dal suo primo apparire sulla scena letteraria: il romanzo *La vida de Lazarillo De Tormes y de sus fortunas y aversidades* viene pubblicato nel 1554 e il sospetto che dietro alle storie del suo vagabondare da un padrone all'altro vi sia qualche altro significato, che nel protagonista si possa riconoscere un seguace del pensiero luterano e delle teorie erasmiane, è così forte nella testa delle autorità religiose che appena cinque anni dopo è inserito nel *Catalogo dei libri proibiti* pubblicato da Fernando Valdes, arcivescovo e inquisitore generale [22].

Nella letteratura cèca, fin dai primi decenni del Seicento il Pellegrino, protagonista di un romanzo di Jan Amos Komensky del 1623 (*Labirinto del mondo e paradiso del cuore*), che inforcherà gli occhiali per vedere il mondo con occhi nuovi, diventa l'eroe di una folla di viandanti definiti con nomi diversi, «poutnik» (pellegrino), «chodec» (passante), «tulak» (vagabondo), «kracivec» (camminatore), «kolemjdouci» (girovago), «svedek» (testimonio), ma assimilati entro un identico spazio culturale e sociologico [23].

La mobilità dell'ambulante coincide spesso con una libertà sconosciuta sia al mondo contadino che a quello delle città, tra cui si muove incessantemente.

Glauco Sanga così ha sintetizzato gli elementi che caratterizzano l'insieme del popolo nomadico e marginale di cui ci stiamo occupando:

> Il marginale vive in regime di precarietà e spaesamento. Ebbene, questa situazione di rischio esistenziale che di per sé dovrebbe schiacciare psicologicamente una persona, è utilizzata in positivo; l'insicurezza diventa stimolo, abito psicologico, stile di vita, fonte di sostentamento. Cosa vende il marginale sulla pubblica piazza? Vende le novità: il nuovo incredibile spettacolo; la canzone nuovissima; l'ultimo ritrovato della scienza. Ma cos'è la novità sul piano psicologico? La novità è fonte di spaesamento, di insicurezza, di ansia. La novità è una droga, venduta a piccole dosi al pubblico e assunta in dosi massicce dal marginale, che vive con «impegno e con arte» arrovellandosi nella ricerca di sempre nuovi spettacoli, sempre nuove forme di imbonimento, di imbroglio, di furto [24].

---

[22] In particolare vedi A. Ruffinatto, *Come nasce un modello: il caso "Lazarillo"*, in I.M. Battafarano e P. Taravacci (a cura di), *Il picaro nella cultura europea*, Gardolo di Trento 1989.

[23] Vedi Ripellino, *Praga magica*, cit., p. 49.

[24] G. Sanga, *Introduzione* a *La piazza*, cit., p. 5.

## I SEGNI DEI PASSI

Il termine che designa il venditore ambulante, figura onnipresente celebrata fin dal Seicento da una letteratura e un'iconografia vastissime, esiste in pratica – come ha documentato Braudel – in tutte le lingue europee: colporteur, contreporteur, porte-balle, mercelot, camelotier, brocantier in Francia, in Inghilterra hawker, hucketser, petty chapman, pedlar, packman, in Germania höche, Hueker, Grempler, Hausierer, Ausrufer, Pfusscher, Bönhasen, in Spagna Buhonero, in Turchia Seyyar Satici, in Bulgaria Sergidzyja, Torbar i srebar, in serbo croato Kramar...[25].

Ne *I giochi dello scambio*, secondo volume della monumentale opera dedicata alla civilizzazione, economia e capitalismo dal XV al XVIII secolo, Braudel ha osservato che le diverse etimologie stanno a indicare come la figura dell'ambulante sfugga a una precisa classificazione sia di tipo sociale che di mestiere[26].

Per lui *colporteur* indica una collezione, un insieme di mestieri che si rifiutano di essere classificati. Un'attività è interscambiabile e assimilabile con un'altra. E inoltre, sempre Braudel, osservando il fenomeno nel suo complesso, riconosce che «le attività dei *colporteurs*, sommate le une alle altre, hanno degli effetti di massa»[27].

Eppure qui, pur tenendo conto delle ricerche che hanno tentato di abbracciare i fenomeni nomadici, vogliamo aggiungere all'identità storica e sociologica qualche elemento che ci sembra caratterizzante per la folla dei personaggi che vediamo muoversi dalla fine del Seicento a tutto l'Ottocento.

Il venditore ambulante – nel nostro caso pensiamo anzitutto al venditore di stampe trentino, al lanternista e al portatore della *pièce curieuse* savoiardo, che costituiscono i casi più significativi e quelli che più ci interessano – non va confuso, a nessun titolo, col picaro, col pitocco, col parassita, col vagabondo professionista della questua. Il venditore di immagini è un errante, un nomade, che non gode di una letteratura che ne celebri le astuzie, ne immortali le avventure al pari di *Lazarillo de Tormes* o *Guzman de Alfarache*, o del romanzo di Matéo Aleman del 1599 dove, per la prima volta, troviamo il termine *picaro,* o degli altri protagonisti della letteratura

---

[25] F. Braudel, *I giochi dello scambio*, Torino 1974, p. 48.
[26] *Ibid.*
[27] *Ibid.*, p. 50.

picaresca spagnola, nata all'indomani del *Don Chisciotte*, che danno il loro nome ad altrettanti romanzi come *La picara Justina*, il *Guiton Honofré*, il *Buscon*, il *Lazarillo de Manzanares*... Non va confuso coi picari se non per il fatto che ne condivide diverse condizioni di vita materiale, affronta gli stessi itinerari e le stesse difficoltà del vivere giorno per giorno. Diversa è la dignità, diverse la moralità e le ragioni della *currendi libido* che lo spingono a partire verso l'ignoto, diverso il senso del suo vagare da un capo all'altro dell'Europa, sempre mantenendo fortissimi legami ideali e materiali con la famiglia e con la propria terra. Il *colporteur*, nelle rappresentazioni di cui ha goduto – più pittoriche e figurative che letterarie – non viene scelto per parodizzare la letteratura cavalleresca: il suo esempio ne costituisce piuttosto, in modo clamoroso, una variante degradata, ma egualmente nobile nell'intimo, come nota Mercier, parlando proprio dell'attaccamento alla famiglia dei giovani savoiardi:

> Risparmiano sul necessario per mandare qualcosa ogni anno ai loro poveri familiari. Questi modelli d'amore filiale si trovano sotto gli stracci, mentre spesso gli abiti dorati nascondono giovani snaturati [28].

Non ha cavalli, né altre bestie da soma, perché la legge prescrive – e nella sua patente è scritto – che il trasporto delle merci non comporti «una bestia da soma o un carro tirato da forza animale» [29], rischia di perdere le terre di famiglia se la missione non andrà a buon fine, ma, nel suo piccolo, è mosso dallo spirito d'avventura e di conquista, dal desiderio di andare verso l'ignoto, addirittura di spingersi «in partibus infidelium», non con lo spirito missionario dei gesuiti, ma, egualmente per distribuire il suo carico della «buona novella» religiosa o laica.

Quando, accompagnato da tutto il paese, il giovane tesino, si chiami Giacomo Tessaro, o Domenico Battista Buffa detto Zanotto, o Giacomo Caramelle, o Bastian Fietta detto Segato, da solo o in compagnia, come è il caso dei fratelli Giovan Battista e Giacomo De Nervo, detti Mori, o Antonio e Giuseppe Avanzo detti Rosini, parte alla volta dell'ignoto, dirigendosi verso gli sconfinati territori

---

[28] L.-S. Mercier, *Tableau de Paris*, t. IV, Paris 1783, p. 248.

[29] *Regolamento de dazi di sua Maestà imperiale Regia Apostolica & per il Tirolo, tradotta in idioma italiano da un particolare per comodo della mercatura*, Rovereto 1780. Una copia di questo regolamento è conservata tra i Manoscritti del fondo Donà delle Rose, n. 281 presso la Biblioteca del Museo civico di Bassano.

dell'impero austriaco o austro-ungarico, o magari anche verso la pianura padana e verso Venezia, sa che la sua famiglia ha ipotecato una parte cospicua, se non tutti i suoi averi, per quel carico che gli è stato posto sulle spalle e per il prestito in denaro che gli consentirà di pagare i dazi e le gabelle. Sa di dover comunicare con popolazioni e genti che incontrerà sul suo cammino inventandosi sistemi differenti di volta in volta e usando le immagini come prima forma di contatto. Rispetto ai ciarlatani e alla folla di imbroglioni, che inventano i mille modi per sopravvivere, il venditore di stampe, o il lanternista, o i portatori della *pièce curieuse*, possiedono la consapevolezza orgogliosa di offrire merci o proporre saperi dotati di un valore superiore alla somma in genere richiesta. Sanno di far parte delle famiglie più nobili e colte degli uomini di spettacolo. Gli uni e gli altri vivono la loro avventura cercando di assumere ruoli di messaggeri della buona novella e, anche se sono perseguitati e visti con sospetto, ricorrono alle immagini come al mezzo più semplice ed efficace per una comunicazione immediata che sappia parlare di passato presente e futuro. Le immagini parlano per loro, perché comunicano direttamente al destinatario. Soprattutto le immagini xilografiche più semplici ed economiche di santi, animali, gatti domestici, cani, galli, soldati, principi a cavallo, che avranno una grande fortuna non solo nelle case private, ma anche nei negozi di alimentari. Non vanno però dimenticate le stampe da breviario, incise all'acquaforte, che illustrano le preghiere, le vite dei santi o tutte le litanie, i santini con i momenti fondamentali della messa, ma anche quelle del *Mondo alla rovescia* o del *Paese di cuccagna*. Le didascalie in più lingue in calce alle stampe aiutano, senza essere indispensabili, in quanto è l'immagine a essere letta e tradotta nella parola e a identificare la cosa. La parola è necessaria e per gli ambulanti del Trentino, dotati di grande spirito di adattamento e di intelligenza, non sarà difficile acquisire, dai capi compagnia, nel corso del cammino, le parole fondamentali per poter comunicare anche con popolazioni molto lontane. Tra loro le varie categorie di ambulanti sviluppano dei gerghi tuttora solo in parte studiati[30].

Partono da soli o in piccoli gruppi e in certi periodi interi paesi vengono svuotati della popolazione maschile dai dieci anni in su. Dei loro viaggi non è conservata una memoria scritta che ci parli delle loro esperienze personali, così come avviene per i grandi viag-

---

[30] R. Baccetti Poli, *Saggio di una bibliografia dei gerghi italiani*, Padova 1953.

giatori del Sette-Ottocento eppure è presumibile pensare che al loro ritorno i racconti orali abbiano il potere di suscitare nei loro familiari e negli amici il desiderio di ripercorrere le loro orme, di spingersi oltre l'orizzonte conosciuto.

L'emigrazione stagionale è un fenomeno tipico delle montagne: il commercio ambulante è una forma necessaria di integrazione del reddito fatta nei momenti di morta del lavoro agricolo ed è caratteristico di un'economia legata alla sussistenza. Col commercio di stampe il venditore compie però da subito una scelta di vita. E una volta che si caricherà sulle spalle la cassetta considererà un fallimento tornare a fare il contadino. In seguito all'apertura da parte di molti ambulanti tesini dagli inizi dell'Ottocento di negozi stabili in città straniere – i Tessari aprono un negozio a Parigi in quai des Augustins 25, Alberto Caramella a Mosca, Angelo Frattini a Pietroburgo – l'emigrazione per molti diventerà permanente e quel tipo di lavoro si trasformerà in attività autonoma e avrà il potere di richiamare altri tesini sulle loro orme.

Come fissare o isolare alcune figure notevoli – che in Austria si possono chiamare Achard, in Francia Alibert, Foucher, Perthuis, Duval e venire da Parigi, Alençon, Lille, Bordeaux, e soprattutto da Epinal (da cui partono Bernard, Colombin, Sarrieu)[31] e in Italia Avanzo, Fietta, Daziaro, Pasqualini – in questa folla enorme di viaggiatori in perenne movimento lungo le strade d'Europa, portatori di saperi contadini e delle briciole della cultura scientifica, di immagini moltiplicate dei massimi capolavori della pittura degli ultimi due secoli, e al tempo stesso, figure capaci di spargere semi di cultura non ufficiale, spesso alternativa, nella testa della gente in grado di crescere e fiorire a lungo al di fuori delle istituzioni?

Queste migliaia di uomini, di cui intendiamo ancora una volta sottolineare la capacità di copertura capillare di tutto il territorio europeo, non hanno quasi lasciato traccia del loro passaggio né memoria. La loro è una cultura che si trasmette oralmente e che si spinge fino nel cuore della modernità. È solo grazie a una serie di studi analitici in certe zone particolari – il Tesino in primis[32], ma

---

[31] Un considerevole elenco di *colporteurs* francesi dell'Ottocento è nel bel libro di C. Krafft Pourrat, *Le colporteur et la mercière*, Paris 1983, pp. 301-304.

[32] Oltre ai lavori della Fietta si possono consultare G. Bazzanella e G. Biasiori, *Memorie di Tesino*, Trento 1936; M. Buffa, *I Tesini e il loro commercio*, Pieve Tesino 1956; Anonimo, *Girovaghi tesini per le strade del mondo*, Borgo Valsugana 1988; B. Pellizzaro, *Pieve Tesino e la sua Vicinia e i suoi cari Pievesi*, Pieve Tesino 1994; E. Pasqualini, *I racconti di Casteltesino*, Borgo Valsugana 1994².

anche l'Alta Savoia – che, negli ultimi decenni, è stato possibile ricostruire, nelle caratteristiche generali, le storie del commercio ambulante nelle quali si possono assimilare facilmente anche i nostri apostoli del verbo visivo. Perché, nel caso dei tesini, la storia di uno è storia di tutti e alle loro spalle, rispetto ai lanternisti, sta un distretto economico-sociale compatto nel dedicarsi a quella forma di commercio e un sistema di vendita dei prodotti concepito e organizzato secondo criteri moderni, destinati a servire da modello ancor oggi. Il sogno di catechizzazione dell'Europa popolare mediante le stampe religiose e laiche è il sogno che spinge quasi una decina di generazioni di venditori trentini lungo le strade della Carinzia, Stiria, Moravia, Boemia, Moldavia, Lituania, Estonia...

Riteniamo del tutto legittimo valorizzare in questo capitolo soprattutto i venditori di stampe tesini – senza però trascurare l'epopea dei lanternisti savoiardi – perché la gittata della loro azione è superiore a quella di qualsiasi altro venditore ambulante e perché grazie all'azione contemporanea e continuata di migliaia di venditori di identiche immagini vediamo prodursi una serie di impulsi e una sorta di onda armonica che si trasmette in tutte le direzioni nell'arco di tempo compreso tra l'invenzione della lanterna magica e quella del cinematografo.

### LA GRANDE MIGRAZIONE DALLA SAVOIA

È curioso che l'elegia dell'abate Buganza, identifichi – come avremo modo di vedere nel capitolo dedicato alla lanterna magica – il lanternista con un trentino, confondendolo con tutta probabilità con gli altri ambulanti e venditori di immagini, perché già dagli inizi del Settecento sono i savoiardi a essere ben riconosciuti per la loro attività di lanternisti e portatori delle *pièces curieuses* e ad aver costituito un «distretto» economico specializzato e caratterizzato, anche sul piano della costruzione di una prima geografia economica e antropica dell'Europa. Il primo a rappresentarli, già nel 1715, in una serie di carboncini a sanguigna, oggi dispersi in vari musei del mondo (Uffizi a Firenze, Art Institute of Chicago, Petit Palais a Parigi...) e in un quadro conservato all'Hermitage (*Suonatore ambulante con marmotta*, 1716) è Jean-Antoine Watteau: si tratta di una serie di savoiardi con le loro scatole delle meraviglie o le lanterne magiche, o le scatole con la marmotta, colti dal vivo, fissati nei loro tratti antropologici e nel loro carattere e solo in alcuni casi collocati in uno spazio definito[33].

Di queste nuove figure di uomini capaci da soli, con il semplice aiuto di uno strumento musicale, di far spettacolo parlerà Tobias Smollet in un suo romanzo del 1753, *The Adventures of Ferdinand Count Fathom* in cui cita

i Savoiardi ambulanti che vagabondano per l'Europa, divertono il popolo ignorante con gli effetti della lanterna magica.

Del ragazzo piemontese con marmotta si ricorderà anche Gaetano Zompini in una delle sue *Arti che andavano per via nella città di Venezia*, documentando così la presenza dei giovani savoiardi anche nel Veneto del mondo nuovo: «De Carneval mi da la neve scampo / e porto dal Piemonte una marmotta/ e col farla ballar quà me la campo».

Alcuni in apparenza sono personaggi strani, misteriosi (è il caso del *Mendicante savoiardo seduto accanto alla sua scatola delle meraviglie* di Watteau agli Uffizi), vengono ancora, in un primo tempo assimilati ai pitocchi e ai ciarlatani, ma se li si osserva bene, senza lasciarsi influenzare dalla stanchezza che traspare dai loro volti e corpi e dagli abiti impolverati e laceri, si coglie subito la nobiltà dello sguardo, l'onestà, la simpatia umana, il coraggio, quell'aria «naïf et gai» sottolineata da Mercier nel suo *Tableau de Paris* del 1781. In questo senso la coppia di dipinti di Jean-François Delyen del 1731 (*La Lanterne Magique* e *La Marmotte*) conservati presso la Fondacion Luis A. Ferré al Museo de Arte de Ponce di Puerto Rico, che ci mostrano una coppia di giovani savoiardi dal volto sorridente, vestiti con dignità, quasi con una certa ricchezza, colti in un momento di riposo al riparo tra le rovine, ci trasmettono un forte e inedito senso di simpatia e rispetto nei loro confronti rispetto alla pittura seicentesca dei bamboccianti e dei pittori di scene di mendicanti e pitocchi. Ancora Sébastien Leclerc e Nicolas Guérard realizzano un'acquaforte verso la metà del Settecento per *Les cris de Paris* in cui tra le diverses «petites figures» appare una *boîte à curiosité* («plus de curiosité que de variétés») con due savoiardi,

---

[33] K.T. Parker e J. Mathey, *A. Watteau. Catalogue complet de son oeuvre dessiné*, Paris 1960. Vedi anche E. Munhall, *Savoyards in French Eighteenth-Century Art*, in «Apollo», a. LXXXVIII, 1968, pp. 86-94.

padre e figlio che chiamano il pubblico. «Curiosité» nel *Dictionnaire Larousse* è definita una

Grande boîte dans laquelle les Savoyards portent des objets qu'ils offrent de montrer comme curieux[34].

Pur nella povertà e durezza del vivere l'iconografia dominante e l'immagine letteraria prevalente dei lanternisti savoiardi (Savoiardo diventerà presto per antonomasia ogni ambulante giunto a Parigi dalle Alpi) dai primi del Settecento sarà quella di giovani molto attaccati alla famiglia, di viaggiatori simili sì a «uccelli cacciati dal freddo» come li definisce Mercier, ma sempre con in testa la bussola che segna la strada di casa. Rispetto ai tesini che partono non avendo fissato una data per il ritorno, i savoiardi restano a lungo legati ai lavori stagionali delle loro terre. Sono, a tutti gli effetti, imprenditori individuali, totalmente liberi di muoversi, e si spostano nello spazio senza un ordine. I mille e più venditori tesini, che si muovono agli ordini di oltre duecento capi compagnia, di cui conosciamo i nomi – Tomaso Moranduzzo, Libero Delle Mule, Pietro Busarello detto Francia, Giovanni Zampiero detto Rizzolin, Bortolo Muraro, Gasparo Tessaro Moletta, Giovanni Rippa, Sebastian Marchetto, Antonio Gecele detto Paregin, Battista Pellizzaro... – grazie agli attestati giurati degli arcipreti di Pieve Tesino, Strigno, San Pietro degli Schiavoni del 1781, elaborano invece una più visibile strategia di conquista città per città, villa per villa.

Victor Hugo, con simpatia non inferiore a quella di Watteau per la gioia di vivere che emana dalla sua persona, nei *Misérables*, definisce così la figura di Gervasino, il piccolo savoiardo incontrato per caso da Jean Valjan, lungo una grande strada, in un paesaggio che ci comunica immediatamente l'ampiezza del teatro delle imprese di questa popolazione e il coraggio con cui, fin da piccoli, affrontano l'ignoto:

Quando il sole declinò a occidente allungando sul suolo l'ombra di un piccolo ciottolo, Valjean si trovò seduto dietro un cespuglio, in una gran pianura rossastra deserta. Solo le Alpi si profilavano all'orizzonte; nessun campanile di villaggio lontano. Poteva essere a tre leghe da Digne; un sentiero che attraversava la pianura s'apriva a pochi passi dal cespuglio. Meditava coperto dei suoi cenci, spaventosi allo sguardo di chiunque

---

[34] *Grand Dictionnaire Universel Larousse*, Paris 1872.

l'avesse incontrato, quando sentì un suono allegro. Volse il capo e vide venire, dal sentiero, un piccolo savoiardo di circa dodici anni, che cantava colla ghironda al fianco e la gabbia della marmotta sulla schiena. Uno di quei buoni e allegri ragazzi che vanno di paese in paese, cui escono le ginocchia dai buchi dei calzoni. Mentre cantava il fanciullo interrompeva di tanto in tanto il cammino e giocava con alcune monete che teneva in mano e che erano probabilmente la sua fortuna; ve n'era una da quaranta soldi [35].

La moneta da quaranta soldi sfugge dalle mani del ragazzo e rotola fino ai piedi di Valjan, che, senza accorgersene, vi posa sopra la scarpa. Questa figurina di ragazzo, allegro, indifeso, che si guadagna la vita col suo lavoro e si materializza proprio all'indomani del furto dei candelieri a casa del vescovo, ha un ruolo decisivo nell'indicare all'ex detenuto Valjan – liberato dopo vent'anni di ingiusta carcerazione per il furto di un pezzo di pane – la via da percorrere. Ma il ricordo dei lanternisti e venditori savoiardi gode di una letteratura e un'iconografia che ci consentono di definirne con maggior precisione l'identità e seguirne, se non materialmente i segni dei passi, almeno il senso del percorso e dell'azione. Il consistente gruppo di disegni di Jean-Baptiste Greuze, realizzati nell'arco di quasi trent'anni, dal 1750 al 1780, dopo un viaggio verso Roma nel 1755 in compagnia dell'abate Gougenot in cui aveva avuto modo di passare attraverso la Savoia e vedere le reali condizioni di vita della gente di Chambéry e di molti altri paesi, ci mostra con grande *pathos* e *pietas* l'altro aspetto della vita dei savoiardi, la miseria, il dolore del distacco, lo sfruttamento del lavoro minorile.

Fin dalla guerra dei Trent'anni, dalle carestie e pestilenze del Seicento, per la difficoltà di coltivare la terra nella Savoia, la rapida espansione dei ghiacciai nelle vallate di Chamonix, le tasse che colpiscono i poveri, le popolazioni della Savoia sono costrette a emigrare periodicamente. Nel 1726 il rapporto consegnato a Vittorio Amedeo II, che voleva procedere al reclutamento dei maschi per costituire dei reggimenti provinciali, informa che la popolazione maschile della regione è in permanenza, o per lunghi periodi dell'anno, assente in misura che spesso raggiunge il 70 per cento. Anche i bambini, fin dall'età di otto anni, seguono i padri, quando non vengono addirittura venduti a mercanti senza scrupoli che se ne servono per svariati lavori.

[35] V. Hugo, *I miserabili*, Milano 1958, p. 95.

Parigi – che dista oltre quattrocento chilometri – è la loro meta preferita, la loro terra promessa. Partono da Faucigny[36], Allondaz, Grignon o Venthon dell'Arrondissement d'Albertville, o da La Biolle, Montcel, Mouxy, dell'Arrondissement di Chambéry o da quelli di Saint-Jean-de-Mauriene e di Moûtiers, e si spostano con grande rapidità, dormendo nei fienili, nelle capanne abbandonate, esibendosi ovunque, o adattandosi a molti mestieri.

Mercier li osserva con pietà mentre fanno gli spazzacamini:

> È assai crudele vedere un povero bambino di otto anni, con gli occhi bendati e la testa coperta da un sacco salire con le ginocchia e la schiena lungo un camino alto cinquanta piedi[37].

De Jèze nell'*Etat ou tableau de la ville de Paris* ritiene che savoiardo sia diventato una sorta di antonimo:

> Il titolo di Savoiardo è diventato a Parigi un nome generico che si dà a dei bambini che la miseria strappa alla loro patria, o stacca dal seno della famiglia, facendoli venire in questa grande città a cercare di che vivere; si sono distribuiti nei differenti quartieri e nelle diverse strade dove offrono ai cittadini dei servizi quotidiani e, per poco prezzo, fanno commissioni e servizi molto comodi[38].

È ancora Mercier che li coglie mentre offrono spettacoli ottici, o richiamano l'attenzione grazie alla marmotta ammaestrata:

> Alcuni hanno una ghironda tra le braccia e l'accompagnano con una voce nasale. Altri hanno come unico tesoro una scatola con una marmotta. Costoro portano la lanterna magica sulla schiena e l'annunciano la sera mediante un organo notturno i cui suoni diventano più gradevoli e commoventi nel silenzio e nelle tenebre[39].

Nell'*Encyclopédie des voyages*, pubblicata a Parigi nel 1796, viene ritratta una famiglia di savoiardi (*Homme, Femme et Enfants des Montagnes de la Savoie*): il padre ha sulle spalle una lanterna, mentre i due figli più grandi, che già gli fanno da assistenti, azionano strumenti musicali.

---

[36] M. Bruchet, *L'émigration des Savoyards originaux de Faucigny au XVIIIe siècle*, in «Bulletin historique et philologique», n. 3, 1896, pp. 4 ss.
[37] Mercier, *Tableau de Paris*, cit., p. 250.
[38] L. De Jèze, *Etat ou tableau de la ville de Paris*, I, Paris 1757, p. 280.
[39] Mercier, *Tableau de Paris*, cit., p. 254.

*Savoiardi con la lanterna magica* sono anche i giovani che si annunciano baldanzosamente, al suono di un organetto di Barberia, alla porta di una locanda o di un'osteria nell'acquaforte a bulino di Giovanni Volpato della serie delle *Arti per via*, realizzata nel 1764. E vestiti da savoiardi sono i due fratelli, conte e cavaliere di Choiseul, ritratti in un quadro quasi coevo di F.H. Drouais conservato alla Frick Collection di New York. È importante questo quadro perché la cassetta, strumento di lavoro per i due giovani nobili travestiti da savoiardi, è un mondo nuovo, piuttosto che una lanterna. Ma è anche interessante che il pittore, per cantare l'attaccamento dei due fratelli alla famiglia, sia ricorso all'esempio dei savoiardi e li abbia immaginati in partenza dopo aver dormito su un letto di paglia, per dimostrare anche la loro semplicità e capacità di adattamento.

Nel 1804 S.G. Saint Sauveur, in un *Almanacco* che descrive i costumi popolari dell'Europa e dedica alcune immagini alla Francia, nel definire i caratteri della Savoia riprende una famiglia (*Homme et femme de la Savoie*) in cui l'uomo ha sulle spalle la lanterna, la moglie una ghironda, e il bambino un triangolo. La stessa stampa anonima, con le figure in controparte e leggermente modificate, riappare a qualche anno di distanza. Il lanternista, a tutti gli effetti, è un mestiere identificato e riconosciuto come appartenente al territorio della Savoia.

Qualche anno prima, il conte di Paroy risponde alla regina Maria Antonietta, che gli chiede un buon sistema per educare i figli, di ricorrere alla lanterna magica che fino a quel momento

è stata nelle mani di Savoiardi ignoranti che corrono per le strade con le loro marmotte[40].

In ogni caso molti incisori e artisti tra la fine del Settecento e gli inizi dell'Ottocento

hanno subito il fascino di questa presenza passeggera e hanno fissato le pause dei lunghi percorsi nello spazio e nel tempo di questo antico mestiere tramandato di padre in figlio nei piccoli paesi arroccati sulle alte valli

---

[40] Paroy, conte di Nemours, *Souvenirs d'un défenseur de la famille royale pendant la Révolution (1789-1797)*, a cura di E. Charavay, Paris 1895, p. 277.

piemontesi: nell'immaginario di questi incisori sembra che solo da questi piccoli borghi della Savoia e della Val d'Aosta siano partite tutte le generazioni dei lanternisti ambulanti, alcuni per scendere lungo i pendii dolci della valle della Durance, o quelli selvaggi dell'Isère per poi risalire il Rodano fino a inseguire la Senna, altri invece per immergersi oltre il corso delle due Dore, nelle pianure aperte popolate di borghi della Padania[41].

Ancora nella seconda metà dell'Ottocento, in una canzone intitolata *Lanterne magique*, viene descritto un «povero savoiardo» che, tra i freddi vapori di una spessa nebbia, fa scorrere le lastre del suo spettacolo affascinando un pubblico immobile:

Ai freddi vapori di una nebbia spessa/ammaliando la sera una folla immobile.
Un bambino mostrava con una mano debole / dei graziosi quadri, il povero savoiardo. / Un organetto era la sua musica / un drappo copriva la sua scatola di legno / e il bambino diceva con voce fievole: Lanterna magica! Lanterna magica!

Partendo dal sole e dalla luna e raccontando come il loro movimento regoli la fortuna il giovane savoiardo mostra soprattutto scene di felicità (la coppia sposata da due anni con un bambino in culla), o la vita sobria delle popolazioni della Bretagna, o l'esempio di un'angelica fanciulla, non più giovanissima, che parla sempre bene del suo prossimo:

La folla rideva per i graziosi quadri. / Si sarebbe potuto sentire più di un commento / tornando a casa ogni spettatore rapito esclamava: / bisogna confessare in buona logica il mondo d'oggi è migliore di quello del passato / e il bambino diceva con una fievole voce: Lanterna magica! Lanterna magica![42]

Ancora in pieno Ottocento il lanternista savoiardo dalla voce flebile diffonde messaggi positivi sulla possibilità di costruire il paradiso in terra.

Nella ricca iconografia che ritrae il lanternista da solo, con moglie o figli o fratelli come aiutanti, mentre si riposa all'aperto o

---

[41] L. Fantina, *I re di vetro. La storia dei re di Francia attraverso la lanterna magica*, Venezia 1994, p. 8.
[42] *Lanterne magique*, Paroles de M.A.D. Musique de M.lle V. de M., Nantes 1861.

incrocia lo sguardo con una giovane donna del luogo (come nell'incisione tratta da quadro di Jean-Baptiste Maria Pierre del 1757), o mentre chiama a raccolta il suo pubblico o affronta una scala chino sotto il peso di una grande scatola, è colto il senso della miseria, ma anche la dignità del mestiere, il gusto di un'avventura che coinvolge il più delle volte l'intero gruppo familiare, la sua forza giovanile tranquilla. I suoi abiti possono avere le toppe, ma conservano sempre una loro dignità (il cappello a tricorno è un segno araldico di distinzione) e, in certi casi, possono essere anche eleganti se non molto eleganti (è il caso del quadro di Léonard Defrance, in cui l'assistente del lanternista con il suo cappellino a fiori e le sue scarpine a punta con la fibbia, e l'ampia scollatura sul vestito che ne esalta la grazia e la giovanile fisicità)[43] e lo distinguono dalla folla dei pezzenti e degli straccioni che elemosinano la carità dagli istituti religiosi.

Il lanternista vive del suo lavoro ed è orgoglioso – come la maggior parte degli ambulanti – della sua autonomia, della libertà di movimento e di pensiero che la sua piccola macchina delle meraviglie gli consente:

Nati sul confine tra due lingue, cresciuti sul crinale di due mondi, i Savoiardi portano con sé la ricchezza unificante di una cultura omogenea, capace di interpretare, riprodurre, divulgare i sogni, le fantasie, le angoscie di un mondo popolare che, al di qua e al di là delle Alpi, indifferente alle artificiose linee di confine, sente e vive con eguale intensità la cattiveria ingenua del «mondo roverso», l'innocente freschezza del sogno, il piacere antico del racconto, l'ammirazione per gli invincibili eroi senza macchia e senza paura di un tempo perduto, le avventure di intrepidi viaggiatori, il fascino di misteriosi animali o di magiche piante che crescono in terre lontane.

Il gusto fabulatorio delle leggende, che i vecchi continuano a tramandare nel buio delle stalle invernali al loro arrivo si trasforma in visione; immagini definite dissolvono le nebbie dell'incantato scetticismo con cui i bambini seguivano i racconti dei vecchi: in quell'ombra colorata, proiettata sulla calce del muro si condensano e si confermano le verità di cui parla il viandante venuto da lontano[44].

---

[43] Il quadro è riprodotto in F. Levie, *Etienne-Gaspard Robertson, La vie d'un fantasmagore*, Bruxelles 1990, p. 34.
[44] *Ibid.*

## AVVENTURE E GESTA DEGLI AMBULANTI

Per capire come avviene la formazione e l'educazione di un giovane ambulante è tuttora fondamentale il libro di Hector Malot, *Senza famiglia*, al quale ci riferiremo più volte nel corso di questo capitolo, in quanto sintetizza in modo esemplare lo spirito, il senso di libertà e di creatività, assieme alla durezza del vivere, del popolo nomade entro cui operano anche i nostri venditori e mostratori di immagini.

Remy, il protagonista di otto anni, è un trovatello, allevato in un villaggio poverissimo della Francia centrale, Chavanon. Il padre adottivo, che non gli ha mai voluto bene e che è rimasto storpio a causa di un incidente, lo vende a un musicista ambulante, di origine italiana, Vitalis. Assieme a Vitalis, ai suoi due cani ammaestrati e a una scimmietta, la compagnia si mette in cammino passando di villaggio in villaggio. Da Ussel va verso il mezzogiorno della Francia fino a Aurillac, poi dopo una sosta a Bastide-Murat si spinge fino a Bordeaux, poi si dirige verso Pau e i Pirenei – dove si ferma tutto l'inverno – dormendo nei fienili di qualche contadino «più misericordioso», mangiando solo pane raffermo. Ogni giorno Remy impara qualcosa di nuovo. Ad amare quella vita libera, a recitare, a cantare, a leggere, a suonare, a amare e rispettare gli animali per venirne ricambiato. Il racconto di Remy potrebbe benissimo essere quello di qualsiasi lanternista o venditore di stampe:

Ogni giorno c'era da compiere un determinato percorso, più o meno lungo a seconda della distanza da un villaggio all'altro. Dovevamo dare le nostre rappresentazioni ovunque c'era la possibilità di incassare qualche spicciolo[45].

Il romanzo ci consente di capire e vedere riuniti tutti insieme molti elementi della storia collettiva che stiamo cercando di seguire: anzitutto quello fondamentale che il popolo ambulante vive e si accontenta, al pari della folla di miserabili, pitocchi, pellegrini di cui abbiamo parlato, di raccogliere le briciole dalla mensa dei poveri. Lo fa offrendo sempre qualcosa in cambio. Le possibilità di rendere la sua vita meno dura dipendono dalla qualità dei prodotti che è in grado di offrire.

---

[45] H. Malot, *Senza famiglia*, Milano 1989, p. 50.

In realtà, come ha indicato Glauco Sanga, il marginale

non vende solo servizi (musica, canto, spettacolo), vende l'ebbrezza del festivo, dove è abolita la quotidianità; è soppressa la distinzione tra tempo feriale e tempo festivo, perché il lavoro per il marginale è festa, si lavora facendo festa; è rimosso l'orizzonte domestico per essere trascinati in un viaggio senza fine[46].

Un secondo elemento è dato dalla possibilità di misurare il cammino e di osservarne le varietà.

I chilometri da percorrere alle volte sono quasi una trentina, col bel tempo o sotto la pioggia, la neve o il sole perché non si può restare a lungo nello stesso luogo.

Nella testimonianza di Annibale Rippa, venditore di stampe tesino che comincia il suo viaggio a quattordici anni nel 1900, raccolta da Elda Fietta, è descritto un itinerario in parte simile a quello percorso dal trovatello del romanzo di Malot, che copre gran parte della Francia. Rippa viaggia in qualità di «servo di uno di Scurelle», ma gli bastano meno di tre settimane per tentare l'avventura da solo:

Io dovevo andare verso Calais e ci dovevamo trovare a Boulogne. Ma io ho fatto il giro verso Lille e Le Havre e mi sono diretto verso il Mezzogiorno della Francia e l'ho lasciato lì ad aspettare! Non l'ho più visto.

Dopo ho girato ancora sei o sette mesi... Così ho girato a piedi una buona parte della Francia: Belfort, Lure, fino a Brest nella Bretagna. Poi sono venuto in qua lungo la costa fino a Le Havre – a Sud fino in Spagna a Barcellona. Da Barcellona a Lourdes, Bordeaux, Brest, Le Havre, Boulogne, Calais, Dunquerque, Anversa, Bruges, dove c'era la frontiera con l'Olanda. Nord della Francia: Lille, valle della Mosa, Verdun, Nancy, dove ho cominciato a lavorare nelle miniere di ferro...

Per girare la Francia avevamo dei calendari francesi che avevano stampate sul retro delle piccole carte geografiche per ogni Dipartimento. Si girava con la cassetta delle stampe in spalla e, arrivati in un paese si depositava la cassetta da qualche parte e si faceva il giro della contrada con parte delle stampe sul braccio, appoggiate a un cartone. A ogni porta si bussava e si facevano vedere le stampe una per una... La lingua l'ho imparata subito: sono partito da Belfort e quando ero ad Amiens già mi difendevo. Di notte si dormiva dai contadini che ci ospitavano gratis nei

---

[46] Sanga, *Introduzione* a *La piazza*, cit., p. 5.

fienili e nelle stalle; in compenso però si lasciava un quadro di quelli di «seconda» o di «prima»[47].

Da altre testimonianze di tesini si può seguire con più precisione un itinerario che porta Giovanni Fietta verso la Francia nella seconda metà dell'Ottocento:

Da Pieve per la Valsugana, Caldonazzo, Vigolo, Vattaro, Mattarello, Val D'Adige, Rovereto, fino a Riva del Garda. Da Riva a Salò con il vaporetto. Quindi lungo la pedemontana fino alla val d'Aosta e attraverso il valico del Gran San Bernardo a Chamonix: da qui cominciava il commercio vero e proprio[48].

### MESTIERI CHE VANNO PER LE VIE

Nell'iconografia popolare il lanternista entra presto – come abbiamo visto – a far parte del paesaggio dei mestieri ambulanti[49]. Una stampa di Kobell, del 1780, mostra un venditore di stampe accompagnato da un bambino che porta a tracolla una lanterna magica. E inoltre, in una xilografia francese del 1790, tra i vari mestieri che vanno per via (la piccola lotteria, il venditore d'acqua, di fiammiferi, mazzi di fiori, lattuga) un ambulante esibisce insieme, uno sull'altro, un mondo nuovo e una lanterna magica.

L'iconosfera che grava sulle spalle dei venditori di stampe e dei lanternisti ha subito lente metamorfosi prima di giungere, grazie a loro, a un punto di sviluppo e diffusione assai alto. Se lo spazio in cui agiscono la lanterna magica e il pantoscopio è contiguo e identiche le classi di riferimento ideologico e culturale, non sono, come si è visto, equivalenti e le direzioni prospettiche non sono mai orientate verso lo stesso centro.

Nell'arco di pochi decenni, a cavallo tra il Sei e il Settecento, le lanterne magiche e le «cassele» del mondo nuovo portate in giro per paesi e città, con un'irresistibile ascesa sociale sono accolte nei palazzi, nelle piazze, nei luoghi più importanti, diventando parti

---

[47] Fietta, *Con la cassela in spalla*, cit., p. 27.
[48] *Ibid.*, p. 67.
[49] Vedi in particolare per un quadro d'insieme l'importante lavoro di M. Pitsch, *Essai de catalogue sur l'Iconographie de la vie populaire à Paris au XVIII<sup>e</sup> siècle*, Paris 1952.

integranti dell'arredo urbano e di quello mentale e immaginativo dei pubblici popolari.

Nel momento stesso in cui fa la sua apparizione, il pantoscopio, per esempio, diventa patrimonio comune di tutte le classi sociali.

All'interno dell'immensa folla dei «mestieri che vanno per le vie» i venditori di immagini e viaggi visivi vendono anche prodotti che sono il frutto dell'interazione e interferenza di particelle artistiche, scientifiche, teatrali, letterarie e architettoniche. Nello stesso contenitore si accoppiano e trovano le loro concordanze e affinità naturali le muse e le scienze.

Venditori di stampe, cantastorie, cantafavole, venditori di lunari e almanacchi popolari, di pianeti della fortuna, di libri e fogli volanti, lanternisti, danno un contributo assai importante alla costruzione dei nuovi modi di immaginare e vedere il mondo da parte dei pubblici popolari. Riuscendo progressivamente a accedere anche negli spazi dei teatri, delle accademie, delle università, dei palazzi nobiliari, i portatori del verbo visivo poco alla volta riuniscono tutti i pubblici, includendoli all'interno di una medesima rete ideale. Il *sermo humilis* delle immagini popolari sembra ereditare e rinnovare i modi del *sermo piscatorius* che ha determinato la diffusione dello spirito evangelico.

Per fortuna esiste una documentazione iconografica e letteraria, assai frammentata, ma ricomponibile come in un gigantesco puzzle, con caratteristiche sui luoghi, sull'articolazione degli spettacoli, sulle reazioni e composizioni dei pubblici. È un supporto fondamentale per un'analisi applicata e concreta dell'estetica della ricezione.

Vi sono elementi comuni che uniscono le storie dei venditori di stampe e vedute d'ottica italiani, su cui intendiamo soffermarci di più, con quelle dei venditori di stampe francesi o tedeschi e di *lubok* in Russia. I *lubok*, le stampe popolari russe stampate a Pietroburgo e Mosca, non ricevono subito l'urto delle stampe remondiniane, ma col tempo ne vengono modificati (basti osservare le analogie nella rappresentazione del gatto domestico, che si può considerare uno dei lemmi chiave della nuova lingua comune nata dall'industria delle immagini in quasi tutte le strutture iconografiche).

Nel 1845, in un articolo che ha il tono di un commosso epicedio apparso a Londra e scritto a corredo della riproduzione di una stampa di Bartolomeo Pinelli – che, come abbiamo visto, si intitola

*La Lanterna magica* e, in realtà, parla del mondo nuovo – l'autore porta l'attenzione proprio sugli impresari degli apparecchi ottici che provengono in genere dall'Italia del Nord

> come quasi tutti gli italiani i portatori di spettacoli ambulanti italiani sono stati dei grandi viaggiatori e un tempo hanno formato una sorta di fraternità in quasi tutti i paesi d'Europa, Russia compresa. Oggi sono completamente scomparsi dalle nostre strade... ma possiamo ricordare i tempi in cui affollavano la città di Londra e godevano soprattutto del favore dei giovani [50].

Le ragioni che li spingono oltre l'orizzonte conosciuto dipendono certo dalla povertà della terra, dall'impossibilità di provvedere, grazie ai soli frutti del lavoro contadino, o della pastorizia al fabbisogno familiare. I pastori di Pieve Tesino, come i savoiardi, i friulani, come i contadini della Val Gardena, sono costretti a inventarsi i mestieri ambulanti – fanno i calderai e i «careghetti» o impagliatori di sedie, i molèta, gli spazzacamini, i carbonai, i boscaioli, per poter sopravvivere. Nel Seicento vendono pietre focaie (le «prie fogarole») per armi da fuoco e poi, con la diffusione degli acciarini da fucile, che mette in crisi questo tipo di commercio, si convertono alla vendita di stampe e libretti da risma e nei secoli successivi degli occhiali e delle stampe oleografiche.

Ma c'è anche qualcosa in più, che vale la pena di sottolineare: qualcosa che ha a che fare con lo spirito cavalleresco, la curiosità naturale, l'amore per il rischio e l'avventura. Nel caso del commercio delle stampe popolari si assiste a fenomeni di transumanza e di emigrazione prima stagionale e poi a periodi sempre più lunghi di intere comunità. Nell'anno 1781, come si è detto, a Pieve Tesino i nomi dei soli capi compagnia sono 178.

Spostandosi sempre a piedi essi potevano raggiungere anche le fattorie più isolate, o paesetti lontani dalle grandi vie di comunicazione, dove non erano giunti altri mercanti [51].

I piedi di questi venditori ambulanti – la loro «voiture à talons»

---

[50] Anonimo, *Magic Lantern at Rome*, in «The Penny Magazine of the Society for the diffusion of Useful Knowledge», London 1845, citato in Hecht, *Pre-Cinema History*, cit., p. 105.

[51] Fietta, *Il commercio tesino nel mondo*, cit, p. 33.

– che nell'iconografia popolare sono spesso scalzi, hanno solcato, arato periodicamente le strade dell'Europa fin dal Medioevo.

Ovunque sono apparsi come stranieri: nella comunità rurali le loro figure sono subito state avvertite come sospette. E sono stati – come abbiamo già indicato – facilmente assimilati alle schiere di vagabondi e ciarlatani in movimento assieme a loro. Quasi ogni ambiente pubblico, soprattutto per quanto riguarda le forze dell'ordine, è ostile e prevenuto. In *Senza famiglia* una guardia campestre chiama Remy «mendicante», ordinandogli di andarsene al più presto:

> Non era giusto. Io non avevo chiesto l'elemosina, avevo cantato e fatto ballare i cani, quello era il mio modo di lavorare, che avevo fatto di male?[52].

Il fatto che più li rendeva pericolosi era che la cultura di cui erano portatori, sia i comici dell'arte, che i venditori di libri e stampe, che i cantanti di storie tristi, che i girovaghi, come la piccola compagnia del romanzo di Malot, non era facilmente controllabile e quindi, agli occhi dell'autorità, appariva da perseguire e tener d'occhio. Dal XVI secolo i venditori di opuscoli o libri della *Bibliothèque de campagne* o della *Bibliothèque bleu* hanno portato in giro i germi della riforma, durante il periodo della restaurazione fanno circolare il mito di Napoleone. Dal Settecento in poi chi distribuisce i *Canards*, i fogli volanti con le notizie mostruose, o i lanternisti o i cantanti sono perseguiti ora come sovversivi, ora come spie, ora come complici di forze demoniache. Tutti, chi più o chi meno, i rappresentanti di questo popolo nomade, sono comunque considerati come figure pericolose e accusati di immoralità e di introdurre germi variamente pericolosi nel mondo delle campagne:

> I cantastorie sono più pericolosi ancora che i cantanti mendicanti perché rendono familiari alla classe più ignorante le idee del crimine, la cui conoscenza invece dovrebbe esserle rigorosamente nascosta[53].

Il tipo di proclami e decreti emanati contro di loro li hanno

---

[52] Malot, *Senza famiglia*, cit., p. 67.
[53] J.F. Forte, *Des moyens de propager le goût de la musique en France et plus particulièrment dans le Département de l'Ancienne Normandie*, Paris 1838, p. 122.

poco per volta fatti sparire. Il *colporteur* porta in giro un sapere fantastico e razionale a un tempo: cantastorie, cantafavole, gazzetta popolare in carne ed ossa, è un veicolo oltre che di notizie mostruose, di annunci profetici, di informazioni e di giudizi che riceve e trasmette.

È naturalmente soggetto ai furti, alle rapine, ma non ha paura di nulla. Viaggia solo o in compagnia dei figli minori. Il tipo di merce, secondo l'attestato di sanità e le disposizioni comuni a molti paesi deve essere portata rigorosamente sulle spalle. Tra il Settecento e l'Ottocento la popolazione ambulante registra il massimo di diffusione. Se agli inizi del Seicento i *colporteurs* autorizzati in Francia sono solo 46, sotto il regno di Luigi Filippo raggiungono il considerevole numero di 3.500. Però solo verso la fine del Settecento in Francia il venditore di stampe figura nella lista dei mercanti, accanto ai *Marchands de miroirs*, di *Mercier en gros* e di *Joaillerie*.

In pratica i sentieri e le strade non hanno conservato le tracce dei passi di coloro che li hanno percorsi per secoli. E poco sappiamo delle loro vite dai documenti d'archivio, che non siano quelli di polizia. Per i venditori tesini si può immaginare e seguire, grazie alle carte realizzate fin dal 1600 (ottima quella del *Territorio di Trento* di Giovanni Antonio Magini del 1620), almeno l'inizio del loro viaggio con i tre percorsi che si aprono da una parte verso il feltrino attraverso la val Rodena, dall'altra verso Grigno e Bassano, seguendo la stretta valle scavata dal torrente Grigno e infine la strada che apre le vie del nord e della Francia attraverso il passo della Forcelletta verso Strigno, e poi costeggiando Borgo e Roncegno per la Valsugana verso Trento, la val di Cembra e su per Bolzano, Chiusa, Bressanone... Per i *colporteurs* di alcuni paesi – Francia, Germania, Spagna – si può disegnare comunque una geografia elementare di corta o medio-lunga gittata dei loro itinerari. In Francia li si può vedere all'opera nelle fiere di Poitou, del Midi, di Champagne, o lungo le grandi strade del pellegrinaggio che, dal Medioevo, portano folle di fedeli dalla Normandia, dall'Alvernia, dal Poitou, da Orléans, Tours, Vezelay, Autun, Poitiers, via Bordeaux o Arles a Santiago di Compostela. Dal Nord li si può veder scendere in Italia attraverso il Brennero, come farà Goethe e con lui migliaia di viaggiatori. Ma anche muoversi in senso opposto lungo gli stessi itinerari. Goethe, il cui occhio registra tutto, incontra, nel corso del suo viaggio – è partito dal lago di Walchen ed è diretto verso Mittenwald e di lì verso Bolzano – un suonatore ambulante di arpa con la figlia e accoglie nella sua carrozza la bambina di undici anni:

> Era una bimba carina e ben educata, già con una certa pratica del mondo. Aveva compiuto con la madre il pellegrinaggio a piedi fino alla Madonna di Einsiedeln e quando stavano per iniziare il ben più lungo viaggio fino a Santiago di Compostela, la madre era morta senza aver potuto sciogliere il suo voto... In tutti i suoi viaggi aveva sempre camminato a piedi, di recente aveva sonato davanti al Principe elettore e aveva avuto tra i suoi ascoltatori ventun persone della corte. Le sue chiacchiere erano davvero divertenti. Begli occhioni scuri, una fronte caparbia, segnata a volte da qualche ruga ascendente. Nel discorrere era gradevole e spontanea, soprattutto quando scoppiava in una delle sue risate infantili... Mi disse che andava alla Fiera di Bolzano...[54].

Questa bambina, che richiama nettamente la figura di Mignon del *Wilhelm Meister*, insiste per far vedere allo scrittore e per provare subito la cuffia nuova che si è fatta fare a Monaco con i soldi guadagnati.

Il motivo dell'abito e della sua importanza per l'attività ambulante è ben sottolineato da Vitalis in *Senza famiglia*, dopo che ha rivestito Remy da capo a piedi:

> Dopo le scarpe acquistò per me una giacca di velluto, dei pantaloni di lana e un cappello di feltro. Del velluto per me che avevo portato sempre e soltanto indumenti di tela, delle scarpe con tanto di chiodi e un cappello, e un cappello per me che in testa avevo avuto sempre e soltanto i miei capelli...
> L'ho fatto per renderti diverso dagli altri... Siamo degli artisti, no? Dei commedianti che, col loro solo aspetto devono risvegliare la curiosità della gente. Credi che se andassimo in piazza vestiti da borghesi o contadini riusciremmo a radunare degli spettatori. Neanche per sogno. Devi imparare, figliolo, che nella vita l'apparenza è ciò che conta di più. Una verità amara, ma sempre una verità[55].

Letteratura e iconografia segnalano, nel corso del Settecento e agli inizi dell'Ottocento, il mutamento dell'apparire degli ambulanti, legato anche al progressivo successo di vendite o di pubblico: dai lanternisti savoiardi laceri, con gli abiti sbrindellati e rattoppati, si passa alla rappresentazione, dalla metà del secolo, di figure o grup-

---

[54] W. Goethe, *Viaggio in Italia*, Milano 1993, pp. 9-10.
[55] Malot, *Senza famiglia*, cit., p. 40.

pi vestiti con cura per infondere maggior sicurezza. Il massimo dell'eleganza spetta, con ogni probabilità, al venditore trentino in una stampa dell'editore Antonio Marietti di Trento. In questa stampa che raffigura, come ci è già capitato di notare per la Savoia, attività caratteristiche del Trentino, il venditore di stampe seduto sulla sinistra e intento a sfogliare le sue stampe indossa un tipico abito tirolese, con giacca grigia bordata di verde, pantaloni alla zuava, allacciati al ginocchio, cappello a larghe tese e calzettoni bianchi.

### EPOPEA DEI VENDITORI DI STAMPE

Il viaggio di Vitalis e Remy di *Senza famiglia* indica un percorso possibile per un tipo di spettacolo ambulante che può includere anche dei lanternisti.

Ma si può anche ipotizzare di vederne su scala europea le miriadi di spostamenti dotando idealmente ognuno di loro di un piccolo contrassegno luminoso. In certi momenti, verso la fine del Settecento, soltanto a seguire i tesini, si vedrebbero oltre un migliaio di fiammelle in movimento dalla Valsugana a Trento, Bolzano, Innsbruck, alla Moldavia, ai Carpazi, alla Boemia e Slovacchia, dalla Foresta nera ai Paesi Bassi.

Così Elda Fietta, la più appassionata raccoglitrice della memoria dei tesini e narratrice della loro epopea, racconta i primi passi del commercio dei tesini nel momento in cui abbandonano il commercio delle pietre focaie e abbracciano quello delle stampe popolari:

Terminati i lavori dei campi e la fienagione i tesini si caricavano in spalla la «casséla» e uscivano dalla valle sciamando in direzioni diverse, per ritornare poi al paese nel cuore della primavera. Il viaggio e il giro di vendita si facevano sempre a piedi, sicché avveniva di norma che facessero due volte l'anno il percorso per esempio dal Tesino alla Francia. Le stampe erano chiuse nella «casséla», arma del mestiere e compagna di viaggio. La cassetta di legno, dalle dimensioni di una valigia, veniva portata sulla spalla per mezzo di una cinghia di cuoio; appesi ad essa, avvolti in un tela cerata, i pochi effetti personali che i girovaghi portavano con sé... Viaggiavano molto spesso da soli, a volte in piccole compagnie. Giunti in un paese si dividevano e ognuno sceglieva la sua contrada da battere; a lavoro ultimato si riunivano e procedevano, sicuri di aver sfruttato la zona al massimo. Ad ogni porta bussavano e incominciavano a sciorinare, una alla volta, le stampe che tenevano sotto il braccio, sotto gli occhi di chi si affacciava... Nei giorni di mercato e in occasione delle fiere, poi, i tesini tralasciavano la vendita di casa in casa, per fermarsi sulla piazza. Lungo i muri delle case tendevano allora delle cordicelle, e vi appendevano in mostra le stampe, con delle mollette, le «giòe» – che essi stessi preparavano intagliandole in rametti di nocciolo... A Metz era il lungo muro della caserma a essere ricoperto di stampe multicolori nei giorni della fiera di maggio; ma la stessa scena si allestiva sempre eguale in paesi diversi e lontani. Anche in Russia il girovago usava esporre le stampe ad uso di fiera e in Messico accadeva addirittura che i peones si inginocchiassero in preghiera davanti alle immagini di santi esposte in piazza[56].

*Colporteur* non è comunque solo il venditore di libri, stampe, merceria spicciola – perché dalla seconda metà del Seicento si aggregheranno lungo gli stessi sentieri anche i savoiardi con le loro lanterne e i loro richiami – ma soprattutto il diffusore di un sapere che in alcuni paesi viene condannato e giudicato pericoloso come la peste. In pratica è un untore nei paesi cattolici.

I venditori ambulanti devono combattere contro le leggi atmosferiche e in più vengono perseguitati, come si è detto, da avvisi, ordinanze, editti, decreti. Pagano gabelle ovunque, alle porte dei monasteri, ai guadi, agli ingressi delle città. Ovunque sono richiesti i diritti di passaggio. Le stesse mercanzie pagano più pedaggi. Nei periodi di guerre civili o disordini vengono sempre presi come capri espiatori e considerati spie. Le autorità civili e religiose li perseguitano per le idee che diffondono con le immagini, ma anche con le parole, pensando che «il veleno cola dalle loro labbra»:

Quando Seeger, parroco di Strümpfelbach, nei primi anni dopo il 1830, scoprì davanti al municipio un venditore di fogli illustrati, intervenne presso il sindaco perché desse ordine ai poliziotti di «cacciarlo via dal paese»[57].

La legge riconosce l'esistenza di questa figura. Ma le autorità cercano in tutti i modi di ostacolarne il cammino. Dal momento che i venditori di stampe non prendono le strade principali, ma battono strade secondarie sono soggetti – come i vagabondi – a controlli continui e ad arresti nel caso di qualsiasi minima irregolarità ammi-

---

[56] Fietta, *Il commercio tesino nel mondo*, cit., p. 33.
[57] Schenda, *Folklore e letteratura popolare*, cit., p. 145.

nistrativa[58]. In Tirolo le leggi non distinguono tra le varie forme di ambulantato e il vagabondaggio e invitano alla massima severità nei confronti di chi finge di lavorare ed in realtà intende solo chiedere l'elemosina, come i suonatori (o «leyrinen») i ciarlatani e spacciatori di balsami medicinali (o «oelh-und medcitat-Trager»), i giocolieri (o «Spillheit»)[59]. Le pene previste per questo tipo di vagabondi andavano dalla «prigione alla corda, frusta, berlina et altre ancora a misura del sesso e dell'età»[60].

Nel *Regolamento de dazi di Sua Maestà imperiale,* emanato a Rovereto nel 1780 e già ricordato, all'art. LXIV, così viene proibito il traffico vagante:

> Proibiamo pure in avvenire, sotto pena di confiscazione, seriosamente tanto ad esteri che a nostri sudditi del Paese, o dei Nostri Stati ereditari, il traffico vagante, tanto nocivo alla mercatura e tanto contrario alla buona Polizia; mediante il quale simili persone percorrono le Città, le Fiere e il Paese portando e vendendo le loro merci di Casa in Casa. Niuno potrà comprare da questi cosa veruna... avranno perciò, particolarmente i giudici dei luoghi, da impiegare contro questo abuso ogni vigilanza[61].

I venditori di stampe e di libri spesso corrono consapevolmente dei rischi, non solo perché vendono prodotti a dispetto dei regolamenti e delle leggi, ma perché non tengono alcun conto delle censure e dei controlli preliminari richiesti. Alcuni vogliono vendere i libri protestanti vietati. Altri portano in giro i libri di preghiere della Controriforma. Racconti, romanzi, religione, politica, scienza volgarizzata, medicina, agricoltura, moda, ricette di bellezza, di cucina, consigli per la vita di società possono essere motivo di preoccupazione per le autorità... Nell'Archivio di Stato di Venezia alla voce Inquisitori di Stato si possono trovare non poche lettere anonime e firmate che denunciano la pericolosità di venditori di libri, di ambulanti, di uomini di spettacolo che vengono segnalati alle autorità per molte ragioni. In un famoso libro curato da Giovanni Comisso nel 1941, *Agenti segreti veneziani del '700,* sono raccolte

---

[58] Vedi il saggio *Critica e censura dei testi popolari nel Vormärz,* in *ibid.,* pp. 131-163.
[59] P. Caneppele, *Vagabondaggio nel Tirolo agli inizi del XVIII secolo,* in «Storia e regione», a. II, n. 2, 1993, p. 108.
[60] S. V., *L'organizzazione dell'accattonaggio nella città di Trento,* in «Archivio Trentino», n. 27, 1912, p. 115.
[61] Citato in Caneppele, *Vagabondaggio nel Tirolo,* cit., p. 113.

molte lettere di denuncia della pericolosità sociale e morale di venditori di libri e di attori e ambulanti:

> Avendo inteso più volte a discorrere che viene infetta questa città di libri oltremontani i quali recano piacere a leggerli, ma letti alienano le persone dalla religione cattolica e introducono negli animi il libertinaggio così che non possono almeno di non produrre degli effetti perniciosi. Procurai di rilevare se ciò era vero, con l'invenire quelli che vendono di tal sorta di livri e scovrìo esservi un certo Domenico Bruni... uomo che dimostra quarant'anni circa il quale va in giro tutto il giorno vendendo libri e con tale scorta da quanto veggo il medesimo ne vende anco di quelli proibiti... Nei giorni andati vendeva due tomi del *Candido ossia l'Ottimismo* dal sig. Dott. Ralph tradotto in italiano nel 1759 e nel 1761, ma che non si vede dove. Di questi due tomi ne feci dal deto Domenico Bruni acquisto essendomi mascherato a tale oggetto... Avendo letto i detti due tomi e avendovi trovato dei discorsi di metafisica, varie cose che mettono in derisione i Religiosi, i Prelati e in una data maniera anche il sommo Pontefice, altre cose che riguardano ai Nobili Veneti, al Doge, al Senatore Patrizio, come pure degli avvenimenti osceni e brutali, così reputo mio preciso debito di rassegnare con tutto il rispetto i due detti tomi a questo gravissimo Tribunale [62].

Studiando gli archivi della polizia borbonica di Napoli e Potenza e in particolare il controllo sui suonatori ambulanti e sulla diffusione di scritte pericolose, Chiara Trara Genoino si è imbattuta in lettere anonime giunte alla polizia di Napoli nel 1847 di denuncia dell'attività sovversiva di due suonatori d'organetto e conduttori di lanterna magica che diffondono fogli volanti di chiaro contenuto sovversivo:

> Eccellenza, in Salerno non c'è polizia e lo dimostra l'acchiuso scritto di cui migliaia di copie stampate girano liberamente per la città, dipensandosi da un conduttore di lanterna magica venuto da più giorni col pretesto del gioco del lotto. Che ha da far il lotto colle esortazioni misteriose dello scritto? A me pare che esso dica molto nelle presenti turbolenze dei tempi e che la polizia non dovesse stare spettatrice fino ad esserne presa a beffa [63].

Il pericolo insito nella circolazione delle immagini e del valore

---

[62] G. Comisso (a cura di), *Agenti segreti veneziani del '700*, Milano 1941, pp. 89-90.
[63] C. Trara Genoino, *Suonatori ambulanti nelle province meridionali. Archivi della polizia borbonica e postunitaria nell'Ottocento*, in «La ricerca folclorica», n. 19, 1989, p. 71.

aggiunto delle idee e delle informazioni e conoscenze del mondo trasmesse contemporaneamente è che i ceti popolari possano desiderare, grazie ad esse di superare i «limiti naturali», o addirittura riuscirvi, acquistando un'infarinatura di conoscenze confuse, ma poco controllabili dalle autorità civili e religiose locali. Di fatto sono proprio le immagini di mondi esterni che, entrando con prepotenza nel chiuso mondo della cultura popolare (che un'idea romantica concepiva come un mondo perfettamente autonomo), lo inquinano di germi pericolosi. I predicatori della luce, oltre ad ampliare l'orizzonte conoscitivo del loro pubblico contadino, facendo germogliare bisogni mai avvertiti in precedenza, seminando saperi difformi, creano ponti tra la microcomunità e vari mondi lontani. Aprono davanti agli occhi, ai cinque sensi, ma anche agli occhi dell'anima, più porte. Le strade si biforcano di continuo e in maniera pericolosa agli occhi di chi detiene il potere e il sapere.

Fino a che i materiali di lettura destinati ai ceti inferiori sono uno strumento per mantenerli nelle condizioni in cui si trovano, le maglie dei controlli sono piuttosto larghe. Ma quando appaiono immagini o frasi non del tutto in sintonia con le concezioni dominanti, che possono diffondere il seme del dubbio in materia politica o religiosa, scattano subito misure difensive. O possono addirittura, come vedremo, crearsi veri e propri casi diplomatici internazionali.

Non erano pochi i rappresentanti politici e gli intellettuali che, per esempio, auspicavano che si bruciassero tutte le biblioteche circolanti e si distruggessero tutte le porcherie, animati soprattutto dalla buona intenzione di offrire al popolo dei lettori il buon cibo[64].

In molti casi, come quello dei tesini, che meglio conosciamo e di cui, senza pretendere di aggiungerci a tutti i cantori della loro epopea, intendiamo valorizzare le gesta in funzione del nostro racconto, la loro intelligenza li porta a diventare subito cittadini del mondo, a trovare il modo migliore per essere accolti ovunque, nelle campagne e nelle città, riducendo al massimo i rischi legati al loro mestiere.

I tesini – come vedremo seguendo l'avventura di Antonio Tomaselli – risultano tra i più abili nel superare gli ostacoli e nel cercare di venire incontro a una domanda che, di paese in paese, non può essere che diversificata in senso culturale e religioso.

---

[64] Vedi ancora il citato Schenda *Critica e censura*.

Ci voleva una buona dose di coraggio per mettersi in cammino su strade di paesi stranieri, spesso senza conoscerne la lingua, e a volte, senza avere una meta precisa, senza sapere quali città e che gente avrebbero trovato. Ma il coraggio non mancava e quel tipo di vita era ormai nel sangue dei tesini[65].

I contadini non vedono di buon occhio questi giovani, che bussano alle porte delle loro case mentre loro sono nei campi e fanno sognare moglie e figli con oggetti che magicamente fanno uscire dalle loro cassette delle meraviglie e soprattutto con racconti delle loro avventure in luoghi lontani. Si attende il *colporteur* spesso perché è l'unico cordone ombelicale col resto del mondo. Si comperano oggetti, soprattutto si chiedono notizie e informazioni. I tesini non hanno studiato, ma imparano presto – grazie ai corsi accelerati impartiti loro dai Capi compagnia – le parole indispensabili per farsi capire e prima di tutto fanno parlare le cose, le immagini.

Tra le categorie dei venditori i venditori di stampe, di opuscoli, almanacchi e libri sono attesi e accolti ora come messaggeri e portatori della buona novella, ora come contrabbandieri di oggetti e di notizie e saperi vietati, di culture alternative.

Il venditore di immagini viene da lontano. Spesso da molto lontano. Ha abbandonato casa e famiglia da due/tre anni, perfino cinque, quando si spinge fino ad Astrakan. Conosce il mondo. Introduce in realtà statiche e sempre eguali modelli difformi, oggetti provenienti da realtà diverse, stimola curiosità, apre orizzonti sconosciuti. Insegna – nel caso del lanternista o del venditore di stampe e libri – cose che non si sanno. Da lui si possono acquistare libri a poco prezzo, che consentono di avere a disposizione un sapere per tutte le evenienze: preghiere contro la grandine, magie, consigli elementari per come curarsi in caso di malattie, buoni costumi, oroscopi, profezie... Una mercanzia leggera, a buon mercato, di sicuro successo.

La settimana dopo partirono a piedi. Le scarpe e le gambe le avevano buone e sulle spalle, legata con una cinghia di cuoio, portavano la cassetta di legno con dentro centinaia di fogli distesi e divisi per argomento e serie. Erano quelle stampe iconografiche gli unici oggetti d'arte che da tre secoli diffondevano le opere dei grandi maestri tra la gente delle campagne e tra

---

[65] Fietta, *Il commercio tesino nel mondo*, cit., p. 34.

i popolani delle città e nei casolari sparsi per montagne e pianure. I tesini – vecchi ed esperti venditori ambulanti – un tempo giravano l'Europa vendendo pietre focaie – erano giunti a piazzare stampe remondiniane, quelle delle famose stamperie di Bassano in ogni parte del mondo: dalla Scandinavia alle Indie, dalla Siberia al Perù. E ogni popolo, ogni nazione, aveva giustamente i suoi gusti e quello che andava bene per i luterani del nord Europa non era accettato dagli spagnoli...[66].

Mario Rigoni Stern, che ha simbolicamente raccontato gli ultimi viaggi di uno degli ultimi venditori di stampe (ma ormai si tratta non più di «sfoiose», fatte di carta leggera e fragile, in bianco e nero o a colori, ma di oleografie e il venditore non è tesino, ma proviene dall'Altopiano di Asiago, anche se il suo socio viene dalla Valsugana), ha cercato di ricostruirne anche il tragitto più tipico dal momento che si lasciava alle spalle l'Altopiano di Asiago:

Tönle e il suo socio valsuganotto andavano lesti. A Merano, in vece che la valle d'Isarco per il Brennero infilarono la Val Venosta. A Naturno fecero la loro prima esposizione e vendettero quel tanto che permise loro di fare un po' di provviste di pane di segale, lardo affumicato e formaggio; quindi uno si fermò a Laces e l'altro proseguì per Silandro dove si rincontrarono la sera. Tönle battendo i masi a sinistra e l'altro quelli a destra della valle. Si ritrovarono a Glorenza dopo tre giorni, là pernottarono dentro il cerchio delle antiche mura, in uno stallo e l'indomani c'era una fiera che richiamava gente fin dalla Valtellina e dalla Svizzera, fecero buoni affari. Andarono così per settimane, passarono le montagne e a Landshut, in Baviera, vendettero quasi tutti i soggetti classici... Quando giunsero verso Cracovia il tesino decise di proseguire verso i monti Carpazi per arrivare nelle Russie e tentare fortuna mettendo su bottega a Kiev o a Mosca o a San Pietroburgo: aveva con sé un bel gruzzolo e gli altri paesani che in quelle lontane città si erano sistemati, diceva, l'avrebbero aiutato[67].

Bisognava essere dotati di una bolla o di un permesso per il trasporto di una quantità di merci che non richiedesse – come si è detto – l'aiuto di animali. Da questo libretto di identità doveva risultare lo stato di salute dell'ambulante, l'età, la statura e il colore dei capelli («annorum, staturae, pili»), e una descrizione accurata della mercanzia («Omnesque hi super humeros Libros, Imagines

---

[66] M. Rigoni Stern, *Storia di Tönle*, Torino 1978, p. 14.
[67] *Ibid.*, p. 15.

cartaceas, diversimode pietas aliasque res sibimet necessarias adportantes»). Era necessario anche un permesso per essere coadiuvati nel lavoro da un assistente.

I piccoli uomini che partono dalle valli trentine e vanno alla conquista del mondo, si muovono lungo i grandi itinerari scelti dai comici dell'arte, dai mercanti, dai pellegrini e viaggiatori del Grand Tour, ma deviano di continuo dalla linea retta del percorso. Il loro andamento nomadico è descrivibile ricorrendo alla teoria dei frattali.

Li spinge – lo abbiamo già detto – una sorta di piccolo fuoco missionario: sembrano consapevoli di essere i primi messaggeri di una parola per gli occhi che cerca di conciliare le nuove forme di conoscenza scientifica col pensiero e i saperi della magia naturale. Grazie alle loro cassette, servendosi di un lessico minimo, hanno il potere di mostrare e ricomporre magicamente immagini multiple del mondo e di rendere visibili e accessibili mondi che stanno al di là delle dimensioni sensibili.

I ciarlatani promettono di regalare coi loro prodotti – gli unguenti miracolosi, le pozioni portentose, gli elisir magici di giovinezza – amore, ricchezza, salute, mentre i lanternisti, più dei venditori di stampe, hanno il potere di imprimere le lastre colorate come un tatuaggio indelebile nella mente dello spettatore. Immagini create dal nulla, fantasmi convocati da varie dimensioni spazio-temporali. Le figure sono un potente marchio nell'immaginazione collettiva.

In un certo senso abbandonati i lavori dei campi i venditori di immagini vanno a seminare e arare i territori mentali e immaginativi dell'uomo europeo. Prima i semi vengono gettati con estrema parsimonia, poi si vengono diffondendo e spargendo a spaglio, in tutte le direzioni e seguendo un andamento uniforme.

Si viene scoprendo – parallelamente all'esigenza di ridefinire e ridescrivere accuratamente il mondo, ridisegnarne le coordinate sulla base delle nuove scoperte, dei viaggi, del nuovo impulso della scienza cartografica – che i territori dell'immaginazione hanno superfici e dimensioni non meno vaste di quelli geografici.

Rispetto al raggio d'azione dei maestri e dei parroci, che possono esercitare una grande influenza di mediatori tra la parola divina e un piccolo pubblico di fedeli, i lanternisti, o coloro che mostrano uno spettacolo di mondo nuovo, hanno a disposizione un pubblico enorme di aspiranti all'iniziazione al culto misterico delle immagini.

Sono mediatori tra vari saperi. Sanno leggere e sanno parlare. Hanno esperienza diretta del mondo.

Sembra importante osservare – osserva Schenda – che proprio le letterature delle grandi comunità religiose hanno ampliato il patrimonio orale della gente semplice e hanno dato le ali alla fantasia di milioni di ascoltatori. *Opsis* e *lexis*, ma anche tutti i sensi sono coinvolti.

Il lanternista e il venditore di immagini sono viaggiatori e narratori di un'epopea che ha radici millenarie e primi cittadini di un nuovo regno, dai confini tuttora indefiniti e in continua espansione. Non vogliono imporre dall'alto e marcare la loro superiorità culturale come chi sa leggere e scrivere. Sono gli apostoli di una *religio* che stabilisce vincoli profondi, suggellati nel buio dalla percezione di una stessa sistole cardiaca.

### TOSI, ANDÉ A VENDER FULMINANTI...

«Tosi, andé a vender fulminanti e no sté a far come i aisemponàri», insegnava un maestro di Pieve Tesino ai suoi scolari – come racconta una diffusa mitologia – consigliandoli di scegliere l'avventura dei venditori ambulanti e il rischio dell'impresa individuale libera piuttosto che il lavoro più sicuro, ma dipendente, del manovale delle ferrovie.

Già nel 1665, prima ancora che fosse impiantata la tipografia dei Remondini, Girolamo Bertondelli, autore di un *Ristretto della Valsugana*, afferma che nel Castel Ivano «si cavano e si lavorano pietre d'archibugio, portate in Germania, Hungaria e Italia con grande utile di questa valle»[68].

Quando il commercio delle pietre focaie entra in crisi i tesini si convertono, per integrare la loro misera economia, come si è detto, al commercio di altri beni. Le stampe anzitutto (la stampa di Angeli del 1830 uscita dalla calcografia di Giuseppe Antonio Marietti di cui abbiamo parlato descrive il Tirolo italiano attribuendo ai tesini questi attributi: «I tesini sono sparsi in tutto il mondo e vendono stampe»). I tesini vengono assuefatti alla vendita da giovanissimi, probabilmente già verso i dodici-tredici anni partono per le prime spedizioni. E poi, anno dopo anno, passo dopo passo, città dopo

---

[68] G. Bertondelli, *Ristretto della Valsugana*, Borgo Valsugana 1665, p. 33.

città, paese dopo paese, si spingono verso est fino in Siberia, verso nord fino in Svezia, Finlandia e Norvegia, verso ovest fino in Portogallo, per poi tentare l'avventura verso le Americhe.

Un solo collo o cassa viene spedita da Signori Remondini per recapito in Augusta per dove transitano li tesini suddetti ricevono li loro rispettivi fagotti componenti in tutti la cassa suddetta ed indi partono con li loro effetti per li detti Stati di Polonia, Prussia, Olanda, Danimarca ed altri luoghi ove smaltiscono li effetti medesmi senza introdurre di questi alcuna sorte di commercio in Augusta, ove furono addrizzati a solo oggetto di Transito [69].

Vengono certamente elaborati dei piani di viaggio, ma il percorso in realtà è dato dall'andamento delle vendite e dalla capacità inventiva del venditore.

Iddio gli guidarà, obbligandosi l'un con l'altro scambievolmente d'andar e a Dio piacendo tornar insieme, far l'esito della robba, star al bene e al male et caso di qualche malattia che Iddio non voglia, assistere l'uno con l'altro [70].

Nell'attestato giurato del Pievano di San Pietro de' Schiavoni del 3 luglio 1781 è scritto:

Li detti Schiavi, miei parrocchiani trascorrono poi, ogni anno, con tali merci, come è già pubblicamente notorio, di città in città e Villa per Villa della Carniolia, Carintia, Stiria, Ungheria, Crosazia, Transilvania ed altri Paesi, facendo i loro viaggi e pagando i differenti dazi con le imprestanze di denaro degli stessi Remondini. I nomi di questi parrocchiani dediti al commercio ambulante sono: Stefano Buttera, Pietro Brescon, Simone Clemencig, Mattia Becia, Marino Clignon, Bortolo Cedarmas, Antonio Franz, Tommaso Govenzasch, Bortolo Becia, Stefano Crucil e decine di altri... [71].

Nella seconda metà del Settecento la tipografia Remondini di Bassano impegna un migliaio di persone, i torchi lavorano a ciclo

---

[69] Foglio di un incartamento della Causa Remondini che porta la data 3 giugno 1771.
[70] Archivio notarile del notaio Giovanni Fietta di Strigno, atto n. 1189 in Biblioteca civica di Bassano.
[71] L'attestato è conservato nella Biblioteca civica di Bassano, Archivio del notaio Giovanni Fietta.

continuo ventiquattro ore su ventiquattro e tutto il mondo è il mercato di questa industria in costante espansione.

Le stampe prodotte dai Remondini nella seconda metà del Settecento vengono, secondo l'attestazione ai Savi della mercanzia del Podestà di Bassano

spedite e diffuse per nostra Italia, in Francia, nell'America, in Costantinopoli, alle Smirne; laddove si disperdono in altri luoghi dello Stato Ottomano [72].

Prima di partire il venditore tesino ha ipotecato i suoi campi... Come in un gioco d'azzardo, ogni volta che affronta un viaggio più lontano, raddoppia la posta.

«I santi dei Remondini ga magnà i campi dei tesini» era il modo di raccontare l'esito di buona parte delle avventure dei venditori di stampe. In seguito all'insolvenza dei debitori i Remondini incameravano i beni. In breve tempo diventano i maggiori proprietari di beni immobili del tesino.

Dopo la morte di Giovanni Antonio Remondini (1711) l'azienda rimane a Giuseppe, che dal 1725

estese le relazioni fino alla Spagna. Si ebbero allora grandissimo smercio di santi, che quantunque triviali tornavano a casa cambiate in oro [73].

Migliaia, milioni di fogli volanti e libretti popolari sono andati perduti perché nessuna biblioteca li ha raccolti (il catalogo del 1784 dei Remondini da solo consta di oltre ottomila soggetti diversi, dai rami di incisioni antiche alle xilografie e stampi per carte fiorate), ma purtroppo ancor meno sapremmo di milioni di atti semiorali di comunicazione avvenuta tra lanternisti e pubblici sparsi in tutta Europa se non fossero stati registrati da disegnatori e pittori in quanto ormai parte integrante del paesaggio.

Gli arcipreti di Tesino e Strigno, con i loro attestati giurati, affermano che i tesini girano per il mondo con i libri Remondini e con altre pubblicazioni «spezialmente ad uso dei Parrochi, degli altri Ecclesiastici e del Popolo e stampe di ogni genere». (Oltre ai

---

[72] *Lettera ai V Savi*, Archivio di Stato di Venezia, v Savi alla Mercanzia B. 453 fascicolo Bassano, pp. 1-6.
[73] L. Zellini, *L'arte della stampa a Bassano*, tesi di laurea discussa a Padova nell'a.a. 1892-93, e conservata nella Biblioteca civica di Bassano, p. 50.

libri che dovevano servire ai parroci per le loro prediche, dai titoli come *L'ecclesiastico provveduto* o *Istruzioni in forma di catechismo* a *Parroco all'altare* a *Istruzione pratica per li confessori* a *Ricordi di ben vivere e ben morire*, *Vero modo di ricevere il Giubileo*, *Inferno aperto*, c'erano libri che dovevano servire all'educazione del popolo, come *Arte della salute*, *Abachi per i fanciulli*, panegirici, trattati di geometria, ad esempio la *Geometria pratica* del Perini, grammatica, medicina e chirurgia, dizionari geografici, almanacchi, lunari storici. Più i «libri da risma», libri a carattere popolare (come *Attila Flagellum Dei* o le *Storie di Bertoldo* o *Mandricardo innamorato*, *Le prodezze di Rodomontino*), fogli unici che il compratore doveva ripiegare e tagliare da solo.

Mentre i libri limitano la gittata del percorso degli ambulanti, le stampe mettono loro le ali ai piedi, li incoraggiano a spingersi verso territori sempre più lontani.

Lo smercio delle stampe religiose avviene soprattutto nei luoghi di culto e in particolare nelle ricorrenze religiose, anche se bisogna tener conto del lavoro di vendita capillare, porta a porta, di queste immagini.

I tesini, per esempio, indicano il proprio mestiere con il termine di «pertegante», ossia di colui che ha come unità di misura del proprio cammino la pertica. Le stampe venivano esposte con mollette in legno e si chiamavano Pìlder (dal tedesco Bilder, immagini) o «stralòci» (strabici) per indicare lo sguardo incrociato dei santi della produzione remondiniana (espediente iconografico per mostrare, in modo povero, il raggiungimento dell'estasi).

Tutto ciò di cui si parla ha a che fare con un'industria delle immagini di massa che giunge fino ai giorni nostri.

In un quadro di Bernardo Bellotto, conservato al Museo Nazionale di Varsavia (*Via Miodowa a Warsavia nel XVIII secolo*), è colta una figura di venditore trentino che espone le sue stampe proprio all'incrocio di questa grande arteria, percorsa dalle carrozze e dai gentiluomini. Sul muro della via trasversale (la *Ulica senator Ska*), il venditore ha appeso una quarantina di stampe di diverso formato, con immagini sacre e profane, per lo più incisioni tratte da grandi quadri d'autore, ognuna raccolta in più copie. Da seduto lo vediamo parlare con un possibile acquirente che gli chiede il prezzo di una stampa che ha preso in mano.

Le naturali doti mercantili consentono abbastanza presto, fin dalla fine del Settecento, ai venditori più abili e intraprendenti di reinvestire il capitale accumulato nel tempo in qualche sede stabile. Sorgono così i negozi di Matteo Saggiante a Cagliari, dei fratelli Romani a Hannover, di Giovan Battista Biasion a Leopoli, di Pietro e Baldassarre Pellizzaro a Besançon e Gand, di Giuseppe Mortillaro a Cadice, di Giovanni Ognibeni a Utrecht, di Francesco Buffa ad Amsterdam, di Giacomo della Maria a Barcellona, dei Daziaro a Parigi e Varsavia, dei Tessari a Augusta, dei Fietta a Strasburgo e Metz, e poi oltre Oceano a New York, Baltimora...[74].

In Russia sempre un Daziaro, Giuseppe Dallemule, fonda il suo primo negozio nel 1827 a Pietroburgo e poi vi saranno gli Avanzo, i Gecele, i Broccato e i Fietta che apriranno nella stessa città un loro negozio aprendosi ad imprese diverse, dalle stampe alle antichità alle imprese di costruzioni edili.

È interessante ricordare che la ditta Fietta apre a Pietroburgo un negozio di articoli per Belle arti e disegno in via Moskaja 36, proprio nell'anno dell'invenzione del cinema.

### LA TRISTE STORIA DI PIETRO SAMONATO...

Anche a Roma vengono aperti dei negozi di stampe: quello di Pietro Samonato, situato «nella via che da piazza Navona va alla Sapienza», svolgeva una florida attività e si era soprattutto specializzato nella vendita di immagini sacre.

Vale la pena di raccontare questa vicenda kafkiana, perché rappresentativa e perché ci mostra la precarietà del vivere dei venditori di stampe anche nella fase di una maggior legittimazione mercantile. Dalla reazione di un diplomatico spagnolo a un particolare di un'immagine del *Giudizio universale* esposta all'esterno del negozio di Samonato monta rapidamente un caso che coinvolge le diplomazie e i giudici di tre Stati: la Spagna, lo Stato Pontificio e la Repubblica di Venezia.

Il 2 maggio 1772 arriva a Bassano una lettera che dice:

> Quelli Tesini che vendono Stampe vicino a Piazza Navona sono carcerati perché hanno esposto una stampa col Giudizio Universale nella quale vi è arma del re di Spagna dalla parte dei demoni vicino all'inferno, essi hanno deposto che l'hano avuta dal Remondini ed hanno presentato le

[74] O. Brentari, *Guida del Trentino*, vol. I, Bassano 1891, pp. 377-381.

lettere, polize ecc. Dali ministri delle corti borboniche sono state mandate subito le stampe e le deposizioni de carcerati[75].

Questa stampa era notissima ed era la rielaborazione – fatta nel 1760 ad opera di Ambrogio Orio – di una stampa francese di G.B. Poilly, che a sua volta l'aveva copiata da una stampa dei primi del Seicento. Orio vi aveva sostituito lo stemma del cardinal Arrigoni con quello di Carlo III:

> Per anni nessuno si accorse che questo stemma era troppo vicino al gruppo dei diavoli e che questi diavoli sembrava si stessero affannando per raggiungerlo[76].

La sfortuna vuole che in un clima surriscaldato dalle polemiche, per la recente espulsione dalla Spagna dei Gesuiti, l'ambasciatore di Spagna a Roma si imbatta casualmente nella stampa, la trovi apertamente oltraggiosa, pensi di riconoscervi proprio la mano della compagnia di Gesù e chieda al papa l'immediato arresto dei responsabili e il sequestro delle stampe.

Samonato apprenderà le ragioni del suo arresto solo qualche tempo dopo, nel corso del primo interrogatorio e con molta semplicità non farà altro che dichiarare di vendere da tempo quella stampa senza che mai nessuno avesse sollevato problemi.

Il 2 maggio scrive disperato a Remondini:

> ...fin dalli 21 scorso mi trovo in Carcere, carcerato da questo governo per la Carta che io hò sempre venduta con buona fede del Giudizio Universale, senza che mai per ombra abbi avuto niuna notizia che vi fosse cosa contraria a nessuno, onde io credo che Voi non mancherete di far vedere le nostre giustificazioni, e appresso l'Eccellentissimo Senato, e adopererete per la mia liberazione, mentre la mia innocenza è chiarissima...[77].

Qualche tempo dopo, l'11 luglio, Samonato presenta il primo di una serie di memoriali al governatore di Roma in cui chiede una rapida scarcerazione per il grave stato di miseria in cui versa la sua famiglia. Nei successivi memoriali il povero venditore di stampe oltre a protestare la sua innocenza in quanto «spacciatore» e non

---

[75] G. Barioli, *I Remondini*, Bassano 1958, p. 55.
[76] *Ibid.*, p. 35.
[77] In Archivio Remondini, Biblioteca civica di Bassano.

«fabbricatore» e la sua buona fede nell'esporre da anni – soprattutto in occasione della Quaresima – quel soggetto e a dichiarare sé e la sua famiglia, composta di ben otto figli e complessivamente di diciassette persone a carico, gravemente danneggiati, chiede, prosternandosi nel modo più umile, un sollecito atto di clemenza da parte del papa.

Dichiara anche uno stato di prostrazione e di malattia che, nel corso dei mesi, andrà accentuandosi. Bisognerà attendere fino al mese di ottobre perché avvenga la scarcerazione anche per l'intervento del sindaco e del pievano di Bieno, il paese natale di Samonato, che si rivolgono alla Repubblica di Venezia, sollecitandone un'azione rapida.

Quando viene liberato Pietro Samonato ha perso tutto – stampe, negozio, licenza di vendita a Roma – e non può certo saldare i debiti cospicui contratti con i Remondini. Decide dunque di intentare a sua volta causa ai Remondini che considera responsabili della sua disgrazia. Si apre una vertenza che dura alcuni anni e che non porterà mai alla risoluzione del debito.

### I DISCENDENTI DELLA STIRPE DI ULISSE

Nonostante alcune disavventure che non arrestano comunque una macchina gigantesca e perfettamente oliata, i tesini vendono per decenni, e in certi casi per un secolo e mezzo, gli stessi titoli, le stesse immagini. Accanto alle nuove produzioni continuano a essere riproposti immagini e testi che sono a fondamento della cultura popolare.

Si stabilisce una sorta di equilibrio di lunga durata tra domanda e offerta. Viene spontaneo domandarsi che cosa resta di questa epopea per terra e per mare, di tutti questi itinerari senza meta apparente, privi di centro e di rotta predeterminata; di queste deambulazioni dai Carpazi allo stretto di Gibilterra?

Lo sviluppo dei mezzi di trasporto fa nascere un tipo di commercio che di colpo fa sparire i *colporteurs* o provoca il loro passaggio progressivo a mezzi di trasporto meccanici.

Poche testimonianze orali – soprattutto quelle raccolte qualche anno fa dai discendenti di venditori che conservavano il ricordo delle loro imprese – ci consentono di seguirne le deambulazioni continentali e intercontinentali. Queste testimonianze composte con altre fonti ci offrono però la possibilità di stabilire piani comuni a una storia che va ben al di là del distretto locale.

Ed è ancora grazie alla Fietta e alle sue interviste che possiamo avere testimonianze molto significative degli itinerari di certi ambulanti tesini verso la fine del secolo scorso e cogliere nel racconto individuale il senso dell'epopea collettiva e dell'ampiezza dell'orizzonte dell'avventura che si sviluppa in quattro continenti. È il caso della storia di Antonio Tomaselli, nato a Castello del 1857, rimasto orfano a 6 anni, raccontata da Ermanno Pasqualini:

Quando aveva 17 anni gli giunse una lettera da un suo amico partito tre anni prima, che gli consigliava di tentare il mestiere di venditore ambulante di stampe. Gli faceva anzi la proposta di mandargli a credito un pacco di stampe nonché la «cassela» per riporvele e iniziare, come gli altri girovaghi, il giro di vendita. Accettò con entusiasmo e, appena ricevuto il pacco, partì alla volta della Carinzia. Da quella regione si spostò verso la Stiria, riuscendo a vendere bene quasi tutte le oleografie ricevute a credito... In seguito fece altre numerose ordinazioni nel corso del suo lungo girovagare attraverso quasi tutte le provincie più nordiche del vasto impero austro-ungarico... Dopo un'esperienza non troppo felice di commerciante di cavalli in Svizzera riprese a fare il girovago intraprendendo un nuovo giro attraverso la Boemia, la Slovacchia e la Galizia che in circa due anni gli fruttò un guadagno di circa 2.000-2.500 fiorini.

Ritornò a Castello e si sposò, ma dopo circa due mesi dal matrimonio riprese il suo commercio ambulante. Ritornò in Moravia e modificando il suo precedente giro attraversò la Boemia nord-orientale e la Polonia e, visitando un paese dopo l'altro, arrivò a Varsavia in circa 5 mesi. Dalla capitale polacca ordinò al suo fornitore un abbondante pacco di stampe... Volle tentare un giro di vendite in Russia. Sostò in molti villaggi della Lituania, Lettonia ed Estonia nel tentativo di vendere qualche stampa ed arrivò nella regione di Pietroburgo, senza aver tratto un apprezzabile profitto. Gli rimanevano nella «cassela» ancora circa la metà delle stampe da vendere e, sempre alla ricerca di nuovi clienti, si avventurò in Finlandia, pur non avendo neppure un'idea approssimativa sul numero e la dislocazione dei villaggi in quella regione e l'attraversò tutta da sud a nord. Si inoltrò quindi nella Norvegia settentrionale, ma anche lì non riuscì a vendere che poche stampe. Aveva perciò deciso di abbandonare quei paesi, ma ormai si trovava presso il Capo Nord e ritornare indietro era un problema quasi insolubile. Venne a sapere che non molto lontano si trovava il porto di Hammerfest, dove affluivano molti velieri... Lì sperava di trovare qualche occasione per imbarcarsi verso i porti tedeschi... S'imbatté invece in un gruppo di marinai italiani e spagnoli imbarcati su un veliero portoghese che doveva ripartire verso le Indie e l'Australia.

Il Tomaselli, entusiasmato dai racconti dei marinai, senza neppure sapere dove fosse l'India, decise di offrirsi come mozzo... Dopo quattro mesi di navigazione e di duro lavoro, arrivarono nell'Asia meridionale. Non so in quale porto dell'Oceano Indiano o del Mar Cinese fece sbarco, né so con quali mercanzie iniziò il suo girovagare in quelle regioni. So però che dopo un paio d'anni di traffici con Indiani, Malesi, Cinesi, Giapponesi e Australiani riuscì a mettere da parte circa 40 sterline... Si recò quindi in Australia...[78].

Dopo molte peripezie e non pochi rovesci e successi economici in Australia e Sud Africa, dopo aver partecipato alla guerra dei Boeri, combattendo come volontario nell'esercito inglese, Tomaselli aprirà a Johannesburg una ditta di vendita di prodotti ortofrutticoli che rimarrà in piedi fino al 1955.

Come sono, cosa raccontano queste ultime stampe oleografiche vendute nel mondo da Tomaselli?

Tönle Bintarn, l'eroe eponimo del romanzo di Mario Rigoni Stern, di ritorno da uno dei suoi viaggi in Europa orientale ne ha riportato con sé un paio, di cui non ha voluto disfarsi. E grazie a lui possiamo osservarle più da vicino. Alla luce del focolare di Asiago le mostra al piccolo pubblico di famiglia:

Erano due stampe che non aveva voluto vendere perché gli piacevano e desiderava incorniciarle per appenderle una per parte della cappa del focolare. Le srotolò per farle vedere alla luce delle fiamme.

In una c'era raffigurato l'attacco notturno di un branco di lupi a una slitta in corsa dentro una foresta carica di neve. I cavalli impazziti dal terrore erano a stento e con una gran fatica dominati dal guidatore che aveva perduto il berretto... Occhi di altri lupi grigi si vedevano rosseggiare tra i tronchi come lumi nel buio. Sul dietro della slitta un uomo barbuto in ginocchio, tra merce alla rinfusa, sparava con un lungo fucile... Dal fucile usciva un lampo rossastro che squarciava il buio e si capiva che la palla entrava nella gola spalancata del lupo che stava per saltare nella slitta...

Ma nel guardare sembrava anche di udire i nitriti dei cavalli, il sibilare della frusta, il latrare dei lupi, il colpo del fucile. Tutti erano affascinati da quella storia, dapprima avevano guardato l'insieme, dopo tutti i particolari che Tönle indicava con un dito.

Ma voi padre siete andato anche dove ci sono i lupi?

Sono arrivato fino ai Monti Carpazi, anche là ci sono. Ma assaltano le slitte solamente d'inverno e quando sono affamati.

---

[78] Fietta, *Con la cassela in spalla*, cit., pp. 82-83.

Si fece silenzio e guardarono tutti verso la porta. Fuori si sentiva abbaiare una cagna alla luna, ma era amichevole[79].

La seconda stampa racconta la caccia all'orso e raffigura un orso gigantesco ritto sulle zampe posteriori di fronte al cacciatore e ai cani: una scena che viene da lontano e che incontreremo fin dal primo repertorio di lastre per lanterna magica descritto da Rhaneus agli inizi del Settecento.

Conosciamo, come si è visto, i nomi di alcune centinaia di venditori di stampe tesini dell'Ottocento, alcune storie, come quella di Antonio Tomaselli, ci sono sembrate degne di Melville, Conrad o Stevenson, ma forse è proprio Tönle, chino davanti al fuoco, che alimenta l'immaginazione dei suoi familiari con le due stampe e il suo racconto a diventare il cantore e il rappresentante ideale dell'epopea visiva che stiamo cercando di ricomporre. L'irruzione delle oleografie nella piccola casa, da sempre preparata ad alimentarsi di racconti orali, a tradurre mentalmente la parola in immagini, modifica le regole del filò contadino e attorno al narratore si crea, per un momento, un'atmosfera magica di perfetta comunione tra racconto, narratore, immagini e pubblico.

Tönle è tornato a casa dopo una lunga assenza, appartiene sia pure alla lontana, ma a pieno titolo, alla stirpe degli ulissidi: come gli eroi omerici sa molte cose e ha viaggiato molto. Ha conosciuto uomini, percorso terre sconosciute e visitato città lontanissime. L'invenzione, la narrazione orale, i colori, le immagini osservate alla luce delle fiamme del camino, producono una perfetta fusione tra il vissuto personale e quello di tutto il gruppo, dilatano lo spazio emotivo, creano dei processi di identificazione quasi totali.

Siamo alla vigilia di Natale di un anno che potrebbe benissimo essere il 1895: i bambini bussano di casa in casa cantando nel dialetto cimbro la storia di tre uomini che si mettono per via «Gasegt an Stearn in hûmmel/ veduta una stella in cielo...». Nella fredda stanza da letto della piccola casa dell'Altopiano di Asiago assistiamo a uno straordinario spettacolo di camera oscura e al miracolo di uno *spiritus phantasticus* che circola nelle persone e le cose ed entra in contatto con l'anima del mondo:

---

[79] Rigoni Stern, *Storia di Tönle*, cit., pp. 19-20.

Il ghiaccio sui vetri aveva ricamato fantastiche tendine e la luce della luna che riverberava dalla neve si spandeva tenue e soffusa per la stanza facendo scintillare come tante stelle la calaverna delle pareti così che sembrava di essere stesi dentro un cielo tiepido[80].

---

[80] *Ibid.*, p. 21.

5.

# NUOVI OCCHI ARTIFICIALI E CAMERE DELLE MERAVIGLIE

> Pare un assurdo, e pure è esattamente vero, che tutto il reale, essendo un nulla, non v'è altro di reale, né altro di sostanza al mondo che le illusioni.
>
> G. LEOPARDI, *Zibaldone*

### CONOSCENZA E DOMINIO

Nel racconto di Sir Walter Ralegh sulla scoperta della valle della Guiana (*The Empire of Guiana. A relation of the second voyage on Guiana*) a un certo punto appare *el hombre dorado*, ossia

l'uomo che, dalla testa ai piedi, rassomiglia a una figura d'oro lavorata di mano di un buonissimo orefice [1].

Il Cinquecento è il secolo della conquista del Nuovo Mondo, della «fame dell'oro», della centralità simbolica e materiale dell'oro nella vita economica e culturale di tutte le maggiori potenze.

Mentre l'Europa vede giungere le navi dei *conquistadores*, colme di bottini in oro e pietre preziose, si mescolano, nell'immaginazione collettiva, racconti e leggende che vengono da lontano: accanto all'Eldorado descritto da Ralegh, rivivono i racconti di Mandeville e del Prete Gianni, il paradiso terrestre [2], le città di Cibola, il fiume d'oro della Guinea... Alla vista i bagliori dell'oro agiscono come un potentissimo elemento di catalizzazione degli sguardi e desideri collettivi. È in quei territori lontani che possono concentrarsi tutti quei tesori in metalli preziosi, perché

---

[1] Da una lettera citata nell'*Introduzione* di F. Marenco a W. Ralegh, *La ricerca dell'Eldorado*, Milano 1982, p. 9.

[2] V. John Mandeville, *Viaggi ovvero trattato delle cose più meravigliose e più notabili che si trovano al mondo*, Milano 1982.

nelle viscere della terra il sole e l'interno calore stillando cavano i sughi e le sustanze migliori che colate pe' pori nelle vene e nelle proprie miniere e quivi congelate e dal tempo indurite e stagionate si fan metalli de' quali i più perfetti e rari sono l'oro e l'ariento che li due luminari sembrano di colore e di splendore[3].

L'oro e l'argento hanno a che fare con la luce, quasi distillano i poteri del sole e della luna. L'oro per Shakespeare ha il potere di sedurre i santi («Saint-seducing gold»)[4] e l'Ebreo di Malta del dramma marlowiano – che nella sua cupidigia «Infinite riches in a little room» – può essere assimilato, in modo quasi blasfemo, alla letteratura in lode della Madonna e delle ricchezze racchiuse nel suo ventre[5], ma anche, per estensione, ai tesori nascosti nelle camere delle meraviglie – studiati da Aldovrandi, Imperato, Calceolari, Quiccheberg[6] – e quelli contenibili nella camera oscura prima e nella lanterna magica poi.

Le cassette per immagini diventano, nel loro piccolo, fabbriche dell'oro, contenitori in cui, grazie a processi di magia alchemica, la luce crea realtà e questa realtà fantasmatica si trasforma in ricchezza, può produrre ricchezze conoscitive e emotive indefinite.

Quasi per una proprietà transitiva la luce è oro.

Ha scritto Adalgisa Lugli:

Sembra quasi che l'uomo rinascimentale abbia acuito il senso della vista o forse abbia solo il coraggio di guardare più lontano. Guardare lontano e tracciare cerchi sempre più vasti porta a scoprire il Nuovo Mondo, ma prima ancora a scoprire il mondo intorno a sé, la natura, gli animali, gli oggetti[7].

Nel suo *Daghwerk* (*Diario di lavoro*), Costantijn Huygens scrive:

i mortali possono essere per così dire simili agli dei, se possono vedere vicino e lontano, qui e dappertutto[8].

---

[3] B. Davanzati, *Lezione delle monete*, Firenze 1588, p. 15.
[4] W. Shakespeare, *Romeo e Giulietta*, in *Tutte le opere*, a cura di M. Praz, Firenze 1964, p. 294.
[5] Marenco, *Introduzione* a Ralegh, *La ricerca dell'Eldorado*, cit., p. 13.
[6] Oltre al fondamentale lavoro della Lugli, si veda Horst Bredekamp, *Nostalgia dell'antico e fascino della macchina*, Milano 1996.
[7] Lugli, *Naturalia et mirabilia*, cit., p. 73.
[8] Il diario di Huygens è citato più volte nell'interessante saggio di E. Taramelli, *La visione urbana*, Roma 1988, in particolare alle pp. 7-9.

Il terreno di coltura da cui attinge la linfa vitale e germoglia e fiorisce la lanterna magica, è situato quasi al punto di confluenza e collisione di molti saperi: accanto ai saperi magici, alle scoperte scientifiche e geografiche, al bisogno diffuso di conquista e possesso, è necessario includere l'influenza della mnemotecnica e dell'arte della meraviglia (grazie all'opera di Pico della Mirandola e Raimondo Lullo), il diffondersi delle Wunderkammern [9] e il lavoro artistico che inizia già coi primi esponenti della maniera italiana agli inizi del Cinquecento e con le nuove teorizzazioni della scena teatrale.

Magia più scienza, più arte, più teatro, più religione, più letteratura, più esperienza di viaggi e desiderio di conquista, più intelligenza dei poteri dell'immaginazione, sono pertanto gli ingredienti di base della ricetta che dà vita all'universo immaginario della lanterna magica. Un universo tutt'altro che povero o elementare. Il fattore determinante è quello che consente a questa invenzione di apparire come la soluzione ideale per svariate ricerche in cui ci si pone il problema della teatralizzazione del mondo e dei modi di rappresentarlo nella sua totalità. E in cui ci si interroga sulle nozioni di finito e indefinito e sulle capacità di viaggiare lungo i sentieri aperti dalla luce oltre il visibile e i dati immediati dell'esperienza.

Giulio Camillo, per esempio, col suo *Teatro del mondo*, inventa un luogo fisico, un teatro della memoria vero e proprio, uno spazio spirituale alternativo alla chiesa, nel quale sia possibile racchiudere e esplorare il mondo [10].

In pratica il suo teatro è suddiviso secondo il modello della

---

[9] Il testo pionieristico che rivela agli inizi del Novecento l'importanza delle camere delle meraviglie è *Die Kunst und Wunderkammern der Spätrenaissance* di J. von Schlosser, trad it. *Raccolte d'arte e di meraviglie del tardo Rinascimento*, Firenze 1974.

[10] «Il teatro di Camillo è un teatro senza eventi, dove lo spettatore gira le spalle alla scena e guarda il mondo davanti a sé. Ciò che gli si offre è uno spettacolo che può possedere, cioè percorrere infinite volte fino a farlo proprio... Le *imagines agentes* sono ancora una volta simboliche: i pianeti, le sette porte, figure mitologiche, ma il luogo è reale (il teatro viene effettivamente realizzato ed è di legno) e le immagini sono vere, non mentali e tutto ciò che non si può rappresentare appare sotto forma di iscrizione. Nell'insieme e dall'esterno lo si può rappresentare come una "scatola delle meraviglie", che racchiude una cosmologia conoscitiva promessa a chi vi entra... È facile immaginare il fascino che il teatro può esercitare. Il suo possessore, colui che può percorrerlo fisicamente e mentalmente, si avvia a un processo iniziatico di rivelazione mistica e insieme si impadronisce, come sempre praticando la memoria artificiale, di incancellabili strutture mentali. Il teatro è una macchina che manifesta allo spettatore l'intero arco delle conoscenze naturali e sovrannaturali in un complesso intreccio di mitologia emblematica, cultura ermetica e cabalistica. È fornito di immagini... e offre miracolose possibilità ai suoi frequentatori di percepire con l'occhio tutto ciò che è celato nelle profondità della mente umana», Lugli, *Naturalia et mirabilia*, cit., p. 77.

creazione, ma anche secondo l'interpretazione cabalistico/ermetica in sette gradi orizzontali, rappresentanti aspetti e gradi della conoscenza, che vanno dai fondamenti del divino alla natura umana, a quella del mondo. I sette gradi orizzontali si intrecciano con sette gradi verticali, rappresentati dai pianeti. Si forma così, davanti allo spettatore, una specie di scacchiera nella quale le immagini si possono spostare e, a seconda del differente grado occupato, assumono un diverso significato simbolico [11].

Il trattatello iniziatico di Camillo, che deriva in parte il suo modello dalla mnemotecnica di Raimondo Lullo, serve da paradigma di riferimento a Samuel Quiccheberg per il suo *Inscriptiones vel tituli theatri amplissimi*, pubblicato nel 1565, in cui un'identica istanza universalistica consente di proporre un'idea di museo che riesca a contemplare una campionatura quasi sistematica dell'esistente in natura. Diviso in cinque sezioni il teatro di Quiccheberg parte dalla rilevazione del territorio del principe, passa attraverso le arti plastiche, i regni animale, vegetale e minerale, la tecnica e la produzione pittorica.

La parte centrale punta la sua attenzione sulla storia naturale e sulla storia dell'arte: è questo il nucleo che serve da modello ideale per la costruzione della struttura degli spettacoli di lanterna magica lungo tutto l'arco della loro storia. Che sono sempre spettacoli composti in cui confluiscono, spinti da onde diverse, i relitti, i frammenti o i semi di più ampi sistemi culturali. Il travaso, o la fecondazione – nel caso del mondo immaginato da Camillo – avviene in modo naturale, anche perché il teatro della memoria e la stessa arte della memoria entrano in crisi proprio nel Cinquecento con l'invenzione della stampa [12]. Dell'albero genealogico dell'iconografia della lanterna magica questo nucleo, in ogni caso, costituisce la radice centrale. Ancora per tutto il Seicento nell'iconografia predomina il carattere simbolico/allegorico su quello mimetico/realistico.

L'ampliamento della conoscenza del mondo, l'avventura delle

---

[11] «Il fatto che i significati di una stessa immagine varino in relazione al suo diverso disporsi nei luoghi del teatro di Camillo mette sotto gli occhi, e nello stesso tempo permette di sperimentare nella pratica, l'immagine del cosmo che il teatro riproduce: un cosmo in cui c'è un rapporto profondo tra unità e molteplicità, tra identità e differenza, un cosmo in cui, secondo il detto di Anassagora, tutto è in tutto». L. Bolzoni, *Lo spettacolo della memoria*, in G. Camillo (a cura di), *L'idea del teatro*, Palermo 1991, p. 27.

[12] Brusatin e Costa, *Visione*, cit., p. 1115.

scoperte geografiche, la necessità di procedere a un nuovo censimento della natura e adottare nuove misure di scala per conoscerla e avvicinarla, assieme al tentativo di catturare le forme universali nel mondo delle parole, costituiscono l'*humus* nel quale i semi del nuovo sapere visivo germoglieranno e fruttificheranno con grande rapidità.

A tutto questo vanno aggiunte, come ingredienti necessari, una serie di mitologie che scaturiscono dal pensiero dei grandi utopisti cinque-secenteschi, da Erasmo a Tommaso Moro, da Bruno a Campanella, che trovano modo di diffondersi a tutti i livelli del sociale, in un'area geografica vastissima e contribuiscono a formare le mitologie affabulatorie che fondano e guidano la predicazione laica tardo-secentesca e settecentesca dei lanternisti. *In primis* l'interrogazione diffusa sui rapporti tra finito e infinito o indefinito, sulla possibilità di muoversi, grazie soprattutto alla «seconda vista», all'esplorazione di dimensioni che stanno oltre la sua finitezza.

È importante sottolineare – perché mi sembra non sia mai stato fatto – questa tensione interna e questa spinta che anima la lanterna magica e unisce vari fili culturali, filosofici e scientifici, che possiamo far partire dai saperi alchemici medioevali e che attraversano il Rinascimento, l'epoca delle grandi scoperte scientifiche, la cultura barocca, l'Illuminismo, la Rivoluzione francese, il Romanticismo e il Positivismo, distillandone gli umori, ereditandone i caratteri, rispecchiandone lo spirito e illuminandone aspetti e caratteristiche dominanti.

Fin dall'inizio delle loro deambulazioni i lanternisti tutto proporranno alla visione del loro pubblico eccetto che la riproduzione meccanica del mondo esterno. La visione per loro potrà diventare un modo per potenziare la conoscenza interiore o per accedere a altre dimensioni, ma non per rispecchiarsi nella realtà.

Accanto alla paura, al viaggio agli inferi, alla convocazione di schiere di demoni, i lanternisti offrono esperienze iniziatiche, che implicano il vagheggiamento dell'età dell'oro, come sogno di una natura generosa e materna, la ricerca e la conquista di un mondo fuori dal tempo storico in cui le leggi si possano modificare o capovolgere[13]. Il pensiero utopico viaggia a cavallo della luce della lanterna magica alla stessa velocità e insieme al nuovo pensiero

---

[13] Per questo argomento, all'interno di una vasta bibliografia, rinvio al fondamentale F. Manuel, *Utopian Thought in the Western World*, Cambridge 1979.

scientifico e, in qualche modo, ne accompagna la storia fino a tutto l'Ottocento. La lanterna magica diventerà rapidamente una chiave privilegiata d'accesso, come si è visto, non a uno, ma a più mondi: mondi invisibili, realtà metafisiche, mondi infernali e sotterranei, mondi del passato, mondi lontani, mondi fantastici...

Dovunque e a vari livelli della società si assiste a una vera

esplosione del desiderio di conoscenza e di dominio del mondo: le esplorazioni geografiche fornivano nuovi mondi ricchi di specie animali e vegetali mai viste, abitati da razze sconosciute dagli usi e costumi inauditi, schiere di viaggiatori tornavano raccontando notizie affascinanti e portando con sé frammenti delle terre avvicinate, ma anche il viaggiatore sedentario, colui che armato della lente non si muoveva dal suo laboratorio poteva iniziare un viaggio che l'avrebbe portato a scoprire universi ancor più sensazionali... Inizialmente ci si sarebbe lasciati guidare dalla curiosità di scoprire cose nuove e dall'entusiasmo del collezionista, quindi si sarebbero sezionate, ordinate, catalogate le cose che s'erano vedute e infine si sarebbe pervenuti, oltrepassando i confini dell'*ars dissetrix* all'*ars dissutrix:* quella che permette di intravvedere l'ordito che compone il disegno globale e consente la ricostruzione non solo figurale, ma principalmente e fondamentalmente funzionale dell'intero sistema[14].

La natura appare, dagli inizi del Seicento, dominabile a patto di conoscerla sperimentalmente (è questo lo spirito che anima il *Discorso sul metodo* di Descartes), di servirsi di qualsiasi mezzo per procedere verso frontiere sempre nuove:

Lynn Thordike ha raccolto più di un centinaio di opere dei massimi pensatori e scienziati del Seicento nel cui titolo appare la parola «nuovo», «inaudito», «mai visto»[15].

I viaggiatori tornano dal Nuovo Mondo e dai viaggi con nuove rappresentazioni di piante, animali, esseri umani, luoghi, forma delle coste e delle terre appena conosciute. Le «carte da navegar» vengono tutte ridisegnate[16], così come quelle geografiche, topografiche, astronomiche. Da un certo momento in poi ci si accorge che, con l'aiuto di particolari strumenti, il mondo visibile, la realtà cir-

---

[14] Rossi, *Verso l'aldilà*, cit., p. 57.
[15] *Ibid.* p. 56.
[16] S. Biadene (a cura di), *Carte da navegar*, Venezia 1990.

costante, possono rivelare dimensioni ulteriori, aspetti imprevedibili e il sapere può essere profondamente modificato.

Si apre per tutti – filosofi e scienziati – un aldilà empirico della percezione utile per il tracciato che resta ancora da compiere per la liberazione dell'uomo, come indicheranno nelle loro opere sia Galileo, che Bacone, che Descartes [17].

Le immagini, in questa fase, sono indicatori segnaletici: dilatano l'idea dello spazio e del tempo, suggeriscono la possibilità di varcare le dimensioni definite. Le dimensioni topologiche rivelate dalla scienza si espandono, a partire dai primi decenni del Seicento, in modo indeterminabile: l'iconosfera offerta dagli spettacoli di lanterna magica, oltre a comprendere questi spazi scoperti dai nuovi strumenti si espande verso spazi ulteriori. Se le lanterne, come crediamo, sono uno dei mezzi privilegiati di diffusione capillare e laicizzazione e volgarizzazione di molti saperi, e un fattore decisivo di espansione della geografia immaginaria dell'uomo europeo, è possibile sostenere che molto presto questi piccoli apparecchi aiutano a far circolare nell'immaginazione popolare, quelle concezioni di pluralità di mondi e quelle nozioni di indefinito che troviamo, a grandi livelli di speculazione, rimbalzare dal pensiero di Galilei e Descartes a quello di Leopardi [18]. Per Descartes l'infinito coincide con l'idea di Dio

ma le cose alle quali per diversi motivi non vedo fine, come la distesa degli spazi immaginari, la moltitudine dei numeri, la divisibilità delle parti di un insieme e altre cose simili io le chiamo indefinite e non infinite, perché da tutte le parti non sono senza fini o senza limiti [19].

A partire da Descartes (per Galileo in fondo l'universo aveva ancora una forma circolare) si comincia a immaginare la possibilità

---

[17] «Invece di quella filosofia speculativa che si insegna nelle scuole, se ne può trovare una pratica, per la quale, conoscendo la forza e l'azione del fuoco, dell'acqua, dell'aria, degli astri, dei cieli e di tutti gli altri corpi che ci circondano, così distintamente come conosciamo i diversi mestieri dei nostri artigiani, noi potremmo alla stessa maniera adoperar le nostre conoscenze a tutti gli usi ai quali sono adatte, e così diventare padroni e possessori della natura», R. Descartes, *Discorso sul metodo*, in *Opere scientifiche*, cit., pp. 162-163.

[18] Per i rapporti tra Galileo e Leopardi e le analogie e differenze nel concepire il ruolo dell'immaginazione o intendere i concetti di finito, infinito e indefinito vedi L. Polato, *Lo stile e il labirinto*, Milano 1991.

[19] R. Descartes, *Réponses aux premières objections*, in *Oeuvres philosophiques*, III, Paris 1973, p. 532.

di espansione illimitata oltre la circolarità del cosmo. La lanterna magica, da subito, cerca di interpretare questo spirito: lo stesso cerchio che disegna sulla parete e include una o più figure o situazioni paurose, simboliche, allegoriche, comiche o drammatiche, invita lo spettatore a formare, a sua volta, immagini che trascendono quelle osservate e a spingersi oltre il limite offerto dalla parete o dal lenzuolo.

In ogni caso la lanterna si presenta sulla scena magico-scientifico-spettacolare, come uno strumento capace di racchiudere in sé tutti quei poteri che abbiamo visto operare in territori separati e in conflitto tra loro.

Gli anonimi apostoli del Verbo visivo sono convinti che la visione crei, modifichi e acceleri i processi di conoscenza interiore ed esteriore e non viceversa. Lo sguardo e la visione col tempo potranno giungere a modificare la realtà. Questi personaggi invisibili agli occhi della storia riescono a dotare i loro pubblici di quella «seconda vista» di cui parleranno, in epoca romantica, Goethe e Leopardi. Così scriverà Leopardi nello *Zibaldone*:

> All'uomo sensibile e immaginoso... il mondo e gli oggetti sono in certo modo doppi. Egli vedrà cogli occhi una torre, una campana... e nel tempo stesso coll'immaginazione vedrà un'altra torre, un'altra campana. In questo secondo genere di obbietti sta tutto il bello e il piacevole delle cose. Trista quella vita che non vede, non ode, non sente, se non gli oggetti semplici, quelli soli di cui gli occhi, gli orecchi e gli altri sentimenti ricevono le sensazioni [20].

E prima di lui Goethe nel *Wilhelm Meister* aveva scritto che microscopi e cannocchiali smarriscono, nel vero senso della parola, lo spirito retto dell'uomo. Per Goethe che sognava una perfetta armonia e continuità tra uomo e natura gli strumenti ottici apparivano come elementi tendenti a spezzare e alterare questa armonia.

Ma anche per gli illuministi che lo avevano preceduto, come Rousseau, per esempio, l'armonia di uomo e natura si raggiungeva se non si oltrepassavano mai le possibilità date dall'ambiente fisico e non si ricorreva alla fuga nell'immaginario, causa di tante rovine e di troppi desideri funesti [21].

---

[20] G. Leopardi, *Zibaldone di pensieri*, in *Tutte le opere*, a cura di W. Binni e E. Ghidetti, II, Firenze 1976, p. 1429.

[21] Vedi il saggio su Rousseau di Starobinski in *L'occhio vivente*, cit., in particolare pp. 108-113.

La luce nell'Ottocento è diventata magma luminoso e l'occhio finisce per percepire solo memorie: la visione è tutta interiore. Si è in un certo senso spostata la fonte di irradiazione luminosa che non è più necessariamente e solo di natura divina.

A tutti gli effetti, nel momento in cui entrano nel circuito degli spettacoli da piazza, i viaggi ottici diventano viaggi di scoperta e conquista più a buon mercato, ma non subalterni, per promesse e ampiezze di orizzonti, rispetto a quelli dei grandi navigatori, degli uomini di scienza e dei filosofi. Mentre la storia delle invenzioni e delle ricerche appare orientata e unita da una catena di cause ed effetti, le vie dei portatori della parola di luce non presentano un reale epicentro, né direttrici e orientamenti privilegiati. Si dispongono come una sorta di Via lattea in cui tutti i punti sono in movimento. La pluralità delle direzioni e itinerari rientra nelle leggi dell'entropia ed è difficilmente quantificabile o descrivibile in modo analitico. L'obiettivo finale, però, è dato dalla copertura di qualsiasi tipo di territorio mentale e antropico. Si può quindi immaginare il passaggio per ogni tipo di strada, viottolo, sentiero e il verificarsi del rito in ogni luogo d'incontro (piazza, osteria, taverna, palazzo, chiesa, fiera, mercato) e in ogni luogo abitato, per quanto isolato e lontano dalle città, dai paesi e dai borghi e registrare come, alla fine di ogni spettacolo, la geografia immaginaria di molti dei presenti possa essere, anche solo grazie all'azione di una sola immagine, modificata per sempre.

## RISCRIVERE IL LIBRO DELLA REALTÀ

«...e tiene un libro solo, che fa leggere a tutto il popolo ad usanza dei Pitagorici»[22]. La lanterna magica incarna, anche simbolicamente, più e meglio di qualsiasi Wunderkammer, o teatro del mondo, o della memoria, quel libro ideale, descritto nella *Città del sole* di Campanella, che racchiude tutti i saperi della magia naturale e della nuova scienza, da trasmettere e divulgare al popolo. Le immagini possono succedersi sulla parete nuda come carte di un gioco dei tarocchi e venir interpretate secondo plurimi giochi combinatori, che derivano ora dai saperi iniziatici, ora dall'arte della memoria e mutano di continuo, a seconda dei pubblici, in un infinito gioco di riflessi caleidoscopici.

---

[22] T. Campanella, *La città del sole e poesie*, a cura di A. Seroni, Milano 1962, p. 6.

Dall'inizio del Seicento i poteri dell'occhio, grazie all'aiuto offerto da vari tipi di lenti, si sono dilatati in maniera ipertrofica e, finalmente, sembra che la vista diventi lo strumento privilegiato di conoscenza. Gusto, sapore, udito, sono sempre più accidenti, rispetto alla vista.

L'uomo di Leonardo ha visto accrescere in modo enorme i propri poteri grazie a protesi come il microscopio o il telescopio, e a un occhio artificiale che consente di allargare i domini del visibile in modo indefinito. L'ottica lo ha spinto, nello stesso tempo, a andare alla conquista delle frontiere dell'invisibile, e a desiderare di varcare i limiti impostigli dalla natura e dai sensi.

I processi del vedere sono però legati a una diversa percezione del percorso della luce e del rapporto tra osservatore e oggetto osservato: con la camera oscura prima, il microscopio o il cannocchiale, ma anche con la camera ottica, viene accettato un dato della fisica moderna per cui i raggi di luce formano un cono visivo che deposita l'immagine nel fondo dell'occhio dello spettatore. Il fascio di luce della lanterna magica produrrà un effetto esattamente opposto e sembrerà far ritornare le concezioni della visione del mondo antico per cui i raggi erano emessi direttamente dall'occhio a formare non le cose, ma dei simulacri.

Inoltre non va dimenticato l'occhio della mente, l'occhio interno, che concorrerà a rivelare poteri dello sguardo non direttamente connessi alle immagini così come sono e che servirà da denominatore comune lungo il Seicento per le diverse macchine della visione.

Della Porta, già nella prima edizione della *Magia naturalis*, aveva così descritto un cannocchiale e i suoi poteri:

> Le lenticchie cave fanno vedere chiarissimamente le cose che sono di lontano, le convesse, le vicine; laonde ti potrai servire di loro secondo la qualità della tua vista, col concavo le cose di lontano ti parranno piccole ma chiare; col convesso le vicine assai grandi, ma turbolenti. Se tu saprai accomodare l'une e l'altre, vedrai le cose e vicine e lontane, chiaramente e ancora grandi [23].

Dal Cinquecento in poi è proprio la fiducia nella possibilità di convertire il pensiero teorico in scienza applicata a consentire lo sviluppo degli studi dell'ottica e della fisica.

---

[23] Della Porta, *Della magia naturale*, cit., p. 647.

Bisogna però arrivare allo straordinario potenziamento della vista umana ottenuto da Galileo per mezzo di «un picciol cannone e due cristalli», come dice Giovanbattista Marino nell'*Adone*, per capire le sconfinate possibilità che si aprivano alla vista servendosi di mezzi naturali, facilmente riproducibili, per potenziarne la gittata e i poteri e per ottenere risultati superiori a ogni immaginazione. Anche se la lanterna magica non rientra, a nessun titolo, nel raggio degli interessi galileiani, è necessario soffermarci su alcuni punti chiave del suo pensiero per capire da che contesto e per influsso di quali forze possa scaturire la sua luce.

Magna equidem, in hac exigua tractatione singulis de natura speculantibus inspicienda contemplandaque propono.

Con questo tono esultante e pieno di entusiasmo inizia il *Sidereus Nuncius* di Galileo[24]:

Grandi invero sono le cose che in questo breve trattato io propongo alla visione e alla contemplazione degli studiosi della natura. Grandi dico sia per l'eccellenza della materia per se stessa, sia per la novità loro non mai udita in tutti i tempi trascorsi, sia anche per lo strumento, in virtù del quale quelle cose medesime si sono rese manifeste al senso nostro. Gran cosa è certo l'aggiungere sopra la numerosa moltitudine di Stelle fisse che fino ai giorni nostri si son potute scorgere con la naturale facoltà visiva altre Stelle non mai scorte prima d'ora... Bellissima cosa e oltremodo a vedersi attraente è il poter rimirare il corpo lunare da noi remoto per quasi sessanta semidiametri terrestri, così da vicino, come se distasse solo due di dette misure; sicché il suo diametro apparisca di quasi trenta volte maggiore, la superficie quasi novecento, il volume poi approssimativamente ventisettemila volte più grande di quanto sia veduto a occhio nudo... Ma quello che supera di gran lunga ogni immaginazione e che principalmente ci ha spinto a farne avvertiti tutti gli Astronomi e i Filosofi, è l'aver noi appunto scoperto quattro stelle erranti, da nessun altro prima di noi conosciute né osservate[25].

Tutte queste cose Galileo le ha potute scoprire certo grazie all'illuminazione «della divina grazia», ma più di tutto a un «occhiale» da lui escogitato, sulla base di racconti di scoperte di apparecchi simili effettuate in Olanda in quegli anni:

---

[24] G. Galilei, *Sidereus Nuncius*, a cura di A. Battistini, Venezia 1993, p. 74.
[25] *Ibid.*, pp. 74-75.

Finalmente, non risparmiando fatica, né spesa alcuna, sono giunto a tal punto da costruirmi uno strumento così eccellente che le cose vedute per mezzo di esso appariscano quasi mille volte più grandi e più di trenta volte più vicine che se si guardino con la sola facoltà naturale. Quali e quanti siano i vantaggi di questo strumento, così per terra come per mare, sarebbe del tutto superfluo enumerare. Ma io lasciando le cose terrene mi volsi alla speculazione delle celesti; e prima mirai la Luna così da vicino come se fosse distante appena due semidiametri terrestri. Dopo questa, osservai più volte con incredibile godimento dell'animo le Stelle, tanto fisse che erranti; e vedendole tanto fitte, cominciai a pensare sul modo con cui potessi misurare le loro distanze; e finalmente lo trovai [26].

Con ogni probabilità Galileo è stato affascinato e spinto all'osservazione del cielo dalla contemplazione a occhi nudi all'età di tredici anni dello spettacolo di una cometa, dalla possibilità di osservare e condividere con altri spettacoli grandi e oltremodo mirabili («magna longeque admirabilia») [27]. Ma quando si imbatterà nel microscopio gli effetti saranno del tutto analoghi, identico il senso di meraviglia e ammirazione per l'ordine delle cose e la perfezione della natura:

Io ho contemplati col microscopio moltissimi animaliucci con infinita ammirazione: tra i quali la pulce è orribilissima, la zanzara e la tignola bellissimi... Insomma c'è da contemplare infinitamente la grandezza della natura, e quanto sottilmente ella lavora e con quanta indicibile diligenza [28].

Gli strumenti scientifici, e più di tutto il cannocchiale e il microscopio, gli danno la possibilità di stabilire un ponte reale e non solo filosofico tra mondo e vivente, di capire, nel modo più giusto, il linguaggio della natura e tradurlo nei simboli matematici evitando il pericolo di perdersi o aggirarsi a vuoto in un «oscuro laberinto» [29].

---

[26] *Ibid.*, p. 75.
[27] A. Battistini, *Introduzione* a Galilei, *Sidereus Nuncius*, cit., p. 13.
[28] G. Galilei, *Lettera a Federico Cesi del 26 dicembre 1624*, vol. XIII dell'ed. nazionale delle *Opere*, pp. 208-209.
[29] «Lo sguardo scientifico insegna, attraverso l'astrazione che è immanente ai processi sintetici dell'occhio, a unificare la ricchezza dispersa degli spettacoli naturali e a spiegarla nella semplicità di un linguaggio coerente e rigoroso, tanto più efficace quanto più è in grado, combinando instancabilmente le sue "misere figure", di tradurre e ritenere immagini diversissime della realtà», E. Raimondi, *La nuova scienza e la visione degli oggetti*, in «Lettere italiane», a. XXI, n. 3, 1969 e poi in *Il romanzo senza idillio*, Torino 1974, p. 20.

A proposito del microscopio vale la pena di ricordare, sia pure *en passant*, che Huygens padre dice che, grazie a questo nuovo strumento, «camminiamo attraverso un mondo di creature piccolissime, come se fosse un *nuovo continente* appena scoperto del nostro globo...»[30].

Così Pietro Rossi sinteticamente descrive la gittata della scoperta:

> Dalle prime osservazioni di Galileo... da cui ebbe inizio la micrografia lincea, agli studi di microscopia di Hooke, di anatomia microscopica di Malpighi, Swammerdam e Grew, fino alle ingegnose e affascinanti scoperte di Leeuwenhoeck, passa appena mezzo secolo, nel corso del quale il microscopio cominciò ad apparire di analoga estensione dell'universo siderale. Fecero la loro apparizione forme di vita di cui non si era nemmeno immaginata l'esistenza e si ritrovò che il corpo umano aveva in sé «innumeros novos orbes» che avevano bisogno di un nuovo Colombo per essere scoperti ed esplorati[31].

Al di là delle intenzioni del suo inventore il cannocchiale viene subito adottato dalla cultura barocca proprio per la capacità di ottenere grandi cose grazie a piccoli e fragili vetri e diventa protagonista di poemi di vario livello, dall'*Occhiale appannato* di Scipione d'Errico all'*Antiocchiale* di Agostino Lampugnani, all'*Occhiale* di Tommaso Stigliani, fino al *Cannocchiale aristotelico* di Emanuele Tesauro, nella cui copertina la Poesia, con l'aiuto di un Cannocchiale, osserva le macchie solari[32].

Molto presto l'Accademia dei Lincei, che ha cooptato Galileo, dopo la sua invenzione attribuisce al cannocchiale il nome di telescopio. Come osserva Battistini

> mentre la scienza ottica e la sua rarefatta geometria venivano coltivate da pochi intendenti per un paradosso erano le implicazioni allegoriche a propagare la popolarità del cannocchiale tra la gente comune. Sinonimo di

---

[30] Citato in Taramelli, *La visione urbana*, cit., pp. 8-9. Vedi anche quanto scriverà nelle sue *Leçons de physique expérimentale*, edite a Parigi nel 1755, l'abate Nollet: «Il microscopio solare è ancora più curioso e interessante della lanterna magica... Nulla è altrettanto bello della circolazione del sangue, osservata con questo strumento nelle interiora di una piccola rana, o nella coda di un girino. Si direbbe di vedere una carta geografica, i cui fiumi sarebbero animati da uno scorrimento reale».
[31] Rossi, *Verso l'aldilà*, cit., p. 52.
[32] Vedi Battistini, *Introduzione* a Galilei, *Sidereus nuncius*, cit., p. 32.

visione ravvicinata, esso venne, per parafrasare un'opera di Daniello Bartoli, «trasportato al morale» già dagli amici di Galileo. Sagredo, per qualche verso disattento ai pregi astronomici dello strumento, chiedeva ironicamente a Galileo... «chi sarà colui che possi inventare un occhiale per distinguere i pazzi da savii, il buono dal cattivo consiglio...»[33].

I microscopi e i telescopi, con la scoperta di nuovi mondi, metteranno in crisi le conoscenze e le certezze filosofiche e scientifiche e si contenderanno sempre più la supremazia nei territori dell'ottica, apparendo anche, come si è visto, ideali strumenti per una decifrazione simbolica e iniziatica del mondo.

La circolazione delle idee scientifiche, da Galileo in poi, gioca un ruolo fondamentale nella nascita di quella cultura cosmopolitica che troverà poi molte altre occasioni di convergenza e rapida diffusione. Quasi naturalmente la lanterna, in questo processo, assume un ruolo di nodo e punto di interazione e scambio in un campo di forze attraversato da spinte e vettori orientati in direzioni multiple.

Bisognerà giungere nel Settecento, nei paraggi dell'ideazione dell'*Encyclopédie* per trovare una completa esaltazione dei nuovi strumenti ottici e una descrizione analitica dei loro poteri, dalla camera oscura ai miscoscopi alle lanterne nei *Dialoghi sopra l'ottica newtoniana* di Francesco Algarotti, pubblicati nel 1737:

Di moltissimi oggetti avviene che l'immagine non riesca per conto niuno sensibile alla nostra vista, a cagione della estrema sua picciolezza; di alcuni oggetti, perché minutissimi, quantunque a noi sieno vicini; di altri, perché da noi sommamente lontani, quantunque in sé siano vastissimi. Intorno a quelli si adoperano i microscopi, i telescopi intorno a questi: e per via di varie sorte di lenti in esse congegnate ingrandiscono quelle picciloline immagini, per modo che ci è dato vedere quello che altre volte non vedeasi... Non si potrebbono mai esaltare abbastanza così nobili trovati di cui siamo debitori al nostro Galilei, che prese di Linceo meritatamente il nome e rese, si potrebbe anche dire, lincei gli occhi dell'uomo. Cogli aiuti del telescopio l'uomo si è fatto più d'appresso al cielo e si mescola, in certo modo, con le cose che tanto sono al di sopra di lui... Di molto hanno esteso i confini dell'umano sapere. Se i telescopi allungano la vista degli astronomi, ne hanno fatto conoscere mondi remotissimi da noi, e i microscopi ne hanno fatto conoscere noi stessi assottigliando la vista degli anatomici. E se gli uni, mostrandoci le valli e i monti, la notte e il giorno, che a somiglianza della nostra terra hanno ancora i pianeti, ne

---

[33] *Ibid.*, p. 33.

hanno fornito argomenti per non credergli paesi oziosi e morti, ma abitati anch'essi, e gli altri ne hanno veramente mostrato innumerabili nazioni, dirò così, di viventi incognite agli antichi, e di cose che non pareano gran fatto acconce ad essere abitate. In una gocciola di aceto e di altri liquori moltissimi vi si è discoperta una tal popolazione di animaluzzi, che la Ollanda e la Cina sono in paragone un deserto...

Ben pare – disse la Marchesa – che l'uomo tenga del divino; là singolarmente dove ha saputo col suo ingegno onde accrescere la picciolina sua forza... Ma sovra ogni cosa ammirabili mi paiono questi strumenti per cui la nostra vista si stende quasi in infinito di qua e di là degli strettissimi confini che pareva averle prescritti la natura. Che cosa vedevano, si può dire gli uomini avanti le invenzioni del microscopio e del cannocchiale? Starei per dire che gli antichi, riguardo a noi, fossero quasi ciechi[34].

A questo punto il pensiero settecentesco, tutto proiettato a celebrare il progresso, i risultati della scienza, non può non adottare integralmente gli strumenti ottici che dilatano in modo sconfinato i poteri conoscitivi dell'uomo. La lanterna non può non godere dell'effetto trainante degli altri strumenti anche nel pensiero illuminista.

L'anello di congiunzione tra la camera oscura, la lanterna magica, e il mondo nuovo e i rispettivi e diversi percorsi della luce sarà dato dalla camera ottica.

### LA CAMERA OTTICA

Le camere ottiche sono descritte e utilizzate dai pittori fin dalla seconda metà del Seicento[35] e vengono diffuse dalla fine del secolo da svariati fabbricanti ottici operanti nel vecchio continente[36]. Nel catalogo di Musschenbroeck troviamo vari tipi di macchine ottiche, da quelle di Zahn alle scatole di Robert Hooke, così come le troviamo descritte nelle lastre dell'*Encyclopédie*. Grazie all'uso sempre

---

[34] F. Algarotti, *Dialoghi sopra l'ottica newtoniana*, a cura di E. Bonora, Roma 1977, pp. 42-44.
[35] A. Zotti Minici, *Mercé di tali ordigni si dipingono nel vostro occhio le cose che vi si fanno innanzi e voi vedete*, in E. Manzato (a cura di), *Medoro Coghetto un vedutista trevigiano alla camera ottica*, Treviso 1996, pp. 43-55.
[36] Per una descrizione molto accurata del fenomeno ancora fondamentale G. Potonnièe, *Histoire de la découverte de la photographie*, Paris 1925, pp. 25 ss.

più regolare delle scatole ottiche l'intera pittura paesaggistica settecentesca risulta profondamente trasformata. Il pittore guadagna in capacità analitiche, ma soprattutto investe nel proprio sguardo, che, grazie alla protesi visiva, acquista un valore aggiunto, riesce a rendere spettacolare e interessante tutto ciò che rientra nel raggio visivo della camera ottica[37].

I pittori veneziani e veneti nel Settecento, da Bellotto a Zais a Medoro Coghetto[38], da Carlevarijs a Guardi, da Marieschi[39] a Canaletto la useranno regolarmente[40]. Zais, in una lettera del 1770, scritta a un patrono bergamasco, comunica che lo raggiungerà presto e avverte che «venendo porterò meco la cassa optica per poter copiare» le vedute di Bergamo[41]. Ed è senz'altro per merito della camera ottica che la pittura di Canaletto – come aveva fulmineamente indicato Roberto Longhi

miracolosamente versa in poesia... Quella sua certezza illuministica di verità assoluta, volta alla luce dorata, a traversoni d'ombra, dei pomeriggi inutili in una Venezia che si sbriciola e screpola come le rughe delle sue mirabili acqueforti, ha la mestizia stereoscopica delle vedute del «mondo-nuovo»[42].

La camera ottica diventa un aiutante magico per Canaletto, che peraltro dice di essersi servito dell'apparecchio per realizzare alcuni «scaraboti» (scarabocchi), poi distrutti[43]. Un mezzo di trasformazione della capacità mimetica in energia poetica.

Ha scritto l'abate Lanzi:

---

[37] Svetlana Alpers considera l'adozione della camera ottica un fattore determinante per lo sviluppo della pittura fiamminga e olandese: vedi in particolare il capitolo *Ut pictura ita visio*, in *Arte del descrivere. Scienza e pittura nel Seicento olandese*, Torino 1984, pp. 44-141. Molto ricco di informazioni è J. Snyder, *Picturing Vision*, in «Critical Enquiry», n. 6, 1980, pp. 499-526.

[38] Manzato (a cura di), *Medoro Coghetto*, cit.

[39] Marieschi è ritratto in caricatura da Zanetti con la camera puntata su un paesaggio di fantasia: vedi A. Bettagno (a cura di), *Caricature di Anton Maria Zanetti*, Venezia 1969, p. 326.

[40] La bibliografia sull'uso della camera ottica in Canaletto è abbastanza consistente: segnalo almeno A.L. Corboz, *Canaletto. Una Venezia immaginaria*, Milano 1985; L. Puppi, *La «camera ottica»*, in *L'opera completa di Canaletto*, Milano 1968.

[41] E. Camesasca, *Le seduzioni della camera ottica*, Milano 1974, p. 6.

[42] R. Longhi, *Viatico per cinque secoli di pittura veneziana*, in *Da Cimabue a Morandi*, Milano 1987, p. 671.

[43] Dopo un approfondito studio del *Quaderno di disegni veneziani* Terisio Pignatti ha negato che Canaletto si fosse servito della camera ottica (T. Pignatti, *Canaletto e la camera ottica*, in *Rappresentazione artistica e rappresentazione scientifica del secolo dei lumi*, a cura di

Servivasi il Canaletto per le sue prospettive della camera ottica quanto all'esattezza... Insegnò il Canal con l'esempio il vero uso della camera ottica; e a conoscere i difetti che recar suole a una pittura, quando l'artefice interamente si fida della prospettiva, che in essa camera vede e delle tinte spezialmente delle arie e non sa levar destramente quanto può offendere il senso[44].

Grazie a questo mezzo la pittura di Canaletto acquista quelle caratteristiche che ci aiutano a capire come l'immagine del paesaggio veneziano abbia potuto diventare luogo comune nell'immaginazione europea dal Settecento a oggi[45] e a porci, in modo nuovo, con Cesare Brandi, anche il problema del mutamento della visione indotto dal suo particolare tipo di prospettiva nelle camere ottiche:

La spazialità propria dell'immagine viene intensificata nella terza dimensione, non in quanto profondità illusiva, ma come perentoria emergenza, e così indotta a forzare la barriera del nostro spazio vitale, avanzando verso di noi, non già attirandoci verso il fondo... La prospettiva del Canaletto non costruisce mai immagine che s'allontana, ma un'immagine che si avvicina. Il punto di fuga all'orizzonte non attira le sembianze delle architetture e dei paesaggi per inghiottirle nell'indistinto della lontananza, ma piuttosto le fa emergere dall'indistinto verso lo spettatore[46].

Bernardo Bellotto – secondo la tesi di Camesasca – è così in-

---

V. Branca, Firenze 1970, pp. 307 ss.), e così molti dubbi vengono avanzati da A. Corboz, *Sur la prétendue objectivité de Canaletto*, in «Arte Veneta», 1974, pp. 205-216, mentre altri studiosi come Gioseffi, Oertel, Kartel, Kozakiewicz, fino a Puppi ne ritengono decisivo l'uso.

[44] Citato nell'articolo di Camesasca, *Le seduzioni*, cit., p. 7.

[45] Già nel 1941 Rodolfo Pallucchini fissava alcune fondamentali osservazioni a proposito delle incisioni settecentesche su Venezia e sulla loro capacità di divulgare, anche nei secoli successivi, l'immagine della città: «La rivelazione del paesaggio veneziano è frutto, in gran parte delle incisioni del secolo. Venezia è esaltata da pittori come Canaletto e Guardi, ma l'insegnamento di un determinato modo di osservare Venezia, di goderne le caratteristiche pittoresche, di fissarne determinati aspetti, il cui taglio vedutistico si arricchisce di una calcolata e favolosa bellezza scenografica, scaturisce dalle acqueforti di Carlevarjis; diviene comprensione poetica in quelle del Marieschi e del Canaletto, diffondendosi poi prodigiosamente per tutto il secolo, per opera di una schiera di incisori riproduttori. Con le stampe del Settecento si afferma un modo del tutto nuovo e moderno di vedere e godere Venezia a cui oggi incoscientemente siamo abituati». L. Pallucchini, *Incisori veneti del Settecento*, Venezia 1941, p. 10. In questa stessa importante prefazione alla mostra Pallucchini parla esplicitamente del repertorio di immagini veneziane come di un panorama vario e preciso della società veneziana: «Una lanterna magica (!) che coglie bonariamente e fissa gli aspetti più pittoreschi della città: la vita dei salotti e quella delle calli e dei campielli; il volto degli uomini politici degli artisti e dei letterati... (una produzione incisoria)... nello spirito bonario di Goldoni».

[46] C. Brandi, *Canaletto*, Milano 1960, pp. 31-34.

fluenzato dal modello dello zio da divenire quasi un *alter ego* di Canaletto. Con Canaletto e Bellotto sembra realizzarsi, al livello più significativo, il sogno illuministico di dominare razionalmente la realtà, assumendo punti di vista ancora impossibili, come quello di un uccello in volo. Bellotto, in particolare, introdurrà nella sua pittura anche la presenza di una luce particolare – quella di un sole basso all'orizzonte in un cielo privo di nuvole, autunnale o primaverile – peraltro indispensabile per ottenere i massimi risultati dalla camera ottica. Sempre per Canaletto decisiva risulta la messa a punto di Lionello Puppi del problema della camera ottica, in cui, oltre all'estrema consapevolezza tecnica nell'uso della camera e dei vari tipi di obiettivi da parte del pittore e della sua indispensabilità per il lavoro preparatorio dell'attività grafica, viene sottolineato il suo ruolo di «strumento di lavoro scientemente controllato e sempre subordinato a fini estetici»[47].

Una completa descrizione dei poteri della camera ottica si trova in una lettera di Francesco Algarotti, il più brillante e versatile letterato-viaggiatore italiano della prima metà del Settecento:

> Per via di una lente di vetro, e di uno specchio si fabbrica un ordigno, il quale porta l'immagine o il quadro di che che sia, e di un'assai competente grandezza, sopra un bel foglio di carta, dove altri può vederlo a tutto suo agio e contemplarlo: e codesto occhio artifiziale Camera Ottica si appella. Non dando ad essa l'entrata a niuno altro lume fuorché a quello della cosa che si vuol ritrarre, la immagine ne esce di una chiarezza e una forza da non dirsi. Niente vi è più dilettevole a vedersi e che possa essere di più utilità che un tal quadro. Né punto è da stupirsi che, con tale ordigno, arriviamo a scernere, che altrimenti non faremmo. Quando noi volgiam l'occhio a un oggetto per considerarlo, tanti altri ce ne sono attorno, i quali raggiano ad un tempo medesimo nell'occhio nostro, che non ci lasciano ben distinguere le modulazioni tutte del colore e del lume che è in quello o almeno ce le mostrano mortificate e più perdute, quasi tra il vedi e nol vedi. Dove per contrario la potenza visiva nella camera ottica è tutta intesa al solo oggetto che le è dinnanzi e tace ogni altro lume[48].

John Ruskin, nelle *Pietre di Venezia*, fa un rilievo che ci consente di orientarci tra i pittori che usano o meno la camera ottica e distin-

---

[47] L. Puppi, *Catalogo delle opere*, in *L'opera completa del Canaletto*, cit., p. 88.
[48] F. Algarotti, *Raccolta di lettere sopra la Pittura e l'Architettura*, Livorno 1756, pp. 151-155.

guerne la presenza grazie ai colori e al modo in cui i colori segnano le ombre:

> Spesso, osservando le immagini offerte dalla camera in un giorno poco luminoso, sono rimasto colpito dalla completa somiglianza con le pitture dei maestri antichi: tutto il fogliame diventa scuro contro il cielo, senza lasciar scorgere altro della sua massa se non qua e là le luci isolate di un ramo argenteo e grappoli di foglie stranamente illuminati[49].

Grazie alla camera ottica, che accompagna i pittori che operano *en plein air*, si stabiliscono – a partire da Van Wittel[50] – canoni, luoghi comuni e punti di vista privilegiati e fissi, che si ritroveranno periodicamente anche nelle riprese fotografiche e stereoscopiche dell'Ottocento e in quelle cinematografiche degli operatori Lumière[51]. La pluralità e varietà dei contenuti trova un denominatore formale comune che, come si è detto, agirà per la prima volta come modificatore della visione di massa. Senza l'avvento della camera ottica e i particolari poteri che conferisce al pittore non si spiega pertanto l'irresistibile ascesa del mercato delle vedute d'ottica, la domanda per una rappresentazione della realtà il più possibile esatta, il diffondersi di una fame visiva a tutti i livelli del sociale.

Le leggi mercantili, la concorrenza sui costi, impongono semplificazioni dei particolari, drastica riduzione degli effetti chiaroscurali tanto insistiti nel vedutismo, esaltazione iperbolica degli effetti prospettici, prevalentemente basati sulla prospettiva centrale, anche se le bibienesche invenzioni scenografiche giocate sulla «veduta per angolo» troveranno applicazione attraverso i Guckastenblätten di Engelbrecht e di Georg Balthasar Probst di Augsburg[52].

Quasi in base al principio dei vasi comunicanti, in ogni caso, la camera ottica dei pittori, vedrà moltiplicarsi lungo il suo cammino altre scatole per immagini, le lanterne magiche e le cassele del mondo nuovo che richiameranno ogni giorno migliaia di navigatori nei nuovi spazi dell'iconosfera.

---

[49] J. Ruskin, *Le pietre di Venezia*, Milano 1995, p. 282.
[50] G. Briganti, *Gaspar van Wittel e l'origine della veduta settecentesca*, Roma 1966. Si veda però l'edizione postuma del 1996.
[51] Sui *topoi* del paesaggio e sulla loro trasformazione nel corso degli ultimi secoli si veda M.A. Fusco, *Il luogo comune paesaggistico nelle immagini di massa*, in *Storia d'Italia. Annali V. Il paesaggio*, cit., pp. 753-803.
[52] P. Marini, *Una visione non spettacolare delle vedute d'ottica*, in A. Zotti Minici (a cura di), *Il Mondo nuovo*, Milano 1988, p. 56.

6.

# LA LANTERNA MAGICA

### L'OCCHIO CHE ILLUMINA L'INVISIBILE

Torniamo al Seicento. All'interno del contesto, tutt'altro che omogeneo, in cui gli strumenti ottici sembrano potersi prestare a molteplici usi, dalla fine del Seicento entra dunque con piena legittimazione, esibendo poteri ulteriori, anche la lanterna magica.

Servendosi del principio del microscopio e capovolgendo quello della camera oscura, la lanterna pone la fonte luminosa all'interno di una piccola scatola ottica e proietta un'immagine all'esterno ingigantendola con l'aiuto di una lente.

Se la scoperta del cannocchiale e del microscopio consentirà di allargare le frontiere del visibile, la lanterna, che è anche figlia della magia catottrica, si offre, prima di tutto, come occhio che illumina l'invisibile e può illusoriamente materializzarne degli aspetti. Sulle sue pareti o sul tavolo d'appoggio potrebbero esserci – almeno nei primi decenni in cui viene usata – le iscrizioni della stella a cinque punte della magia naturale terrena e quella a sette punte dei misteri cabalistici. Così se nel frontespizio dell'*Almagestum novum* del gesuita Giambattista Riccioli troviamo l'immagine di Argo dai cento occhi con in mano un cannocchiale in molte opere dei gesuiti, da Kircher in poi e soprattutto di quelli che vanno a catechizzare la Cina e si servono di lanterne magiche[1], la stessa immagine di Argo potrebbe apparire dotata di un ulteriore occhio, il centoduesimo, dato appunto dalla lanterna.

[1] L. Mannoni, *Le grand art de la lumière et de l'ombre*, Paris 1994, pp. 74-77.

Forse non è esagerato vedere, nell'insieme degli strumenti ottici riuniti in stampe emblematiche come una sorta di luogo trigonometrico e punto di equilibrio e coabitazione possibile tra nuovo pensiero scientifico, magia naturale e astrologia o scienze cabalistiche. Possiamo prendere, per esempio, l'acquaforte di Sebastien Le Clerc, realizzata nel 1698, che rappresenta l'*Académie des sciences et des beaux-arts*, con la lanterna magica in primo piano e la lastra già inserita, assieme ad altri strumenti di misurazione scientifica, o la stampa tedesca di Johannes Mayer del 1708 dedicata all'ottica *Arte del vedere* (*Optica die Sehe Kunst*) in cui la lanterna magica gode di uno spazio privilegiato accanto alla catottrica, alla diottrica e ai telescopi e microscopi, o l'acquaforte incisa a qualche decennio di distanza dal titolo *L'optique* (*Tiré du cabinet de Monseigneur le Duc de Picquigny*)... Fino alle lastre dell'*Encyclopédie* in tutto il Settecento e per buona parte del secolo successivo in qualsiasi trattato enciclopedico nella sezione dedicata all'Ottica la lanterna assume un ruolo rilevante, quasi di polo magnetico dell'ottica. Lo si può vedere nella XIV tavola dell'*Encyclopedia of a Universal Dictionary of Arts and Sciences* di Ephraim Chambers stampata a Dublino nel 1728. In queste stampe la lanterna magica ha ormai trovato una collocazione e una dignità pari al cannocchiale, agli specchi prismatici, agli specchi concavi e coabita, a pieno titolo e alla luce del sole, con altri strumenti nella piazza ideale di tutte le Arti e le Scienze, puntando a divenire lo strumento privilegiato per la divulgazione scientifica prima di entrare, da ultima arrivata, ma con vocazioni da protagonista, in quella dei mestieri dello spettacolo e dello spettacolo delle merci.

Basterà qui ricordare che il 25 novembre 1740 si inaugura, all'Università di Padova, il teatro di filosofia sperimentale di Giovanni Poleni, che raccoglie circa quattrocento strumenti per la didattica della fisica. Non è certo il primo: lo hanno preceduto l'abate Nollet a Parigi, G.J. Gravesande e P. van Musschenbroeck a Leida, tutti studiosi con cui Poleni aveva tenuto, dai primi del Settecento, una regolare corrispondenza.

Grazie a una serie di documenti (i *Conti di spese per machine*, *L'Indice delle machine*, e soprattutto il *Catalogo delle macchine esistenti nella sala di fisica sperimentale dell'Università di Padova*, redatto da Simone Stratico nel 1778) è possibile ricostruire i criteri che hanno guidato Poleni nella ideazione e realizzazione del suo Teatro e capire come la lanterna magica potesse esercitarvi un ruolo tutt'altro che subalterno, visto il crescente interesse non solo degli studenti per la divulgazione scientifica. Tra i moltissimi apparecchi per gli esperimenti di ottica si possono notare due specchi cilindrici anamorfici, descritti da Niceron fin dal 1640[2], un cristallo sfaccettato («traguardando il quale si vedono moltiplicate le imagini»), un prisma triangolare per osservare le rifrazioni dei raggi del sole, una serie di specchi concavi, convessi e parabolici e di cannocchiali, il banco ottico di Müller, e finalmente due lanterne magiche con il loro corredo di lastre. La prima è cilindrica, ed è realizzata interamente in lamiera da Domenico Selva, che aveva una bottega per la fabbricazione di strumenti ottici a Venezia in calle larga San Marco[3].

Possiamo pensare che Poleni ne facesse un largo uso nel corso delle sue lezioni e il fatto che sia giunto fino a noi un insieme così significativo di apparecchi ci aiuta a riconoscere come la lanterna abbia non solo verso la metà del Settecento pieno diritto di cittadinanza nel territorio della fisica sperimentale, ma anche possa assumere, agli occhi degli scienziati, una funzione privilegiata per l'allargamento della loro azione al di là della cerchia degli studenti e della repubblica dei dotti e dei letterati[4].

Inoltre, il fatto di sapere che dopo Willem Gravesande e Jan van Musschenbroek a Leida, l'ottico Domenico Selva a Venezia, Edward Scarlett, Matthew Richardson, Oliver Combs, John Cuff e altri a Londra iniziano una produzione regolare di lanterne a scopi scientifici, ci conferma definitivamente il dato della biforcazione della luce della lanterna in direzione sia magica che scientifica e della copertura rapida di diversi territori.

DALLA «LANTERNE DE PEUR» ALL'ENCICLOPEDIA VISIVA UNIVERSALE

Se i percorsi della visione sono correlati, come cerchiamo di dimostrare, e se è tutto sommato più agevole guardare in faccia i

---

[2] J.F. Niceron, *Opticus seu admiranda Optices per radium directum: Catoptrices per reflexum: Dioptrices per refractum in diaphanis*, Paris 1646.
[3] G.A. Salandin e M. Pancino (a cura di), *Il teatro di filosofia sperimentale di Giovanni Poleni*, Padova 1986.
[4] Sull'idea e sulla circolazione del concetto di «repubblica letteraria» vedi G. Folena, *L'italiano in Europa*, Torino 1983, p. 19.

pubblici di spettatori investiti dalla luce del sole nelle piazze e nei luoghi all'aperto delle stampe di Callot, è comunque necessario tener conto che, per ogni spettacolo esibito in piena luce, ne esistono altri che paiono richiamare i riti d'iniziazione e i culti misterici e sfidano il buio delle tenebre...

La luce che si sprigiona dalla lanterna e consente di creare dal nulla le immagini è comunque – a un primo contatto ideale – assimilabile al fuoco prometeico e appare, almeno all'inizio, come opera di un'entità superiore, di un essere che afferma i propri poteri divini di creazione e modificazione del mondo.

Il lanternista, nella fase fondativa del rito e dello spettacolo popolare, cercherà di occupare uno spazio intermedio tra magia nera e magia naturale, di convertire la scienza umana e quella divina, di accostarsi alla natura con tecniche sperimentali, di coglierne e riprodurne le armonie e i meccanismi segreti. Anche se le prime definizioni ne accentuano il carattere magico, rispetto a quello scientifico:

> La lanterna magica è una piccola macchina ottica che fa vedere nell'oscurità, su un muro bianco, svariati spettri e mostri così spaventosi che chi non ne conosce il secreto crede che ciò sia fatto per magia[5].

A pochi anni di distanza nel *Dictionnaire philosophique* di Richelet del 1719 troviamo una definizione pressoché identica.

Intanto, nell'ultimo decennio del Seicento, anche in Inghilterra verrà descritto un apparecchio di lanterna magica di William Molineux e assai importante per la divulgazione scientifica sarà il libro di Jacques Ozanam del 1694, *Récréations mathématiques et physiques*... che segnerà un passo importante verso l'uso didattico e scientifico della lanterna[6].

Da un certo momento la luce della ragione consentirà al lanternista di tentare di esorcizzare le paure per i mostri o gli esseri demoniaci e quelle dei castighi e delle pene per suggerire ai suoi spettatori le vie della libertà e dell'eguaglianza. Ma già in precedenza avrà avuto modo di evocare, in un numero indefinito di rappre-

---

[5] Questa è la definizione della lanterna del *Dictionnaire Universel* d'Antoine Furetière del 1690. Citata in Mannoni, *Le grand art*, cit., p. 71.
[6] J. Ozanam, *Récréations mathématiques et physiques qui contiennent plusieurs problèmes d'Arithméthique, de Géometrie, d'Optique, de Gnomonique, de Cosmographie, de Mécanique, de Pyrotechnie, et de Physique*..., Paris 1694.

sentazioni, luoghi utopici e paradisi dei poveri, posti non solo al di fuori, ma anche all'interno della storia. È importante cogliere negli spettacoli ottici di lanterna magica e mondo nuovo, di cui vogliamo identificare morfologia e caratteri, il rapporto progressivo con la storia presente, il passaggio da rappresentazioni di icone atemporali a quelle di immagini che accolgono e rispecchiano il senso del vissuto dei pubblici a cui si rivolgono o che identificano i luoghi dell'altrove descritti dai viaggiatori. Ma questo non avverrà subito in quanto il potere di creare le immagini dal nulla, di dominare le leggi di natura, di sfruttare i principi dell'ottica e della fisica, continuerà comunque a gettare sulla figura del lanternista, per tutto il Settecento, le accuse di rapporti e commerci illeciti con le figure demoniache.

La magia demoniaca, in qualche misura, circonda di un'aura negativa persistente le figure dei lanternisti lungo buona parte del Settecento. Si può pensare che tutto lo sviluppo e la trasformazione del ruolo della lanterna da talismano e manifestazione di poteri occulti, o strumento di magia naturale, a sussidio didattico e scientifico indispensabile, si possa identificare nella destituzione progressiva dei poteri misterici e apotropaici, nella perdita dei poteri alchemici e misteriosofici, a favore dei saperi enciclopedici e di una sistematica e ordinata classificazione del mondo. Da figure e simboli di realtà ulteriori le lastre si trasformano, poco alla volta, in vero e proprio «lessico visivo» vastissimo, ma limitato del mondo e della storia dell'uomo. La perdita dei poteri magici è anche, e non solo, perdita dei poteri di fascinazione a favore però di un ruolo importante nei nuovi processi pedagogici, didattici e scientifici.

Almeno nella prima fase, mai peraltro rimossa, grazie alla lanterna e al rito iniziatico che accompagna per decenni gli spettacoli dei savoiardi o di centinaia di ambulanti che girano per l'Europa, vengono attribuite anche allo spettatore facoltà soprannaturali. Si apre anche per merito di questo piccolissimo strumento, il tempo della divinizzazione dell'uomo. Rivive nella figura del lanternista, che è a conoscenza di saperi alchemici, sa coniugare astrologia e scienza sperimentale, sa domare la materia, sa animare le immagini, far muovere i corpi, la figura greca del *demiourgos*, ossia «dell'artefice itinerante, a giorno di tutti i segreti che passa occasionalmente a te vicino e ti confida i misteri dell'opera»[7].

---

[7] Pierantoni, *L'occhio e l'idea*, cit., p. 122.

La materia è lì, pronta e disponibile e si offre, quasi in un momento di debolezza, a chi sa piegarla ai suoi voleri. Questo è lo spirito che attraversa l'*Ars Magna* di Kircher nella quale non è tanto importante la spiegazione dei fenomeni, quanto la possibilità di riprodurli da parte dell'uomo[8]. Certo anche quando sono usate a sostegno della predicazione religiosa, dai gesuiti in particolare, o come strumento didattico, le immagini della lanterna magica continuano a apparire più che altro come frutto di pratiche stregonesche. Ed è proprio la sua natura ibrida, il suo collocarsi in una zona di confine tra due mondi, a facilitarne la diffusione e ad attirare nei suoi confronti anatemi e suscitare paure. Quel suo caratteristico porsi in equilibrio tra l'aldilà e il mondo sensibile, quella sua capacità di farsi interprete di saperi difformi e cogliere la perdita della centralità del sacro a favore di un'attenzione per le dimensioni interiori dei desideri, dei sogni e bisogni collettivi, ne fanno un simbolo di un mondo che sta mutando interamente sistemi culturali e modelli ideologici e religiosi di riferimento.

Il lanternista – almeno nella fase iniziale – vuole comunque suggerire strade che conducano ben oltre la soglia dell'orizzonte empirico della percezione e producano una tensione visiva metaempirica. Un'aspirazione a collegarsi col cosmo, ad avvertire le corrispondenze e l'ordine tra l'infinitamente piccolo e l'indefinitamente grande, tra visibile e invisibile. In pratica il lanternista offre a ciascuno dei suoi spettatori chiavi divinatorie e anche modi per uscire dal proprio io e ritornarvi senza troppi pericoli.

È importante osservare anche come, nel corso del Settecento e all'inizio dell'Ottocento, nell'iconografia degli spettacoli di lanterna e mondo nuovo, nonché in svariate lastre, appaiano in veste di lanternisti o di narratori di spettacoli di vedute varie divinità olimpiche: Cronos, anzitutto, ma anche Pan, in veste di satiro con la ghironda a tracolla, la corona d'alloro, i piedi e una parte del corpo di capro, come si vede nell'incisione che mostra una *Raritätenkasten* di Stich von Heinrich Rode del 1750. Amore ripreso nell'atto di proiettare un'immagine profetica appare in varie occasioni in periodo romantico a interpretare le proiezioni del desiderio (in *Cupid Magic Lanthorn* del 1805, nella *Lanterne magique de l'amour*, incisione di Jean Friedrich August Schall, o nell'incisione di H.

---

[8] L. Cassanelli, *Macchine ottiche*, in *Enciclopedismo in Roma barocca*, cit., p. 238.

Courbould del frontespizio del libro di David Brewster del 1831 *A Treatise of Optics*), così come Venere e i suoi piaceri sono più volte evocati, direttamente o indirettamente, nelle scene campestri di spettacoli di lanterna o di mondo nuovo.

L'emittente, il messaggio e il destinatario, risultano a lungo parte di un rito para-misterico e d'un processo comunicativo in cui la visione escatologica può certo spingerti dentro ai fuochi dell'Inferno, ma, più di tutto, ti conduce prima alla contemplazione dei Paradisi dei poveri [9], ovvero dei Paesi di Cuccagna, e poi, via via, a quella più empirica dei mondi delle merci: un pubblico costituito da neofiti ignoranti, desiderosi di ricevere il battesimo luminoso, di sentirsi partecipi dell'atto di magia creativa, si accalca per essere traghettato nei regni delle ombre, sperando che le immagini non parlino solo di punizioni e pene, ma prospettino, magari sulla breve distanza, anche possibili capovolgimenti delle leggi naturali e sociali, suscitino il riso nei confronti di chi detiene il potere e producano piacere, quel «piacere infinito» che, nel suo *Zibaldone*, Leopardi non riterrà possibile trovare nella realtà, ma solo nell'immaginazione.

Per un certo tempo non si chiede né si vuole che lo spettatore cerchi di riflettere su ciò che ha visto, o sappia distinguere tra ciò che l'immagine gli ha proposto di illusorio e ingannevole. E perciò riesca a spingersi, anche con la propria intelligenza e capacità interpretativa, oltre i dati che gli si presentano alla vista. Il fatto è che il pubblico rimane chiuso dentro questi dati: le immagini lo ipnotizzano, lo affascinano e gli si propongono, nella loro valenza simbolica, come mondo autosufficiente. Non c'è bisogno, negli spettacoli dei lanternisti a cavallo del Settecento, che la successione di immagini risponda a un ordine razionale: ogni immagine acquista senso per molto tempo in quanto parte di un significato superiore e ogni cosa «mostrarà ad ogni altra cosa le bellezze dell'eterna idea» [10].

Lo stupore e la meraviglia, il desiderio di possesso, non sono più in ogni caso, grazie alla lanterna, un privilegio esclusivo di ricchi e colti. Le immagini che fluttuano sui muri appartengono a chi le fa

---

[9] In precedenza sull'importanza del paradiso nell'immaginazione del mondo contadino si veda il pensiero di Menocchio a questo proposito («io credo che il paradiso terrestre sia dove sono delli gentilhuomini che hano della robba assai et vivano senza faticarsi») in Ginzburg, *Il formaggio e i vermi*, cit., pp. 90-91.

[10] Campanella, *Il senso delle cose e la magia*, cit., p. 331.

proprie. Diventano bene e proprietà comune. La luce che all'improvviso illumina la stanza, o la parete della stalla, o dell'osteria, risucchia gli spettatori nel cerchio luminoso e li conduce a desiderare mondi di dimensioni infinite o verso la contemplazione di realtà superiori. O li fa arrestare terrorizzati sulla soglia, come di fronte a una sorta di specchio magico, che prospetti ciò che potrebbe essere di loro oltre la morte. O li fa sentire come parte integrante della scena mostrata. Tutte queste sensazioni sono raccolte nelle *Relations historiques et curieuses des voyages,* scritte nel 1674 da Charles Patin:

il nostro uomo... agita le ombre come vuole senza far ricorso agli aiuti infernali. Io vidi il paradiso, vidi l'inferno e vidi gli spettri. Vidi l'aria riempirsi di ogni sorta di uccelli. E con un colpo di mano mi si presentano delle nozze di villaggio in modo così naturale che mi immaginavo di far parte della festa[11].

Grazie a questo apparecchio, che dall'indomani della sua invenzione si diffonde in Europa con una rapidità non inferiore a quella dell'invenzione galileiana – offrendosi subito come si è detto a usi opposti o complementari, ora magici, ora scientifici – lo sguardo dello spettatore diventa mobilissimo, viene di continuo sollecitato e fatto muovere, o meglio viaggiare, da un territorio a un altro. Il movimento dello sguardo diventerà, nel tempo, assai simile a quello richiesto nell'ambito del collezionismo enciclopedico descritto dalla Lugli:

L'occhio va da reperti giganteschi ad altri minutissimi, tutto si ritrae e tutto si espande, continuamente. Anche il mondo si può percorrere sentendosi giganti o lillipuziani, a seconda degli occhiali che si indossano, come il pellegrino di Amos Comenius, che vede attraverso lenti che allargano e rimpicicoliscono a dismisura tutte le cose e fanno sembrare vicino ciò che è lontano, grande il piccolo, brutto il bello, bianco il nero[12].

Prima di approdare nei territori della scienza moderna e accettarne gli schemi di conoscenza, le leggi, il senso della riproducibilità dei fenomeni e della loro spiegazione razionale, ci si servirà a lungo della lanterna magica per mostrare fenomeni singolari e irripetibili,

---

[11] Citato in B. Chardère, *Le roman des Lumière*, Paris 1995, p. 113.
[12] Lugli, *Naturalia et mirabilia*, cit., p. 115.

per produrre meraviglia, proprio come avviene nelle Wunderkammern. Caos e ordine fanno parte di un identico processo, che tende però a vantare i fenomeni mostrati – così come avverrà nei circhi e in tutti i casotti delle meraviglie dei secoli successivi – per la loro singolarità, per la loro «mostruosità».

Poi, da un certo momento del Settecento, il *logos* interverrà a tentare di ordinare e spiegare l'esperienza, a unificare il molteplice. Di fatto però la lanterna magica non diventerà mai del tutto o soltanto, anche nell'epoca dei lumi – anche se gli esempi di scienziati come Nollet o Poleni dimostrano il contrario – uno strumento educativo nelle mani degli enciclopedistici. Bisognerà superare il Romanticismo e giungere alle soglie del Positivismo per vedere, poco alla volta, dissolversi i fantasmi e gli esseri demoniaci (in gran parte peraltro addomesticati e resi familiari dall'inizio) e assistere all'ingresso trionfale e definitivo della lanterna nelle Accademie, nelle scuole, negli istituti religiosi con le sue migliaia di lastre in grado di coprire ogni aspetto del sapere scientifico, artistico, storico e letterario. Ma il senso di magica affabulazione e di fascinazione non si perderà mai, come vedremo, anche quando le lastre verranno prodotte in serie in base a una logica industriale, le immagini delle decalcomanie saranno sostituite dalle fotografie e la lanterna verrà soppiantata da ben altre meraviglie della visione.

### GENESI DELLA LANTERNA: CRONACA, STORIA E MITO

Nel decimo libro della seconda edizione dell'*Ars Magna Lucis et Umbrae*, del 1671, viene descritta la lanterna magica e si parla di un matematico danese, Thomas Walgenstein che, in base alle sue indicazioni, ne costruisce molti esemplari per venderli «con suo grande guadagno a diversi principi» in varie parti d'Italia. Le immagini prodotte da questa lanterna, «magica o taumaturgica» potevano essere secondo Kircher «liete, tristi, orribili, spaventevoli e persino prodigiose per chi non ne conosce le cause».

Kircher, oltre a indicare le tecniche di costruzione di questo tipo di apparecchio, racconta soprattutto le sue esperienze di organizzatore di spettacoli illusionistici per mezzo di giochi di specchi:

nel nostro Collegio noi siamo soliti mostrare in una camera buia questo nuovissimo dispositivo, con estremo stupore da parte degli spettatori. È cosa assai degna di essere vista, giacché con essa è possibile mostrare come dal vivo intere scene satiriche, di Teatro tragico e simili [13].

Nelle due tavole che descrivono la lanterna magica nell'edizione dell'*Ars Magna Lucis et Umbrae* del 1671 si possono vedere, molto nettamente, una figura della morte con la clessidra e la falce e un'anima avvolta tra le fiamme dell'inferno. L'immagine del peccatore tra le fiamme è una delle otto figure di carattere sacro e profano rappresentate nell'incisione. Il *memento mori* dato dall'apparizione dello scheletro della morte sarà un passaggio obbligato nella predicazione religiosa, mentre nella sua lastra disegnata nel 1659 Christian Huygens riprende il motivo della *Danza della morte* di Hans Holbein [14] aggiungendovi un movimento che destituisce l'apparizione della sua terribilità e della sua esplicita funzione di monito per il destinatario.

In seguito a questi spettacoli Kircher è accusato di necromanzia e scoperto commercio con le forze demoniache. Come racconta lui stesso nell'autobiografia, alla fine riesce a sfuggire alle trappole dei suoi avversari e ritorna, con tutti gli onori, ai suoi studi e alle sue ricerche. In ogni caso, fin nella prefazione della prima edizione dell'*Ars Magna* del 1646, è ancora ben attento a distinguere tra magia nera delle superstizioni, opera dei demoni, e magia naturale che cerca di indagare i segreti della natura ricorrendo all'autorità degli antichi, da Aristotele a Alberto Magno. Le macchine possono aiutare a ricomporre gli effetti delle leggi naturali e a penetrarne i misteri. Il frontespizio della seconda edizione dell'*Ars Magna* mostra i percorsi della luce e della conoscenza a partire dall'*Auctoritas sacra* racchiusa nella Bibbia, che riceve la luce direttamente da Dio. La ragione invece è vicina alla divinità, ma riceve la luce da un occhio interno. La conoscenza sensibile è fornita dalla luce del sole (rappresentato da Apollo, mentre la luna è Diana) ed è filtrata attraverso un telescopio. L'*autorità profana* è una lanterna che emette una debole luce che non riesce a perforare le nubi dell'ignoranza. Non è comunque una lanterna magica quella rappresentata, ma una lucerna: piuttosto la conoscenza dei sensi avviene anche grazie alla luce che penetra in una camera oscura.

La lanterna accuratamente illustrata in un libro di Giorgio De

---

[13] A. Kircher, *Ars Magna Lucis et Umbrae in X libros digesta...*, Amstelodami 1671, p. 768.
[14] Vedi Mannoni, *Le grand art*, cit., p. 46.

Sepis sul Museo Kircheriano[15] è invece sommariamente definita nei suoi particolari tecnici nella seconda edizione dell'*Ars Magna Lucis et Umbrae*, nel capitolo *Lucernam artificiosam construere, quae in remota distantia legenda exibeat*, e la figura che l'accompagna, anche se ha suscitato qualche perplessità, può corrispondere, nonostante gli errori di posizione delle lastre rispetto alla fonte di luce e alla lente, a qualcosa di effettivamente realizzato e usato. Non dobbiamo pensare che la maggiore preoccupazione di Kircher fosse la precisione tecnica. «De minimis non curat Kircherius» potremmo tranquillamente dire. A lui interessa più di tutto il potere della luce e di fatto per ragioni anagrafiche e di distanza non è in grado di seguire con attenzione il lavoro del suo incisore[16]. D'altra parte, sempre Kircher, ha descritto una lanterna anche nella *Criptologia Nova*, attribuendosi il merito di averla inventata. Già ai primi del Settecento – in un'ottica scientifica di gittata culturale assai più circoscritta – questo merito gli viene contestato da più parti e in particolare in dissertazioni di tesi di dottorato, come quella discussa nel 1713 da Samuel Joannes Rhaneus *sub praesidio* di Bonifaz Heinrich Ehrenberger, che ne sarà il relatore ufficiale. Dopo aver senz'altro attribuito l'invenzione a Johann Christoph Kohlhans, Ehrenberger motiva questa decisione col fatto che:

Kircher descrive di nuovo e in modo più dettagliato la sua lanterna, ma con schemi viziosi e con una disposizione sconveniente delle parti, cosicché rese sospetto il merito di esserne il primo ad averla inventata che a buon diritto si era attribuito[17].

È curioso che già per la lanterna magica – così come avverrà più di due secoli dopo con l'invenzione del cinematografo – si svilup-

---

[15] G. De Sepis, *Collegi Romani Museum Celeberrimum*, Amsterdam 1678, pp. 768-769.
[16] È un'osservazione di Barnes che ritengo condivisibile, all'interno di un discorso tradizionalmente riduzionistico del ruolo di Kircher. Vedi J. Barnes, *The History of Magic Lantern*, in D. Crompton, R. Franklin, S. Herbert (a cura di), *Servants of Light*, London 1997, p. 13.
[17] B.H. Ehrenberger, *Novum et Curiosum Laternae Magicae Augmentum quod Dissertatione Mathematica Rectore Magnificentissimo Serenissimo Principe ac Domino, Dn. Guilielmo Henrico Duce Saxoniae Juliaci Cliviae ac Montium Angariae Westphaliaeque... sub Praesidio M. Bonifaci Henrici Ehrenbergeri Fac. Phil. Adjuncti Praeceptoris Sui Plurimum Honorandi inj Alma Salana A.D. Junii A.MDCCXIII Publico Doctorum Examini Exponit Samuel Joannes Rhanaeus Grentzhofia Semigallus*, Jenae 1713. Zotti Minici ha analizzato e tradotto la dissertazione col titolo *Nuovo e originale contributo alla Lanterna magica*. Dello stesso vedi il saggio introduttivo, *Primi vetri da proiezione in movimento*, in «La Diana», a. I, n. 1, 1995.

pano da subito polemiche sui diritti di primogenitura che il tempo, le ricerche, le possibilità di accedere agli archivi non aiutano a risolvere. Cronaca, storia, mito e leggenda non coincidono nel caso delle origini della lanterna.

L'imprecisione del disegno kircheriano del 1646 della *Lucerna catoptrica* che in effetti non è ancora una lanterna magica, ha spinto di recente anche Laurent Mannoni – in un saggio molto documentato e ben argomentato – a riproporre il problema del *primum* nell'invenzione della lanterna, a circondare Kircher di molti nuovi interrogativi e dubbi sull'utilizzazione effettiva di una lanterna e ad attribuire invece il merito della creazione documentata di una prima lanterna magica a Christian Huygens, che ne avrebbe studiato, descritto, realizzato un prototipo nel 1659[18], assieme a disegni di scheletri animati per lastre di vetro e che in seguito ne avrebbe venduti vari esemplari a partire dal 1662. Anche John Barnes, in una recente descrizione delle tappe fondamentali della storia della lanterna di fatto, pur tenendo conto di alcuni elementi a suo favore, riduce il ruolo di Kircher sulla base dell'imprecisione dei disegni, senza preoccuparsi di spostare l'attenzione sugli spettacoli che lui racconta di aver organizzato[19]. L'importanza della figura di Huygens, grazie al lavoro di Mannoni, appare incontestabile e determinante agli effetti della diffusione continentale della lanterna, anche se il suo interesse effettivo per questo apparecchio è modesto. Il fatto che il padre, nel 1662, gliene chieda un esemplare con delle lastre lo spinge a sfogare col fratello i propri problemi edipici e a pregarlo di manomettere la lanterna che ha preparato in modo che non sia possibile la proiezione. Il palese disprezzo di Huygens per questo apparecchio non degno – evidentemente – ai suoi occhi, di stare alla pari degli altri strumenti ottici frutto del suo ingegno, è un elemento che in effetti, dal punto di vista teorico, ce lo fa collocare un po' ai margini della nostra storia. Anche se dal punto di vista pratico ne fa la prima figura demiurgica che avvia il processo di riproduzione e crescita malthusiana delle lanterne e ne favorisce l'immediata adozione da parte di persone che non hanno alcun rapporto con la scienza, pensando piuttosto a un uso spettacolare dello strumento ottico, non c'è in lui alcuna intelligenza delle po-

---

[18] L. Mannoni, *Christian Huygens et la «lanterne de peur». L'apparition de la lanterne magique au XVII<sup>e</sup> siècle*, in «1895», a. XII, n. 11, dicembre 1991, pp. 49-68.
[19] Barnes, *The History of Magic Lantern*, cit., p. 13.

tenzialità spettacolari né percezione delle possibilità di dilatare in modo smisurato i poteri della vista mediante la lanterna, come troviamo invece in Kircher.

Di modesto interesse a tutti i livelli il confronto diretto Huygens-Kircher in quanto il primo, dedito interamente al suo lavoro scientifico, è tecnicamente consapevole di ciò che ha fatto, ma non ne appare certo orgoglioso e la gittata del suo sguardo e la consapevolezza delle possibilità extrascientifiche dello strumento, nel suo pensiero sono minime: Kircher invece colloca la lanterna al centro della grande strategia dell'*Ars Magna*, la concepisce come una chiave d'accesso ai mondi sovrastanti e a quelli sotterranei. Kircher pensa e vede sempre con un occhio totalizzante e universale, ha delle qualità che altri non possiedono e il fatto che sia lui a entrare trionfalmente nella leggenda dell'invenzione della lanterna magica di fatto non esautora i meriti e i diritti di nessuno. Credo che sia giusto ricorrere alla conclusione del giornalista al senatore Stoddard nell'*Uomo che uccise Liberty Valance* di Ford per riconfermare tutto il sistema mitologico costruito attorno a Kircher: «When the legend becomes fact, print the legend».

Se Eco, con un eccesso di stima nei confronti di Kircher, anticipa l'uso della lanterna al 1642, anche altri scrittori nel corso del secolo hanno pensato di collocare l'invenzione della lanterna addirittura verso la fine del Cinquecento, per mostrarne meglio l'uso magico e alchemico, attribuendone implicitamente il merito alle ricerche di Della Porta, Agrippa, John Dee. Nel ricostruire tutta la vicenda culturale del Golem, dalla sua evocazione nel Salmo 139 della *Bibbia* al film di Wegener, Ripellino ricorda come in molti testi del primo Novecento, da Gustav Meyrink a Jiri Karasek si attribuisca al rabbino Jehuda Löw von Becadel, vissuto nel Cinquecento e morto nel 1609, l'uso di una lanterna magica per evocare «le larve dei morti»[20].

Non è poi troppo impertinente pensare – non solo perché esiste il disegno primo-quattrocentesco del geniale Giovanni Fontana[21] che ha molto intrigato i ricercatori[22] – che già prima della

---

[20] Ripellino, *Praga magica*, cit., p. 161.
[21] Vedi lo splendido ritratto fattone da Battisti, *Ritratto di Giovanni Fontana*, in E. Battisti-G. Saccaro Battisti, *Le macchine cifrate di Giovanni Fontana*, Milano 1984.
[22] Questa è la descrizione di Giuseppa Saccaro Battisti: «Nella lanterna si distinguono chiaramente la candela e il cono bucherellato di scarico del calore e del fumo in alto. La proiezione dovrebbe avvenire interponendo l'immagine davanti alla fiamma; la lanterna cioè

costruzione di un apparecchio battezzato ufficialmente dalla scienza vi possano essere singoli esperimenti di proiezioni luminose di immagini mediante scatole ottiche illuminate dall'interno e dotate di lenti. In ogni caso è interessante ricordare Cornelius Drebbel, che, all'inizio del Seicento, evoca figure molto simili a quelle reali[23], e lo scrittore normanno Jean Loret che descrive in versi uno spettacolo di immagini, a cui ha assistito nel 1656 a Parigi, all'Hôtel de Liancourt, che sembrano provenire da una lanterna e sono proiettate su una tela stesa in mezzo alla stanza, su cui all'inizio non si vede nulla:

Si videro molti bei palazzi, persone che danzavano dei balletti, delle persone che di punta e di taglio / sembravano impegnarsi in battaglia / e di cui pure si vedevano nell'aria / le armature scintillare / Vidi delle luci un po scure. dei corpi leggeri come ombre / ma ciò che mi produsse un soprassalto / è che avevano i piedi in alto... e infine vedendo questa Magia / agire con tanto di energia / certo io feci più volte / una quantità di segni di croce[24].

Il nostro proto-spettatore di uno spettacolo pubblico di lanterna magica effettuato in un palazzo oltre a essere colto mentre, per la paura, si fa più volte il segno della croce, è molto attento ai gesti della proiezionista che stende una tela nell'aria, alla successione delle immagini, ce ne descrive i soggetti, che curiosamente non sono religiosi, né macabri, e il modo in cui vengono rappresentati, ci immette nel buio e poi di colpo fa apparire le prime immagini. Più di tutto ha cura di registrare un'immagine rovesciata di una scena di combattimento che potrebbe benissimo essere un errore della proiezionista – «Dont les beaux yeux... Brillent chacun mieux qu'une Etoile» – ma potrebbe essere anche un primo esempio di «monde à l'envers», poi ampiamente praticato dall'iconografia set-

---

deve essere di vetro. La lampada se consistesse solo di un vetro curvo su cui è dipinta l'immagine da proiettare, sarebbe assai poco efficace». Ma il Quattrocento possedeva una tecnologia avanzata, descritta nell'anonimo trattatello sulla prospettiva che il Parronchi attribuisce a Paolo Del Pozzo Toscanelli: «Se tu metti una candela in un corpo di vetro, il qual corpo sia in un altro corpo maggiore, per modo che tutto il spatio per mezzo di queli due vetri sia pieno d'acqua, dico che quella piccola candela farà un grande splendore e illuminerà molto la camera et maravigliosamente...», G. Saccaro Battisti, *Commento al Bellicorum instrumentorum libri* in *Le macchine cifrate*, cit., p. 100. Eugenio Battisti aveva già pubblicato l'immagine della lanterna di G. Fontana in *Rinascimento e Barocco*, Torino 1960, tav. XL.

[23] Barnes, *The History of Magic Lantern*, cit., p. 9.
[24] In Mannoni, *Christian Huygens*, cit., p. 57.

tecentesca, o stigmatizzato nelle stampe o in poesia con le rappresentazioni delle scimmie che manovrano la lanterna magica per un pubblico di soli animali[25].

Agli effetti della nostra storia è comunque da confermare l'importanza di Kircher, la poliedricità del suo ingegno e il suo venirsi a costituire effettivamente come *pontifex* tra nuova scienza, magia naturale e pensiero religioso.

Nella concezione kircheriana la lanterna magica poteva racchiudere nel minimo spazio e trasmettere a tutti i pubblici possibili i tesori d'arte e di meraviglie in genere custoditi gelosamente nelle Kunstkammern e Wunderkammern delle collezioni private e in più raccogliere i tesori delle scienze e delle religioni. La lanterna magica gli appariva come «la camera delle meraviglie» del sapere universale.

La scintilla dell'intelligenza, dell'idea che fa scattare il processo di reazione a catena destinato a diffondersi nel corso di pochi decenni anche in Asia e nelle Americhe ci sembra in ogni caso – dal punto di vista culturale – da riportare in Italia, tra le mura del Collegio Romano, in un contesto culturale che ne aveva assicurato una gestazione ricca di molte influenze.

Non è un caso che nel 1666 un suo confratello, Francesco Eschinardi, pubblica il *Centuria problemata opticorum* e, poco dopo, il *Centuria pars altera* in cui descrive con cura e in maniera verisimile una lanterna «quam dicunt magicam» (è la prima volta in cui alla lanterna viene attribuita questa proprietà), tratta evidentemente dalle sue frequentazioni degli spettacoli di Kircher.

LA LINGUA DELLE IMMAGINI COME LINGUA FRANCA EUROPEA

Dopo il Rinascimento scientifico e filosofico la mente umana concepisce speranze audaci e senza limiti: arrivare a una conoscenza totale e definitiva del mondo e del pensiero. È l'intento razionalista. Un esiguo numero di leggi fondamentali avrebbe dovuto render conto di tutti i fenomeni possibili... Questa concezione si traduceva con l'idea di una lingua filosofica universale che riassumesse ogni scienza e ogni conoscenza. Motivi mistici e sacrali, retaggio ancora medioevale, condussero al vagheggiamento delle possibilità di un ritorno alla purezza dell'uomo prima della

---

[25] Perriault, *Mémoires*, cit., pp. 78-80.

cacciata dell'Eden e alla conoscenza profonda delle cose tramite il recupero di una lingua adamica, madre di tutte le lingue[26].

Con la scoperta del Nuovo Mondo da parte di Colombo, la frantumazione della realtà e la constatazione della sua estrema varietà culturale, geografica, antropologica, religiosa, linguistica, morfologica, botanica, si crea e sviluppa, seguendo un processo regolare, il sogno non dichiarato, ma percepibile e materialmente tangibile, di dar vita a una «lingua visiva universale», capace di comunicare a popoli distanti per cultura, lingua, convinzioni religiose.

Per effetto della gigantesca e capillare diffusione e crescita dell'industria e del mercato delle stampe popolari, iniziano, già all'indomani dei viaggi transoceanici di scoperta, le prime grandi navigazioni mentali comuni a popolazioni distanti e diverse tra loro. Nel sistema delle immagini, che si sviluppa secondo principi ben classificabili in insiemi omogenei, sembrano realizzarsi i sogni di quella ricerca di un'Ars Magna, di una «lingua perfetta» e a carattere universale che, per secoli, ha ossessionato «non solo la cultura europea»[27].

Umberto Eco, che ha affrontato di recente il problema della ricerca di una lingua perfetta in Europa, è partito dal configurarsi del territorio europeo come un mosaico di nazioni, dalla babelizzazione delle lingue e dal formarsi di lingue e dialetti nei secoli successivi alla caduta dell'impero romano:

l'Europa inizia con la nascita dei suoi volgari e con la reazione, spesso allarmata, alla loro irruzione inizia la cultura critica dell'Europa, che affronta il dramma della frammentazione delle lingue e inizia a riflettere sul proprio destino di civiltà multilingue. Soffrendone, cerca di porvi rimedio: vuoi all'indietro, tentando di riscoprire la lingua che aveva parlato Adamo, vuoi in avanti, mirando a costruire una lingua della ragione che avesse la perfezione perduta della lingua di Adamo[28].

I lanternisti, che cominciano la loro azione alla fine del Seicento, sono, prima di tutto, narratori, affabulatori: in loro la comunicazione verbale è subordinata a quella delle immagini, costruita secondo criteri che tengono conto dei destinatari e delle loro capacità di

---

[26] C. Marrone, *Lingue universali e scritture segrete nell'opera di Kircher*, cit. in *Enciclopedismo in Roma barocca*, cit., p. 79.
[27] Eco, *La ricerca della lingua perfetta*, cit., p. 6.
[28] *Ibid.*, p. 23.

immediata comprensione visiva. Nella loro comunicazione le immagini sono i segni delle cose, e anche i loro simboli, le designano e interpretano. La parola si aggiunge, ma sono le immagini a parlare per prime. Certo per un po' di tempo non sarà chiaro se quel mondo rappresentato è la variante di un libro scritto dal dito di Dio o da parte del Demonio, però le immagini del mondo che escono dalla lanterna non sono che emblemi o simboli della Lingua del Mondo e rinviano, prima di tutto, al giudizio finale, al paradiso e all'inferno, oltre che a aspetti mostruosi o emblematici della realtà. Questi personaggi, che, per molti aspetti, costituiscono una variante dell'aedo, si servono anche di uno strumento musicale per accompagnare il racconto – in genere una ghironda[29], ma anche un tamburello, o un tamburo – e portano, nella piccola cassetta caricata sulle spalle, un'Arca di Noè in scala ridottissima del sapere universale. Per arricchire il loro spettacolo e attirare il pubblico infantile il più delle volte hanno anche una marmotta o una scimmia. Magari portate e ammaestrate dai fratelli più piccoli, come si vede nell'incisione di Maggiotto-Volpato, o in quella di Carle Vernet. Hanno il potere di creare e evocare dal nulla tutte le cose e di far in modo che le loro stesse parole diventino cose. Vengono accolti nel mondo contadino in quanto nei mesi invernali introducono una variante del filò, popolando le stalle di mostri, streghe, folletti e demoni, ma anche di motivi legati al movimento dei pianeti, a momenti che hanno segnato la storia del mondo. Quasi risolvendo d'altra parte quei problemi che Swift si poneva nei *Viaggi di Gulliver*, cercando di uscire dall'impasse dell'arbitrarietà del segno linguistico:

L'espediente proposto, pertanto, si basa sul fatto che le parole sono soltanto nomi di cose, e sarebbe quindi molto più comodo che ognuno portasse con sé le cose necessarie per esprimere un determinato discorso... Molti fra i più intelligenti hanno adottato il nuovo sistema di esprimersi con le cose, che ha un solo inconveniente: se gli affari di un individuo sono molto vasti e di varia natura, egli è costretto a portar sulla schiena un carico di cose proporzionalmente grande, a meno che non possa permettersi di farsi accompagnare da uno o più robusti servi. Mi è accaduto spesso di osservare un paio di queste sagge persone, quasi piegate in due

---

[29] La ghironda, in tedesco Leier, Drehleier o Bettelgeige, è uno strumento conosciuto e diffuso in tutta Europa il cui uso viene sempre più limitato in epoca moderna al mondo contadino e ai mendicanti ciechi (per cui venne chiamata «viola da orbo»), AA.VV., *Enciclopedia della musica*, Milano 1976, p. 232.

sotto il peso dei loro carichi, come i nostri venditori ambulanti, le quali, incontrandosi per strada scaricavano i fardelli, aprivano i sacchi e si intrattenevano in conversazione per un'oretta. Altro grande vantaggio di tale invenzione è di offrire un linguaggio universale che può essere compreso in tutte le nazioni civili... In tal modo gli ambasciatori potrebbero trattare con sovrani o ministri stranieri la cui lingua ignorano del tutto[30].

Questo è esattamente ciò che accade ai lanternisti, quando giungono in paesi di cui conoscono a malapena qualche parola e, grazie alle loro immagini-cose, riescono a comunicare e a regalare ai loro spettatori-iniziati conoscenza, piacere, paura e meraviglia. La lingua delle immagini si può promuovere a «lingua artificiale»: nel giro di pochi decenni, dalla fine del Seicento in poi, diventa lingua franca in tutti i paesi europei, ma giunge ad estendere la sua influenza, come sappiamo dai diari dei gesuiti, fino all'impero cinese. Il cammino di questi venditori di immagini è già in parte tracciato e segnato dai passi dei pellegrini e degli attori girovaghi, dei giullari di Dio, dei suonatori ambulanti e dei cantastorie, spesso ciechi, che già portavano in giro le loro ballate, la miriade dei loro spettacoli effimeri, destinati a suscitare stupore, a eccitare il riso e a confondersi nella memoria. Senza contare che la scena per eccellenza entro cui potranno operare i venditori di immagini e di magia luminosa è quella dei sistemi caotici dei mercati e delle fiere, di cui da subito saranno parte integrante, difficilmente distinguibile. E tuttavia è possibile pensare che le tracce lasciate dalle immagini luminose nell'immaginazione popolare possano risultare indelebili, si imprimano nel codice genetico popolare, vengano a formare una sorta di eredità comune, trasmessa nel medio-lungo periodo. E proprio contro i pericoli rappresentati dalle immagini, come abbiamo visto, esiste tutta una letteratura religiosa che affonda le sue radici molto indietro nel tempo e mette in guardia, o lancia anatemi, o promuove vere e proprie crociate moralizzatrici, soprattutto per la facilità con cui le immagini possono penetrare nei corpi infantili.

Anche se lo spirito iconoclastico e le crociate, così come le paure nei confronti dell'iconosfera e della sua capacità di sfuggire ai controlli e nei confronti di un potere comunicativo che non ha bisogno di particolari processi di acculturazione, non verranno mai meno, le

---

[30] J. Swift, *I viaggi di Gulliver*, Roma 1988, pp. 179-181.

immagini continueranno a circolare in progressione geometrica, superando, se non travolgendo, ogni tipo di barriera culturale, politica, amministrativa o religiosa. Rispetto alle immagini viste individualmente o da gruppi di tre o quattro persone al massimo, gli spettacoli di lanterna magica si rivolgono a insiemi più consistenti ed eterogenei e hanno la possibilità di registrare subito le reazioni collettive.

Lungo tutta la prima fase della sua storia la lanterna magica non intende, in ogni caso, offrire un inventario del mondo conosciuto, quanto piuttosto recuperare, nell'immaginario, mondi che il progresso delle conoscenze stanno mandando alla deriva e, al tempo stesso, prospettare i nuovi orizzonti del progresso delle conoscenze, la possibilità di far coesistere scienza, arti figurative, religioni, storia, letteratura, leggende, favole e tradizioni popolari. Molto rapidamente la lanterna magica si offre come luogo di coabitazione possibile di tutti i tipi di immagini sacre e profane, edificanti, educative e proibite.

### LA LANTERNA MAGICA! CHI LA VUOL VEDERE?

La Lanterna magica. È una macchina fatta in forma di lanterna in cui si mette una candela da cui la luce esce attraverso uno vetro spesso o una lente, per andare a descrivere un cerchio luminoso su una tela bianca, che si attacca sul muro di una camera di cui sono state chiuse le finestre. Si fa passare tra il vetro e la candela due lastre di vetro su cui sono dipinti differenti soggetti piacevoli e questi soggetti vengono rappresentati e appaiono su questa tela da cui la lanterna è allontanata della distanza del fuoco del vetro, che è di circa 5 o 6 piedi. Queste lanterne sono portate la notte dai Savoiardi e dai Piemontesi che si annunciano con un organo a manovella che portano con loro. Fanno anche muovere una bambola montata su ruote che muovono mediante un elastico[31].

Se il libro di De Jèze ci mostra il funzionamento di una lanterna e ci parla dei savoiardi che, coi loro gridi notturni, richiamano gli spettatori, l'elegia di poco successiva di un abate mantovano, per quanto in latino, dà corpo al richiamo del lanternista pur identificandolo con un ambulante trentino:

---

[31] De Jèze, *Etat ou tableau de la ville de Paris*, cit., p. 280.

Cernere quis cupiat? Magica en Lanterna Tridenti. Lanternam Magicam cernere quis cupiat? Intende il poeta che tutto questo distico si reciti nel noto tuono [nel significato di tono, intonazione della voce, le cui variazioni vengono sottolineate soprattutto nelle note dell'elegia, *n.d.a.*] dei trentini, allorché portano la lanterna magica per le pubbliche strade: Chi vuol vedere la Lanterna Magica! La Lanterna Magica chi la vuol vedere [32]?

Così iniziano l'elegia *La Lanterna magica* e il commento scritti nel 1786 dall'abate mantovano Buganza, testo importante perché descrive i temi di uno spettacolo, la strategia dell'*elocutio* e i modi con cui il lanternista convince il suo pubblico di «pueri» o «formosi iuvenes» a versare liberamente, ma con generosità, il proprio obolo. Il discorso qui è importante non meno delle immagini e sono anche le parole che guidano il volo degli occhi a consentire il passaggio da una realtà all'altra, da un mondo all'altro.

Una volta attirata l'attenzione di qualcuno – e ottenuto il suo consenso – il «recitante cambia tuono e prende quello usato nella mostra della lanterna» e inizia lo spettacolo:

Tu dunque vuoi vedere i segni della lanterna / volgi pertanto il tuo occhio in direzione opposta sulla parete [33].

Nel rapido succedersi delle scene il lanternista porta ora l'attenzione su Nerone, che infierisce con il piede scellerato contro il ventre della madre di Seneca, e su Totila, re dei Goti, che infligge mille tormenti a Roma. Ma soprattutto mostra immagini di mondo alla rovescia («Inversas mundique novas nunc aspice formas»): di un asino che insegna a cantare a gruppi di fanciulli, o di un cane che ha assunto le sembianze di un uomo, ha indossato un elmo e un'armatura e ritto sulle due zampe si muove come se andasse in guerra.

Ci interessa a questo punto vedere come si possono analizzare gli atti linguistici, discorsivi, narrativi e performativi dello spettacolo del lanternista, distinguendo la costituzione di un lessico, le tappe evolutive e le modificazioni delle strategie discorsive in rapporto ai mutamenti del corso della storia, la costruzione retorica e i rap-

---

[32] G. Buganza, *La lanterna magica*, in Mannoni, Robinson, Campagnoni (a cura di), *Luce e movimento*, cit., p. 99.
[33] *Ibid.*

porti tra *dispositio* delle immagini e il senso di una narrazione orale che si salda naturalmente ad altre forme di racconto anteriori o contigue.

È facile pensare che, nei loro discorsi, i lanternisti, sia pure con molta circospezione, cerchino di comunicare ai propri pubblici popolari il senso d'attesa di eventi destinati a mutare il destino del mondo – già profetizzati dai primi del Cinquecento e acquisiti nel mondo contadino, come sappiamo grazie alle opere di Ruzante e di Rabelais – e al tempo stesso a irriderne gli sviluppi possibili, rifiutando il presente, paventando più che abbracciando le trasformazioni. La parodia nei confronti di molti personaggi, nonché la caricatura e l'accentuazione di caratteristiche, difetti o malformazioni fisiche, come la gobba, o un naso troppo grande e bitorzoluto, o anche i giochi di parole, i doppi sensi che troviamo nel racconto dell'imbonitore possono rientrare nell'ideologia del «mondo alla rovescia»[34].

Certo la ripetuta rappresentazione di un universo antropomorfo, popolato di scimmie che montano in cattedra e spiegano il mondo dalla metà del Settecento agli inizi dell'Ottocento, negli anni cioè della diffusione del pensiero illuminista e della Rivoluzione francese, tradisce non tanto il senso di superiorità di chi si oppone alla divulgazione del sapere, quanto il disagio e la paura nei confronti del nuovo, il prevalere di un punto di vista del potere consolidato e il timore di un possibile rovesciamento dei rapporti sociali.

La poesia di Florian *Le singe qui montre la lanterne magique* è del 1792: fin dai primi versi Jacqueau, la scimmia-imbonitore, nel cui nome non è difficile riconoscere il riferimento – per crasi – a Jean-Jacques Rousseau, dopo aver preso il posto del padrone, che si è soffermato a bere all'osteria, invita il pubblico a vedere gratuitamente lo spettacolo. Dapprima fa sbadigliare gli spettatori con un colto discorso introduttivo. Poi, infilando la lastra nell'apparecchio grida:

Avete visto nulla di simile
Signori, voi vedete il sole

---

[34] In questo senso esemplare il testo del *Diorama mythologique*, quasi interamente riportato da Perriault, che offre una specie di fuoco d'artificio di calambours legati alla descrizione di personaggi mitologici con il suo climax quasi surreale nel giocare attorno al termine *Utopie* («Eolo *à qui l'on* donne le titre de Dieu des vents. Borée est *le vent pire*... Les filles de Pyrrhus changées en pies pour avoir osé défier les Muses...! C'est depuis cette époque qu'on n'entend plus faire d'*Ut aux pies*». Riportato in Perriault, *Mémoires*, cit., p. 84.

I suoi raggi e tutta la sua gloria.
Ecco ora la luna; e poi la storia
D'Adamo e d'Eva e degli animali
Osservate signori come sono belli!
Vedete la nascita del mondo;
vedete... Gli spettatori, in una notte profonda;
Spalancavano gli occhi e non potevano vedere nulla
L'appartamento, il muro, tutto era nero[35].

Non si vede nulla perché la scimmia, nonostante la sua eloquenza di Cicerone moderno, ha dimenticato di accendere la lanterna. La morale della favola è fin troppo scoperta e un'identica morale è veicolata da svariate incisioni con immagini di scimmie che portano sulle spalle una lanterna (come nelle acqueforti di Huet, incise da Guelard, in cui si vede la scimmia-savoiardo che giunge in un paese con la lanterna sulle spalle e inizia il suo richiamo azionando una cassetta musicale, o addirittura un'intera famiglia di scimmie, neonato compreso, con un cane ammaestrato) o mostrano uno spettacolo.

Il paesaggio è comunque tutt'altro che omogeneo: possiamo pensare che i lanternisti si muovano nel senso della storia, usando la lanterna come un termometro capace di registrare i mutamenti, ma preferiscano, tenendo conto dei pubblici a cui si rivolgono, rimanere in posizioni di retroguardia, adottando con intelligenza la tecnica del *go and stop*, rischiando spesso, più che con le rappresentazioni del sabba, degli gnomi e dei racconti fantastici, con immagini che possono suonare irrisorie alla religione o ai poteri costituiti (la semplice iconografia del sole e della luna si può caricare di significati politici) poche volte però facendosi realmente portavoce dei tempi nuovi.

Solo con l'arrivo della Rivoluzione francese possono finalmente uscire allo scoperto e raccontare il mondo in termini del tutto inediti, come accade in un opuscolo del 1790 dedicato alle genti di Provenza:

Venite signori e signore! Prendete posto. Ecco che si va a cominciare. La lanterna è pronta. Sto per far ballare la prima lastra...

---

[35] Florian, *Fables*, 1792, il testo è interamente riportato in J. Prieur, *Séance de lanterne magique*, Paris 1985, pp. 52-53.

Voi scappate buona gente, voi non amate che si impicchi il mondo; si vede che non siete di Parigi!

Vedrete quello che vedrete! Il Signor Sole e la Signora Luna, i più antichi e i più grandi aristocratici del mondo, che hanno sempre dominato su tutte le stelle, sugli specchi e sulle superfici riflettenti e sui lampioni e che si fanno beffe lassù delle lanterne della nuova fabbrica del Palais Royal... Tutte le persone oneste non possono dire altrettanto...

Vedrete ora la Nuova creazione del mondo: Il primo anno della libertà [36].

Nei paraggi della Rivoluzione, in mancanza di lastre che affrontino il tema, vi sono una serie di pamphlets e fogli volanti illustrati che richiamano nel titolo la lanterna magica (*Lanterne magique de Brabant, Lanterne magique Républicaine, La lanterne magique ou Tableau historique de la République française*) e che mostrano come i savoiardi e lanternisti provenienti da varie parti della Francia affrontino i temi della caduta del potere regale, della fuga e della speranza popolare nel cambiamento sociale, assieme al motivo dei costi pagati dal popolo alla storia [37]. Dopo aver invitato il pubblico a vedere la lanterna l'imbonitore entra subito nel vivo del racconto introducendo il racconto della rivoluzione di febbraio:

Vedete questo vecchio ladro del re
che fugge in carrozza
Vedete, come il popolo si massacri
a causa di questo animale...
...ecco infine l'ultimo quadro
della nostra pubblica storia
è il brano più triste
della mia lanterna magica
COSÌ VA L'OPERAIO
sempre il primo
a servire la sua Patria
senza lavoro, senza pane
muore di fame
in una lunga agonia [38]!

---

[36] Anonimo, *La nouvelle lanterne magique, Pièce curieuse. Dédiée aux gens de Provence par un Sous-Lieutenent de Riquetti-Cravatte*, in Hecht, *Pre-Cinema History*, cit., p. 96.

[37] J.J. Tatin-Gourier, *Lanterne et Révolution*, in S. Le Men (a cura di), *Lanternes Magiques. Tableaux transparents*, Paris 1996, pp. 101-102.

[38] *Ibid.*, p. 100.

## ICONOLOGIA E ICONOGRAFIA

L'*Iconologia* di Cesare Ripa[39] diventa essenziale per decifrare il senso e le dinamiche significanti iniziali di uno spettacolo di lanterna, così come di grande aiuto possono essere le ricerche di Mario Praz per capire l'insieme del paesaggio iconologico della cultura tardo rinascimentale e barocca[40]. Ma lo spazio iconografico, fin dai primi del Settecento, da quando cioè possiamo cominciare a riconoscerne alcune caratteristiche sulla base del ridottissimo numero di lastre superstiti, a classificarne le tipologie fondamentali e a coglierne gli slittamenti semantici, si dilata assai presto.

Grazie ai lanternisti, e all'iconografia di cui sono portatori, si possono seguire analiticamente i meccanismi di costruzione delle grandi mappe topologiche – reali o immaginarie – all'interno di un individuo o di una collettività. È la trasmissione delle immagini che consente la scoperta dello spazio, del tempo, la percezione del movimento, la circolazione di idee vecchie e nuove sul mondo. Le idee vengono tessute insieme alle immagini, fanno parte di un medesimo flusso, di una cosmologia dalle sfaccettature plurime, di cui non si vuole perdere alcun riflesso. La vita quotidiana, con il suo tempo circolare, viene arricchita di valori e dimensioni non misurabili, ma importanti perché diffusi a tutti i livelli del sociale. Prima di prendere atto che le immagini serviranno da supporto alla diffusione del sapere scientifico è indispensabile tener conto che gli spettacoli di lanterna magica saranno uno straordinario veicolo di conoscenze e idee del mondo lungo tutto il Settecento.

Le immagini, nell'immaginazione dei pubblici popolari, per cui spesso costituiscono l'unica forma di apertura verso l'altro e l'altrove, si depositano, si confondono, si sovrappongono, si stratificano, ma non si perdono. Si formano delle specie di miniere o giacimenti iconologici di vasta portata interrelati tra loro.

Rispetto alle vedute d'ottica, che costituiscono un aspetto dell'industria delle stampe popolari e hanno alle spalle un'iconografia di riferimento abbastanza ben individuabile, le lastre per lanterne magiche abbastanza a lungo sono frutto della creatività individuale e di una libera imprenditoria artigiana. Ogni lastra, nella maggior parte dei casi, si può considerare un unicum, fino a che non si

[39] C. Ripa, *Iconologia*, a cura di P. Buscaroli, Milano 1992.
[40] M. Praz, *Studies in Seventeenth Century Imagination*, Roma 1964.

comincia a produrne delle serie con gli stessi criteri con cui si producono le porcellane dipinte, le stampe ecc... Questo rende potenzialmente indefinito il numero dei temi e dei soggetti: in realtà gli autori delle lastre si muovono utilizzando liberamente codici e convenzioni figurative derivate dalla pittura, dalle arti applicate, dall'iconografia popolare degli almanacchi, delle carte dei tarocchi, all'interno di un sistema circonscribile e già prevedendo l'uso e i destinatari possibili dello spettacolo. Alcune sono concepite a scopi ben precisi: l'intenzione edificante che si vede nei vetri dello *Smicroscopium Parastaticum* di Kircher con le scene della Passione accompagna e guida l'uso di tutte le immagini a contenuto religioso da parte di diversi ordini. I gesuiti, sulla scia di Kircher, utilizzeranno sistematicamente la lanterna magica nella loro opera di evangelizzazione della Cina e dell'Oriente. La funzione edificante si può in certi casi mescolare a quella comica e parodica, o profana (nel *Collegium experimentale sive curiosum* di Johann Christoph Sturm del 1676 è rappresentata una lastra con un'immagine di Bacco), ma non si escludono (è il caso di Johann Zahn che cerca di riprodurre sulla parete i corpi di veri insetti o invertebrati) da subito anche le intenzioni scientifiche e didattiche.

Robert Hooke nella sua relazione alla Royal Society del 1668 parla già della possibilità di proiettare delle immagini in una stanza illuminata non solo per trarne un grande piacere, ma anche una grande utilità per la pittura[41].

Bisogna giungere alla tesi di dottorato discussa da Rhaneus nel 1713 e presentata da Ehrenberger per avere un primo elenco significativo di immagini organizzate al tempo stesso con un'intenzione edificante e di divertimento.

Nella dissertazione di Rhaneus troviamo citate esperienze anteriori che ci consentono di adattarci alla forma del rito e più di tutto troviamo elencati una serie di soggetti usati per realizzare uno spettacolo. Dapprima viene citata un'altra dissertazione sulla lanterna magica discussa qualche anno prima a Tubinga, relatore «il celebre Creiling» in cui si descrive uno spettacolo con figure che si muovono:

---

[41] R. Hooke, *Rational Recreations in which the Principle of Numbers and Natural Philosophy are Clearly and Copiously Elucidated by a series of Easy, entertaining interesting Experiments Among which are all those commonly performed with the Cards*, London 1668.

Spente le candele e tolto il coperchio, all'improvviso comparve il personaggio del prologo saltando sulla parete, per così dire aprendo la scena con straordinarie gesticolazioni e un aspetto ridicoli e, salutati i Signori spettatori, piegando il ginocchio e sventolando il berretto svanì [42].

In un secondo tempo, sempre Rhaneus viene a sapere

per bocca del celeberrimo Hamberger che B. Weigel... già sedici anni prima aveva proiettato con l'aiuto della sua lanterna magica capri che si incornano e un orso che si alza in piedi e assale con le unghie un uomo vestito alla maniera degli svizzeri [43].

Questi esperimenti sono stati comunque fondamentali per lui e così l'autore della dissertazione elenca una serie di soggetti già descritti da Weigel in un'opera del 1698 [44]:

1. L'inferno, dal quale come dall'orco escono i tre vizi cardinali degli uomini e se si vuole vi ritornano mentre l'inferno resta immobile per quante volte si vuole.
2. Cristo che esce dal sepolcro e sale al cielo, lasciato il sepolcro e le guardie che vi siedono sopra.
3. Un mulino a vento, le cui pale girano come agitate dal vento, mentre il mulino resta immobile. Questo spettacolo, assieme ai precedenti, produsse non poca ammirazione negli spettatori.
4. Una mano dal cielo che si stende dalle nubi, sulla quale è scritto il nome del serenissimo padre della patria.
5. Un animale apocalittico che emerge dal mare e giunge sulla spiaggia: questo effetto assieme all'immediatamente precedente e a quasi tutti quelli che seguono è ancora in fase di realizzazione [45].
6. Un orologio notturno che indica con una lancetta mobile le ore scritte in cerchio, che si può applicare con gran facilità a normali orologi più grandi di legno e di ferro...
7. Un altro orologio, fornito non di quadrante, ma delle immagini dei dodici apostoli che passano con un numero scritto; è adattato ugualmente agli orologi normali.

---

[42] Ehrenberger, *Novum et Curiosum*, cit., pp. 8-9.
[43] *Ibid.*
[44] C. Weigel, *Kunstler und Handwerker in Nürnberg*, Nürnberg 1698, p. 218, citato in Mannoni, *Le grand art*, cit., p. 116.
[45] Sulle radici popolari di questa immagine si veda il capitolo sul *Mostro di Ravenna* in Schenda, *Folklore e letteratura popolare*, cit., pp. 31-56. La stessa immagine è riemersa anche nel Novecento, basti pensare ad una tavola di Beltrame sulla «Domenica del Corriere» che descrive la cattura di un mostro marino sulla spiaggia di Rimini agli inizi degli anni trenta e al finale della *Dolce vita* di Fellini.

8. Un animale quadrupede, per esempio un orso, ritto sulle zampe posteriori, che alza le anteriori come se, inferocito, si opponesse a un assalitore.

9. Un uomo comune che tiene in mano un berretto e lo sventola, oppure, se si preferisce, un direttore di un coro musicale che svolge il suo compito di dirigere.

10. Una donna che fa una riverenza, tipica del sesso debole[46].

In maniera prima elementare e poi sempre più sofisticata, grazie a meccanismi che vengono via via adattati dalle ricerche sulla meccanica degli automi e degli orologi, si produce da subito il movimento all'interno delle lastre, racchiuse entro telaietti con meccanismi a tiretto, a nascondiglio, a rotazione o a leva, che provocano l'occultamento o l'apparizione (di figure angeliche o demoniache), lo spostamento, la sostituzione (di una testa con un'altra), il senso del movimento (il rullio di una nave in piena tempesta, il sollevarsi di un cappello dalla testa di un uomo, assieme alla parrucca, una donna fa una riverenza) e della rotazione (il movimento delle pale di un mulino, il salto di una corda)...

Si può senz'altro dire, tenendo presenti alcuni insiemi omogenei a nostra disposizione (come le lastre del Teatro di Poleni), o semplicemente descritte (come la serie riprodotta da Pierre van Musschenbroek nel suo *Essai de physique*)[47] che da subito confluiscono nell'iconosfera di base immagini provenienti dal mondo sacro e profano e già verso la metà del Settecento è possibile raggruppare le lastre attorno ad alcuni insiemi fondamentali, abbastanza ben distinti, e riconoscerne e descriverne lo sviluppo tipologico e morfologico:

1. Lastre a tema religioso o edificante, con episodi evangelici, tappe della Via crucis e della Passione e soprattutto con immagini paradisiache o infernali. Ricorrente nell'iconografia dei testi gesuitici l'immagine della croce trionfante. Queste immagini dovevano soprattutto essere parte integrante della predicazione religiosa, della catechesi e dell'evangelizzazione. L'archetipo può essere già dato, come si è detto, dallo *Smicroscopium parastaticum* di Kircher, che pur essendo destinato ad uno strumento ottico assimilabile, ma differente rispetto alla lanterna magica, raccoglie otto scene

[46] Ehrenberger, *Novum et Curiosum*, cit.
[47] P. van Musschenbroek, *Essai de physique par Van Musschenbroek avec une description des nouvelles sortes de machines pneumatiques et un recueil d'expériences*, Leiden 1939.

della Passione di Cristo osservabili individualmente in successione.

2. Lastre con scene di vita pastorale, che, in un certo senso, ai pubblici dei nobili o più benestanti offrano immagini di idillio agreste, di giochi, cacce, con tanto di cani che inseguono i cervi, corteggiamenti amorosi e celebrazione dei piaceri della carne e in cui l'ispirazione si rifaccia a evidenti modelli alti della pittura con scene campestri ispirate a Fragonard, Watteau e Boucher, ai capricci fantastici, a vedute veneziane tratte dalle stampe di Canaletto e Guardi, a scene popolari ispirate a Callot, o Brueghel ecc... Le lastre partecipano delle dinamiche morfologiche, tipologiche e tematiche della pittura, ne colgono, con discreto tempismo, il mutamento. Si tratta di copie, di riproduzioni o di libere e più o meno povere interpretazioni di quadri d'autore. Dello stesso ordine, soprattutto andando verso l'età neoclassica, si possono considerare le lastre di contenuto mitologico, con divinità dell'Olimpo, Danaidi, creature angeliche... Queste lastre si prestano all'introduzione di scene a contenuto più scopertamente erotico. C'è una committenza implicita in questo tipo di lastre che si muovono nella scia dell'iconografia pittorica laica, di corte. Di lastre e spettacoli a contenuto licenzioso esistono alcune testimonianze significative. Tra tutte quella anonima riportata da Mannoni, relativa a Philippe D'Orléans, reggente di Francia, che, verso il 1720, si fa proiettare delle lastre a contenuto erotico per allietare una sua serata libertina:

> La Fare ci propose di mostrare una lanterna magica di sua composizione. Venne preparata la stanza e ci fece passare in rassegna una parte di incisioni dell'Aretino... Nell'oscurità necessaria per questo tipo di spettacolo ognuno aveva avuto cura di mettere le mani su una dama...[48].

3. Lastre con apparizioni di eserciti di diavoli, ninfe, elfi, gnomi, streghe, mostri alati, alambicchi, crogiuoli o calderoni alchemici, la cui iconografia è attinta in prevalenza dall'immaginario medioevale o da Hieronimus Bosch. In queste lastre e anche nella consistente quantità di acqueforti che mostrano le reazioni del pubblico di fronte a questo tipo di immagini, prevale il divertimento sulla paura, l'atteggiamento dei lanternisti è rassicurante, ed è evidente che soprattutto la tradizione affabulatoria dei racconti dei fratelli Grimm ha trovato nei lanternisti i suoi nuovi cantori e divulgatori.

---

[48] Citato in Mannoni, *Le grand art*, cit., p. 108.

È questo insieme iconografico che nella memoria e nell'immaginazione popolare prevale, anche se tutti gli altri insiemi avranno uno sviluppo quantitativo non inferiore. Molto spesso appare la morte, sotto forma di scheletro o di figura incappucciata a esercitare il suo potere su neonati, giovani e vecchi.

4. Lastre che riproducono capolavori o temi della pittura dal Cinquecento in poi, a carattere religioso o edificante. Vie crucis, scene della passione, ultime cene, scene di vite di Santi (le tentazioni di Sant'Antonio) e così via. Dalla seconda metà dell'Ottocento, soprattutto con le lastre dipinte da Hill per la Royal Polytechnic Institution di Londra vengono realizzate vere e proprie opere d'arte autonome su vetro, con effetti di eruzioni vulcaniche, di luci boreali, tramonti e di paesaggi illuminati dalla luna che competono con la pittura dei diorami o con quella dei pittori orientalisti e dei paesaggisti dell'età romantica.

5. Lastre a carattere comico o grottesco ispirate alla cultura popolare, alle xilografie e soprattutto allo spirito e al senso caricaturale e di irrisione che le animano. Qui possiamo trovare sia scene di mondo alla rovescia, con cacciatori cacciati, lepri che suonano il tamburo di richiamo per la caccia, cuochi beffati dalla selvaggina che dovrebbero cuocere, ma anche nani o suonatori ambulanti dal corpo deforme, contadini o vagabondi colti nell'atto di defecare, scene pantagrueliche di banchetti di corte o di clisteri effettuati da esseri demoniaci. Molto significativa è una lastra francese, conservata al Musée National des Techniques di Parigi in cui un contadino seduto su un muretto osserva con un sorriso ironico un gruppo di personaggi della corte reale, dai tratti così deformati da assumere l'aspetto di animali[49]. È forse questo l'insieme di maggior successo popolare di cui si conserva una cospicua quantità di soggetti che mettono in ridicolo vizi fisici.

6. Lastre che invitano gli spettatori al viaggio, che mostrano le bellezze o le stranezze del mondo, descrivono con precisione luoghi lontani[50]. Con ogni probabilità questo tipo di immagini e il racconto del viaggio nel mondo, ipotizzato da subito, fin dalla relazione di Robert Hooke del 1668, arricchito nella seconda metà del Settecento e che troveremo ben documentato nell'Ottocento, viene incre-

---

[49] AA.VV., *Lanterne magique et fantasmagorie*, Paris 1990, p. 39.
[50] L. Mannoni, *Viaggio attraverso le immagini della lanterna magica*, in «Cinegrafie», a. VIII, n. 8, giugno 1995, pp. 210-220.

mentato dal successo del contiguo e concorrente spettacolo di mondo nuovo.

Dall'Ottocento in poi, soprattutto con le serie di lastre di Lapierre, o quelle dipinte a mano dalla Royal Polytechnic Institution, l'intento didattico verrà fortemente valorizzato dalla qualità artistica delle immagini, veri e propri capolavori di pittura in miniatura.

7. Lastre a carattere scientifico, che ingigantiscono il corpo di un insetto, o che traducono gli studi sulla fisionomia di Le Brun (come la serie di lastre conservate al museo del cinema di Torino con una galleria di volti che riproducono le espressioni del pianto, del dolore, dell'orrore, del desiderio, dello spavento, dell'abbattimento d'animo, dell'amore, del timore e della speranza)[51] o che forniscono gli elementi per una lezione di astronomia. Vi sono diverse immagini che mostrano il sole e la luna, scienziati e maghi nell'atto di esplorarli con un cannocchiale. Dal momento che le frontiere del visibile si sono dilatate, i lanternisti partecipano a questo tipo di avventura, facendo prevalere lo spirito comico e satirico, ma non ignorando che il viaggio conoscitivo verso le stelle ha portato Lambert a tracciare nel 1775 la prima carta della luna.

8. Lastre che raccontano grandi eventi, o fanno scorrere davanti alla vista, le figure dei protagonisti della storia *événementielle* tentando di costruire una vera e propria storia visiva.

Tra le molte serie di questo tipo la più completa e significativa che al momento ci è stato possibile esaminare è quella scoperta e studiata da Livio Fantina, dedicata ai reali di Francia che affianca a una serie di una settantina di ritratti che vanno da re Pharamond, incoronato nel 420 a Luigi Filippo, caduto nel 1848, un consistente corpus di lastre che illustrano gli episodi salienti accaduti durante i regni dei singoli re[52]. Questa serie di immagini si costituisce come un vero e proprio libro di storia (non a caso in calce a ogni ritratto si trova il riferimento a una pagina di un eventuale libro di sostegno) e il modello storiografico, come ha ben messo in luce lo stesso Fantina è quello di François Pierre Guillaume Guizot[53].

9. Dalla fine del Settecento dilagano le lastre e le immagini che introducono i temi e le fantasie connesse alla cultura romantica:

---

[51] Vedi le riproduzioni in M.A. Prolo-L. Carluccio, *Il Museo Nazionale del Cinema*, Torino 1978, pp. 28-29.
[52] Fantina, *I re di vetro*, cit.
[53] *Ibid.*, p. 14.

schiere di amorini e di Veneri diventano operatori dello spettacolo o protagonisti delle lastre e si moltiplicano i soggetti di esplicito contenuto amoroso: giovani che evocano con la lanterna l'immagine dell'amato, coppie che navigano sul fiume dell'amore, accompagnate da un cane, simbolo della fedeltà, o che si fanno predire il futuro da una lanternista, schiere di Cupidi onnipresenti, che giocano con tutti gli strumenti ottici, dal cannocchiale al microscopio alla lanterna, rivelano con la lanterna future scene di tradimento, affilano sulla ruota dell'arrotino le proprie frecce, giungono perfino in pallone aerostatico.

Accanto all'iconografia è necessario anche tener conto del valore aggiunto dato dal movimento delle figure all'interno delle lastre: che le pale del mulino si muovano, il naso cresca, l'orologio segni le ore, il *monstrum* marino apocalittico esca dal mare, la fanciulla salti la corda, il cavallerizzo esegua le sue piroette sul cavallo e che nel giro di poco tempo altre figure si muovano grazie a più o meno complessi sistemi meccanici, ci mostra come anche la tecnologia e la scienza vengano applicate a questi giochi delle apparenze per accrescerne l'aura, la sorpresa e gli effetti di meraviglia[54]. Se spesso per attirare l'attenzione agli spettacoli di lanterna o di mondo nuovo i proprietari si servono di piccoli automi meccanici, la meccanica e la iatromeccanica entrano, nelle forme più elementari, anche nei meccanismi delle lastre, nella divulgazione degli studi di scomposizione del corpo-macchina di Marcello Malpighi e delle teorie meccanicistiche di Julien Offroy de La Mettrie, o di Hermann Boerhaave. Nel momento in cui i volti tratti da Le Brun possono roteare gli occhi o mostrare la lingua, o i corpi sono in grado di spostarsi nello spazio, di saltare la corda, di arrampicarsi sull'albero della Cuccagna, le lastre appaiono dotate di vita propria e rientrano nell'ambito della cultura meccanicistica e nella fiducia di poter dar vita a forme e macchine paragonabili agli esseri viventi.

## UN PICCOLO MUSEO ARTISTICO PORTATILE

Accantoniamo per il momento l'iconografia popolare, che ha ereditato forme e modelli dell'immaginario medioevale, dalle xilografie quattro-cinquecentesche, da un sistema di rappresentazione

---

[54] Su questi motivi vedi E. Battisti, *L'antirinascimento*, Milano 1989², p. 861.

rimasto relativamente statico per secoli, per entrare a contatto con una produzione di lastre che si misura con modelli figurativi alti e si rivolge a pubblici selezionati e già alfabetizzati e capaci di leggere segni e senso delle immagini. Una produzione che punta a fornire al lanternista che aspira a un pubblico colto e socialmente elevato o al collezionista dei veri e propri surrogati di gallerie o collezioni d'arte. La lanterna può offrirsi come una vera e propria camera delle meraviglie artistiche conservate presso le corti europee, o le chiese e le grandi istituzioni religiose. Un lavoro di ricognizione e analisi accurata anche solo dei pochi esemplari superstiti di vetri del Settecento mostra come, anche attraverso la mediazione iconografica che passava per la produzione di immagini per ceramiche e porcellane e stampe popolari, alcune forme o alcuni motivi paesaggistici vengono presto adottati dai pittori delle lastre di vetro, che possiamo far rientrare nelle categorie dei copisti creativi.

L'avviso pubblicitario datato 5 febbraio 1779, per esempio, annuncia gli spettacoli di un tale signor Saint Paul, che, alloggiato a Nancy, rue St. Julien (*derrière* l'Hôtel de Ville), venuto in possesso di una superba lanterna magica, già di proprietà del marchese di Ligneville, mostrerà in qualsiasi momento, anche recandosi su richiesta a casa delle persone, una serie di lastre in dotazione di questa lanterna. La semplice descrizione generale dei soggetti riflette benissimo l'intenzione del marchese «noto conoscitore e illustre amatore delle Belle Arti» di costituirsi una personale camera delle meraviglie ottica sull'esempio del museo quiccherberghiano.

Così promette l'annuncio:

La lanterna magica potrà mostrare, a grandezza naturale:
1. I ritratti dei più famosi pittori, scultori, musicisti, poeti e oratori antichi e moderni;
2. quelli del granduca di Toscana, della granduchessa, delle dame e dei signori della corte;
3. partite di caccia;
4. marce militari;
5. duelli;
6. grotteschi di Callot;
7. comici dell'arte italiani;
8. saltatori e danzatori sulla corda;
9. personaggi di tutte le età;
10. vedute di palazzi superbi;
11. passeggiate sul Vesuvio che emette fuochi e fiamme;

12. il mare coperto di vascelli;
13. matrimoni di maschere;
14. sibille, satiri, maghi;
15. favole personificate;
16. le più belle figure della galleria del granduca di Toscana

e, infine,

17. il gran turco.

Questa superba collezione costituita da duecentosettantaquattro lastre è il risultato del lavoro dei più grandi pittori italiani e fiamminghi. Per ottenere questo risultato il marchese non ha badato a spese[55].

L'avviso ci aiuta a capire alcuni aspetti della produzione di lastre per lanterna magica nel corso del Settecento:
1. con ogni probabilità anche nelle botteghe dei pittori, sul modello del lavoro per le stampe, si riproducono quadri e soggetti artistici famosi per lastre di lanterna magica;
2. i nobili collezionano lastre come alternativa al collezionismo delle Wunderkammern;
3. gli insiemi delle lastre si costituiscono secondo modelli già collaudati, che celebrano il potere nobiliare e i riti ad esso connessi.

Vista come insieme unitario questa raccolta sembra organizzarsi in modo assai simile alla serie di anamorfosi quasi contemporanee, che si dispongono come un vero e proprio teatrino della memoria.

Partendo da Adamo ed Eva, e passando per una serie di soggetti che prevedono, secondo una rigorosa discesa lungo la scala sociale l'immagine di Luigi XIV, di un marchese della sua corte, del pascià, del pittore e del suo signore, di un menestrello, di un cuoco e una cuoca, di Diogene, di un eremita, una donna addormentata, un sarto, un venditore di veleno per topi, un elefante, un cane addormentato, un rospo, e infine della morte questi acquarelli si compongono come un racconto significativo della varietà e dell'ordine sociale e in natura[56].

È possibile pensare che a seconda dei pubblici, partendo da quelli delle corti, i lanternisti dispongano il loro racconto, almeno fino alla Rivoluzione francese, in modo da confermare o irridere agli ordini sociali costituiti.

[55] Riportato in Ganz, *Die Welt im Kasten*, cit., p. 44.
[56] Questo gruppo è descritto nel catalogo del 1993 *Raccolta di oggetti antichi insoliti e rari* dell'antiquario romano Apolloni.

Visti dal basso i poteri della monarchia francese si identificano più che con figure precise con i supremi astri del sistema solare.

### PANDEMONIUM

Tra tutte le visioni che la lanterna attiva, quelle legate ai demoni e alle *diableries* hanno forse più a che fare con gli archetipi collettivi.

L'evocazione di diavoli e riti satanici nelle immagini che ci sono pervenute non sembra aver più alcun rapporto con i riti esorcistici o le nevrosi demoniache documentate lungo tutto il Seicento che Freud considera visibili a occhio nudo e che ha analizzato in un saggio del 1922 dal titolo *Una nevrosi demoniaca del XVII secolo*. Né, tanto meno, ha più a che fare con i processi per stregoneria. Il sistema culturale di riferimento ha le sue radici in un mondo che non considera perturbante la presenza demoniaca.

Il diavolo, così come ci appare nel relativamente ricco repertorio iconografico di lastre e di stampe, si mostra nel suo aspetto classico, legato soprattutto all'immaginario del mondo contadino e derivato dalle forme ereditate dal paganesimo: ha per lo più un aspetto semiumano, ripreso dalla mitologia dei satiri, dei fauni e di Pan, ha le zampe e le corna caprine, la coda, gli zoccoli. È un aspetto ben conosciuto, che Pitré così registrerà, nei canti popolari siciliani:

Li corna torti, la cuda e lu schini / l'occhi di focu chi fa spaventari [57].

In più può essere dotato di grandi ali e quasi sempre ha gli occhi che sembrano braci. Ora può apparire da solo, ora in un gruppo che si avvia al sabba, con tanto di streghe, pipistrelli...

Molto significativa la stampa di Johann Eleazar Schenau, che mostra la proiezione improvvisata di uno spettacolo di lanterna magica in una stalla: il lanternista piega leggermente il suo apparecchio, mentre il suo aiutante aziona una cassetta musicale. Sullo schermo appare una strega montata su una scopa e trascinata dall'esterno. A cavalcioni su di lei un demone e folletto, con le corna e il corpo di capro, che suona la trombetta e richiama la figura del

---

[57] G. Pitré, *Usi, costumi e credenze del popolo siciliano*, Palermo 1978, p. 68.

dio Pan e alle spalle un secondo essere demoniaco, con un corpo di uomo, un volto animale e una lingua serpentina che agita uno stendardo. L'uditorio è composto da una mamma che, molto serenamente, cerca di togliere coi suoi gesti e le sue parole ogni ragione di paura nei tre bambini che le stanno attorno. La più impaurita è la bambina piccola, che volge le spalle all'immagine e alza le mani, mentre il bambino, forte della protezione materna, guarda, facendo appena schermo della mano, sicuro di non essere pietrificato dalle immagini stesse.

Identiche braccia alzate, non solo di bambini, si notano in due stampe che mostrano uno spettacolo di lanterna magica per pubblici borghesi alla fine del Settecento. In una delle due incisioni il diavolo occupa tutta l'immagine, ha il piede biforcuto, la coda, il corpo del fauno, le corna, la barbetta e anche gli occhiali. Il pubblico variegato reagisce manifestando una gamma di emozioni che vanno dalla paura, alla curiosità, allo scetticismo, all'ironico distacco.

A lungo nel Settecento i lanternisti hanno mostrato di avere gli stessi poteri degli esorcisti e dei necromanti: di saper convocare dal nulla schiere di diavoli, ma anche di riuscire a dominarli, a renderli familiari e quasi inoffensivi, di accoppiarli con altre figure, destituendoli di terribilità. Lo spirito della cultura popolare, col suo senso del comico e la sua capacità di rovesciare le gerarchie di valori, gioca un ruolo importante nel determinare iconografia e interpretazione delle apparizioni di scheletri e morti degli spettacoli dei lanternisti.

Il diavolo continua ad apparire a lungo anche nell'Ottocento nelle immagini di spettacoli casalinghi con pubblici di bambini (ed è un diavolo bonario, una maschera che gioca si fa beffa o viene beffato da altre maschere): è un diavolo che può entrare in modo garbato negli incubi infantili. Il pittore Paul Gavarni, a cui Edmond e Jules de Goncourt hanno dedicato una splendida biografia[58], oltre a far ricorso ai diavoli in più occasioni per illustrare libri e pubblicazioni varie, disegna la copertina del *Diable à Paris* di J. Hetzel, immaginando un gigantesco diavolo con in mano una lanterna magica e ai piedi la pianta della città di Parigi. In seguito anche il pittore Grandville ricorrerà molte volte a scene con diavoli,

---

[58] E. e J. de Goncourt, *Gavarni, l'homme et l'oeuvre*, Paris 1873, vedi in particolare pp. 10-11.

a partire dal manifesto di un libro del 1843 (*Misères de la vie humaine par Old Nick et Grandville*).

## LA LANTERNA TRA RAGIONE E SENTIMENTO

Già verso la metà del Settecento la lanterna magica ha perso molto dell'alone del mistero che la circondava soltanto alcuni decenni prima ed è divenuta, agli occhi degli scienziati, un oggetto d'uso talmente comune da vederne umiliate le caratteristiche genetiche.

Così scrive l'abate scienziato Nollet:

> La lanterna magica è uno di queglio strumenti che per essere troppo comuni sono diventati ridicoli agli occhi di molti. Essa viene qua e là portata per le contrade, serve da trastullo ai fanciulli e al popolo: questo col nome da lei portato prova che i suoi effetti sono curiosi e sorprendenti[59].

La maggiore abilità dei lanternisti, nella prima fase di diffusione della lanterna su scala europea, non è quella di rivolgersi all'intelligenza dello spettatore, ma all'immaginazione («la regina delle facoltà» secondo Baudelaire) di provocare in lui reazioni soggettive ed emotive e visioni ulteriori. Si tratta di violare, in un certo senso, l'intimità della sua coscienza e cercare, con ogni mezzo, di abolire la distanza che lo separa da ciò che viene mostrato. L'illusione perfetta avverrà quando lo spettatore avrà la sensazione di essere promosso a soggetto dell'azione. Quando in sala il pubblico reagisce, sviene, urla, piange, si indigna, si addolora, ride, si sente trasportato al di fuori dei confini del suo io, il lanternista ha raggiunto in pieno il suo effetto. Le immagini di lanterna magica mettono già in gioco l'inconscio dello spettatore, gli offrono uno spazio verso cui proiettare, a sua volta, i propri fantasmi. Gli spettacoli ottici, nel dare vita materiale ai sogni, diventano una sorta di ambiente privilegiato in cui l'immaginario ha modo di esercitarsi e spingersi verso la zona d'ombra delle cose e di cogliere le relazioni tra la trama visibile e quella invisibile del mondo.

Il pensiero illuminista non rimane senza conseguenze e senza

---

[59] J.A. Nollet, *Leçons de physique expérimentale*, Paris 1755, p. 567.

influenze sullo spirito dei lanternisti nella seconda metà del Settecento. Possiamo pensare che non solo con le lanterne magiche realizzate dal veneziano Selva si incrementi la trasmissione spettacolare del pensiero scientifico, ma anche negli spettacoli ambulanti si punti a sviluppare, dopo l'eroica fase della pura magia, una parte dello spettacolo in direzione artistico-didattica, in modo da accogliere le suggestioni dei mutamenti culturali in atto.

Già nei primi decenni del Settecento, in Germania in misura maggiore che in altri paesi, in Inghilterra, e poi contemporaneamente in Francia e Italia, i lanternisti per conquistare tutti i tipi di pubblico, per avere accesso e diritto di cittadinanza nelle corti e nelle università, come nei circoli intellettuali, devono immettere nel loro spettacolo dosi massicce di immagini che non siano soggette a censure e non facciano loro rischiare l'incarcerazione, che traducano saperi scientifici, letterari, artistici...

Se nel romanzo di Diderot del 1748, *Les bijoux indiscrets*, la favorita rimprovera il re di aver concesso a uno sciocco il privilegio di poter mostrare la lanterna magica nella sua corte, nelle memorie di Madame de Graffigny Voltaire «sur un ton savoyard» fa scorrere una serie di immagini che deridono il suo rivale, abate Desfontaines, facendo morire dalle risate tutto l'uditorio[60]. Il testo è pressoché trascritto parola per parola anche nel romanzo di Nancy Mitford *Voltaire innamorato*:

> L'altra sera Voltaire ha fatto proiezioni con la lanterna magica, accompagnandole a storielle su Monsieur de Richelieu, sull'abate Desfontaines, e così via, che hanno fatto morir dal ridere tutti quanti[61].

Ma non è l'uso della lanterna a scopi comici o caricaturali a prevalere nell'età dei Lumi. Il fatto che la lanterna abbia già trovato piena legittimazione e cittadinanza nei trattati d'ottica del primo Settecento ci impone di pensare a una diffusione di immagini di sostegno alle lezioni di fisica, anatomia, geometria... Nel passaggio alla produzione industriale ottocentesca si punterà realmente all'enciclopedismo visivo, a una copertura totale di tutti i territori del sapere, da quelli scientifici, geografici o architettonici a quelli letterari e artistici.

---

[60] La testimonianza è in una lettera di Madame de Graffigny dell'11 dicembre 1738 citata in Mannoni, *Le grand art*, cit., p. 109.
[61] N. Mitford, *Voltaire innamorato (1694-1778)*, Milano 1959, p. 129.

Nel 1782 nel suo trattato pedagogico destinato ai nobili *Adèle et Théodore ou lettres sur l'éducation contenant tous les principes relatifs aux trois différents plans d'éducation des princes, des jeunes personnes et des hommes*, Madame de Genlis, dama d'onore della duchessa di Chartres e futura responsabile dell'educazione infantile a Orléans, sollecita l'uso della lanterna magica nell'insegnamento della storia e delle lingue straniere, battendosi con forza a favore di un insegnamento per mezzo dell'immagine e di una serie di giocattoli istruttivi [62].

Curiosamente invece per Rousseau la lanterna non sembra un mezzo educativo indispensabile o anche soltanto utile. Gli illuministi chiedono soprattutto agli spettacoli del loro tempo di svolgersi alla luce del sole e diventare strumenti di emancipazione sociale e culturale. In una lettera sugli spettacoli a d'Alembert, Jean-Jacques Rousseau esorta a non sostenere

gli spettacoli esclusivi, che rinchiudono tristemente un piccolo gruppo di persone in un antro oscuro, che le mantengono nella paura e immobili nel silenzio e nell'inazione, che non offrono agli occhi che immagini di servitù e diseguaglianza [63].

Rousseau avrebbe considerato pericolosi gli spettacoli di lanterna magica, così come condannava ogni forma di voyeurismo e avrebbe sicuramente condannato, se gli fosse stato concesso di assistervi, gli spettacoli di fantasmagoria allestiti da Robertson. Non certamente il romantico Goethe, che già nei *Dolori del giovane Werther* aveva parlato del valore di farmaco per i mali dell'anima che poteva offrire uno spettacolo di lanterna magica:

Le immagini più multicolori brillano su un muro bianco! E quand'anche ciò non fosse che una illusione passeggera, ciò realizza la nostra felicità, quando come dei bambini ingenui restiamo lì davanti, rapiti da queste meravigliose apparizioni [64].

E mentre uno scrittore come Jean Paul in *Ma nuit de Noël* verso la fine del Settecento ricorreva alla metafora della lanterna magica

---

[62] S. Le Men, *Monsieur le Soleil et Madame la Lune*, in Le Men (a cura di), *Lanternes magiques. Tableaux transparents*, cit., p. 29.
[63] J.-J. Rousseau, *Lettre à d'Alembert sur les spectacles*, Paris 1758.
[64] W. Goethe, *I dolori del giovane Werther*, Milano 1987, p. 37.

per non «tappezzare di nero le pareti del suo cervello» ancora Goethe nel *Wilhelm Meister* aveva effettuato per primo un'analogia tra lanterna e cuore. La lanterna per lui – come sostiene a suo nome il giovane Werther – era una fonte primaria di emozioni, più che di conoscenze:

> Wilhelm che cos'è per il nostro cuore un mondo senza amore! Che cos'è una lanterna magica senza luce? Ma basta che tu ci metta un lumicino e subito le immagini più variopinte appaiono sulla tua parete bianca! E anche se non fossero altro che questo, fugaci fantasmi essi fanno la nostra felicità quando vi stiamo dinanzi come ingenui fanciulli e ci deliziamo di quelle immagini meravigliose[65].

Non è inopportuno né impertinente pensare che – esattamente come avverrà cent'anni dopo con Proust per cui le immagini della lanterna magica giocattolo viste nella stanzetta di Combray agiscono come scintilla capace di attivare tutti i meccanismi della memoria – anche per la cultura e la letteratura romantica la lanterna possa essere una fonte potente di ispirazione, una sorta di talismano con cui affrontare indifferentemente viaggi ctoni, perlustrazioni notturne in territori considerati tabù e cercare di dar forma e visibilità alle misteriose ragioni del cuore.

### LA MAGIA VA IN SALOTTO

C'è una stampa francese del primo Ottocento in cui si assiste all'interruzione dell'emozione collettiva, alla scomposizione del pubblico in diversi comportamenti e reazioni individuali. In una casa borghese di persone benestanti, in un salotto arredato in stile impero e direttorio, si sono riuniti alcuni amici: vi sono bambini seduti o in piedi in prima fila (una bambina stende le braccia verso le immagini dello schermo), adulti, uomini e donne che sorridono, parlano tra loro, si accingono a lasciare la sala. Gli sguardi non sono tutti sintonizzati sul raggio di luce e le emozioni registrabili sui volti di uomini e donne variano tra la curiosità, il piacere, il divertimento e l'attrazione. Il pubblico conosciuto finora ci è apparso compatto, si annulla e fonde fino al punto in cui i confini dell'io

---

[65] *Ibid.*, p. 77.

individuale si identificano con quelli dell'io collettivo. La lanterna magica, agli inizi dell'Ottocento, ha di fronte un pubblico frantumato, ha già superato la fase dell'iniziazione e del battesimo. I suoi obiettivi e i suoi destinatari sono ora molti e differenziati.

Ancora in epoca romantica la lanterna magica, come si è detto, mantenendo la sua natura di creatrice di illusioni e fantasmi, ci sembra giocare, oltre che quello di decima Musa ispiratrice un ruolo importante nella formazione di un immaginario che desidera espandersi in maniera indefinita,

L'immaginazione diventa per Leopardi – che aveva avuto fin da piccolo una lanterna a sua disposizione come giocattolo educativo – fondamentalmente la facoltà di andare oltre il limite, di evocare l'infinito e, in un certo senso, egli sostiene che l'immaginazione deve varcare i recinti posti dalla ragione. Va esaltata la tecnica sensoriale che valorizza la vista e l'udito.

La ragione è la morte delle cose perché le conosce e le circoscrive, l'immaginazione è l'attività che sospende il limite e lo confonde fino quasi a cancellarlo.

Molto rappresentativa dell'atmosfera romantica è la descrizione di uno spettacolo di lanterna fatta dallo scrittore tedesco Eduard Mörike:

> Dietro un paravento aperto da un lato, Larkens e i suoi assistenti si trovavano vicino alla lanterna magica, che per il momento proiettava soltanto una sagoma tonda e chiara sullo schermo... Appena ci fu silenzio, da dietro la tenda si udì una sinfonia a mo' di preludio, eseguita al pianoforte da uno dei membri della società e accompagnata da Larkens al violoncello. Agli ultimi accordi sulla parete più vasta della sala, interamente spoglia, si profilarono in dimensioni piuttosto grandi le figure di una città e di un castello molto esotici e battuti dalle onde del mare, e a sinistra, in primo piano, tre personaggi seduti[66].

Nei racconti di Hoffman, da *Gli Elisir del diavolo* a *Mastro Pulce* a *Il sorteggio della sposa*[67] la lanterna magica è ancora uno strumento usato per ingannare e confondere: in *Mastro Pulce*, il domatore di pulci, Leuwenhoek, utilizza una lanterna-microscopio per proiettare su uno schermo immagini di insetti enormemente ingranditi,

---

[66] E. Mörike, *Le peintre Nolten*, Paris 1832, citato in Mannoni, *Viaggio attraverso le immagini*, cit., p. 219.
[67] E.T.A. Hoffmann, *Romanzi e racconti*, 3 voll., Torino 1969.

Leonardo agli occhi di Tusmann nel *Sorteggio della sposa* lo ha ingannato facendogli vedere l'immagine della sua futura sposa perché

ha dipinto un suo ritratto su vetro e lo ha proiettato contro la torre municipale con una lanterna magica nascosta sotto il mantello...[68].

### LA GABBIA DEI FOLLI

Come avviene il passaggio dalla strada, o dall'osteria e taverna alla casa privata borghese?

Curiosamente lo troviamo descritto in un anonimo articolo uscito nel 1839, l'anno dell'invenzione della fotografia, in un giornale bolognese:

> Tosto aprimmo, e scorgemmo un vecchio Savoiardo, che più forte ripeteva «Lanterna Magica!». Unanime fu il nostro invito al ciarlatano, additandogli la porta di casa: e non abbisognò per due volte ripeterlo. Mentre lo spettacolo saliva la scala tutti noi vergognati ci guardammo e prorompemmo in una risata, interrotta dall'arrivo del casotto in camera. Il Savoiardo volgendo gli occhi intorno pensò di aver sbagliato l'uscio: chiese scusa e con una seconda riverenza stava per andarsene. Noi però lo trattenemmo e lo invitammo a darci saggio dei suoi talenti, e motteggiando fra sé stringevasi nelle spalle mentre stendeva un lenzuolo dinnanzi a uno scaffale di libri. Indi il Savoiardo con gravità disse: Signori al posto! La mia lanterna magica è di un genere del tutto nuovo. I soggetti delle vedute mi furono dati da un conoscitore del mondo il quale me ne garantì l'esattezza. Soffiato poi sui lumi, buona notte, il ciarlatano incominciò così...[69].

Il racconto del savoiardo – se non proprio questo uno molto simile – lo possiamo ritrovare in un altro esempio ottocentesco di interazione dal vivo tra lanternista e pubblico: nell'*Almanacco per l'anno 1825. La lanterna magica che fa vedere il mondo e qualche cosa in più*, stampato dai fratelli Sonzogno di Milano, che raccoglie la più ampia e completa descrizione di uno spettacolo di lanterna magica, sia dal punto di vista enunciativo e narrativo che della sequenza delle immagini che del coinvolgimento del destinatario.

---

[68] *Ibid.*
[69] Anonimo, *La lanterna magica*, in «La farfalla», n. 10, 5 marzo 1839, pp. 3-4.

Anche se il lanternista è dotato di una parlantina sciolta e veste con eleganza quasi professorale, lo spettacolo è concepito ancora nello spirito del «Mondo alla rovescia» e l'uditorio popolare è affascinato più dall'affabulazione che dalle immagini, come capiamo dalle risposte...

In questo racconto, che sembra trascrivere in presa diretta le parole del lanternista, lo spettatore è subito promosso a coattore:

> Attenti signori che dò principio. Per la prima comparisce la gabbia dei poveri pazzerelli.
> A queste parole dell'abile piemontese, che mostra la lanterna curiosa, sorge un mormorio tra gli astanti. Uno di essi, dopo aver detto sottovoce «bisogna che costui sia ubbriaco» aggiunge sonoramente «oh amico sbagliaste il vetro: quella non è la gabbia che pretendete di vedere, ma il Globo terrestre»[70].

Il lanternista è colto, come nelle decine e decine di incisioni del tempo, nel vivo dell'azione e il dialogo ci informa del grado di competenza di quel gruppo di spettatori, della soglia di attesa, dell'astuta tecnica di *inventio* e *dispositio* retorica, di spiazzamento degli ordini e dei canoni conosciuti da parte dell'ordinatore dello spettacolo. Inoltre tutto il racconto del lanternista è scandito da verbi e pronomi o avverbi deittici e conativi: (*Mirate...ecco...Ecco là...osservate,...guardate...portate l'occhio...notate...qui si vede,...mirate o signori...ora vi fo vedere...vedete...osserviamo...*): la prima serie di immagini consente di effettuare un rapido giro interno al mondo per osservare le stranezze, diversità e mostruosità di comportamento e di usi e costumi dei vari popoli della terra:

> Ecco là quei selvaggi che, secondo il costume, si allargano in cranio quando sono bambini... mirate quegli altri che se lo assottigliano schiacciando anch'essi le guancie con una specie di torchio, osservate coloro che si vanno tanto straziando gli orecchi, finché scendano maestosamente a coprire le spalle.... portate l'occhio sopra coloro che vanno girando come Dio li ha fatti, colla pelle listata a vari colori; o dipinta a fioracci quasi tela persiana... qui vi è l'indiano nudo sul capitello di una colonna...[71].

---

[70] Anonimo, *La lanterna magica che fa vedere il mondo e qualche cosa in più. Almanacco per l'anno 1925*, Milano 1825, p. 1.
[71] *Ibid.*, p. 3.

Siamo in un nuovo spazio topologico rispetto alle figure delle *Relazioni universali* di Botero[72] e i racconti tengono conto di modelli narrativi voltairiani, di De Foe con oggetti (monete vere o false, collane di perle) o personaggi che, attraverso una serie di peripezie, conoscono il mondo, ne osservano l'elasticità nei comportamenti, il prevalere dello spirito laico su quello religioso e l'imporsi delle ragioni mercantili su quelle etiche.

Il pubblico risulta coinvolto fin dalle prime battute nello spettacolo. È pronto a dialogare col lanternista, a commentare le sue battute, a stabilire un confronto coi propri comportamenti:

«E noi – dice uno degli spettatori – strozziamo i fianchi e storpiamo le piante per far bella figura...». «E noi ci traforiamo le orecchie» soggiunge una giovinetta. A questo esordio gli astanti si raschiano le fauci, si soffiano il naso, sputano tutti per applaudire in cosiffatti modi al predicatore come si usa...[73].

E così si procede anche in occasione di un racconto successivo:

«Osservate signori questa collana che vuole anche essa narrarvi». Gli astanti interrompono il Piemontese: «O questa è bella – dicea uno di loro – se le collane non parlano cosa volete ch'ella ci narri».

Il Piemontese, bevute che ha due tazze di vino per innaffiare la lingua, riprende così:

«Non vi spaventate o signori (soggiunge il nostro venditore di ciarle) se nella quinta veduta vi apparirà un'ombra davanti. I corpi sono più maligni delle ombre e quella che vi presento non ha l'intenzione di nuocere. Eccovi trasportati in un salto nelle Indie....»[74].

È proprio questo racconto a darci la misura del processo di trasformazione in atto nelle pratiche spettacolari della lanterna: un processo che implica una maggiore legittimazione culturale e una progressiva accoglienza dello spettacolo nella società borghese.

Livio Fantina ha colto bene questo momento:

...a volte lo spettacolo vienc offerto da un serio signore in marsina tra il chiacchiericcio di un pubblico elegante e divertito in saloni popolati di specchi, di luce, di piante ornamentali.

---

[72] G. Botero, *Relazioni universali*, Venezia 1640.
[73] Anonimo, *La lanterna magica*, cit., p. 2.
[74] *Ibid.*, pp. 36 ss.

Nei turbini di quel rinnovamento che investe la seconda metà dell'Ottocento qualcosa infatti è stato spazzato via dalla storia anche nel piccolo mondo degli spettacoli di lanterna magica; i colti necromanti non trovavano più credito già dai tempi di Robertson; ora accanto e indipendenti dal misterioso flusso degli ambulanti, sono comparsi i lanternisti della cultura borghese a riempire quel vuoto.

E mentre le strade dei Savoiardi affondano sempre più oscure in aree isolate dei paesi di campagna e nelle osterie rurali, affacciandosi solo a volte, durante i periodi delle fiere, ai margini delle periferie urbane, sta prendendo forma un diverso e nuovo circuito: quello dei conferenzieri con lanterna che praticano le sale delle Accademie e dei circoli professionali, e si trovano a proprio agio negli eleganti caffè del centro, nei casini dei nobili e persino nei teatri: essi presentano brevi sintesi di storia dell'arte, parlano di viaggi compiuti in terre lontane presentando spesso vetrini fotografici dei luoghi visitati, cercano il sostegno di immagini mutuate da stampe e quadri famosi per illustrare i loro ideali patriottici, presentano foto e disegni di immagini scoperte al microscopio per illustrare nuove conquiste della scienza...[75].

### L'UNIVERSITÀ PER IL POPOLO

Le lanterne magiche e tutte le scoperte che precedono l'invenzione dei fratelli Lumière creano e favoriscono la diffusione di una domanda di immagini da parte di pubblici sempre più vasti. La lanterna magica percorre un suo *cursus honorum* che la porta a divenire uno strumento indispensabile per la scienza e al tempo stesso appare come lo strumento più adatto per creare l'università per il popolo a cui scrittori e intellettuali pensano dalla metà dell'Ottocento e scopre l'immenso mondo infantile a cui si offre come primo vero giocattolo utile ed istruttivo.

Quando la produzione delle lastre entra nella fase industriale la lanterna allarga sempre più i suoi orizzonti in direzione della ragione e dei saperi scientifici, differenziando i propri pubblici all'interno della stessa casa borghese e facendo coabitare la dimensione fantastica con quella didattica. La magia della lanterna che approda al salotto borghese e diventa uno strumento a disposizione di grandi e bambini stabilisce una nuova dimensione

---

[75] Fantina, *I re di vetro*, cit., p. 9.

mescolando le nuove frontiere della scienza e quelle del desiderio, le aurore boreali e gli animali dal corpo di uomini, lo sberleffo e il pianto, la barzelletta e la storia sacra[76].

Con la domanda e offerta di immagini cresce anche la memoria e la testimonianza letteraria sul ruolo che queste hanno esercitato nella formazione della vita affettiva e culturale dell'uomo moderno.

Da Hoffmann a Stevenson, a Poe, da Verne a Wilde, fino alla *Recherche* di Proust, la fame visiva e la percezione del mondo (e di più mondi, reali e fantastici) attraverso le immagini viene documentata in modi sempre più ricchi. Nella copertina di *Un autre monde* di Grandville, il sottotitolo rende bene il dilatarsi della visione, il senso di ibridazione delle forme grazie alle meraviglie dell'ottica vecchie e nuove che ancora possono trovare nella lanterna magica il punto di fusione alchemica e di generazione di una miriade di forme e di viaggi e scoperte di mondi plurimi:

Trasformazioni, Visioni, Incarnazioni, Ascensioni, Locomozioni, Esplorazioni, Peregrinazioni, Escursioni, Stazioni, Cosmogonie, Fantasmagorie, Ghiribizzi, Sogni, Facezie, Follie, Metamorfosi, Apoteosi, Litomorfosi, Zoomorfosi, Metempsicosi e altre cose...[77].

L'immaginario di Grandville si fonda su una catena di associazioni visive in continua trasformazione, quasi per effetto di dissolvenza.

Con Grandville, contemporaneo di Hoffmann, il cui programma letterario è analogo al suo, l'artista diventa «cliente dell'ottico», secondo la formula di Max Milner[78].

La lanterna per Grandville è lo strumento privilegiato per capire le metamorfosi, per entrare nelle dimensioni del sogno: la sua iconosfera, popolata d'occhi senza corpo, anticipa di quasi un secolo la visione surrealista.

La lanterna entra nelle case borghesi, il suo volume si riduce, ma i suoi soggetti si moltiplicano: il mago, l'alchimista, il continuatore di Ermete Trismegisto cede sempre più il passo allo scienziato, al

---

[76] *Ibid.*
[77] J. Grandville, *Un autre monde*, Paris 1844.
[78] Le Men, *Monsieur le Soleil*, cit., p. 51.

divulgatore, all'educatore, ma non esce mai dall'orizzonte d'attese.

Ancora nella seconda metà dell'Ottocento, quando la componente didattica e pedagogica ha preso il sopravvento è comunque possibile trovare testimonianze – come nel caso di *Piccolo mondo moderno* di Fogazzaro – che ci riportano al senso di meraviglia e stupore rispetto allo spettro che si materializza sullo schermo:

Le lampade elettriche mancarono a un punto, sul quadrato bianco apparvero nuvole soffuse di albori lunari e un'orchestrina invisibile attaccò le prime battute del *Sogno di una notte d'estate* di Mendelssohn. Donna Bice, la buona signora Colomba Raselli, la Gonnellina, suo padre, Dane, Bassanesi, il maestro Bragozzo fecero: «Oh!». Bestemps disse forte: «Bene!». Tutti gli altri, signori e signore, stettero duri, con l'aria avvezza e difficile. La Raselli si attentò di domandar sottovoce a una maestosa vicina impassibile: «Cossa xeli, contessa, sti spegazzi?». La vicina rispose maestosamente: «Mi no so».
Una vispa signorina seduta presso la Raselli mormorò:
«El sarà el caldiero de le strie che fuma» [79].

Un altro scrittore, Théodore de Banville intitola una sua serie di racconti *La lanterne magique* e usa il richiamo dell'imbonitore savoiardo come ouverture del libro:

Trala, deri, traderi dère, la, la, la, la, traderi, tradère! Demandez la curiosité. Faites monter chez vous la belle lanterne magique [80]!

Verso il 1872 l'abate francese Moigno scrive l'*Art des projections* in cui riassume il suo sogno educativo, le difficoltà che ha incontrato e le tappe che hanno portato alla realizzazione delle *Salles du progrès*:

Ho battezzato le mie sale col nome di Salles du progrès, perché il loro fine principale è: di promuovere, sotto tutte le sue forme, il progresso reale e benefico, di dare il più grande e il più pronto sbocco possibile alle invenzioni e alle scoperte della scienza e dell'industria, espressioni viventi del progresso: di combattere energicamente i due nemici inesorabili del progresso, delle scoperte e delle invenzioni, l'ignoranza che li uccide nel loro germe o li tiene tuffati nel nulla, la routine che oppone loro il cerchio infrangibile dell'inerzia.

---

[79] A. Fogazzaro, *Piccolo mondo moderno*, Milano 1984, p. 275.
[80] T. de Banville, *Petites Etudes-La Lanterne magique-Camées parisiens*, Paris 1883, p. 3.

Parigi e le grandi città vanno moltiplicando senza interruzione sotto i piedi dei loro abitanti i modi di spendere al di fuori del focolare domestico, nei Caffè concerti, una somma di un franco e mezzo/due, il pane sacro per la famiglia, in mezzo a un'atmosfera nauseabonda, agitata dai venti di tutte le cattive passioni, senza che sia possibile, anche pagando più caro, di incontrare un sol luogo in cui possano riposandosi delle fatiche del giorno riposarsi e al tempo stesso istruirsi.

È un vuoto omicida che io voglio riempire, è a questo fatale abbandono che voglio supplire.

Istruire e divertire, questo è il programma delle Sale del Progresso [81].

L'invenzione della fotografia e della stereoscopia e di nuove tecniche di stampa, dalla litografia alle oleografie, contribuisce a offrire un'ulteriore dilatazione dei poteri della visione, a far confluire tutte le macchine verso uno stesso luogo. La trasformazione tecnologica spinge l'uomo sempre più verso la ricerca spasmodica della riproduzione del vero e del movimento.

La lanterna magica, sul finire dell'Ottocento, è un oggetto che circola ovunque liberamente, è entrata come oggetto di produzione industriale (in Francia la producono tra gli altri Molteni, Duboscq, Mazo, Gaumour, in Inghilterra Adams, Hughes, Newton...) e accresce in proporzione quasi geometrica il numero delle persone capaci di parlare senza alcun problema la lingua delle immagini e di conservarne nel tempo la memoria.

Alfred Molteni – fabbricante di lanterne magiche e di lastre – crede nei poteri didattici della lanterna e pensa comunque che il carattere di verità delle immagini possa impedire il formarsi di false rappresentazioni della realtà. Il suo libro del 1878, quasi coevo a quello dell'abate François Napoléon Marie Moigno, esalta le possibilità didattiche della lanterna e la sua capacità di «istruire divertendo, aprire lo spirito dell'allievo e creargli il desiderio di spingersi oltre quello che gli viene insegnato»[82].

In un suo Catalogo delle immagini su vetro in bianco e nero e a colori del 1884 Molteni descrive alcuni soggetti tratti dal mondo delle favole come *Il gatto degli stivali, Cenerentola, Pollicino, Cappuccetto rosso, Pelle d'asino, La bella addormentata, La bella e la bestia, Don Chisciotte, Guglielmo Tell, Robinson Crusoe, Le Favole di La Fontaine, Gulliver* e decine di altri titoli... Tra i molti le sei

---

[81] Abbé Moigno, *L'Art des projections*, Paris 1872, p. 120.
[82] A. Molteni, *Instructions pratiques sur l'emploi des appareils de projection*, Paris 1878.

lastre della storia di *Genoveffa di Brabante* immortalate da Proust.

Ancora nel 1897 in uno splendido manifesto disegnato da Alphonse Mucha la Société Populaire des Beaux-Arts reclamizza *L'Art enseigné au peuple par les projections* ricorrendo a una bellissima Musa bionda che, con un libro in una mano e una lanterna magica a fianco inizia alle meraviglie dell'arte il giovane operaio.

In effetti non c'è limite alla diffusione del sapere per mezzo della lanterna.

I cataloghi delle ditte specializzate offrono migliaia e migliaia di soggetti di ogni tipo. Non c'è campo del sapere scientifico, artistico e letterario che non sia previsto, accuratamente descritto e coperto.

Dalla metà dell'Ottocento la lanterna entra nelle case borghesi soprattutto come gioco per bambini: l'iconografia in questo senso è molto vasta e da subito mostra i bambini spettatori e organizzatori dello spettacolo. Le lastre si dispongono come racconto, attingono alle favole di Grimm o Andersen, e ai classici della narrativa per l'infanzia e della letteratura popolare. Il mondo di orchi, fate, folletti, gnomi, coboldi, creature angeliche, popola le stanze da letto o dei giochi di un numero sterminato di fanciulli, in Inghilterra, Francia, Germania... Ma anche di crudeli racconti ambientati al presente in cui schiere di piccini affamati e laceri vengono maltrattati e spesso muoiono per l'edificazione del pubblico infantile[83]. Esemplare, tra la miriade di storie edificanti vittoriane, che hanno alle spalle i racconti di Dickens *La prima preghiera di Jessica*, una storia fotografica, realizzata verso il 1880 pubblicata dalla Religious Tract Society, che vede come protagonista un avaro inserviente della chiesa locale che gestisce di nascosto un banchetto ambulante di caffè e che impietosito da una bambina lacera e affamata che lo va a trovare, tutti i giorni le offre qualcosa. La bambina, che si chiama Jessica, subisce il richiamo della chiesa, ma si trova in un tale stato di indebolimento da cadere ammalata. La madre non trova di meglio che abbandonarla. L'avaro inserviente decide invece di adottarla e di confessare la sua attività segreta al pastore. Che lo incoraggia a continuare il suo lavoro alla luce del sole e magari con l'aiuto di Jessica[84].

---

[83] Sul rapporto tra iconografia e prosa vittoriana e origini del racconto cinematografico vedi J.L. Fell, *Film and the Narrative Tradition*, Berkeley 1974.
[84] La descrizione completa della *Prima preghiera di Jessica*, che fa parte della collezione Minici Zotti di Padova è in «FMR», n. 61, maggio 1988, pp. 116-120.

Vale la pena di soffermarsi un attimo a descrivere un catalogo pubblicato a Londra nel 1906 dalla ditta di strumenti scientifici Newton & Co[85]. Già verso il 1863 questa ditta viene nominata ufficialmente da parte della famiglia reale inglese come casa di fiducia di strumenti ottici e matematici e, da quel momento inizia su scala industriale la fabbricazione di strumenti scientifici, fotografici, ottici e di lanterne magiche di ogni tipo.

Se i tipi di lanterne messe in vendita sono dell'ordine di svariate decine, le lastre si contano ormai a migliaia. Come appare subito evidente sfogliando a caso il catalogo, l'obiettivo è quello di tentare una copertura enciclopedica di tutto lo scibile umano.

Centoquaranta lastre introducono all'istologia, centosessanta alla fisiologia umana. Si parte da visioni generali dello scheletro e del sistema venoso e arterioso e si passa a diagrammi della struttura della retina e dell'apparato uditivo. Si parla degli apparati genitali e della riproduzione e si mostrano i cristalli dell'urea o sezioni del cervello. Una quarantina di lastre sono dedicate al cuore e alla sua azione. Una serie molto accurata è dedicata all'embriologia del dente, un'altra alla patologia dello smalto, un'altra ancora alla batteriologia della bocca.

Accanto a queste serie, destinate evidentemente allo studio universitario, si trovano alcune centinaia di lastre genericamente dedicate all'igiene personale, alla pulizia della casa, ai sistemi di disinfestazione e disinfezione personale e degli ambienti, alla pulizia degli indumenti.

Più di settecento lastre sono dedicate alla fisica e alla descrizione di fenomeni semplici e complessi.

La biologia, l'astronomia, la geologia, l'agraria, la geografia, la veterinaria, la storia naturale, la zoologia, godono di sezioni molto vaste, in grado di soddisfare i diversi livelli di domanda.

Ma le sezioni più ricche e più richieste sono quelle dedicate alla storia e alla geografia. Se i primi lanternisti promettevano viaggi a volo d'uccello attraverso luoghi reali e immaginari, i realizzatori di queste serie vogliono condurre per mano lo spettatore attraverso un itinerario turistico esemplare, mostrandogli la varietà dello spettacolo urbano, animandogli un evento del passato, coinvolgendo diversi soggetti storici e osservando l'avvenimento da più punti di vista. Migliaia di lastre, per esempio, sono dedicate alla ricostruzio-

---

[85] *Optical Lantern e Slides, Catalogue n. 4*, London 1906.

ne dettagliata degli episodi dell'Antico e Nuovo Testamento. E milleduecento lastre sono create per offrire una breve storia del popolo inglese.

L'intera opera di Shakespeare è illustrata, così come una serie di lastre raccontano e traducono in immagini le suggestioni dei grandi capolavori letterari e poetici della letteratura inglese e americana.

Nella rappresentazione turistica del mondo l'Italia gode di un'attenzione particolare e Venezia e Napoli hanno addirittura due sezioni tutte per loro. Tra Napoli e Pompei si possono contare un centinaio di lastre, mentre una quarantina sono dedicate a Venezia. Accanto alla visione prevedibile di piazza San Marco e del campanile c'è anche quella dell'hotel Danieli e del mercato di Rialto o dei piccioni in riva degli Schiavoni.

Questo catalogo, destinato a essere rapidamente soppiantato dal cinema, è una dimostrazione macroscopica della messa a punto progressiva del progetto di dominio visivo di tutte le possibili realtà. La fotografia consente una definizione dei luoghi quale nessun vedutista era stato capace di offrire e soprattutto non esiste più una gerarchia di importanza all'interno del visibile. Tutto rientra di diritto nel campo del visibile e viene promosso a oggetto d'osservazione privilegiata.

## LA CERIMONIA DEGLI ADDII

L'entrata in campo del cinema condanna la lanterna magica – in nome delle leggi evoluzionistiche che si possono considerare operanti in modo assai netto nel terreno della visione popolare – a una progressiva e inesorabile estinzione.

È un'agonia lunga, ma irreversibile. Per alcuni decenni lo spettacolo di *Dissolving Views* coabita con ogni genere di numeri e di attrazioni del tradizionale spettacolo popolare. Il lanternista torna in scena per l'applauso finale accanto agli illusionisti, agli acrobati, agli animali sapienti, ai clowns, ai mostri di natura, ai ventriloqui, ai cantanti, ai ballerini e sembra più far parte della loro famiglia che di quella degli operatori Lumière. Paradossalmente e di colpo, nonostante la crescente ibridazione di magia e scienza, il lanternista appare come una figura d'altri tempi, il depositario di saperi del passato. Tra i simboli e le allegorie del *Ballo Excelsior* che celebrano e impersonano il progresso e la modernità non sembra esserci posto per l'ormai vecchia lanterna.

E questo avviene nonostante il fatto che negli anni a cavallo del Novecento i fenomeni di iconofagia e di iconolatria che precedono e accompagnano l'invenzione del cinema raggiungano livelli quasi parossistici. Accanto agli apparecchi di lanterna magica nascono altre scatole che promettono – in una scalata a chi offre di più – di donare visioni sempre più perfette, colorate e fedeli di ogni tipo di realtà. In molte di queste invenzioni non manca neppure la parola. Quanto al movimento sappiamo che i sistemi di leve e meccanismi e il numero di obiettivi consentono al lanternista di animare le sue immagini, sia pure dando loro un andamento ciclico di brevissimo periodo.

In ogni caso, grazie al passaggio dalla dimensione artigianale a quella industriale il linguaggio delle lanterne magiche è diventato una sorta di esperanto, una lingua di tutti. Questo spiega perché il passaggio dei pubblici dalle sale degli spettacoli di lanterna magica a quelle con i cinematografi dei fratelli Lumière possa avvenire quasi senza soluzione di continuità. Tutti sono in grado di parlare e riconoscere, a prima vista, il lessico del cinematografo e passare senza sforzo da un piano di comprensione della morfologia a quello più complesso della sintassi visiva e narrativa. E di dimenticare presto il debito nei confronti della lanterna magica.

Anche se, ancora nei primi decenni del Novecento, si ricorre a scopi educativi o pubblicitari o edificanti in modo massiccio alla lanterna magica, con effetti di coinvolgimento e meraviglia non dissimili da quelli osservati nei secoli precedenti. Così nella «Cultura popolare» un intellettuale bolognese, Corrado Ricci, ricorda l'effetto della lanterna su un gruppo di bambini piccoli nel corso di un soggiorno – alla vigilia della prima guerra mondiale – in una villa in cui erano ospitate più famiglie. Mentre un gruppo di bambini più grandi era spinto a disegnare, traendo ispirazione dai libri illustrati, il gruppo dei piccoli veniva guidato alla conoscenza del mondo mediante le lastre proiettate su uno schermo:

Dei piccoli, intanto, non mi potevo liberare. Ad ogni momento mi erano intorno per rivedere le grandi e splendide figurazioni proiettate sul muro. Che gridi di ammirazione all'apparire dell'elefante! Che paurosa attenzione al passaggio del leone, del serpente boa, della tigre. Che lieta sorpresa al balenare del Canal Grande di Venezia, della Chiesa di San Pietro, a Roma, della torre pendente di Pisa, del Golfo di Napoli col vulcano fumante! Che occhi spalancati per meraviglia quando si presentava l'ingrandimento di un insetto, di un fiore, di un'erba! E su tutto, quale delizioso e profondo desiderio di vedere, anzi di rivedere e di sapere [86].

Piccolissimi frammenti di ricordi di lanterne magiche giocattolo si possono ritrovare ancora a lungo nel Novecento: durante la seconda guerra mondiale: così un omonimo dello scrittore bolognese, l'editore Franco Maria Ricci, ricorda – in controparte rispetto alla testimonianza precedente – soprattutto l'effetto della luce e del pulviscolo atmosferico sulla sua immaginazione infantile:

Ero bambino e avevamo in casa una lanterna magica. Non ricordo le immagini che proiettava sul muro – in sequenze che certamente corrispondevano allo svolgersi di qualche fiaba – ma ho ancora in mente il fascio di luce che mi sorvolava. Quando mi sembrava di aver visto un'immagine a sufficienza, sbirciavo sopra di me. Dentro quel flusso, capace di far apparire e scomparire sulla parete fantasmi effimeri e bizzarri, vedevo salire e scendere della polvere minutissima, o formarsi ogni tanto piccoli vortici per il passaggio di una farfallina. Avevo creduto che per natura le immagini non potessero aderire che a una superficie (pagina, cartoncino fotografico, tela dipinta), ma ora constatavo con stupore che potevano staccarsene e transitare nello spazio. Certo però non immaginavo sino a che punto avrebbe avvolto tutti quella magia. Era il periodo della guerra, e la televisione sarebbe arrivata in Italia qualche anno più tardi: la lanterna ne faceva per me le veci con discrezione ammirevole [87].

Nei ricordi di uno scrittore inglese, Jonathan Keates, una lanterna magica con tutti i suoi vetrini, ricevuta in dono da un'anziana signora nei primi decenni del Novecento, ci consente di riunire tutti insieme i fili e gli elementi e di convocare in scena tutti i soggetti del racconto svolto finora:

Sul coperchio si leggeva *Wellborn's Original Family Magic Lantern. Hours of Instructive Amusements...* Appena giunti a casa, la scatola rivelò un elegante marchingegno, laccato in cremisi e oro, munito di due porticine scorrevoli attraverso le quali era possibile introdurre la lampada nonché d'una finestrella orizzontale in cui venivano inserite le lastre. Avvolte in carta velina scoprimmo non meno di sei serie di immagini raffiguranti le Fiabe dei musicanti di Brema, di Cenerentola, una tetra ed

---

[86] C. Ricci, *Lanterna magica*, in «La Cultura Popolare», 30 giugno 1913, p. 595.
[87] F.M. Ricci, *Editoriale*, in «FMR», n. 61, maggio 1988, p. 1.

edificante storia tedesca su un gatto malvagio, intitolata *Il cammino di Pussy verso la rovina*. C'era anche una stramba sequenza dedicata a un bizzarro elefante addestrato alla danza; una serie di vedute dell'Egitto, dal Cairo alle cateratte del Nilo, e alcune immagini di guerrieri africani che combattevano sotto una palma, di cui non riuscimmo mai a stabilire la sequenza esatta.

Il significato delle immagini, comunque, contava assai poco rispetto al rituale evocato dalle proiezioni sul muro della nostra camera. Aprire e chiudere le porticine, far scattare avanti e indietro i vetrini ci dava, seppur per un breve istante, l'inebriante sensazione di creare qualcosa. Evocavamo un mondo, ne annotavamo i fenomeni, e quasi per un soffio, tutto spariva. Era la stessa magia, un misto tra curiosità e desiderio di dar vita a qualcosa di nuovo, che presiede al cinema e alle tecniche consorelle, dai semplici spettacoli degli ambulanti ai grandiosi diorami che avevano preceduto il cinema.

Non per niente la più famosa serie di immagini stereoscopiche si intitolava Mondo Nuovo. La magia della lanterna stava nel suo immediato potere di creare immagini vive, semplicemente proiettando un raggio di luce attraverso una lente. Con le tende tirate e i nostri vecchi giocattoli scomparsi nell'ombra, la macchina assumeva dimensioni fantastiche, rese ancor più irreali dai piccoli raggi di luce provenienti dal suo interno e dal misterioso ronzio prodotto dal metallo nel dilatarsi al calore.

Fu una fortuna che a quel tempo non conoscessimo quella paurosa storia di fantasmi di Montague Rhodes James che si intitola *Casting the Runes*, in cui il vampiresco antiquario Karswell, col pretesto di offrire una tranquilla e divertente serata con la lanterna magica, spaventa a morte i bambini del luogo, proponendo una sequenza di figure diabolicamente studiate – che culminava nell'immagine di un bambino al crepuscolo, nel parco dello stesso Karswell, tallonato da uno «svolazzante coso bianco».

La lanterna ci incantava, noi e i piccoli amici formalmente invitati allo spettacolo[88].

Un atteggiamento di regressione allo stupore dell'infanzia viene dichiarato, in una lettera molto importante agli effetti del nostro discorso, scritta da Roma alla famiglia il 22 settembre 1907 da Sigmund Freud, che racconta come dalla sua finestra a piazza Colonna gli sia possibile vedere

alcune migliaia di persone che vanno per godere del ponentino serale che rende l'aria deliziosa, per ascoltare le musiche di una banda militare e per osservare le lastre di lanterna magica che la Società Italiana Cines proietta

---

[88] J. Keates, *Un lascito*, ivi, p. 114.

sulla parte alta di un palazzo. Ci sono immagini pubblicitarie mescolate a fotografie di paesaggi, ghiacciai o ritratti di negri del Congo.

Alla fine di questo gruppo di immagini il pubblico vede anche brevi proiezioni di riprese cinematografiche. Per godere di questa parte finale i vecchi bambini (tra cui anche Freud) accettano pazientemente la pubblicità e le monotone fotografie. La folla è affascinata, soggiogata e continuamente percorsa da una tensione crescente e decrescente. Il padre della psicanalisi abbandona il suo punto d'osservazione privilegiato soltanto quando avverte di sentirsi solo nella folla. In poche, bellissime righe, è sintetizzato, come meglio non si potrebbe, il senso di coabitazione e passaggio storico di consegne tra lanterna magica e cinema. Il cinema ha bisogno di succhiare la vita alle altre forme di spettacolo e ne indebolisce progressivamente i poteri. La lanterna magica è la prima e più emblematica vittima: per crescere, liberarsi dai complessi edipici nei suoi confronti e acquistare piena coscienza di sé, è necessario ucciderla.

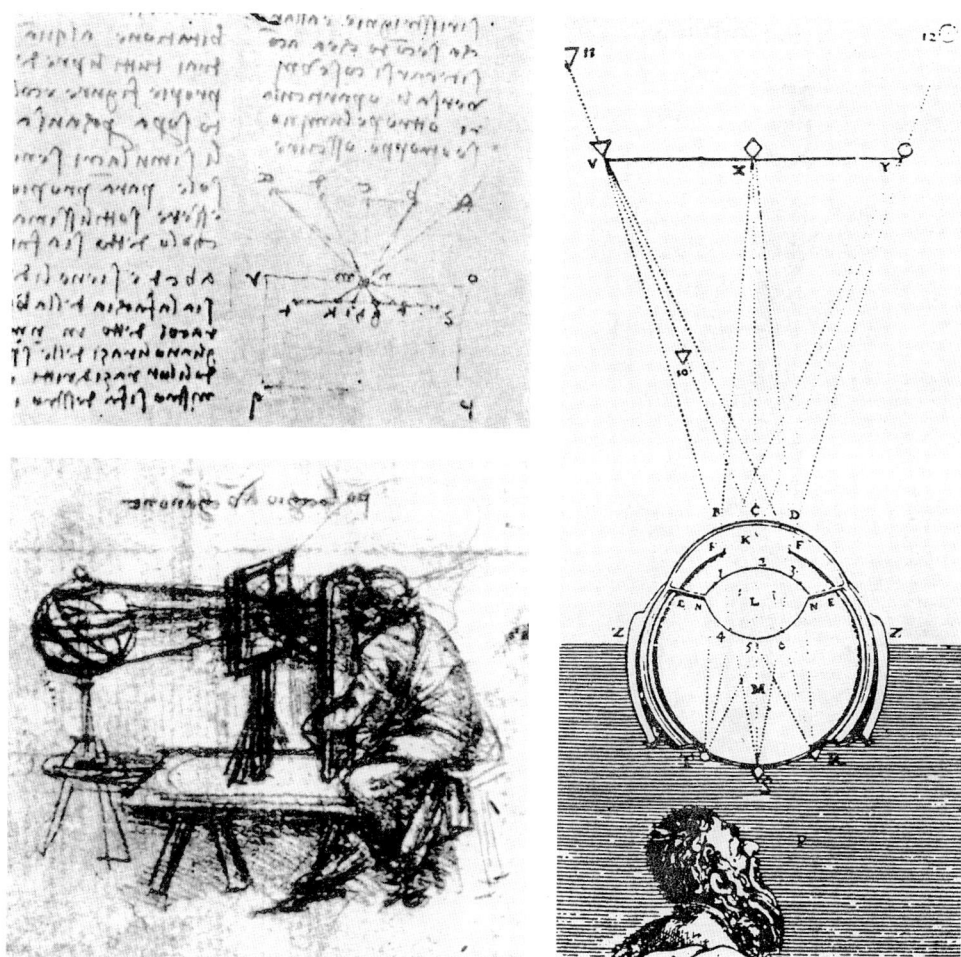

L'OCCHIO E LA LUCE
1. Leonardo da Vinci, Disegno della intersezione dei raggi nella camera oscura (Codice D. Foglio 8).
2. Leonardo da Vinci, Uomo che usa un prospettoscopio per disegnare una sfera armillaria, disegno a penna e inchiostro, 1510. Codice Atlantico.
3. Illustrazione di come si formino le immagini sul fondo dell'occhio secondo gli stessi principi della camera oscura. In R. Descartes, *La Dioptrique, Discours V*, 1637, disegno a penna e inchiostro, 1510.

[ 4. ]

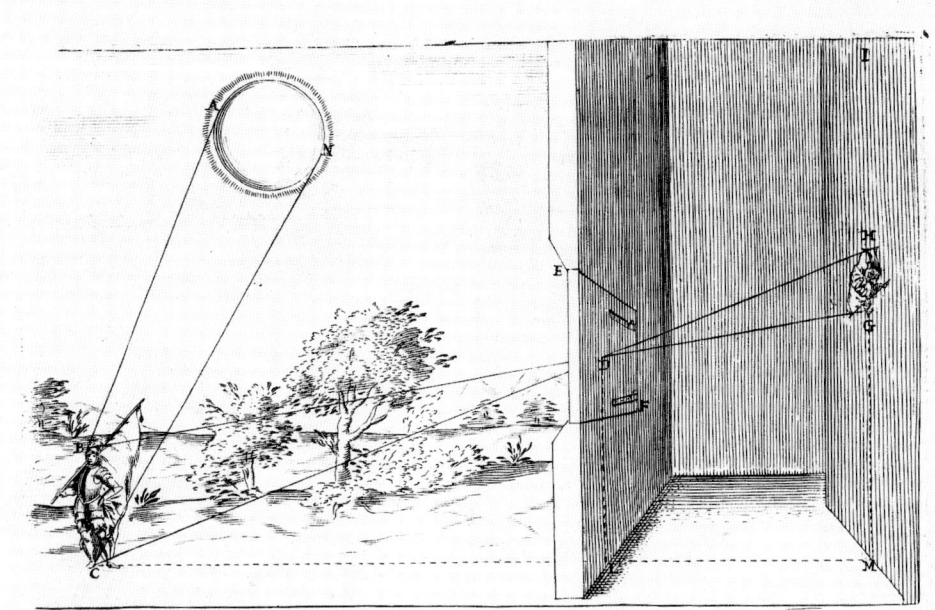

[ 5. ]

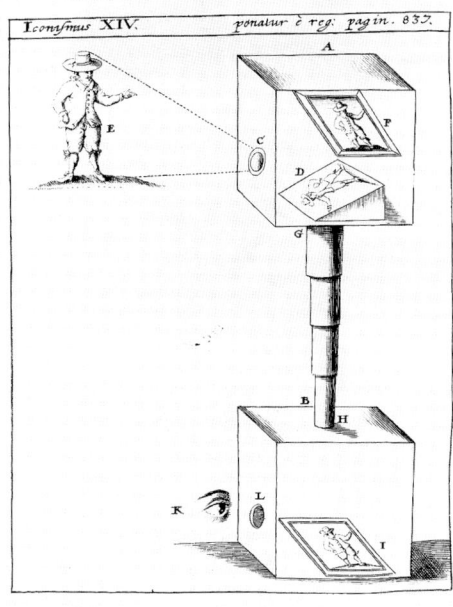

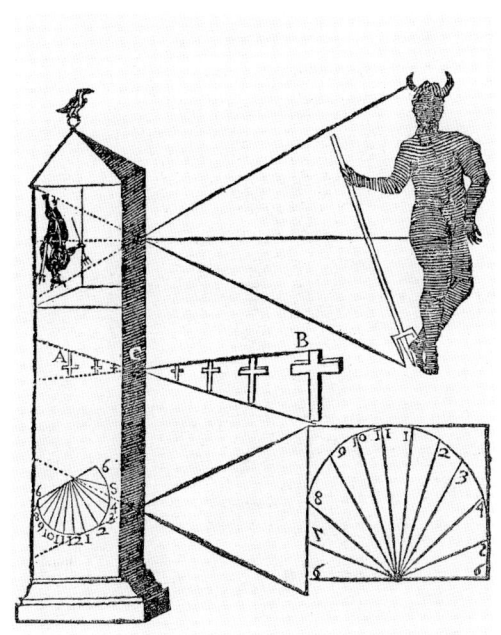
[ 7.]

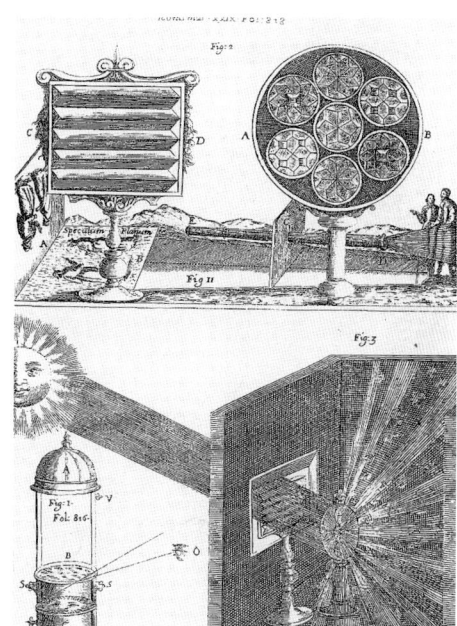
[ 8.]

4. Esempio del funzionamento della camera oscura, quando l'oggetto esterno sia illuminato dalla luce del sole. Da M. Bettini, *Apiaria*, Bologna 1641-42.
5. *Cabinet* di anamorfosi catottriche da J. Du Breuil, *La perspective pratique*, Parigi 1649.
6. Macchina catottrica da C. Schott, *Technica curiosa*, Norimberga 1664.
7. Rappresentazione della Croce e del Demonio ispirata a un divertimento negromantico dell'imperatore Rodolfo II con obelisco diviso in tre sezioni di camere-oscure. Da A. Kircher, *Ars Magna Lucis et Umbrae*, Roma 1646.
8. Macchina parastatica da A. Kircher, *Ars Magna Lucis et Umbrae*, Roma 1646.

[ 9. ]

[ 10. ]

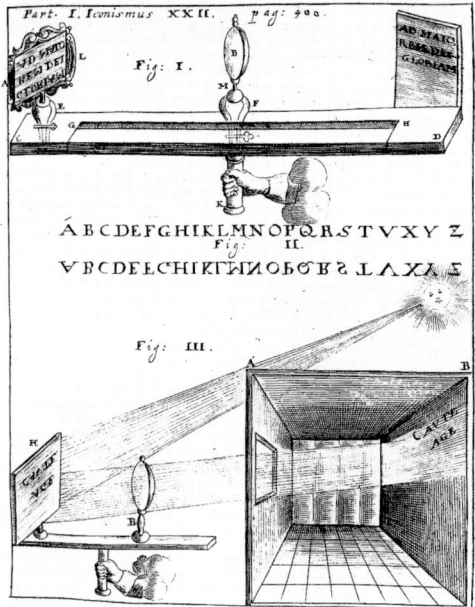

[ 11. ]

[ 12. ]

[13.]

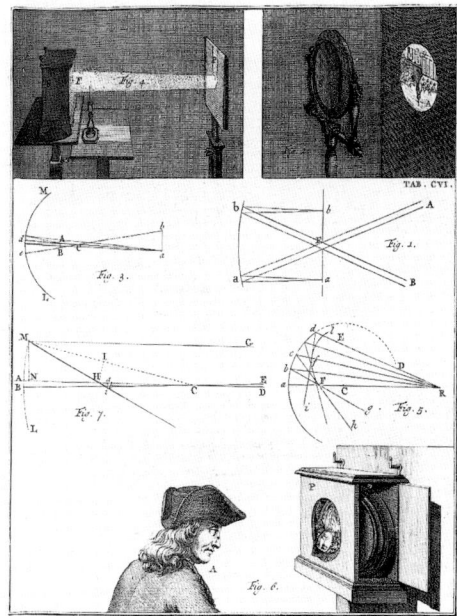

[14.]

[15.]

9. Frontespizio della seconda edizione dell'*Ars Magna Lucis et Umbrae* di Kircher del 1671. L'incisore è Pierre Miotte.
10. Frontespizio del Museum Kircherianum, 1678.
11. Stenografia catottrica kircheriana da C. Schott, *Magia Universalis Naturae et Artis*, Bamberga 1677.
12. Frontespizio di J. Zahn, *Oculus artificialis*, Herbipoli 1685.
13. *Perspective Box* descritto da R. Hook in *Philosophical transactions* alla Royal Society nel 1694.
14. Studi di proiezione e rovesciamento dell'immagine in W. J. s' Gravesande, *Phisices Elementa Mathematica*, Leida 1720.
15. Anonimo, *L'Optique. Tiré du cabinet de Monseigneur de Picquigny*, acquaforte e bulino, 1750 circa.

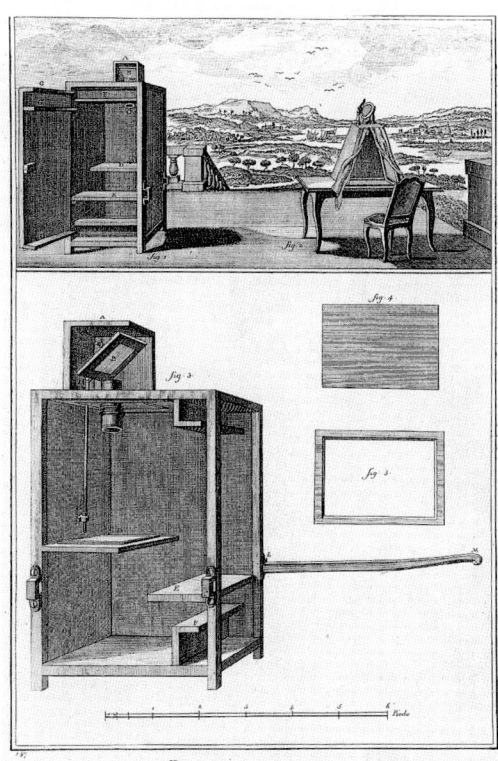

16. Incisione che rappresenta l'interno dell'officina veneziana di strumenti ottici di Biagio Burlini «Occhialajo sopra la Fondamenta del Rosmarino all'insegna dell'Archimede», Venezia 1758.
17. Camera ottica di Francesco Guardi, legno e vetro smerigliato, Venezia, inizi del XVIII secolo. Museo Correr.
18. Due tipi di camera ottica. *Planche* dell'*Encyclopédie* di Diderot e D'Alembert (1751-1772).

[19.]

[20.]

[21.]

I SEGNI DEI PASSI
19. Frontespizio dell'edizione del 1610 di Thomaso Garzoni da Bagnacavallo, *La piazza universale di tutte le professioni del mondo*, Venezia.
20. Frontespizio de *Il vagabondo overo sferza dei bianti e vagabondi* di Rafaele Frianoro, Venezia 1627.
21. J.A. Watteau, *Mendicante savoiardo*, carboncino e sanguigna, con acquarello rosso, Firenze 1715. Gabinetto delle stampe degli Uffizi.

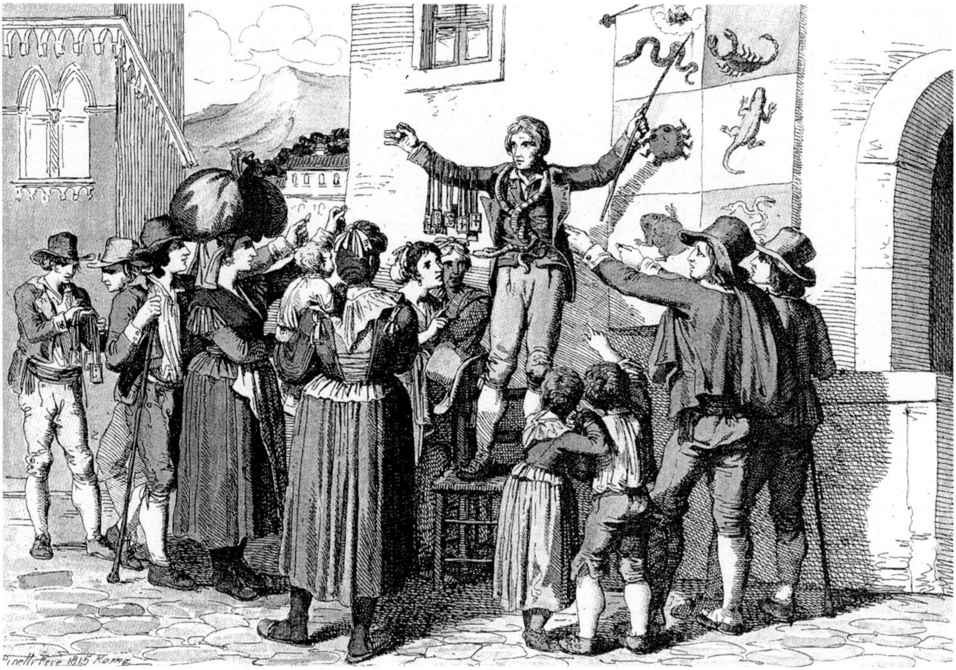


[22

[23

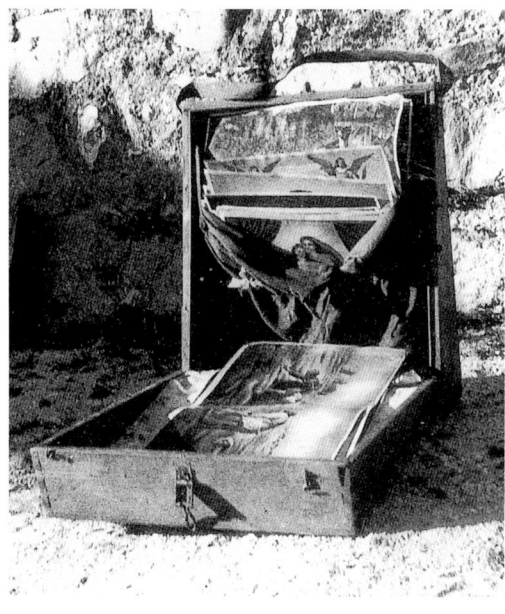

22. B. Pinelli, *Il ciarlatano in piazza*, acquaforte e bulino, 1815.
23. La disposizione delle stampe oleografiche in una tipica «cassela» di un venditore tesino della fine dell'Ottocento.

[24.]

[25.]

[26.]

## LA LANTERNA MAGICA

24. Mestieri ambulanti, xilografia, Orléans, XVIII secolo. Si tratta di un gruppo di mestieri ambulanti all'interno dei quali si trova *A la pièce curieuse*, l'immagine di un ambulante con camera ottica.

25. M. Poisson, *Ah! La lanterne magique la pièce curieuse*. Incisione da *Cris de Paris dessinés par M. Poisson*, acquaforte, Parigi 1775.

26. Bouchardon, *L'orgue de Barbarie*, incisione tratta da *Etudes pris dans les bas peuple ou les cris de Paris*, 1737-46. Si tratta di una delle tante immagini dei mestieri che vanno per via in cui si vede una donna con un organetto di barberia e con una cassetta sulle spalle sormontata da una lanterna magica.

[ 27. ]

[ 28. ]

[ 29. ]

27. F. Kobell, Acquaforte che raffigura una venditrice di stampe accompagnata da un bambino con una lanterna sulle spalle, 1770 circa. Padova, collezione Minici Zotti.
28. J. de Lyon, *La lanterne magique*, acquaforte e bulino tratta da un olio su tela del 1731 di J.F. Delyen, conservato alla Fundación Luis A. Ferré del Museo de Arte de Ponce di Puerto Rico.
29. Brachenburg, *La curiosité*, acquaforte e bulino, fine XVIII secolo.
30. G. Volpato da F. Maggiotto, *Savoiardi colla lanterna magica*, acquaforte, 1770 circa.
31. Schenau, *La lanterne magique*, acquaforte e bulino, Parigi 1770 circa.

[32.]

[33.]

[34.]

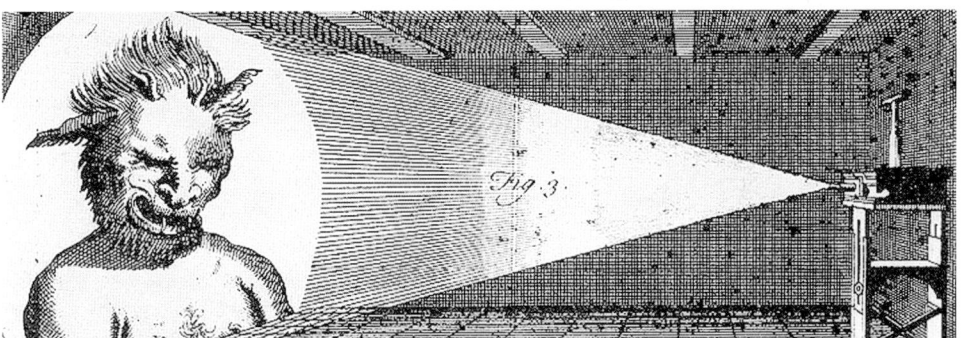

32. L. Defrance, *La lanterne magique*, olio su tela, 1780 circa. Collezione privata.
33. Anonimo, *Scaramouche Diogène sur le treteaux de la foire*, acquaforte, 1760 circa. In L. Duchartre, *La comédie italienne*.
34. Pescorski, *La lanterne magique*, incisione a granito stampata a Parigi da Basset, inizio XIX secolo.
35. P. Cod, *Le Savoyard*, acquaforte, 1790 circa.
36. Proiezione di un demone con la lanterna magica. Tavola tratta da *Phisices Elementa Mathematica* di s' Gravesande, Leida 1720.

37. *La visita dell'arcivescovo*, lastra dipinta a mano per lanterna magica (da una serie di otto immagini), seconda metà del XVIII secolo. Padova, collezione Minici Zotti.

38. Serie di lastre settecentesche a tiretto. Padova, collezione Minici Zotti.

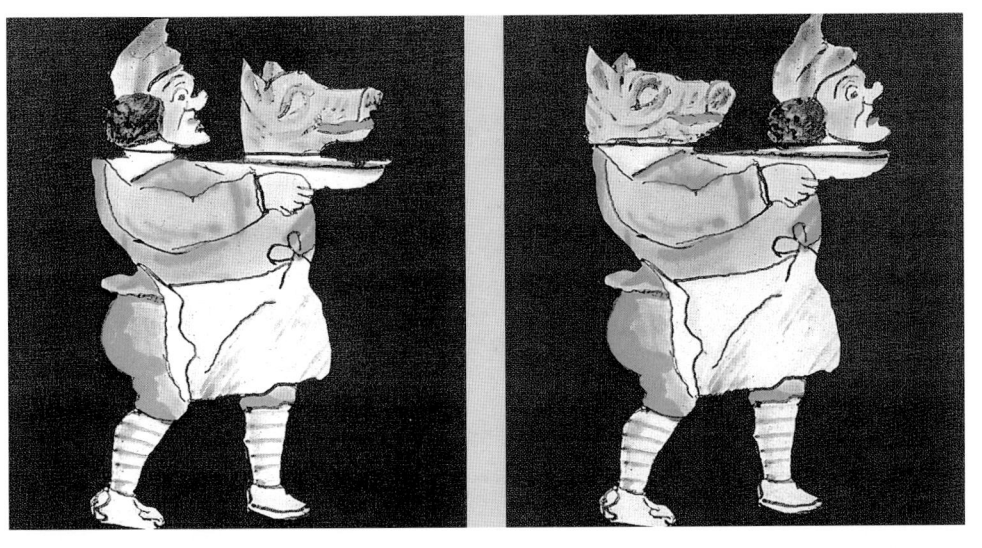

39. *Una portata imprevista*, lastra dipinta a mano, 1850 circa.
40. Veliero in mare, vetro dipinto a mano animato da un sistema a rotazione di tre vetri sovrapposti, Inghilterra, 1880 circa. Padova, collezione Minici Zotti.

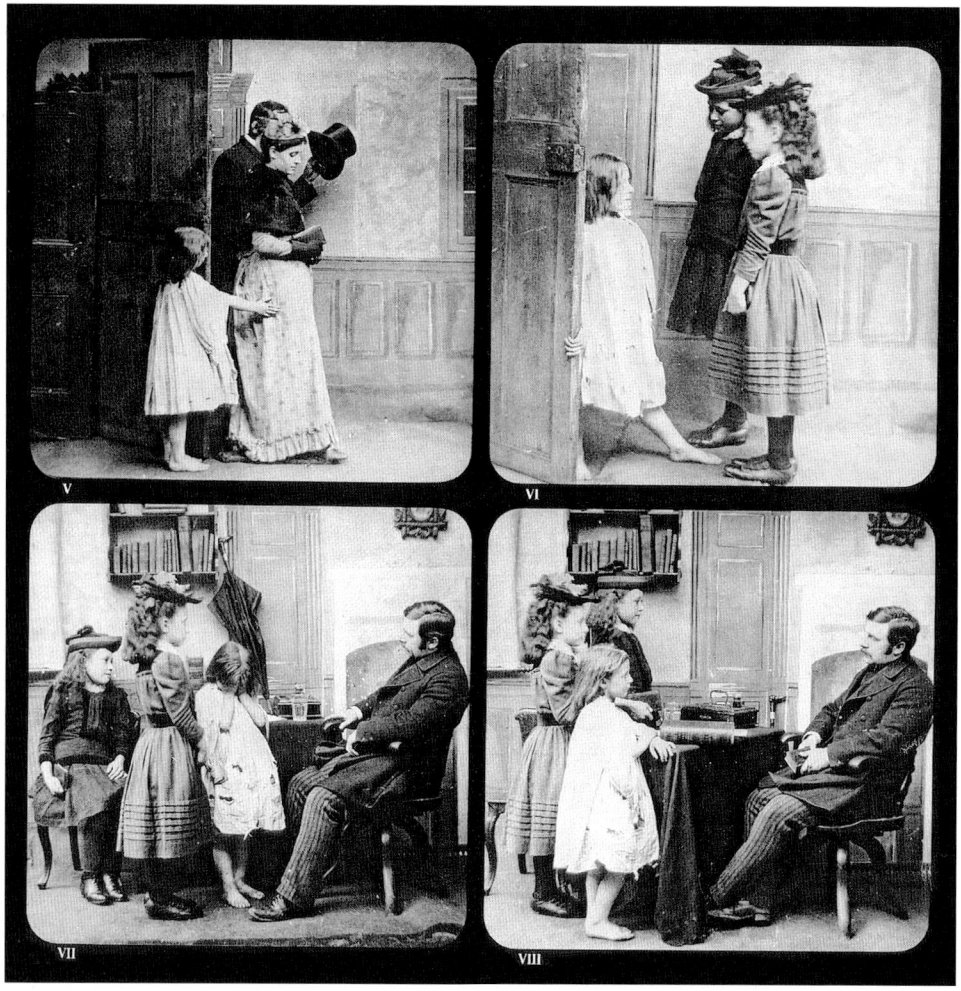

41. Butterworth e Heath, quattro delle undici immagini *Jessica's First Prayer* ispirate al racconto di Hesba Stratton, fotografie colorate a mano, Inghilterra, 1880. Padova, collezione Minici Zotti.

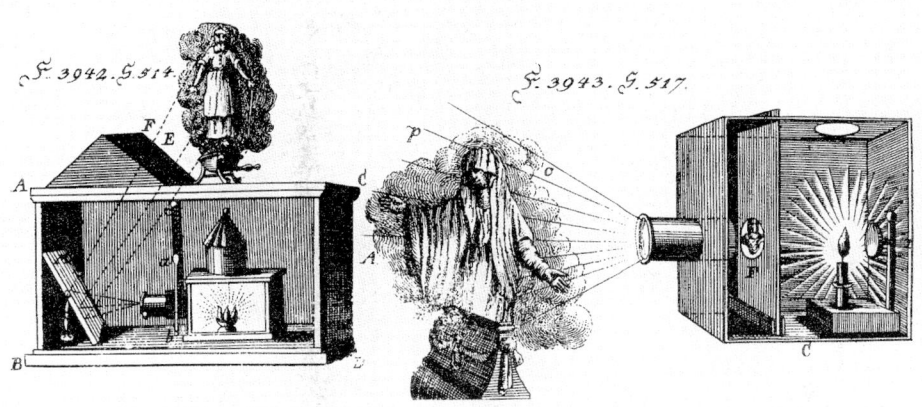

GLI SPETTRI DELL'ANIMA
42. Immagini di proiezioni di lastre di lanterna magica sul fumo in J.G. Kruenitz, *Oekonomisch-technological Encyklopaedie*, Berlino 1773.
43. Una immagine proiettata sul fumo che appare al di sopra di un'ara votiva. Da K. von Eckartshausen, *Aufschlüsse zur Magie*, Monaco 1790.
44. Spettacolo di fantasmagoria di Robertson al convento dei cappuccini, acquaforte, inizi del XIX secolo.

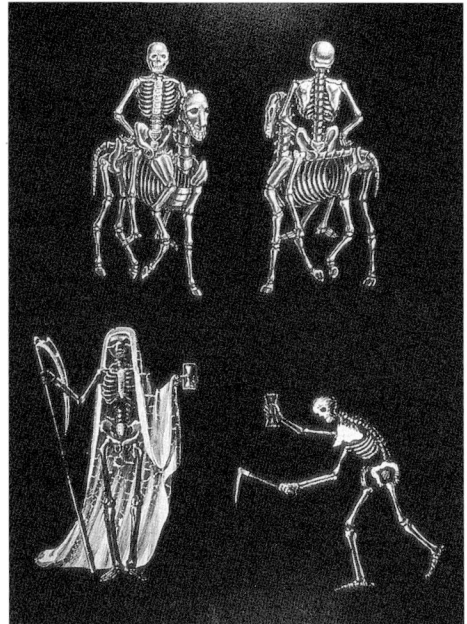

[ 45. ]

[ 46. ]

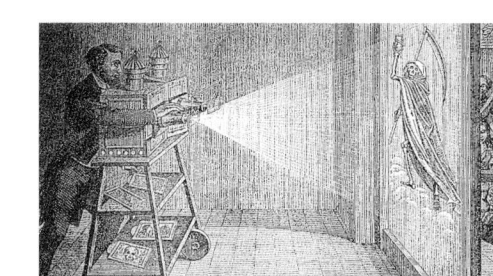

[ 47. ]

45. Danze di scheletri. Lastra per lanterna magica attribuita a Robertson.
46. Locandina di uno spettacolo di fantasmagoria al teatro San Luca di Venezia, 1830 circa. Venezia, Museo Correr.
47. Fantascopio e spettacolo di fantasmagoria in una litografia nel *Cours de Phisique* di A. Ganot, pubblicato a Parigi nel 1878.

IL MONDO NUOVO
48. L. Carlevarijs, *Mondo Nuovo*, disegno. Londra, British Museum.
49. Da F. Boucher, *Foire de campagne*, acquaforte e bulino, Londra 1760 circa.

[48.]

[49.]

[ 50. ]

[ 52 ]

[ 51. ]

50. S.F. Ravenet da L.P. Boitard, *Oh You shall See, Vat you shall See*, acquaforte tratta dalla serie *The Cries of London*, Londra, fine XVIII secolo. Padova, collezione Minici Zotti.
51. G.D. Tiepolo, *Il Mondo Niovo*. Venezia, Museo di Ca' Rezzonico.
52. Th. Gaugain, *The Show-Man*, acquaforte da J. Barney, fine XVIII secolo. Londra, Victoria and Albert Museum.

[53.]

53. *Il rotolo Casanatense*, rotolo di 69 vedute, per apparecchio di Mondo Nuovo prevalentemente di produzione di Augusta, seconda metà del XVIII secolo. Roma, Biblioteca Casanatense.
54. *Le coup de tonnerre*, veduta d'ottica colorata a mano, Parigi, seconda metà del XVIII secolo.
55. *La caccia alla balena*, veduta d'ottica colorata a mano (serie di quattro), Bassano, Remondini, seconda metà del XVIII secolo.

[54.]

[55.]

[ 56. ]

[ 57. ]

[58.]

[59.]

56. *Défaite des turcs*, veduta d'ottica colorata a mano, Parigi, seconda metà del XVIII secolo.
57. *Représentation du feu terrible a Nouvelle Yorck*, veduta d'ottica colorata a mano, Augusta, fine XVIII secolo.
58. *Vue des Edifices de Realte de Venise*, veduta d'ottica traforata, seconda metà del XVIII secolo, Parigi, rue St. Jacques. Effetto notte.
59. *Le Diorama dans les rues de Pekin*, litografia, 1850 circa. Bruxelles, Cinémathèque Royale de Belgique. Il Mondo Nuovo viene ormai confuso con macchine ottiche più nuove.

[ 60.]

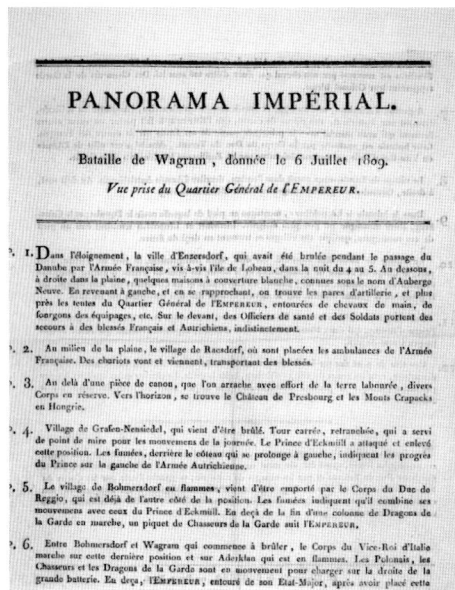

[ 61.]

[ 62

L'OCCHIO CIRCOLARE
60. J. Knox, *Panorama of the City of Glasgow*, olio su tela, 1809. Glasgow, People's Palace.
61. Descrizione della battaglia di Wagram per il Panorama realizzato a Parigi da Prévost nel 1810.
62. Copertina di una rivista culturale dal titolo «Cosmorama pittorico», 1836.
63. Sezione del Wild's Great Globe. In «Illustrated London News», 1851, fotografia dell'incisione.
64. Litografia del Cyclorama di New York del 1886.
65. Programma di uno spettacolo di Panorama a Trieste nel 1894.

63.]   [64.

65.]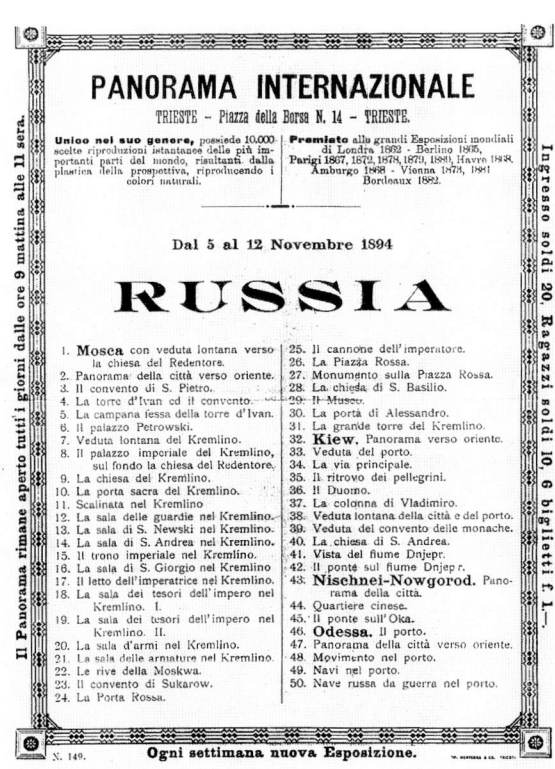

IL LESSICO DELLA MODERNITÀ

66. G.F. Tournachon, Disegno pubblicitario per il primo atelier fotografico parigino di Nadar del 1853.
67. E. Muybridge, una delle 63 *plaques* di *Animal Locomotion*, del 1887.
68. E.J. Marey, *Salto con l'asta*, 1890. Collège de France.
69. Sequenza cronofotografica di Marey che coglie la caduta di un gatto, 1894.

68.]

69.]

70. Locandina pubblicitaria di una esposizione di apparecchi per la visione di lastre stereoscopiche, 1890 circa.
71. Fotografia stereoscopica di piazza San Marco di Venezia, 1900 circa.
72. Il Kaiserpanorama di A. Furhmann, litografia. L'invenzione è del 1889 e viene perfezionata nel 1900.
73. E. Reynaud, *Autour d'une cabine*, 1895.

74. Locandina pubblicitaria con il programma della prima serata del Cinematografo Lumière del dicembre 1895.
75. *The divan des fées*. Il luogo della prima proiezione cinematografica in Svizzera all'esposizione nazionale di Ginevra, 1896.
76. Il Photorama. Sala di proiezione panoramica aperta dai Fratelli Lumière in place de Clichy a Parigi nel 1902.

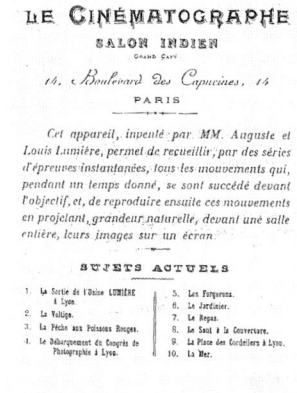
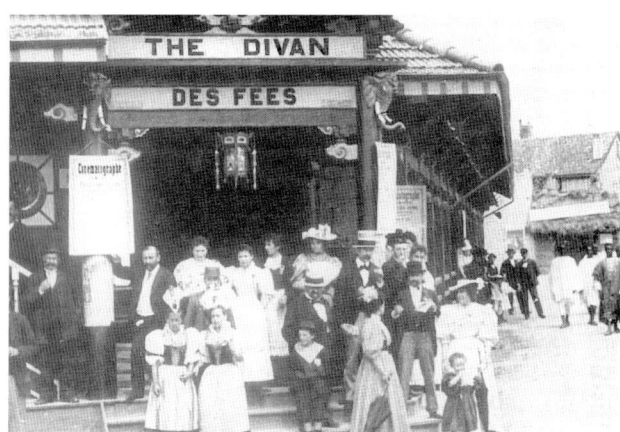

[ 77.]

[ 78.]

[ 79.]

[ 80.]

[ 81.]

[ 82.]

77. Immagini di cinematografo ambulante inglese: i carrozzoni del Taylor's Bioscope Show diretti a Oxford nel settembre 1907.
78. Pubblico e organo Marenghi nel Farrar Show, 1908.
79. Ingresso e pubblico del Bioscope Asplands, 1909.
80. W.C. and S. Hancock's Great Show, 1909.
81. Pubblico e ingresso del Marshall Brother's Show, Hull Fair, 1911.
82. Ben Hobson's Show, 1911.
83. Lettera dell'ambulante Luigi Roatto al Municipio di Rovigo con la dichiarazione dell'avvenuto pagamento della tassa di plateatico, aprile 1909.
84. Cartoncino pubblicitario con un fotogramma col testo di una didascalia, 1911.

[85.]

[86.]

85. Il pubblico di una proiezione nei giardini dell'Excelsior dell'edizione del 1936 della Mostra del cinema di Venezia.
86. Anonima spettatrice davanti alle locandine di un cinema in provincia di Padova nel 1939.
87. Il giovane Jordan (Filippo Greco) in *Splendor* di Ettore Scola, 1988.

## 7.
# TUFFARSI NEI COLORI DELL'ARCOBALENO

### I LUMIERE E LA SFIDA ALLA PITTURA IMPRESSIONISTA

In una memoria di Jean-Michel Lefrancq, genero di Louis Lumière, scritta alcuni anni fa in occasione della pubblicazione di *Les Frères Lumière et les premières photographies en couleurs*, è significativo il fatto che la storia dell'invenzione del *cinématographe* nei ricordi di Louis Lumière venga nettamente distinta da quella della ricerca delle fotografie a colori:

> Il cinema è stata una cosa relativamente facile e ha richiesto poco tempo e sforzi. Mentre, una volta terminata la sua progettazione e il piano di sfruttamento commerciale, mi sono dedicato al problema della riproduzione dei colori mediante un procedimento semplice che ha dato vita alla lastra degli «autocromi»[1].

In nessun momento, con ogni probabilità, passa per la testa degli inventori del cinema – pur muovendo le due ricerche quasi in contemporanea – di prevederne, nei tempi brevi, l'integrazione.
Il lavoro di ricerca per la realizzazione della fotografia a colori assorbe i Lumière per otto anni in modo tale da distogliere la loro attenzione dal terremoto provocato dalla loro invenzione nel campo dello spettacolo, dalla crescita della concorrenza e dalla crisi dei documentari prodotti dalla loro società. Il loro scopo principale è

---

[1] AA.VV., *Les Frères Lumières et les premières photographies en couleurs*, Paris 1989, p. 9.

quello di realizzare un procedimento capace di battersi a armi pari con la pittura impressionista e di offrire a fotografi dilettanti e professionisti le stesse possibilità creative della pittura. Oltre ad accogliere i fondamenti della pittura impressionista i Lumière ripercorrono, quasi passo per passo, gli itinerari, riprendono gli stessi soggetti e tentano di raggiungere gli stessi effetti luministici e di colore di Manet, Monet, Degas, Cézanne, Renoir...

Attraverso le riprese *en plein air*, di partite a carte o gite in barca sulla Senna, di *déjeuners sur l'herbe*, di ragazze in riva al fiume, di nudi di donne, di interni di nature morte, tutti i motivi della grande pittura impressionista si travasano nelle lastre, quasi per un processo osmotico, o di naturale metamorfosi. Prima ancora che questa invenzione diventi una pratica comune sembra che nella fase aurorale del colore vi sia nelle fotografie degli stessi Lumière il piacere di rubare l'energia vitale di uno sguardo o di un corpo, la volontà di trascrivere, con partecipazione e coinvolgimento superiore a quello provato con l'apparecchio cinematografico, il senso dell'epopea di un mondo popolare e piccolo borghese che si ferma alle soglie della modernizzazione. I Lumière sono consapevoli di partecipare, col loro lavoro e l'insieme delle loro invenzioni, alla costruzione del futuro. Però l'invenzione delle lastre a colori riveste un'importanza particolare, quasi di pagamento di un debito culturale e affettivo nei confronti del padre, pittore e fotografo e della sua genialità artistica.

La ricerca dei Lumière sulla possibilità di realizzare fotografie a colori di fatto è così complessa e sofisticata che non sembra pensabile esportarla nel breve periodo al cinema, che, del resto, risolverà con Méliès e altri il problema ricorrendo a procedimenti e tecniche che vengono da lontano e, in pratica, sono mutate molto lentamente nel corso dei secoli precedenti la sua invenzione.

### EREDITÀ E ESEMPIO DI UNA TRADIZIONE SECOLARE

Nelle pagine che seguono non ci si occupa direttamente dell'icononauta, quanto piuttosto dei modi, tecniche e processi per arricchire il suo coinvolgimento emotivo nell'atto dello *spectare*. Si intende in particolare mettere in luce un altro aspetto della coerenza e coesione di fenomeni legati all'industria delle immagini e riconoscere come, grazie al continuo travaso e trasmissione di esperienze, all'omogeneità di determinati fenomeni, sia possibile giungere inizialmente alla colorazione della pellicola senza avvertire particolari cesure o salti tecnologici rispetto a pratiche anteriori. Esistono delle pratiche e una serie di saperi, procedimenti e tecniche comuni che circolano nell'iconosfera popolare, al di là della varietà delle applicazioni e dei prodotti che accompagnano l'industria delle immagini fino all'alba del cinematografo. Si tratta di un modo di concepire le possibilità significanti ed espressive del colore che identifica tonalità e cromìe in funzione emotiva e le trasmette nel tempo con le medesime intenzioni significanti. Non si vuole affrontare il problema del colore (per questo rinvio alla *Storia dei colori*[2] di Brusatin, l'autore che più ha lavorato in territori contigui, complementari e simili a questa ricerca e verso cui riconosco non pochi debiti e affinità) e delle sue implicazioni fisiologiche, psicologiche o percettive – pur considerando come dato fondamentale il fatto che il colore è una componente indispensabile della meraviglia e della varietà dei sentimenti provati da qualsiasi pubblico, quanto piuttosto vedere alcune elementari pratiche ripetitive di colorazione delle immagini nel loro passaggio verso la produzione industriale e seriale, senza però abbandonare il senso dell'unicità del prodotto e del gesto e di una volontà comunicativa e di una forma di creatività diffusa che unisce le colorazioni su carta come quelle su vetro o su pellicola infiammabile.

Sembra importante dedicare un passaggio di questo lavoro a una ricerca degli elementi di continuità e travaso da un sistema a un altro di alcuni procedimenti perché è proprio nella ripetitività dei gesti degli operai e operaie che stendono il colore, e nella persistenza di alcuni modi di significare, indipendenti dal contenuto, che si può capire con assoluta evidenza il sistema dei vasi comunicanti che unisce un settore molto ampio dell'iconosfera popolare che entra attraverso vari canali nel vissuto quotidiano. Anche in questo caso siamo di fronte a un aspetto importante, del tutto trascurato o ignorato, interno alle botteghe e fabbriche dell'immaginario, in cui possiamo cogliere nell'assoluta anonimìa e ripetizione dei gesti, la continuità che consente il passaggio dalla fase di costruzione artigianale a quella industriale delle immagini.

Le ricerche sulla tricromia e quadricromia, adottate dalla stampa oleografica, o dai primi manifesti, o dall'editoria popolare non ven-

[2] M. Brusatin, *Storia dei colori*, Torino 1983.

gono neppure prese in considerazione dai primi produttori cinematografici per l'incertezza dei risultati. Il fatto che si preferisca, in tutto il mondo, ricorrere a collaudatissimi sistemi di colorazione a pennello, o a tampone, o per immersione in bagni colorati, secondo procedimenti adottati nell'industria delle ceramiche o nell'editoria popolare, almeno fin dalla fine del Cinquecento, ci consente di aggiungere un ulteriore elemento unificante forte nella trama e nel tessuto del racconto che stiamo cercando di comporre.

Sia dal punto di vista delle funzioni estetiche che da quello delle pratiche industriali o paraindustriali il cinema avverte la necessità di ricorrere alla colorazione della pellicola nel momento stesso in cui scopre le proprie possibilità spettacolari e la capacità di raggiungere i pubblici più eterogenei. Il colore per l'editoria popolare è sempre stato un valore emotivo aggiunto indispensabile, ampiamente compensato sul piano mercantile anche nei momenti di maggior crisi.

Lo si vede bene in una lettera di Antonio Vendramini a Giuseppe Remondini spedita da Lisbona il 2 ottobre 1798:

> Doppo quattro mesi di viaggio o l'onore di anunciarvi il mio felice arivo in questa vasta capitale, scoprii molte boteghe di Chincaglieri Tirolesi quali tengono anco sortimenti di Stampe, cercaj con questi di far Amicizia, da quali preciosamente fui corisposto, introducendomi destramente se vi sonno smercio do Stampe Italiane, mi risposero che vi sonno poco consumi che in verità credo sia tale per quanto con l'ochio potei scoprire piutosto sono amanti di queste a colori[3].

L'industria tipografica popolare si è organizzata, fin dalla seconda metà del Cinquecento, per offrire prodotti molto poveri dal punto di vista culturale e grafico, ma in prevalenza marcati dalla presenza del colore. È il colore, più ancora del soggetto, che agisce come esca per l'occhio del potenziale acquirente o spettatore popolare. Colori all'inizio ricavati da una tavolozza limitata, dotati di una precisa carica simbolica o significante, presto arricchiti e divenuti elemento qualificante di un determinato prodotto, eseguito da mani femminili, di cui erano previsti gesti pressoché automatici, ripetuti in un numero indefinito di volte. Se il pennello rendeva ogni gesto diverso dall'altro, lasciando alle maestranze un margine, sia pure minimo, di creatività, la pittura «a strafforo» creava automatismi e

---

[3] Vendramini Antonio, XXII-29, lettera n. 6518, in *Epistolario Remondini*, Biblioteca comunale di Bassano.

già prefigurava il senso di una elementare catena di montaggio, mentre la stampa di carte colorate, mediante matrici lignee, richiedeva tecniche di preparazione dei coloranti e degli agglutinanti tutto sommato molto simili a quelle adottate per i processi di imbibizione della pellicola. Importantissima, per determinare un salto di qualità, è la percezione della grande importanza di una pittura di precisione, che teneva presente la lezione dei codici miniati e l'esportava su scala più larga, come i soggetti legati alle cineserie, che richiedevano un rinnovamento della gamma cromatica e un altissimo grado di perfezione esecutiva di una quantità di elementi minimi che riempivano armonicamente lo spazio. Senza l'esperienza secolare d'una capacità artigianale di eseguire lavori di miniatura applicati alle porcellane o ceramiche, nei motivi a ponticello, nelle chinesi, non si spiega come sia stato possibile pensare da subito alla colorazione dei film con il pennello, fotogramma per fotogramma.

Il pennello vuole precisione, velocità e creatività, la pittura a tampone punta a aumentare la quantità e a ridurre al massimo i costi della manodopera, mentre le carte xilografate richiedono procedimenti differenti tutti rivolti all'ottimalizzazione dei coloranti, all'ottenimento di effetti di trasparenze e brillantezza dei colori in base alla scelta determinante dei pigmenti.

La semplicità dei procedimenti, la consapevolezza dei risultati già ottenuti e consolidati, l'ipotesi ovvia di poter far tesoro di esperienze collaudate di altri settori, facilita questa sorta di travaso di sistemi di colorazione a basso quoziente tecnologico, già praticati da secoli sul piano produttivo e merceologico. La tavolozza cromatica delle tempere delle stampe popolari, delle vedute, delle ventole, delle stoffe, è modesta – se ne parla ad esempio nel *Dizionario delle arti e mestieri* del Griselini, stampato a Venezia tra il 1768 e il 1775 – ma un'analisi attenta può mettere bene in luce la presenza di coloriture che costituiscono, in un certo senso, il motivo firma di una determinata tipografia e consentono di puntare sulla competitività dei prodotti anche ponendo l'accento sulla diversa luminosità delle cromìe.

Ciò appare in tutta evidenza, ad esempio, nei mondi nuovi settecenteschi, che mettono in scena il loro realissimo mondo fatto di scenari di città celebrate nella dimensione spettacolare delle piazze, dei palazzi, delle chiese e dei teatri coi loro interni fastosi, di parchi, giardini e viali, grazie a una sapiente regia delle luci. Le vedute ottiche infatti, rese spettacolari dall'effetto di ingrandimento e profondità dato dalla lente e dalla coloritura molto vivace, venivano animate sia dalla luce esterna che da quella di piccole lanterne collocate all'interno dello strumento. In alcuni casi semplici accorgimenti, apportati dagli stessi ambulanti, come la perforatura minuziosa della veduta con spilli e punzoni e l'asportazione di alcune parti incise come porte finestre o lampadari, consentivano di sfruttare al massimo le fonti luminose interne e retrostanti la veduta creando suggestivi effetti di giorno e di notte della stessa scena osservata. Il colore a tempera assumeva, in questo caso, una trasparenza data più dalla forte diluizione o dall'applicazione di frammenti di carte colorate ed era tratto distintivo di alcuni editori, come Joseph Carmine di Augsburg, le cui vedute, stampate tra il 1808 e il 1828, se si caratterizzano per una raffigurazione imprecisa dal punto di vista prospettico e una scadente qualità d'incisione, si differenziano da quelle degli altri editori per una scelta cromatica del tutto personale e ben riconoscibile (la fortissima presenza di un arancione «urlato»), quasi come «motivo firma» della ditta.

In base a una sorta di proprietà transitiva, seguendo una serie di passaggi ben visibili e documentabili all'interno dell'iconosfera popolare – lungo una catena che dalle xilografie cinquecentesche dipinte con le tecniche a strafforo giunge fino alle stereoscopie che raccontano *Le bain de la parisienne* o *Le coucher de la mariée,* – è possibile isolare tecniche e procedimenti sviluppati nel corso dei secoli in maniera quasi inavvertibile, che il primo cinema eredita.

Il fatto che un qualsiasi prodotto legato, in qualche misura, all'iconografia popolare, dalle ceramiche e porcellane alle carte da gioco, alle carte xilografate con decori geometrici o floreali, ai pianeti della fortuna, agli almanacchi, sottolinei, come valore determinante e distintivo della propria qualità, la colorazione a mano, ci mostra l'estrema coesione di un'iconosfera che fissa i suoi moduli, un suo elementare lessico cromatico e li mantiene stabili nel tempo.

Fin dalle xilografie cinquecentesche, o dai bulini e acqueforti di carte geografiche, mappe, riproduzioni di fiori, alberi e piante, nonché animali e «carte da navegar», il colore entra non come semplice ornamento, più o meno convenzionale, quanto come elemento di definizione indispensabile alla più precisa conoscenza dell'oggetto rappresentato. Più fonti ci consentono di isolare i gesti degli operai, vedere come avviene la macinatura dei pigmenti naturali, la miscelatura, l'inchiostrazione con rulli, tamponi, pennelli, le immersioni delle carte in bagni colorati, l'uso di pennelli di formato diverso per colorare le larghe campiture del cielo o lavorare con la precisione del miniaturista per distinguere i colori dei vestiti delle varie figurine in campo. Poi vi sarà anche il passaggio al forno per la fissazione definitiva dei colori, che sarà determinante fin dall'inizio anche per l'industria delle lastre per lanterna magica e per l'adozione ottocentesca dei procedimenti di decalcomania[4].

L'inchiostrazione a pennello delle carte prima della stampa con le matrici lignee viene così descritta da Griselini:

> Gli Operaj che fanno questa Carta hanno i colori presso d'essi in gran terrine e con una setola qual è quella dei Carolaj, prendono del colore per ogni foglio, facendo andare e venire la setola da tutt'i lati, con più aggiustatezza, e più distesamente che sia possibile[5].

E ancor più nelle raffinatissime tecniche di colorazione impiegate per le carte policrome xilografate tra la fine del XVIII e gli inizi del XIX secolo si possono rinvenire i più singolari motivi figurativi delle carte da rivestimento. I legni xilografici erano necessariamente tanti quanti i colori impiegati e le matrici, complementari una all'altra, venivano stampate su carte di ottima qualità, spesso impregnate di colla durante la fase d'impasto, per poter meglio resistere alle diverse fasi dell'impressione sul torchio di stampa. Alla stesura di una tinta base, cui accennava Griselini, faceva seguito la giustapposizione delle diverse matrici, che, «a registro», venivano impresse dopo essere state inchiostrate con colori di natura terrosa o vegetale, mescolati a colle di origine animale, resina o gomma arabica. La finitura poteva poi avvenire in vario modo e non è infrequente l'uso dell'impressione a colori dello strafforo e del pennello libero, talvolta con evidentissime lumeggiature d'oro, adatte a impreziosire talune parti dell'immagine come le stoffe delle vesti o le cornici di riquadro.

Oltre a queste tradizionali tecniche sono ben note alcune realizzazioni figurative nell'ambito sempre delle carte da rivestimento, che istituiscono tra colore e forma un forte rapporto simbiotico e documentano l'evoluzione di pratiche di colorazione artigianali estremamente elaborate nell'ambito dell'*imagerie populaire*. Ci riferiamo, in particolare, alle carte turche, più note come *papier mar-*

---

[4] H. Hecht, *Decalcomania. Some preliminary investigations into the history of transfer slides*, in «Magic Lantern Society», vol. I, n. 3, marzo 1980, pp. 3-7.
[5] G. Griselini, *Dizionario delle arti e mestieri*, Venezia 1775, p. 290.

*bré*, realizzate già alla fine del Seicento in Germania in base al principio chimico dell'incompatibilità di alcune sostanze liquide variamente colorate. Sopra una soluzione di gomma adragante venivano fatti sgocciolare, con un pennello, i colori addizionati al fiele di bue, che, in modo casuale, si disponevano sulla superficie liquida contenuta all'interno di una bacinella, creando sorprendenti effetti di macchie, onde e *patterns* astratti, grazie anche ai regolari movimenti impressi dallo stampatore. Il foglio di carta veniva fatto aderire a questa pellicola galleggiante e, una volta sollevato, era fatto asciugare per poi essere lucidato con cera o pietra d'agata.

Le variazioni cromatiche ottenibili erano illimitate. Così come lo erano nell'altrettanto casuale disposizione dei colori che troviamo nelle carte spruzzate, macchiate, tartarugate, spugnate ecc. per le quali la meccanicità e la serialità delle operazioni si differenziano di molto dalle debordanti coloriture «a strafforo» che seguivano i tratti a stampa.

### UN PAIUOLO ALCHEMICO

La fissazione dei colori sulle stampe richiederà al massimo l'allume di rocca, o più regolarmente, la cera d'api sgrassata, diluita nell'acqua dei colori, mentre sarà dalle vernici che fisseranno le figurine ritagliate per i mobili di lacca povera, come la sandracca, che trarranno ispirazione i pittori delle lastre per lanterna magica, che dovranno fissare i colori ricorrendo a sistemi più sofisticati, esplorando combinazioni che hanno la magia di un'invenzione alchemica.

Fin dai primi del Settecento vengono date istruzioni per la fissazione a forno delle lastre per lanterna e l'abate Nollet, nel suo trattato di fisica sperimentale del 1755 parla della maggior durata delle lastre se vengono usati colori a smalto poi fissati con una cottura a forno.

Jérôme Prieur, nel suo *Séance de lanterne magique*, rende bene questo senso di mescolanza di elementi in un paiolo alchemico, di sapere iniziatico che guida la scelta delle materie fondamentali per la composizione dei colori e per garantirne la durata:

Dei tesori proibiti sono stati ricavati nei miscugli delle drogherie e nei negozi degli speziali: del fiele di bue che si lascia asciugare sulla lastra di vetro per far attecchire i colori ad acqua o all'inchiostro di China, delle soluzioni d'etere, di sandracca, di mastice a gocce, di benzene cristallizzabile per fabbricare le vernici da applicare a strati successivi, dei bagni di bitume di Judea, di vernice copale, di nero di seppia per preparare un inchiostro indelebile, o di nerofumo, macinato con un po' d'olio addizionato a cera gialla e a della lacca, da spalmare con dell'amido cotto o della colla di farina di segale per fissare la carta per la decalcomania, delle mescolanze di gomma arabica, di zucchero e d'acqua per stendere le pastiglie d'acquerello finemente tritate con il mortaio su un vetro pulito, qualche goccia di succo di limone per dare dei toni brillanti ai colori d'anilina...[6].

E proprio nella ricerca di effetti sorprendenti, all'inizio perseguiti in funzione di un estremo «realismo» dell'immagine proiettata, possiamo rinvenire un'attenzione particolare dedicata appunto ai colori.

Già in quella che può essere considerata una tra le prime descrizioni della lanterna magica, il *Problemata IV* del *Liber X* della II edizione dell'*Ars Magna Lucis et Umbrae* di Kircher del 1671, troviamo infatti specificato come per lo strumento ottico messo a punto dal gesuita tedesco venisse impiegato un

vitrum planum probe elaboratum... in quo coloribus acqueis & diaphanis quidquid volueris pingatur[7].

E, a pochi anni di distanza, molte altre testimonianze pongono l'accento sulla trasparenza dei colori usati per congegni diversi, come nel caso della rappresentazione di immagini in una camera oscura alla luce delle candele, per la quale Caspar Schott, nella sua *Magia Universalis*, suggerisce di «dipingere la figura su carta sottile con qualsiasi colore... dopo che l'avrai fatta asciugare, bagnala d'olio, in modo che diventi lucidissima... la luce, riflettendosi sulla carta... mostrerà insieme l'immagine e i colori della figura»[8], arrivando poi persino ad anticipare quella che oggi definiremmo una sorta di retro-immagine nella *Parastasi VII* della stessa opera. An-

---

[6] Prieur, *Séance de lanterne magique*, cit., pp. 130-131.
[7] Kircher, *Ars Magna et Umbrae*, cit., p. 769.
[8] C. Schott, *Magia Universalis Naturae et Artis, Sive Recondita Naturalium Artificialium rerum Scientia* (I ed. 1657-59), ed. cons., Bambergae, Sumpt. Joh Martini Schönwetteri, Bibliopolae Francofurtensis, 1677, libro IV, cap. II, par. V, «Rerum imagines in obscuro loco repraesentare candelarum lumine», p. 201.

che in questo caso il colore assume un'importanza fondamentale poiché il fondo dell'occhio, dopo aver fissato una figura disegnata su una finestra di carta illuminata dal sole fino ad assorbirne tutta la luce, sarà in grado di percepire su una carta bianca

l'Aurora che sorge, che in un primo momento sarà di color zafferano, poi rossa e ancora del colore della porpora; infine (si vedrà) il soffitto dipinto di ogni colore come un bellissimo arcobaleno. Quindi (volgendo) lo sguardo all'immagine capovolta della finestra, che alla fine si trasformerà in un bellissimo color celeste mescolato a un rosso intenso... l'immagine apparirà in un cerchio lucido, ora nera, ora gialla... tutte le figure declineranno in un'ombra densissima e, dopo che si saranno dissolte nell'occhio, le stesse immagini prima colte in quel luogo, scompariranno con la luce e l'immagine restituita alla sua origine, ovvero al buio, svanirà allo sguardo[9].

Edmé-Gilles Guyot, nel suo *Nouvelles Récréations physiques et mathématiques* del 1799, offre un'accurata descrizione delle tecniche supplementari di coloritura e perforazione delle vedute d'ottica per mondo nuovo per ottenere il massimo di effetti di luce e di ombra. I colori, che lui stesso può mettere a disposizione degli interessati e che possono essere usati anche per la coloritura delle lastre per lanterna magica, sono il carminio, l'indaco, l'inchiostro di china, lo zafferano... Questi colori possono essere usati da soli o mescolati tra loro per ottenere differenti sfumature. Il sistema di fissazione avviene grazie all'allume di rocca stemperato in acqua. Delle tecniche pittoriche da adottare sia per i dagherrotipi che per i diorami scrive Daguerre nel 1839 in un trattatello (*Historique et description des procédés du Daguerréotype et du Diorama*)[10] che ci aiuta a capire perfettamente come, nel travaso da un sistema di pittura artigianale a uno seriale, si guardi con fiducia alla possibilità di integrare i due procedimenti, ma anche come la ricchezza e complessità degli effetti che si vogliono ottenere richieda una competenza pittorica molto elevata. Daguerre parla di colori a olio, diluiti in essenza di acquaragia, per ottenere la trasparenza e la doppia visione delle scene mediante riflesso o rifrazione.

---

[9] *Ibid.*, par. VII, «Objecta quaelibet in tenebris exhibere spectanda, omni prorsus lumine excluso», p. 203.
[10] L.J.M. Daguerre, *Historique et description des procédés du Daguerréotype et du Diorama*, Paris 1839. Daguerre suggerisce le tecniche di colorazione da entrambi i lati della tela dei diorami mediante colori a olio, diluiti sulla tela con acquaragia e un po' d'olio grasso. Ogni colore deve essere scelto per le proprie qualità di trasparenza (per il bianco si deve usare per esempio il bianco di Clichy).

Per restare comunque nell'ambito di un'analisi che metta in evidenza le principali tecniche di colorazione delle immagini in sequenza per le lanterne magiche, rileviamo per tutto il Settecento una pratica che si attiene all'antica coloritura a pennello. Quanto ai vetri settecenteschi i rari esemplari dipinti che si sono conservati si differenziano più per l'abilità esecutiva che per le tecniche impiegate. La pittura su vetro veniva eseguita sulla base di antiche tradizioni sviluppatesi soprattutto in area tedesca grazie ai *glassmalerei*, come testimoniano gli splendidi vetri circolari con le diverse raffigurazioni della *Passione di Cristo* dipinti con tutta probabilità per essere osservati con il microscopio parastatico descritto da Kircher alla metà del XVII secolo e oggi conservati al Victoria and Albert Museum di Londra.

L'abate Nollet stesso, nelle sue *Leçons de Physique Expérimentale* (1743-48), stampate poi a Venezia nel 1756, come si è detto indica il modo di dipingere i vetri da proiezione fornendo indicazioni precise sulla natura dei colori trasparenti che, nella seconda metà del secolo, cominceranno a essere impiegati a integrazione di immagini a stampa, per il momento semplicemente ricalcate grazie alla trasparenza del supporto in vetro[11].

È infatti a partire dalla fine del XVIII secolo che assistiamo al perfezionamento di sistemi di produzione meccanica delle immagini da proiezione: Benjamin Martin, nel suo *The Young Gentleman and Lady's Philosophy*, aveva già indicato la possibilità di riprodurre il calco di medaglie su uno strato di colla di pesce mescolata ad alcool che veniva, una volta asciugato, fatto aderire al vetro da proiezioni[12] e così lo stesso Robertson, nel 1799, inserisce nel brevetto del *fantascope* una tecnica per il riporto a stampa di immagini su vetro[13].

Curiosamente, come ebbe a notare Hermann Hecht nel già citato articolo del 1980

---

[11] Portiamo ad esempio la già citata serie dedicata alle *Figure delle Passioni* che riprende i disegni di Charles Le Brun (1619-1690) stampati in moltissime edizioni nel corso del XVIII secolo e che rappresentano uno dei capitoli più interessanti della fisiognomia.

[12] B. Martin, *The Young Gentleman and Lady's Philosophy, in a continued survey of the works of Nature and Art. By way of Dialogue* (1 ed. 1755), London 1763, pp. 283-293.

[13] Un'accurata descrizione dell'apparecchio di Robertson e del suo funzionamento è in un recente saggio di Thomas Weynants, l'unico collezionista in possesso di un fantascopio che riproduce perfettamente il modello di Robertson, ritrovato fortunosamente alcuni anni fa nel castello di Moisse a pochi chilometri da Parigi: T. Weynants, *The Fantasmagoria*, in Crompton, Franklin, Herbert (a cura di), *Servants of Light*, cit., pp. 58-69.

né l'idea di passare le lastre al forno per rendere i colori permanenti, né l'uso di immagini da ritagliare per decorare le ceramiche era nuovo; è solo sorprendente che nessuno avesse pensato di combinare i due procedimenti prima del 1823 [14].

A tale data risale infatti la pubblicazione dell'opera *Elements of zoology; being a coincise account of the animal kingdom, according to the system of Linnaeus. Intended for the use of young persons, and as a companion to the new copper-plate sliders. To which is added, a short account of the copper-plate sliders, and a description of an improved phantasmagoria lantern*, nella quale, per la prima volta, appaiono molto chiare le intuizioni dell'autore, Philip Carpenter, di trasformare l'utilizzo della lanterna magica a scopi educativi, fornendo in modo sistematico serie di vetri a carattere scientifico prodotti industrialmente in grandi quantità e corredati da testi esplicativi. La coloritura continuerà a essere per lungo tempo ancora pratica artigianale di abili pittori, che potranno avvalersi però di tracce incise riportate in bianco e nero sul vetro con sottili fogli trasparenti, fatti aderire al vetro per poi essere fissati mediante cottura a basse temperature.

Sebbene l'industrializzazione dei laboratori per la produzione di vetri per lanterna magica andasse progressivamente aumentando, grazie anche alle tecniche di riproduzione fotografica messe a punto nel 1849 dai fratelli Langenheim di Philadelphia, con i famosi *Hyalotypes*, che sfruttavano un processo all'albumina, moltissimi esempi di vetri colorati continuano a essere eseguiti a mano. A dispetto, inoltre, dei trasferimenti cromo-litografici e chimici, che permettono di raggiungere una serialità di produzione soprattutto nei vetri più specificamente dedicati a un pubblico infantile, colori a olio sgrassati a smalto e all'anilina continuano a essere utilizzati in funzione dei diversi soggetti rappresentati.

Ne sono straordinari esempi le dissolvenze create da Henry Langdon Childe, che sfruttano spesso negli effetti di giorno e notte della stessa scena rappresentata immagini complementari il cui debito nei confronti delle vedute ottiche settecentesche in alcuni

---

[14] Hecht, *Decalcomania*, cit., p. 3. Per una storia dei vetri da proiezione per lanterna magica e sulle tecniche impiegate rimandiamo inoltre al fondamentale lavoro di John Barnes nell'introduzione al terzo volume della collezione Barnes ristampato poi in *The Projected Image. A Short History of Magic Lantern Slides*, in «The New Magic Lantern Journal», vol. III, n. 3, ottobre 1985, pp. 2-7.

casi appare molto evidente. E lo stesso Langdon Childe si dedica a ricerche cromatiche di grande spettacolarità, nel 1839 infatti inventa il *Chromatrope,* combinando due vetri dipinti con colori diversi e con lo stesso disegno geometrico che, girando in senso opposto l'uno all'altro, producevano effetti ipnotici di grande impatto sul pubblico.

Sembra un procedimento semplicissimo quello indicato dall'abate Moigno nell'*Art des projections* del 1872 per colorare le lastre per la lanterna e soprattutto per fissarne i colori:

> Se si vogliono colorare le immagini è bene verniciarle con una vernice sottile e traslucida. Si colora con i normali colori trasparenti che si vendono presso tutti i mercanti di colori, macinati e mescolati all'olio e contenuti nei tubi di piombo. In ogni caso sembra che i moderni colori all'anilina abbiano maggior trasparenza [15].

Qualche anno dopo in «Le Magasin pittoresque» del 1877 vengono date indicazioni più dettagliate:

> Si impiega in generale, per il rosso, una forte infusione di legno del Brasile o di cocciniglia, o di carminio, seguendo la delicatezza dei toni che si vogliono ottenere: per il verde ci si serve di una dissoluzione di verde di grigio, che è un veleno violento, ma che non si può evitare perché prima di tutto sono necessari colori trasparenti; per i verdi scuri si impiega il verde marziale, per i gialli, la gomma goccia o un'infusione di legno di ramno; per il blu, lo scioglimento di solfato di Cipro. Questi colori sono sufficienti per formare tutti gli altri [16].

Per tutto l'Ottocento assistiamo dunque alla coesistenza di tecniche diversissime che abbiamo cercato di riassumere nelle loro linee principali. Valenti pittori come Clare, Hill e altri si dedicano alla realizzazione di grandi vetri da proiezione, utilizzati per i complessi spettacoli che si tengono alla Royal Polythecnic Institution in Regent Street a Londra dal 1838 al 1881 e parte di questi si conservano ancora al Science Museum di South Kensington, al Museo di storia della scienza di Oxford, nelle collezioni Barnes di St. Ives in Cornovaglia (ora passata al Museo del cinema di Torino) e Minici Zotti di Padova.

---

[15] Moigno, *L'art des projections*, cit., p. 103.
[16] Anonimo, *De la lanterne magique et de ses perfectionnements*, in «Le Magasin pittoresque», n. 6, 1877, citato in Prieur, *Séance*, cit., p. 130.

## DIPINGERE LA FOTOGRAFIA

Ma se questi ultimi possono essere considerati tra gli esempi più straordinari di immagini dipinte, si impongono a partire dagli anni ottanta del secolo i *life models* fotografici, nuovo e fortunatissimo repertorio composto da serie di immagini in sequenza, con modelli viventi ripresi sullo sfondo di scenari dipinti, o ricostruiti in studio. Per quanto nel 1846 John Edwin Mayall, un americano giunto da Philadelphia a Londra, avesse già esposto numerosi dagherrotipi con modelli viventi su fondali dipinti, per altri vent'anni i produttori preferiranno impiegare la pittura a mano e i procedimenti di riproduzione meccanica di disegni e incisioni per le loro traduzioni visive di storie e racconti. Tra i primi ad applicare l'idea delle lastre fotografiche per lanterna magica, sul finire degli anni sessanta, è Joseph Bamforth, proprietario di una casa editrice nello Yorkshire. Coadiuvato dal figlio Edwin, Bamforth si occupa personalmente della regia delle sue storie fotografiche, prendendo gli interpreti fra la gente comune e dipingendo personalmente i fondali o allestendoli in studio. Il suo esempio è seguito da molti altri costruttori, tanto che negli anni ottanta e novanta i *life models* diventano il repertorio più ampio e richiesto sul mercato, con l'offerta di migliaia e migliaia di lastre. Fra le principali ditte londinesi produttrici figurano Riley Brothers, W.C. Hughes, Horner, Middleton, Humphries, York and Son, che impiegano studi appositamente adibiti alle riprese fotografiche, dove anonimi attori iniziano le loro carriere, per poi finire, non di rado, sul set delle prime pellicole cinematografiche. Il successo dei *life models* è strettamente legato alla grande popolarità del melodramma vittoriano e alla contemporanea, vastissima produzione editoriale dedicata ai gravi problemi sociali dell'Inghilterra del tempo: i temi ricorrenti sono quelli della miseria, dell'alcolismo e della depravazione.

Le migliaia di lastre per lanterna magica basate su simili racconti, si rivolgevano essenzialmente a un pubblico non istruito o con un livello di istruzione elementare: ciò spiega l'evidente ricerca di una comunicazione forte e immediata, che sappia colpire l'immaginazione e parlare al cuore, basata su un sentimentalismo spinto fino al patetico, su un accorto sfruttamento dei punti emotivamente deboli dell'interlocutore. Queste storie sono costruite per lo più per commuovere e possibilmente indurre al pianto, con la forza di pochi, ma efficacissimi temi e personaggi: bambini laceri e affamati, maltrattati da padri ubriaconi e crudeli, o abbandonati da madri che si trascinano nel vizio e nella dissolutezza, giovani derelitti perennemente assediati da una fame mortale e dal freddo, ammalati e sempre in punto di morte si aggirano in esterni squallidi e gelidi e in interni ancor più tristi, dove appaiono in primo piano intonaci sgretolati e miseri giacigli, caminetti con fuochi che languiscono, un tavolo a mo' di unico arredo, pochi stracci. I bambini diventano protagonisti quasi assoluti dei racconti vittoriani di fine Ottocento.

Rispetto agli originali letterari, spesso insipidi e edulcorati, queste serie di vetri ne costituiscono una rielaborazione in toni molto più accentuati e coinvolgenti. La traduzione per immagini implica di per sé una narrazione più stringata ed essenziale, priva di lungaggini descrittive e retoriche; a ciò si aggiunge la recitazione drammatica e caricata dei personaggi e l'eloquenza degli ambienti di squallore e miseria che vengono rappresentati. Anche la coloritura con colori molto trasparenti all'anilina, gli stessi usati talvolta per i vetri dipinti a mano, realizzata da mani prevalentemente femminili di ragazze e donne impiegate dalle ditte costruttrici, contribuisce, spesso in maniera determinante, ad accrescere la forza di suggestione delle immagini. Le tinte tenui più impiegate variano dal prugna al porpora, dal giallo verde al turchese brillante al rosa, dal verde elettrico al cremisi, nelle più diverse sfumature, soprattutto nell'accurata descrizione delle vesti femminili e dei particolari dell'arredo degli interni. Domina su tutto il grigiore degli ambienti, il senso di fumo, di polvere proveniente dalle contigue fabbriche che si è depositata dappertutto. Anche in questo caso la coloritura è un'operazione estremamente delicata, che richiede sensibilità e grande attenzione viste le piccolissime dimensioni delle lastre e l'ingrandimento impietoso sullo schermo, che avrebbe rivelato qualunque imperfezione. E sono forse proprio questi repertori, con i loro racconti edificanti e i colori grigi e opachi che trasmettono la sensazione di squallide vite a offrire al primo cinema, ma anche a quello che muove i primi passi nei territori del racconto, un primo vero giacimento iconografico e narrativo a cui attingere.

In questa catena, che a grandi linee abbiamo delineato, è al tempo stesso importante avvertire i processi che assimilano i sistemi di colorazione di un certo settore industriale con quelli di un altro, ma è anche indispensabile tener presente che al colore viene attribuita una carica simbolica destinata a colpire il destinatario con forza non inferiore rispetto alle immagini.

La gamma cromatica, molto limitata se ci fermiamo al primo sviluppo silografico del Cinque-Seicento, si arricchisce poco per volta – soprattutto nel settore delle lastre per lanterna magica – di una ricerca di effetti sempre più squillanti, come se si volesse gareggiare con la scala musicale e si puntasse a valorizzare soprattutto i toni acuti dei colori per comunicare la gioia del vivere e quelli più grevi e tendenti al nero per trasmettere il senso di miseria, solitudine, perdita di ragioni...

Che il colore possa avere un ruolo di massima intensificazione drammatica della scena può essere dato dalla macchia, quasi a carattere espressionista, che occupa il centro dell'immagine di cui si è già parlato nell'oleografia mostrata ai figli dal protagonista della *Storia di Tönle* di Rigoni Stern in cui un branco di lupi assalta una slitta tra i boschi coperti di neve:

Occhi di altri lupi si vedevano rosseggiare tra i tronchi... Dal fucile usciva un lampo rossastro che squarciava il buio...[17].

Non intendiamo aprire in questa sede anche una finestra su quell'enorme e del tutto sommersa miniera dell'iconografia popolare ottocentesca data dall'oleografia, vero ponte e *trait d'union* tra tutto il sistema dell'iconosfera e dello spettacolo fin qui considerato e le forme contemporanee della messa in scena teatrale, nonché i nuovi modi di rappresentazione e divulgazione dei grandi eventi della storia con il cinema.

Già all'inizio del Novecento, i colori della lanterna magica giocattolo di Proust gli consentono di rimodellare completamente lo spazio topologico della propria stanza, di rivivere più cose e più emozioni contemporaneamente, di ritrovarvi, come per magia, il caleidoscopio cromatico delle vetrate delle cattedrali medioevali

al modo dei primi architetti e maestri vetrai dell'età gotica la lanterna magica sostituiva all'opacità dei muri impalpabili iridescenze soprannaturali, apparizioni multicolori, dov'eran dipinte leggende come in un'invetriata vacillante [18].

e soprattutto di provare attraverso i colori – per sinestesia – una serie di sensazioni tattili, olfattive, di gusto, legate a un insieme di

---

[17] Rigoni Stern, *Storia di Tönle*, cit., pp. 19-20.
[18] M. Proust, *La strada di Swann*, Torino 1956, pp. 14-15.

emozioni di un habitat che continua a vivere nella sua integrità nell'immaginario del protagonista. Proust in *Jean Santeuil* ricorda i «colori altrettanto vivi, ma più variati, come i biscotti rosa che si servono a Eteuilles dopo la colazione» della storia di Barbablu proiettata dalla lanterna magica e osserva il suo protagonista scambiarla per la realtà stessa.

Ben diverse le sensazioni provate da Maksim Gor'kij al cinematografo esposto alla fiera panrussa dell'industria e dell'arte di Niznij Novgorod quando ammonisce i suoi lettori che osservando questo nuovo spettacolo

i vostri nervi si tendono, l'immaginazione vi trasporta in una nuova vita, innaturale e monotona, una vita senza colori e senza suoni, una vita di fantasmi o di uomini, colpiti dalla maledizione dell'eterno silenzio, di uomini privati di tutti i colori della vita, di tutti i suoi suoni, insomma della sua parte migliore... È terribile vedere questo grigio movimento di ombre grigie, silenziose, mute. Che non sia forse questa un'allusione alla vita del futuro? Qualunque cosa accada, tutto ciò è piuttosto snervante. Si può senza errore prevedere per questa invenzione, in forza della sua eccezionale originalità, una grande diffusione... I nostri nervi si logorano e si indeboliscono ogni giorno di più, ne perdiamo sempre più il controllo e sempre meno reagiscono alle semplici «impressioni dell'essere» e con sempre maggiore avidità agognano nuove, penetranti, inusuali, appassionanti, strane impressioni. Il cinematografo gliele fornisce, e i nervi da un lato diventano più raffinati e dall'altro più ottusi[19].

Una piccola previsione apocalittica che vedrà muoversi sulla sua scia, nei decenni successivi, schiere di altri intellettuali, un mondo di cadaveri percepito in tutta la sua potenza malefica e alienatoria, un mondo che dovrà ben presto immergersi nei cromatismi assai più accesi e ad ampio spettro delle precedenti pratiche ottico-spettacolari per trasformarsi da macchina dell'incubo a gigantesca macchina dei sogni dell'uomo novecentesco.

---

[19] M. Gor'kij, *Sinematograf Ljumera*, in *Sobranie Socinenij*, vol. XXIII, Moskva 1953, p. 244. Abbiamo utilizzato la traduzione del brano pubblicata da L. Magarotto, *Le Cinématographe alla corte dei Romanov*, in Costa (a cura di), *La meccanica del visibile*, Firenze 1983, p. 87.

## 8.

# IL MONDO NUOVO

> Se cerco un'altra parola per dire musica, trovo sempre e solamente la parola Venezia.
> F. NIETZSCHE, *Ecce Homo*

### L'ANTENATO DEL CINEMASCOPE

Certo l'andar qua e là peregrinando / Ell'é piacevol molto ed util arte; / pur ch'a pié non si vada ed accattando. / Vi si impara più assai che in su le carte, / non dirò se a stimare o spregiar l'uomo. / Ma a conoscer se stesso e gli altri in parte[1].

La *IX Satira* di Vittorio Alfieri, scritta nel 1797, senza contenere alcun accenno alle macchine della visione, sembra il viatico migliore per introdurre il capitolo sul vedutismo ottico e sul mondo nuovo. Con il suo «furor» deambulatorio, le descrizioni di spostamenti continui, sotto la spinta dell'«agitator mio Demone»

Oltre Parma, oltre Modena ei mi spinge, / Oltre Bologna; pur senza vederle. / Rapido sì travalico già per le Tosche balze, / che tante ali non puote /neppur Scaricalasin rattenerle,

questo poemetto può rappresentare, in modo simbolico, il fondamentale ruolo sostitutivo del Grand Tour giocato dal pantoscopio o mondo nuovo e dalla sua capacità di avviare i primi veri viaggi immaginari per migliaia e migliaia di «turisti sedentari» e le prime forme di adattamento culturale all'altrove per le nuove classi bor-

---

[1] V. Alfieri, *Il Misogallo, le Satire e gli Epigrammi*, a cura di Rodolfo Renier, Firenze 1884.

ghesi dell'Europa illuminista[2]. Più di Goethe, che raggiunge, col viaggio in Italia, la maturazione definitiva, cercando di entrare in contatto profondo con l'anima di un popolo – il giovane Alfieri, ancora immaturo, ma frenetico e desideroso di trovare un contatto esterno con le cose attraverso il semplice trascorrere dello sguardo da un punto all'altro, sembra rappresentare, meglio di qualsiasi altra figura intellettuale del tempo, lo spirito che anima il grande viaggio ottico collettivo settecentesco.

Le vedute d'ottica, o Realetti Prospettive, o Vues d'optiques, o Perspectives views, o Guckkasten-Bild, o Opticaprent, nella cosmologia delle stampe popolari, costituiscono una sezione ben identificata e distinta nei cataloghi dei diversi produttori: sono stampe che presentano, per lo più al centro del margine superiore, una scritta rovesciata. In alcuni casi offrono anche un'informazione inequivocabile sulla loro funzione prevalente: «Cette estampe est faite pour être vue dans l'optique».

La veduta d'ottica è un particolare tipo di stampa prospettica, concepita nel formato e nella costruzione spaziale per offrire alla visione, attraverso lenti convesse, l'illusione della massima profondità e, al tempo stesso, la percezione di un angolo visivo assai più dilatato. Il formato standard oscilla tra i 280/300 mm. d'altezza e i 410/450 di base, offrendo alla vista un paesaggio in cui si assiste a una iperapplicazione delle leggi della prospettiva, che eccede in larghezza, rispetto al normale angolo di 45 gradi. Volendo fare un confronto con esperienze più vicine a noi si potrebbe dire che, nel formato delle vedute, si trova una sorta di anticipazione profetica del principio del Cinemascope.

Ha scritto Alberto Milano, collezionista e studioso di stampe popolari, autore di alcuni dei saggi più significativi sull'argomento:

> Un'accettabile, ma parziale definizione di «vue d'optique» suggerita dalle didascalie settecentesche, potrebbe essere che la veduta d'ottica è un'immagine creata per essere vista attraverso un apposito apparecchio ottico, in francese chiamato l'«optique»[3].

---

[2] Al Grand Tour è stata dedicata un'importante mostra ideata da Cesare De Seta che è stata allestita a Londra e a Roma nel 1996-97 di cui va tenuto presente il catalogo: *Grand Tour. Il fascino dell'Italia nel XVIII secolo*, a cura di A. Wilton e I. Bignamini, Milano 1997.

[3] Milano, *Le «vues d'optique»*, cit., p. 11.

Questo soprattutto dalla fine del Settecento, quando le vedute d'ottica e i relativi apparecchi moltiplicano i luoghi dello spettacolo in modo indefinito eliminando, poco per volta, le figure del narratore e dell'impresario ambulante. In realtà gli apparecchi per la visione delle vedute d'ottica, già descritti fin dal 1677 da Kohlhans[4], sono di vario tipo: nel Settecento i Realetti Prospettive vengono venduti sia come semplici stampe prospettiche, che come scene urbane e rapresentazioni architettoniche per scatole ottiche, entro cui vengono disposti su telaietti, seguendo una certa disposizione geografica e narrativa dopo esser stati incollati su cartone e traforati, in modo da consentire effetti di illuminazione anteriore e posteriore. La diffusione è molto rapida a giudicare dal numero dei soggetti e dalla crescita costante lungo tutto il secolo. Dal 1717 nei cataloghi inglesi di Henry Overton 1 e John Bowles si parla di Prospects, Views, o Perspective views, fino a quello di Carington Bowles del 1784 in cui, oltre a definire i soggetti delle vedute («Vedute di bastimenti, città importanti, abitazioni di Nobili e Gentlemen, Giardini in Gran Bretagna, Francia, Olanda, vedute di Venezia, Firenze, Roma antica e moderna...») se ne indica il doppio uso:

Tenute in gran conto non solo per l'arredamento, sono usate soprattutto, opportunamente colorate e senza i margini per la visione in specchi diagonali, o Macchine ottiche, nelle quali appaiono di una bellezza sorprendente, e ingrandiscono quasi a livello della costruzione reale. Il prezzo è di 1 Scellino se in bianco e nero, di 2 a colori[5].

Molto rapidamente, rispetto, all'attività dei lanternisti, il commercio delle vedute e delle apparecchiature assume un carattere industriale, come sottolinea Dubbini:

In Inghilterra, tra il secondo e il terzo decennio del Settecento la produzione di vedute ottiche e di apparecchiature necessarie alla loro visione registra un potente sviluppo, quasi in progressione geometrica. L'estensione del mercato provoca, di conseguenza, una più netta precisazione dei generi. I soggetti scelti sono quasi esclusivamente vedute di città, monumenti, interni di chiese, giardini. Si afferma in gran parte un gusto tradi-

---

[4] Vedi Kohlhans, *Neu-erfundene*, cit. In questo trattato l'autore descrive come si possono applicare delle lenti convesse a una camera oscura e introdurvi oggetti all'interno che possono essere illuminati dalla luce naturale che entra da una porticina laterale aperta sulla scatola.
[5] *Catalogue of Carington Bowles at 69 St Paul's Church Yard*, London 1784, p. 70.

zionale. Infatti la predilezione per i temi urbani e architettonici – esibiti di volta in volta con finalità descrittive o come oggetti di meraviglia – è una costante rintracciabile negli atlanti geografici e nelle guide fin dal Settecento[6].

In tutti i cataloghi di fine Settecento si parla dunque di vedute concepite appositamente per macchine ottiche. Il numero di soggetti stampati a Londra, Parigi, Augsburg e Bassano, tra fine Settecento e inizi dell'Ottocento, è tale (si pensi ad alcune migliaia) da farci subito capire che il pantoscopio ha cessato di essere solo uno spettacolo di piazza ed è entrato stabilmente come divertimento comune nelle case borghesi[7].

Nel primo Settecento, in ogni caso, trionfa sulle piazze di tutta Europa una scatola ottica più o meno grande, per la visione pubblica. Si tratta di una cassetta dotata di una o più lenti ingrandenti e di alcune candele all'interno per consentire gli effetti giorno e notte e di un sistema di cordicelle per la sostituzione delle stampe secondo l'ordine stabilito dal proprietario dell'apparecchio. La narrazione e la musica d'accompagnamento avranno un ruolo assai importante, perché, a seconda dell'intelligenza e della cultura del narratore, consentiranno di raccordare tra loro luoghi e tempi assai diversi e distanti. Saranno però soprattutto le immagini a comunicare e ad agire sui meccanismi emotivi e immaginativi, offrendo punti di vista inusitati, consentendo all'occhio di volare e planare dolcemente su intere città o su parti di esse.

Questo tipo di teatrini ottici si caratterizzano tra gli spettacoli di piazza per la capacità di richiamare, per più di un secolo, folle di spettatori e far raccordare i movimenti della visione al racconto di un narratore, a un punto di vista che ti consente di dominare lo spazio, conquistare il tempo, raccogliere una massa di informazioni che si propongono di farti identificare il visibile col vero. E al tempo stesso per la capacità di liberare energie e dinamiche emotive e conoscitive, di coinvolgere attivamente sentimenti e ragione, come non accade negli spettacoli di lanterna magica, dove l'imma-

---

[6] R. Dubbini, *Geografie dello sguardo*, Torino 1994, p. 91.

[7] Lo ha dimostrato una ricerca di Marie van Dijk su 3.500 inventari di patrimoni in Olanda agli inizi dell'Ottocento in cui il visore per vedute (o «optica») è registrato assieme ad altri giochi ottici in case di persone benestanti. La ricerca pubblicata in «Volkskunding Bulletin», n. 9, 1893, pp. 53-81, è citata da J. Kaldenbach, *Perspective Views*, in «Print Quarterly», vol. II, n. 2, giugno 1985, pp. 87-104.

gine e le parole del lanternista hanno lo scopo prevalente di sottomettere lo spettatore, di paralizzarlo sulla sedia, di produrre in lui una sorta di *trance* come in un esperimento di magnetismo. Le funzioni estetiche di queste vedute, il loro trarre ispirazione in parte da quadri e incisioni dei grandi pittori contemporanei, diventano irrilevanti nel momento in cui la veduta stessa, tagliata, traforata e incollata a un cartoncino, entra a far parte dello spettacolo di pantoscopio.

Le vedute d'ottica sono, come si è detto, solo una piccola voce dei cataloghi di stampe dei maggiori centri: in apparenza, e a un contatto superficiale, non si distinguono dalle altre stampe popolari. Di fatto non sono mai state considerate dagli storici dell'arte nella loro identità e nella loro specificità. Forse perché, una volta riconosciuto il predominio della funzione spettacolare, sembrava venir meno l'interesse per il prodotto artistico.

Ciò che diventa decisivo, agli effetti della nostra storia, è che, grazie a queste piccole macchine ottiche, muta l'atteggiamento spirituale complessivo della visione popolare settecentesca nei confronti del mondo: l'organizzazione dello spazio offerto dalle vedute, il fatto che l'occhio venga in pratica prima richiamato e poi risucchiato con tutto il corpo dello spettatore nello spazio prospettico che le vedute gli offrono, ci spinge a tener conto delle indicazioni, tuttora magistrali, di Panofsky su una forma e un'organizzazione dello spazio che diventano manifestazione e simbolo di un'epoca [8].

### DAL PROSPETTOSCOPIO AL MONDO NUOVO

L'invenzione del mondo nuovo si può far risalire al prospettoscopio di Brunelleschi, quella tavoletta realizzata nel primo decennio del Quattrocento grazie a cui, per la prima volta, si ottiene un effetto di profondità e in cui l'occhio dello spettatore è posto al centro del punto prospettico. Ce ne dà una precisa descrizione Antonio di Duccio Manetti, il biografo di Brunelleschi, che gli attribuisce così il merito di aver inventato la prospettiva:

---

[8] E. Panofsky, *Il problema dello stile nelle arti figurative*, in *La prospettiva come forma simbolica*, Milano 1985, p. 150.

Egli aveva fatto un buco nella tavoletta dov'era questa dipintura... el quale buco era piccolo quanto una lenta da lo lato della dipintura, e da rovescio si allargava piramidalmente come fa uno cappello di paglia da donna quanto sarebbe el tondo d'uno ducato o poco più. E voleva che l'occhio si ponessi da rovescio, dond'egli era largo, per chi lo avessi a vedere, e con una mano s'accostassi allo occhio e nell'altra tenessi uno specchio piano al dirimpetto, che vi si veniva a specchiare dentro la dipintura... che al guardarlo... pareva che si vedessi 'l proprio vero; e io l'ho avuto in mano e veduto più volte a mia dì e posso rendere testimonianza[9].

Dal punto di vista tecnologico e scientifico il mondo nuovo sembrerebbe compiere un passo indietro rispetto alle ricerche ottiche della lanterna magica, che adottano procedimenti basati su principi illusionistici, ma anche su meccanismi che producono effetti sempre più complessi. Anzi l'aspetto non è altro che quello delle *boîtes à curiosité* secentesche di cui sostituisce oggetti reali spesso provenienti proprio dal nuovo mondo con raffigurazioni virtuali di luoghi e meraviglie[10]. Un cartello con la scritta *Le meraviglie del Mondo Nuovo* è piantato su una botte al centro di un disegno di Stefano della Bella, che riprende una piccola folla di curiosi che fa la coda per tuffare l'occhio in un foro praticato nelle doghe della botte stessa. Questa botte, dentro cui lo spettatore popolare si tuffa per una breve immersione in una dimensione altra, si può considerare come una delle antenate del pantoscopio. Lia Camerlengo nota, molto opportunamente, che l'adozione ormai anacronistica del termine «mondo nuovo»

non è solo un relitto del passato e segno di ritardo della cultura popolare, ma dà informazioni di un'altra geografia, più sfuggente e nascosta di quella nota dalle carte e dai libri[11].

Il pantoscopio è una semplice macchina di legno, un teatrino in miniatura, che adotta gli stessi principi delle quinte e delle scene teatrali, dispone di una serie di vedute dipinte montate su telaietti, traforate e lavorate con specchi, carte veline colorate e stoffe per moltiplicare gli effetti cromatici e di luminosità interna. Vedute raggruppate secondo un certo ordine narrativo deciso dall'ambu-

---

[9] A. Manetti, *Vita di Filippo Brunelleschi*, Milano 1976, pp. 59-60.
[10] Per un inquadramento lessicale e culturale del termine mondo nuovo vedi L. Camerlengo, *Il Mondo Nuovo disincantato strumento d'incanto*, in A. Zotti Minici, *Mirabili visioni*, Trento 1996, pp. 57-60.
[11] *Ibid.*, p. 57.

lante, ma per lo più organizzate per compiere un vero viaggio intercontinentale e con qualche consistente *détour* temporale, che spingendosi in senso antiorario può condurre lo spettatore fin nei paraggi del Paradiso terrestre.

La fonte luminosa è interna alla scatola ed è costituita da due o più candele, che, in qualche modo, riproducono i nuovi sistemi di illuminazione notturna adottati nelle grandi città:

> Attraverso un'opportuna dosatura di lucerne all'interno delle «cassette» si provocava il lento passaggio dal giorno alla notte e dalla notte al giorno, che è uno dei più originali e autentici effetti della meraviglia. Stante il fatto che, gradualmente, la città dei lumi, accede lentamente all'illuminazione notturna dello spazio urbano e all'uso notturno nonché alla visione della città con l'illuminazione artificiale, che è ancor oggi un effetto di meraviglia delle grandi metropoli... È chiaro che il suggerimento a tutti questi dispositivi della visione e della meraviglia sta nella stessa «macchina teatrale», che, proprio nel Settecento, diventerà il raffinato progetto di un edificio dove il vedere e l'ascoltare sono i veri problemi di un equilibrio da risolvere possibilmente con una brillante formula matematica. In questo caso però il teatro è vuoto di attori e la commedia è quella di rendere spettacolare un'immagine con la complicità e l'ingenuità dello spettatore[12].

Così descrive «les boîtes optiques» nel suo *Vieux papiers, vieilles images* del 1896 John Grand-Carteret:

> Le scatole ottiche, queste scatole portatili, in cui mediante lenti ingrandenti si vedevano mille quadri rischiarati dal riflesso di una luce posta davanti. Per alimentare queste scatole nacque tutto un commercio e tutto un esercito di incisori e mercanti, tra i quali Leaputre, Sébastien Léclerc, Mariette, Boilly, Vernel, che confezionò «vues d'optique» che ancora ogni tanto si trovano nei contenitori dei baracchini sui Quais... In queste vedute si sono viste sfilare tutte le capitali d'Europa, tutti i paesi esotici, tutti i monumenti, tutte le curiosità della natura e dell'arte, tutti gli spettacoli ufficiali... tutti gli avvenimenti che marcavano i modi, i personaggi o ancora i drammi lugubri e sempre appassionanti come i naufragi e gli incendi[13].

Nell'Ottocento, come si è detto, si assiste a una sorta di ritirata

---

[12] Brusatin, *Storia delle immagini*, cit., p. 88.
[13] J. Grand-Carteret, *Vieux papiers, Vielles images*, Paris 1896, pp. 301-302.

dai luoghi della vita pubblica da parte delle macchine ottiche e alla loro conquista degli spazi domestici. Le vedute d'ottica avranno un'ampia diffusione privata fino alla metà del secolo, grazie agli apparecchi costituiti da una lente e uno specchio collegato alla lente con un'inclinazione variabile con cui la scritta rovesciata del titolo della veduta poteva essere letta. Con l'invenzione della stereoscopia, e i suoi effetti di profondità, viene dato il colpo di grazia a questo settore delle stampe popolari già messo peraltro in crisi dall'avvento della fotografia e dei nuovi giochi ottici. Anche se, fino all'invenzione del cinematografo circoleranno apparecchi in cui sarà possibile vedere insieme stereoscopie e vedute.

Questi apparecchi tardo settecenteschi e ottocenteschi consentono in parte di eliminare il mediatore e favoriscono la libera creazione del viaggio da parte degli spettatori stessi: a testimoniare questo momento di presa di potere dello spazio domestico da parte dell'apparecchio ottico possiamo prendere una stampa di Cazenave intitolata proprio *L'optique*, in cui Louise Sébastienne Gély, futura moglie di Danton, mostra al figlio più giovane di Danton stesso una serie di vedute attraverso una macchina ottica che troneggia su un tavolo in mezzo alla stanza. Siamo alla vigilia della Rivoluzione e non sembra un caso che mentre Maria Antonietta sceglie per l'educazione del figlio le lastre della lanterna magica nella famiglia di uno dei capi rivoluzionari entrino le vedute d'ottica, come mezzo d'educazione, conoscenza e divertimento.

### LA VEDUTA: FORTUNA DI UN GENERE IBRIDO

La veduta d'ottica è dunque un genere distinto per formato, morfologia, tematiche, da altri generi come le stampe imperiali, le francesine, le mode, i reali, le «chinesi» ecc. Un genere dall'identità ibrida anche per i suoi produttori e dalla grande fortuna europea in quanto ha costituito il modo più efficace e capillare di diffondere insiemi considerevoli, e per lo più del tutto simili e iconograficamente omogenei, di immagini di tutte le maggiori città del vecchio continente. Ma anche dell'Asia, Africa e Americhe e di affiancare a questa ricognizione topografica una massa di immagini legate alla religione, alle mitologie, alla storia o alla cronaca più recente.

Diamo alcune cifre che ci consentono di capire la portata del fenomeno: nel catalogo londinese di Overton I del 1717 sono offerte 164 vedute, in quello di Overton II, del 1754, ben 493 e in quello di Carington Bowles del 1784, 267. Nella sola Inghilterra – anche tenendo conto che interi repertori di vedute migrano da un editore all'altro – si producono oltre 1.200 soggetti diversi nel corso del Settecento. Un migliaio almeno sono le vedute prodotte a Parigi dagli stampatori di rue Saint Jacques (Chéreau, Daumont, Maillet, Basset, Huquier...). Nel catalogo Remondini del 1772 i Realetti prospettive sono poco più di un centinaio, mentre in quello del 1817 toccano quasi la cifra di trecento. A Augsburg il solo Balthasar Probst è autore di 340 soggetti diversi. Mentre l'Accademia Reale ha nel suo catalogo del 1779, 520 titoli[14].

Alla base della serie di Realetti Prospettive, o di vedute che compongono i cataloghi delle tipografie e dei venditori di stampe parigini o tedeschi di Augsburg sta, come modello di riferimento comune, l'Atlante *Civitates Orbis Terrarum* (1571-1617), in sei volumi, prima opera di documentazione a cui collaborano decine di disegnatori inviati in tutte le maggiori città per individuarne i luoghi notevoli «e ritrarne in vedute esatte e spettacolari le immagini fisiche»[15].

La raccolta, ideata dall'incisore Hogenberg diventerà presto un vero prototipo, copiato, epitomizzato, riedito con aggiunte: modello insomma di un nuovo genere editoriale per un lungo arco di tempo[16].

Per le vedute d'ottica sarà una vera e propria miniera d'oro e un punto di riferimento costante lungo tutto l'arco della produzione dei quattro centri maggiori.

Di sicuro, per il fatto di non rientrare nella produzione di qualità, né di dipendere in prevalenza da originali a olio, di essere in buona parte anonima, affrettata nell'esecuzione e nella coloritura, la produzione di vedute d'ottica non è stata presa in considerazione come fenomeno complessivo e per i suoi risultati singoli, né analizzata dagli storici dell'arte, né da quelli dello spettacolo fino a pochi anni fa[17].

---

[14] Ho tratto tutti questi dati dal saggio di G.J. Kaldenbach, *Perspective Views*, in «Print Quarterly», II, 1985, pp. 86-104.
[15] Dubbini, *Geografie*, cit., p. 4.
[16] Nuti, *Ritratti di città*, cit., p. 35.
[17] La bibliografia specifica sulle vedute si è particolarmente sviluppata a partire dagli anni sessanta: E. De Keyser, *Un domaine méconnu de l'imagerie. Les vues d'optique*, in

Questo genere, tutto sommato non trainante nei cataloghi dei maggiori editori di stampe, grazie all'incontro e contaminazione genetica tra il vedutismo trionfante del Settecento, le ricerche ottiche sulla camera oscura, le forme del teatro popolare, acquista, poco alla volta, un ruolo di punta nelle strategie degli editori di stampe. Dà vita, dai primi anni del Settecento, a un tipo di spettacolo colto e popolare nello stesso tempo, che interpreta, nel modo più significativo, lo spirito dei viaggiatori che muovono alla conquista culturale e visiva delle meraviglie architettoniche, urbanistiche e paesaggistiche del continente.

Se è giusto sottolineare, ancora una volta, la nascita policentrica e la diffusione del mercato delle vedute – che vengono stampate a Parigi[18], Augsburg[19], Bassano[20] e Londra[21] e da qui, grazie ai corrispondenti, ai venditori ambulanti (sono soprattutto i Remondini che, come si è visto, adottano questo sistema, riuscendo a coprire il mercato continentale in modo più capillare di tutti) e a centri stabili, vengono smistate in tutti i paesi d'Europa – va sottolineato il ruolo dominante di Venezia e, di conseguenza, di Bassano nella diffusione e nella fissazione della memoria del mondo nuovo e della civiltà della visione popolare che si sviluppa attorno a questa macchina ottica.

«Bulletin de la Société le vieux Papier», t. XXIII, fasc. 198, 1962; e il citato saggio di Kaldenbach, *Perspective Views*. Questo saggio, in particolare, ha avuto il merito di fissare, nei caratteri generali, il quadro della produzione e le caratteristiche del genere.

[18] Per un riferimento generale agli editori di stampe parigini si veda il volume a cura di M. Préaud, M. Grinel, P. Casselle, C. Le Bitouzé, *Dictionnaire des éditeurs d'estampes à Paris sous l'ancien régime*, Paris 1987. Per un catalogo d'epoca si può consultare un catalogo di Basset, *Catalogue général d'imagerie... composant le fond de Basset, marchand d'éstampes, rue Saint Jacques n. 64 à Paris*, Paris 1822.

[19] Delle stampe di Augsburg ha scritto di recente W. Seitz due articoli importanti: *The Engraving Trade in Seventeenth- and Eighteenth Century Augsburg: a Checklist*, in «Print Quarterly», giugno, 1986, pp. 116-128 e *Augsburg, capitale della grafica in Germania, come centro di produzione delle vedute ottiche*, in A. Zotti Minici, *Il Mondo Nuovo*, Milano 1989, pp. 69-75.

[20] Tra gli studi che hanno messo in luce l'importanza delle vedute d'ottica all'interno dei cataloghi remondiniani risultano decisivi i contributi di Zotti Minici: *Per una ricostruzione visiva del catalogo delle vedute ottiche Remondini*, in *Il Mondo Nuovo*, cit. e *Vedute d'ottica*, in *I Remondini. Un editore del Settecento*, Bassano 1990. Inoltre la sezione completa delle vedute nel già ricordato *Le stampe popolari dei Remondini*, Vicenza 1994. A partire dal 1751 esistono numerosi cataloghi dei Remondini che consentono di analizzare l'importanza della sezione delle vedute e la fortuna che il genere riscuote anche nell'Ottocento. La ricerca più recente sulle vedute d'ottica remondiane ha dato luogo ad una mostra e al catalogo curato da Zotti Minici, *Mirabili visioni*, già citato in precedenza.

[21] A. Griffiths, *A Checklist of Catalogues of British Print Publishers, c. 1650-1830*, in «Print Quarterly», marzo, 1984. Inoltre si veda il catalogo stampato a Londra da Robert Sayer nel 1753: *Two Hundred and Six Perspective Views Adapted for Diagonal Mirror or Optical Pillar Machine*.

I Remondini di Bassano, come risulta dalle recenti ricerche di Zotti Minici, sono stati gli unici produttori italiani di «prospettive per camera ottica»: si è detto che nel catalogo del 1764 il numero di soggetti è ancora limitato, ma già in quelli successivi, alla voce Realetti prospettive, risultano oltre duecento soggetti. Nel catalogo del 1778, sotto la voce Realetti Prospettive è scritto esplicitamente:

Assortimento delle migliori prospettive esistenti nelle principali città del Mondo, le quali servono particolarmente per uso delle camere ottiche e che ogni giorno va aumentandosi di nuovi rami, le quali si vendono: Le nere al cento L. 20, Le miniate al cento L. 25 [22].

Nel catalogo del 1797 si passa dalla «Pontada» di quattro rami della città di Padova, Firenze, Madrid o New York, a quelle di cinque di Parigi, sei di Berlino, otto delle città di Amsterdam e dell'Aja. Sei soggetti diversi sono dedicati anche alla *Storia del Figliol Prodigo*. In una sezione a parte una «Pontada» di quarantadue rami mostra «le principali prospettive della Città di Venezia intagliate di buon bulino». Con molta probabilità si tratta dei rami di Canaletto e Marieschi adattati a questa sezione.

Nelle pagine che seguono non intendiamo occuparci del mercato, né delle tipologie delle vedute, di cui pure daremo qualche esempio, quanto piuttosto di come si è fissata la memoria delle macchine ottiche e del loro rapporto con gli spettatori. Cercando anche di cogliere il tipo di rapporto visivo e conoscitivo, la specificità della visione e i caratteri della geografia immaginativa che si sviluppa nel pubblico in seguito alla visione di uno spettacolo di mondo nuovo.

CITTADINANZA VIRTUALE: TUTTO L'ALTROVE A PORTATA DI SGUARDO

Intanto diciamo subito che, grazie al mondo nuovo, si creano le prime forme di cittadinanza virtuale popolare e «di massa» per l'uomo europeo.

Il mercato delle vedute è fiorentissimo per quasi un secolo e

---

[22] *Catalogo delle stampe in rame, in legno e delle varie qualità di carte privilegiate le quali si lavorano in Bassano presso la ditta di Giuseppe Remondini e figli di Venezia. Con li suoi prezzi fissati in moneta veneta*, Bassano 1778, p. 298.

mezzo: così lo spettacolo raggiunge pubblici molto vasti di consumatori e di acquirenti. «Je suis un citoyen du cinématographe» dirà, a quasi due secoli di distanza, il regista Jean Renoir. Grazie alle vedute d'ottica entriamo in contatto coi cittadini di un mondo pieno di meraviglie realizzate dall'uomo, con palazzi, chiese, monumenti, piazze, porti, strade, fiumi navigabili. Un mondo dal quale sembra pressoché bandita la paura per il diverso e il mostruoso. In questo microspazio possiamo partecipare, in forma alternativa, a un'esaltante e educativa avventura di viaggio con una spesa minima, senza alcun rischio, senza alcun imprevisto. Un'avventura che, per i borghesi che si apprestano al Gran Tour, può avere una funzione propedeutica e per migliaia di spettatori popolari costituirà l'unica occasione di viaggio di tutta l'esistenza.

Tutto il mondo, in venti, trenta, quaranta immagini. Il mondo a portata di sguardo per un soldo. Le locandine e gli avvisi ci consentono di ricostruire le tappe del viaggio, la logica dell'itinerario proposto dal Théâtre Optique, la strategia retorica culturale e ideologica dell'impresario. Il narratore ha il potere di animare lo spazio.

Solo per restare in Europa, in Spagna passiamo dalla strada Maggiore di Madrid al Palazzo reale, alla piazza Maggiore dove si tiene la *corrida*, a Granada entriamo nel cortile dei Leoni dell'Alhambra, per poi visitare la Cancelleria reale. A Parigi possiamo accedere al palazzo delle Tuileries, o entrare nelle scuderie e cortili del castello di Versailles, prima di entrare nella cattedrale di Notre-Dame. A Lisbona visita d'obbligo è al porto e alle chiese di Belém e di Sant'Amato. A Vienna il tour prevede una visita al palazzo del principe di Liechtenstein e al palazzo imperiale, ma anche invita a vedere il mercato principale della città. Anche all'Aja il mercato nuovo è un luogo degno di interesse, assieme alla nuova borsa... Di Leipzig l'editore Fietta offre una veduta della chiesa di San Nicola e altre immagini di luoghi notevoli (il castello, la porta di San Tommaso). In Italia si potrà vedere a Napoli il palazzo del viceré o il bosco dei cipressi nel giardino reale, a Genova palazzo Durazzo, o palazzo D'Oria, a Milano il Duomo e il cortile del Palazzo arcivescovile, a Parma il cortile del Palazzo ducale, a Palermo il palazzo Senatorio, a Udine piazza San Giacomo, a Brescia piazza del mercato del lino, o quella del mercato nuovo, a Verona piazza Bra. Non solo per Venezia, ma anche per Padova (Prato della Valle e Chiesa di Santa Giustina), Marghera, Dolo e Mestre, i Remondini utilizzano nella serie Realetti Prospettive lastre incise o copiate da Canaletto[23].

Le vedute romane e quelle veneziane presenti nei cataloghi francesi o remondiniani ci mostrano come uno stesso luogo, per esempio la piazza della Fontana di Trevi, possa essere rappresentata da ben tre punti di vista diversi.

Soprattutto gli editori francesi – da Basset a Chéreau a Crepy – offrono vedute d'insieme di intere città, che costituiscono quasi il prologo di una successiva perlustrazione con immagini che offrono i luoghi e i monumenti più famosi: così possiamo trovare vedute di Roma e Napoli, Parigi, Avignone, Blois, Bayonne e Dunkerque, di Londra e Siviglia, di Gerusalemme e Batavia in Indonesia[24].

Proprio partendo da queste vedute a volo d'uccello, tutte riconducibili a piante cinque-seicentesche, e all'idea rinascimentale di racchiudere una totalità in un solo sguardo, è possibile delineare i percorsi attraverso cui un archetipo di una pianta di città possa poi dar vita a modelli successivi ripresi dai vedutisti ottici con minime varianti. Vedi, per esempio, la veduta della città di Napoli dal porto inizialmente delineata nel 1629 da Alessandro Baratta e poi ridisegnata, quasi un secolo dopo come «Perspective View» da Giorgio Fossati e incisa dall'editore londinese Thomas Bowles per essere ripresa da Jacques Huquier e stampata in rue Saint Jacques come «Vue Perspective» con molto minore accuratezza. Non è difficile, con uno studio iconografico accurato, identificare le fonti principali di ispirazione dei soggetti delle vedute d'ottica e cercare di delinearne alberi genealogici, diramazioni, moltiplicazioni e clonazioni. Se per Roma Giovanbattista Piranesi appare come un sicuro punto di riferimento per francesi, tedeschi e italiani, con massicce traduzioni e contraffazioni topologiche da parte di editori francesi operanti fianco a fianco in rue Saint Jacques (vedi la *Vue d'un superbe Pallais (!) de Rome* dichiaratamente tratta da Piranesi (l'originale è il *Ponte magnifico* della *Prima parte di architetture e prospettive*), stampata da Jacques Chéreau (che segnala Piranesi inv. et Sculp.) e da Daumont, che diventa un *Edifice grec près d'Athènes* per Hocquart, per Venezia Canaletto, Marieschi, Carlevarijs e Visentini sono gli autori a cui ci si rifà per primi, mentre per Firenze l'ispiratore sarà Giu-

---

[23] A. Zotti Minici, *Mercanzia d'onore e mercanzia d'utile. Canaletto e Remondini dalla veduta alla veduta ottica*, in «Charta», n. 1, novembre-dicembre 1992, pp. 31-35.

[24] Alcune di queste vedute aeree sono presenti nella collezione della Cinémathèque française e sono state catalogate da Mannoni in *Le mouvement continué*, Paris 1996, pp. 140-146.

seppe Zocchi, Francesco Del Pedro per Genova, Salomon Kleiner per Vienna [25].

Spesso un lavoro di analisi comparata degli stessi soggetti realizzati nei vari paesi mostra, come in un gioco di scatole cinesi, le derivazioni, i plagi, le variazioni, nonché le modificazioni della domanda [26].

I Remondini attingono in modo massiccio e inequivocabile, come ha documentato Zotti Minici, per le serie di Palermo, Napoli e per un gruppo di piazze e monumenti di Parigi, Toledo, Alhambra, Madrid, dalla notissima opera del Salmon in ventisei volumi, pubblicata a Venezia, in seconda edizione, tra il 1736 e il 1766 [27].

Il fatto che le stesse immagini siano realizzate dai diversi stampatori e diffuse ovunque e che queste immagini si depositino, con la stessa forza, negli spazi mentali degli abitanti di Lisbona o Pietroburgo, ci autorizza a attribuire un ruolo importante alle vedute d'ottica nella creazione anche di un paesaggio dell'anima dell'uomo settecentesco, costituito di luoghi reali, di palazzi, monumenti, chiese, edifici pubblici, piazze... e un ruolo di modificatori dell'atteggiamento spirituale nei confronti dei poteri conoscitivi dell'occhio.

Il mondo nuovo apre, nello spazio topologico mentale, una finestra sul mondo e sulla sua storia diversa e complementare rispetto alla lanterna magica. Gli stessi percorsi a un certo punto si incontrano, come vediamo nella veduta remondiniana *palazzi del re di Spagna: il castello di Vincennes* [28], con sulla sinistra in basso, nello spazio antistante il palazzo, un pantoscopio circondato da bambini e sulla destra un lanternista che cammina con la sua lanterna in spalla. Di fatto però si sviluppano in base a presupposti culturali assai diversi, se non opposti.

Il mondo nuovo è uno spettacolo colto, che, proprio grazie alla

---

[25] M. Corgnati, *Vedute d'ottica e vedutismo*, in Milano, *Viaggio in Europa attraverso le vedute d'ottica*, cit., pp. 32-34.

[26] «L'editore Remondini di Bassano, per esempio, riprende le proprie vedute di Roma da un altro editore tedesco, G.B. Probst di Augsburg, che, a sua volta, utilizza come originali le incisioni di un artista già allora famosissimo, il Piranesi. Il criterio che informa questa scelta è quello di evidenziare le "emergenze" urbane e di utilizzare, nella produzione piranesiana, le vedute più note, già famose presso il pubblico europeo. Esemplare è il caso del *Tevere a Castel Sant'Angelo*, con la cupola di S. Pietro sullo sfondo, un'immagine che è la quintessenza del tipico, raffigurata per la prima volta da van Wittel in una tempera del 1683, ripresa con qualche variante dal Piranesi nel 1754 e da qui tradotta in una veduta ottica che compare nel catalogo dei fratelli Remondini nel 1784». *Ibid.*, p. 31.

[27] A. Zotti Minici, *Mondi in scatola*, in Id. (a cura di), *Mirabili visioni*, cit., p. 44.

[28] Vedi la descrizione in Zotti Minici, *Le stampe popolari dei Remondini*, cit., p. 225.

sua funzione educativa prevalente, muove alla conquista del pubblico popolare. Mentre la lanterna magica parte come spettacolo popolare – in cui la meraviglia e l'azione sulle passioni sono funzione dominante e gli scopi sono la catechizzazione e l'assoggettamento emotivo – per andare, poco alla volta, alla conquista dei pubblici colti. Le occasioni di incontro e travaso di esperienze, nel corso del Settecento, saranno comunque molte e, da un certo momento in poi, il termine lanterna magica diventerà così comprensivo da includere e assimilare anche l'apparecchio per le vedute. Per Bartolomeo Pinelli, che più volte nelle serie dei costumi romani riprenderà uno spettacolo di pantoscopio, la didascalia parlerà sempre di *Lanterna magica*.

Col mondo nuovo si abbandona, in modo deciso, quella cultura popolare carnevalesca che ha formato l'humus della lanterna magica, col suo inquietante rapporto col mondo dei morti e dei demoni, ma anche con l'implicita promessa di ottenere, grazie al loro aiuto, piaceri e ricchezze. Streghe, diavoli, scheletri e altri simboli infernali, con tutta l'iconografia demoniaca delle lanterne magiche, vanno a rafforzare quel mito popolare secondo il quale dai morti e dal diavolo si possono ottenere ricchezze e felicità[29]. Le lanterne magiche offrono – come si è più volte sottolineato – un'alternativa ai viaggi immaginari e dei filò contadini verso Cuccagna e verso tutti i paradisi dei poveri: con pochi soldi consentono pellegrinaggi verso un altrove mitico, dove le leggi naturali si possono sovvertire e i rapporti sociali modificare temporaneamente come nel Carnevale[30].

Il mondo nuovo invece consente un viaggio verso una realtà che non vuol dare consolazioni artificiali: salvo qualche eccezione e il momentaneo accesso a qualche visione paradisiaca[31], la morfologia dominante delle vedute d'ottica riguarda la realtà presente, il mondo realizzato dall'uomo, la rappresentazione della felicità in terra, data dall'armonia sociale.

Non va però dimenticata – e questa è una caratteristica delle vedute inglesi, francesi e tedesche, la valorizzazione di alcuni *faits*

---

[29] A.M. Di Nola, *Il diavolo*, Roma 1994, pp. 325-328.

[30] Per lo sfondo culturale del mondo contadino, con le sue visioni demoniache, i suoi paradisi artificiali e la rappresentazione del mondo alla rovescia vedi P. Camporesi, *Il paese della fame*, Bologna 1978, in particolare i capp. I-III-V.

[31] Mi piace pensare che in uno spettacolo standard di mondo nuovo le vedute con le scene del Paradiso terrestre potessero essere un punto di partenza abbastanza comune.

*divers* (come i naufragi, o la caccia alla balena), o l'apparizione di qualche bestia feroce, come la

Figure de la Bête féroce nommée Hiène qui dévore les hommes et principalement les femmes et les enfants, leur arrache les mamelles leur mange le coeur et le foie. Elle fait ce carnage sur les limites de Gevaudan et de l'Auvergne,

o di qualche catastrofe come il fulmine che distrugge una nave ammiraglia, l'incendio di un teatro ad Amsterdam, il terremoto a Reggio Calabria e a Messina e qualche puntata nella storia greca e romana e nelle mitologie (le sette meraviglie del mondo o episodi della Bibbia e dei Vangeli entrano regolarmente nei cataloghi francesi o tedeschi).

### L'OCULUS ARTIFICIALIS E LA NASCITA DEL TURISMO VISIVO

Dagli inizi del Settecento l'Europa è percorsa da un numero sterminato di viaggiatori: la novità, rispetto al passato, è data dal fatto che, lungo tutto il secolo, si viaggia anche per motivi culturali[32].

Si viaggia a piedi, a cavallo, in carrozza, per terra e per mare, e si viaggia moltissimo – anche se questo fenomeno nuovo non è stato mai studiato – con gli occhi. Il potente sviluppo del vedutismo ottico, all'interno dell'industria delle immagini, è di sicuro legato alla nascita del turismo moderno. Ne costituisce una conseguenza, ma anche un modello propulsivo. La domanda crescente di nuovi strumenti per il viaggio influisce, in maniera sensibile, sull'editoria: atlanti, guide, vademecum, almanacchi con allegati dizionarietti in più lingue, con itinerari, descrizioni dei luoghi notevoli e corredi di incisioni sono a disposizione del «viaggiatore moderno»: dall'*Atlante veneto* di Vincenzo Coronelli, edito nel 1691, alla *Guida geografica ovvero compendiosa descrittione del globo terreno* di Lodovico Passerone del 1706, al *Mondo antico, moderno e novissimo, ovvero breve trattato dell'antica e moderna geografia* di Antonio Chiusole, al *Sistema del mondo terracqueo geograficamente descritto*, entrambi editi a Venezia nel 1716, alla *Géographie Universelle en vers artifi-*

---

[32] Vedi l'introduzione di Leonello Vincenti a *Viaggiatori del Settecento*, Torino 1950.

*ciels* dell'abate Claude Buffier, uscita in Francia nel 1715 e giunta in Italia ai primi dell'Ottocento alla quindicesima edizione, alla *Nuova geografia per uso della più fresca gioventù...* In tutte queste opere l'apparato iconografico è importante tanto quanto quello letterario. Gruppi di vedute migrano nei libri di viaggi, nelle guide e negli almanacchi: ben quarantadue vedute, tratte in parte dalle *Prospettive veneziane* di Michele Marieschi e da Canaletto, sono riprese nel *Forastiero illuminato intorno le cose più rare e curiose, antiche e moderne della città di Venezia e delle isole circonvicine, colla descrizione delle Chiese, monisterj, Ospitali, tesoro di san Marco, Arsenale, Fabbriche pubbliche, Pitture celebri, Funzioni e divertimenti e di quanto v'è di più ragguardevole*, edito da Tosi a Venezia nel 1796. Interi repertori iconografici sono trasferiti, copiati, tradotti da vari incisori e moltiplicati in un numero indefinito di copie in bianco e nero o a colori[33]. Le vedute di Augsburg dichiarano di essere tratte, per le città francesi, da originali di Ozanne, Vernet, Perelle, per le città italiane da Canaletto, Piranesi, Zocchi, Barbault, per l'Olanda da immagini di Verstege, Van Hasten, Blankaert. Quanto alle città tedesche, Wolfgang Seitz – il più autorevole studioso delle vedute di Augsburg e, con ogni probabilità, il massimo collezionista mondiale di vedute – indica come fonti di ispirazione prevalente i nomi di Werner e Remshart[34].

Il processo di acquisizione e libera traduzione dei modelli pittorici è molto ampio, in prevalenza si rifà

a vedute relativamente recenti, ma è in grado qualora il mercato ne faccia richiesta, o se ne presenti la disponibilità, o la necessità, di riassorbire vedute più antiche come il *Panorama di Venezia* di Willem Blaeu del 1614 o le *Meraviglie del mondo* di Marten van Heemskerck e Philippe Gille del 1572[35].

Nelle vedute d'ottica – proprio tenendo conto del nuovo mercato potenziale desideroso di conoscere il mondo – si abbandonano

---

[33] Per questo tipo di problemi vedi E. Spalletti, *La documentazione figurativa dell'opera d'arte, la critica e l'editoria nell'epoca moderna (1750-1930)*, in *Storia dell'arte italiana*, p. I, vol. II, Torino 1979. Vedi anche G. Marini, *Giovanni Volpato e l'opera di traduzione*, in Id. (a cura di), *Giovanni Volpato*, Bassano 1988, pp. 16-21.

[34] W. Seitz, *Augsburg, capitale...*, citato in Zotti Minici (a cura di), *Il Mondo Nuovo*, cit., p. 71.

[35] P. Marini, *Ancora qualche considerazione sulle vedute ottiche nella tarda età del vedutismo*, in Zotti Minici, *Mirabili visioni*, cit., p. 63.

abbastanza rapidamente i modelli del pittoresco e del vedutismo fantastico a favore di traduzioni di originali in cui l'autore abbia utizzato una camera ottica.

### IN STA CASSELA MOSTRO IL MONDO NUOVO

Pur godendo di una cospicua iconografia che documenta la fortuna intercontinentale dello spettacolo, per la qualità di alcune fonti iconografiche e letterarie, per la sua collocazione nel corso del Settecento nel cuore della vita veneziana e per la centralità del ruolo di Venezia nell'immaginario europeo, non ci sembra azzardato riconoscere nella piccola macchina del mondo nuovo la nuova *Wunderkammern* in cui si depositano le polveri e i segni della cultura illuministica e il punto d'incrocio e scambio più significativo della vita culturale settecentesca.

La citazione goldoniana tratta dai *Rusteghi*, di cui ci serviamo a questo punto, ci aiuta a capire come lo spettacolo ottico, già profondamente radicato nella società borghese e veneziana agli inizi del Settecento, sia parte integrante degli spettacoli da piazza e dei riti sociali. In pratica sia già divenuto un luogo comune:

LUNARDO  Mì al dì d'ancuo, no so cossa sia un'opera, una comedia.
SIMONE  Mì i m'ha menà una sera a forza a l'opera e ho sempre dormìo.
LUNARDO  Mio pare, co giera zovene, el me diseva: «Vustu veder el Mondo nuovo? O vustu che te daga do soldi?» Mi me tacava ai do soldi.
SIMONE  E mi? Sunava le boneman e qualche soldeto che ghe bruscava e ho fato 100 ducati e i ho investiti al quatro per cento, e go quatro ducati in più d'intrada; e co'i scuodo, g'ho gusto cusì grando che no ve posso fenir de dir...
LUNARDO  Troveghene uno ancùo, che fazza cusì. I li buta via, vegnimo a dir el merito, a palàe[36].

Siamo a Venezia, nel 1760: i due «rusteghi» non nascondono affatto l'orgoglio e la soddisfazione per essere riusciti a difendere a oltranza, per tutta la vita, un atteggiamento di resistenza e rigetto nei confronti dello spettacolo nei suoi vari aspetti e nelle sue mille

---

[36] C. Goldoni, *I Rusteghi*, in *Tutte le opere*, a cura di G. Ortolani, vol. VII, Milano 1935, p. 663.

forme. Ignorare la commedia, dormire all'opera, rifiutare fin da bambini di andare a vedere le meraviglie del mondo nuovo («quelle macchinette che si mostrano in piazza ai curiosi per poco prezzo» chiosa lo stesso Goldoni in calce alla battuta di Lunardo), vuol dire scegliere precocemente l'isolamento rispetto alle dinamiche della comunità. Significa emarginazione e autoesclusione sociale all'interno di un mondo che sembra invece pregare per il suo spettacolo quotidiano. E vive una lunga agonia, mascherandone il più possibile i segni e le manifestazioni, usando lo spettacolo come farmaco sociale e le maschere e il carnevale non come forma di protesta e momentaneo capovolgimento del mondo, ma come rifugio per dimenticare il progressivo e inesorabile naufragio di una società e una città che, per alcuni secoli, è stata capitale mondiale dei commerci e della cultura.

Nell'immensa folla di personaggi mascherati o sontuosamente vestiti, che assiste, e soprattutto partecipa, con la sensazione di giocare ancora un ruolo da protagonista, alla variopinta messa in scena di un'intera società all'interno delle piazze, delle calli, delle chiese, dei teatri, dei campielli, dei palazzi e delle case, Simone e Lunardo si muovono come animali in via di estinzione. Per loro non è concepibile che anche una minima unità monetaria possa essere sperperata in beni evanescenti o effimeri come le immagini del mondo nuovo. Ancor meno naturale, ai loro occhi, il fatto che la gente possa godere nello spendere, nell'investire i suoi soldi negli spettacoli senza avere nulla in cambio e senza ricavarne alcun utile. Dal loro punto di vista i sogni, i desideri, le emozioni, non sono una merce che si possa vendere o barattare. Molto probabilmente, compatiscono i frequentatori di spettacoli di ogni tipo in quanto considerano un segno acclarato e deprecabile della decadenza dei costumi il perdere tempo e denaro in maniera infruttuosa. Eppure, proprio uno dei caratteri più rilevanti della società veneziana del Settecento sembra essere dato dall'affermazione di una ideologia dello spreco. E da una frenesia consumistica, da una ricerca e una richiesta di beni voluttuari che attraversa, in senso verticale, tutte le classi e le categorie sociali e lentamente, con un movimento a cerchi concentrici, si allarga dalla laguna veneta alla terraferma. E da una domanda di festa che duri il più a lungo possibile. Già quando cominciamo a incontrare i documenti sul mondo nuovo la festa veneziana sembra finita, eppure, come vedremo, continuerà per tutto l'Ottocento riuscendo a mantenersi al di fuori della quotidianità e a usare la festa come maschera della propria prolungata agonia.

Scrive l'avvocato Giuseppantonio Costantini, ovvero il conte Agostino Santi Pupieni, nelle sue *Lettere giocose, critiche, morali, scientifiche ed erudite*:

Il costume oggi non solo è precipitato nella corruzione ma si è fatto natura. Il modo di vivere è tutto al rovescio di quello dei nostri padri[37].

Anzi, proprio osservando per caso le figurine di un teatrino del mondo nuovo, il conte Pupieni ha modo di vedere come il mondo attuale sia degradato e non vi sia tanta differenza tra le figurine di cartone, coi loro goffi movimenti, e i nuovi protagonisti della scena sociale. Per lui è naturale e facile trovare un parallelo

tra il mondo nostro e quel pasticcio di figure, che chiamasi dal volgo Mondo Nuovo. Ivi si vedono bambocci ben vestiti, ai quali quel babuino dà il titolo di Cavalieri e Dame; e non vi sono forse nel mondo vero mille bambocci che, con gran vestiti o rubati, o non pagati si pavoneggiano come nobili... E qual differenza fate voi tra li bambocci di quel piccolo teatro e questi del vero Mondo. Quelli sono Cavalieri di legno e questi cosa sono[38]?

Rispetto ai due «rusteghi», comunque, il conte Pupieni ha assistito a uno spettacolo di mondo nuovo, arricchito dal movimento delle figurine secondo le innovazioni dei teatrini di Engelbrecht[39] e la visione è stata per lui altamente educativa:

Passeggiavo giorni orsono in maschera con un Amico su questa Piazza, quando osservai uno di quei Birbanti che girano il Mondo con certe macchine o Casse fatte in varie figure e che il popolaccio intitola Mondo Nuovo. Egli aveva posato su certa tavola o panca la sua bottega e invitava ad alta voce chi volea vedere Corti di Principi, Caccie e battaglie in Terra ed in mare e mille altre sue fanfalucche; e tutto questo colla pensione di

---

[37] La lettera datata 6 febbraio 1769 è raccolta nel decimo volume dell'edizione del 1786 pubblicata a Napoli, a p. 15. La cita F. Fido in un fondamentale contributo, *Fra veduta e teatro: Goldoni e il Mondo Nuovo*, in Zotti Minici (a cura di), *Il Mondo Nuovo*, cit., pp. 44-50.
[38] Santi Pupieni, *Lettere giocose, critiche*, cit., p. 14.
[39] Sui diorami teatrali vedi A. Milano, *I diorami teatrali di Martin Engelbrecht e l'incisione ad Augsburg nel XVIII secolo*, in S. Vitali Angrisani-A. Milano (a cura di), *La camera dei sortilegi*, Milano 1987, pp. 11-20.

mezzo baiocco. Mi venne in animo di soddisfare la curiosità... Onde allorché trovammo il luogo disimpedito ci accostammo a due buchi con l'occhio li quali mi avvidi che erano armati di cristalli convessi, che faceano apparire gli oggetti molto maggiori del vero. Che volete che io vi stia a raccontare? Si vedea una sala regia col Monarca sedente in Trono, Cavalieri, Dame e Guardie che tutti movean testa e braccia, passavano, s'inchinavano, ma finalmente erano tutti bambocci, parte di legno, parte di cartone. Un giardino con verdure, fontane e lontananze, ma tutto dipinto. Una caccia di cervi e cignali con dame e Cavalieri a Cavallo, Cacciatori e Cani; tutti correvano ma senza mover piedi. Una battaglia navale, ma le navi andanti e venienti erano di cartone e viaggiavano avanti e indietro, guidate da fili pendenti, che le facevano ondeggiare come se fossero in Mare[40].

È dunque assai diverso l'atteggiamento del conte rispetto ai protagonisti della commedia goldoniana, ma il punto di vista generale nei confronti del mondo è identico.

La piazza, la folla, la festa, lo spettacolo, il carnevale, le voci, i rumori, le luci, le maschere, i colori, gli animali, i venditori ambulanti, la fiera delle meraviglie, i ciarlatani...: come in un caleidoscopio o in un cromatropio, i soggetti, i destinatari, le cause, gli effetti dello spettacolo si moltiplicano, mescolano e confondono. «Mondo e teatro – come osservava Mario Baratto in un memorabile saggio goldoniano – diventano così indistinguibili e indissolubili»[41].

Poco per volta, di quella gigantesca macchina dei desideri che vediamo al lavoro nelle piazze descritte dal Bella, riteniamo che il mondo nuovo sia elemento chiave e principale forza motrice di una società che si mette in scena per l'ultimo spettacolo.

Ancora per una testimonianza letteraria che offre un valore aggiunto di curiosità e attrazione del commediografo e una sorta di legittimazione per il nuovo teatrino ambulante si può ricorrere a un poemetto in ottave che Goldoni pubblica per la monacazione di Contarina Balbi. Il mondo nuovo vi è protagonista e l'autore stesso viene invitato a vedere la macchina e le sue meraviglie da un vecchio gondoliere ubriacone, Pasqualin, che ha costruito questo apparecchio per far divertire la giovane padroncina educanda in convento:

---

[40] Santi Pupieni, *Lettere giocose, critiche*, cit., p. 14.
[41] M. Baratto, *Mondo e teatro nella poetica di Goldoni*, in *Tre saggi sul teatro*, Vicenza 1964, pp. 159-227.

Per divertir la santa giovinetta / e le amabili sue compagne sante / forma un'industriosa macchinetta... / di tai lavori ne veggiam sovente / moltiplicar dagl'inventori in Piazza / e in specie il carnoval corre la gente / ad essi intorno e per vederli impazza[42].

Ecco dunque che un giorno il gondoliere mostra in visione privata a Goldoni la sua costruzione. E improvvisa uno spettacolino per lui: con la sua

industriosa macchinetta / che mostra all'occhio meraviglie tante / ed in virtù degli ottici cristalli / anche le mosche fa parer cavalli. /Bevuto il suo caffé, da me si parte / e si accosta alla macchina quadrata. / Separa alcuni fili e li comparte/ ed apre un finestrin sulla facciata. / Io m'accosto a guardar da quella parte, / e veggo una distanza smisurata, / e parmi di sentir di qua e di là / il tamburo suonar tarapatà. / Vedrano adesso delle cosse tante. / Se cambiano la scena, e quel paese / che vederano è l'isola di Zante... Vedano / vederano, osserverano / de Casa Balbi la famegia adorna... / L'isola se desfanta e vederano / la città di Venezia e el Lazareto /... suonar odo in un tratto una trombetta / e spari veggio la goduta scena / e un'ampia chiesa nella macchinetta / veggio apparir di popolo ripiena. / Mi sorprende mi piace e mi diletta / d'un palco musical la vista amena. / Io dico a Pasqualin: Bravo davvero: / lodo l'esecuzione, lodo il pensiero... / L'arte e l'ingegno /della macchina vostra io lodo e approvo; / e non mi par della damina indegno / questo vostro bizzarro Mondo Nuovo. / Anzi adesso con voi prendo l'impegno, / se stanco un giorno di compor mi trovo, / che andiam pel mondo voi ed io / mostrando in piazza il Mondo Nuovo. Addio[43].

L'opera di Goldoni – come ha mostrato Franco Fido – influenza pittori e incisori e ne è influenzata. A partire dagli illustratori delle sue opere nelle edizioni Pasquali e Zatta, ma soprattutto da Longhi con cui realizza un perfetto *pas de deux* teatrale e pittorico («Longhi tu sei la mia Musa, sorella / chiami del tuo pennel...»), Goldoni contribuisce a produrre una sorta di «teatralizzazione della visione» della città di Venezia e un intreccio molto stretto nei molti modi di rappresentazione e immaginazione artistica, letteraria e teatrale della Serenissima. Goldoni stesso, nel concepire le didascalie di apertura della scena di molte sue commedie, si ispira ai modelli vedutistici e sembra quasi influenzato dalla tensione interna all'ani-

---

[42] Goldoni, *Tutte le opere*, cit., vol. XIII, pp. 689-702.
[43] *Ibid.*, p. 702.

mazione delle vedute d'ottica. Giustamente Fido osserva che il testo di alcune di queste didascalie potrebbe benissimo figurare nei cataloghi dei venditori di stampe:

> Veduta fuori dal teatro: Veduta del Canal Grande con Gondole. Da una parte il casotto di tavole che introduce il teatro. Più in qua la porta da dove si esce di teatro ed il finestrino ove si danno i biglietti della commedia... dall'altra parte una banchetta lunga per quattro persone. Ed i fanali qua e là come si usa in teatro (*La putta onorata*, III, 12).

La scena delle commedie goldoniane, come del resto quella della pittura di Longhi, fissa spesso, con la precisione di un'istantanea, i comportamenti durevoli, ma anche la cronaca quotidiana della società veneziana e, al tempo stesso, il momento di crisi di modelli secolari [44].

Riuniti all'interno di un'ideale e nuova fratellanza consumistica i figli dei mercanti e i discendenti dei nobili si mescolano al popolo dando l'impressione di voler disperdere al vento, nel più breve tempo possibile, come se fossero manciate di coriandoli, le ingenti ricchezze accumulate nel corso dei secoli dai loro predecessori.

Così, mentre Lunardo e Simone mettono da parte i loro soldi, migliaia di altri bambini accorrono al richiamo dell'imbonitore – che si distingue nella gran massa di voci e grida che popolano la piazza veneziana, ma anche di altre capitali europee [45] – come nella favola del pifferaio di Hamelin e partono felici per i loro primi viaggi alla conquista dello spazio e del tempo. Nello stesso istante in cui tuffano gli sguardi nella scatola le immagini entrano in loro, si mescolano alla loro vita, assumono il tempo della loro esperienza, si depositano nella memoria e cominciano ad alimentarne l'attività immaginativa e desiderante.

Il proprietario del pantoscopio è lì fermo, durante tutto l'anno, col sole e con la pioggia in un punto di piazza San Marco o nella Piazzetta, prima che il bando del 1760 cacci il popolo degli ambulanti: è confuso tra quella folla di ciarlatani immortalata dal dipinto di Gabriel Bella (*Intratenimento Che Dano Ogni giorno Li Ciarlata-*

---

[44] Ancor oggi da leggere per le sue illuminanti indicazioni R. Longhi, *Pittura e teatro nel Settecento italiano* in *Teatro e immagini del Settecento italiano*, Torino 1953, pp. 61-94.

[45] Esiste per tutte le maggiori capitali europee nel Settecento un'iconografia dei mestieri ambulanti tra i quali lanternisti e/o proprietari di Mondo Nuovo sono sempre presenti. Vedi le serie di incisioni intitolate: *Les cris de Paris, London Cries, I mestieri che vanno per le vie*.

*ni in Piazza San Marco al Populo d'Ogni Nazione Matina e sera che vi Concore*), ma non tanto perché di lui non venga registrata dagli storici veneziani la presenza:

> Nella piazza, che ha un aspetto festante, si agita una folla di popolo giuliva: un viavai continuo, una processione di maschere, un gridìo assordante. Qui l'armeno venditore di bagigi [le arachidi *n.d.A.*], là il cicalare delle gnaghe, ch'erano uomini vestiti da donna del volgo, più in là le canzoni del Moro di piazza. Un Arlecchino bisbiglia qualche motto salace all'orecchio di una donnina in bautta... il Pantalone prodiga consigli... Un grosso borghese, col suo mantello rosso sulle spalle, si ferma a guardare il Mondo Nuovo [Cosmorama], mentre un gondoliere della Signoria, colla cappa in velluto rosso, guarnito in oro, pedina una tizianesca popolana di Castello... I patrizi si frammescolano al Popolo... sul Molo s'inalzano baracche di legno [casotti] nei quali si mostrano animali feroci e fanno i loro giochi i prestigiatori e i loro esercizi gli acrobati e i cavallerizzi. Dappertutto è un brulichio che dà le vertigini[46].

La presenza del mondo nuovo è, per oltre un secolo, parte integrante nella vita quotidiana di Venezia, per alcuni decenni è elemento portante della macchina dei desideri collettivi, ne è quasi forza motrice. Ma la sua figura non è certo legata solo al territorio veneziano: se ne può registrare la presenza anche nella campagna vicentina, dove Giandomenico Tiepolo affresca la foresteria della villa Valmarana e tra i trattenimenti all'aperto sceglie di riunire nobili villeggianti in maschera e contadini attorno a un grande cassone di mondo nuovo e fa di questo spettacolo una sorta di elegio funebre di una società, come indica Longhi:

> Sul piazzale del borgo, in vista della Rotonda gentilizia, i signori si mescolavano ai villani e alle villanelle: e ne seguivano scherzi e maliziosi scambi di persona da far invidia all'autore del *Re Cervo* e dell'*Amore delle tre melarance*. Tali almeno i pensieri di Giovan Domenico: che immaginò e vide questi travestimenti e questi giochi, nella vasta luce di un crepuscolo veneto, quando le bautte dei patrizi assistenti accennano strane metamorfosi, apparizioni di spettri equini dilavati: quasi un irriducibile «memento mori»[47].

L'impresario del mondo nuovo, molto rapidamente segnala la sua presenza in tutti i paesi europei: al pari del lanternista appare

---

[46] P. Molmenti, *La storia di Venezia nella vita privata*, Torino 1880, p. 463.
[47] Longhi, *Pittura e teatro*, cit, p. 84.

e scompare nelle feste di campagna, nelle fiere e nelle piazze dei piccoli paesi. Lo troviamo alla *Soutwark Fair* in Inghilterra in un quadro e nelle incisioni coeve di Hogarth datate 1733, anche se il cassone in primo piano entro cui uno spettatore tuffa la testa potrebbe benissimo essere una *boîte à curiosité*, così come appare nelle feste campestri ed è una figura sempre presente in tutte le rappresentazioni grafiche europee dei *Mestieri che vanno per le vie* o delle serie sulle voci degli ambulanti nelle capitali. Nella fiera descritta da Hogarth i veri protagonisti di piazza sono soprattutto i comici dell'arte, che mettono in scena addirittura tre spettacoli e insieme a loro agiscono molti ambulanti, acrobati, suonatori, animatori di marionette. Non vediamo il volto del proprietario della scatola ottica in quest'opera. Lo possiamo invece identificare nella figura di Niccolaj, o in quella di Jamie the Showman, che mostra la Battaglia di Waterloo a grandi e piccini in una stampa di Robert Edmonstone del 1823. Il narratore e manipolatore è colto spesso nell'atto di muovere le cordicelle delle diverse scene e di guidare, col suo racconto, un uditorio che si affolla attorno ai fori della macchina ed è avido di conoscere.

Di alcuni, grazie ai foglietti volanti, conosciamo i programmi e la successione delle vedute: di Charles Willson Peale che esibiva nel 1786 il suo spettacolo in Market Street a Filadelfia sappiamo che il numero dei soggetti era ridotto, sei in tutto (evidentemente si trattava di un teatrino di Engelbrecht, con un'articolazione per ogni scena su cinque o sei piani) e che gli argomenti andavano dalla rappresentazione di una battaglia navale sostenuta dal capitano Paul Jones nel settembre del 1779 a visioni di paesaggi notturni, alla visione di differenti architetture a quella del Pandemonium ispirata al poema di Milton[48]. Nello spettacolo sono previsti vari cambiamenti di luce e a un certo momento si vede anche l'effetto dell'arcobaleno a testimonianza della divulgazione rapida delle ricerche sulla scomposizione della luce e dei colori. Rispetto al lanternista che, con il favore delle tenebre, dispiega il massimo dei suoi poteri, l'impresario di mondo nuovo agisce sempre alla luce del sole. Per lui il visibile non è figura o simbolo di qualcosa che sta oltre. Il visibile va descritto e interpretato soprattutto nel suo significato letterale: le immagini sono figure di cose, luoghi e persone

---

[48] Una descrizione documentata dello spettacolo è nel libro di Birgit Verwiebe, *Lichtspiele. Vom Mondscheintransparent zum Diorama*, Stuttgart 1997, pp. 42-44.

reali. Un cane è un cane, una cesta di frutta è una cesta di frutta. Al proprietario del mondo nuovo basta uno spazio minimo per svolgere il suo lavoro. Può essere l'angolo di una strada, come nell'incisione *The Raree Show* della serie *Characteristic Sketches of the Lowzers Orders*, realizzata da Thomas Rowlandson a Londra nel 1820, o sotto le colonne del Palazzo ducale di Venezia, come dimostrano le iscrizioni sulle colonne a fianco della «cassela» in due quadri di Longhi, o a fianco del casotto di un venditore di violini ed altri strumenti in una stampa realizzata a Zurigo nel 1791 da Kupfer von J.H. Meyer. Non ha bisogno di alcun punto d'appoggio esterno. A richiesta è disposto ad andare nelle case private per dare dimostrazioni del suo «Teatro ottico». Promette di mostrare come, oltre l'orizzonte del microcosmo circostante, esistano molteplici altre realtà, egualmente abitate e organizzate e innumerevoli spazi in cui la vita scorre con ritmi analoghi, con comportamenti riconoscibili e familiari.

Ecco il suo biglietto da visita, che testimonia del suo lavoro a Venezia e della sua mobilità in altre piazze italiane in un testo conservato al Museo del cinema di Torino:

> Nobilissimi signori. È arrivato in questa Nobilissima città il suo servo veneziano, il quale ha portato l'Edificio di quel Teatro con il quale ha dato Servitù per il Corso di undeci mesi nella Serenissima Dominante di Venezia, dove, pur essendo il solo autore ed inventore di quest'opera, ed avendone fabbricate alquante per diporto dei Nobili Cavalieri, come pure l'averli serviti nei loro casini tutte le sere, ed aver l'onore di servire Sua altezza il gran Duca di Toscana, così pure si esibisce di servire la nobiltà loro, con il suddetto teatro ottico, nel quale si rappresentan grandi lontananze e prospettive [questa endiadi ci rivela essere questo l'autentico personaggio ispiratore della stampa del *Mondo Nuovo* di Zompini] di Tempi, Piazze, Palazzi, Sale, Cortili, Giardini, Dirocazioni, Accampamenti, Boschi, Montuose, Pianure e Porti di mare, il tutto viene adornato di sorprendenti variazioni di scena le quali adornano ogni veduta a guisa di un intero teatro compito di Opera, come pure le medesime compariscono anche di notte, con apparati nelle stanze di molti e variati colori ed illuminazioni esterne bellissime, con la Luna e le Stelle al naturale e altre cose. Se le Nobiltà loro si degneranno di appagarsi di questa meraviglia, il suddetto li servirà nella loro abitazione con tutta l'attenzione, sperando di ottenere un benigno compatimento.

Il suddetto alloggia...[49].

---

[49] Riportato in M.A. Prolo e L. Carluccio, *Il Museo nazionale del cinema*, Torino 1978, p. 86.

## VENEZIA, CAPUT MUNDI

Tra tutti i soggetti che propone Venezia funziona da stella polare, luogo trigonometrico e punto di passaggio obbligato per qualsiasi percorso.

Grazie all'enorme diffusione di stampe aventi come soggetto Venezia («intagliate a buon bulino e vendute a 12 lire la pontada» nel catalogo Remondini del 1797) si crea nel Settecento un vistoso fenomeno di doppia prospettiva ottica. Piazza San Marco, proprio nella fase del declino della Serenissima, diventa il punto di massima concentrazione di forme dello spettacolo e il luogo in assoluto più visto, rappresentato, desiderato e immaginato del mondo.

Venezia è luogo di luoghi: secondo l'espressione di Palladio è «metropoli di molte altre città» ed è significativo il fatto che, proprio nel momento in cui è ormai ridotta a «piccola potenza», punti a divulgare, in tutti i modi, l'immagine di sé e della propria magnificenza architettonica e urbanistica.

Di fatto

poche civiltà come quella veneziana sono state attente all'elaborazione di un programma di autoglorificazione e alla costruzione del proprio mito... È tra il Sei e Settecento, all'epoca del Grand Tour, che Venezia conosce l'apice del suo potere di attrazione, oltre che per l'illuminata e tollerante preveggenza politica per i mille divertimenti offerti al visitatore, dal Carnevale che durava quasi sei mesi, agli spettacoli dei teatri, al gioco nei ridotti, al fasto dei cerimoniali pubblici, feste dogali, regate, alla piacevolezza variopinta degli usi e costumi dei suoi abitanti. In realtà l'esibizione di sé nascondeva in parte la piena decadenza economica e una decisa perdita di potenza militare... Tuttavia ciò non distoglieva la classe dirigente veneziana... dallo sperpero, nel lusso delle mode e della condotta[50].

Mentre i luoghi della produzione delle vedute d'ottica sono quattro[51], quelli della visione e rappresentazione si moltiplicano e il mondo e la sua storia civile e architettonica vengono ridisegnati

---

[50] I. Reale, *Le venete magnificenze di Carlevarijs*, in Id. (a cura di), *Luca Carlevarijs, le Fabriche e le vedute di Venetia*, Venezia 1995.

[51] Per un quadro generale della produzione e delle caratteristiche dei quattro centri è indispensabile consultare i lavori di Alberto Milano, *Le vues d'optique*, in Zotti Minici (a cura di) *Il Mondo Nuovo*, cit., pp. 59-68 e dello stesso Milano, i saggi contenuti nel catalogo da lui stesso curato *Viaggio in Europa, attraverso le vue d'optique*, Milano 1990. Inoltre per Augsburg vedi il documentatissimo saggio di Wolfgang Seitz, *Augsburg*, cit. in Zotti Minici (a cura di) *Il Mondo Nuovo*, cit., pp. 69-75.

e riclassificati all'interno di un progetto che, per qualche tempo, ne stabilisce caratteristiche e proprietà fondamentali.

La rimisurazione del mondo e la scelta dei luoghi da rappresentare sembrano sintonizzarsi con le esigenze di una committenza della borghesia emergente, di un proletariato inquieto, di un pubblico infantile e femminile desiderosi di spezzare il cerchio dello spazio conosciuto e del proprio tempo circolare. L'editoria del Settecento è dominata da guide per i viaggiatori e da diari, relazioni, lettere e racconti di viaggio. Letterati, artisti, musicisti, architetti, compagnie di attori, artigiani, filosofi, scienziati, si spostano da una parte all'altra del continente, assieme a folle di giovani benestanti per cui il viaggio è un momento fondamentale per la propria formazione culturale. Parallelamente migliaia di spettatori vengono richiamati dalle promesse dell'imbonitore del mondo nuovo di far vedere il mondo per un soldo.

C'è una certa attonicità in quell'occupazione ansiosa di vedere nuove immagini che si ferma davanti ai «Mondi novi»: è soprattutto un'attenzione che ci volge le spalle: ...la curiosità visiva travolge ogni etica di comportamento, anche dei personaggi in maschera

afferma Brusatin osservando gli affreschi del mondo nuovo di Giandomenico Tiepolo[52]. In effetti tutta la folla che si accalca attorno alla «cassela» del Mondo Novo degli affreschi di Zianigo, ora a Ca' Rezzonico a Venezia, o di Villa Valmarana a Vicenza, è composta da personaggi in maschera da Pulcinella, gentiluomini col levriero e gentildonne di campagna, ragazzi, borghesi con tricorno, contadini e contadine con la cesta: qualcuno solleva un bambino per porre il suo occhio all'altezza del foro, altri si accomodano su una sedia. Tutti insieme formano una sorta di muro omogeneo. Tutti sembrano attraversati dalla medesima energia che nasce dall'incontro del loro sguardo con l'oggetto che appare nella «cassela». Un giovane spettatore alza le braccia in segno di sorpresa.

Quasi sempre i giovani spettatori alzano le braccia a fianco del capo, in una posizione che è di orante o tuffatore nel mare delle immagini.

Di spalle è colto anche il gruppo di gentiluomini con mantello e tricorno o di donne mascherate che si accalcano attorno ai Mondi

---

[52] Brusatin, *Storia delle immagini*, cit., p. 86.

nuovi disegnati da Carlevarijs e conservati a Londra al British Museum.

Torniamo a Venezia. Un'intera città, in un certo momento della sua storia, si mette in scena e riesce a far coincidere il tempo astronomico e i ritmi e tempi della vita collettiva e dello spettacolo. Palazzi, piazze, rive, campi e campielli si avvicendano, come quinte e fondali, con una regia che anticipa Max Reinhardt di un paio di secoli. Così ne parla uno storico veneziano che ricostruisce, agli inizi del secolo, la biografia di Goldoni:

...e sempre tutto l'anno, in piazza e piazzetta, la folla variopinta del popolo, dei nobili dalle vesti scarlatte, dei Dalmatini, dei Greci, offriva spontaneo diletto alla osservazione degli oziosi: lì c'era il «Mondo Novo» una specie di cosmorama – c'erano i canarini ammaestrati, le indovine, i cantastorie e i contastorie, il castello dei burattini[53].

Senza particolari scritture la popolazione veneziana si presenta come la più numerosa compagnia stabile che mai impresario teatrale abbia potuto iscrivere nei propri registri contabili[54].

Ridotta ai margini della scena economica, commerciale e marittima internazionale, Venezia non rinuncia alla propria vocazione di conquistatrice e al proprio ruolo di protagonista. Introduce nuove unità di misura e di scala per il tempo dello spettacolo. Si offre come punto di polarizzazione ideale di sguardi, desideri e sogni collettivi. È uno spazio reale e convenzionale destinato a esplodere, a depositare le proprie polveri su un territorio vastissimo e a rinascere come città ideale nella mente di milioni di individui sparsi in tutto il mondo. Ecco come racconta Venezia il secondo ufficiale della flotta interstellare terrestre naufragato a Kadahn di Derb, al signore di quel pianeta che gli chiede notizie del suo mondo in una novella di fantascienza di Ursula Le Guin:

C'era una volta una città: tutte le città di tutti i tempi e di tutti i luoghi erano simili sotto molti aspetti. Questa città era diversa da tutte sotto molti aspetti e tuttavia manifestava più di ogni altra l'idea di una città... La caratteristica che rendeva Venezia chiaramente diversa da tutte le altre

---

[53] G. Caprin, *Carlo Goldoni, la sua vita, le sue opere*, Milano 1907, p. 19.
[54] Nella cospicua bibliografia vedi V. Malamani, *Il Settecento a Venezia*, Torino 1891. Inoltre AA.VV., *Venezia e lo spazio scenico*, Venezia 1980.

città e che tuttavia le permetteva di esemplificarle e descriverle tutte quasi esattamente era la sua fragilità[55].

Aveva appena detto questo ufficiale: «Come può una persona descrivere un mondo?». Venezia lo aiuta a uscire da questa *impasse*.

Proprio quando cominciano a declinare in modo vistoso la sua gloria e la sua potenza, l'industria delle immagini la promuove a stella polare dell'iconosfera, ne garantisce la sopravvivenza mitica e nominale. La salvezza di Venezia è dovuta anche alla capacità di creare per il mondo il senso di una «cittadinanza virtuale», e della propria fragilità, il senso di una bellezza deperibile e mortale, non coincidente con i canoni winckelmanniani e del neo-classicismo. Grazie soprattutto alla costante circolazione delle sue immagini – fissate inizialmente da Van Wittel e poi articolate in una rappresentazione sistematica di tutti i luoghi notevoli per merito di Carlevarijs, Canaletto, Bellotto, Marieschi... – Venezia occupa un'area privilegiata, è un costante punto di riferimento e la meta di tutti i viaggi ideali organizzati negli spazi mentali delle popolazioni europee e americane.

Venezia è il territorio in cui più si concentrano e interagiscono fenomeni concorrenti alla formazione e sviluppo dell'immaginazione e visione collettiva: la dimensione topologica in cui sembra realizzarsi al livello più alto la lieta novella dell'avvento dell'era della visibilità e conoscibilità totale del mondo, della sua storia e di tutti i soggetti che l'hanno prodotta.

I veneziani, come scrive nel suo *Compendio della storia generale de' viaggi* alla fine del Settecento l'abate Vincenzo Formaleoni

furono i primi tra gli europei cui la sorte concesse penetrare oltre i confini creduti della terra. Il commercio, padre delle arti e dell'industria, condusse quest'illustre nazione all'estremità del nostro emisfero[56].

I tempi in cui il mondo nuovo fa la sua apparizione in piazza San Marco sono meno gloriosi e felici, ma non meno importanti per la conquista dell'immaginazione collettiva. Perché dunque non riconoscere egualmente a questa città il diritto di assumere la veste

---

[55] U. Le Guin, *Prima relazione dello straniero naufragato a Kadahn di Derb*, in *La rosa dei venti*, Milano 1982, p. 82.
[56] V. Formaleoni, *Compendio generale de' viaggi*, a cura di L. Tajoli, Venezia 1986.

di guida ideale della grande flotta lanciata alla conquista di nuovi mari, nuovi continenti, nuovi arcipelaghi della visione?

Nello spazio veneziano, pulsante di vita e al tempo stesso condannato dai sintomi di una mortalità imminente, la cassetta del mondo nuovo trova il suo ambiente naturale. Venezia è lo scenario entro cui possiamo scorgere il profilo interscambiabile di centinaia di altri possibili luoghi vissuti e abitati nell'immaginazione collettiva. Dietro le quinte – ovviamente – stanno anche Parigi, Augsburg e gli altri centri di produzione, dove si annodano e tirano i fili e preparano le mille scene dello spettacolo del mondo.

### NASCITA DELL'ICONONAUTA

Nel momento in cui posa l'occhio contro la lente che gli ingrandisce l'immagine lo spettatore avverte anche una dilatazione dei propri poteri di percezione del mondo. Si sente investito da un desiderio d'avventura e da una mobilità mentale che non hanno certo mai avuto modo di manifestarsi nella vita quotidiana. Tutte le coordinate di riferimento del proprio spazio vitale, la percezione della limitatezza dei poteri dei propri sensi, vengono meno e lasciano il posto a un senso di onnipotenza e onnipresenza visiva.

Tutto il suo corpo, ma anche la sua anima, sono pronti a librarsi nell'aria. Tempo, spazio, misure di scala del mondo visibile, sensazione di perdita di confini dell'Io, possibilità di viaggiare senza armi, senza alcun desiderio di conquistare i luoghi che, via via, si succedono alla vista.... Col mondo nuovo si assiste alla nascita di uno spettatore libero da paure e dal potere dell'uomo che manovra lo spettacolo e dà vita e senso alle immagini.

Per la prima volta, grazie alle immagini, lo spettatore, o meglio l'icononauta – tenuto finora in uno stato di soggezione dallo spettacolo ottico dei lanternisti – sente crescere in modo autonomo la forza dei propri poteri immaginativi. Il suo sguardo si impadronisce dello spazio, ma può riuscire a guardare oltre, o a immaginare una propria interazione con quella realtà. La visione avviene coi sensi, col corpo, ma è anche mentale. Qualcosa di simile viene descritto in modo mirabile da Roland Barthes in seguito alla sua esperienza di viaggio in Giappone:

Non sono mai assediato dall'orizzonte (e dal suo sentore di sogno):

nessuna voglia di riempire i polmoni, di gonfiare il petto per rassicurare il mio io, per costituirmi come centro assimilatore dell'infinito, indotto all'evidenza di un limite vuoto, sono illimitato senza idea di grandezza, senza riferimento metafisico[57].

L'impero dei segni è già alla portata di mano del bambino che posa lo sguardo nella cassela dell'incisione di Gaetano Zompini («In sta cassela mostro il Mondo Nuovo, con dentro lontananze e prospettive...»). Già a lui vengono concessi poteri illimitati di circolazione nello spazio e nel tempo senza peraltro sovraccaricarlo di fardelli metafisici, senza spaventarlo o assoggettarlo al potere di chi officia il rito della visione. Quel bambino, arrampicato su uno sgabello dall'equilibrio incerto, sorretto dalle braccia della madre, sembra quasi sul punto di prendere il volo... E nel disegno di Carlevarijs di Londra sul mondo nuovo c'è una sedia in corrispondenza di un buco nel pantoscopio, una piccola scala che facilita il decollo del piccolo visionario. Lo ritroveremo il bambino che va alla conquista del mondo nei dipinti di Hogarth, Longhi, Tiepolo, Graneri, Gamberini... nei disegni di Pietro Antonio Novelli (una splendida e gigantesca *boîte à curiosité* fatta per richiamare molti spettatori vede l'immancabile bambino ancora in fasce poggiare le manine contro la parete della cassela) e nelle incisioni di decine e decine di stampe popolari dall'Inghilterra alla Russia, nelle ceramiche, nelle porcellane, nei ventagli, nei mobili laccati, nei paraventi, negli arazzi di tutta Europa. Ma anche in Giappone, si trova già in una stampa di Ishikawa Toyonobu del 1755, dove si vede un pantoscopio con tre fori e un narratore che manovra i suoi fili, o in una stampa di Kitagawa Utamaro del 1800 in cui è una madre (la *Mater imaginum*) che manovra le incisioni di una scatola ottica e inizia alla visione i due figli. Mentre la bambina posa l'occhio sul foro della scatola il fratello che le cinge la spalla con un braccio la osserva con forza, quasi a volerle carpire una parte dell'emozione. Che tipo di immagini stanno vedendo i due bambini giapponesi: le vedute d'ottica importate dai mercanti olandesi, o le copie delle vedute europee realizzate con sistemi xilografici da pittori giapponesi e presto divenute un genere, l'*UKi-e*, o «veduta in prospettiva», o «veduta a volo d'uccello»[58].

---

[57] R. Barthes, *L'impero dei segni*, Torino 1984, p. 128.
[58] Ha segnalato con un saggio importante questo aspetto sconosciuto della diffusione

In tutta l'iconografia europea o extraeuropea che descrive questo spettacolo gli spettatori sono ripresi di spalle, e, quasi sempre, sono colti nell'attitudine di tuffarsi e di voler essere risucchiati nel foro circolare, per potersi librare a volo nello spazio della scatola magica. Tutto il corpo partecipa della visione, tutto il corpo vibra e in qualche modo si accende di una tensione scopica.

La nascita dell'Ur-spettatore visionario si può comunque cogliere in un'incisione remondiniana, acquarellata a mano che misura 452 per 576 mm. Anche se priva di sigla è senz'altro opera dei tecnici delle tipografie bassanesi. La didascalia in tre lingue, spagnolo, latino e francese («La curiosidad de los chinos – curiositas sinensis – la curiosité chinoise») è generica. Di fatto la stampa ci fa assistere a un rito che si immagina ormai così diffuso da essere comune anche in Oriente.

In una specie di Paradiso terrestre (una sorta di profetica visione dei futuri Cinema Eden e Cinema Paradiso), tra architetture floreali, fiori profumati, suoni e canti d'uccelli, una figura magica e principesca – con turbante impennacchiato – manovra le leve di un rotolo di vedute che si snodano orizzontalmente come le immagini di un cantastorie. La scatola ha tre fori rotondi, collocati a diverse altezze sulla parete frontale. Al suono di una musica celestiale, che proviene da una viola d'amore – lo strumento musicale, si tratti di una ghironda, di un organetto di Barberia, di una tromba, di un'armonica è quasi sempre presente nelle rappresentazioni degli spettacoli ottici – una donna solleva un bambino non ancora in grado di camminare e gli fa incollare lo sguardo con delicatezza su uno dei fori della scatola. A sua volta lo sguardo della madre si colloca sullo stesso asse visivo. Un altro figlio, più grandicello, le tira le vesti con impazienza per chiederle di poter guardare nella magica cassetta. Con la mano destra la donna sorregge una gamba del bambino, che dà l'impressione di agitarsi, di protendersi in avanti, di perdere peso e potersi librare nell'aria. Se non il primo, l'archetipo, questo è di sicuro uno dei proto-esemplari della specie dei conquistatori di universi visionari. Una specie, come si è visto, ben documentata e censita dalla letteratura, pittura, grafica e arti applicate lungo tutto il Settecento e i primi decenni dell'Ottocento. Anche se, volendo, lo si può considerare un *topos* pittorico, ci sem-

---

delle vedute d'ottica al di fuori del continente europeo Thomas Ganz in un articolo *Da est a ovest da ovest a est*, in Zotti Minici (a cura di), *Mirabili visioni*, cit., pp. 67-76.

bra più interessante assumerlo come dato reale di un comportamento diffuso, di un rito e un'operazione di *imprinting* destinata a lasciare il segno per tutta la vita dell'individuo.

Il tempo di questa esperienza individuale e collettiva ci viene dato dai gesti, dalle tensioni di questi corpi che non accostano solo l'occhio al foro/fonte battesimale, ma si aprono, con tutto il proprio essere, a un mondo dalle dimensioni sconfinate. Di colpo, da ancella della parola, l'immagine scopre di avere poteri superiori alla parola stessa, e riesce a entrare nell'esistenza creando percezioni del tempo e della realtà comuni a migliaia di individui.

L'icononauta è un piccolissimo essere dotato di particolari attributi, di una smisurata ipertrofia di alcuni organi e sensi: a conferma di questa percezione possiamo analizzare una seconda stampa remondiniana di Ambrogio Orio, tratta da un quadro di Petrus A. Lugduni, con uno spettacolo di mondo nuovo in cui la didascalia sostituisce il richiamo dell'imbonitore che propone, unico caso, tra tutti quelli conosciuti, le meraviglie del *Mondo alla rovescia*:

> Signori entrate, che la sera è tarda. Vedrete meraviglie affatto strane. Due giganti a cavallo di due rane e una mosca che tira di bombarda.

Sulla sinistra dell'immagine una mamma solleva di peso il proprio piccolo, per portarlo all'altezza del foro e il corpo del bambino sembra così leggero che le mani materne più che stringerlo sembrano accarezzarlo. Altrettanto sollevato dalla mamma è il bambino di un quadro anonimo piemontese della metà del Settecento, sempre delle collezioni del Museo del cinema di Torino. E ancora un quarto esempio, il più significativo di tutti: la *Foire de campagne* è un'acquaforte tratta da un quadro di Boucher, stampata nel Settecento da Blangy. Qui in una tradizionale festa campestre, come ne hanno dipinte tante, oltre a Boucher anche Watteau e Fragonard, animata da vari tipi di giochi – c'è la ruota della fortuna, c'è un gruppo di persone che banchetta, c'è un cantastorie, vi sono dei suonatori con tromba e ghironda che spingono dei giovani al ballo – trionfa, proprio al centro della scena, per l'imponenza e l'affollamento di pubblico in corrispondenza dei fori con le lenti, un grande mondo nuovo. Che si erge come un monolito e crea una corrispondenza architettonica con una torre che si staglia sullo sfondo della scena. Un gruppo di donne fa la fila per posare l'occhio nel buco della cassetta: la prima spinge dolcemente verso l'alto un bambino che posa i piedi nudi quasi ad arrampicarsi sul trave inclinato che sostiene la cassa del mondo nuovo. (È interessante segnalare che la stessa immagine della mamma e del bambino viene ripresa in controparte in un ventaglio conservato al Museo civico di Padova). Alle spalle, due donne: una con una chiave che pende sulla gonna, tiene in braccio un bambino ancora in fasce. Farà di sicuro posare anche a lui l'occhio nel foro del pantoscopio. Ci piace pensare che possedendo la chiave dei sogni del figlio sia intenzionata ad usarla. Anche lei è la *Mater imaginum*, che si presenta come una vestale del rito, come una delle tante donne che accompagnano a Parigi, come a Berlino, a Mosca come a Zurigo, i figli al battesimo della visione. Esiste anche una stampa tedesca del 1805 in cui la madre porta tre figli già grandicelli a vedere il mondo nuovo ed è così fiera della propria iniziativa da rivolgersi in modo aggraziato verso il pittore per poter meglio consentirgli di fissare, in una sorta di istantanea, i propri tratti fisiognomici. Tutte queste mamme, che non temono i pericoli di esporre i figli a un contatto eccessivo con le immagini, idealmente formano una catena ininterrotta che va dall'Inghilterra fino in Asia e, in una specie di processione iniziatica pubblica, alla luce del sole, investono una piccola cifra, pensando che possa fruttare in futuro per i loro figli. Idealmente si collocano in posizione antitetica rispetto ai «rusteghi» del capolavoro goldoniano.

In ogni caso è il bambino ancor in fasce che verrà iniziato alle immagini ottiche – fra tutti i bambini rappresentati nelle stampe e nell'iconografia settecentesca – il progenitore dello «Star child» di *2001 Odissea nello spazio* di Kubrick. La fiammella della candela ha innescato, nel fondo del suo occhio, la scintilla della cronocrazia, il bisogno di esplorare l'infinito e la sensazione di possedere la chiave d'accesso al codice di conoscenza del mondo, ancor prima di essere in grado di compitare qualsiasi parola o articolare qualsiasi suono.

Le mamme di tutte queste stampe sono da ricondurre simbolicamente a Levana, la dea romana che presiedeva ai primi momenti dell'infanzia, descritta potentemente da Baudelaire nei *Paradis artificiels*, che in qualità di esecutrice della volontà paterna aveva il compito di non far toccare il suolo alla creatura, ma di sollevarlo permettendogli così

di guardare in alto come se fosse il re di questo mondo, mostrando alle stelle la fronte del bambino, forse dicendo loro in cuor suo «Contemplate chi è più potente di voi». Questo atto simbolico rappresentava la funzione di Levana. E questa dea misteriosa... trae il suo nome dal verbo latino *levare*: sollevare in aria, tenere in alto[59].

Vedendo alcune di queste stampe o rappresentazioni pittoriche tratte da Zompini, Pinelli, Tiepolo, Longhi, Carlevarijs, Hogarth, Stockman o Utamaro, non senza una certa emozione riconosciamo di assistere a battesimi plurimi del nostro piccolo icononauta, che come un Gargantua appena svezzato ci piace pensare iconofago, iconodipendente e iconolatra, affamato e assetato di spettacoli, desideroso di elevarsi e andare alla conquista del mondo grazie alle immagini.

### BEATISSIMO PADRE... CON TUTTO IL DOVUTO RISPETTO...

Abbiamo moltissimi documenti iconografici sugli spettacoli del mondo nuovo in tutti i paesi europei – non c'è in pratica alcuno stato in cui non si trovi una cospicua documentazione di *performances* al chiuso o all'aperto con pubblici di donne e bambini che appaiono come i veri protagonisti e i destinatari privilegiati di questo tipo di spettacolo – un discreto numero di fonti letterarie e di testimonianze, mentre è ancora da compiere una ricerca sistematica negli archivi di stato che ci permetta di identificare in un numero consistente personaggi reali di impresari dello spettacolo, ricostruire i loro spettacoli e comprendere i tipi di problemi, la miriade di ostacoli che devono affrontare.

Tuttavia – data l'estrema omogeneità del sistema – anche frammenti minimi sono sufficienti a capire il funzionamento e le caratteristiche affabularie, visive e narrative di uno spettacolo. Possono bastare anche un solo programma stampato e le serie di vedute in alcuni pantoscopi conservati in collezioni pubbliche e private, come quello conservato nel Museo del cinema di Torino, o il rotolo di settantun vedute d'ottica di recente acquisto dalla biblioteca Casanatense[60] o le poche istanze presentate al Papa, governatore di Roma, da parte di alcuni ambulanti, raccolte e studiate da Elisabet-

---

[59] C. Baudelaire, *Opere*, a cura di G.T. Raboni e G. Montesano, Milano 1996, pp. 671-672.
[60] I. Olivieri-A. Vicini Mastrangeli (a cura di), *Vedereviaggiare*, Roma 1995.

ta Silvestrini[61], a consentirci, per abduzione, di dare un'identità più precisa ai proprietari delle macchine ottiche, al loro spettacolo e alle difficoltà comuni a tutti gli impresari e per avere un'idea di come è costruito il percorso di uno spettacolo. E a considerare i pochi esempi che seguono come molto rappresentativi del sistema generale. Le istanze sono del tutto simili a quelle presentate da altri ambulanti, burattinai, cantastorie, mimi, acrobati, cantanti, ballerini e, in certi casi, chi espone la camera ottica offre insieme altri tipi di spettacolo (la lanterna magica, come Vittorio Dalmazi e Giovanni Giubert), o di commercio, o servizi (è in grado di cavar denti o vendere medicine miracolose come Antonio Businello). Il fatto che alcuni di questi personaggi esibiscano contemporaneamente, proprio nella piazza romana, i due diversi tipi di spettacolo ottico, spiega la confusione e l'identificazione, da parte di Pinelli, nelle sue stampe, del mondo nuovo con la lanterna magica.

Tra il 1770 e il 1785 Sebastiano Faldi presenta diverse istanze al Papa, governatore della città: la prima è quella di poter traslocare il proprio spettacolo per la concorrenza con un teatro dei burattini

con tutto ossequio le rappresentano ritrovarsi un piccolo edificio di Ombre Matematiche consistenti in diverse vedute di Marine, Giardini, Caccie ed altro, tutto di carta, che fino al presente sia fatto vedere al pubblico in una Stanza di Piazza Navona. Ora eccellentissimo Sig.re in occasione che vi è il divertimento dei burattini nel teatro della Pallacorda, molto vicino per cui l'Ori non ponno ricavar verun utile da detto edificio doppo averci fatta grandissima spesa, perciò supplicano la Bontà dell'eccellenza vostra di poter trasportare simile divertimento nel rione di Trastevere... acciò possino ricavarne qualche utile, unica industria per alimentare le loro povere famiglie che non mancheranno pregare l'ecc.nza vostra...[62].

Con una seconda istanza, di dieci anni dopo, lo stesso Faldi chiede di poter tornare in piazza Navona e dopo essere stato in altri luoghi e aver ogni volta ottenuto la licenza di esibizione dello spettacolo

si concede licenza di poter rappresentare Burlette coll'edificio d'ombre matematiche... alla riserva però dei giorni di venerdì e feste di precetto e

---

[61] Si veda Silvestrini, *La piazza universale*, nel volume omonimo cit. e i documenti alle pp. 277-279.
[62] *Ibid.*, p. 277.

purché dette Burlette non contenghino ò rappresentino fatti o parole immodeste, oscene o scandalose e che il tutto siegua con quiete e senza disturbo... o tumulto sotto pene corporali anche gravi [63].

ne avanza altre, che mirano a riconquistare la stanza di piazza Navona, luogo evidentemente più favorevole. A questo fine invia nel giugno 1777 un'istanza assai articolata in cui premette alla richiesta una descrizione dei problemi economici che deve affrontare a causa della crescita malthusiana della famiglia:

Beatissimo Padre, Sebastiano Faldi, Servitore e Suddito umilissimo della Santità Vostra, doppo il bagio dei SS.mi Piedi, devotamente l'espone ritrovarsi oppresso da infinite miseric per essere carico di una numerosa famiglia, inabile a procacciarsi il vitto, essendo la Medesima composta di tutte Femmine e in età puerile. Non avendo l'infelice altra entrata che quella che li rende un edificio matematico d'ombre in cui si veggono diverse vedute di Chiese, Tempj antichi, Piazze Giardini, Boscarecce, Marine ed altre simili cose, supplica per tanto l'innata pietà e Clemenza della S.ria v.ra volergli benignamente concedere licenza di poter esporre alla veduta del Publico, nella solita stanza detta per Vocabolo delle Maraviglie, in piazza Navona, assicurandola essere un divertimento onestissimo e virtuoso, che il medesimo non mancherà mai di priegare... [64].

Le richieste di Sebastiano Faldi degli anni successivi mirano a poter rimanere se non nella stessa sede, almeno nella stessa area della piazza.

Tra il 1778 e 1779 altre domande per spettacoli del tutto analoghi vengono rivolte al Governatore da parte di Agostino Ricci, Giovanni Filonardi, Nicola Mori. Agostino Ricci si dichiara proprietario di una camera ottica che espone figure dipinte che rappresentano «la tavola del paese di Cuccagna»: ben consapevole che il soggetto può essere visto con sospetto dalle autorità ecclesiastiche si affretta a precisare «senza che aleghi cosa contro l'onestà e la religgione cristiana».

Anche Luigi Paolella si preoccupa di precisare i fini dello spettacolo per non incorrere in censure:

ossequiosamente espone di suo proprio ingegno, avendo fabricato una Camera ottica per farla vedere, e dare divertimento al Publico, e per

[63] *Ibid.*, p. 278.
[64] *Ibid.*

ritrarne qualche ricognizione secondo la condizione di questa Cap.le anche di sera sino alle ore tre, dove vedrassi molte vedute di molte città del mondo ed altre di consimile specie ed oggetto soltanto di dare divertimento al Popolo...[65].

Se non lo si presenta in forma anodina lo spettacolo deve garantire la sua natura di puro divertimento e deve esorcizzare, il più possibile, i sospetti di contenere germi pericolosi o idee eversive, o contenuti contrari alla religione. Nel momento stesso in cui le autorità definiscono «Burletta» il tipo di spettacolo offerto da Sebastiano Faldi è evidente che ritengono la sua camera ottica del tutto asettica e innocua.

Come si può vedere la macchina ottica non ha sulla piazza di Roma, ancora alla fine del Settecento, una precisa identità anagrafica; bisogna arrivare alla domanda del 16 settembre 1778 di Antonio Businello da Venezia per ritrovare il veneziano mondo nuovo:

Eccellenza Servitore Umilissimo dell'E.V. col più profondo ossequio le supplica di volerle concedere la facoltà di far vedere al Publico un Istrumento detto il Mondo Nuovo, cavar denti e vendere alcuni segreti per levar Macchie, di tanto supplica l'E.V. per poter vivere onestamente con la sua famiglia, che delle Grazie...[66].

Oltre ad Antonio Businello anche Giuseppe Porta Oratrice chiede di poter mostrare «un Mapamondo ad uso di Mondo Novo».

Un importante documento del 1814 ritrovato di recente in occasione del recupero del rotolo della biblioteca Casanatense ci parla del ferimento di Luigi Cardini, di professione Mondonovista, come lui stesso dichiara nel verbale redatto dalla polizia, da parte di due soldati napoletani, mentre è al lavoro:

Io mi chiamo Luigi Cardini, figlio del fù Angelo nativo di Asciano in Toscana di anni trenta di professione Mondonovista, ammogliato con due figli, domiciliato in via Giustiniani n.7 alla Locanda della Rosetta.
Stando circa le Ore dieci di questa mattina sulla piazza della Rotonda a far vedere il Mondo Nuovo si è presentato un soldato di Cavalleria Napoletana con abito torchin-celeste che hà cominciato a prendere un uomo che stava guardando al bugo del Mondo Nuovo, per un braccio

---

[65] *Ibid.*, p. 279.
[66] *Ibid.*

forzandolo a levarsi per porvisi lui stesso, io allora ho fatto sentire con buona maniera al detto soldato che quella persona aveva pagato, e che per conseguenza non si poteva obbligare ad andarsene, ma che se aspettava un momento quando terminava il divertimento, al ricominciare dell'altro sarebbe stato lui il primo a goderne, ma questo nulla curando le ragioni addotte, prese un sasso, e me lo scagliò addosso, ma vedendo che non mi aveva colpito col sasso prese lì vicino un'accetta e si portò verso di me per menarmi che sopragiunte delle persone al mio soccorso lo calmarono e per qualche minuto non fu più riveduto.

Circa un quarto d'ora dopo ricomparve il sud. Soldato in compagnia d'un altro, ambuedue armati di sciabola, i quali, avanzatosi verso di me con gran furore mi hanno dato, e segnatamente quello di prima, delle sciabolate e mi hanno prodotto le ferite che mi ritrovo tutt'ora. Io allora me ne fuggii dentro una bottega giacché i miei preghi nulla giovarono, per questo motivo mi sono salvato, altrimenti sarei rimasto vittima del loro furore. Testimoni presenti a questo fatto... [67].

Per quanto riguarda gli episodi di violenza ai danni degli impresari di spettacoli ottici ci riserviamo di raccontare il caso esemplare dell'uccisione di Giuseppe Schwentzer detto il Cosmorama a Siracusa.

Il rotolo della biblioteca Casanatense, composto di ben settantun vedute numerate e riconoscibili per l'alta qualità stilistica come provenienti tutte da Augsburg, ci permette di ricostruire la sequenza visiva e narrativa di uno spettacolo della fine Settecento e primo Ottocento. E di disporre di un racconto che si sviluppa proprio come un racconto cinematografico. Si comincia con Adamo e Eva nel Paradiso terrestre e con la loro cacciata. Si passa poi alle allegorie dei cinque sensi per procedere alla descrizione di una serie di pianeti con tutti i loro attributi e i loro effetti positivi e negativi per la vita umana. La serie successiva è dedicata alle sette meraviglie del mondo, chiaramente ispirate alla serie disegnata da Marten van Heemskerck e incisa agli inizi del Seicento da Philip Galle. Con le serie successive si entra nella descrizione del mondo, partendo dalla Martinica e da alcune vedute dedicate a battaglie o catastrofi navali per poi passare alla rappresentazione di città e capitali come Lisbona, Zurigo, Lucerna... Dalla veduta n. 39 si passa per l'Italia, con una serie dedicata a Torino per poi spingersi rapidamente verso Pietroburgo e Augsburg a cui sono dedicate ben dieci vedute. La

---

[67] Olivieri e Vicini Mastrangeli, *Introduzione* a *Vedereviaggiare*, cit., p. 16.

parte finale torna di nuovo al racconto biblico mostrando prima le vicende di Giuseppe e dei fratelli e poi la serie di calamità che si abbattono sull'Egitto.

Curiosamente nessuna immagine parla di Venezia, né tanto meno di Roma, i soggetti più comuni, come abbiamo visto[68].

Allargando lo sguardo oltre i confini romani possiamo tener conto dell'annuncio pubblicitario di uno spettacolo di pantoscopio alla fiera di St. Germain a Parigi, interamente riportato in un libro di Campardon, che ci consente di conoscere un ulteriore programma presumibilmente omologo a quello di altri fieranti e soprattutto di prendere atto dello spostamento da una nazione all'altra anche del mondo nuovo:

È giunta da Londra una macchina ottica, la più curiosa, la più sorprendente che si possa vedere di questo genere, eseguita sulle memorie del celebre Sig. Newton, filosofo e matematico inglese. Questa macchina che è stata vista dal Re con soddisfazione, rappresenta fedelmente in tutta l'estensione reale vedute e prospettive di porti di mare, palazzi reali, giardini e castelli, i castelli di Fontainebleau, Trianon Choisy, Chantilly, Sceaux, l'ingresso del porto di Marsiglia con il gran Corso, la veduta dell'Isola di Malta con l'ingresso al porto grande, la chiesa di San Pietro a Roma, una veduta d'Inghilterra, i castelli di Antoncourt la montagna di Kinsington, la casa di Milord Cobsen, il ponte di Westminster sul Tamigi a Londra e infine un vascello in fiamme[69].

Una lunga poesia di Klammer Schmidt, scritta nei primi decenni dell'Ottocento descrive analiticamente uno spettacolo di Mondo nuovo in cui vengono raccontati molti episodi della storia più recente: ecco come inizia e come si articola il *refrain*:

Io sono un brav'uomo straniero / d'origine tedesca, mi si legge in faccia. / Sono arrivato qui da poco tempo. / Portando con me la mia Cassetta / O cose belle e rare! / Vieni leggiadra Caterina / Vieni bella Margherita! / Che splendido spettacolo!...[70].

Grazie ad Elisabetta Silvestrini, che non solo ha compiuto un

---

[68] Una descrizione analitica del rotolo è nel saggio introduttivo di Olivieri e Vicini Mastrangeli, *ibid.*, pp. 18-24.
[69] E. Campardon, *Le spectacle de la foire*, t. I, Paris 1887 (ristampato in versione anastatica a Ginevra 1970), p. 203.
[70] K. Schmidt, *Der Guckkästner*, in AA.VV., *Der Gukkasten*, Stuttgart 1995, pp. 40-45.

ottimo lavoro d'archivio, ma ha aiutato a collocare bene la figura dell'impresario del mondo nuovo nella piazza dei mestieri ambulanti, possiamo godere di un primo sintetico panorama degli spettacoli di piazza e addirittura spingere il nostro sguardo fino in Russia e prendere in considerazione le tecniche narrative dei Raesnik che, ancora per tutto l'Ottocento, richiamano il pubblico nelle fiere popolari. Le frasi degli imbonitori russi delle scatole ottiche (chiamate Raiki) sono state accuratamente registrate e ci mostrano la varietà sociale di spettatori attirati dalla scatola nelle piazze di Mosca, Odessa, Pietroburgo, Nisnij Novgorod, Jaroslav.

Avvicinati popolo onesto – grida il Raesnik – e giovanotti e ragazze, giovani gagliardi e sposine, e mercanti e mercantucoli, e scrivani e sacrestani e impiegati e oziosi sfaccendati, vi mostrerò quadretti d'ogni genere; e di signori e contadini in pelle di pecora; e voi varie facezie e scherzi ascoltate[71].

Pur essendo molto differenti lanterna magica e mondo nuovo, come si è detto, vengono progressivamente assimilati e confusi nell'iconografia popolare e nell'immagine che ne hanno le autorità. Diversa però è la filosofia e l'uso che ne guidano il cammino lungo il tempo, diverso il rapporto con il pubblico, diversa la concezione del mondo. Non sappiamo molto dell'ideologia dell'impresario del mondo nuovo, del contenuto più o meno conformista o eversivo delle sue descrizioni. Dalle istanze romane, dal tipo di sequenze di immagini scelte, dai luoghi in cui operano (a Venezia sappiamo esservi maggior libertà discorsiva che a Roma) possiamo pensare che le intenzioni educative e spettacolari prevalgano su altre funzioni del suo discorso. Teniamo presente però che i documenti italiani in nostro possesso sono anteriori alla Rivoluzione francese. In compenso sappiamo che in Russia il Raesnik si serve delle vedute di varie città europee per criticare la nobiltà moscovita che vi sperpera la sue ricchezze:

Ecco la città di Parigi. Come arrivi là, immediatamente sei asfissiato. La nostra celebre aristocrazia va là a buttare i soldi; va in qualche posto con un sacco pieno d'oro, e da là ritorna a piedi senza neppure le scarpe[72].

---

[71] E. Silvestrini, *Spettacoli da piazza con apparecchi ottici: il raek russo*, in *Prima del cinema. Le lanterne magiche*, Roma 1989, p. 6.
[72] *Ibid.*, p. 7.

In ogni caso è possibile sostenere, a questo punto, che il pantoscopio è anzitutto un teatro in miniatura, che interpreta la grande voglia di viaggiare dell'uomo del Settecento, ma anche il primo centone o sommario visivo, che traduce e divulga lo spirito dell'*Enciclopedia* e del secolo dei lumi e fa provare agli spettatori quelle sensazioni di variazione delle misure di scala nei confronti del reale avvertibili identificandosi con Gulliver, l'eroe eponimo dei viaggi swiftiani[73].

Senza modificare la logistica della percezione del reale il mondo nuovo armonizza tutte le relazioni all'interno del visibile. È produttore e rivelatore di un mutamento in atto le cui caratteristiche non si misurano subito e non si percepiscono a un primo contatto. Come termometro del mutamento sociale, della moda, delle trasformazioni urbanistiche, dei mutamenti nei comportamenti apparenti della società, le vedute d'ottica risultano strumenti sensibilissimi, capaci di registrare, quasi in tempo reale, mutazioni anche minime nei comportamenti, nei cerimoniali sociali, nei modi di vestire, nei rituali pubblici e nella trasformazione degli spazi architettonici e urbanistici.

### IL LONTANO SIAMO NOI

Grazie a un gioco di specchi e rifrazioni, a un uso elementare della magia catottrica, si moltiplicano le percezioni della diversità in maniera aritmetica e, al tempo stesso, le analogie si moltiplicano in maniera geometrica. Le vedute sono specchio della somiglianza oltre che della diversità. Il lontano siamo anche noi: in quei gesti, in quei riti sociali ci riconosciamo, e entriamo con estrema facilità. Quelle piazze, come piazza Auerbach di Lipsia, con le sue botteghe da cui si affacciano gli artigiani e attorno a cui sostano i borghesi, o campo Marzio a Roma, o la piazza con la Fontana di Trevi, o la piazza del Mercato del Lino, ma anche i giardini Vauxhall a Londra – futuro teatro di spettacoli ottici di diorama o panorama – o gli spazi prospicienti il palazzo della Favorita a Vienna, diventano «casa nostra», sono luoghi subito familiari. Le piazze dominano per

---

[73] Vedi l'analisi di P.M. Pasinetti, *Gli ambigui viaggi di Gulliver*, in V. Branca (a cura di), *Rappresentazione artistica e rappresentazione scientifica nel secolo dei lumi*, Firenze 1970, pp. 169-185. Vedi anche la Prefazione di M. Praz a J. Swift, *I viaggi di Gulliver*, Roma 1988.

il fatto di costituire ancora il cuore delle città, ma grazie alle vedute la città si offre allo sguardo e all'uso pubblico nella sua varietà di luoghi e monumenti. Il lontano, in ogni caso, non fa paura: diventa il qui e ora, grazie anche al racconto del narratore.

Una sola immagine, un solo movimento e siamo subito nel cuore della città. Veniamo investiti da ondate di calore e di energia emotiva e possiamo ricevere, nello stesso tempo, sensazioni visive, tattili, olfattive molto nette e capaci di agire in profondità.

Non è sufficiente però un solo sguardo a isolare e cogliere nella sua specificità e nel suo autentico potere innovativo, all'interno dei territori della visione, la piccola cassetta di legno. Confusa com'è nella miriade di oggetti miracolosi e portentosi alla portata di tutti, circolanti di mano in mano all'interno di una folla di curiosi, vagabondi, e ciarlatani, la scatola che per un soldo o due mostra «lontananze e prospettive» non appare circonfusa da alcuna aura, né emana particolari radiazioni. Bisogna però osservarla con attenzione, accogliere l'invito dell'imbonitore, accostare l'occhio a una delle lenti, lasciarsi guidare dalle parole e dai movimenti perché si accenda la scintilla e si avvii il processo di reazione a catena di lunga durata, che ci coinvolge tuttora e ci fa sentire parti di un identico processo evolutivo e di un unico meccanismo genetico.

Chi appoggia l'occhio alla cassela intende spingere il proprio sguardo al di là degli orizzonti circostanti. Vuole avere come orizzonti lo spazio conosciuto e tutto il tempo della storia dell'umanità. La macchina del tempo si può muovere a ritroso fino a riportare alla creazione dell'Uomo e alla cacciata dal Paradiso terrestre, ma ciò che più importa è che consenta di viaggiare nel presente.

Pur avendo privilegiato il ruolo di Venezia di fatto poco importa, a questo punto, interrogarsi sulla presenza dominante nell'immaginazione collettiva di questa o quella città: importa soprattutto capire che, da un certo punto, le stampe popolari e gli spettacoli ottici, con azione congiunta e pressoché congruente, inviano i loro messaggi su un territorio vastissimo e contribuiscono a modificarlo e a fissarne delle coordinate e una topologia mentale assai vicina a quella dell'uomo cinematografico.

Lo sviluppo del fenomeno è rapido e abnorme e – di fatto – ogni macchina per la visione, nel momento in cui occupa uno spazio sociale, diventa il centro del mondo.

L'idea che guida il vedutismo ottico è dunque quella di far viaggiare l'immaginazione verso qualcosa che è stato riprodotto su scala ridotta, ma di cui sono sostanzialmente rispettate la fisionomia e la tipologia architettonica e urbanistica. All'interno di questo spazio, fissato sul modello della pittura o di disegni e incisioni, si effettueranno, nel corso del tempo, variazioni significative per quanto riguarda la rappresentazione della vita quotidiana. Tra il Settecento e l'Ottocento gli incisori prenderanno atto dei mutamenti della foggia degli abiti, dei comportamenti cerimoniali e dei mezzi di trasporto. Sulla testa degli uomini la tuba prende il posto del tricorno, le riverenze e gli inchini cerimoniali spariscono: lo spirito di eguaglianza della Rivoluzione lascia il suo segno anche nei gesti delle piccole folle delle vedute. Sulla scena della storia, e soprattutto su una definita scena urbana, rappresentata realisticamente, secondo coordinate spaziali che tengono conto delle leggi prospettiche, deformate in funzione di un potenziamento del senso dello spazio, irrompe una folla di personaggi che riempie lo spazio e diventa protagonista di una sorta di epica del quotidiano. Le vedute d'ottica dedicate ai grandi avvenimenti, alle cerimonie, alle feste, ai trionfi militari, sono, di fatto, una minoranza rispetto a quelle dei luoghi che invece hanno come protagonisti bambini che giocano, cani che si rincorrono, mercati di frutta e verdura, spettacoli improvvisati di commedia dell'arte, persone che chiaccherano nelle carrozze, mezzi di trasporto... L'idea è quella di avere immagini del mondo che prefigurino dei viaggi possibili lungo i quattro punti cardinali e in tutti i paesi abitati.

Quando tu per caso andrai in questi luoghi – diranno poi delle lastre di lanterna magica dei primi del '900 – queste lastre sono interessantissime per preparare i viaggi dei giovanetti che vogliono uscire dall'Inghilterra e fare il Grand Tour europeo. Così possono già farsi un'idea dei luoghi che andranno a vedere.

Come ha osservato Dubbini:

Lo spettatore, di fronte all'immagine che il congegno ottico ingrandisce e rende viva, avverte una dilatazione della propria capacità di percepire il mondo. Il suo sguardo eccitato esplora scorci di città sconosciute, meraviglie della natura, angoli pittoreschi, oppure si sofferma a osservare l'incendio di un vascello in un porto famoso, attratto dalle fiamme ardenti che gli effetti di luce e di movimento rendono estremamente reali. Il mondo degli eventi, dei paesaggi appartenenti a culture vicine e lontane si schiude sotto i suoi occhi proiettandolo verso scenari inattesi, verso straordinari orizzonti[74].

C'è qualcosa di realmente nuovo nelle parole e nella merce che il proprietario del pantoscopio offre al pubblico. Gli insiemi a cui appartengono le immagini, manovrate con intelligenza, senso del ritmo, montate secondo un ordine storico e geografico assai preciso, hanno pochi punti di contatto con le esperienze visive anteriori. Sono apparecchi a bassa tecnologia eppure, con assoluta protervia, ambiscono a misurarsi – in tutte le manifestazioni documentate iconograficamente e letterariamente – colle forme più avanzate dell'iconosfera, dell'architettura, della storia, della religione. Si possono considerare oggetti di frontiera.

Le fonti a cui gli incisori attingono, come si è visto, sono le più eterogenee: i diari visivi, i quadri, le acqueforti tratte da grandi opere pittoriche di Piranesi, Lorrain, Pannini, le scenografie teatrali del Bibiena e del Vigarani... Grazie al montaggio precinematografico all'interno di uno spazio che perde presto le sue misure reali, lo spettatore non avverte la sensazione di trovarsi di fronte a varianti e surrogati di opere d'arte.

Le vedute d'ottica inaugurano, d'un sol colpo, l'era della riproducibilità tecnica dell'opera d'arte e della riproducibilità della realtà.

I rotoli delle vedute o le immagini manovrate con fili e cordicelle lo trasportano dal paradiso terrestre («Et dominus Deus in terra inculta plantabat Hortum et hominem in illo posuit») e dalle sette meraviglie del mondo al teatro di battaglie e catastrofi naturali, a spazi in cui vengono celebrati ed esaltati i cinque sensi, a zone lontane, esotiche, cariche di fascino e mistero.

Così Mercier, nel suo *Tableau de Paris*, vera miniera per ricostruire le varie forme di spettacolo popolare, descrive una *boîte à curiosité*, il programma, il ruolo del narratore e il tempo di svolgimento di uno spettacolo:

Ebbene! ecco una vera e propria «opéra», che si sviluppa su un rullo e si porta a spalla! È una cassetta in cui sono adattate quelle lenti ottiche

---

[74] Dubbini, *Geografie*, cit., pp. 90-91.

che ingrandiscono gli oggetti. Là voi vedete: Costantinopoli, Pekino, Londra, Madrid, la battaglia di Fontenoy, vinta personalmente da Luigi XV, una battaglia navale, con il fumo dei cannoni in cui i francesi sono vincitori, le immagini scorrono in successione e la spiegazione ha il suo ritmo, che non coincide esattamente con l'oggetto mostrato. Ma il direttore ha fretta, bisogna che dia dodici rappresentazioni all'ora. Perbacco che capolavoro![75]

Seguendo il percorso fissato dall'imbonitore lo sguardo plana sulle piazze di Venezia, Roma, Firenze, Napoli, Londra, Parigi, Istanbul, New York, Pechino, Mosca, Boston... Negli spazi rappresentati ammira i palazzi ma riconosce soprattutto le persone, i mezzi di trasporto, gli strumenti di lavoro, i gesti.

Pur concepite come una celebrazione delle leggi della prospettiva, e quindi della confluenza di tutte le linee architettoniche in un solo punto, queste vedute si scompongono alla vista dello spettatore in una miriade di punti che attirano separatamente lo sguardo.

Il mondo nuovo riduce il mondo a misura della propria superficie vitale, facilita il riconoscimento e l'avvicinamento all'altro. Il cosmo assume proporzioni umane e si organizza a partire dall'intervento ordinatore dell'uomo. Il lontano, come si è detto, siamo anche noi. In quelle città circola un modello di vita conosciuto e familiare. Anche l'effetto notte non produce più grandi paure. Nei paesaggi che scorrono davanti agli occhi del pubblico urbano e del piccolo pubblico delle campagne non vi sono più regioni desertiche, zone disabitate, spazi in cui non si registrino la presenza umana e i suoi segni costruttivi.

Non c'è regressione in territori arcadici, né nostalgia o desiderio di ritorno alla natura. Piuttosto si assiste al rapido snodarsi di una scena universale in cui, dati alcuni elementi fissi, naturali e architettonici, gli altri sono interscambiabili e quasi congruenti.

Più che dallo sfarzo delle cerimonie e dalla maestosità dei monumenti, lo sguardo dello spettatore è attirato e affascinato dalla normalità e assoluta analogia tra i ritmi del lontano e del vicino.

I vuoti sono fatti apposta per accoglierlo nello spazio miniaturizzato, suggerendogli di entrare in scena e mescolarsi alla folla di venditori, notabili, contadini, borghesi e popolani che si muovono in tutte le direzioni nello spazio. Il flusso di movimenti e gesti si

---

[75] Mercier, *Tableau de Paris*, cit., p. 41.

accorda con le forme della comunicazione interpersonale e della cerimonialità dei comportamenti pubblici grazie al supporto della voce fuori campo, che guida gli sguardi e li porta ad ambientarsi entro realtà che sembrano per lo più collocarsi in zone franche, esenti da grandi rotture e traumi imprevisti. I gesti delle vedute sembrano la più perfetta dimostrazione delle teorie espresse nelle *Lettere sulla mimica* di Engel: prendiamo semplicemente la riverenza, certo ripresa ipertroficamente in tutte le vedute europee e non:

> Io dico apparire assai manifesto che hassi a dir naturale un cotal segno ed essenziale alla cosa, per essere universale, sì veramente che incontrasi presso tutte le nazioni, in tutte le condizioni, in tutti i caratteri...[76].

La vita scorre qua e là funestata da eventi mostruosi, che non alterano comunque in modo profondo il senso della leggera tensione temporale interna alle vedute. È come se lo spazio fosse percorso da forze e piccole onde sonore, energetiche e magnetiche, che si irradiano in ogni direzione.

L'abate Nollet scrive in quegli anni un saggio sull'elettricità dei corpi che si potrebbe adattare bene all'energia che fa muovere la folla delle vedute come se si trattasse di un piccolo presepio meccanico. La gente si incontra, si scambia ovunque gesti cerimoniali, ma siamo ancora ben lontani dallo spettacolo vorticoso descritto agli inizi del Novecento da Mario Morasso nella *Nuova arma*, quello spettacolo

> incitatore di gara sfrenata, di movimento affannoso, di gente invasa dall'idea di far presto, di sforzi concordati e incitati nell'unico intento della rapidità[77].

Il vedutismo, in ogni caso, assieme alla capacità di cogliere le prime leggere accelerazioni delle dinamiche sociali, allarga la nozione di spazio: le dinamiche architettoniche interagiscono con quelle urbanistiche. Anche se non poche vedute si rifanno ai canoni del pittoresco prevale nei modi della rappresentazione un tipo di percezione visiva debitrice delle camere lucide, di uno sforzo di riproduzione dei significati spaziali del paesaggio reale.

---

[76] G.G. Engel, *Lettere sulla mimica*, Milano 1820, p. 24.
[77] È questo lo spirito che attraversa tutto il testo di Morasso pubblicato nel 1905 e ristampato a cura di C. Ossola dal Centro studi piemontesi di Torino nel 1994.

I cataloghi e le serie di immagini, le possibilità di raggruppamenti tematici, ci danno l'impressione di disporre di vere e proprie tavole di Mendel della società settecentesca, in cui si combinano e collegano tutti i giochi, i lavori, i passatempi, le feste, le cerimonie, gli eventi storici, i piccoli accadimenti quotidiani. Osservando questo teatro della vita di due secoli fa, solo in minima parte dominato dalla rappresentazione del potere, non può sfuggire il senso della crescente dinamica sociale interna delle vedute. A piccoli gruppi convergono sempre più nelle piazze, lungo i viali, le arterie cittadine, persone di tutte le categorie e infittiscono la trama e l'ordito delle relazioni. Le città vengono ristrutturate, si ampliano le strade per far posto al passaggio delle carrozze, i fiumi diventano navigabili, si moltiplicano i giardini, lungo le strade fioriscono le insegne dei negozi... La città si muove, vive, si riempie di voci, grazie ai contadini che vendono verdura, oche e tacchini al mercato, ai pescatori, agli ambulanti che offrono acqua fresca o fiammiferi, ai borghesi che passeggiano, agli artigiani che vendono scope, ceramiche, vasi, ma non vediamo mai questi gruppi divenire folla, né tanto meno costituirsi in masse.

Certo proprio questi compatti insiemi di vedute, che consentono di racchiudere i luoghi significativi del mondo, hanno la capacità di fare in modo che la figura umana, da elemento accidentale della pittura del paesaggio[78], diventi elemento necessario, parte integrante dello spazio rappresentato. Non si possono in effetti dare piazze, luoghi di culto, senza la presenza di figure disseminate nello spazio. Figlie del vedutismo settecentesco, le vedute d'ottica, dovendo scegliere tra visione naturalistica e pittoresco, optano decisamente per la prima, anche se è ragionevole pensare che non pochi soggetti siano inventati dagli autori, pur senza riferimenti iconografici anteriori, traducendo resoconti delle gazzette o dei fogli.

Le vedute d'ottica cantano, in tono sommesso e monocorde, soprattutto l'epica del quotidiano. Anche quando ci si trova di fronte a grandi eventi storici, o a cerimonie, non si ha mai l'impressione che domini la funzione celebrativa o edificante. Sono pochi i personaggi della storia contemporanea a cui le vedute dedichino

---

[78] Vedi la definizione di *landscape* dell'*Enciclopedia Britannica* del 1771, dove *landskip* o *landscape* è associato a «oggetti riguardanti branchie della pittura che rappresentano scene rurali, colline, valli, fiumi, case di campagna... dove la figura umana è introdotta soltanto in modo accidentale», in Dubbini, *Geografie*, cit., p. XVIII.

attenzione: c'è la presa della Bastiglia, Napoleone a Sant'Elena, ma non la sua incoronazione a Imperatore. Vi sono moltissime cattedrali e palazzi, ma poche manifestazioni trionfali del potere religioso o politico (le due vedute francesi con i fuochi d'artificio per festeggiare la pace del 1763 firmata da Luigi XV, la celebrazione della Festa in onore del 20 Prairial nel secondo anno della Repubblica Francese...). I soggetti dell'azione non sono i singoli, ma forse, per la prima volta, entra in scena un soggetto collettivo, colto nella sua varietà di comportamenti quotidiani e nella sua socializzazione urbana. I luoghi di culto, visti nella rappresentazione delle cerimonie, sono comunque in numero inferiore rispetto ai luoghi in cui scorre la vita sociale. I riti religiosi lasciano il posto allo scambio di cerimonialità quotidiana: inchini, complimenti, saluti con tanto di scappellamento, strette di mano, presentazioni formali sono documentati con cura. Per effetto quasi di sinestesia dalle figure che agiscono da protagoniste e dall'insieme delle vedute sembrano uscire anche richiami, voci di venditori, latrati di cani, suoni e canti di cantastorie e battute di comici dell'arte. La recita sociale mostra realtà in cui le forze che animano la scena si muovono con leggerezza, come in un minuetto o in un rondò.

La committenza virtuale fa pesare il suo ruolo. Lo spirito con cui si vogliono osservare luoghi e monumenti traduce quello delle più famose guide turistiche settecentesche (dal *Viaggiatore moderno* alla *Nuova geografia per uso della più fresca gioventù*): si va alla conquista del mondo per puri scopi educativi. Il mondo è ormai tutto visibile e i pantoscopi ne unificano la varietà e molteplicità entro un unico sguardo. Non vi sono più Eldoradi, o luoghi che possano dischiudere tesori e ricchezze, non c'è più meraviglia o magia nel lontano e nell'esotico.

Rousseau, che avrebbe sicuramente disprezzato gli spettacoli di fantasmagoria di Robertson, senza alcun dubbio sarebbe invece stato attirato dai richiami di qualche signore fermo sulla piazza di Saint-Germain des Prés (o sulla prua di un barcone attraccato sulle rive della Senna come immagina Ettore Scola nel suo *Mondo Nuovo*) e avrebbe accettato di compiere un breve giro del mondo in compagnia di bambini, donne e occasionali compagni di viaggio.

Pur tecnologicamente povera la visione del mondo nuovo, come si è detto, si spinge in avanti e nella piccola «cassela» si può osservare, come in una fissione nucleare, l'accensione definitiva di quella scintilla che, nel corso dell'Ottocento, attraverso una serie di momenti e invenzioni concatenate, spinge in modo spasmodico verso la conquista del movimento delle immagini.

Ciò che importa è il tener in vita la capacità dell'occhio di vedere, di lasciare che i segni della vita che scorre si depositino nella profondità retinica.

*La finestra d'angolo del cugino* è l'ultimo racconto di Hoffman: descrive un personaggio paralizzato da una grave malattia che – come il protagonista della *Finestra sul cortile* di Hitchcock – osserva dalla finestra del suo appartamento la vita che si svolge nella piazza del mercato di Berlino. Per aumentare il potere del suo sguardo si serve di un cannocchiale e, grazie a questo cannocchiale, può fissare la variegata vita della piazza in tante scene separate, che descrive con grande vivacità al cugino:

> Il primo requisito perché tu possa un giorno seguire le orme di quel paralitico del tuo illustre cugino è un occhio che sia davvero capace di vedere. A te quel mercato non offre altro che... un affaccendarsi in occupazioni prive di significato... A me tutto questo rivela il variopinto scenario della vita borghese[79].

Forse questo racconto è l'ultimo e il più geniale spettacolo di pantoscopio a cui ci sia possibile ancor oggi assistere da spettatori se riusciamo a prendere il posto del destinatario del racconto. Mettendo noi l'occhio nella scatola ci piace vedere, alla fine di tutte le vedute, il Boulevard des Capucines con le scritte e i manifesti che annunciano il *Cinématographe* e richiamano nuove folle di spettatori pronti ad entrare nel nuovo Mondo nuovo scoperto dai fratelli Lumière[80].

---

[79] T.H. Hoffmann, *La finestra d'angolo del cugino*, a cura di M. Galli, Salerno 1996.

[80] «Ora le modeste scatole di "curiosità", i Mondi novi, i diorami, i panorami in cui gli stessi spettatori si sentivano viaggiare, erano alla ricerca forse di uno spazio dove nuove ombre si muovessero e patissero come loro (come nel cinema). Non sono molti i momenti in cui la storia delle immagini ha desiderato il movimento a tal punto da rinunciare alla propria visione del mondo, avendo più volte dimostrato che entro lo spazio iconico le varie immagini propongono più che altro una fissità che le consacri al posto del movimento che le consumi», Brusatin, *Storia delle immagini*, cit., p. 88.

9.

# GLI SPETTRI DELL'ANIMA

> Ma lì in fondo, c'è l'orrido
> che l'uomo non tenti gli Dei
> ed egli non desideri mai scorgere
> ciò che essi hanno benevolmente
> coperto di notte e d'orrore
> SCHILLER, *Il palombaro*

### GLI SPETTRI DELLA FANTASMAGORIA

Molti spettri si aggirano per l'Europa tra la fine del Settecento e gli inizi dell'Ottocento: gli spettri della fantasmagoria.

I fantasmi che nel saccente secolo passato, a differenza di tutti i secoli precedenti, erano stati ovunque tanto esorcizzati quanto messi al bando, sono stati riabilitati in Germania durante questi ultimi venticinque anni, come già lo era stata la magia. Forse non a torto. Infatti le prove contro la loro esistenza erano in parte metafisiche, fondate dunque, come tali su un terreno incerto, e in parte empiriche...

Così inizia il *Saggio sulla visione di spiriti e su ciò che vi è connesso*, scritto da Arthur Schopenhauer tra il 1840 e il 1845[1]. In effetti non solo la letteratura tedesca nella prima metà dell'Ottocento è abitata da schiere di fantasmi, o esseri creati ed evocati dall'immaginazione umana: tutta la letteratura romantica scopre che esistono interi territori su cui regnano i fantasmi, i *revenants*, i vampiri...

Il *Diable amoureux* di Cazotte, pubblicato nel 1772, inizia con una seduta di evocazione degli spiriti e con una finestra che viene spalancata di colpo da «un torrente di luce più accecante di quello del giorno». Un animale si materializza e chiede: «Che vuoi?»

---

[1] A. Schopenhauer, *Saggio sulla visione di spiriti e su ciò che vi è connesso*, in *Memoria delle scienze occulte*, Pordenone 1992, p. 82.

Decine, centinaia di esseri che abitano la notte, popolano i cimiteri, stazionano «all'ombra dei cipressi e dentro l'urne», sembrano voler emigrare in massa dai sepolcri, per dialogare coi vivi, materializzarsi al loro fianco, accompagnati da fulmini, lampi e saette. Di apparizioni ottenute per mezzo di specchi parabolici sia la letteratura del mondo antico che di quello medievale e rinascimentale ci offrono molti esempi: non è forse un caso, però, che l'era della Fantasmagoria coincida con l'attrazione per il mondo notturno dei pre-romantici, col diffondersi della letteratura gotica e della poesia sepolcrale e con la scoperta dell'elettricità.

Su tutta la letteratura in cui si materializzano in maniera nuova e con nuove funzioni figure demoniache o fantastiche, dal *Castle of Otranto* di Walpole del 1764, al *Visionario* di Schiller, scritto tra il 1786-89, a *The Monk* di Lewis del 1796, ovviamente campeggia il *Faust* di Goethe. «Opera Mondo», realizzata in un arco di tempo di quasi sessant'anni (dal 1770 al 1831, pubblicata postuma) e capace di attraversare e condensare dentro di sé il senso di tutti i grandi rivolgimenti della storia dell'epoca. Il *Faust*

inizia in un'epoca in cui il pensiero e la sensibilità hanno un carattere di modernità subito riconoscibile per i lettori del ventesimo secolo, ma le cui condizioni materiali e sociali sono ancora medioevali; e termina invece, nel vivo degli sconvolgimenti spirituali e materiali prodotti da una rivoluzione industriale[2].

Queste considerazioni di Marshall Berman sulla rappresentatività del *Faust* e sul suo essere, nello stesso tempo, opera capace di rispecchiare due epoche, di portarsi dietro la cultura del passato e proiettarsi verso il mondo industriale, sembrano adattarsi alla perfezione, quasi in base alla proprietà transitiva, alla figura e all'opera di Robertson. Etienne-Gaspard Robert potrebbe benissimo essere l'incarnazione, nella realtà, della figura di Faust. Potrebbe rispecchiarne l'anima.

Come Faust Robertson aspira a raggiungere il successo, ad avere il potere sugli altri, a conquistare denaro e fama. Più di tutto cerca di espandere il proprio io fino a inglobare tutti gli aspetti dell'esperienza umana:

---

[2] M. Berman, *L'esperienza della modernità*, Bologna 1985, p. 59.

Il mio animo non dovrà chiudersi a nessuna sofferenza / e di quanto ebbe in sorte l'intera umanità / voglio godere nel profondo di me stesso, / nella mia mente accogliere le sommità e gli abissi, / stringere nel mio cuore il suo bene e il suo male / e così dilatare nel suo essere il mio / e come essa, alla fine, anch'io schiantarmi[3].

Faust evoca i suoi poteri magici e riesce a dispiegare una sfolgorante visione davanti ai propri occhi: ma se ne ritrae quasi subito («Che spettacolo! Ah! ma è soltanto uno spettacolo»). L'eroe goethiano non intende diventare spettatore passivo, vuole giocare un ruolo attivo nei confronti del mondo. Qualcosa di molto simile sembra capitare a Robertson, ultima gigantesca figura di necromante, che vive tutta la sua avventura animato dal fuoco alchemico, dotato però dell'intelligenza, dello spirito commerciale e dell'inventività di un moderno capitano d'industria.

Max Milner, che ha dedicato a Robertson alcune delle pagine più penetranti degli ultimi anni, ha esplorato il valore conoscitivo della luce nel pensiero degli illuministi e dei romantici[4]. Una luce importante più di tutto per la capacità di illuminare, nello stesso tempo, spazi reali e spazi mentali: in effetti, secondo Milner

l'ottica apriva in una oscurità comparabile a quella del sonno uno spazio per così dire interiore all'animo dello spettatore, e proiettandovi delle immagini che potevano susseguirsi con una gratuità affatto onirica[5].

La fantasmagoria prende vita dalla crisi della lanterna magica, dalla sensazione di averla progressivamente deprivata dei suoi poteri legittimi: il patto col diavolo è una sorta di condizione necessaria per ridare credibilità a uno spettacolo ormai incapace di offrire nuove emozioni ai pubblici adulti. La fantasmagoria sarà uno spettacolo destinato a questo tipo di pubblici desiderosi di ricevere forti scosse emotive e varcare la soglia dei territori illuminati dai lumi della ragione.

Nel secolo dei Lumi, grazie a Robertson, la luce non serve per rendere più visibile il mondo, a facilitarne la classificazione, quanto a rendere possibile la materializzazione dell'invisibile, per violarne

---

[3] La traduzione dei versi 1768-1775 è tratta dall'edizione del *Faust* del 1984, curata e tradotta da Franco Fortini per Mondadori.
[4] M. Milner, *La fantasmagoria*, Bologna 1989.
[5] *Ibid.*, p. 34.

le frontiere e tentare, tra i tanti viaggi possibili, di tracciare rotte e mappe, per viaggiatori coraggiosi, anche del regno delle tenebre.

Le *planches* dell'*Encyclopédie* sembrano conferire in un primo tempo un colpo mortale all'iconosfera della lanterna: di fatto ne biforcano in modo irreversibile il cammino. Da una parte si accetta di muoversi su una scia conoscitiva e rappresentativa che aiuti a vedere come sono fatte le cose, dall'altra si cercherà di potenziare gli effetti terrorifici e i poteri soprannaturali di evocare fantasmi e anime dell'aldilà.

Con la fantasmagoria – spettacolo di lanterna magica ideato dal fisico tedesco Paul Philidor e perfezionato da Robertson all'indomani della Rivoluzione francese – ci si riaccosta in modo esplicito e trionfale alla necromanzia, ai riti misterici da cui, per tutto il Settecento, i lanternisti avevano cercato di prendere, in vario modo, le distanze, per non incorrere in persecuzioni e procedimenti giudiziari. Senza rinunciare agli effetti paurosi, per rendere familiare al pubblico più eterogeneo la folla di figure di spettri, cadaveri, streghe, diavoli, esseri demoniaci onnipresenti, i lanternisti introducono nei loro spettacoli elementi che possono suscitare il riso e destituire quelle figure di qualsiasi terribilità («Venez voire, amis / pour un sou / la lanterne magique / vous y verrez un peu de tout / de ce monde comique...», recitava un ritornello dei savoiardi verso la fine del Settecento). Questo facilita la diffusione e l'accettazione degli spettacoli di lanterna magica in ogni tipo di ambiente. Il riso costituiva l'arma migliore per esorcizzare la paura, per combattere i demoni. Certo se pensiamo a quella testa demoniaca ghignante che occupa un'intera parete riprodotta nella *Phisices Elementa Mathematica* di Gravesande non si può non riconoscere che quella evocazione è fatta per produrre anzitutto effetti terrorizzanti nell'uditorio. Ma, in questo caso, si può pensare a un uso edificante o educativo di questo tipo di immagini da parte dei predicatori, per rafforzare le paure nei confronti delle pene dell'inferno e dei castighi. È possibile immaginare che, proprio nei confronti di questa figura gigantesca, che avrà modo di vedere nella biblioteca del fisico François Villette, il giovane aspirante prete Etienne-Gaspard Robert, detto Robertson, avvertirà un'attrazione fatale per gli inferi e le figure demoniache e proverà il desiderio di evocare gli esseri dell'aldilà e dominare le schiere demoniache coi mezzi offertigli dalla scienza e dalla magia. Robertson – secondo le sue stesse dichiarazioni – cercherà di liberare la lanterna magica da ogni tipo di compromessi e condizionamenti morali e religiosi che, a suo vedere, ne riducevano il fascino e il potere, per restituirla alla vera natura di strumento scientifico e magico a un tempo. Nello studio di fisica di Villette, a Liegi, il giovane apprendista mago e scienziato può osservare direttamente una lanterna magica, usarla e capirne il funzionamento in base ai principi dell'ottica e, più di tutto, intuirne le possibilità. Villette gli presta una lanterna e una serie di lastre per poter compiere a casa degli esperimenti. Robertson forse ha già assistito da bambino a uno spettacolo presentato da una coppia di lanternisti savoiardi e di questa esperienza – ci piace prendere per buona la ricostruzione fantasiosa fattane da Françoise Levie[6] – conserva un ricordo inquietante, di una sorta di «scena primaria». Sono di sicuro molti i gruppi di lanternisti savoiardi che hanno attraversato le strade del suo quartiere a Liegi e richiamato la gente. Per anni li ha solo osservati, interrogandosi sul contenuto delle cassette trasportate sulle spalle e sul significato delle loro grida. A undici anni i genitori lo portano finalmente a assistere a uno spettacolo. I ricordi sono nettissimi: le sensazioni olfattive, sonore, visive, sembrano essersi impresse per sempre sulla sua pelle e nella sua mente. Impressioni forti, che mirano a graduare nell'uditorio sensazioni di paura, raccapriccio, orrore, ma anche, grazie alla mediazione del lanternista, atti capaci di destituire le immagini della loro terribilità, in cui le pulsioni erotiche si mescolano a scene di violenza. L'evocazione di uno scheletro, con cui si apre lo spettacolo, seguita da una figura di un peccatore che sconta la sua pena tra le fiamme dell'inferno, richiama alla memoria non solo la propria reazione, ma anche quelle degli altri bambini, il riso degli uomini adulti, il segno della croce delle donne... E poi immagini di avvenimenti storici, come quello dell'assedio dei Turchi a Vienna, dove il sangue scorre come da una cascata, le scimitarre ottomane mietono le teste a grappoli, bellissime giovani vengono trascinate per i capelli dai cavalieri turchi, fino a che compare, con la sua spada vendicatrice, il principe Eugenio che sgomina il nemico e libera la città.

Il piccolo Etienne-Gaspard è così preso da quelle immagini, alla fine dello spettacolo, che, invece di rientrare a casa, coi suoi genitori, si ritrova, senza volerlo, alle spalle del lanternista e della gio-

---

[6] La ricostruzione di questo ipotetico episodio è nella biografia di Françoise Levie, *Etienne-Gaspard Robertson, la vie d'un fantasmagore*, Bruxelles 1990, pp. 38-40.

vane donna che lo accompagna, che, usciti dalla città, prendono la strada della montagna: a un certo punto si fermano e si sdraiano tra i covoni appena tagliati. Sempre senza volerlo Robertson assiste quella notte alla liberazione delle forze della natura, al trionfo del dio Pan, alla festa dionisiaca, alla danza rituale di due esseri umani sotto la luce della luna. La lanterna magica è l'elemento che unisce i due corpi, ne guida i movimenti ritmici, quasi fosse un sostituto della siringa del dio. La natura, in tutta la sua potenza, afferra in quel momento il ragazzo, entra in lui e provoca il primo importante choc psichico, destinato a orientarne, in modo decisivo, il cammino successivo.

Con Françoise Levie ci piace pensare che non si spiega la natura degli spettacoli di Robertson, quella loro eccezionale capacità di coinvolgere sensazioni fisiche ed emotive dell'uditorio, quel tipo di coinvolgimento dato dagli odori, dai profumi d'incenso, dal calore della sala, senza la presenza nel suo inconscio di quel trauma, tutto sommato positivo, dato dall'irruzione panica dentro di lui.

### UN'INFERNALE LUMINOSITÀ

Può sembrare paradossale e anacronistico che, proprio nel momento in cui si inneggia alla vittoria della ragione, prenda piede e affermi la sua leadership incontrastata su tutti gli spettacoli popolari parigini un evento spettacolare che attinge la sua forza dall'irrazionale e tende a legittimare paure e visioni del mondo contro cui la Rivoluzione si batte. Robertson cercherà di proteggersi da questo tipo di accuse, dichiarando come il suo spettacolo possa servire a mettere a nudo «le furberie dei preti» (in più occasioni delle *Memorie* lascia trasparire la sua appartenenza a una setta massonica), a esorcizzare e combattere ogni forma di superstizione e paura infantile, che continua a residuare anche nel corso della vita adulta:

Vogliamo parlare del terrore che ispirano le ombre, i sortilegi e le trame occulte della magia, terrore che noi tutti abbiamo provato all'età acerba dei pregiudizi[7].

---

[7] E.-G. Robertson, *Mémoires récréatifs, scientifiques et anecdotiques du physicien aéronaute Etienne-Gaspard Robertson*, Paris 1831, rist. Paris 1985, p. 206.

Esibisce di continuo una intenzione educatrice e demistificatrice di tutti i pregiudizi:

> Non vi è governo che non abbia il dovere di incoraggiare il fisico filosofo, i cui studi e la cui morale tendono ad abbattere gli altari della superstizione, a distruggere gli antichi pregiudizi che, rinnovandosi di epoca in epoca, hanno messo così di frequente nelle mani dell'uomo il pugnale del fanatismo [8].

E tuttavia lo spirito che lo anima marcia in direzione antitetica rispetto alla cultura illuministica e rivoluzionaria di cui dichiara di farsi portatore, ma anche rispetto a tutta la tradizione filosofica occidentale. Che fin dai suoi inizi, come dice Hillmann:

> dai presocratici all'Antico Testamento ha mantenuto un pregiudizio contro le immagini [*phantasia*] preferendo loro le astrazioni del pensiero... Nel periodo che ha inizio con Descartes... la tendenza della psiche a personificare venne sdegnosamente respinta come antropomorfismo. Uno dei principali argomenti contro il modo mitico di pensiero sosteneva che esso procede per immagini che sono soggettive, personali, sensuose... I sensi ingannano: immagini che vogliono ritrasmettere la verità del mondo debbono essere purificate dei loro elementi antropomorfici: le sole persone dell'universo sono le persone umane. Nondimeno l'esperienza di dei, eroi, ninfe, demoni, angeli e potenze di luoghi e cose sacri, come persone, precede in realtà il concetto di personificazione. Non siamo noi che personifichiamo, sono le epifanie che giungono a noi come persone [9].

È proprio questo uno degli aspetti della modernità delle concezioni e della visione del mondo di Robertson, che oggi ce lo fa sentire più vicino agli studi di Roscher sulla mitologia, che non alla *Magia naturalis* di Della Porta o all'*Ars magna* di Kircher, da cui pure ha attinto e ricevuto la spinta fondamentale. Per Robertson ogni evocazione, ogni epifania, è una «persona», ne possiede, a tutti gli effetti, le caratteristiche. Robertson è un'eccezionale figura di Giano bifronte, dotato di uno sguardo lungo sia all'indietro che in avanti. È un erede dei necromanti, ma anche un messaggero alato dell'anima romantica.

Robertson, che ha letto di sicuro il *Trattato delle passioni* di

---

[8] *Ibid.*
[9] J. Hilmann, *Saggio su Pan*, Milano 1982, pp. 55-56.

Descartes, è convinto, come dichiara nella sua autobiografia, che vi sono emozioni nella vita che «si imprimono negli spiriti giovani e vi lasciano delle tracce che la vita intera non cancella»[10]. Anche una frase di Diderot, a proposito del *Salon de 1767*, lo deve aver colpito e guidato verso la giusta strada:

Tutto ciò che stupisce l'anima, tutto ciò che imprime un sentimento di terrore conduce al sublime[11].

Egli consegna a un mondo che sta avviandosi verso nuove «magnifiche sorti e progressive» un patrimonio in apparenza destinato alla rimozione completa, che invece diventerà alimento essenziale per la creatività artistica dei decenni successivi. Riesce anche a colmare, col suo spettacolo, il vuoto lasciato dalla scomparsa della religiosità tradizionale, non sostituendolo con altre credenze, ma aprendo uno spazio legato al mondo del sogno[12].

Isolando solo alcuni momenti significativi della sua attività ci si accorge che il suo fantascopio, come la pietra filosofale, ha la capacità di convertire le ombre e i fantasmi in «persone» dotate di un corpo e di carne e sangue e di lavorare sulla memoria e sull'inconscio collettivo, sulle forze oscure che ci abitano. Robertson capisce e vuole insegnare che i miti della Rivoluzione e del progresso non sono sufficienti a esorcizzare e dominare le forme di personificazione che abitano i nostri sogni e costituiscono, in un certo senso, i dati primari della psiche. In nessun momento della sua attività esalta la Rivoluzione, né spande incensi a favore della Dea Ragione. La sua lanterna magica perfezionata è dunque uno strumento per la dimostrazione di recenti scoperte della fisica sperimentale, ma anche un mezzo di dominio, assoggettamento, richiamo ed evocazione di forze irrazionali. Un supporto per esaltare i poteri occulti e personificare emozioni e paure collettive.

A favore della modernità e dell'intelligenza di Robertson si può ancora citare l'invenzione del nottografo, descritta in appendice alle memorie[13]. Il nottografo – che potrebbe benissimo essere un'anticipazione o un fratello maggiore dell'elettroencefalogramma o del

---

[10] Robertson, *Mémoires*, cit., p. 22.
[11] Citato in Prieur, *Séance de lanterne magique*, cit., p. 191.
[12] Milner, *La fantasmagoria*, cit., p. 33.
[13] Robertson, *Mémoires*, cit., pp. 249-251.

taccuino freudiano – è una macchina destinata a fissare su carta i pensieri fuggitivi della notte e, più di tutto, a consentire di attingere ai giacimenti della memoria:

> La memoria dei fatti è una facoltà inesplicabile: un nulla la riconduce a noi, un nulla la rende labile, soprattutto quando le forze fisiche si indeboliscono.

Di lì a qualche anno, in uno dei più straordinari racconti fantastici, *Mastro Pulce*, Hoffmann immaginerà un minuscolo microscopio «ben centoventi volte più piccolo di un granello di sabbia» che consente di leggere nel pensiero altrui.

Da una parte, dunque

> lo spettacolo di Robertson mette a profitto, per la sua parte l'attrazione per un meraviglioso scientifico che ripopola le regioni dell'immaginario nello stesso momento in cui la scienza tende a svuotarle degli esseri sovrannaturali che ne erano i principali abitatori[14].

Dall'altra riaccoglie molte correnti di pensiero ormai obsolete, perché sconfitte dalle conquiste della scienza, contribuendo a rimetterle in circolazione.

È questa ricchezza di sfaccettature, coesistenza di luce e ombra, di tensione costante a cogliere l'invisibile del visibile, a rendere Robertson non solo una figura affascinante, ma a farcelo sentire assai più vicino di quanto non lo abbiano sentito i contemporanei e gli scienziati dell'Ottocento.

### ETIENNE-GASPARD ROBERT DETTO ROBERTSON

Etienne-Gaspard Robert, detto Robertson (1763-1837), crea i suoi primi spettacoli di fantasmagoria dalla fine del Settecento giocando proprio con alcune recenti scoperte scientifiche – quelle di Volta e Galvani – con le grandi paure e, al tempo stesso, con lo stato di agitazione emotiva e ideale di un pubblico protagonista per la prima volta sulla scena della storia.

Nella sua giovinezza ha sposato e condiviso le idee dell'Illumi-

---

[14] Milner, *La fantasmagoria*, cit., p. 30.

nismo, ha letto Montesquieu e Voltaire, si oppone a ogni forma di dispotismo e, nella prima fase della sua attività, non c'è nulla che sembri spingerlo in direzione dei culti misterici. Ha tutte le carte in regola per muoversi lungo la strada aperta dagli illuministi. Anche nella biografia ripete, a ogni passo, la sua fiducia nella scienza ed enfatizza i riconoscimenti che gli vengono da personaggi come Volta, Brugnatelli ecc. La scienza contemporanea ha rivelato e consentito di spiegare misteri giunti dall'antichità:

È per mezzo delle scoperte dovute alla fisica sperimentale e alla chimica che ci si è resi conto delle apparizioni misteriose e di prodigi messi in opera dagli oracoli dell'antichità. Queste evocazioni di mani, questo potere di filtri e di formule magiche, questa obbedienza della luna agli ordini dei maghi, che le ordinano di scendere e le prescrivono un altro corso, tutte queste operazioni dell'antica stregoneria che si trovano in vari passi degli autori greci e latini, e nei quali si compiacciono i poeti Omero, Teocrito, Virgilio, Orazio, Ovidio, Tibullo, Catullo, Lucano ecc. hanno cessato d'essere delle menzogne e delle finzioni per diventare degli effetti reali, prodotti da una scienza un tempo occulta e conosciuti oggi da chiunque abbia avuto un'educazione normalissima [15].

Nel muovere i primi passi e pensare a come usare la fisica sperimentale, Robertson

come molti studiosi dell'epoca si concentra con predilezione sulle particolarità più evanescenti della realtà fisica, le «apparizioni», le illusioni ottiche, il fulmine, il fremito di una foglia e le ragioni per cui il fluido galvanico è capace di far battere di nuovo le ali ad un uccello morto [16].

Ma questi risultati della scienza contemporanea, che gli consentono di «cogliere i rapporti secreti e immutabili che uniscono i grandi fenomeni» secondo l'affermazione di M. Fourrier all'Accademia delle Scienze, coabitano e non escludono l'eredità e la fascinazione di saperi iniziatici. Della Porta e Kircher, Schott, Zahn, e tutti coloro che, a vario titolo, hanno portato un contributo al perfezionamento dei poteri della lanterna magica, credevano nella scienza e nella magia bianca e non avrebbero mai sognato di rivendicare poteri che andavano al di là della «magia naturale». Nei suoi

---

[15] Robertson, *Mémoires*, cit., pp. 99-100.
[16] P. Blon, *Une raison diaphane, ibid.*, p. 9.

libri di memorie Robertson riconosce che questi autori hanno avuto una grande influenza su di lui, e non ha difficoltà a dichiarare di aver voluto praticare da giovane la magia nera e di aver tentato, fin da piccolo, d'entrare a contatto diretto col diavolo:

> Sin dalla mia più tenera infanzia la mia immaginazione viva e appassionata mi aveva fatto cadere in balia del meraviglioso: tutto ciò che oltrepassava i limiti ordinari della natura, che non sono, in epoche diverse, se non i limiti delle nostre particolari conoscenze, suscitava in me una curiosità, un ardore, che mi portavano a tutto intraprendere per realizzare gli effetti che immaginavo... Lo confesso, ho creduto nel diavolo, alle evocazioni dei fatti infernali e alla scopa delle streghe... Ho creduto che una vecchia donna mia vicina fosse in rapporto quotidiano con Lucifero. Invidiavo i suoi poteri e le sue relazioni. Mi sono chiuso in una stanza per tagliare la testa di un gallo e costringere il capo dei demoni a mostrarsi davanti a me: l'ho atteso da sette a otto ore, l'ho molestato, ingiuriato... «Se esisti – gridavo battendo sulla mia tavola – esci da dove sei e lascia vedere le corna, altrimenti ti rinnego...». Non era affatto la paura che mi faceva credere alla sua potenza, ma il desiderio di dividerla per operare a mia volta degli effetti magici. I libri di magia mi facevano girare la testa. La *Magia naturalis* di Porta e le *Récréations* di Midorge mi provocavano soprattutto l'insonnia. Presi allora una decisione molto saggia: dal momento che il diavolo si rifiutava di comunicarmi la scienza di fare dei prodigi, mi misi a fare dei diavoli e la mia bacchetta magica non doveva che muoversi per forzare tutto il corteo infernale a vedere la luce. La mia abitazione diventò un *Pandemonium*[17].

Nelle sue comunicazioni pubbliche non esiterà a definire i suoi esperimenti «evocazioni da Necromante» e a voler prendere le distanze dai ciarlatani e da coloro che avevano voluto abusare dell'ignoranza e credulità pubblica.

A conclusione delle *Memorie* così sintetizza la summa del suo pensiero:

> I fisici ci hanno rimesso sul cammino della più bella verità, spiegandoci i fenomeni della luce, mostrandoci gli scontri tra luce e tenebre... Ma questa fisica, questa luce incomprensibile si lega alla metafisica, è lei che interroga incessantemente il nostro pensiero, il pensiero che ci dice che esiste ancora un'altra fisica, un'altra luce rispetto a quella di Robertson, in cui ciò che noi chiamiamo materia non è più materia... Adoratori della

---

[17] Robertson, *Mémoires*, cit., p. 150.

Divinità piazzate le vostre anime al di fuori delle tenebre... Quando la voce della religione è muta, Dio che non permette che l'istruzione muoia e che parla all'uomo da tutti i punti della creazione, Dio ha voluto che la catottrica parlasse ai giorni nostri e che fosse in terra un'immagine confusa delle immagini e della profondità del mondo intellettuale[18].

Il suo spettacolo non nasconde le sue intenzioni, le discendenze dall'intergamia del pensiero di Paracelso e Kircher con Newton, Galvani e Volta. Robertson, che opera sulla piazza parigina assieme a comici dell'arte, imbonitori, acrobati e decine di altri proprietari di Teatri meccanici e spettacoli ambulanti, è consapevole del rischio di poter essere confuso con tanti ciarlatani e impostori, ma si muove lucidamente e come un equilibrista sul filo di vari mondi. Quando chiede ai suoi spettatori di osservare bene ciò che sta per accadere chiede loro di guardare soprattutto col terzo occhio, con l'occhio interiore, che consente di interagire con alcune immagini che giungono dal nulla.

La macchina di cui dispone è una lanterna magica montata su ruote, da lui brevettata col nome di Fantascopio. Una macchina che proietta immagini su uno schermo trasparente per il pubblico che si trova in posizione diametralmente opposta alla fonte luminosa.

La richiesta di brevetto di un'invenzione per il «perfezionamento della lanterna di Kircher» viene depositata il 25 febbraio 1799 per proteggersi da forme di concorrenza sleale e consta di una decina di pagine manoscritte dallo stesso Robertson, con alcuni disegni del fantascopio[19]. L'apparecchio consta di una cassa di noce rettangolare di 80 cm. di altezza per 95 di lunghezza, con una portella posteriore, che serve per regolare il flusso e l'intensità luminosa e un tubo quadrato anteriore di una ventina di centimetri al cui interno sono poste alcune lenti. La scatola poggia su quattro gambe alte a loro volta un'ottantina di centimetri che scorrono su rotaie abbastanza lunghe. Robertson, come fa notare la sua biografa Levie, che ha anche ricostruito il modello del fantascopio, è piuttosto impreciso nella descrizione della macchina, della posizione delle lenti e del loro sistema di scorrimento e messa a fuoco variabile, mentre è imprevedibilmente preciso nel segnalare la sua prima funzione, quella di servire da megascopio mobile, da strumento di

---

[18] *Ibid.*, p. 177.
[19] La copia del manoscritto del brevetto è interamente riprodotta nel volume curato da Campagnoni, Mannoni, Robinson, *Light and Mouvement*, Pordenone 1995, pp. 106-117.

ingrandimento di stampe, disegni, oggetti di storia naturale per scopi educativi[20]. Anche per il sistema di proiezione sullo schermo Robertson chiede di brevettare la sua invenzione, che consiste anche nel celare agli occhi degli spettatori la fonte luminosa. Così l'apparizione dello spettro, una volta aperto il sipario, è del tutto improvvisa, nasce dal nulla. Per ottenere effetti di corpi che si muovono in vari punti del teatro Robertson, col tempo, ricorrerà anche all'uso di lanterne magiche manovrate a mano. Nel corso degli anni vi saranno altre e sostanziose variazioni a questa invenzione.

Se fossimo ancora ai tempi in cui Eleonora di Galigaï fu condannata come strega, per ordine del Parlamento, Monsieur Robertson conoscerebbe gli stessi rischi. Ha la capacità di farvi vedere gli spettri. I fantasmi. Inoltre fa esperimenti sui fluidi galvanici

troviamo scritto in un testo dei primi anni dell'Ottocento sulla vita parigina[21].

Volendo indicare le fonti di «magia naturale» a cui si ispira, con ogni probabilità, mi sembra da condividere quanto scrive Zotti Minici:

Testi come l'*Onomatologia curiosa, artificiosa et magica* di Gottard Haffner e le stesse *Nouvelles récréations mathématiques* di Gilles Guyot, pubblicati tra gli anni '60 e '70 del secolo, si pongono come veri e propri «ricettari» a uso di maghi e imbonitori che, in vario modo, intrattenevano traffici con l'occulto. L'ombra di un fantasma, nella descrizione di Guyot del 1770, si anima per mezzo del fumo, supporto alla proiezione con la lanterna magica che anche Robertson utilizzò[22].

In effetti nella descrizione del libro dell'abate Guyot, edito a Parigi nel 1770, viene già descritto quell'effetto fisico di sfondamento dello schermo da parte delle figure, grazie al fumo, che diventa elemento portante dello spettacolo di Robertson:

È da sottolineare in questa rappresentazione che il movimento del fumo non modifica per niente le figure, che appaiono così rilevate che lo spettatore pensa di poterle afferrare con la mano[23].

---

[20] Citato in Levie, *Etienne-Gaspard Robertson*, cit., p. 201.
[21] Anonimo, *Paris et ses curiosités*, Paris 1807.
[22] A. Zotti Minici, *L'occhio e i fantasmi*, in *Mystfest XII*, Cattolica 1991, p. 68.
[23] E.J. Guyot, *Nouvelles récréations physiques e mathématiques*, Paris 1770, p. 50.

Anche nelle *Rational recreations* di Hooper del 1774 viene proposto un sistema più casalingo di evocazione dei fantasmi («Come produrre un fantasma su un piedestallo in mezzo a una tavola» è la didascalia di una tavola illustrata del libro).

Di fatto i suoi spettacoli, più che figli delle scienze occulte, sono figli dei risultati recenti della scienza contemporanea, delle bacchette magnetiche di Mesmer (il cui *Discours sur le magnétisme* è del 1778) e riprendono gli esperimenti di Galvani sulle zampe delle rane (il *De viribus electricitatis in motu muscolari* è del 1791). In quegli anni Robertson non è il solo a riprodurre gli esperimenti elettro-magnetici. Oltre a lui si può ricordare il giovane Alexander von Humboldt, che riprende gli stessi esperimenti di Galvani tra il 1793 e il 1798 e ne parla con Goethe, Schiller e Alessandro Volta. Shiller, già nel 1786 aveva scritto *Il visionario. Dalle memorie del Conte von O*, in cui si faceva largo uso di proiezioni di lanterna magica sul fumo con evocazioni di teschi, scheletri e mummie[24]. D'altra parte la *Geisterbeschworung* (o evocazione delle anime) che ispira il racconto di Schiller, e non solo, è presente in svariati manuali di quegli stessi anni, da un libro di Semler del 1775 al celebre libro dell'Abbé de Villars, *Le compte de Gabalis ou entretiens sur les sciences secrètes* del 1715. Vanno anche ricordati Achim von Arnim, che scriverà un trattato nel 1799 e il filosofo e fisico J.W. Ritter, il cui lavoro ispirerà Schelling e Schopenhauer di *Animalischer Magnetismus und Magie* (1838). Inoltre non bisogna trascurare nel racconto gotico che inizia col *Castello di Otranto* di Horace Walpole del 1764 il tema del *living portrait*, diventa una sorta di *leit motiv* narrativo e rimbalza dal *Monaco* di Lewis del 1796 al *Manoscritto trovato a Saragozza* di Jan Potocki, scritto tra la fine del Sette e il primo decennio dell'Ottocento, a svariati racconti di Hoffmann, a *Melmoth the Wanderer* del 1820 di Charles Maturin, a Walter Scott di *The Antiquary* del 1828 e a *Demoni e streghe* del 1830[25], e così via lungo tutto l'Ottocento fino al *Castello dei Carpazi* di Verne, all'*Eve future* di Villiers de L'Isle Adam, ai racconti di fantasmi e a *Giro di vite* di Henry James, a Oscar Wilde di *The Picture of Dorian Gray*[26] e ai racconti novecenteschi di Gustav Meyrink.

---

[24] F. Schiller, *Il visionario*, a cura di Michele Cometa, Palermo 1983.

[25] A cura di Maria Pia Donat-Cattin è uscita nel 1994 presso Donzelli una traduzione di *Demoni e streghe* con una introduzione di Emilio Tadini.

[26] Il tema dei ritratti magici è stato studiato da T. Ziolkowski, *Disenchanted Images. A*

Il racconto di Schiller, e in particolare la rievocazione, con l'aiuto di una lanterna magica, di uno spettacolo di evocazione di fantasmi in un'osteria lungo le rive del Brenta vicino a Mira, sembra la fonte di ispirazione più vicina a Robertson e tutto il rituale preparatorio, così modellato sui riti massonici, come lo smascheramento del ciarlatano, ci consentono di entrare nello spirito di un'epoca che resiste all'idea di consegnarsi del tutto nelle mani della ragione e che, piuttosto, è attratta dalla mistica delle sette segrete e dalla necessità di divulgarne la conoscenza attraverso la *Triviallitteratur*:

Trovammo una volta tornati nella stanza, un gran cerchio descritto da carboni ardenti che potevano contenerci tutti e dieci. Intorno a noi erano state levate le assi del pavimento, tanto che ci ritrovammo improvvisamente come su un'isola. Al centro del cerchio stava un altare coperto da un drappo nero, sotto il quale si stendeva un tappeto di raso rosso. Sull'altare v'era una Bibbia caldea, aperta e poggiata su un teschio, nel quale era conficcato un crocifisso d'argento. Invece delle candele, dello spirito bruciava in un altro recipiente d'argento. Un fumo nero d'incenso oscurava la sala tanto da soffocare quasi la luce... L'evocazione di cui non capimmo nulla durò una decina di minuti... D'un tratto sentimmo tutti insieme come un colpo di fulmine... un tuono improvviso scosse la casa, tutte le serrature scricchiolarono, tutte le porte sbatterono l'una contro l'altra, il coperchio della capsula si richiuse spegnendo la luce, e, sul muro di fronte, sopra il camino apparve una figura umana, con una camicia insanguinata, pallida, con un volto cadaverico...[27].

Il mago parla al fantasma che risponde per far poi posto a una seconda apparizione. Una volta finito l'esperimento irrompono delle guardie nella stanza e il mago viene arrestato. La perquisizione rivela l'esistenza di una stanzetta adiacente

nella quale un uomo poteva sedere comodamente, dotata di una porta che recava, tramite una scaletta, giù in cantina. In questa nicchia si trovò una macchina elettrostatica, un orologio e una campana d'argento, che, come la macchina, era collegata all'altare e al crocifisso. Un'imposta, che stava proprio di fronte al camino risultava traforata e munita di una tendina, per sistemarvi, come venimmo a sapere più tardi, una lanterna magica dalla quale la figura richiesta veniva proiettata sul muro sopra il camino[28].

*Literary Iconology*, Princeton 1977. Importante anche il saggio di S. Perosa, *Il ritratto che uccide*, in *L'isola la donna il ritratto. Quattro variazioni*, Torino 1996, pp. 82-113.
[27] *Ibid.*, pp. 89-90.
[28] *Ibid.*, p. 95.

Come non pensare che, per molto tempo, *Il visionario* non fosse il *livre de chevet* del giovane aspirante mago, che voleva muoversi nello stesso spirito di Shiller, tra fascinazione e desiderio di smascheramento?

Un'influenza fondamentale – mai sottolineata finora – nel concepire i suoi ritratti, nel valorizzare – grazie al megascopio, così ben descritto nelle sue *Memoires* – i primi piani e nello spingere gli spettatori a un contatto fisico ravvicinato con i volti ben caratterizzati dei suoi fantasmi e *revenants* mi sembra quella di Charles Le Brun, le cui cartesiane *Conférences sur l'expression des passions* del 1668 vengono riprese cent'anni dopo da Johann Gaspar Christian Lavater, nel *Physionomische Fragmente zur Förderung der Menschen Kentniss und Menschenliebe*. Quest'opera, pubblicata a Zurigo nel 1775-76, esce in edizione francese ampliata poco dopo. Con ogni probabilità Robertson ha letto anche le osservazioni di Lichtenberg, il rivale di Lavater[29]. La fisiognomica identifica i tratti fissi del volto, e li interpreta come se il volto esibisse – come una scrittura – gli elementi utili per capire le caratteristiche interiori della persona. Il volto parla un linguaggio e questo linguaggio può essere decifrato da uno sguardo puro, capace di coglierne la verità interiore. Grazie al «genio fisiognomico di Lavater» nella visione che intende giungere alla verità si può mettere in gioco la «Ahnung», ossia

il presagio, il presentimento, il senso di qualcosa che è presente, ma che è in sé invisibile. Senso per lo spirito della cosa. Lavater «ventriloquo trascendente» pretende di accedere direttamente ai misteri di Dio, dell'uomo e del mondo, ma anche di porli a fondamento del proprio operare[30].

Nel concepire i volti e i tratti fisiognomici delle figure da adattare al suo spettacolo, Robertson sembra servirsi non solo della fisiognomica, ma anche aver acquisito conoscenze delle sue specializzazioni di studio della fronte, degli occhi, del riso (la metoposcopia, l'oftalmoscopia, la gelotoscopia) oltre alla chiromanzia... Scienza e magia non sono dunque forze antitetiche: possono coesistere

---

[29] *Über Physiognomik*, 1778. Per una traduzione recente dei testi di Lavater e di quelli di Lichtenberg si veda G. Gurisatti (a cura di), *Lo specchio dell'anima. Pro e contro la fisiognomica. Un dibattito settecentesco*, Padova 1991 e si tenga presente l'importante saggio introduttivo del curatore.

[30] Gurisatti, *Introduzione* a *Lo specchio dell'anima*, cit., p. 34.

nello stesso spazio, o confluire nello stesso crogiuolo in una fase prepotente di sviluppo caotico del pensiero. Possono allargare l'area dei rispettivi poteri, farsi interpreti di esigenze che la sola ragione non riesce a soddisfare.

Da questo punto di vista la sua figura precorre e anticipa alcuni temi e motivi chiave della cultura romantica. E al suo spettacolo potrebbe benissimo far riferimento Schopenhauer quando scrive nel suo *Saggio sulla visione di spiriti* che, grazie al magnetismo animale, si realizza quella metafisica pratica o metafisica sperimentale già ipotizzata da Bacone per merito della quale le leggi di natura vengono accantonate e «diventa possibile e si realizza quanto viene giudicato impossibile a priori»[31].

Se le prime suggestioni di messa in scena sono offerte dagli spettacoli di ombre cinesi di Séraphin, la vera illuminazione che gli indicherà la strada da seguire giunge nel 1792, all'età di trent'anni, dopo aver assistito a uno spettacolo di fantasmagoria di Paul Philidor.

Nell'annuncio dello spettacolo del 16 dicembre 1792 a Parigi Philidor promette:

> Apparition de Spectres et évocation des Ombres des Personnages célèbres, tels que les produisent les Rose-Croix, les Illuminés de Berlin, les Téosophes et les Martinistes[32].

È con ogni probabilità la libertà della Rivoluzione a consentire questo tipo di dichiarazione: il lanternista rivela la sua vera natura e la sua vocazione di figlio dei riti misteriosofici e magici. Ben consapevole della forza del suo messaggio Philidor si affretta a tranquillizzare, nello stesso annuncio, il suo potenziale spettatore:

> Avverte i Cittadini che le operazioni non hanno alcuna influenza pericolosa sugli organi, alcun odore nocivo e che le persone di qualsiasi età e sesso possono assistervi senza inconvenienti.

Una cronaca dettagliata dello spettacolo di Philidor ne esalta la novità, il suo fondarsi su basi scientifiche e ci consente di capire quale sia il legame reale con lo spettacolo di Robertson:

---

[31] Schopenhauer, *Memoria delle scienze occulte*, cit., p. 140.
[32] L'annuncio è riportato in Levie, *Etienne-Gaspard Robertson*, cit., p. 54.

Un gran numero di imbroglioni ci hanno detto: noi abbiamo il potere di evocare i morti sotto forma di spiriti; ed hanno trovato milioni di ingenui, che hanno creduto in effetti di vedere dei «revenants», dei morti che ritornano. Ebbene: io ho visto realmente questi simulacri di morti e li vedrà chiunque lo desideri per uno scudo o due, anche in assegno.

Voi che avete guadagnato tanti tesori, tante terre, tante ricchezze grazie a queste rappresentazioni lugubri, monaci, preti, papi, falsi esorcisti, falsi taumaturgi, false streghe, falsi profeti, falsi illuminati, sciocchi entusiasti, battellieri, buffoni e ciarlatani riconosciuti di tutte le sette e di tutti i paesi, venite a lezione e rinunciate al vostro mestiere vedendo la Fantasmagoria. Quelli che credono agli spiriti corrono alla Fantasmagoria. Quelli che non ci credono vengono egualmente a questo singolare spettacolo. Ma che cosa vuol dire Fantasmagoria? Significa evocazione di fantasmi. La «Pitonessa», o strega di Endor, che si dice fece parlare Samuele morto davanti a Saul, era una specie di «fantasmagora»[33].

Il «fantasmagore» di Parigi è un fisico inglese che vi dice:

Io farò venire davanti a voi tutti gli illustri morti, tutti coloro la cui memoria vi è cara e la cui immagine vi è ancora presente; non vi mostrerò affatto degli spiriti, perché non esistono; ma produrrò davanti a voi dei simulacri e delle figure simili a quelli che si crede siano degli spiriti nei sogni dell'immaginazione o nelle menzogne dei ciarlatani. Io non sono né prete, né mago, non voglio affatto ingannarvi, ma saprò stupirvi. Non dipende che da me creare l'illusione e io preferisco essere utile all'istruzione[34].

La stampa dell'epoca esalta le capacità di Robertson di riprodurre con mezzi fisici gli spettri e i fantasmi. François Poultier, in un articolo citato da tutti coloro che si sono interessati a lui, così lo celebra all'indomani del suo esordio, parlandone come se la sua attività si fosse svolta da decenni:

Robertson era ormai un maestro riconosciuto nell'arte di far apparire spettri e fantasmi. Nessuno l'ha eguagliato come regista, così le sue prime sedute hanno avuto un'eco forse unica nella storia. Tutte le potenze dell'aldilà gli obbedivano e lui stesso comandava alla morte[35].

---

[33] L'annuncio appare nel «Journal de Paris» del 16 dicembre 1792.
[34] Ivi.
[35] L'articolo di Poultier-Delmotte appare sull'«Ami des lois», l'8 Germinal (28 marzo) del 1798.

Sono passati solo pochi anni dalla fine della Rivoluzione francese, le fiamme non incendiano più il cielo parigino, e alle stagioni del terrore e del sangue seguono quelle dell'esaltazione nazionalistica per le imprese napoleoniche. Eppure, proprio nel cuore di Parigi, si afferma per anni questo spettacolo nato tra le macerie della Rivoluzione e, in un certo modo, capace di interpretarne alcuni effetti nell'immaginazione popolare.

Rispetto alla grande quantità di divertimenti popolari, di spettacoli teatrali che attirano le folle durante il periodo del direttorio, la fantasmagoria sembrerebbe puntare a pubblici più selezionati, ma, per molti versi, si allinea con quella produzione teatrale che parla del passato per attaccare in modo violento e trasparente gli eccessi compiuti da Robespierre e dai suoi seguaci e riscuote un consistente consenso popolare.

Nel suo spettacolo, come si è detto, Robertson fa tesoro, oltre che di mesmerismo anche di elettromagnetismo galvanico, mescolandolo alle esperienze di Giuseppe Balsamo, meglio conosciuto come Alessandro conte di Cagliostro, verso cui manifesta un'aperta ammirazione. Inoltre si serve delle tecniche di manipolazione delle ombre cinesi del fantasista François Séraphin, che aveva introdotto in Francia il suo spettacolo dal 1772, mostrandolo prima a Versailles e poi al Palais Royal e dello spettacolo ideato da Paul Philidor, morto nel frattempo. Importante, anche se citata *en passant* nelle sue memorie, l'opera di Karl von Eckartshausen, *Aufschlüsse zur Magie*, apparsa nel 1790 a Monaco dove si parla diffusamente della possibilità di proiettare le immagini sul fumo.

L'elettricità, comunque è l'elemento caratterizzante che distingue il passaggio dalla lanterna magica alla fantasmagoria, il talismano prometeico usato da Robertson che lo guida a immaginare il nuovo tipo di spettacolo.

A convincerlo a utilizzare a scopo didattico, magari perfezionandone le caratteristiche, l'apparecchio ideato da Philidor, è il conte Jean Philippe de Paroy, geniale inventore, pittore, incisore, amico e consigliere della regina Maria Antonietta. Proprio alla vigilia della Rivoluzione la regina lo aveva incoraggiato a realizzare lastre per lanterna magica, con soggetti storici e religiosi, da usare per l'educazione del figlio. Il conte de Paroy ne aveva preparate una sessantina, così come aveva ideato un sistema per trasferire su vetro le incisioni, potendo in tal modo, con costi minimi, produrre un gran numero di lastre per lanterna magica. Questo personaggio, le cui memorie sono state pubblicate postume nel 1895, è una sorta di *deus ex machina*: grazie a lui Robertson trova la sua strada e il modo di realizzare le sue ambizioni. Non solo inventa per lui delle lastre, ma anche apporta le modifiche necessarie all'apparecchio di Philidor, per consentire una sua maggiore mobilità:

> Aggiungemmo delle piccole macchine destinate a far ingrandire, moltiplicare e sparire gli oggetti a volontà[36].

Nell'autobiografia Robertson rimuove inspiegabilmente il ricordo dell'aiuto materiale decisivo ricevuto dal conte di Paroy. Gli ci vorrà comunque ancora un po' di tempo prima di decidere di dedicarsi allo spettacolo di fantasmagoria rifiutando una cattedra di fisica che gli veniva offerta dal Liceo di Liegi, sua città natale.

Le sue prime rappresentazioni avvengono nel Pavillon dell'Echiquier, nel gennaio 1798, come sappiamo da manifesti apparsi sui muri parigini. All'Echiquier effettua uno spettacolo che promette:

> Apparizioni di spettri, fantasmi e revenants, quali sono apparsi in tutti i luoghi, in tutti i tempi e presso tutti i popoli. Esperimento mediante il nuovo fluido conosciuto col nome di galvanismo la cui applicazione per breve tempo restituisce il movimento ai corpi che hanno perduto la vita... Sono aperte le sottoscrizioni della prima seduta che avrà luogo martedì 4 Piovoso nel Pavillon de l'Echiquier. Prezzi: sei lire e tre lire[37].

Françoise Levie ha osservato che questa promessa di apparizioni sovrannaturali, all'indomani dei giorni più tragici della Rivoluzione – a cinque anni dalla morte di Luigi XVI e a quattro da quella di Danton e Robespierre – non è certo frutto del caso. Vi sono troppi corpi insepolti, troppe teste separate dal loro tronco, troppe tombe violate, per non immaginare che qualcuna di queste anime erranti non possa essere captata dalla magia di Robertson:

> Captate e poi restituite alla vita... Perché se si legge tra le righe è ad

---

[36] *Mémoires du compte de Paroy. Souvenirs d'un défenseur de la famille royale pendant la Revolution publiés par E. Charavay*, Paris 1895, pp. 282-283.
[37] In appendice al citato libro di Levie, *Etienne-Gaspard Robertson*, assieme alla descrizione di tutti i programmi successivi, p. 292.

assistere a una resurrezione che la Fantasmagoria invita i suoi contemporanei[38].

In effetti il collegamento con l'esperimento di galvanismo in cui, attraverso un contatto con i muscoli di una rana morta, il corpo ha delle contrazioni e pare riprendere vita, per una sorta di proprietà transitiva sembra suggerire il potere di ridare vita, grazie al fluido luminoso, anche ai fantasmi di figure ancora presenti nell'immaginazione di tutti.

Il successo della prima serata è superiore alle aspettative. Tanto da costringerlo a tagliare i suoi esperimenti e a fissare, fin dalla sera successiva, un numero chiuso di biglietti da mettere in vendita

Il cittadino Robertson, non avendo potuto eseguire nella seduta su prenotazione i tre esperimenti capitali della fantasmagoria, a causa della folla, avvisa il pubblico che saranno distribuiti soltanto sessanta biglietti e che una volta iniziata la seduta non sarà possibile esservi ammessi[39].

Lo spettacolo nel Pavillon de l'Echiquier sarà presto chiuso dalle autorità: e Robertson considera responsabile di questo l'articolo apparso sull'«Ami des lois» di cui parleremo più avanti.

Grazie alle fonti giornalistiche del tempo («L'ami des Lois», il «Journal d'indications», il «Journal de Paris», «Le Courrier des Spectacles»), che recensiscono e descrivono entusiasticamente lo spettacolo, alle *Memoires* dell'inventore del fantascopio e al crescente interesse storiografico nei suoi confronti, che ha prodotto contributi assai ricchi e originali[40], si può immaginare di seguire passo per passo tutta la strategia con cui Robertson mette a punto, in poche sedute, il suo spettacolo. E si può tentare di ricostruire i primi spettacoli di fantasmagoria riuscendo quasi a ricreare le condizioni di una testimonianza dal vivo. Per esempio quello del 28 marzo 1798. Ne fa una cronaca dettagliata e molto colorita Poultier-Delmotte, rappresentante della stampa giacobina sull'«Ami des Lois»:

---

[38] *Ibid.*, p. 79.
[39] *Ibid.*, p. 80.
[40] Oltre ai libri di Levie e Milner, il lavoro che nel modo più intelligente ha tentato di entrare nel mondo di Robertson, di captare il modo di trasmissione dell'energia tra lui e il suo pubblico è la citata monografia di Jérôme Prieur, *Séance de lanterne magique*.

Il 4 Germinale mi sono trovato in un appartamento assai illuminato al n. 18 del Padiglione dell'Echiquier assieme a una sessantina di persone. Alle sette precise, un uomo pallido, magro, è entrato e dopo aver spento le candele ha detto: «Cittadini, io non sono uno dei tanti avventurieri e ciarlatani sfrontati che promettono più di quanto possono mantenere. Ho assicurato che avrei resuscitato dei morti e li resusciterò. Coloro che desiderano l'apparizione di persone che sono loro care non devono fare altro che parlare. Obbedirò a ogni loro ordine».

Passano pochi istanti e subito uno spettatore chiede di poter vedere il fantasma di Marat. Robertson versa su un braciere ardente due bicchieri di sangue, una bottiglia di vetriolo, due gocce d'alcool e due esemplari del giornale degli «Hommes-libres»: subito appare un fantasma livido, orrendo, armato di un pugnale e con un berretto rosso in testa.

L'uomo in sala riconosce Marat. Il fantasma fa una smorfia e si dilegua. Pochi secondi dopo un'altra voce si leva a chiedere di poter vedere la donna che ha amato teneramente. Anche questo desiderio è esaudito con soddisfazione del richiedente. È poi la volta di uno svizzero che vuol vedere il fantasma di Guglielmo Tell. Robertson posa sul braciere due frecce... Un altro vorrebbe vedere Virgilio, uno scrittore sollecita invece l'evocazione dell'ombra di Voltaire... Ogni richiesta viene soddisfatta con facilità.

Infine un ex seguace del re amnistiato delle sue colpe chiede di potere vedere Luigi XVI: Robertson risponde di aver avuto la formula magica per questa apparizione prima del 28 fruttidoro, ma di averla perduta. Però se considera probabile ritrovarla considera fortemente improbabile il ritorno dei re in Francia.

E siamo all'epilogo. Adesso viene il bello.

Signori – dice ancora Robertson – finora vi ho fatto vedere un'ombra alla volta. Ma queste sono bazzecole, io posso far vedere alle persone buone e generose la folla di coloro a cui hanno fatto del bene e a quelle cattive le ombre di cui sono vittime.

Così ci piace pensare alla conclusione dello spettacolo: il pubblico risponde all'unisono a questa nuova affermazione fuggendo come un sol uomo. Restano in sala due soli spettatori ad assistere, con eccezionale sangue freddo, al nuovo rituale di Robertson che getta nel braciere una serie di documenti di condanna del tribunale rivoluzionario, liste di sospetti... Quando cominciano ad apparire le prime ombre accompagnate da urla spaventose la sala resta completamente vuota.

A richiesta degli spettatori Robertson, che si presenta come un erede dei necromanti, si dichiara in grado di far apparire parenti e amici. A queste figure familiari al singolo spettatore si alternano personaggi storici, da Marat a Cagliostro, da Racine a Robespierre. In ogni caso nelle sue memorie l'inventore della fantasmagoria ricorda:

> Spesso anche dei giovani venivano a chiedermi di evocare l'ombra delle loro amanti, delle donne quelle dei loro mariti, e delle persone giovani soprattutto quelle della loro madre[41].

In qualche spettacolo veniva proiettata tra le nuvole una stella con la scritta 18 brumaio e poi le nuvole scomparivano e si materializzava la figura di Napoleone, che offriva un ramo d'olivo a Minerva, che, a sua volta, lo piegava per farne una corona e porla sulla testa del Primo Console[42]. Nel rievocare le scene più emozionanti dei suoi spettacoli Robertson osserva sempre le reazioni del pubblico, gli svenimenti, la paura, il riso. Alle volte registra le emozioni delle mogli, a cui fa apparire l'immagine del marito a una distanza così ravvicinata da spingere la donna all'invocazione: «Resta, resta, non lasciarmi così presto». Altre volte osserva divertito uno spettatore che alza il bastone per colpire la testa di scheletro con le alette che volteggia sopra di lui.

Il 24 marzo 1798 presenta un vero e proprio racconto, tratto dal romanzo di Lewis *Il Monaco*, dal titolo *La monaca insanguinata* (*La nonne sanglante*), destinato a essere ripreso anche in successivi spettacoli di fantasmagoria di Comte, Mahy e altri e ad avere una grandissima fortuna nel repertorio del teatro dei burattini, per poi conoscere una definitiva consacrazione a metà Ottocento come opera in cinque atti su libretto di Scribe e musica di Gounod.

*La monaca insanguinata* fa la sua apparizione, uscendo dal buio prima di schiena e poi di fronte, col viso coperto: nella mano destra solleva oltre il capo una lampada a olio accesa, nella sinistra brandisce un pugnale insanguinato.

---

[41] Robertson, *Mémoires*, I, cit., p. 11.
[42] V. Fournel, *Le vieux Paris*, cap. VII, Tours 1887, citato in H. el Nouty, *Théâtre et précinéma*, Paris 1978, p. 51.

Col tempo lo spettacolo si sposta nel convento dei Cappuccini tra place Vendôme e il quartiere Saint-Honoré, in un luogo che Robertson considererà ideale per l'atmosfera complessiva che conferirà al suo spettacolo:

> Dopo aver percorso i chiostri quadrangolari dell'antico convento e attraversato il mio gabinetto di fisica, si arrivava dinanzi a una porta di foggia antica, istoriata di geroglifici, che sembrava annunciare l'entrata dei misteri di Iside. Ci si trovava allora in un luogo scuro, parato a lutto, debolmente illuminato da una lampada sepolcrale, e di cui alcune lugubri immagini annunciavano senza meno la destinazione; una calma profonda, un silenzio assoluto erano come i preludi di un mondo ideale[43].

Anche grazie all'atmosfera ideale, alla sua collocazione all'interno della città, a pochi passi dal luogo in cui pochi anni prima il Dottor Mesmer effettuava i suoi esperimenti ipnotici, lo spettacolo si trasforma e perfeziona: gli effetti vengono equilibrati meglio e la fantasmagoria comincia a raccogliere consensi negli ambienti della nuova classe al potere, che desidera cancellare al più presto, col ballo, le feste, i divertimenti, gli spettacoli, i ricordi e gli orrori della rivoluzione. Il luogo scelto – in effetti – in quel periodo raccoglie quanto di meglio lo spettacolo popolare parigino possa offrire: baracche di burattini e marionette, un panorama con la veduta di Tolone e il circo Franconi il cui omonimo impresario, come ricorda August von Kotzebue nei *Souvenirs de Paris en 1804*

> effettua sui suoi cavalli dei *tours de force* da rompersi l'osso del collo: in una parola ci si può procurare in ogni momento della giornata la vista di mille curiosità differenti[44].

L'effetto e il contrasto sono così forti tra il fiorire di spettacoli e il bisogno di divertimenti e il contesto di sangue e di violenza che lo stesso inventore della fantasmagoria non potrà fare a meno di notare: «Che mi si perdoni questa espressione un po' viva: si danzava in mezzo ai patiboli».

In ogni caso, grazie all'atmosfera tenebrosa del convento, Robertson riesce a mettere a punto un tipo di spettacolo in cui lo spettatore, prima di giungere alla visione della fantasmagoria, compie

---

[43] Robertson, *Mémoires*, cit., p. 278.
[44] A. von Kotzebue, *Souvenirs de Paris en 1804*, t. I, Paris 1805, p. 10.

un vero e proprio viaggio iniziatico. Una volta varcata la soglia una prima sala accoglie il catecumeno con una serie di strumenti ottici – lenti anamorfiche o prismatiche, specchi deformanti, polemoscopi, microscopi, vedute d'ottica – che mostrano i poteri della fisica e le illusioni ottiche. In una seconda sala – *La Galerie de la femme invisible* – da un vetro magicamente sospeso nell'aria esce una voce, che risponde a qualsiasi domanda dello spettatore e dove si potrà assistere alla performance di un ventriloquo, a esperimenti di giochi d'acqua, di galvanismo e applicazioni della pila meccanica di Volta. È lo stesso Robertson, nell'incisione sul frontespizio delle memorie, che effettua gli esperimenti con un galvanometro di sua invenzione e con una pila di Volta. Tra gli spettatori si possono identificare Alessandro Volta e Luigi V. Brugnatelli, professore di chimica all'università di Pavia, che con il suo *Diario* del 1801 ci offre informazioni importantissime e una descrizione degli apparecchi di cui Robertson si serve per il suo spettacolo[45]. E finalmente si potrà accedere alla sala in cui «fanno le loro apparizioni gli spettri e i fantasmi». Qui lo spettatore viene immerso in maniera definitiva in una situazione di paura allo stato puro. Dopo esser passato attraverso una serie di stimoli, e un bagno educativo, grazie alla presentazione fatta dallo stesso Robertson, che nobilita il suo spettacolo richiamando il contesto alto della poesia cimiteriale:

Ciò che sta per accadere tra pochi istanti sotto i vostri occhi, signori, non è uno spettacolo frivolo, è fatto per l'uomo che pensa, per il filosofo che ama aggirarsi per qualche attimo con Sterne in mezzo ai sepolcri[46].

La paura non tarda ad attanagliare il pubblico:

Appena smesso di parlare la lampada antica sospesa sulle teste degli spettatori si spegneva e questi piombavano in un'oscurità profonda, nelle tenebre più spaventose... Al rumore della pioggia, del tuono, della campana funebre, che evocava le ombre delle loro tombe, succedevano i suoni strazianti dell'armonica; il cielo si mostrava solcato però in tutti i sensi dalla folgore. In un lontano, indicibilmente remoto, un punto misterioso sembrava spuntare: una figura piccola dapprima, si profilava, poi si avvicinava a passi lenti e ad ogni passo sembrava ingigantire[47].

---

[45] L.V. Brugnatelli, *Diario del viaggio compiuto in Svizzera e in Francia con Alessandro Volta nel 1801*, Pavia 1953.
[46] Robertson, *Mémoires*, cit., p. 11.
[47] *Ibid.*, p. 282.

Rispetto alla tradizione di spettacoli di cui si è finora parlato la fantasmagoria crea un crescendo di emozioni assai più forti, legate a esperienze di traumi contigui nello spazio e nel tempo e mescola effetti presi a prestito dalla pirotecnia o dai risultati della chimica e della fisica. Robertson è consapevole del potere acquisito grazie al suo spettacolo, sa graduare e programmare con cura il crescendo e la curva delle emozioni e delle risposte:

Immaginate una donna sensibile che ha perduto l'oggetto della sua tenerezza; vedetela condotta per mano da un vegliardo, da un prete venerabile. Dopo mille peripezie giunge nel mezzo delle piramidi o delle catacombe: là circondata da immagini della morte, sola con la notte della sua immaginazione attende l'apparizione dell'oggetto che desidera. Quale doveva essere l'illusione per un'immaginazione così preparata[48]!

Dopo aver osservato che sono soprattutto le donne a seguire le sue sedute, Robertson ne registra le reazioni emotive con l'attenzione di un seguace di Lavater:

L'effetto delle apparizioni era prodigioso e trovava senza dubbio le donne più impressionabili degli uomini, ma il terrore, assai diminuito dalla presenza del pubblico numeroso e dalla certezza – benché qualche volta lo si dimenticasse – di non avere null'altro davanti a sé che delle ombre, non produsse mai risultati funesti. Se diverse donne avevano in genere bisogno di ricorrere ai sali, una sola stette veramente male e fu colpita da una crisi nervosa piuttosto violenta[49].

Le *Memorie,* per quanto frutto di ricordi deformati e uniti dall'intento autocelebrativo, risultano dunque monumento e arco di trionfo, oltre che fonte primaria essenziale, per ricostruire l'itinerario della fantasmagoria, per ricreare l'atmosfera di determinati spettacoli e ricomporre, per intero, il racconto di certe storie e le soluzioni spettacolari adottate.

Prendiamo la descrizione di due esempi: *Trois sorcières apparaissant à Macbeth* e *Young enterrant sa fille.*

Ecco i testi di entrambe le scene:

---

[48] *Ibid.*
[49] *Ibid.*, I, p. 14. Agli inizi dell'Ottocento il dottor Esquirol aveva posto l'attenzione sul fatto che le passioni nelle donne fossero più vive e potessero essere alimentate dai romanzi, dalla frequentazione nei teatri. V.E. Esquirol, *Des passions considerées comme causes, symptomes et moyens curatifs de l'aliénation mentale*, Paris 1805.

Il re si presenta da Macbeth. È ricevuto con le dimostrazioni di rispetto di un sottomesso. La moglie di Macbeth, spinta dall'ambizione lo spinge a uccidere il re: Macbeth è indeciso. Sua moglie va a trovare tre streghe che appaiono e gli promettono il trono. Non esita più e uccide il re. Apparizione dell'ombra vendicatrice e uccisione di Macbeth[50].

Ed ecco il racconto del seppellimento della figlia del poeta Young, la cui morte è stata ispiratrice del poema *Le notti*. Young protestante è costretto a seppellire di notte in un cimitero cattolico di Montpellier la figlia Narciso, morta improvvisamente di tisi. Robertson racconta l'incubo della notte passata dal poeta nel cimitero alla ricerca di un posto in cui dare sepoltura alla figlia:

Suono d'una campana d'allarme; vista di un cimitero rischiarato dalla luna. Young trasporta il corpo inanimato della figlia. Entra in un sotterraneo in cui si trova una serie di ricche tombe. Bussa sulla prima. Appare uno scheletro. Young fugge. Poi ritorna, apre una seconda tomba. Seconda apparizione e nuova paura. Batte alla terza tomba: un'ombra si alza e gli domanda: «Che vuoi?», «Una tomba per mia figlia» risponde Young. L'ombra lo riconosce e gli cede il suo posto. Young deposita la figlia. Appena il coperchio è chiuso si vede l'anima volare verso il cielo. Young si inginocchia e rimane in estasi[51].

Colpisce molto negli scritti di Robertson l'originale e precorritrice intelligenza dello spettacolo, dei suoi poteri, dei suoi meccanismi, della sua capacità di agire sulla superficie delle emozioni e in profondità.

I soggetti provengono da varie fonti, dalla Bibbia (Saul va a trovare la Pizia di Endor e le chiede di evocargli l'ombra di Samuele, che su mandato divino lo consacra primo re del popolo ebraico), dalla storia antica o contemporanea (l'ombra di Beaumarchais, l'autore del *Barbiere di Siviglia* morto da quattro giorni per un attacco apoplettico, o quelle di Robespierre, di Lord Littleton o del generale Desaix, morto a Marengo e resuscitato solo 25 giorni dopo) e dalla letteratura (Eloisa e Abelardo, Shakespeare, le vite dei Santi), e in ogni spettacolo Robertson riesce a raggiungere una miscela perfetta di motivi sacri e profani, di figure familiari alla cultura romantica e neoclassica...[52].

---

[50] Robertson, *Mémoires*, cit., p. 297.
[51] *Ibid.*
[52] Oltre alle *Memorie* di Robertson, che contengono un *Petit répertoire fantasmagorique*,

Grazie al *Petit répertoire fantasmagorique* e alla descrizione accurata di determinate scene, siamo in grado di avere un quadro abbastanza esauriente dei temi, delle caratteristiche dei programmi di fantasmagoria: oltre ai soggetti ricordati si possono citare *Le rêve* (una donna è oppressa dal demone della gelosia che le tiene un pugnale sospeso sul cuore), *La morte di Lord Littleton* (mentre mangia Lord Littleton vede un fantsma che gli annuncia la sua morte entro mezzanotte), *Il pellegrinaggio di San Nicola, I preparativi del Sabba* (un orologio suona mezzanotte: una strega col naso sui libri alza le braccia per tre volte... poi si alzano dei pipistrelli, dei gatti, delle teste di morto che volteggiano. In mezzo a un cerchio magico si legge: PARTENZA PER IL SABBA)... E inoltre *Nascita dell'amore campestre, Petrarca e Laura alla fontana di Valchiusa, Davide e Golia, Proserpina e Plutone, Orfeo che riperde Euridice, Offerta all'amore, Caronte che traghetta l'ammiraglio Nelson ai Campi Elisi...*

La potenza dei suoi spettacoli è tale che il neologismo entra subito in circolazione per definire situazioni da incubo[53], e che la loro memoria continua a diffondersi e trasmettersi nelle opere di Chateaubriand (*Mémoires d'outre-tombe*), Stendhal (*Mémoires d'un touriste*), Flaubert (*Bouvard et Pécuchet*), Victor Hugo (*Notre-Dame de Paris*), Balzac (*Peau de chagrin*), senza che nessuno di loro abbia mai avuto una diretta esperienza di uno spettacolo di fantasmagoria.

Il fantascopio non annuncia nuovi mondi, non rivela ulteriori dimensioni del visibile rispetto a tutto ciò che si era fatto finora. Ne costituisce piuttosto l'apoteosi, il punto d'arrivo più emblematico. Il percorso nei secoli passati, mostrava continui mutamenti di rotta, ora in direzione della scienza, ora della magia. Con Robertson la magia trionfa per l'ultima volta e, in qualche modo, si dichiara *ancilla* della scienza. La scienza però si pone, a sua volta, al servizio di preoccupazioni metafisiche che domineranno il pensiero non solo filosofico, ma anche letterario, artistico e musicale della prima metà del nuovo secolo. Di tutti i lanternisti finora ricordati Robertson è il primo – con quasi cent'anni di anticipo rispetto a Freud e a Jung – a giocare con l'inconscio dei suoi spettatori, a invitarli

---

al libro di Fournel e alla ricostruzione della Levie, si può attingere per ulteriori notizie a Marina Hannah Winter, *Le Théâtre du merveilleux*, Paris 1962.
[53] J.B. Benjamin Eyriès, *Fantasmagoriana ou recueil d'histoires, d'apparitions de spectres, revenants, fantômes, etc.*, Paris 1812.

a porsi di fronte allo schermo e tentare di evocare, assieme ai fantasmi, anche il riflesso delle proprie anime, ossia le proiezioni dei propri desideri, delle proprie fantasie, dei propri stati interiori. Questo è un altro aspetto non ultimo della modernità di Robertson. Che possiede la capacità e il potere carismatico di conferire ai suoi fantasmi e alle sue evocazioni un carattere «numinoso», assoluto, di spingere e guidare nello stesso tempo coloro che assistono al suo rito oltre la soglia del proibito.

Prima che lo teorizzi Schopenhauer[54] egli capisce l'assoluta affinità e permeabilità di certi tipi di visione interiore e gioca le sue carte con la consapevolezza di uno psicanalista ante litteram.

Di fatto comunque i veri vincitori risultano il pubblico e lo spettacolo. A queste due divinità Robertson è disposto a sacrificare tutto. La sua ricerca ossessiva della perfezione è in funzione del controllo e del dominio assoluto del pubblico, della possibilità di agire e modificarne i comportamenti, mediante le immagini, con intelligenza lungimirante e visionaria.

L'iconografia degli spettacoli di Robertson, se vogliamo almeno prendere in considerazione l'insieme di immagini che sono state attribuite alla sua stessa mano e sono conservate al Musée National des Techniques di Parigi o alla Cinémathèque Nationale, risente del gusto neoclassico, e ancora dell'influenza dell'iconografia barocca. È tuttavia fondamentale, come si è detto, per i ritratti, l'influenza delle teorie fisiognomiche di Lavater. Mentre, per quanto riguarda le figure simboliche, dalla testa di Medusa, agli scheletri e fantasmi, a Satana con la testa di mostro caprino, circondata da serpi, ai mostri alati (si può vedere un insieme significativo di lastre a lui attribuite in *Magie lumineuse* di Remise[55], oltre che nel libro della Levie e nel catalogo del Musée National des Techniques, *Lanterne magique et fantasmagorie*, del 1990), alla rappresentazione della morte con la falce e la clessidra, i suoi modelli di riferimento rientrano in una iconografia e iconologia che giunge dal Medioevo[56] e mescola influenze orientali, pagane e cristiane.

[54] «Ho già richiamato l'attenzione sul fatto che sogno, percezione in stato di sonnambulismo, chiaroveggenza, visioni, seconda vista e anche apparizioni di spiriti sono manifestazioni strettamente affini», Schopenhauer, *Saggio sulla visione di spiriti*, cit., p. 144.
[55] J. Remise, *Magie lumineuse*, Paris 1979.
[56] Per un'informazione generale sull'iconologia si veda il trattato cinquecentesco di Cesare Ripa, *Iconologia* nell'edizione già citata del 1992, curata da Piero Buscaroli. Per una più precisa comprensione del carattere simbolico di alcune immagini di Robertson rinvio a J. Hall, *Dizionario dei soggetti e dei simboli nell'arte*, Milano 1989.

La forza e la novità rispetto alle immagini dei lanternisti dello spettacolo di Robertson, oltre alla sua capacità di far uscire l'immagine dal nero della notte, senza offrire nessun punto di riferimento spaziale o paesaggistico per le figure evocate, è data dall'irruzione, in primo piano, del volto umano o demoniaco. Il volto come paesaggio dell'anima. Grazie alla mobilità del fantascopio il volto di Medusa, e solo il volto, avanza verso di te: ti impone di vincere i tabù del divieto della visione. Robertson ti guida a fissare negli occhi Medusa e porta nel tuo spazio vitale i volti di personaggi morti da poco richiamandoli dall'aldilà, spingendoti a leggere nei loro tratti fisionomici un significato anche per la tua vita[57].

Con la fantasmagoria assistiamo a un fenomeno di veglia ipnotica e di sconfitta di tutti i sistemi individuali di difesa nei confronti dell'aggressione delle immagini. Il volto di Medusa non porta alla morte, ma produce uno stato di catatonia e di abbassamento di tutte le difese razionali. Fantasmi, scheletri, spettri, morti che ritornano, escono dallo schermo e invadono lo spazio della visione, si posano accanto allo spettatore, allungano le loro mani fin quasi a toccarlo. Con Robertson lo schermo non è più una parete divisoria, ma una porta di passaggio e comunicazione e la permeabilità tra i due mondi sembra assoluta. E lui si erge nel pieno del suo ruolo di *pontifex*, di figura capace di gettare un ponte tra il mondo dei vivi e quello dei morti, tra la luce della ragione e le ombre dell'incoscio. Egli, al di là delle sue dichiarazioni, non crede affatto ai miti dell'eguaglianza e della fraternità, ai poteri liberatori della scienza e soprattutto non crede che lo spettacolo debba essere assoggettato solo a fini educativi e scientifici. Crede comunque che la scienza sia l'elemento indispensabile per giungere fino alla soglia della dimensione ctonia e che il suo spettacolo conduca alla «Rivelazione», anche se il viaggio da lui offerto è verso le tenebre infernali, più che un «Itinerarium mentis ad Deum». La sua concezione generale della vita è ripetuta tutte le sere a chiusura dei suoi spettacoli:

Vi ho rivelato i segreti del prete di Melfi, ho cercato di mostrarvi ciò che la fisica ha di più occulto, gli effetti che sembrano più soprannaturali della credulità. Non mi resta che offrirvi una cosa fin troppo reale. Voi che avete provato qualche momento di terrore ecco i soli spettacoli veramente

---

[57] Per i tabu della visione rinvio al già ricordato *On est prié de fermer les yeux* di Milner.

da temere: uomini forti, deboli, potenti, donne belle e brutte, eccovi la sorte a voi riservata! Ricordatevi della Fantasmagoria!

Mentre pronuncia le ultime parole alle sue spalle appare uno scheletro di una giovane donna ritto in piedi su un piedistallo. Contemporaneamente nella sala si diffonde un forte odore d'incenso: gli spettatori rimangono per dei secondi che sembrano durare un'eternità paralizzati sulle loro sedie.

### DALLA FANTASMAGORIA AI FANTASMI DELL'INCONSCIO

Il fenomeno di galvanizzazione – grazie all'azione missionaria di Robertson e alla sua predicazione della magia luminosa della fantasmagoria – persiste a lungo anche nei suoi seguaci, che continuano per vari decenni dell'Ottocento a proporre i loro spettacoli nelle città, nelle città di provincia, nei teatri e poi nelle fiere, cercando di smussare il senso del terrore e di rendere quanto più possibile familiari i fantasmi. Quanto a Robertson, una serie di disavventure giudiziarie lo costringeranno ad abbandonare presto la fantasmagoria e a dedicarsi ad altre attività, prima fra tutte quella delle ascensioni in pallone aerostatico. Caduti i termini di uso della proprietà del suo brevetto egli vede moltiplicarsi, quasi per effetto di una cattiva clonazione, gli spettacoli dei suoi imitatori, a Londra, come a Berlino, a Vienna come a Venezia:

Da quel momento la fantasmagoria è diventata un oggetto assai comune: ed eseguita da «fantasmagori» di tutte le classi, Parigi giunse ad assomigliare ai Campi Elisi per la quantità di fantasmi che l'abitarono[58].

Tra i continuatori, imitatori o seguaci si può citare il suo più interessante concorrente, Jacob Philadelphia, la cui presenza è registrata in tutta Europa, da Mosca a Londra, quasi sempre sotto falso nome, dopo un arresto nella città di Vienna il 4 novembre 1804[59].

---

[58] Robertson, *Mémoires*, cit., p. 12.
[59] E.A. Dawes, *The Great Illusionists*, London 1979.

Grazie alla testimonianza di David Brewster sappiamo che un tedesco, tale Paul de Philistal, ha portato in Inghilterra, a Londra ed Edimburgo uno spettacolo di fantasmagoria di grande successo con «il più grande effetto» sul pubblico[60]. A Londra lo spettacolo è presentato al Lyceum Theatre a Strand per un anno e mezzo, dall'autunno del 1801 alla primavera del 1803. È molto importante la testimonianza che riportiamo perché ci immette direttamente nelle reazioni diversificate del pubblico e ci mostra la diversa percezione dell'illusione ottica:

> In questa luce lugubre e vacillante il sipario è abbassato e presenta allo spettatore una sorta di cantina o luogo che mostra scheletri e altre figure terrorizzanti in rilievo, e dipinte ai lati sui muri. Dopo un breve intervallo la lampada viene spenta e il pubblico è avvolto in un buio totale, seguito da tuoni e lampi... Queste illuminazioni sono seguite da figure di persone scomparse, fantasmi, scheletri e trasmutazioni prodotte sullo schermo dalla lanterna magica posta dall'altro lato dello schermo: queste apparizioni muovono la bocca, gli occhi... Le trasformazioni sono ottenute mandando fuori fuoco l'immagine e cambiando la lastra nel momento in cui l'apparizione è confusa. Bisogna inoltre notare che queste figure appaiono senza alcun circolo che le illumini e le contenga e che gli spettatori non avendo alcuna esperienza anteriore dello schermo, né alcun oggetto visibile di riferimento, si immaginano individualmente la distanza rispetto a queste immagini. Dopo una breve apparizione della prima immagine questa sembra ridursi di dimensioni fino a diventare estremamente piccola e poi svanire.
> La maggiore preoccupazione dei suoi successori è, più di tutto, non di accentuare gli elementi terrorizzanti, ma di smussarli, di operare un'azione preventiva di massimo abbassamento delle soglie di terrore nei pubblici possibili... Molte figure di uomini celebri sono mostrate con alcune trasformazioni; come la testa del dottor Franklin trasformata in un teschio e seguita da diversi fantasmi, scheletri... Questa parte dello spettacolo, che a causa dell'agitazione degli spettatori appare come la più impressionante, ha avuto un minor effetto su di me rispetto alla sparizione progressiva delle figure... Ma tra i giovani che erano con me i giudizi erano vari. Alcuni pensavano di poter toccare le figure, altri avevano una diversa percezione della loro distanza e pochi avevano capito che le apparizioni non si muovevano al di là della prima fila di spettatori[61].

---

[60] D. Brewster, *Nouveau manuel de magie naturelle et amusante*, Paris 1839, p. 39.
[61] Citato in Barnes, *The History*, cit., p. 30.

Nel 1806 a Venezia – come apprendiamo da una locandina conservata nella biblioteca del Museo Correr – un tal sergente Marceau presenta una serie di spettacoli di fantasmagoria, e di «ludi d'ottica e di fisica» nei giorni 23-25 marzo:

> Nel nostro Spettacolo Fantasmagorico non si presenteranno già quadri spaventevoli e disgustosi, atti a colpire egualmente il dotto e l'indotto, ma sarà offerto un risultato piacevole e istruttivo Storico-poetico-mitologico, accompagnato colla sorpresa che arrecar devono apparizioni improvvise le quali avvicinandosi a noi giganteggiano sommamente e tutto a un tratto allontanandosi rimpiccioliscono...
> A ogni modo per non tener più pesantemente gli spettatori in una tensione di spirito troppo forte e per impedire ch'essa affatichi di troppo i delicati sensi delle belle adriatiche dive, daremo il più spesso che sarà possibile dei tratti di Luce, la cui piacevole sensazione racconsolerà chi fosse di troppo rattristato anche dalle sole tenebre passeggere.

Lo spettacolo costa due lire, un posto su uno «scagno» dieci Soldi.

Gli spettacoli di fantasmagoria dilagano in varie città: il professor Bienvenu offre uno spettacolo a Bruxelles nel Teatro del Parco servendosi di una termolampada che consente di stupire lo spirito e affascinare gli occhi.

Nel 1813, il geniale archeologo e avventuriero padovano Giovan Battista Belzoni propone a Oxford al Blue Boar Inn di St. Atdate uno spettacolo di illusioni ottiche mai eseguito in Inghilterra da lui chiamato aggregoscopio, nel quale le figure si animano e mutano a vista[62].

Vent'anni dopo, come possiamo leggere in una locandina pubblicata nel Catalogo del Museo del cinema di Torino, si annuncia «al colto pubblico e all'inclita guarnigione» di Modena un programma di fantasmagoria che verrà presentato il 24 marzo 1827 nel locale teatro:

> I Fantasmi sono fatti con la massima accuratezza, in conseguenza bellissimi e l'esperienza della Fantasmagoria avrà principio da tuono e lampi... in seguito verranno i Fantasmi, le apparizioni illudenti in più forme, cioè maghi, Mummie, Teschi, Serpi, Draghi e simili e scorrendo qua e là

---

[62] La locandina pubblicitaria di questo spettacolo è riportata nel citato volume di Dawes, *The Great Illusionists*, cit., p. 145.

per il teatro si avvicineranno e ora si allontaneranno, parte sorgeranno dalla terra ed altri nasceranno per l'aria e scorreranno in apparenza lo spazio di mille miglia[63].

Il Locatelli nelle sue cronache nella «Gazzetta di Venezia» del 9 giugno 1869 così parla di un giovane illusionista:

Il signor Robin sarebbe il Diavolo se non fosse il più garbato ed elegante giovane che mai si vedesse sulla scena.

I concorrenti, i seguaci e gli eredi di Robertson sono molti: non so di quanti però avrebbe sottoscritto la paternità. Gli sarebbe senz'altro piaciuta la diffusione nella lingua corrente e l'adozione del termine fantasmagoria da parte di molti scrittori da Balzac a Hugo a Poe[64], a Mérimée, che, nella *Double Méprise* del 1833, anticipando di vari decenni Freud, indicava la presenza, al di là della coscienza di una specie

di fantasmagoria interiore che ci turba e sgomenta, senza che abbiamo la forza di scartare le cause dei nostri terrori o di esaminarne freddamente la realtà.

Di fantasmi, spettri, *revenants* di ogni genere, apparizioni fantastiche e demoniache, specchi magici, esperimenti di mesmerismo, la letteratura, il teatro e la poesia ottocentesca risultano affollate molto a lungo. Da Hoffman a Verne, da Poe a Bram Stoker[65]. Nell'*Eva futura* di De l'Isle-Adam il mago Edison darà vita a un essere del tutto identico alla persona umana[66]. In un racconto di Henry James del 1898, *Ciò che sapeva Maisie*, si dice della protagonista che «il suo piccolo universo era una fantasmagoria: delle ombre strane danzavano su un lenzuolo».

Lo spettacolo di fantasmagoria da una parte non fa più alcuna

---

[63] Prolo-Carluccio, *Museo nazionale del cinema*, cit., p. 55.
[64] Che in *Ligeia* parla «dell'effetto fantasmagorico grandemente accresciuto dall'introduzione artificiale d'una forte corrente d'aria continua dietro i tendaggi che dava al tutto una spaventevole e inquietante animazione».
[65] Vedi il bel capitolo *Il dispositivo prima del cinema: la letteratura fantastica* in L. Albano, *La caverna dei giganti*, Parma 1992, pp. 21-41.
[66] Per un'importante analisi di questo testo e della sua influenza sul cinema vedi A. Michelson, *L'Eva futura: il facsimile ragionevole e il giocattolo filosofico* in G. Barbieri e P. Vidali (a cura di), *La ragione possibile*, Milano 1988, pp. 340-351.

paura, continua a essere ben accolto anche quando la concorrenza di altri spettacoli ottici si fa più forte. È evidente, almeno per quanto riguarda gli spettacoli ottici, che sta perdendo posizioni e sta dissolvendosi assieme con la cultura romantica, di cui conserva comunque qualche elemento. Le sue radici hanno piuttosto attecchito più in profondità nella letteratura e non sarebbe difficile osservare la catena di fantasmi che si tengono per mano e si muovono lungo tutto l'Ottocento sfidando la cultura positivistica e apparendo finalmente, con Freud non più come esseri provenienti dall'esterno, quanto piuttosto come materializzazioni e proiezioni dell'inconscio. L'incontro con i fantasmi, con gli esseri immateriali, con le ombre, appare sempre di più come un viaggio dell'io in terre sconosciute, in dimensioni ignote e spesso realmente terrificanti delle profondità dell'inconscio. Robertson è stato precursore e proto-pontefice di viaggi guidati e organizzati e di incontri con immagini immateriali situate al di là del confine della realtà.

Con ogni probabilità lo stesso Robertson avrà guardato con disprezzo e senso di superiorità i suoi imitatori contemporanei, preoccupati solo della riuscita esteriore dei trucchi e avrebbe dovuto attendere ancora qualche decennio per ritrovarsi in pieno nelle parole di Rimbaud di *Une saison en enfer*:

> Io sto per svelarvi tutti i misteri: misteri religiosi o naturali, morte, nascita, avvenire, passato, cosmogonia, nulla. Io sono maestro in fantasmagorie, ascoltate...[67]!

O addirittura avrebbe dovuto attendere più di un secolo per riconoscere la completa assimilazione dello spirito profondo del suo messaggio, nell'arsenale delle apparizioni dell'ultimo capolavoro incompiuto di Pirandello, *I giganti della montagna*[68]. Quando Cotrone dichiara a Ilse di poter fare apparire il giovane che s'è ucciso per lei («Guardi è là dentro... Eccolo!»[69]). O di voler materializzare tutte le verità che la coscienza rifiuta:

> Le faccio venir fuori dal segreto dei sensi, o a seconda delle più spaventose, dalle caverne dell'istinto. Ne inventai tante al paese, che ne do-

---

[67] A. Rimbaud, *Una stagione all'inferno*, in *I poeti maledetti*, a cura di C. Fusero, Milano 1959, p. 707.
[68] L. Pirandello, *I giganti della montagna*, in *Maschere nude*, II, Milano 1962.
[69] *Ibid.*, p. 1342.

vetti scappare, perseguitato dagli scandali. Mi provo ora qua a dissolverle in fantasmi, evanescenze. Ombre che passano. Con questi miei amici m'ingegno di sfumare, sotto diffusi chiarori, anche la realtà di fuori, versando come fiocchi di nubi colorate, l'anima, dentro la notte che sogna[70].

---

[70] *Ibid.*, p. 1344.

10.

# LA TRAGEDIA DEL COSMORAMA

### UNA GIOVINETTA, BELLA COME LA MADONNA, UCCISA A FUROR DI POPOLO

Intanto incalzavano le voci di colera. A Catania c'era stata una sommossa. Giunse da Lentini don Bastiano Stangafame insieme a donna Fifì, la quale pareva avesse già il male addosso, verde, impresciuttita, narrando cose che dovevano farle incanutire i capelli in ventiquattr'ore. A Siracusa una giovinetta bella come la Madonna, la quale ballava sui cavalli ammaestrati in teatro e andava spargendo il colèra, con quel pretesto era stata uccisa a furor di popolo[1].

Il colera fulminante entra da protagonista nell'opera di Giovanni Verga[2]. In più occasioni lo scrittore siciliano assume il punto di vista popolare per accreditare le dicerie di un morbo-veleno, sparso ad arte da emissari del governo o da vagabondi: in un racconto giovanile, *Quelli del colera*, il fenomeno è già definito nei suoi colori e tratti fondamentali e poi sarà ripreso nei *Malavoglia* e in *Mastro Don Gesualdo*, da cui è tratta la citazione iniziale.

Il ricordo dell'uccisione della giovinetta – riconoscibile anche in questa descrizione di *Quelli del colera*:

---

[1] G. Verga, *Mastro don Gesualdo*, in *Tutti i romanzi*, a cura di E. Ghidetti, vol. III, Firenze 1983, p. 521.
[2] E. Papa, *Verga e il colera*, in S. Russo (a cura di), *I moti del 1837 a Siracusa e la Sicilia degli anni trenta*, Caltanissetta 1987, pp. 195-203.

La figlia, una bella bruna, la quale doveva averne fatte molte, così giovane com'era e portava attaccato al petto cascante un bambino affamato e macilento. Dei suoi diciotto anni non le erano rimasti altro che due grandi occhi neri, degli occhi scomunicati che ti mangiavano vivo[3].

si riferisce a un fatto di sangue realmente accaduto a Siracusa nel luglio del 1837.

Un avvenimento le cui tracce si sono, con ogni evidenza, impresse in maniera indelebile nella memoria collettiva. Tanto da apparire con forza nell'immaginazione verghiana a quasi cinquant'anni di distanza. Un *fait divers* attorno a cui è fiorita una ricchissima letteratura e di cui memorialisti e storici hanno continuato a occuparsi, in maniera pressoché ininterrotta, fino a oggi[4].

Giunti a tre quarti del nostro viaggio, quando i nodi dovrebbero sciogliersi e il percorso puntare teleologicamente verso l'obiettivo finale, le carte si mescolano e i tracciati si confondono. Si ha l'impressione di un arresto, di un'intermittenza e una regressione temporale, proprio quando, grazie alla contemporanea invenzione della fotografia, la spinta all'animazione delle immagini subisce un'accelerazione irreversibile, lo spettacolo ottico sembra entrato in maniera stabile nei ritmi urbani e nelle abitudini popolari e borghesi e l'alone di magia, mistero e terrore panico pare destinato a scomparire a favore di uno spettacolo che intende educare, allargare gli orizzonti conoscitivi, sostituirsi all'esperienza dei viaggi.

Le macchine del mondo nuovo prima, dei panorami, diorami e cosmorami poi, tra il Settecento e i primi decenni dell'Ottocento, a Venezia come a Edimburgo, Londra e Parigi e, poco alla volta, nelle maggiori città europee, si inseriscono in modo naturale in una corrente di pensiero che predica il trionfo della ragione e crede che la rappresentazione visiva sia una forma di educazione popolare, conoscenza e conquista del mondo reale.

La legittimazione culturale in tutta Europa e l'accesso dello spettacolo ottico a sedi stabili nel cuore delle grandi città, il riconoscimento della qualità artistica e spettacolare di questi tipi di spettacolo ottocentesco non sono una garanzia sufficiente né un salvacondotto per il francese che giunge in Sicilia a portare, pro-

---

[3] G. Verga, *Quelli del colera*, in *Le novelle*, a cura di G. Tellini, Roma 1980, p. 212.
[4] Nel maggio 1987 la Società siracusana di storia patria ha organizzato un convegno interamente dedicato ai fatti del 1837 i cui atti sono stati pubblicati dalla Ediprint nel dicembre dello stesso anno nel volume citato a cura di Russo (*I moti del 1837*).

babilmente per la prima volta, uno spettacolo ottico del tutto simile a quelli che trionfano nelle capitali europee. Dal punto di vista dell'esperienza di spettacoli ottici lo spettatore popolare siciliano è in ritardo di un paio di secoli. Da sempre i lanternisti savoiardi hanno compiuto viaggi di risalita verso il Nord, Parigi, o i Paesi Bassi e poche volte di catabasi verso il profondo Sud del continente.

Nella tragica storia del Cosmorama le leggi del caso rimescolano le carte al punto da farci vedere come ancora nell'immaginazione popolare le figure dei portatori di spettacoli ambulanti rimangono indistinte e misteriose. E mantengono quell'aura sospetta e malefica di cui non sono mai riuscite a liberarsi.

In questo rito sacrificale in cui il sangue scorre in scena a fiumi, come in un dramma elisabettiano, o nel Grand Guignol – che si verifica proprio nella zona più meridionale dell'Europa, la più vicina al cuore dei miti classici e alle culture primitive, quella su cui finora non si erano trovati documenti relativi a spettacoli ottici di una certa rappresentatività – possiamo scorgere un transfert esemplare di paure collettive che vengono da lontano e che le nuove conquiste scientifiche non sono riuscite a reprimere, né certo riescono a rimuovere [5].

Il colera, morbo di cui non si conoscono le cause né i mezzi per combatterlo, è giunto alla fine degli anni venti in Russia dall'India per vie misteriose e si è diffuso nel quinquennio successivo in tutta Europa:

> L'europeo dell'Ottocento, orgoglioso del dominante scientismo e del crescente controllo della natura, si scopre indifeso di fronte alla malattia. I vuoti aperti nella popolazione sono incomparabilmente inferiori a quelli provocati dalla peste, ma non minore è la paura ed eguali sono le reazioni popolari [6].

La vittima prescelta non è un lanternista-mago, né un evocatore di fantasmi, né una guida verso viaggi infernali, come ci si potrebbe aspettare. È comunque un ambulante, uno straniero, che viene

---

[5] Per il quadro generale di riferimento si veda J. Delumeau, *La paura in Occidente*, Torino 1979. Per Delumeau, agli occhi delle masse popolari, le cause delle epidemie sono sempre umane: si tratta di individuare i propagatori del male, isolarli e metterli in grado di non nuocere ulteriormente.

[6] Preto, *Epidemia, paura e politica nell'Italia moderna*, cit., p. 121.

da lontano, manovra polverine misteriose e nel suo spettacolo ha il potere di farti viaggiare in tutto il mondo. Ha dunque tutte le caratteristiche per incarnare – agli occhi di una popolazione decimata dal colera e alla ricerca ad ogni costo di una causa comprensibile per tutti – la figura dell'untore, del propagatore malefico dell'epidemia.

Il processo e il linciaggio di cui l'impresario del Cosmorama è vittima assieme alla moglie, all'assistente e a molte altre persone, la sua assimilazione e identificazione con gli untori, per via del suo mestiere, ci mostrano come, ancora in pieno Ottocento, quando ormai gli spettacoli ottici hanno raggiunto in tutta Europa una completa integrazione con le forme più legittimate del teatro e dello spettacolo popolare, quegli stessi spettacoli, in una realtà contadina e preindustriale come quella siciliana, appaiono ancora come agenti demoniaci.

Anche se l'iconografia e le testimonianze letterarie finora utilizzate sembrano dimostrare il contrario e il processo a cui abbiamo assistito è quello dell'aggregazione del cantastorie visivo tra i mestieri che vanno per via e della sua progressiva assimilazione nella vita cittadina, nelle piazze, nelle feste, nelle fiere, basta, in effetti, un qualsiasi motivo di tensione per far riemergere, nell'immaginazione popolare, il sospetto per la natura misteriosa di questo personaggio. Per farlo ricacciare verso quella zona oscura da cui sembra sbucato o quasi catapultato all'improvviso. Di fatto, se le semplici apparizioni in pubblico del Cosmorama nei giorni di massima diffusione dell'epidemia alimentano le dicerie, i suoi poteri, i suoi strumenti sono più che sufficienti a suscitare sospetti, paure e reazioni, più o meno violente, di rifiuto e ostilità.

Esplode, in questo episodio, col massimo di violenza immaginabile, quella «cultura del sospetto»[7] che accompagna da secoli la vita nomadica e degli ambulanti e che possiamo trovare ben documentata negli archivi di Stato in tutte le relazioni di polizia e non solo nei momenti di crisi sociale e politica[8].

Il Cosmorama – agli occhi di Freud – sarebbe apparso come

---

[7] V.F. Cardini, *Il sagrato, la piazza, la corte*, in Silvestrini, *La piazza universale*, cit., p. 36.
[8] Paolo Preto ha documentato come gli Inquisitori di Stato a Venezia, nel periodo della Rivoluzione francese, dessero ordine di sorvegliare assieme agli emissari e propagandisti francesi diffusori di «inique e perniciose massime», anche i ciarlatani e teatranti. Vedi P. Preto, *I servizi segreti di Venezia*, Milano 1992, pp. 557-569.

un esempio perfetto di perturbante, di *unheimlich*[9], solo per il fatto di essere un estraneo, per il suo introdurre nella realtà siracusana una novità spettacolare, oltre che per i comportamenti diversi e inconsueti.

Si ricreano in Sicilia, situazioni e condizioni analoghe a quelle raccontate da Manzoni nei *Promessi sposi* e nella *Storia della colonna infame*. E in modo improvviso, ma prevedibile, si incontrano, producendo un evento catastrofico esemplare, due tipi di fenomeni studiati separatamente due secoli prima da Kircher: quello dei modi di diffusione della «magia catottrica» e dei suoi poteri e quello della peste come frutto di un'azione umana ispirata dal demonio. Nello *Scrutinium phisico-medicum* lo stesso Kircher, dopo aver descritto i «vermiculi pestis propagatores minimi insensibiles», o i «corpuscola o effluvia corpusculorum minimorum pestis seminaria» egli intitola il capitolo decimo *De peste artificiosa et magica seu diabolica arte procurata*, in cui definisce il diavolo maestro della peste artificiale, gli untori scellerati ministri di Satana, e dà per certa l'esistenza di *demònoi* in forma corporea intenti a seminare la malattia[10].

Di fatto, anche se non abbiamo prove anteriori documentabili, perché non servirsi di questo episodio per dimostrare che i lanternisti, visti con tanto sospetto e temuti per i loro poteri occulti e le capacità di galvanizzare gli uditori, potessero, con le loro macchinette misteriose, in cui si stipavano vere e proprie schiere di creature infernali (figlie della *magia infernalis* più che della *magia naturalis*), apparire come diffusori, assieme ai germi di saperi alternativi (provenienti dalla cultura della Controriforma prima e dell'Illuminismo poi), di organismi invisibili capaci di avvelenare l'aria e il corpo in maniera irreparabile? Del resto ancora Paracelso, in più opere, aveva mostrato come gli esseri dotati di poteri stregoneschi e magici potevano, con o senza l'aiuto degli spiriti maligni, causare malesseri, malattie e perfino epidemie[11].

L'episodio di cui intendiamo ricostruire i momenti salienti e più drammatici non è rappresentativo di una cultura sovvertitrice, quanto di paure nei confronti di qualsiasi elemento nuovo all'interno di un contesto con caratteristiche stabili.

---

[9] S. Freud, *Il perturbante*, a cura di C. Musatti, Roma-Napoli 1984.
[10] Preto, *Epidemia*, cit., p. 17.
[11] T. von Honeheim detto Paracelsus, *De Peste*, vol. IX, in *Samtliche Werke*, a cura di K. Sudhoff, XIV voll., Munchen-Berlin 1922-33.

Anche se potrebbe benissimo aver offerto lo spunto a qualche racconto gotico, sembra affondare le sue radici e ritrovare i suoi modelli molto indietro nel tempo: ha i caratteri, l'unità spazio-temporale e le modalità di svolgimento di una tragedia greca. Per molti aspetti ci mostra (e insegna) con evidenza assoluta, come lo spettacolo ottico, proiettato ormai verso la modernità, pur aspirando a una piena legittimazione culturale e cercando di prefissarsi sempre più scopi educativi, continui a essere vissuto anche in seguito, fino all'invenzione del cinematografo (ma anche per tutto il Novecento, fino a coinvolgere in periodiche crociate anche la televisione), come un evento destabilizzante e inquietante contro cui mobilitarsi.

### CINQUE CONTINENTI IN SETTANTA QUADRI

In questa vicenda la macchina ottica non gioca – come vedremo – alcun ruolo da protagonista e neppure di elemento «perturbante», anche se il turbamento può venire dalla semplice evocazione magica del nome: il nome dell'apparecchio, per metonimia e antonomasia, viene identificato con la persona che lo esibisce.

Il cosmorama non è una macchina che evoca le ombre dei morti e non ha alcuna parentela con le lanterne magiche e i fantascopi.

Appartiene piuttosto alla famiglia del vedutismo ottico, è imparentato col panorama inventato da Robert Barker, e con il diorama, e non è altro che una variante sofisticata del mondo nuovo. Anzi si può dire che nelle vene dello spettacolo di mondo nuovo vengono immesse delle fleboclisi di colore e di produzione di immagini non di serie. Il cosmorama, anche se su scala ridotta rispetto al panorama, si offre come un evento artistico-spettacolare unico. Qualcuno ha scritto che il cosmorama è la glorificazione del mondo nuovo[12]. È stato inventato nel 1808 a Parigi dall'abate Gazzera e prodotto dalla Société des voyageurs et des artistes: dopo il successo parigino viene esportato a Parigi e New York nel 1815 e a Londra, dove giunge nel 1821[13].

Nel maggio 1809 uno spettacolo di cosmorama che presenta vedute dell'Egitto, India Orientale, Siria, Antica Grecia, Antichità

---

[12] R. Hyde, *Panoramania*, London 1988, p. 125.
[13] S. Bordini, *Storia del Panorama. La visione totale nella pittura del XIX secolo*, Roma 1984, p. 282.

romane... viene mostrato alla Galerie Vitrée del Palais Royal di Parigi, da poco diventato un bazar che offriva vari tipi di mercanzie. Dal 1821 se ne può trovare traccia a Londra in St. James Street e nel 1823 in Regent Street in locali confortevoli, dove i dipinti – in genere a acquerello e solo in qualche caso ad olio – possono trovare un pubblico di persone in grado di apprezzarli. Dagli anni venti a Londra sono spesso i Bazar, le versioni moderne delle fiere e dei mercati (come i londinesi Saville House Bazar, o il St. James Bazar, o il Lowther Bazar) ad accogliere questo spettacolo, il cui costo è, in genere, di uno scellino.

Dirà un annuncio inglese negli anni trenta:

Portate i vostri figli al Cosmorama impareranno di più in questo modo nel giro di un'ora di quanto non gli possano insegnare tre mesi di consultazioni di Atlanti o di libri di Geografia Fisica [14].

Così vengono descritti i cosmorami su una rivista popolare inglese nel 1842:

Quadri di dimensioni moderate, posti dietro quella che appare come una comune finestra, ma i cui pannelli sono delle lenti convesse poste per correggere gli errori dell'apparenza in cui si potrebbe incorrere per la vicinanza alle immagini. Poi usando ulteriori congegni calcolati per aiutare e allargare gli effetti, anche i giudici più severi sono portati a credere che anche i piccoli dipinti dietro alle lenti siano immagini molto larghe [15].

Silvia Bordini ce ne offre una descrizione simile, ma più precisa:

Era costituito da una serie di quadri ad acquerello o a olio di piccole dimensioni, collocati a una certa distanza al di là di grandi lenti convesse inserite nelle pareti di una sala e corredati da congegni di tipo prospettico, come un tunnel ottico e da specchi che ne amplificavano la visione. L'intenzione di Gazzera era di offrire al pubblico una rappresentazione pittoresca e completa dell'universo attraverso la visione dei luoghi più celebri del mondo intero; e anche di tracciare per gli spettatori un'ambiziosa storia dell'arte nelle varie nazioni e con l'aiuto di stampati, un corso di storia e geografia descrittiva. Per questo ogni mese i settantadue quadri del suo Cosmorama (disposti a tre a tre in corrispondenza di ventiquattro

---

[14] Hyde, *Panoramania*, cit., p. 126.
[15] N. Arnott, *On Cosmoramas*, in «The Penny Magazine», n. 12, 1842, p. 363, citato in Hecht, *Pre-Cinema History*, cit., p. 101.

lenti) venivano rinnovati secondo un ordinato percorso che partiva dall'Asia e attraverso l'America e l'Africa giungeva all'Europa[16].

A Londra il cosmorama viene ospitato anche ai Vauxhall Gardens dagli inizi degli anni venti assieme, o alternativamente, a spettacoli di panorama e diorama. In alcuni casi gli effetti del diorama vengono accolti dal cosmorama, come in soggetti del tipo *Il Vesuvio in eruzione, con fuoco, fumo e lava in movimento*. Sue varianti saranno il neorama[17], il naturorama, il phisiorama, il miryorama, il kaiserpanorama, inventato nel 1860, di cui Benjamin ci ha lasciato un intenso ricordo.

A Parigi, prima al Palais Royal e poi alla Galerie Vivienne, nella Rue omonima, per 1 franco e 50 (1 franco per abbonamento) si può vedere nel 1828 uno spettacolo di cosmorama ben descritto e pubblicizzato sul giornale «La Réunion» del 14 luglio. Vale la pena di riportarne ampi stralci, perché vi è compresa la filosofia dello spettacolo, la sua articolazione geografica, e, in parte, l'ideologia che vi è sottesa:

> I viaggi formano gli uomini si è spesso detto, a ragione; ma non tutti hanno denaro da buttare sulle grandi strade e si è spesso nell'impossibilità di formarsi per ragioni economiche. Ecco un'iniziativa che ci risparmia i costi di soggiorno, gli accidenti di viaggio, i ladri, i pasti orribili, i letti non da meno in alberghi in cui l'unico lusso è quello del conto da pagare. In un'ora, senza disturbare le vostre abitudini, potete fare il giro del mondo. Bisognerebbe proprio essere molto sedentari per non comprare, andando fino alla Rue Vivienne, il diritto di dirsi: «Ho visto il globo!». I romanzieri del Medioevo avevano immaginato un anello magico la cui virtù trasportava il possessore in tutti i luoghi che si volevano visitare. L'arte della pittura la cui magia non è inferiore a quella dei racconti fantastici, realizza i prodigi di questo anello ormai introvabile...
> Lanciamoci dunque nel Cosmorama: la bella strada del Sempione si apre davanti a noi: ci invita a entrare nella terra classica delle belle arti, in questa *povera-ricca Italia* come diceva Madame de Staël. Andiamo avanti: quale quadro si apre davanti a noi? È il magnifico ponte di Crevola, gettato su uno dei torrenti delle grandi Alpi. Là si ammira una pianura

---

[16] Bordini, *Storia del Panorama*, cit., p. 282.
[17] Un neorama è dipinto dai pittori A. Guendalino, G. della Noce e G. Magazzatri a Bologna nel 1834 in una sala annessa al Teatro del Corso: così ne parla la «Gazzetta privilegiata» del 30 ottobre 1834: «Le vedute da essi dipinte ed esposte... sono di una tale e tanta precisione, diligenza e verità che maggiore non può desiderarsene».

ridente che si apre a perdita d'occhio e sui bordi del Lago Maggiore, la graziosa cittadina di Domodossola, coronata dalle sue ricche chiese, anima una prospettiva incantatrice... Dov'è la lira di Orazio per celebrare una battaglia navale ben altrimenti gloriosa di quella di Azio? Azio ha deciso chi sarebbe stato l'oppressore della terra, Navarino ha dato la libertà alla Grecia! Il castello e la città di Navarino, il promontorio isolato di Sylos, l'isola di Sfacteria, la stretta entrata del porto, le flotte turca, egiziana, inglese, francese e russa. Si ha l'impressione di sentire le grida di vittoria dei cristiani, e quelle di dolore lanciate dagli infedeli. Affrettiamoci ora a guardare Costantinopoli, oggi luogo di tirannia e martirio, ma di cui fra poco i minareti vedranno svettare i vessilli della croce con la disperazione di coloro che usurpano il nome di Dio morto... E riposiamoci finalmente gli occhi di fronte al Colosseo e alla basilica di S. Pietro, rapiti da una così ampia e rapida passeggiata e applaudiamo allo straordinario sforzo che è riuscito a riunire così tante meraviglie in uno spazio così piccolo. Non sono – come diceva Cicerone – i cadaveri delle città: sono città vive e animate, è l'universo in miniatura, è la realtà stessa degli oggetti, verso cui abbiamo spostato la lente. Viaggiatore delizioso che ci fa conoscere tanti luoghi rinomati per la loro bellezza, e ci risparmia la conoscenza dei vizi e delle passioni di quelli che l'abitano! È un *Cosmorama morale*: Ci mostra la natura e ci nasconde i costumi degli uomini [18].

E proprio questo *Cosmorama morale* doveva avere Giuseppe Schwentzer, il tolonese che giunge a Siracusa nel 1837 perché in nessun momento è in grado di vedere attraverso le sue tele (che forse mostrano qualche bellezza della Sicilia) la violenza che sta montando in quel mondo che, al primo contatto, gli appare così promettente e familiare.

In Italia il termine è entrato grazie all'importazione dello spettacolo e viene adottato anche per coprire un'area semantica più ampia, come dimostra il titolo di una rivista di divulgazione artistica del 1836, «Cosmorama pittorico». Questo tipo di spettacoli ottici, comunque, ha una diffusione abbastanza rapida e ben documentabile lavorando negli archivi di Stato e nella stampa periodica sia al Nord che al Sud: a Bologna arrivano nel 1833 il cosmorama di Angelo Toselli e quello di Andorfère, che espone il suo spettacolo a Palazzo Magnani. Toselli nell'AVVISO alla gentile clientela avverte che:

---

[18] P. D., *Cosmorama*, in «La Réunion», 14 luglio 1828, p. 29.

La gentile accoglienza fatta da questo Colto Pubblico al *COSMORAMA DI SAN PIETROBURGO* mi ha incoraggiato ad assoggettare agli illuminati suoi sguardi oltre la suddetta grandiosa Città Capitale le seguenti vedute:
1. Dell'antico castello con palazzo della città di Trento.
2. Del Pantheon, ossia tempio che si sta edificando in Possagno del bassanese nello stato veneto.
3. Dell'interno della casa abitata dal Czar Pietro il grande a Saardam nel 1697.

E per dimostrare quanta sia la mia riconoscenza verso i miei concittadini nei pochi giorni che posso fra essi trattenermi ho divisato che il prezzo d'ingresso al mio *COSMORAMA*, accresciuto delle suddette vedute, sia ridotto a soli 5 baiocchi per persona [19].

Andorfère mescolava due tipi di spettacoli: quello di cosmorama e di neorama e le vedute erano di pittori più o meno noti dal missionario Don Malpierre al milanese Domenico Garavaglia al bolognese Domenico Ferri. Lo spettacolo era aperto dall'Ave Maria alle nove di sera e costava otto baiocchi durante il giorno e dieci con l'illuminazione.

Ancora a Bologna nel 1846 Romualdo Gallici presenta nella Sala del Leoncino «tredici belle vedute a cosmorama e a neorama delle quattro parti del Mondo»[20]. Il costo del biglietto è di sei baiocchi di giorno e otto la sera. I bambini pagano la metà.

In Trentino, che rientrava nell'Impero asburgico dal Congresso di Vienna giungono, dagli anni quaranta, molti ambulanti che propongono dei cosmorami, e provengono dall'Austria o dall'Ungheria, come Caterina Hahn di Ofen, che chiede di poter esporre il proprio cosmorama a Trento nel 1854[21], o Clementina Schwartz, o Giuseppe De Liebich, che nel 1863 presenta un gran casotto con 100 lenti e cambiamento di vedute[22]. Nel 1857 sempre a Trento Giuseppe Adami presenta il proprio cosmorama ottico-pittorico con 150 vedute e a breve distanza da Parigi giungono Luigi Duffand e M. Hortze a mostrare un grandioso spettacolo analogo presso la birreria Isnenghi[23].

[19] Questo avviso è conservato presso il Museo del cinema di Torino.
[20] Annunzi in «Gazzetta privilegiata», 12 agosto 1846, p. 4.
[21] In Archivio di Stato di Trento, 1854, n. 1223 citato da F. Menapace, *Storia documentaria della fotografia nelle città di Trento e Rovereto (1839-1915)*, in F. Menapace (a cura di), *Una storia per immagini. La fotografia come bene culturale*, Trento 1996, p. 45.
[22] B.C.T., «La Gazzetta di Trento», 19 giugno 1963, p. 4.
[23] In Menapace, *Storia documentaria*, cit., p. 45.

A Venezia, nella seconda metà del secolo, come risulta dalle ricerche di Albano Trevisan, una serie di casotti assumono il nome di cosmorama o panorama, indifferentemente, e mostrano paesaggi panoramici entro scatole ottiche: quello di Antonio Fisher presente in riva degli Schiavoni nel 1867 si chiama panorama-cosmorama ed è un «piccolo anfiteatro alto dieci piedi circa e non fabbricato di legnami, ma bensì di lamarino di ferro dipinto»[24], e ancora cosmorama si chiama il baraccone di Carlo Hatlnkt, a Venezia nello stesso anno, mentre Abramo Pardo nel 1895 presenta un Teatrino del varietà nel quale vengono esibite

vedute cosmorama coi fatti più recenti per esempio la decapitazione di Basezio, la morte di Carnot e le città principali[25].

La figura di maggior rilevanza e rappresentatività di questo fenomeno è Hubert Sattler, che inizia a tempo pieno la sua attività dal 1843 ed esibisce le sue opere, frutto di viaggi e di visioni dirette dei luoghi, a Dresda, Berlino, Leipzig e poi a New York.
Silvia Bordini rintraccia alcune notizie di spettacoli di cosmorama proprio qualche anno prima dell'episodio siciliano:

Un Cosmorama di Reviglio, raffigurante in un semipanorama le colline e i monti che fanno corona alla bella Torino da Levante verso mezzogiorno era mostrato a Torino nel 1832, forse in concomitanza con la seconda esposizione triennale di Arte e industria. L'anno successivo Roberto Garavaglia milanese, allievo di Giuseppe Risi, espose a Bologna un Cosmorama con le vedute di Pietroburgo, la città cinese di Lin-Tsin e di Milano, con una parata militare della piazza d'armi. Ancora a Bologna si vide, verso la metà del secolo, il Cosmorama di Pietroburgo di Angelo Toselli... Tra i più fortunati Cosmorami va ricordato anche il viaggio ottico di Carlo Bossoli. Egli esibì a Napoli, nel 1844, una serie di vedute pittoresche, dipinte dal vero che venivano osservate attraverso le lenti e, come al solito, producevano la più perfetta illusione. Mentre stai coll'occhio alla lente ti pare di guardare da un altro punto di vista un paese reale, anziché una finzione dell'arte. Le vedute del viaggio ottico del Bossoli cambiavano ogni settimana, sempre nell'intento di condurre lo spettatore nei luoghi che più frequentemente toccano i battelli a vapore, facendo fare agli spettatori un piacevole viaggio d'immaginazione. Il primo percorso compren-

---

[24] A. Trevisan, *Forme spettacolari minori a Venezia tra '800 e '900*, in «Biblioteca teatrale», s. II, a. II, nn. 5-6, 1987, p. 272.
[25] *Ibid.*, p. 273.

deva la piazza del palazzo reale di Napoli, Messina, l'Etna con Catania in distanza, Siracusa, il porto di Malta e come scena notevole l'incendio di Amburgo, poi Malta, Smirne, lo stretto dei Dardanelli, Costantinopoli, e una carovana assalita da ladri nel deserto, infine ancora Costantinopoli con o senza chiaro di luna, l'interno di S. Sofia, il serraglio del sultano Mukmud, e di nuovo i Dardanelli punto di confine tra Asia ed Europa [26].

Ma torniamo al cosmorama di Andorfère, che ci piace immaginare come il più simile a quello del protagonista della nostra storia: in questo spettacolo venivano mostrate due serie di 6 vedute le cui qualità dipendevano soprattutto dalla «precisione e verità».

Il cosmorama di Andorfère offre vedute di Atene, Parigi, Losanna, di piazza San Marco a Venezia, della Lanterna di Genova, di piazza d'Armi a Milano, di Notre-Dame a Parigi, di un paesaggio olandese in tempo d'inverno, del naufragio di una nave inglese, di Costantinopoli, di Lin-Tsin

Porto e città di gran commercio nella China, anche per la bella sua situazione, come pure per le romanzesche sue adiacenze; è rappresentato qui secondo il disegno del signor Don Malpierre, Missionario francese [27].

Andorfère, che giunge dalla Francia, si sposta in aprile e maggio a Milano, dopo essere stato a Vienna e Venezia.

Con ogni probabilità lo spettacolo presentato da Giuseppe Schwentzer aveva caratteristiche del tutto simili a questo appena descritto.

UN MONDO COSTITUZIONALMENTE COLPEVOLE

Siamo dunque nel luglio del 1837: da poco più di un mese il colera è giunto in Sicilia, quasi insieme all'arrivo della piccola compagnia ambulante che intende esibire anche a Siracusa, come ha già fatto in altre città italiane, il proprio «Grandioso spettacolo di Cosmorama».

La concomitanza dell'arrivo a Siracusa dello straniero e della pestilenza è già di per sé un fenomeno inquietante e facilmente

---

[26] Bordini, *Storia del Panorama*, cit., pp. 283-284.
[27] Avviso del Cosmorama di Andorfère in G. Roversi, *Le trombe della fame. Storia della pubblicità a Bologna*, Bologna 1987, p. 102.

identificabile da parte di una popolazione convinta che i ricchi e i Borboni diffondano l'epidemia attraverso dei loro agenti, per decimare i poveri e accrescere le loro ricchezze e il loro potere.

Le tesi della diffusione della malattia da parte di vari tipi di «untori», viandanti, sconosciuti, ma anche ufficiali di polizia o parroci («Di giuramento allora dovette farne uno grosso davvero sull'altare, davanti alla pisside, che la gente lo accusava di spargere di colèra e voleva fargli la festa»)[28], per lo più per ordine o su istigazione del governo borbonico, trovano terreno fertile in Sicilia e nell'opera di Verga se ne può ritrovare, come si è visto, una memoria diffusa dalle novelle ai romanzi. Il colera dunque come veleno. Il colera che si presenta sotto forma di macchia d'unto («E le macchie d'unto che si sono trovate qua e là a giorno fatto... Come la bava di lumaca»)[29]; il colera che supera ogni tipo di precauzione presa dai contadini, che non si arresta neppure di fronte alle imaginette sacre messe a copertura dei buchi delle porte e delle finestre e che entra perfino nell'ostia consacrata:

Il parroco di Canzirrò, ch'era scappato ai primi casi e veniva soltanto in paese a dir messa a sole alto, l'aveva pigliato nell'ostia consacrata[30].

Il colera potrebbe benissimo essere presente nelle polveri usate dal Cosmorama per dipingere le sue vedute o creare effetti suggestivi all'interno dello spettacolo, come cercherà di dimostrare l'accusa nel corso del processo.

L'episodio, di cui intendiamo ricomporre parzialmente alcuni momenti, appoggiandoci alla cospicua massa di fonti d'epoca, alle cronache, alla memorialistica e agli atti del processo, vede dunque come protagonisti e vittime – anzitutto del caso e della sfortuna, anche se tutta la storia sembra scritta dal Fato – una famiglia di ambulanti, giunta a Siracusa all'inizio di giugno per mostrare uno spettacolo ottico e bloccata in città dalle misure governative per evitare il diffondersi del morbo.

Senza voler sovrapporre alla vicenda un'interpretazione che ne trascenda troppo i limiti, intendiamo ritrovare nella serrata sequenza di eventi, assieme alla presenza di un comportamento ostile ata-

---

[28] G. Verga, *Il Reverendo*, in *Le novelle*, cit., p. 17.
[29] Id., *Mastro don Gesualdo*, cit., p. 536.
[30] Id., *Quelli del colera*, cit., p. 202.

vico nei confronti del *montreur d'ombres*, anche la necessità irrefrenabile di esorcizzare con la violenza, e a costo della morte, i fantasmi che la macchina ottica sembra contenere. Questo comportamento ostile, che si ritrova periodicamente, mantiene rapporti evidenti e tutt'altro che occasionali con la storia secolare dei processi dell'Inquisizione.

Ci si trova di fronte a un rito sacrificale primitivo e terribile, al trionfo di forze non controllabili, ma anche a un uso politico del processo in funzione antiborbonica e, nello stesso tempo, a un tipo di processo e confessione di colpevolezza che rientra in modo perfetto nella casistica dei processi per stregoneria avviati fin dal 1500. In questo caso lo scenario è molto complesso e la storia si sviluppa contemporaneamente su più piani.

La tragedia del Cosmorama ci fa capire come, senza alcuna distinzione, tutti coloro che hanno affrontato realtà sconosciute per portare la buona novella dello spettacolo ottico abbiano camminato sempre su un filo sospeso tra la vita e la morte, come gli equilibristi e gli acrobati. E come la loro presenza non sia stata mai acquisita in modo pacifico nei luoghi in cui operavano. L'ostilità e l'opposizione nei confronti della civiltà delle immagini messa in atto fin dai tempi dei padri della Chiesa e poi tenuta sempre viva, come il fuoco di Olimpia, ha agito nel lungo periodo nell'inconscio collettivo, rendendo possibili manifestazioni di violenza esemplari come quella verificatasi a Siracusa nel luglio del 1837.

Ieri come oggi è facile scegliere il mondo dello spettacolo per costruire esemplari processi di caccia alle streghe proprio perché quel mondo è «costituzionalmente colpevole», porta con sé, all'atto dell'iscrizione anagrafica sulla scena sociale, il proprio peccato originale. E può essere investito in qualsiasi momento di ogni tipo di accusa, ora confondendo le persone degli attori con la materia delle loro recite o con i personaggi interpretati, ora accusandoli, come nel caso di Siracusa, di colpe che li trascendono e li rendono vittime inconsapevoli di disegni superiori[31].

---

[31] In tempi più vicini a noi la vicenda del *Blacklisting* alla fine degli anni quaranta a Hollywood, delle accuse, dei processi intentati contro dieci personalità rappresentative scelte a caso, delle modalità di svolgimento, del rapporto con l'opinione pubblica americana terrorizzata dalla paura dell'invasione degli ultracorpi comunisti, ha non pochi punti di contatto con la storia del Cosmorama. Per un quadro sintetico generale di questo episodio di storia del cinema americano del dopoguerra vedi G. Muscio, *Lista nera a Hollywood*, Milano 1979.

## SIRACUSA, GIUGNO-LUGLIO 1837

Giuseppe Schwentzer, nato a Tolone, «di professione Cosmorama» come dichiara lui stesso al processo, giunge in Sicilia dalla Francia col suo bagaglio di oggetti misteriosi nel momento in cui la morte si materializza e bussa alla porta della gente. La popolazione di Siracusa pensa assai presto che il modo migliore per esorcizzarla sia ricacciare nei territori dell'Ade da cui è venuto quel personaggio dai poteri occulti, che, apparso proprio nei giorni dell'inizio della diffusione del morbo, sembra il suo pubblico annunciatore demoniaco[32]. Schwentzer, è arrivato a Siracusa assieme alla moglie, Maria Anna Lepicq

> giovane vaga, snella, di membra delicate, di faccia piccola, di carnagione bianchissima... una bambina da latte e un garzone napoletano, che seco per i suoi servigi avea condotto[33].

Per tutto il suo soggiorno siracusano è stato ospite in casa del cavalier Vincenzo Oddo, un liberale, e così viene ricordato da uno dei più autorevoli storici ottocenteschi:

> Egli era espositore di un gran Cosmorama, a cui la gente sulle prime accorse numerosa allettata dal magico spettacolo a quei tempi quasi nuovo per noi, delle vedute più belle e più magnifiche del mondo. Ma scoppiato il colera diminuì e poi cessò la frequenza dei curiosi; e lo Schwentzer, che chiamavanlo il Cosmorama, non potendo partirsene, perché i cordoni dentro e fuori della Sicilia ne lo impedivano, fu costretto a rimanersi in Siracusa. Ma poiché straniero e mezzo rachitico della persona, fra il pubblico lutto vedevasi sovente al passeggio aggirarsi in aria disinvolta per la città dié nell'occhio alla plebe, che lo sfuggiva come uno stregone[34].

Nell'immaginazione collettiva si è visto come le figure dei lanter-

---

[32] «Lo sfortunato presentatore del Cosmorama – osserva Liliane Dufour – riassumeva nella sua persona tutti gli elementi ricorrenti in una cultura etnocentrica, quelli dello straniero sconosciuto ed inquietante, con un mestiere che per certi versi può assimilarsi alla stregoneria; egli diventava di conseguenza il soggetto ideale sul quale riversare e proiettare le angosce collettive e servire da capro espiatorio. È da chiedersi addirittura se tutto ciò si fosse mai verificato senza la presenza dello Schwentzer a Siracusa», L. Dufour, *Repressione e fortificazioni a Siracusa dopo il 1837*, in Russo (a cura di), *I moti del 1837 a Siracusa*, cit., p. 131.
[33] A. Sansone, *Gli avvenimenti del 1837 in Sicilia*, Palermo 1980, p. 467.
[34] S. Privitera, *Storia di Siracusa antica e moderna*, Napoli 1879, p. 339.

nisti siano accolte in molte occasioni con sospetto se non con ostilità, proprio per l'aura magica e misteriosa che li circonda: in questo caso, prima che nei confronti delle pratiche del suo spettacolo e del suo potere di farti viaggiare da un capo all'altro della terra la paura si manifesta nei confronti dello straniero, una sorta di reincarnazione della figura dell'Ebreo errante[35], capace di scatenare lontani ricordi di pogrom e di paure ancestrali

> guardavansi poi di malocchio i forestieri e tra questi scombuiava oltremodo le teste il francese Giuseppe Schwentzer[36].

Riemergono con forza le considerazioni sul ruolo malefico delle immagini del più celebre trattato sulla stregoneria, quel *Malleus maleficarum* di cui abbiamo già parlato, i cui nefasti effetti durano oltre il secolo dei lumi e la Rivoluzione francese:

> Gli stregoni usano certe immagini e certi strumenti che talvolta pongono sotto la soglia all'ingresso della casa o in certi luoghi... dove vanno gli uomini che vengono colpiti dalla stregoneria fino a morire[37].

Anche le eccessive apparizioni pubbliche sue e di sua moglie vengono interpretate come un segno di sfida e spregio al lutto e al dolore:

> Anche la sua donna, la quale apparteneva alla celebre compagnia Lepicq dei giochi di cavalli, addestratissima a portarsi in sella compariva spesso a cavallo agile e svolta correre di carriera per le vie; il popolo se ne adontava, quasi insultassero entrambi alla comune sventura, non la curando[38].

Una serie incredibile di coincidenze negative fa sì che il Cosmorama, i suoi familiari e il suo aiutante, Tommaso Ronchi, diventino gli ideali capri espiatori della rivolta fomentata dai liberali contro i Borboni, i protagonisti involontari di una storia che li usa strumentalmente a fini politici e insurrezionali. Forse il francese stesso, come ci dice Privitera, nei primi giorni sottovaluta l'atteggiamento

---

[35] Teniamo presente che il romanzo di Eugène Sue, *L'Ebreo errante*, è di poco posteriore e si conclude nel 1832, nel pieno dell'epidemia di colera che colpisce Parigi.
[36] E. De Benedictis, *Memorie storiche intorno alla città di Siracusa dal 733 av. GC al 1860*, Siracusa 1862, p. 298
[37] Krämer-Sprenger, *Il martello delle streghe*, cit., p. 45.
[38] Privitera, *Storia di Siracusa*, cit., p. 339.

ostile che avverte attorno a lui «gli eran noti i sospetti del popolo contro di lui, e che egli aveva messo in non cale»[39] e guarda sorridendo le scritte antiborboniche che appaiono sempre più numerose sui muri della città inneggiando alla rivolta:

Megghiu muriri sparannu, sparannu, e no muriri cacannu, cacannu[40]!

Ma forse la rapidità con cui si svolgono gli avvenimenti non consente alle vittime di rendersi conto di ciò che sta abbattendosi su di loro, del significato che le loro figure assumono agli occhi della gente e del valore scatenante di alcuni loro comportamenti iniziali.

Il racconto che segue non si soffermerà sulle caratteristiche, sulla natura delle polveri e delle combinazioni chimiche adottate per colorare le sue vedute, sull'impianto generale della sala in cui si volge lo spettacolo, sul tipo di affabulazione adottata dallo Schwentzer e sull'ordine narrativo dato al Grand Tour, offerto per pochi centesimi ai contadini e agli abitanti di Siracusa. Neppure la sua macchina ottica, forse costituita da un modesto gruppo di binocoli fissi con lenti convesse, che mettevano a fuoco uno sfondo entro cui Schwentzer faceva passare in successione le vedute, ci interessa veramente. Così come non ci interessa né la qualità, né il numero di vedute che lo spettacolo offre. Lo spettacolo, in questa storia, passa in secondo piano.

In questo caso importa piuttosto valutare e sottolineare la rappresentatività – in un momento di grave calamità – di un episodio in cui, per la prima volta, il pubblico popolare non accetta il ruolo di spettatore, viene promosso a protagonista ed è il vero soggetto-autore del dramma.

Un dramma in cui si materializzano i fantasmi dell'inconscio collettivo e alle paure si reagisce scegliendo, come si è già fatto anche in passato, in occasione di altri fenomeni epidemici, una vittima a caso, nella speranza di placare, con un sacrificio rituale, l'ostilità delle forze degli inferi. Ma anche si sceglie consapevolmente, come si è detto, di servirsi del malcapitato tolonese in funzione di una sollevazione politica antiborbonica[41].

---

[39] *Ibid.*, p. 345.
[40] Preto, *Epidemia*, cit., p. 137.
[41] Sulle intenzioni dell'avvocato Mario Adorno di far leva su questo episodio per attiz-

Per come appare, per le sue caratteristiche genetiche, per l'alone di mistero che circonda la sua provenienza, per la cultura che rappresenta, la vittima, anche nei momenti in cui non si manifesta alcun pericolo per la società, viene vista come un pericolo, una presenza inquietante, estranea all'ambiente e pericolosa in ogni caso. Ogni oggetto che viene a costituire il corredo indispensabile per lo spettacolo può diventare una potenziale fonte venefica, anche se di fatto nulla tra ciò che viene sequestrato tra le sue cose rivelerà presenza di veleni. E per la gente, come aveva notato Manzoni nella *Storia della colonna infame*:

Come accade più che mai quando gli animi sono preoccupati il sentire faceva l'effetto de vedere.

La gente vede in effetti ciò che sente dentro di sé. Esemplare è, in questo senso, la testimonianza al processo dell'orefice Sebastiano Nizza, che, una volta scassinata una cassetta di Schwentzer, decide che contiene veleni senza neppure controllarne il contenuto:

Io neppure vi guardai temendone il puzzo; anzi neppure volli avvicinarmi ad essi pel sospetto fondato ch'erano veleni[42].

Le diverse fonti concordano nella ricostruzione degli avvenimenti che portano all'identificazione dell'untore nella figura del Cosmorama: da metà giugno, dopo che è stata ufficialmente riconosciuta la presenza del morbo a Siracusa e sono state messe in atto le prime misure sanitarie, cominciano a manifestarsi forme di agitazione popolare, che, ben presto, sfociano in atti di violenza. Facilitati dalla latitanza dei presidi militari, e fomentati dai discorsi di personaggi come l'avvocato Mario Adorno, che, pur essendo convinto liberale, crede realmente in una setta come responsabile della diffusione del veleno e non perde occasione per manifestare ovunque, in pubblico e in privato, questa sua convizione. Adorno intende servirsi di questa occasione come di una potentissima arma popolare per la sollevazione della Sicilia.

La prima casuale circostanza a sfavore del Cosmorama è data

zare la rivolta antiborbonica in tutta la Sicilia le interpretazioni storiche ottocentesche e quelle odierne sono perfettamente d'accordo.
[42] In De Benedictis, *Memorie storiche*, cit., p. 302.

dal lancio, a notte fonda, di alcuni razzi dal terrazzo della casa in cui è ospitato. Questi razzi vengono presto identificati dalla gente come possibili portatori della pestilenza. Di lì a pensare che a provocarne l'accensione sia il francese il passo è breve:

> Ripetutamente [di razzi] se n'era veduti più spessi attorno alla contrada dov'era appunto la dimora del Cosmorama. Sicché coloro che per avventura se n'erano accorti, narrando all'indomani ed esagerando la cosa diceano essere quelli mortiferi fuochi della pallida piombina luce che mandano allo spegnersi di un puzzo insopportabile e che là dove cadono vengono repente presi da cholera quanti ancora chiusi dentro le case loro l'aria attossicata respirano. Queste cose, diffondendosi nel popolo, mettevano terrore, esaltavano le fantasie, e accrescevano i sospetti che il Cosmorama fosse l'avvelenatore e che la polizia il sapesse, giacché, dicevasi, che avvisata e potendolo, non curava di cacciarlo via da Siracusa[43].

Dunque la paura nei confronti dello straniero, il *locus suspectus*, la tempesta artificiale notturna, sono già elementi forti sufficienti a condannare il Cosmorama... La seconda prova, decisiva nel convincere l'opinione pubblica della colpevolezza dello Schwentzer, è data dalla dichiarazione di un impiegato colpito dal colera, di aver accettato il giorno prima una presa di tabacco da parte dell'aiutante del Cosmorama. Infine anche la causa della morte di un pittore viene collegata a un brodo offertogli dal francese.

La situazione in città precipita in seguito alla decisione del comandante della piazza di ritirare la guarnigione militare nel castello e lasciare ai «buoni cittadini» la responsabilità di assicurare l'ordine pubblico:

> La plebe, abbandonata a se stessa, rimasta senza guida, senza freno, senza capi, esposta ai colpi del morbo e agli stimoli della fame, mormora, borbotta, schiamazza, corre irata alle porte della città, impedisce ai siracusani l'uscita, contrasta ai forestieri l'entrata, pone sossopra carri, masserizie, vettovaglie e mette spavento a chi parte e arriva... Il 18 luglio, dì fatale nella storia dolorosa di Siracusa, si vedevano drappelli di contadini e d'operai, uomini d'aspetto sinistro, donne con faccie maschie, giovani d'indole battagliera, armati di schioppi, di spiedi, d'accette, di pugnali, di bastoni e di pali, aggirarsi cupi sulla spiaggia Pescaria e confabulare, agitati del morbo, del veleno, della fuga dell'Intendente... Ad un tratto s'udì una voce: «Al Cosmorama!». La folla, come se ubbidisse a un meccanico

---

[43] Privitera, *Storia di Siracusa*, cit., p. 340.

impulso, si avviò, guidata dal sacerdote Gaetano Rispoli e da Emmanuele Miceli, alla casa del Tolonese, prossima al Palazzo di giustizia, dove recavansi alla stessa ora Sebastiano ed Angelo Fidone da Lentini. Costoro, impauriti dalla vista della folla, riparano in casa Oddo, mentre la moltitudine corre dietro ad essi salendo per la medesima scala[44].

Qui le versioni della cattura del francese, della sua famiglia e dell'aiutante non sono concordi. Per Sansone e altri memorialisti, come Privitera o De Benedictis, Schwentzer viene catturato sul tetto della casa:

il marito infelice, vedendosi perduto, a quel baccano, cerca nascondersi, né sapendo dove, sale in soffitta, esce per un'apertura e su pei tegoli del palazzo[45].

Mentre nelle memorie del barone Pancali, testimone e protagonista dell'avvenimento, Schwentzer viene trovato «quasi ignudo dentro la fornace di un camino»[46]. Schwentzer, vistosi braccato, pensa di salvarsi con questa frase: «Portatemi in carcere e dichiarerò tutto». Il barone Pancali, sindaco di Siracusa, riesce a sottrarre il francese al linciaggio, lo afferra per il braccio e sfidando coraggiosamente da solo la folla lo porta nelle vicine prigioni. La moglie con la figlioletta sono, per il momento, condotte in una sala al pianterreno del palazzo comunale, mentre l'assistente, i due malcapitati fratelli di Lentini e un uomo catturato poco prima, vengono appesi alle pigliere di granito della cattedrale. A poco vale il tentativo del commissario di polizia, Giovanni Vico, di affrontare la folla agitata:

...da un portone di casa Bosco, rimpetto a quella del Comune, venne risoluto un uomo con un lungo ramo e nodoso, e, avvicinatosi al Vico, gli scarica un colpo sulla testa sì forte che il capello intero gli si affonda sulla faccia... Vico si scuote e sforzasi di rialzare il capello, in questa un uomo gli vibra un grave colpo di stile nella parte sinistra delle reni... Vico si contorce pel dolore e cade sulle braccia dei signori Antonelli... ma tosto la furia lo stringe è trascinato alla colonna, dove Concetto Lanza lo finisce con colpi di schioppo che aveva tolto dalla casa Schwentzer[47].

---

[44] Sansone, *Gli avvenimenti*, cit., p. 469.
[45] De Benedictis, *Memorie storiche*, cit., p. 498.
[46] Barone di Pancali, *Siracusa nel 1838*, in E. Mauceri (a cura di), *Memorie dei moti del 1837 in Siracusa*, in «Rassegna storica del Risorgimento», XXVI (1939), p. 1073.
[47] La testimonianza di De Benedictis, testimone oculare, è in De Benedictis, *Su un'ingiuria di Emilio Bufardeci. Lettera*, Siracusa 1869, p. 11.

Da questo momento si scatena una vera e propria mattanza: oltre al garzone dell'ambulante vengono uccisi i due sfortunati lentinesi, che, forse, non fanno neppure a tempo a capire cosa stia loro succedendo. Un altro malcapitato, un montanaro di Buccheri, un certo Raimondo Ganci, arrestato due giorni prima perché trovato in possesso di una boccettina dall'orlo spezzato, contenente acqua d'orzo e miele, e poi rimesso in libertà, viene egualmente massacrato.

Le uccisioni, di una ferocia primitiva, sull'esempio siracusano si estendono il 18 stesso anche a Floridia, Avola ecc... A Floridia il segretario della Procura Generale, sospettato d'essere d'accordo con i siracusani, viene raggiunto di notte in una vigna mentre cerca la fuga. Crivellato di colpi di fucile, il corpo è lasciato in pasto ai cani, mentre la testa è appesa a un ramo di mandorlo.

La Commissione decide di procedere all'interrogatorio del Cosmorama. Costui, nel frattempo, è stato oggetto di ricatti e promesse, a giudicare dalla strategia delle sue dichiarazioni consultabili nei verbali del processo, i cui atti sono stati parzialmente pubblicati anche nel libro di Sansone e in quello di De Benedictis. Si chiede lo stesso Sansone

> Quali pressioni non avevano fatto sull'animo del povero prigioniero? Con quali terrori non avevano essi sconvolta la sua fantasia? Con quali lusinghe non avevano commosso il suo cuore di padre e di sposo? Lo Schwentzer aveva una moglie che amava; aveva una pargoletta ch'era sangue del suo sangue, aveva i suoi 36 anni e non doveva egli preoccuparsi dei suoi e di sé? Non doveva trovare un espediente per evitare un'orribile catastrofe? Egli, obbedendo all'istinto di conservazione, che ci fa spesso mendaci e codardi, sedotto dalle perfide promesse dei suoi aguzzini, lusingato che, secondando le loro brame, avrebbe forse salvato sé, la figlia e la consorte, inventò una storia strana, diè credito ai sospetti, corpo alle evanescenze, parvenza a un inganno che aveva sconvolto tutto il paese, onde gli preparò nuovi eccidii, nuove sciagure, e una reazione rimasta celebre negli annali delle vendette infami[48].

Il 20 luglio inizia l'interrogatorio i cui verbali, interamente conservati, mostrano come, nella disperata lotta per la sopravvivenza sua e dei familiari, senza aver ancora subito alcuna tortura fisica, Giuseppe Schwentzer in un primo tempo sia disposto a confessare

---

[48] Sansone, *Gli avvenimenti*, cit., pp. 475-476.

qualsiasi cosa pur di assecondare le aspettative di personaggi come Mario Adorno, da cui si aspetta in cambio un aiuto e la salvezza. Schwentzer è un uomo colto e intelligente, che ha capito la situazione e gioca alla disperata carte poco verisimili:

> Egli che, partito dalla Francia avea scorso quasi tutta l'Italia dove il morbo fatale aveva menato tanta strage, sapeva che dovunque fra le popolazioni dominava lo stesso pregiudizio del veneficio e che mille strani racconti e dicerie correvano dappertutto sopra gli ignoti autori, e la maniera come il propinassero; avea altresì, per il mestiere che esercitava, acquistato conoscenza di uomini e di cose, ed appreso nomi di alti personaggi politici; sicché dietro di essersi pronunciato, e lusigandosi che secondando il popolano errore potesse distrigarsi da tanta briga, cominciò a concertar novelle di sua testa[49].

Queste «novelle» vengono accolte perché fanno il gioco dell'accusa.

A interrogarlo è il giudice istruttore Francesco Mistretta, coadiuvato da un commesso giurato e da alcuni membri della Commissione, tra cui Mario Adorno, sempre più convinto di avere tra le mani un'occasione storica per la liberazione della sua terra. L'interrogatorio mira soprattutto a far emergere la presenza di una setta che sparge ad arte i veleni per la Sicilia.

Ci sembra utile riportare per esteso alcuni passi salienti del processo al principale imputato:

> D. Siete stato arrestato dal popolo, come trovato imputato di avere sparso delle sostanze venefiche a danno della pubblica salute. Manifestateci liberamente tutto ciò che è a vostra conoscenza.
> R. Io dirò francamente quanto mi consta. Dal mio governo francese sono stato spedito per vari regni per esplorare quale fosse lo stato delle nazioni e farne un rapporto; e similmente per verificare quanto concerne il commercio. Giunto in Marsiglia, dove ricevei un eguale incarico da una compagnia ivi permanente, mi accoppiai ad una compagnia di cavalli di Lepicq e con essa passai in Sicilia. Qui io teneva incarico segretissimo dal mio Governo per indagare quali fossero le opinioni politiche, quali le inclinazioni, quale lo spirito pubblico... Tali cose io riferiva al signor Biné, prefetto di marina in Tolone... Trovai malcontento in Catania e in Messina; non così in questa ove mi era recato da un mese addietro, anzi da un

---

[49] Privitera, *Storia di Siracusa*, cit., pp. 352-353.

mese e quindici giorni circa. Verso il 15 giugno vidi qui un tedesco con cui aveva fatto conoscenza in Milano. Io lo sapeva spargitore di veleni e tosto mi inorridii. E come tu qui gli dissi: vanne presto; la tua presenza mi spaventa! Ho messo fuoco – rispsomi – a Palermo; ora passo a Catania e poi sarò a Messina... Chi mi ha spedito non ha freddo. Napoli si è rallegrata nel sentire che il colèra domina a Palermo. Dopo due giorni il tedesco scomparve o almeno io non lo vidi più, preso da paura più non sortii; che aveami detto: se tu denunci me, io denuncerò te pure.

D. Diteci il nome e il cognome di quel tedesco.
R. Dicevasi Beinard.
D. Indicatemi i di lui connotati.
R. Non toccava gli anni quaranta: era di statura alta, corporatura giusta, viso tondo, ed usava dei baffi finti per la sera solamente. Egli era biondo.
D. Dove alloggiava?
R. Nol saprei; ma dicevami che stavasi fuori.
D. Dissevi la natura e specie dei veleni?
R. Nol disse, mostrommi però due boccette dove li teneva ermeticamente chiusi.
D. Vi manifestò in qual modo operavano, distruggendo la vita degli uomini?
R. Diceva: il veleno agisce sul corpo umano, somministrandolo nei cibi, spargendolo nei ruscelli, gettandolo nelle stanze, per le strade e anche frammischiandolo nei tabacchi. Aggiungeva essere sì violento che una piccola goccia bastava ad avvelenare una stanza.
D. Vi si indicarono dal tedesco i mezzi per non restare vittima dei veleni che spargeva?
R. Da lui nulla ne seppi; ma per le notizie che ne ebbi a Tolone e a Marsiglia, ove infierì, so che grandemente giovarono a disinfettare l'aere: far fuochi nelle strade di pece, catrame ed altro, bruciare rosmarino in casa e tener sommamente nette le strade.
D. Qual credere sia stata l'idea contenuta nelle parole dettevi dal tedesco: «Chi m'ha spedito non ha freddo».
R. Egli intendeva dire che chi mi ha spedito non teme; è ben coverto ed è una potenza grande [50].

La testimonianza viene presa per vera e, poco dopo vengono ordinate le perizie sui materiali sequestrati al Cosmorama. Con grande delusione del pubblico popolare «che aveva voluto essere spettatore» (De Benedictis) nell'atrio della cattedrale alla pubblica

---

[50] Riportato in Sansone, *Gli avvenimenti*, cit., pp. 477-478 e parzialmente anche in De Benedictis, *Memorie storiche*, cit.

esecuzione delle perizie, le analisi risultano tutte negative e nessun esperimento rivela presenze, anche minime, di sostanze velenose. Piuttosto si trovano

tabacco puro, rosolii, acque nafte, cremor di tartaro, zolfo di pietra, polveri medicinali, terre da colorire e altre siffatte cose che sogliono comunemente tenersi nelle case di tutti[51].

Intanto, il giorno successivo, si procede all'interrogatorio della giovane Anna Maria Lepicq, che tiene testa con coraggio e ammirevole lucidità ai suoi giudici, evitando ogni trabocchetto sugli oggetti sequestrati al marito e sulla loro funzione venefica:

Ma quali oggetti? Tutto ciò che si è rinvenuto è dipendente dal mestiere di mio marito ed io veggendoli potrei ad uno ad uno additarli[52]

e sulle allusioni in lettere a lei giunte a tombe e a riti mortuari che hanno prodotto paure nei pubblici di alcuni suoi spettacoli:

Eccone la spiegazione: tenendomi in Agosta, si rappresentò una commedia intitolata: *La sepolta viva*. Io feci la parte della moglie la quale si faceva supporre estinta, e sepolta in una tomba situata nel mezzo del palcoscenico e sulla quale l'amante veniva a piangere. Piacque al pubblico...[53].

Se tra gli oggetti sequestrati al Cosmorama

finalmente una boccia di rame... e s'è trovata vuota. Apertasi la cassa grande di cui s'è rotto il coverchio, s'è rinvenuta una boccia di rame simile alla precedente. Un sacchetto con varie cartelle di tombola; una caffettiera di rame a vapore; otto specchi, tre bandiere, due delle quali a colori, altra con striscie nere; una carta con due canzoni ed un sonetto d'amore sventurato; ed altre scritture indicanti il gran Cosmorama[54].

Non risulta nulla che possa confermare le tesi del colera-veleno, con grande delusione della folla, che, a questo punto, è sempre più inferocita e chiede che vengano trovate prove a carico di qualcuno.

---

[51] Privitera, *Storia di Siracusa*, cit., p. 354.
[52] Anche l'interrogatorio di Anna Maria Lepicq è trascritto in Sansone, *Gli avvenimenti*, cit., p. 482.
[53] *Ibid.*, p. 483.
[54] De Benedictis, *Memorie storiche*, cit., p. 312.

## LA RIVOLTA E LA TRAGEDIA

Le prove sono così costruite per accelerare i tempi della rivolta: nei giorni successivi, in seguito ad alcuni esperimenti, viene riscontrata la presenza di ossido di arsenico tra gli oggetti contenuti in una cassettina sequestrata all'Intendente ucciso nei giorni precedenti. Una polvere bianca, somministrata a un bracco, lo fa morire in pochi minuti. La presenza acclarata del veleno spinge la commissione a redigere un manifesto «fatale e sedizioso» fatto firmare, sia pure a malavoglia, dal sindaco barone Pancali e reso pubblico il 21 luglio:

I Siracusani ai fratelli Siciliani.
Ci affrettiamo a darvi conoscenza che il terribile *cholera morbus asiatico*, onde tanta strage ha risentito Napoli e Palermo ha di già ritrovata sua tomba nella patria dell'immortale Archimede. Appena scoppiato fra noi il supposto morbo micidiale venne discoperto se non altro essere lo stesso che il risultato unico e non solo di polveri e liquidi venefici i quali agiscono nelle sostanze cibarie, nei potabili e sinanche per via degli organi respiratori infettando l'aria con micidiale fetore. Il Cosmorama, Giuseppe Schwentzer, figlio di Giorgio... ha dichiarato essere propinatore di tali sostanze venefiche Beinard, di nazione tedesca e aggiunge essersi costui partito da Siracusa... Le prove che ci hanno fatto conoscere di essere il nitrato di arsenico tra le materie venefiche rinvenute in casa del funzionante da intendente, non meno che la prova scritturaria e vocale... ci guidano a concludere di essere stati colpevoli di questo reato di diritto pubblico l'intendente funzionante, l'ispettore commissario e l'ispettore di polizia, i quali nel calore della scoperta, rimasero vittima dello sdegno del popolo.
Abbiamo avuto il dispiacere di dover essere spettatori di diversi tragici avvenimenti, effetti del giusto furor popolare: abbiamo avuto però la tenera compiacenza di osservare che per causa di essersi opportunamente discoperto il tradimento, le vittime dei nostri concittadini sono state in numero sparutissimo... Ci giova sperare che tale nostra manifestazione sia per essere proficua ai nostro cari fratelli Siciliani e all'umanità in generale[55].

L'invito alla sollevazione contro le forze governative responsabili del veneficio non potrebbe essere più esplicito.
Il proclama, stampato in migliaia di copie e diffuso per terra e

---

[55] Il testo del manifesto è nella Busta n. 598 (ex 1414), *Gran corte criminale*, dell'Archivio di Stato di Siracusa, fasc. B, n. 10.

per mare, dà fuoco alle polveri della rivolta siciliana: Floridia, Solarino, Avola, Lentini, Pozzallo, Monterosso, Comiso, insorgono al grido di «Viva Santa Lucia!»

Nei giorni successivi vi sono altri interrogatori ai testimoni e allo stesso Schwentzer: a un certo momento, di fronte a un suo tentativo di ritrattazione («Vollero che io scrivessi in tal modo e lo feci. Nulla io so e nulla so dirvi. Fate di me quel che volete»)[56] gli viene promessa la libertà, con tanto di dichiarazione firmata dall'avvocato Adorno:

> Io qui sottoscritto... prometto che se il signor Schwentzer, ritenuto in queste prigioni come imputato di pubblico veneficio, paleserà in iscritto i fatti veri che riguardano l'infernale cospirazione, sarà tosto messo in libertà e imbarcato quindi per il continente[57].

Il Cosmorama, di fronte a questo impegno formale, non esita a sottoscrivere una confessione che soddisfa le convinzioni e le teorie del complotto di Adorno:

> La notte scrisse essere un veleno il cholera, operato da una tenebrosa setta di uomini; nel cui intrigo erano alla testa i ministri di Francia, Inghilterra e Germania; essere egli un emissario spedito in Siracusa a spargere quel tossico; aggiungeva essere dieci in ogni città quei professi e nove gli iniziati i quali dovevano secondo gli ordini dei professi versare quelle materie micidiali[58].

Inoltre confessa di essere emissario del marchese del Carretto, Ministro generale di Polizia di Napoli, come spargitore di veleno[59]. Questo documento è stato sottratto dallo stesso marchese del Carretto dagli atti ufficiali del processo.

Basta che si diffonda questa notizia e i responsabili dell'avvelenamento vengono subito identificati nei cancellieri di polizia, nel capitano d'arme, nel funzionante da Intendente. Riprende così la caccia all'untore che sfocia in un'ulteriore carneficina. Prima cadono alcune persone massacrate per le strade della città e poi la popolazione inferocita scardina le porte del carcere e irrompe nelle

---

[56] Sansone, *Gli avvenimenti*, cit., p. 496.
[57] *Ibid*.
[58] Barone di Pancali, *Siracusa nel 1838*, cit., p. 1084.
[59] S. Chindemi, *Siracusa dal 1826 al 1860*, Siracusa 1870, p. 126.

prigioni dove prende Schwentzer e moglie, assieme ai carcerieri e al capitano della prigione e a tutti i prigionieri, li trascina sul sagrato del Duomo e compie un'ecatombe, massacrando diciannove persone e risparmiando solo la figlioletta del Cosmorama.

Con questa uccisione termina il dramma cominciato il 18 luglio e chiusosi il 6 agosto: dramma sanguinoso i cui attori meriterebbero il titolo di selvaggi...[60].

Di fatto all'eccidio seguirà un nuovo bagno di sangue con impiccagione di Mario Adorno, Carmelo Adorno, Concetto Lanza, Concetto Sgarlata, Santo Cappuccio, Giuseppe Sgarlata, Francesco Li Voti, Gaetano Rodante, Sebastiano Posateri, e di altri, ordinata dal commissario straordinario marchese Del Carretto inviato dal re Ferdinando II di Borbone in Sicilia con pieni poteri per dare un esempio «memorando».

Del Carretto, personaggio feroce, usa il pugno di ferro nei confronti della città e degli organizzatori della sommossa, cercando di conferire a ogni suo atto un valore esemplare, nella convinzione che

Siracusa servir deve di commemorazione che la ribellione e i grandi misfatti non rimangono mai impuniti, il lusingarsi del contrario è il movente dello stato vacillante dell'Europa[61].

Il Commissario regio si è convinto da subito che dietro alla sommossa vi sia un complotto politico mirante a rendere autonoma la Sicilia sul modello dei moti d'oltr'alpe. Agisce con rapidità «per restituire la quiete e la general sicurezza compromesse», aggiungendo il terrore delle torture, fucilazioni, impiccagioni alle paure della pestilenza. Non guarda in faccia nessuno, identificando fin dal primo momeno in tre preti (uno «con faccia da patibolo») «i più perversi trucidatori e mandatari aizzatori di partito»[62].

Nel giro di pochi giorni, sedati anche gli altri focolai di rivolta, Del Carretto può comunicare a Napoli: «La Sicilia è conservata».

---

[60] Sansone, *Gli avvenimenti*, cit., p. 503.
[61] Lettera del marchese Del Carretto del 17 agosto 1937 pubblicata in Russo (a cura di), *I moti del 1837*, cit., pp. 141-142. I documenti e le relazioni del marchese del Carretto conservati nell'Archivio storico di Napoli (A.B., vol. 1012 F. 274, 17 agosto 1837) sono pubblicati in appendice al saggio cit. di Dufour, *Repressione e fortificazioni*, pp. 138-155.
[62] Documento n. 1, del 10 agosto 1837, in appendice a Dufour, *Repressione e fortificazioni*, cit., p. 139.

Non gli basta destituire Siracusa dal ruolo di capoluogo: vuole una sottomissione totale da parte della città, attraverso una serie di riti di purificazione collettiva, a partire dalla cattedrale, dove tra prediche e atti di contrizione tutta la popolazione è costretta a sfilare e a compiere un pubblico atto di dolore e pentimento. Del Carretto possiede un naturale dono della spettacolarità, e agisce in modo che ogni suo atto possa allontanare i sospetti di responsabilità borboniche nel diffondersi della pestilenza, riuscendo a spostare l'opinione pubblica nei confronti del colera come manifestazione di un castigo divino.

Ha di sicuro modo di mettere in luce queste doti dall'indomani del suo arrivo a Siracusa quando, per la migliore riuscita dello spettacolo, dà ordine alla banda militare di suonare a festa durante le esecuzioni.

La sera stessa organizza una grandiosa festa da ballo e guida le danze per tutta la notte, fino ai primi bagliori dell'alba.

II.

# L'OCCHIO CIRCOLARE

### UNO SPECCHIO A 360 GRADI

La ricerca e il raggiungimento della perfetta illusione, della riproduzione più vera del vero, con lo spettatore promosso a materia vivente dell'opera d'arte, a unità di misura e riferimento, ecco uno degli obiettivi supremi di una parte considerevole della pittura e del teatro alla fine del Settecento e lungo tutto l'Ottocento. Il leggendario racconto della perfezione illusionistica della pittura di Zeusi sembra realizzarsi con l'invenzione del panorama a distanza di due millenni. Con, in più, l'idea della circolarità della visione, di uno sguardo che ruota su se stesso per 360 gradi. La rappresentazione vuole diventare uno specchio totalizzante del reale e aspira a catturarne ogni elemento, vicino e lontano, anche minimo, restituendo all'insieme i giusti rapporti di ogni parte col tutto. Il senso delle distanze, delle proporzioni e della prospettiva, l'impulso cinetico, trascorrono in egual misura dall'occhio dell'autore a quello dello spettatore, senza peraltro che i due movimenti si sviluppino nello stesso senso.

Lo spettatore gode di un'inedita libertà di visione: è lui l'attore, il punto di confluenza prospettico della nuova scena visiva in cui il quadro si libera dalle limitazioni della cornice e crea una serie di movimenti non sincronizzati al suo interno. Rispetto al mondo nuovo lo spazio visivo del panorama non è più solo abitato da una folla di piccole figure da osservare con una specie di cannocchiale rovesciato. La nuova macchina ottica crea un nuovo tipo di ambiente abitativo in cui il soggetto della visione è soggetto implicito della scena visiva con tutto il suo corpo.

Finora abbiamo visto prima un processo di ocularizzazione del corpo e dei cinque sensi, poi l'attivazione di processi di iconofagia grazie alla miniaturizzazione del mondo, e in seguito, con Robertson, l'apertura e il richiamo ai poteri del terzo occhio, dell'occhio interiore. Col panorama l'occhio torna a essere organo della vista e sviluppa le sue funzioni in quanto parte di un corpo con cui coordina il movimento e di cui riconosce i poteri. L'effetto illusionistico è tale che si chiede allo spettatore, per recitare in pieno la parte che lo spettacolo gli ha assegnato, di comportarsi, muoversi e roteare sul tronco proprio come se si trovasse nello spazio reale. Inoltre il panorama cerca di riprodurre condizioni di visione che consentano di abbracciare, con un solo sguardo circolare ininterrotto, un intero paesaggio da un punto di vista privilegiato, come la cima di un campanile o la sommità di una collina. O meglio da un pallone aerostatico con cui l'uomo, proprio alla fine del Settecento, si alza da terra, può vedere il mondo con gli occhi di un uccello e può riconcepirne tutta la topografia. La prima ascensione dei fratelli Montgolfier è del 5 giugno 1783: da questo momento si realizza il sogno della scalata al cielo, dell'«ascensus» materiale, della conquista dell'aria. In un certo senso il panorama è anche il manifesto di questa nuova condizione umana proiettata materialmente alla conquista dell'unico territorio ancora inesplorato.

Lo spazio contenuto nella veduta, per quanto perfettamente riprodotto con l'aiuto della camera lucida, non è più sufficiente a contenere la forza di espansione visiva. Se ne erano già accorti i vedutisti di Augsburg quando, riproducendo dei quadri di C.J. Vernet sul porto di Bordeaux, avevano realizzato due vedute contigue che allargavano la scena fino a quasi 180 gradi. Ma anche la riproduzione della stampa di Prato della Valle a Padova di Canaletto nei Realetti Prospettive remondiniani richiede la suddivisione in due parti perfettamente sovrapponibili. Prima dell'invenzione del panorama, a partire dalla pianta cinquecentesca di Venezia di Jacopo de' Barbari, o dai disegni leonardeschi dei monti della Brianza visti dal Duomo di Milano, si possono trovare svariati tentativi di allargare al massimo l'angolo di rappresentazione. Anche in molte vedute di Canaletto per esempio – come *The Thames and London From Richmond House* – si ha l'impressione che la cornice fissi precariamente lo spazio e che, aspettando un poco, la camera ottica si possa spostare a destra o a sinistra offrendoci un supplemento di visione. L'uso della camera ottica, assieme alla precisione, trasmette anche il senso dell'incompletezza dello sguardo e dell'inquietudine visiva che spinge al di là dei confini convenzionali. Col panorama l'orizzonte si allarga perché il punto di vista tende a elevarsi progressivamente, e, più di tutto, si offre nella sua totalità circolare. Inoltre la veduta panoramica raggiunge il massimo del suo effetto nel momento in cui elimina qualsiasi cornice che racchiuda lo spazio.

Dai tempi di Jan van der Heyden, verso la fine del Settecento, e poi con Gaspare van Wittel, con Carlevariis e soprattutto con Canaletto il paesaggio della città aveva cessato di essere una semplice composizione di dati topografici o lo sfondo di scene all'aperto per costituirsi... come oggetto di esperienza e di giudizio estetici degno di una autonoma raffigurazione. Il Panorama aggiungeva a questa concezione le dimensioni grandissime e l'interezza circolare della veduta, perfezionava il rigore topografico e l'esattezza di tutti i particolari, puntava sulla descrizione più che sulla interpretazione, in un totale che si costituiva da una somma di elementi; poneva inoltre l'accento sulla rappresentazione piena di compiacimento e aliena da contraddizioni della attualità e quotidianità della vita urbana[1].

Nella storia del vedutismo il panorama è un naturale punto d'arrivo e di mutamento di quella che Paul Virilio ha chiamato la «logistica della percezione»[2]: la vista sviluppa il massimo delle sue potenzialità e lo spettatore è parte essenziale del quadro in quanto è già virtualmente incluso nella scena all'atto del suo concepimento. Ne determina la superficie e lo sviluppo sia in senso spaziale che temporale. Se la pittura nel corso dell'Ottocento – grazie anche all'invenzione della fotografia – accelera la sua corsa al movimento, col panorama il primo chiamato a muoversi e a vivere in modo libero nello spazio della pittura è dunque lo spettatore. L'esperienza visiva si realizza in quanto diventa esperienza dinamica, percezione e autocoscienza del tempo della visione e di una temporalità dell'opera stessa, data dal variare delle luci, dagli effetti graduati del passaggio dal giorno alla notte, dai rumori... Lo spettatore non è solo avvolto dall'oggetto della visione, ma lo vive con tutto il suo corpo e tutti i sensi. Non si tratta più di semplice curiosità, né di

---

[1] Bordini, *Storia del Panorama*, cit., p. 240.
[2] P. Virilio, *Guerre et cinéma. Logistique de la perception*, Paris 1984.

meraviglia: il panorama crea un *locus* che vive della vita dei suoi spettatori e offre loro la possibilità di sentirsi in una dimensione spazio-temporale reale di cui tutti gli elementi silenziosi, anche minimi, sono eloquentissimi. I risultati raggiunti, in molti casi, saranno così convincenti da rendere il paesaggio rappresentato più vero del modello autentico:

Vi sono certi aspetti del terreno e del clima che... nei grandi panorami, come in quello di Mr. Burford, sono ricondotti alla mente con una completezza e una veridicità che spesso non si ottengono con una visita diretta al luogo stesso

scriverà il critico del «Times» il 27 dicembre 1861. Nel suo fondamentale *Essai sur l'histoire des Panoramas e des Dioramas* Germain Bapst ricorda che a Parigi il pittore David, che aveva condotto i suoi allievi a vedere un panorama di Prévost al boulevard Montmartre

dopo qualche minuto di osservazione non poté trattenersi dal manifestare così la sua ammirazione: «Veramente, signori, è qui che bisogna venire per studiare la natura»[3].

Non è trascurabile inoltre il fatto che il modello urbano di una città racchiusa entro le sue mura, che avevamo visto sfilare sotto gli occhi dello spettatore del mondo nuovo, si modifica e dilata: le mura vengono materialmente abbattute e, di conseguenza, viene abbattuto un «confine visivo plurisecolare»[4] e favorito uno sguardo che si espande e dilaga verso l'esterno, senza peraltro abbandonare la messa a fuoco delle aree urbane centrali, che mantengono i simboli del potere politico, amministrativo e religioso.

Così scrive Benjamin:

I panorami, che annunciano un rivolgimento nel rapporto dell'arte alla tecnica, sono insieme l'espressione di un nuovo sentimento della vita. Il cittadino, la cui superiorità politica sulla campagna si manifesta ripetutamente nel corso del secolo, compie il tentativo di importare il paesaggio

---

[3] G. Bapst, *Essai sur l'histoire des Panoramas et des Dioramas*, Paris 1891, p. 17.
[4] L. Puppi, *La città come spazio dell'effimero*, appunti delle lezioni di *Storia dell'architettura e urbanistica* a cura di E. Filippi, Padova 1989, p. 76.

nella città. La città si amplia a paesaggio nei panorami come farà più tardi, in forma più sottile con il *flâneur*[5].

Il fatto che anche il punto di vista muti in rapporto all'avvento della rivoluzione industriale è significativo e non sembra un caso che Barker concepisca il suo panorama londinese collocando il punto di vista sul tetto dei mulini Albion.

## IL TEMPO DELLA CITTÀ E IL TEMPO DELLA BATTAGLIA

Nel momento stesso in cui si passerà dalla contemplazione di una città o di un paesaggio, alla rievocazione di grandi battaglie, la percezione spazio-temporale dello spettatore sarà diversa: nel caso della città lo spettatore potrà prendere coscienza della dilatazione delle coordinate urbanistiche e delle spinte centrifughe rispetto al centro storico, della relazione del centro con le periferie, dei rapporti tra città e campagna, del rispetto o dell'uccisione della natura, della espansione cittadina oltre le mura medioevali... Per quanto in grado di immaginare e percepire la coesistenza dei diversi tempi della città, i tempi della vita dei mercanti e dei borghesi e quelli del mondo contadino, l'esperienza dello spettatore e il tempo della sua visione determinerà il tempo dello spettacolo[6]. La città è colta nella sua fissità apparente, ma è il suo gioco di luci e ombre, il suo fascino avvolgente, a produrre la scintilla emotiva. In alcuni casi, in assenza di suoni e rumori (soprattutto nel caso della rappresentazione di città) e pur in una condizione visiva del tutto differente, alcuni spettatori avranno comportamenti analoghi a quelli dei primi spettatori cinematografici, o di quelli della fantasmagoria: saranno presi cioè dal panico e dalla sensazione di essere traghettati nel regno dei morti. Ma si tratta – forse – di casi eccezionali, di collisioni di una istanza illusionistica e in qualche modo mirante a chiudere lo spettatore in un cerchio magico artificiale e le esigenze della libertà immaginativa dell'anima romantica. Nel caso invece delle scene di battaglie, rese più verisimili dal supporto di suoni e rumori, dalla presenza in scena dei protagonisti e degli attori dell'avve-

---

[5] W. Benjamin, *Parigi capitale del XIX secolo*, Torino 1986, p. 1088.
[6] Per questo motivo dell'esperienza temporale ho cercato di far tesoro della lezione di Sergio Bettini, in particolare delle sue *Lezioni di estetica del 1963-64*, Padova 1964.

nimento, verrà data al «tempo vissuto» dello spettatore l'occasione di incontrarsi con quello degli eventi storici, nel momento stesso in cui accadono. Assai esaltante sarà, per tutti gli spettatori, avere il privilegio di assistere, nel corso dell'Ottocento, a tutte le grandi battaglie da punti di vista interni ai quartieri generali, da Lodi, ad Agincourt, da Wagram a Navarino, Waterloo, Trafalgar, Eylau, Balackava, Gettysburg, Marengo... dall'assedio di Anversa a quello di Sebastopoli, a quello prussiano a Parigi del 1870, realizzato da Félix Philippoteaux nel 1872 e destinato a rimanere per diciassette anni, apportando al suo ideatore ben 7 milioni di franchi contro i 300 mila investiti. Ma anche, allargando un po' lo scenario temporale si può risalire, in senso antiorario, alla presa della Bastiglia, agli ultimi giorni di Pompei e alla crocifissione di Cristo. Nel panorama di Reichshoffen di Courboin, esibito dal 26 novembre 1881 in rue Saint-Honoré, attorno alla piattaforma in cui prendono posto gli spettatori sono disposti dei terreni devastati dagli obici e dalle bombe e dei terrapieni nei quali sono distribuiti dei corpi di soldati morti o feriti, riprodotti in cera a grandezza naturale.

Ultimo, ma non minore, è il fatto che lo spettacolo di panorama richiede investimenti cospicui e necessita di luoghi concepiti appositamente al centro delle metropoli per realizzare in pieno le sue possibilità. I tipi di spettacolo, le modalità di visione, l'economia, l'iconografia e l'iconologia di cui ci siamo finora occupati non servono più come metri di riferimento: il panorama è sempre opera dell'ingegno individuale, non nasconde l'ambizione di voler assumere un ruolo avanzato anche sul piano stilistico ed espressivo.

Ma ritorniamo alle prime manifestazioni del nuovo tipo di spettacolo ottico. Ecco come vengono descritti dalle locandine pubblicitarie ritrovate nella Bibliothèque de l'Arsenal due panorami di Prévost, quello dell'incontro di Tilsitt e quello della battaglia di Wagram, realizzati rispettivamente nel 1808 e nel 1810:

Si immagina che lo spettatore sia collocato in cima alla chiesa principale di Tilsitt, detta chiesa tedesca. È dal campanile di questa chiesa che è stato preso il punto di vista: questo campanile domina lo Niemen, sul bordo del quale è costruita la grande strada dove si svolge l'azione.

Ai piedi dello spettatore inizia la Via tedesca o Gran via. La prima casa, a destra, di cui non si vede che la facciata, sormontata da otto figure gotiche di guerrieri è stata adibita a sede dell'Imperatore di Russia...

Questa strada è tutta riempita ai lati da una fila di guardie imperiali francesi, a piedi e a cavallo, dietro a cui si assiepa la folla degli spettatori.

In cima alle due ali, davanti alla casa dello stato maggiore francese, Sua Maestà l'Imperatore Napoleone sta per ricevere, nel suo territorio, l'imperatore Alessandro. Entrambi sono accompagnati dai rispettivi Stati Maggiori: si possono riconoscere da un lato il principe Marat e quello di Neûchatel e dall'altro il Granduca Costantino, il giovane, fratello dell'imperatore di Russia... ecc...

Nei panorami d'attualità, come nei due casi che presentiamo, è fondamentale la presenza dei grandi protagonisti, la fissazione di gesti che mutano il corso della storia, ma anche la presenza delle folle. La descrizione, data con ogni probabilità agli spettatori all'entrata, viene poi detta, nel corso dello spettacolo, in modo da consentire la perfetta identificazione di ogni elemento e di ogni dettaglio.

La *Battaglia di Wagram* è del 6 luglio 1809: Prévost decide di realizzare quello che potremmo chiamare un *Instant-panorama* e di porre questa volta il punto di vista all'interno del quartier generale dell'Imperatore:

1. In lontananza la città d'Enzersdorf, che era stata bruciata durante il passaggio del Danubio dall'armata francese, di fronte all'isola di Lobeau, nella notte del 4-5 luglio. Più sotto, a destra, in pianura, una casa dal tetto bianco, conosciuta col nome di Albergo Nuovo. Tornando a sinistra, avvicinandosi, si vedono le file dell'artiglieria e, più da vicino ancora, le tende del quartier generale dell'Imperatore, circondate da cavalli... Di fronte ufficiali e soldati dei corpi di Sanità soccorrono feriti francesi e austriaci, indistintamente.

2. Nel mezzo della pianura, il villaggio di Racdorf, in cui sono poste le ambulanze dell'armata francese. Dei carri vanno e vengono, trasportando dei feriti...

Il panorama offre un'occasione privilegiata di assistere ad avvenimenti che stanno modificando storia e geografia del mondo.

Con l'invenzione di questo grandioso spettacolo ottico, da una parte la cronaca visiva si pone in competizione col lavoro dei giornalisti, dei testimoni che con mezzi di comunicazione sempre più rapidi divulgano il senso degli avvenimenti a cui assistono. Dall'altra il lavoro dei grandi topografi e del vedutismo raggiunge il momento più alto: un intero paesaggio, o una città, o una scena di battaglia, vengono offerti sia a uno sguardo analitico, capace di distinguere ogni minimo dettaglio, sia a uno sguardo sintetico, che, sulla base di un unico movimento, vuole misurare l'orizzonte circolare in tutta la sua ampiezza.

Grazie al panorama la superficie visibile, la «pelle» di un paesaggio, la sua dimensione finita, viene distesa e fissata da un occhio che vuole registrare tutto. Per il pittore di panorama porsi sulla cima di un «ermo colle», o di una montagna, o di un campanile, non vuol dire misurarsi col senso dell'infinito, naufragare dolcemente in uno spazio indistinto (anche se per certi panorami questo non si esclude, come il *South Western view from Loch Lomond* di John Knox, presentato a Edimburgo nel 1811, che respira l'atmosfera del *Mattino al Riesengebirge* di Friedrich di poco anteriore) quanto piuttosto avere l'opportunità di rimisurare il visibile, abbracciare e dominare il finito, senza ricorrere a strumenti ottici, percepire i rapporti tra i diversi elementi urbanistici e quelli naturali. Il panorama si propone una fedeltà assoluta all'oggetto rappresentato, ma anche non nasconde, assieme al suo intento cronistico e documentario di eventi contemporanei, le sue ambizioni artistiche, la sua intenzione di misurarsi con la grande pittura di paesaggio, arricchendone le possibilità, offrendosi come modello avanzato e non come semplice curiosità spettacolare.

In tutte queste rappresentazioni ciò che è importante è la ricerca di una nuova qualità dell'immagine. L'imitazione della natura è ancora un principio valido, ma a prevalere è il fascino dell'artificio. L'essenziale è che l'immagine provenga dal mondo reale, della natura vivente e ne sia in qualche modo il riflesso. Il dispositivo ottico dà vita a un'immagine totalmente trasformata, sul piano dimensionale, prospettico, e soprattutto per ciò che riguarda la luminosità. La rappresentazione è determinata così da una particolare condizione percettiva, dall'attenuarsi o dall'accendersi dei colori, dal vibrare delle forme, dalle metamorfosi illusorie che costituiscono la vera natura delle immagini. Lo sguardo, per diventare più penetrante, si affida al potere magico del congegno ottico, poiché l'ottica prolunga i poteri della vista e insieme quelli dell'invenzione, offre alla mente dell'artista la possibilità di creare un universo nuovo [7].

Il pittore del panorama, prima di assumere l'identità professionale del cronista visivo, è un naturale erede del vedutismo. Usa – come ci documenta Dufourny – la camera ottica per trascrivere,

---

[7] Dubbini, *Geografie*, cit., pp. 93-94.

con la massima precisione, la realtà osservata[8]. E tuttavia non rinuncia, in molti casi, a far sentire il peso del proprio investimento emotivo. Più che suscitare nello spettatore la meraviglia vuole toccarne le corde delle sensazioni, comunicargli ottimisticamente la possibilità della conquista di quel mondo. La pittura coeva di Turner, Friedrich e Schinkel e la loro capacità di dissolvere il paesaggio nella luce, o cercare la rappresentazione di paesaggi dell'anima, sembrano spingere in una direzione del tutto antitetica: eppure saranno proprio le ricerche sulla luce della pittura romantica a impregnare le tele di molti panorami (e soprattutto diorami e diafanorami ottocenteschi) e a aggiungere alla precisione della ricostruzione dei dettagli l'emozione di fronte alla vastità degli spazi vergini... I diafanorami di Franz Niklaus König, iniziati nel 1811 a Berna conferiscono ai paesaggi montani e lacustri della Svizzera un senso forte e originale di proiezione e compenetrazione dell'animo romantico che non sarà senza conseguenze sul lavoro di Daguerre nei diorami. Tutte le immagini ricreate dai panorami prima e dai diorami poi sono concepite per essere momentaneamente eccitanti e non con lo scopo di agire in profondità, di sconvolgere il paesaggio affettivo dello spettatore. In ogni caso

mostravano un desiderio romantico di andare oltre il teatro convenzionale, con le sue ben costruite performances ed esecuzioni di testi, in un terreno in cui i sublimi effetti da poco raggiunti dai pittori di paesaggio potevano essere convertiti in un business spettacolare. Tentavano di ottenere che il pubblico fosse coinvolto nei drammi di base del mondo fisico, anche se nella forma di illusioni spettacolari, invece di vedere ripetizioni di attori in costume...[9].

Nel momento in cui cattura lo sguardo dello spettatore e gli impone di muoversi, il *panorama* cerca di attivare una serie di emozioni e di processi di identificazione e desiderio di possesso.

---

[8] «Anche per il Panorama fu prezioso fin dall'inizio il sussidio della camera oscura, inserita su un perno girevole: scelto il punto di vista occorre, per ottenere con grande esattezza il contorno degli oggetti, servirsi di una camera oscura che giri a volontà su un perno senza cambiare orizzonte. Dopo aver disegnato tutta la parte dell'orizzonte che l'obiettivo della camera oscura può abbracciare, dopo aver seguito con esattezza i tratti degli oggetti che essa presenta, si gira la camera oscura sul perno per riprendere nella stessa maniera la porzione più vicina a destra e a sinistra e si continua così fino a percorrere l'intera circonferenza e a disegnare tutti gli oggetti che essa racchiude». La citazione è in Bordini, *Storia del Panorama*, cit., p. 56.
[9] A. Hollander, *Moving Pictures*, New York 1989, p. 282.

Anche se mancano dati sicuri di riferimento e il numero di panorami sopravvissuti è minimo, si può affermare che questo tipo di spettacolo costituisce uno dei più significativi momenti di attrazione urbana del XIX secolo. Grazie alle ricerche di François Robichon e Isabelle Leroy per la mostra *Sehsucht*, allestita a Bonn nel 1993, è possibile avere dati quantitativi molto precisi sull'affluenza di pubblico ai panorami di Prévost e Langlois, o sugli investimenti e strategia multinazionale del pittore Castellani, che crea una società per lo sfruttamento del panorama che si diffonde in vari paesi[10]. Mentre per ricostruire la storia delle lanterne magiche o del mondo nuovo ci si è mossi in territori indistinti, inseguendo le piccole fiammelle luminose nel loro continuo movimento, si è cercato di combinare insieme frammenti minimi, quasi invisibili e fonti assai eterogenee, il panorama ha bisogno da subito di gigantesche cattedrali laiche, nel cuore delle capitali, gode di una letteratura giornalistica più significativa e consistente di quella iconografica e di tale quantità e qualità da consentirci di capire le caratteristiche dello spettacolo, le ragioni del suo successo e della sua diffusione per tutto l'Ottocento[11].

All'atto del suo battesimo, il panorama trova una piena legittimazione, artistica e spettacolare, e riesce a occupare stabilmente il centro di molte capitali (da Londra a Parigi, da Berlino a New York) e grandi città europee ed extraeuropee. Personaggi come Robert Barker si presentano – sia pure nel pieno rispetto e consapevolezza delle differenze – come gli eredi della grande pittura rinascimentale e barocca[12]. Concepiscono le loro grandi opere, misurandone le superfici, con l'intenzione megalomane, non tanto nascosta, di confrontarsi coi cicli della pittura veneziana di Tintoretto, o romana di Raffaello e Michelangelo, riconoscendo nei propri committenti la nuova borghesia che si è impadronita delle città

---

[10] *Sehsucht. Das Panorama als Massenunterhaltung*, Francoforte 1993.
[11] Esiste una letteratura attendibile e storiograficamente matura sul panorama. Oltre ai testi già citati si veda almeno: J. Barnes, *Precursors of the Cinema: Peepshows, Panorama and Dioramas*, Saint-Ives 1967; Heinz Buddemeier, *Panorama, Diorama, Photographie: Entstehung und Wirkung neuer Medien im 19. Jahrhundert*, München 1970; E. de Kuyper e E. Poppe, *Voir, regarder*, in «Communications», n. 34, 1981, pp. 85-96 tradotta in italiano in «Cinegrafie», n. 8, 1995, pp. 197-209 e P. Dubois, *La question du panorama*, in «Cinémathèque», a. II, n. 4, autunno 1993, pp. 22-39.
[12] Vedi su questo rapporto H. Damish, *Théorie du nuage. Pour une histoire de la peinture*, Paris 1972 e il lavoro di S. Oettermann, *Das Panorama. Die Geschichte eine Massmediums*, Frankfurt 1980.

in nome della libertà e dell'eguaglianza. In Leicester Square, o al Colosseum in Regent Park a Londra, o alla Rotunda Gymnasium di Bold Street a Liverpool, o alla Rotonda del Prater a Vienna, o di quella eretta a Parigi all'incrocio tra la rue neuve Saint-Augustin e il boulevard des Capucines, o in rue Saint-Honoré, il commerciante, l'impiegato, l'intellettuale, in una parola i nuovi protagonisti sociali, i nuovi icononauti che aspirano al dominio e alla colonizzazione visiva, trovano la propria cappella Sistina, si esaltano perché il tempo della loro esperienza visiva è finalmente un tempo laico, perfettamente sintonizzato col loro senso del tempo. E si accorgono di poter proiettare sui paesaggi vuoti delle pitture delle rotonde la polvere delle loro storie e la carica delle loro ambizioni. Gli spettatori vogliono entrare a tutti gli effetti, e in tutti i modi possibili, nella *fabula* visiva perfettamente ancorata a uno spazio o a un preciso momento storico.

Nelle sue *Memorie di un turista*, scritte nel 1838, Stendhal racconta che, per avere una visione d'insieme di Lione e della sua periferia, ha dovuto salire sulla torre della chiesa di Fourvière, nello stesso punto in cui «fu disegnato il primo panorama»[13].

Panorama che giunge dopo oltre una decina d'anni di esperimenti e realizzazioni avviate in Scozia prima e in Inghilterra poi dal pittore scozzese Robert Barker, che ne ha brevettato l'idea e ne venderà i diritti in Francia e poi in tutta Europa.

Non solo per merito di Barker, ma per la continuità, il numero di panorami in concorrenza tra loro, la qualità dei prodotti e la popolarità di fenomeno, Londra mantiene il ruolo di capitale e punto d'irradiazione del fenomeno che, con grande velocità, si espande e radica in Europa e al di là dell'Atlantico[14].

L'Inghilterra e Londra non sono seconde a nessun paese europeo nella diffusione e nel successo dello spettacolo popolare, delle lanterne magiche e dei peep-show[15]. E tuttavia è col panorama che

---

[13] Con ogni probabilità lo scrittore fa riferimento al *Panorama circolare della città* eseguito da Prévost e presentato a Parigi nel 1800. Stendhal, *Memorie di un turista*, Torino 1977, p. 103.

[14] Per un quadro internazionale della diffusione del panorama rinvio al citato Oettermann, *Das Panorama*, a E.J. Fruitema-P.A. Zoetmulder, *The Panorama Phenomenon*, Hague 1981 e a Bordini, *Storia del Panorama*, cit., che contiene in appendice un elenco significativo dei panorami più importanti realizzati nelle maggiori città d'Europa nell'Ottocento.

[15] Per un quadro molto ricco degli spettacoli popolari in Inghilterra dal Rinascimento all'Ottocento vedi R. Altick, *The Shows of London*, Massachussets 1978.

un tipo di spettacolo ottico trova realmente a Londra la sua culla e il suo centro di diffusione per tutto il mondo.

Forse è eccessivamente rischioso collegare, in un rapporto di causa/effetto, l'invenzione del pallone aerostatico con quella del panorama, di sicuro però il mutamento del punto di vista, grazie alle prime ascensioni aerostatiche, ha ricadute sulla percezione del paesaggio e sul bisogno di dilatare lo spazio delle camere delle meraviglie ottiche e di rendere meno precario il consumo e povere le sedi.

Nella tradizionale teoria evoluzionistica delle macchine della visione – quella del resto che ci consente di conoscere lo sviluppo tecnologico degli strumenti ottici nel periodo di cui ci occupiamo – il panorama costituisce la fase di sviluppo del mondo nuovo, dovuta al potenziamento di certi aspetti (dilatazione ipertrofica della superficie delle vedute e del concetto di teatralizzazione della visione, potenziamento dello sguardo fino a raggiungere la sensazione delle «palpebre tagliate» di cui ha parlato Kleist). Raggiunge lo zenith nei primi decenni del XIX secolo e poi inizia la fase di arretramento e obsolescenza – senza peraltro sparire mai – rispetto a invenzioni che offrono attrattive illusionistiche ben più forti. Il titanismo visivo e scenografico mostra come questo capitolo della storia della visione sia, ancora una volta, storia di storie, in cui il teatro e le arti figurative trovano modo di riconoscere affinità e parentele con questa nuova forma di spettacolo e a lungo continuano a influenzarsi reciprocamente.

Verso la fine dell'Ottocento a Londra come a Vienna e Bologna si trovano ancora folle di ambulanti che esibiscono la scritta panorama, pur limitandosi a mostrare spettacoli di diorama, mentre rotonde per spettacoli derivati da Barker si possono trovare in Australia, Corea, Brasile e Giappone[16].

Con l'invenzione del panorama ci si lascia di colpo alle spalle per alcuni decenni dell'Ottocento l'epopea dello spettacolo ambulante, il senso della precarietà, l'anonimìa e si osserva un tipo di spettacolo stabile, che compete con altre forme di spettacolo teatrale, e esibisce, fin dall'atto di nascita, le proprie ambizioni di voler contribuire al miglioramento dei processi artistici.

Barker vuole offrire di sé non l'immagine di un ideatore di un

---

[16] Hyde, *Panoramania*, cit., p. 13.

nuovo tipo di spettacolo, quanto piuttosto quella di un rivoluzionario innovatore sul piano della scoperta di nuove tecniche di rappresentazione del paesaggio.

### ROBERT BARKER E L'INVENZIONE DEL PANORAMA

Barker, nato a Kells nel 1739, prima di dedicarsi alla realizzazione dei panorami ha tentato, peraltro senza successo, di inserirsi nei circoli artistici irlandesi. Ha un forte senso di sé e una grande fiducia nelle proprie possibilità: questo gli consente di superare non poche difficoltà nel corso del suo cammino, soprattutto agli inizi. Il primo lavoro, esibito ad Edimburgo nel 1788, si intitola *Edinburgh from Carlton Hill*: è una veduta della città ripresa dalla collina sovrastante. Consapevole di aver risolto problemi di continuità visiva, l'anno precedente, Barker aveva brevettato la sua tecnica chiamando il procedimento *Nature à coup d'oeil*. Nel testo di presentazione di brevetto – di cui si chiede la proprietà per una quindicina d'anni – si rivendica l'invenzione originale di un sistema pittorico capace

per mezzo del disegno e della pittura e di un'appropriata disposizione dell'insieme, di definire l'intera veduta di una regione o di un luogo qualsiasi, così come appare a uno spettatore che giri interamente su se stesso...[17].

Il prototipo del panorama non raggiunge l'obiettivo illusionistico che Barker si prefigge perché lo spazio è troppo ristretto e la distanza dello spettatore dal quadro circolare minima. Ma è importante osservare che l'autore lo presenta come un risultato di «progresso pittorico» e presenta se stesso come un vero innovatore nel territorio della pittura di paesaggio.

Tutta la storia successiva è però caratterizzata dalla messa a punto di procedimenti che mirano a restituire un'illusione perfetta di realtà. In ogni caso Barker porta a termine il suo progetto a dispetto di un iniziale giudizio negativo[18] di Sir Joshua Reynolds,

---

[17] Il brevetto è riportato nel *Repertory of Arts and Manufactures*, t. IV, London 1796, p. 165.
[18] In alcuni suoi discorsi (*Literary Works of Sir Joshua Reynolds*, vol. II, London 1797) Reynolds aveva assunto una posizione negativa nei confronti della camera ottica sottolinean-

presidente della Royal Academy of Arts, che poi diverrà uno dei suoi più accesi sostenitori[19].

Osservando gli spettacoli di mondo nuovo si è cercato di sottolineare come gli impresari ambulanti di questo tipo di spettacolo fossero i primi a tentare di offrire a un pubblico contadino e urbano, povero e analfabeta, o benestante e colto, un tipo di viaggio da un continente all'altro, fondato su luoghi riprodotti da topografi e pittori nelle loro caratteristiche architettoniche e urbanistiche reali. Nelle «cassele» del mondo nuovo lo sguardo era guidato, e fisicamente bloccato, dalle condizioni della visione e dalle leggi della prospettiva: lo spettatore poteva godere di un punto di vista aereo, privilegiato, la sua vista tuttavia era prigioniera dei limiti del quadro. La capacità di volare e muoversi oltre quello spazio era legata alla sua visione interiore. Il panorama anzitutto modifica i rapporti di scala tra spettatore e quadro in modo che si crei una sensazione di trovarsi in una condizione reale, nel pieno rispetto delle distanze tra osservatore e realtà osservata e poi libera il potere dello sguardo per una visione giroscopica. Il panorama, come indica Jacques Aumont, sembra sintonizzarsi e celebrare la nascita di un essere di tipo nuovo:

> Il viaggiatore delle cime. Questo viaggiatore conosce la veduta panoramica...: è la manifestazione del suo dominio e della sua esaltazione. Nello stesso tempo lo spettatore è accerchiato, come imprigionato, il suo sguardo abbraccia tutto lo spazio, ma lo spazio è finito, chiuso, limitato. Il panorama apre degli orizzonti[20].

Inoltre il panorama è consapevole di rivolgersi a uno spettatore sufficientemente colto e da subito vengono prospettati i vantaggi di servirsi di questo tipo di spettacolo più rappresentativo di tutte le altre forme anteriori di spettacolo ottico, come del miglior sostituto

---

done la capacità di limitare il potere immaginativo dell'artista: «Se supponiamo una veduta della natura e la stessa scena rappresentata con tutta la verità della camera oscura, quanto piccola ed esile ci apparirà l'una in rapporto all'altra». Cit. in A. Sharf, *Art and Photography*, Hardmondsworth 1974, p. 21.

[19] «Reynolds fu uno straordinario ammiratore dell'invenzione e dell'effetto prodigioso del Panorama e andò ripetutamente a vederlo in Leicester-fields. Fu la prima persona a segnalarmelo e a raccomandarmi caldamente di andarci, dicendomi che mi avrebbe sorpreso più di ogni cosa di quel tipo avessi visto nella mia vita», J. Northcote, *The Life of Joshua Reynolds*, vol. II, London 1892, p. 42.

[20] J. Aumont, *L'oeil interminable*, Paris 1989, trad. it. *L'occhio interminabile*, Venezia 1991, pp. 47-48.

dei viaggi reali: già nel 1789 nel Woodfall's Register si suggeriscono i benefici per la famiglia reale di acquisire, grazie al panorama, una conoscenza preliminare dei paesi stranieri [21].

Con il suo punto di vista elevato e l'ampiezza del giro d'orizzonte il Panorama raccoglieva e riproponeva una tendenza alla dilatazione dello sguardo, un espandersi del campo visivo, che trovava riscontro in altre indagini ed esperienze. A partire dal Settecento si potevano guardare, per la prima volta, le cose dall'alto del cielo, con la mongolfiera, si scalavano le alte montagne delle Alpi e le si accoglieva come oggetto di studio e di arte; ci si compiaceva di guardare i dintorni da torri e campanili e si costruivano piattaforme elevate apposta per spingere più lontano lo sguardo. Si viaggiava di più e si divulgavano le relative esperienze visive e conoscitive in vari modi; l'esplorazione, la contemplazione e la rappresentazione delle grandi distanze assumeva il ruolo di una metafora di nuovi e antichi interrogativi sul mondo [22].

Senza nulla togliere ai meriti di Barker, che traduce la sua idea pittorica in un evento spettacolare e in un'impresa commerciale, in modo assai persuasivo Dubbini dimostra come esperienze di rappresentazione circolare esistessero ben prima dell'invenzione del pittore scozzese e fossero una pratica abbastanza comune nella topografia militare:

Occorre considerare che la tecnica panoramica, con la sua pretesa totalizzante, si basa su una tecnica grafica estremamente esatta e sviluppata. Come è stato osservato da Wolfgang Stechow, la visione panoramica moderna, con la perfetta rappresentazione delle lontananze, la grandissima precisione descrittiva, l'instancabile riproduzione del dettaglio, deriva dalla tecnica dei disegnatori topografici, piuttosto che da quella dei pittori. Il sapiente realismo del colore, sviluppato da Barker, è un complemento spettacolare, importantissimo, di un'accurata, preliminare, opera di survey [23].

In ogni caso nessuno intende oggi sottrarre a Barker la paternità della nuova invenzione (ma in Francia Prévost e in Germania Breysig ne rivendicheranno la priorità) [24], che, da subito, utilizza, nel

---

[21] Hyde, *Panoramania*, cit., p. 38.
[22] Bordini, *Storia del Panorama*, cit., p. 44.
[23] Dubbini, *Geografie*, cit., p. 64.
[24] Per Prévost si veda la biografia scritta dal fratello J. Prévost, *Notice historique sur*

modo più moderno ed efficace, i mezzi d'informazione per comunicare col grande pubblico londinese. Il «Times» del 10 febbraio 1792 propone questo annuncio pubblicitario per il nuovo tipo di spettacolo che rimane aperto al pubblico dalle nove del mattino alle quattro del pomeriggio:

Il pubblico è rispettosamente informato che l'attuale soggetto del Panorama, dipinto da R. Barker, che ha brevettato questa invenzione, è una veduta a prima vista della città di Londra e Westminster, che comprende i tre ponti ed è racchiusa in un'unica pittura di 1479 piedi quadrati, che sembra altrettanto larga e, da ogni punto di vista, identica alla realtà. Gli spettatori di questo dipinto saranno talmente ingannati dalla pittura da credere di trovarsi sui tetti dei Mulini Albion da cui la veduta è stata ripresa.

Per conferire la massima verisimiglianza alle sue opere Barker soggiorna a lungo nei luoghi da riprendere. È il caso di Costantinopoli, dove si reca nel 1799 e dove raccoglierà una vastissima documentazione per la realizzazione di ben due Panorami (*View of Constantinople from Town of Galatea* e *View of Constantinople from the Tower of Leander*), mostrati entrambi nel 1801. Tra tutti i modelli le riproduzioni o i bozzetti di panorami giunti fino a noi questo è, con ogni probabilità, l'esempio più significativo dell'ossessione dello sguardo microscopico e analitico che accompagna lo sguardo totalizzante dell'inventore del panorama. Lo spazio rappresentato è attraversato da una sorta di *horror vacui*: ogni casa, ogni albero, ogni metro di superficie reale, è ripreso in scala. Il passo successivo nel rilevamento visivo di una città sembra possa essere solo il fotopiano.

Barker muore nel 1806 e il figlio Henry Aston eredita la sede del panorama in Leicester Square: quando Henry andrà in pensione subentrerà il pittore John Burford, che rimarrà assieme al figlio a gestire l'impresa fino al 1861. La rotonda, dove lo spettacolo dei Barker verrà esibito per quasi settant'anni, era stata costruita all'angolo di Leicester Square su progetto di Robert Mitchell nel 1793. La costruzione si articolava su due piani nei quali si trovavano rispettivamente un panorama di 2.700 piedi quadrati e di 10 mila

Montigny-le Gannelon, Chateadun 1852, e per Breysig si può consultare Nagler, *Dictionnaire des artistes et peintres*, Paris s.d.

piedi quadrati al piani inferiore. Nel corso di questo arco di tempo i Barker realizzeranno ben 126 soggetti differenti di panorami.

I primi panorami realizzati da Barker sono dunque le visioni di Edimburgo (ne sono conservate a Edimburgo sei bozzetti ad acquarello) e Londra (di questa sono conservati i sei bozzetti in acquatinta al Guardian Royale Exchange): allo spettatore si offre un punto di vista inedito e dilatato al massimo dello spazio in cui vive.

In entrambi Barker fissa un punto ravvicinato di riferimento ottico, un camino nel caso di Edinburgo, una larga superficie di tetto dei mulini, con una serie di camini per Londra, con la funzione di creare un trampolino di lancio, un boccascena, ma anche una parte del paesaggio e un modo di ancorare fisicamente lo spettatore al punto di vista, dandogli l'illusione topologica. La veduta viene determinata dalla posizione dello spettatore. Lo sguardo si apre sul Blackfriars Bridge sul Tamigi, con le carrozze e le persone che lo attraversano. Il fiume sottostante è attraversato da barche a vela e a remi, e da zattere. Se ci si sposta da sinistra verso destra, si riesce a identificare sullo sfondo prima St. Bride Church e poi la cattedrale di St. Paul. Continuando a ruotare la vista viene marcata dal tetto dei mulini (gli Albion Mills). A un certo punto lo sguardo cade a piombo sulla sottostante Albion Street con le sue carrozze, i cavalieri, i passanti e, poco dopo, in Albion Place si scorge una persona che si sporge da una finestra... La città è in movimento: non ancora frenetico, come accadrà qualche decennio più tardi, ma in tutti i punti si notano figure che si stanno muovendo. Di fronte a un paesaggio di questa ampiezza e ricchezza di elementi il tempo della visione si dilata e lo spettatore può prendere pienamente coscienza del potere della sua vista di tradurre tutto il linguaggio delle cose che lo circondano:

È dunque nel Panorama che il cittadino può cogliere un'immagine sintetica e dinamica della città. Nel Panorama egli si trova nel centro ottico-geometrico della città, immerso in uno spazio culturale di grande intensità, ma egli è anche in grado di percepire l'instabile equilibrio stabilitosi tra città e territorio; può avvertire che l'orizzonte nella sua ampiezza, è un confine incerto, che sta per sfuggirgli. Questa condizione è visibile in particolare nei disegni per il *Panorama di Parigi* eseguiti nei primi anni dell'Ottocento da Henry Aston Barker. In questi fogli la città è ancora descritta efficacemente nella sua totalità tramite l'estrema trasparenza e precisione del tratto. Vengono illustrati in dettaglio i celebri monumenti del centro, i quartieri e la loro condizione abitativa... Ma oltre questi limiti architettonici, l'orizzonte diviene uno spazio vago, troppo lontano...[25].

Una descrizione molto dettagliata dell'invenzione di Barker si può trovare nel già ricordato rapporto di Dufourny, membro della commissione dell'Institut des Beaux-Arts di Parigi:

> Una pittura circolare esposta in modo che l'occhio dello spettatore posto al centro e in grado di abbracciare tutto l'orizzonte non incontri che il quadro che lo circonda. La veduta non consente all'uomo di giudicare delle grandezze e delle distanze che per confronto: se il confronto gli manca ha un giudizio falso su ciò che la sua vista percepisce.
> Quando si vede un quadro per quanto grande sia, chiuso in una cornice, la cornice e ciò che circonda il quadro sono dei punti di riferimento che avvertono che non si è in presenza della natura, ma della sua riproduzione. Per stabilire l'illusione è necessario che l'occhio su qualsiasi punto si posi, incontri ovunque le figurazioni fatte in proporzione con dei toni esatti e che in nessuna parte possa cogliere oggetti reali che gli possano servire da termini di confronto: quando non vede altro che un'opera d'arte crede di essere in presenza della natura. Questa è la legge su cui sono fondati i principi del panorama[26].

Il *Panorama di Londra* ottiene un immediato successo di pubblico, superiore alle pur ottimistiche attese dell'autore:

> Col successo di Barker la Panoramania diventa rampante, prima a Londra e presto in tutta Europa. Due amici di Barker, Robert Key Porter e Thomas Girtin furono ispirati dal lavoro dell'amico. Porter presentò una serie di giganteschi pitture a trompe-l'oeil semicircolari che rappresentavano la tempesta di Seringapatam, l'assedio di Acri e le Battaglie di Agincourt, Alessandria e Lodi. Girtin creò una grande pittura a olio di 108 piedi per 18 chiamata l'*Eidometropolis* o *Panorama di Londra*[27].

Nella recensione dell'ottobre 1802 nel «Monthly Magazine and British Register, Monthly Retrospect of the Arts» del capolavoro di Girtin si dice che Girtin si colloca ai massimi livelli della nuova forma di espressione artistica[28].

---

[25] *Ibid.*, p. 63.
[26] Cit. in H. El Nouty, *Théâtre et pré-cinéma*, Paris 1978, p. 53.
[27] D. Robinson, *Il Panorama da Robert Barker all'Omnimax*, Pordenone 1988, p. 8.
[28] «*Eidometropolis* di Mr Girtin allo Spring Gardens è stato accolto molto bene e considerato in tutti i suoi aspetti potrebbe essere tranquillamente collocato al massimo livello della nuova e straordinaria forma di appropriazione della prospettiva in pittura. L'artista,

Rispetto a Barker, Girtin esibisce – per quanto ci è dato capire dagli acquarelli superstiti – la natura romantica della sua visione: la sua Londra è colta da una distanza maggiore, il vicino risulta più definito e i palazzi e le chiese oltre il Tamigi sono visti come attraverso una leggerissima foschia. Girtin ha minori preoccupazioni mimetiche e topografiche e cerca invece di cogliere soprattutto l'atmosfera complessiva, la «forza tranquilla» della città, con la tavolozza di colori del cielo e dell'acqua, l'avvicinarsi minaccioso di un temporale, il fumo della fonderia Lukin, le emozioni date dalla bellezza dei monumenti, dalle chiese che si elevano sulle case borghesi.

Due mesi dopo Girtin muore prematuramente: nel «Morning Herald» del dicembre 1802 così Henry Bates Dudley, assieme alla celebrazione dell'opera – nella quale ogni inglese e amante della sua patria nel vederla così gloriosamente rappresentata dovrebbe avvertire l'anima del genio – indica cosa si potrebbe fare per salvarla:

La precisione dell'occhio di Mr. Girtin è stata tale da rappresentare ogni casa, tutte le chiese, i ponti, il Tamigi, il Blackfriars Bridge, e la Surrey Road. Inoltre è riuscito ad abbellire, con una straordinaria varietà di oggetti, questa grande città commerciale. Potrebbe essere adattata a motivo d'arredamento in un parco di nobili o di gentlemen; sarebbe una cosa originale e offrirebbe al suo possessore la possibilità di vedere Londra standosene in campagna, e in questo modo potrebbe anche gratificare gli ospiti con l'enorme varietà di cose che offre. L'archeologo, in pochi anni, potrebbe vedere com'era Londra e cogliere le grandi trasformazioni sopravvenute, particolarmente al London Bridge. È stato spesso posto al Governo il problema della creazione di un luogo nazionale di raccolta della memoria artistica, simile al Louvre. Noi riteniamo che questo Panorama possa costituire un oggetto molto adatto che dovrebbe attirare l'attenzione del Governo [29].

Il panorama è appena nato, ha da poco mosso i primi passi e già ottiene riconoscimenti e legittimazioni come prodotto artistico e addirittura viene indicato come opera rappresentativa per la memoria artistica e sociale della nazione.

non ha assunto il modo normale di misurare e ridurre gli oggetti, ma ha creduto nella propria vista... Lo spazio apparente che gli oggetti sembrano occupare e la loro misura relativa, dà loro la sensazione di essere più larghi di quanto in realtà non siano... ». Cit. in H.J. Pragnell, *The London Panoramas of Robert Barker and Thomas Girtin*, London 1968, p. 17.

[29] *Ibid.*, p. 21.

## LA PANORAMANIA IN EUROPA

Qualche tempo dopo, sempre grazie alla citata relazione di Dufourny, possiamo avere anche una descrizione del primo panorama realizzato a Parigi, da un americano giuntovi nel 1796, che aveva acquisito da Barker i diritti di sfruttamento del brevetto per una decina d'anni:

> È stato sotto la direzione Fulton che è stato eseguito il primo Panorama per Parigi. Esso rappresenta la veduta di questa immensa città. Si immagina lo spettatore sulla Piattaforma del Padiglione Centrale del Palazzo delle Tuileries: da questo punto si abbraccia un orizzonte immenso, che racchiude non solo la veduta di Parigi, ma anche una parte della campagna circostante.
> Lo spettatore domina, plana su tutti gli oggetti, segue con gli occhi le rive della Senna, passeggia sotto i tigli e circola nelle strade e nelle piazze; e su qualsiasi punto si arresti il suo sguardo è colpito dalla verità con cui sono resi l'insieme, i dettagli di questa immensa prospettiva[30].

Nel suo rapporto esemplare Dufourny e in una successiva memoria del 1800 non si limita solo a registrare le caratteristiche dell'invenzione, ma ne indica una serie di possibili sviluppi[31].

Poco dopo James Thayer, che a sua volta ha rilevato il brevetto da Fulton, fa costruire in un Passage del boulevard Montmartre due cupole per panorami. Verso la fine del secolo Barker di persona va a esportare in Germania due panorami (che chiamerà nausorami), il primo inaugurato nel 1799 a Amburgo (*La flotta inglese a Portsmouth*) e il secondo nel 1800 a Leipzig, che ripropone la veduta di Londra dai mulini Albion. Poco dopo Breysig, un pittore di Magdeburgo, promuove la realizzazione di una veduta di Roma, con l'aiuto di un paesaggista, Kaaz.

La «panoramania» si diffonde rapidamente, a partire dall'Ottocento in tutte le capitali europee: a Vienna, nel 1800 il professor Jansche e il pittore Postl realizzano una *Veduta di Vienna* e ad Amsterdam nel 1806 Van de Watt realizza il *Panorama della Gueldre*. Dall'indomani della sua invenzione il panorama appare come la prima vera forma di spettacolo urbano di massa adottato in Europa e rivolto a spettatori di tutte le classi sociali.

---

[30] L. Dufourny, *Mémoires de la classe des Beaux-Arts de l'Institut*, t. V, 26 fructidor, a. VIII, p. 55, cit. in Bapst, *Essai*, cit., pp. 8-9.
[31] Vedi Bapst, *Essai*, cit., p. 17.

Le capitali europee si mettono in scena, dispiegano agli stessi abitanti il senso di tutta la loro potenza e varietà urbanistica. Se l'architettura, la topografia e l'urbanistica concorrono a formare l'identità iniziale del nuovo spettacolo, l'immissione della storia, la possibilità di diventare, da semplici spettatori, testimoni e partecipanti dell'evento, diventa l'elemento determinante del successo dei panorami nei decenni successivi.

I panorami si servono solo della luce naturale, filtrata attraverso la cupola: i colori pertanto sono soggetti alle variazioni atmosferiche e luminose nel corso della giornata. Attraverso il passaggio nei corridoi bui che lo conducevano alla piattaforma lo spettatore perdeva i punti di riferimento spaziali, effettuando un vero viaggio di iniziazione e di dislocazione nello spazio e nel tempo[32].

Poco per volta lo spazio delle rotonde si allarga e raddoppia[33]. Per raggiungere la più completa impressione di realtà si aggiungerà all'accuratezza della pittura e dei calcoli prospettici affidati a specialisti (e dagli anni cinquanta anche all'uso regolare della ricognizione fotografica) anche l'adozione di elementi per lo spazio in cui si trova lo spettatore che hanno la funzione di produrre la dislocazione immaginaria nel luogo rappresentato. L'esempio più evidente in questo senso può essere dato dall'acquisto del ponte dello Scipione, fregata da settantaquattro cannoni, che aveva partecipato alla battaglia di Navarino, da parte del colonnello Langlois per il suo Panorama del 1830[34]. Si poteva accedere alla plancia attraverso corridoi che riproducevano perfettamente la parte interna della nave. E una volta sulla tolda lo spettatore aveva l'impressione di trovarsi nel vivo della battaglia, di partecipare all'azione.

Degli effetti d'impressione di realtà ottenuta da Langlois in

---

[32] «Per condurre lo spettatore dal di fuori fino alla piattaforma lo si fa attraversare dei corridoi bui; durante il tragitto perde la nozione della luce e quando arriva al posto che deve occupare, passa direttamente dall'oscurità alla visione del quadro circolare esposto alla luce più viva; allora tutti i punti del Panorama si presentano contemporaneamente e ne risulta una sorta di confusione; ma ben presto con l'abituarsi dell'occhio alla luce, il quadro produce insensibilmente il suo effetto e più lo si considera e più ci si persuade di essere in presenza della realtà», El Nouty, *Théâtre et pré-cinéma*, cit., p. 59.

[33] La rotonda costruita ancora da Thayer nel 1807 nel boulevard des Capucines misurerà 32 metri di diametro per 16 di altezza.

[34] La battaglia, che si era svolta il 20 ottobre 1827 al largo delle coste del Peloponneso, aveva visto scontrarsi la flotta turco-egiziana e quella anglo-franco-russa. Sul colonnello Langlois si veda G. Pinet, *Langlois (Jean Charles), Colonel d'Etat-Major, Peintre de Panoramas militaires*, Paris 1910.

questo Panorama abbiamo una testimonianza di un'anonima spettatrice raccolta da un giornalista del «Cabinet de Lecture» del 24 luglio 1831 dal titolo *Le mal de mer*:

> Di colpo mi ritrovai sola sul ponte con un luogotenente di quarto. Il cielo era blu, le onde erano blu, il sole scendeva splendente all'orizzonte inondato di vapori luminosi... Ed ecco mi prende un malessere indefinibile, che mi stordisce all'improvviso e mi fa appoggiare vacillante sul boccaporto dell'albero di mezzana. L'odore di polvere, lo sfregolio delle manovre e dei cordami.. tutto ciò mi stordì il cervello, mi sollevò il cuore e oscurò il pensiero...

La donna ha l'impressione di trovarsi proprio nel vivo della battaglia e, a un certo punto, chiede aiuto all'ufficiale che, premurosamente, per consentire al suo petto di respirare, le slaccia il corsetto e poi l'afferra tra le braccia, la solleva e la porta in salvo...

È lo stesso colonnello Langlois a firmare i libretti esplicativi di alcuni dei suoi panorami più famosi, basandosi o sulla propria esperienza o su quella di altri protagonisti, in particolare di Napoleone stesso, come risulta per la descrizione del panorama della battaglia delle Piramidi[35].

Bapst ricorda:

> I Panorami del colonnello Langlois non avevano soltanto interessato il pubblico; anche la scienza li aveva studiati dal punto di vista dell'ottica e nelle sedute del 28 marzo e 4 aprile 1859 dell'Accademia delle Scienze, M. Chevreul dedicò loro una parte della sua memoria sulla visione. In questa memoria Chevreul, benché riconoscesse i perfezionamenti apportati dal colonnello Langlois nell'esecuzione dei Panorami, diceva che l'illusione non esisteva[36].

I motivi addotti erano legati soprattutto alle cornici anulari, che segnavano la base del quadro. Langlois viene talmente colpito dalle osservazioni di Chevreul, che, nel suo panorama successivo, ne so-

---

[35] J.Ch. Langlois: *Explications du panorama et relation de la bataille des Pyramides, extrait en partie des dictées de l'Empereur à Sainte Hélène et des pièces officielles par le colonnel Charles Langlois*. Il testo è pubblicato nel 1853 a Parigi ed è conservato nella collezione Rondel della Bibliothèque de l'Arsenal (Rt 12.638). Vedi anche dello stesso Langlois la *Relation du combat et de la bataille d'Eylau*, Paris 1844 (Rt.12.641), *L'explication du Panorama représentant la bataille et la prise de Sébastopole*, Paris 1862 e *L'Explication du Panorama représentant la bataille de Solferino*, Paris 1866 (Rt. 12.644).

[36] Bapst, *Essai*, cit., pp. 25-26.

stituisce la cornice con linee curve che rappresentano le ondulazioni del terreno e annullano la sensazione del quadro e della cornice.

### IL CADAVERE DELLA NATURA

Anche se folle di spettatori convergono ogni giorno nei primi decenni dell'Ottocento nelle capitali e nelle grandi città per ammirare il miracolo della riproduzione perfetta della realtà, il consenso intellettuale a questo nuovo tipo di spettacolo ottico non è così diffuso e unanime. Come per il cinema, così anche per il panorama è evidente l'asincronia tra il tempo dello spettacolo, la sua capacità di sintonizzarsi sui nuovi tempi della modernità e il tempo del vissuto intellettuale, poco duttile e poco proiettato verso il nuovo. Inoltre la tensione verso la mimesi perfetta della realtà non può che apparire orientata in direzione opposta a quella seguita dalla cultura romantica. Lo spettacolo di fantasmagoria non fa più alcuna paura, continua a essere ben accolto anche quando la concorrenza di altri spettacoli ottici si fa più forte. Ma è evidente che sta perdendo posizioni e sta dissolvendosi assieme con la cultura romantica, di cui conserva comunque qualche elemento. Le sue radici hanno attecchito più in profondità nella letteratura e non sarebbe difficile osservare la catena di fantasmi che si tengono per mano e si muovono lungo tutto l'Ottocento sfidando la cultura positivistica e apparendo finalmente, con Freud, non più come esseri provenienti dall'esterno, quanto piuttosto come materializzazioni e proiezioni dell'inconscio.

Il filosofo tedesco Johan August Eberhard in *Teoria dell'inganno*, per esempio, dopo aver visto all'esposizione universale di Lipsia il panorama di Barker così manifesta le sue paure e le sue perplessità:

Lo scopo di questo genere di pittura deve essere di mostrare quanto l'arte possa spingere all'illusione e all'inganno... In realtà la somiglianza di una imitazione, con la realtà della natura non poteva andare oltre... Si alimenta in questo modo l'effetto ingannevole che però diventa presto fastidioso al massimo grado, opprimente, infine insopportabile. Il Panorama agisce su di noi in modo tanto più gradevole, tanto più perfetto è il suo effetto. Nella completezza della sua illusione si chiedono molteplici motivi della sua sgradevolezza. Ci troviamo veramente su un ponte di Londra, sulle strade di questa Capitale immersi tra le case. Ma, poiché il pittore non può dipingere per l'udito non sentiamo alcun suono. C'è forse da meravigliarsi se questo squallido silenzio di morte riempie l'osservatore di paura? Il più perfetto dei Panorami è immobile in ogni sua parte! È il cadavere della natura, non la cruda sostanza resa viva e abbellita dall'arte... Mi trovo a ondeggiare tra realtà e irrealtà, tra natura e non natura... Mi è impossibile strapparmi all'inganno... Mi voglio strappare dalla follia dell'ingannevole illusione; ma mi sento imbrigliato in un mondo pieno di sogni, pieno di contrasti... debbo cacciare l'incubo contro la mia stessa volontà... Necessità e libertà devono essere unite nell'inganno artistico. Il Panorama ci avvince, ma con l'imposizione dell'apparenza, non con i dolci lacci del libero piacere[37].

Qualche anno dopo Heinrich von Kleist, nelle *Lettere alla fidanzata*, pur cercando di comunicare la propria delusione di fronte al *Panorama di Roma*, appena visto a Berlino, dicendo di non essere affatto caduto nella rozza trappola illusionistica, non nasconde poi il coinvolgimento emotivo e l'attenzione con cui ha registrato gli effetti luministici e l'accuratezza descrittiva:

Ci sono valli, colline, viali, boschetti sacri, sepolcri, ville, rovine, bagni, acquedotti (ma senz'acqua), cappelle, chiese, piramidi, archi di trionfo, il circo enorme e la magnifica Roma. Quest'ultima specialmente fa tutto il possibile per creare l'illusione. L'artista ha colto bene il momento del tramonto senza far vedere il sole che è nascosto dietro una rupe. E ha collocato Roma con le sue cupole e i suoi pinnacoli così abilmente fra il sole e lo spettatore da ottenere tutto l'effetto del malinconico e azzurro velo della sera, steso sopra la grande antichità, dal quale emergono, solo qua e là le punte illuminate da un vivido rosso purpureo. Ma nessuna fresca brezza di ponente soffiava sulle rovine tra le quali stavamo, faceva un caldo soffocante nella vicinanza di questa Roma e perciò tornai di corsa a Berlino[38].

Un atteggiamento diverso si osserva in Chateaubriand, impressionato positivamente dai *Panorami di Gerusalemme ed Atene* realizzati da Pierre Prévost rispettivamente nel 1819 e nel 1821 e coinvolto fino in fondo nel gioco della sostituzione di realtà:

Ho riconosciuto al primo colpo d'occhio tutti i monumenti, tutti i luoghi e perfino la cameretta dove abitavo nel convento di San Salvatore.

---

[37] Ho trovato la citazione in Bordini, *Storia del Panorama*, cit., p. 123.
[38] H. von Kleist, *Lettere alla fidanzata*, Milano 1978, pp. 18-19.

Mai viaggiatore fu sottoposto a una prova così forte. Io non potevo certo aspettare che Gerusalemme e Atene fossero trasportate a Parigi per convincermi della menzogna o della verità[39].

La stessa impressione perfetta di realtà è testimoniata da un articolo sul medesimo *Panorama di Atene* uscito il 12 agosto 1821 sul «Journal des Théâtres». L'anonimo narratore si lascia totalmente prendere dalla finzione, abbandonando tutte le difese razionali di fronte a un paesaggio che, idealmente, racchiude la genesi di una cultura e di un ideale di bellezza che giunge fino al presente:

Eccomi dunque ad Atene... Com'è bello il cielo! e che colore brillante su tutto ciò che vedo! Ecco il Partenone, che benché tutto rovinato, spogliato delle sue sculture, riposa ancora così bene la vista. Quante case rovinate! quante macerie polverizzate riempiono i sentieri isolati della cittadella!... Imbarchiamoci adesso nel porto del Pireo e navighiamo verso le acque di Salamina... L'occhio è stato talmente ingannato che senza ricordarmi di essere davanti a un Panorama, mi sono spesso alzato sulla punta dei piedi per vedere nella campagna, oltre gli edifici che si trovavano davanti a me, e più volte ho fatto ricorso al mio occhialino per scoprire le gole nelle quali passa la Via Sacra. Ho anche maledetto l'addetto alle spiegazioni che con la sua voce leggermente nasale mi strappava alla mia illusione e sono rimasto per un'ora e mezzo a contemplare una superficie d'un centinaio di piedi.

La visione dei panorami, rispetto a quella dei mondi nuovi, non è mai culturalmente e ideologicamente neutra: se alcuni poeti romantici possono essere delusi dalla modestia dell'illusione ottica, altri testimoni, soprattutto di fronte a certe battaglie che eccitano lo spirito nazionalistico, o a certi paesaggi, sentono scorrere nelle loro vene il sangue dei crociati e trovano nei panorami un modo per alimentare il desiderio di battersi in nome di ideali religiosi comuni a tutta l'Europa. Così sempre il *Panorama d'Atene* ispira un articolo sul «Courrier des spectacles» del 10 agosto 1820 di questo tenore:

Che vedremo dopo il Panorama d'Atene si domandano questi uomini che non vivono che di novità...? A sentir loro il nuovo Panorama avrebbe già dovuto sparire per far posto a quello di Costantinopoli; o meglio i Greci dovrebbero fuggire davanti ai Turchi. Un momento, Signori! L'am-

---

[39] F.-R. de Chateaubriand, prefazione a *Itinéraire de Paris à Jérusalem*, in *Oeuvres romanesques et voyages*, vol. II, Paris 1969, p. 696.

mirazione non è ancora soddisfatta; cercate prima d'avere un'idea ben netta del paese degli oppressi, e tra qualche mese potrete contemplare le moschee e i minareti degli oppressori, di questi Turchi che fanno fremere le nostre donne e le nostre figlie e che non sono capaci che di mandare al loro signore delle teste e delle orecchie.

Stanco di tanti orrori, per riposare la vista l'autore dell'articolo invita Prévost a realizzare un panorama sull'antica Pompei.

In appendice al suo ricchissimo libro la Bordini ha raccolto un elenco piuttosto ampio e significativo dei più importanti panorami realizzati dal 1788 a tutto l'Ottocento[40]. Alla Bibliothèque de l'Arsenal di Parigi, nella collezione Rondel, è raccolta una ricca quantità di libretti e fogli pubblicitari e recensioni varie sulla stampa francese di panorami realizzati nel corso dell'Ottocento: grazie a questo compatto insieme di documenti e ai risultati delle ricerche effettuate in questi ultimi decenni possiamo riconoscere che, pur in assenza di un ampio numero di panorami stessi, questo è uno dei capitoli della storia del pre-cinema meglio messo a fuoco e interpretato con intelligenza e non solo con spirito notarile e catastale[41].

---

[40] L'elenco va dalla nutrita serie di opere di Robert Barker dipinte nell'ultimo decennio del Settecento, esposte principalmente a Londra, e spesso spostate in altre città europee (*Edimburgo, Londra, Windsor, Brighton, Vittoria di Bridport, Ritirata di Cornwallis...*), ai panorami dipinti dal fecondissimo figlio Henry, che monopolizza per alcuni decenni la piazza londinese ed esposti a Londra dal 1799 (*Battaglia di Aboukir, Costantinopoli, Parigi, Gibilterra, Trafalgar, Malta, Algeri, Atene, Venezia...*), alla Londra dipinta di W. Winstanley ed esposta a New York nel 1795, alla serie di panorami creati da Prévost e mostrati a Parigi dal 1799 (*Parigi, Evacuazione di Tolone, Lione, Amsterdam, Londra, Roma, Napoli, Boulogne, Vienna...*), al cambio generazionale verso gli anni venti con l'arrivo dell'attivissimo R. Burfort a Londra (i suoi più famosi panorami sono di *Pompei, Genova, Madrid, Rio De Janeiro, Costantinopoli, Amsterdam, Calcutta, Sidney*) e del colonnello Langlois, che debutta, come si è visto, nel 1830 a Parigi con l'interpretazione memorabile della battaglia di Navarino, e che continuerà a realizzare panorami fino agli anni cinquanta (*Conquista d'Algeri, Battaglia della Moscova, Incendio di Mosca, Battaglia di Eylau, Battaglia delle Piramidi, Battaglia di Sebastopoli, Battaglia di Solferino...*). Nel 1855, grazie al sostegno di Napoleone III, il colonnello Langlois parte per la Crimea, dove, per la prima volta, utilizzerà la fotografia per la documentazione preliminare del suo panorama sulla *Battaglia di Sebastopoli*, inaugurato nel 1860. Vedi Bordini, *Storia del Panorama*, cit., pp. 325-331.

[41] Ricordo ancora alcuni interessanti libretti illustrativi di Panorami conservati nella collezione Rondel che ci permettono di integrare l'elenco di Silvia Bordini e di capire lo spirito militaristico che guida gli autori dei panorami e serve a infiammare gli animi degli spettatori: *Souvenirs de 1789. Grand Panorama peint par Charles de Saint Genois. Commentaire et catalogue détaillé des tableaux, scènes et collections par G. R.*, Paris,1888 (Rt. 12.636); *Voyage en Californie ou notice explicative du panorama présenté pour la première fois au public sur le théâtre des variétés le 6 août 1850*, Paris 1850 (Rt. 12.642); *Panorama national de la Bataille de Rezonville par Edouard Detaille et Alphonse de Neville*, Paris 1887 (Rt 12.647); *Panorama de la défense de Paris contre les armées allemandes*, Paris 1872 (Rt. 12.648), *Paris*

Ci si rende conto che i panorami, nati in epoca pre-romantica e immersi almeno all'inizio nella cultura e nello spirito del Grand Tour, lasciano progressivamente spazio a uno spettatore che non intende pacificare il suo animo e annullarsi di fronte alla maestosità e grandiosità della natura, quanto piuttosto desidera, senza troppi rischi, sentirsi trascinato in un campo di battaglia, respirare il fumo dei cannoni ed essere stordito dai rumori e dalle grida dei combattenti. Mentre tutti i piccoli giochi ottici ideati da Plateau, o Horner, non hanno alcuna utilizzazione spettacolare, né contribuiscono a modificare in modo teleologicamente orientato verso l'invenzione cinematografica la visione popolare, il panorama e i diorami accrescono in modo profondo il senso di impressione di realtà, iniziano un processo di metamorfosi della visione che coinvolge diversi elementi artistici e culturali, eleva tutti i modelli e paradigmi di riferimento e punta a nobilitare lo spettacolo ottico, sottraendolo alla precarietà delle piazze e degli ambulanti per promuoverlo a spettacolo stabile in apposite costruzioni realizzate nel cuore delle grandi città. Benjamin in un frammento illuminante, ha osservato che «l'interesse per il panorama sta nel vedere la città vera – la città in casa»[42]. Il panorama si rivolge al nuovo protagonista sociale delle grandi città e unifica, entro un'identica condizione emotiva e visiva, vere e proprie «famiglie d'occhi» alla continua ricerca, nel corso dell'Ottocento, di nuovi choc visivi.

Tra tutti i panorami e le costruzioni che li hanno ospitati, di cui si è tentato negli ultimi anni un parziale censimento, certamente il più grandioso e ambizioso è il Colosseum di Regent Park: il suo ideatore è stato preso da un titanismo scenografico e costruttivo – il modello è con ogni evidenza il Pantheon di Roma – al cui confronto Barker, con i suoi 15 metri di diametro e i 6 e mezzo di altezza, può apparire il costruttore di scatole di mondo nuovo in formato gigante.

Il Colosseum era stato concepito da Thomas Hornor, un geometra topografo che aveva sviluppato un originale sistema di rappresentazione che aveva chiamato «panoramica corometrica»[43]. Il

---

*sous la Commune*, Paris 1871 (Rt 12.651); *Panorama de tout Paris peint par Castellani*, Paris 1889 (Rt 12.655).

[42] Benjamin, *Parigi capitale del XIX secolo*, cit., p. 685.

[43] Nel corso del restauro della chiesa di St. Paul nel 1820, Hornor si era installato nel campanile e, ogni giorno, saliva in cima alla stessa ora in modo da godere di una luce omogenea e schizzava dei disegni che disponeva progressivamente a formare un cerchio.

Colosseum, una volta realizzato, diventa la prima meraviglia nel mondo dello spettacolo visivo, per la sua grandiosità, per l'accuratezza riproduttiva, per le sue soluzioni architettoniche di tipo antonelliano (l'accesso alla cima della torre centrale avviene tramite due scale, e anche grazie a un ascensore, il primo documentato a Londra nell'Ottocento). Salendo lungo la torre lo spettatore muta punti di vista e percezione della città. Giunto alle piattaforme, che sono tre successive, ha la possibilità di osservare i dettagli del paesaggio anche per mezzo di telescopi posti in vari punti. Grazie a questi telescopi lo spettatore può anche ritrovare Regent's Park e il Colosseum.

Il passo successivo nell'evoluzione del panorama – che per i suoi investimenti e i costi di gestione aveva bisogno di moltiplicare e rinnovare di continuo i suoi effetti, per mantenere un flusso ininterrotto di pubblico – è dato dai panorami in movimento. Lo spettatore, assisteva allo svolgersi del paesaggio, mediante un complicato sistema di rulli, di perni che svolgevano e riavvolgevano le tele davanti ai suoi occhi, come se si trovasse su un treno, su un battello, o su un altro mezzo di locomozione. Il panorama non era più circolare, ma aveva una larga estensione e offriva un coinvolgimento forse superiore allo stesso panorama a 360 gradi. Di fatto nasceva dalla fusione del panorama col diorama. La rotazione dei teli verso l'alto poteva dare l'ebbrezza dell'ascensione in pallone aerostatico. Il panorama mobile comincia a diffondersi dopo il 1820, soprattutto nella forma di pantomime di figure familiari della commedia dell'arte – in genere Arlecchino – in viaggio da una città all'altra dell'Europa. Pur di grandissime dimensioni, i panorami mobili risultano trasportabili e meno costosi rispetto ai panorami e, per qualche anno, attirano nuove folle immense di spettatori.

Un primo panorama mobile del Mississipi è documentato nel 1840 sulla rivista «Entr'acte», che descrive, con tutto l'entusiasmo e le iperboli necessarie, le meraviglie di uno spettacolo di

---

Hornor comincia a immaginare un panorama di proporzioni mai realizzate, frutto dell'accostamento di centinaia di immagini. Un banchiere, Rowland Stephenson, crede nel suo sogno e gli offre una cifra considerevole per la realizzazione di una rotonda al cui interno una serie di ponteggi e impalcature, ideati dal pittore E.T. Parris, davano allo spettatore la sensazione di trovarsi in cima al campanile di St. Paul in restauro per osservare Londra. Il punto di visione più alto riproduceva esattamente la stanzetta e il punto di vista in cui Horner aveva lavorato per mesi. La realizzazione di questa impresa incontra una serie di ostacoli, primo fra i quali il venir meno delle fonti di finanziamento.

due ore: durante le quali lo spettatore compie un viaggio di oltre 1500 miglia:

> Abbiamo assistito a uno spettacolo prodigioso. Il Panorama del Mississipi di M. Smith è una meraviglia gigantesca che ammireranno tutti coloro che amano le grandi cose; un'immensa curiosità sarà rivolta a questa gigantesca riproduzione, a questo capolavoro di cui non conosciamo finora altri esempi... In due ore abbiamo compiuto millecinquecento miglia. Seduti al nostro posto abbiamo compiuto il viaggio più miracoloso che l'immaginazione possa sognare. Lungo due ore d'ubriachezza e d'illusioni ci siamo visti trasportare sotto un cielo ardente e luminoso, abbiamo visto svolgersi davanti a noi i paesaggi più affascinanti, i luoghi più grandiosi, i boschi, le piantagioni, le praterie, le città immense del Nuovo Mondo, le meraviglie di una magnifica natura in mezzo alla quale l'uomo ha realizzato i prodigi della civilizzazione più avanzata... Non abbiamo trovato nulla, nei nostri ricordi, che possa essere paragonato alle impressioni che abbiamo provato in queste due ore[44].

L'articolo si conclude ricordando che il pubblico in piedi tributa un'ovazione e un applauso lunghissimo a Smith.

Il caso più clamoroso, per afflusso e successo di pubblico, è sicuramente legato a un secondo *Panorama del Mississipi*, realizzato dopo il 1840 da John Banvard, inaugurato a Boston con 250 mila spettatori nei primi nove mesi e approdato in Inghilterra e Irlanda tra il 1848 e il '52. Banvard aveva percorso il Mississipi dalla sorgente alla foce e ne aveva realizzato una rappresentazione che pubblicizzava come la più grande mai dipinta. Il successo del suo panorama era dato anche dalla sua presenza di conferenziere brillante, capace di guidare lungo tutto il percorso il suo pubblico e alle sue doti di attore, in grado di improvvisare battute divertenti e inventare ogni volta uno show diverso. A Londra, in venti mesi, lo spettacolo viene visto da oltre 600 mila spettatori. E sono questi grandi numeri che ci danno la misura delle migrazioni di masse affamate di nuovi eventi spettacolari all'interno della città moderna.

Il punto d'arrivo spettacolare del Panorama è il *Wild's Monster Globe* di James Wild, un geografo e cartografo che immagina di ricostruire un grande globo terrestre con tutti i continenti a rilievo anticipando di quasi centocinquant'anni il principio dell'Omnimax.

---

[44] Anonimo, *Théâtre du Vaudeville. Le Missisipi, ou 1.500 lieues en deux heures*, in «Entr'acte», 7 maggio 1840.

C'era già stata nel 1828 l'invenzione del georama a dimostrazione del progressivo processo di dominio visivo del mondo inaugurato da Barker. Il *Wild's Monster Globe*, con le sue quattro piattaforme per la visione ravvicinata della superficie a rilievo, delle cime delle montagne con i ghiacciai e le nevi o i vulcani in piena attività nei vari paesi viene inaugurata nel 1851 in Leicester Square. Wild ottiene una concessione decennale per la sua invenzione. L'intera superficie terrestre a rilievo è riprodotta in una scala che consente all'occhio umano di abbracciarla con un movimento circolare ininterrotto.

Benjamin ha osservato:

Nel loro tentativo di produrre nella natura rappresentata, trasformazioni fedeli fino all'illusione, i panorami rinviano in anticipo, oltre la fotografia, al film e al film sonoro [45].

### IL DIORAMA, VIAGGIO NEL TEMPO E NELLA LUCE

All'invenzione inglese del panorama la Francia risponde con qualche decennio di ritardo con il diorama, uno spettacolo ottico dove la luce gioca il ruolo narrativo e drammatico di protagonista assoluta e di organizzatrice della durata dello spettacolo e della creazione di un tempo nuovo per la visione. Mentre il tempo di osservazione del panorama è libero quello del diorama è fisso e dipende da una serie di meccanismi che regolano le luci e i colori e fanno ruotare la piattaforma su cui sono seduti gli spettatori [46].

Il pittore Louis Jacques Mandé Daguerre, già assistente di Pierre Prévost per la realizzazione dei panorami, apre la prima sala per spettacoli di diorama a Parigi in rue Sanson nel 1823. Forse lo ha spinto a questo passo Honoré de Balzac che, dopo aver visto un suo esperimento di diorama nel 1822, lo definisce come una delle «meraviglie del secolo» [47]. Daguerre, in precedenza, ha lavorato anche in un teatro il cui impresario ricorreva all'uso di spettacoli ottici. E

---

[45] W. Benjamin, *Daguerre e i panorami*, in *Angelus Novus*, Torino 1962.

[46] Della ricchissima bibliografia su questo argomento basterà segnalare, oltre ai titoli citati nelle pagine che seguono: H. e A. Gernsheim, *L. J. M. Daguerre, The History of Diorama and the Daguerrotype*, London 1956; R. Dubbini, *Il paesaggio dei diorami*, in «Eidos», n. 5, 1990, pp. 26-38.

[47] Benjamin, *Parigi capitale del XIX secolo*, cit., p. 688.

poi ha dipinto le scenografie di melodrammi e opere – è stato allievo del grande decoratore teatrale Degotti – con effetti di luce molto spettacolari: in particolare per il *Belvedere* o *La vallée de l'Etna*, presentato nel 1818, o per le scene dell'*Aladin*, rappresentato all'Opéra, che già dal 1818 poteva servirsi dell'illuminazione a gas. Memorabili sono le sue invenzioni della luna mobile nel *Songe*, o del sole che gira nella *Lampe merveilleuse*, o gli effetti notturni del *Vampire*[48]. È proprio l'utilizzazione, il controllo e la scomposizione della luce a fini spettacolari – già praticati peraltro in precedenza da Giovanni Girolamo Servandoni all'Opéra di Parigi – la sua competenza spettacolare, oltre al successo ottenuto per le sue scenografie, a ispirare la concezione del diorama.

Grazie a Daguerre lo spettacolo ottico raggiunge la piena teatralizzazione, utilizza tutti i mezzi a disposizione del teatro, si misura con la scena drammatica e melodrammatica e, a tutti gli effetti, può svilupparsi e raggiungere la propria identità proprio per il travaso di esperienze, per la fleboclisi dell'esperienza teatrale.

Il Diorama a doppio effetto era dipinto dai due lati su una tela unica. Solo la luce era mobile: quando il Diorama era illuminato di fronte, la pittura che era fatta da questo lato appariva da sola, facendo scomparire, poco a poco, la luce dal davanti, e sostituendola con la luce che colpiva direttamente la tela dal dietro e illuminando le parti dipinte da questo lato, queste apparivano e si sostituivano in certe parti scelte appositamente alla pittura eseguita sul davanti[49].

È lo stesso Daguerre a descrivere, con estrema cura, i procedimenti tecnici e materiali da adottare per realizzare i doppi effetti del diorama in un suo trattato pubblicato nel 1839 che parla anche dei daguerrotipi[50]. Dalle caratteristiche della tela, il cui corpo deve essere assai trasparente, alle tecniche di pittura da entrambi i lati, agli effetti di luce e all'importanza di una particolare illuminazione per valorizzare i colori, i cui effetti dipendono dalle variazioni della luce. Il volumetto è una guida molto accurata e utile per chi intenda riprodurne e riproporne l'esperienza.

---

[48] Vedi la voce Daguerre nel *Dictionnaire des peintres sculpteurs dessinateurs et graveurs* di E. Bénézit, t. III, Paris 1976 nuova ed., pp. 321-322.
[49] Bapst, *Essai*, cit., p. 21.
[50] Daguerre, *Historique et description des procedés du Daguerréotype et du Diorama*, Paris 1839.

Nel diorama la visione avviene al buio, in una sorta di teatro formato da gallerie, convergenti in una platea circolare dove si trova il pubblico. Le immagini sono dipinte su tele trasparenti di grandi dimensioni – fino a 22 metri di larghezza per 14 di altezza – collocate alle estremità delle gallerie e vengono illuminate alternativamente per riflessione o rifrazione. La platea, posta su un perno, è fatta ruotare in modo che lo sguardo degli spettatori sia indirizzato verso l'una o l'altra galleria... Daguerre, nei quadri di diorama, mette in pratica tutte le conoscenze acquisite nella pittura dei panorami e nell'illuminazione teatrale, riuscendo ad ammaliare lo spettatore con una scena mutevole di fronte ai suoi occhi: nella *Messe de minuit à Saint-Etienne-du-Mont* la chiesa, in un primo tempo vuota, col variare della luce appare piena di fedeli in tutte le sue parti... Nell'*Eboutement dans la vallée de Goldau* una serie di rocce franate riempiono i prati e i pendii di una valle ridente. Lo spettatore, ammesso solo all'inizio dello spettacolo, accede al centro della sua piattaforma mobile dove trova posto in uno spazio simile a quello di un teatro. Davanti a lui, in successione, passano paesaggi differenti, che mutano a vista, senza che possa capire il meccanismo della trasformazione. Si può passare dalla contemplazione della vallata di Sarnen in Svizzera a quella del Goldau, con il lago disteso ai piedi di una montagna. A un certo momento il cielo si oscura, la montagna si spezza, precipita sul villaggio e copre il lago. Quanto all'effetto dell'interno della chiesa di Saint-Etienne du Mont si passa prima dal giorno alla notte, poi dei ceri illuminano le volte deserte e creano un gioco di ombre e di luci. Poi, mentre si diffonde un suono d'organo, i fedeli cominciano a riempire la chiesa per assistere alla messa di mezzanotte. Si spengono i ceri, la chiesa ripiomba nell'oscurità, ma lo spettacolo non è finito: l'aurora fa la sua apparizione colorando di un pallido rosa le vetrate. Il successo del diorama è dato dalla magia luminosa, dal dominio della luce e dalla capacità di Daguerre di manovrarla e piegarla alle sue esigenze, come fosse una materia solida. Gustave Deville, che ha descritto con grande forza questo spettacolo nel momento in cui rivede la chiesa con le sue sedie così com'era all'inizio conclude: «Era magia»[51]. Il diorama di Daguerre, che nel frattempo è diventato proprietario dell'edificio, rimane aperto a Parigi fino al 1839, anno in

---

[51] G. Deville, *Biographie des hommes du jour*, Paris 1941.

cui viene distrutto da un incendio, proprio negli stessi mesi dell'annuncio ufficiale dell'invenzione della fotografia.

Rispetto al panorama, come si è detto, il diorama, grazie alle luci e al movimento, senza perseguire alcun obiettivo di perfetto illusionismo, impone una durata di tipo teatrale alla visione e fa sì che le luci, gli effetti di sole, di nebbia, di incendi, diventino il fattore determinante per il racconto visivo. Siamo già in una condizione visiva che prelude l'avvento del cinema: la durata dello spettacolo è imposta e regolata con sistemi meccanici.

La luce è il suo aiutante magico, l'elemento che renderà la sua invenzione più vicina allo spirito del Romanticismo rispetto ai panorami piuttosto interessati all'illusione riproduttiva che al coinvolgimento emotivo in una durata. Ed è proprio la consapevolezza dell'importanza della luce, a spingerlo a interessarsi anche della fotografia.

Daguerre apre anche un suo diorama a Londra, che rimarrà in attività fino al 1851, mentre, per quanto riguarda la diffusione europea dello spettacolo, si possono segnalare, come per il panorama, altri diorami a Berlino, Stoccolma, Colonia...

Ha scritto ancora Benjamin:

> Le cellule più intime e roventi della ville lumière, i vecchi diorami nidificavano nei *passages*... Al primo istante era come entrare in un acquario... Il gioco di colori della fauna degli abissi non poteva essere più ardente. Quello che tuttavia qui si mostrava erano le meraviglie di superficie, atmosferiche. Nelle acque rischiarate dalla luna si specchiavano serragli e notti bianche si schiudevano nei parchi abbandonati. Al chiaro di luna si riconosceva il castello di Saint-Leu in cui l'ultimo dei Condé fu trovato impiccato a una finestra. Un paio di volte il sole vi irrompeva diffusamente. Nella pura luce di un mattino d'estate si scorgevano le stanze del Vaticano, così come erano probabilmente apparse ai Nazareni; non lontano si ergeva Baden-Baden. Ma anche il lume della candela aveva il suo momento di gloria: nel duomo in penombra come in una cappella ardente, dei ceri attorniavano il duca di Berry assassinato e, nei cieli di seta di un'isola dell'amore, delle lampade umiliavano quasi la luna piena. Era un esperimento ingegnoso sulla magica notte al chiaro di luna del romanticismo e la sua nobile sostanza usciva vittoriosa alla prova[52].

---

[52] Benjamin, *Parigi capitale del XIX secolo*, cit., p. 686.

Nel suo *Teorica degli stromenti ottici destinati a estendere i confini della visione naturale* Giovanni Santini, professore di Astronomia all'Università di Padova, nel 1828 dà una descrizione molto accurata della lanterna magica, della fantasmagoria, del caleidoscopio e del diorama. Nel diorama, dice Santini

si ha per iscopo di presentare allo spettatore... una qualche veduta rimarchevole o naturale o artificiale, come sarebbe una caduta di acque, un pubblico passeggio contornato di superbi edifici, un vulcano, l'aspetto di un porto frequentato, gli orrori delle zone glaciali e altre cose simili la vista delle quali diletta insieme e istruisce, giacché quando è ben disposto l'apparato illude a segno di farci credere trasportati nella faccia del luogo che ci si para davanti... È inutile avvertire che quando siasi divisa una sala ampia con molte finestre mediante una parete di tavole vi si possono praticare varie di simili aperture a brevi distanze, a ciascheduna delle quali si oppone una veduta differente, e così si procura agli spettatori il comodo di passare con poca fatica dal contemplare una eruzione dell'Etna o del Vesuvio, al rumoroso ponte del Tamigi, alle spaventose viste delle rupi e dei ghiacci della Siberia, o alle delizie dell'Arno, della Senna e del Danubio; le quali cose quando siano ben disposte ed intrecciate apportano invero diletto grandissimo[53].

A chiusura di questa accurata descrizione del diorama Santini, quasi *en passant*, nota non il rapporto di filiazione, quanto l'equivalenza dei principi su cui si fondano il diorama e il mondo nuovo, riconducendo l'invenzione di Daguerre a principi già utilizzati nel Settecento[54].

Dalla costola del mondo nuovo o dall'evoluzione di questa cassetta nel panorama, per un effetto caleidoscopico, nascono moltissime macchine: basterà indicarne i nomi senza definirne in dettaglio le tipologie, che, grosso modo, rientrano nel sistema descritto: tra i nomi più interessanti e curiosi si possono registrare oltre al diorama, il mareorama, lo stereorama, il kyporama, il myriorama, il phellorama, il carporama, il phisiorama, il vitrorama, l'alporama, il navalorama... L'uomo ottocentesco presenta sindromi di iconofagia crescente e inarrestabile che queste decine di nuove invenzioni, in ogni caso, non sembrano più in grado di soddisfare.

[53] G. Santini, *Teorica degli stromenti ottici destinati a estendere i confini della visione naturale*, Padova 1828, p. 221.
[54] «Per ultimo avvertiremo che il piccolo apparecchio portatile conosciuto appo noi sotto il titolo di Mondo Nuovo si appoggia agli stessi principi e richiede le stesse avvertenze». *Ibid.*, p. 221.

## PERDITA DI IDENTITÀ

Abbiamo visto come nel corso dell'Ottocento si assista a una metamorfosi o manipolazione genetica oltre a una confusione semantica e nell'immaginazione delle due macchine ottiche che avevano tracciato le strade fondamentali della visione settecentesca, il mondo nuovo e la lanterna magica. Panorami e diorami li hanno soppiantati nei confronti dei grandi pubblici urbani e i meccanismi industriali se ne sono impadroniti per andare alla conquista di nuovi pubblici, senza più alcun bisogno di mediatori. Verso la fine del secolo, quando nuove meraviglie e nuovi giochi ottici avanzano nei Gabinetti d'ottica e nei Teatri meccanici, il processo di ibridazione giunge alla sua fase definitiva: lanterne magiche, panorami, diorami, mareorami, cosmorami, kaiserpanorami, sono diventati sempre più, agli occhi della gente, una sola cosa, sono difficilmente distinguibili nella loro identità specifica e appaiono comunque a disagio in un mondo che offre di continuo nuove meraviglie industriali e scientifiche. Apparecchi e teatrini ottici vecchi e nuovi promettono ancora di farti viaggiare, hanno moltiplicato i loro effetti, sono riusciti a raggiungere anche il movimento, chiedono aiuto alla fotografia, e da questa ottengono nuovi poteri straordinari, ma hanno perso la loro identità forte, la loro capacità di produrre meraviglia e di indicare nuove strade. La meraviglia è offerta piuttosto dalle Esposizioni universali, dove i diorami continueranno a essere presenti fino al primo decennio del Novecento, dallo spettacolo delle merci e dei nuovi prodotti industriali, dalle macchine che portano materialmente e non solo mentalmente alla conquista dello spazio e del tempo. Gli apparecchi di lanterna magica, i teatri ottici, i kaiserpanorami, non attirano più gli sguardi di milioni di persone, anche se continuano a costituirne la fonte battesimale nei confronti dell'Iconosfera. Sembrano ormai condannati a rivolgersi principalmente all'infanzia, o sono di nuovo confusi nella piazza universale degli spettacoli del mondo da cui erano emersi trionfalmente un paio di secoli prima, poco distinguibili tra le mille meraviglie dei baracconi ambulanti a contendersi i pubblici popolari assieme alle giostre, all'ottovolante, ai mostri di natura, agli animali esotici, ai forzuti, agli animali sapienti, ai mangiatori di spade e di fuoco.

In questi due secoli, comunque la fase della predicazione è ormai compiuta.

Nell'Ottocento, con i panorami e i diorami si è cercata anche la piena legittimazione artistica e il consenso delle masse di spettatori borghesi nelle grandi città. Panorami e diorami sono diventati colossali imprese industriali e sempre più nell'ultima fase della loro storia intrecciano le loro vicende con quelle delle Esposizioni Universali (nel 1900 all'Esposizione di Parigi Théophile Poilpot, autore di ben sedici panorami in vent'anni di attività, tra cui quello sulla *Carica dei 600 nella battaglia di Balaclava*, realizzato a Londra nel 1881, presenta un *Panorama Transatlantico* situato nella rada di Algeri e annuncia un successivo *Panorama Astronomico*).

Nonostante la durata quasi secolare e la concorrenza di una miriade di divertimenti e spettacoli popolari, che nascevano di continuo nei boulevards o nei *passages*, o nei nuovi luoghi di divertimento popolare o mondano, o nei giardini delle delizie delle merci (i caffè, i club, i bazar), i panorami godono ancora, negli ultimi decenni dell'Ottocento, in particolare a Parigi, ma non solo, di una fase gloriosa sia dal punto di vista creativo che dello sfruttamento industriale.

Grazie al coraggio imprenditoriale di Charles Castellani, che crea una società per azioni (la Società francese dei Grandi Panorami) con la quale si lancia in una serie di imprese costruttive in tutta Europa, i panorami godono di una straordinaria fase di rilancio e successo di pubblico. Non solo il panorama dell'assedio di Parigi realizzato da Philippoteaux e Castellani nel 1872 rende oltre venti volte il capitale investito, ma le nuove iniziative vengono pubblicizzate soprattutto per la loro capacità di sposare le ragioni industriali e quelle artistiche nel modo più fecondo e produttivo.

La costruzione dell'edificio che ospiterà nel 1880 il *Panorama di Reichshoffen* è affidata a Charles Garnier, architetto dell'Opéra di Parigi, mentre l'esecuzione dei dipinti è opera di un gruppo di pittori come Gérome, Boulanger, Jules Lefebvre e Théophile Poilpot.

Si legge in un articolo anonimo dell'«Univers illustré» del 3 luglio 1880:

Il pubblico ha capito che indipendentemente dal patriottismo c'era in un tale panorama un buon e fruttuoso affare. Non appena la sottoscrizione si è aperta le domande di sottoscrizione affluivano e il mercato aperto in Borsa dava luogo a transazioni tra le più attive[55].

---

[55] La citazione dell'intero articolo è riportata in J. e M. André, *Une saison Lumière à Montpellier*, Montpellier 1990.

Questa iniziativa commerciale fa parte di un piano che intende coprire tutto il territorio europeo. Sempre nel 1880 La Société Anonyme des Panoramas de Naples, una impresa internazionale per la costruzione di panorami in Europa, con sede sociale a Bruxelles, su iniziativa del pittore Castellani, compra una vasta area di terreno sul mare, presso la villa reale di Napoli, lungo la riviera di Chiaia e apre una pubblica sottoscrizione per la partecipazione alla Società con l'emissione di 2.800 azioni[56]. Di questa iniziativa in seguito non si farà nulla. Se il panorama tenta di sottrarre nei boulevards parigini e nelle capitali europee i pubblici ai teatri di Variétés, all'Opéra, ai Café-chantant, e di contendere alla fotografia, su scala sempre più grandiosa, l'impressione di partecipare a avvenimenti reali, le altre forme di spettacolo ottico si confondono nei baracconi ambulanti continuando a circolare e a apparire periodicamente nelle feste, nelle fiere, nei mercati.

Il Teatro Meccanico è l'ultima meraviglia di spettacolo ottico che troviamo operante nei casotti e nei baracconi nei decenni che precedono l'invenzione dei Lumière. Sopravviverà, come del resto il panorama, all'invenzione del cinematografo ancora per qualche anno: a quel punto sembrerà un reperto archeologico, un oggetto proveniente da altre ere. Per lo più si tratta di un semplice spettacolo di lanterna magica, o di diorama, ma gli impresari intitolano il loro baraccone Panorama o Gabinetto Ottico Meccanico. Così «La Gazzetta di Venezia» presenta uno spettacolo di Teatro Meccanico nel 1867:

> Nulla impedisce che in un casotto non si possa trovare qualcosa d'assai pregevole e ne fa prova il Teatro Meccanico che sta piantato sulla Riva degli Schiavoni, oltre il ponte di Cà di Dio. In questo teatro i movimenti dell'uomo, degli animali, di carri di bastimenti, l'aurora, il tramonto, il giorno e la notte, il temporale, il fischiar del vento, lo scrosciar della pioggia, il fulmine, l'incendio, la nevicata e mille altri episodi del gran dramma della natura colà imitato, vengono rappresentati con tanta verità e precisione da produrre in chi osserva un vero diletto, accompagnato dalla più gradita illusione. I mezzi onde si ottengono tali effetti sono meccanici ed ottici; e lo spettacolo è degno di essere osservato dalle più gentili e intelligentissime persone[57].

---

[56] *Sehnsucht*, cit., p. 75.
[57] «Gazzetta di Venezia», 28 febbraio 1867.

A Este verso il 1860 giunge Felice Bassi con un gabinetto ottico di natura ibrida – potrebbe anche essere benissimo un aletoscopio di Ponti – in cui ritroviamo le caratteristiche dei diversi apparecchi – dalla lanterna ai diorami di cui si è parlato finora:

> Felice Bassi, proprietario di un magnifico gabinetto, si propone di dar piacevole, istruttivo, sorprendente divertimento, facendo per mezzo ottico ammirare le più grandi e rinomate vedute d'ogni Capitale del Mondo e le opere architettoniche più insigni che hanno reso immortali i loro autori, non che i prodigi giganteschi della natura.
> La illusione è sì presso alla verità, che in breve recinto l'occhio spazia nelle più ampie convalli, tra le catene di monti titanici e nelle immensità dei mari, per cui ben puossi intitolare
> VIAGGI IN CAMERA [58]

Segue l'elenco delle vedute che spaziano dalla gran Moschea e tomba di Nizam nelle Indie orientali alla grande muraglia in Cina, all'Escuriale in Spagna, al Duomo di Milano, alla grotta azzurra di Capri, da piazza San Marco di Venezia a un'eruzione del Vesuvio a Napoli...

Sono molti gli ambulanti che offrono spettacoli di questo tipo a Venezia: dagli archivi veneziani escono i nomi di Caironi e Ploch, di Giovanni Berengo, di Adelaide Roatto, madre di Luigi il futuro impresario cinematografico, di Luigi Bravi, di Vincenzo Muratori...

Ci piace ricorrere ancora una volta a Venezia perché si tratta di un luogo destinato a divenire nell'immaginazione collettiva – ad opera di molti letterati a cavallo del Novecento – lo spazio per eccellenza della morte, della malattia e della decadenza. Ancora a fine Ottocento Venezia è la piazza ideale per ogni sorta di spettacolo ottico, il territorio capace di conservare e far vivere forme di spettacolo altrove destinate a una rapida estinzione.

Venezia e il Veneto partecipano della nuova cultura e della modernità, ma non intendono disperdere patrimoni culturali e spettacolari che hanno coltivato e protetto nei secoli precedenti.

Tra l'unità d'Italia e gli inizi del Novecento il Veneto è stato, oltre che per fortunata posizione geografica, per storia legata alla Repubblica veneziana, per vocazione, tradizione e «spiro locale» avrebbe detto Roberto Longhi, il cuore e il punto di convergenza,

---

[58] L'avviso è riportato in S. Salvagnini, *Architettura e immagini dello spettacolo a Este*, in Id. (a cura di), *La scena e la memoria. Teatri a Este 1521-1978*, Este 1985, p. 17.

interazione e irradiazione europea di forme di spettacolo colto e popolare, stabile e ambulante.

Non solo nel Settecento, ma anche per tutto il secolo successivo il Veneto ci appare come una regione chiave per capire le relazioni tra i processi di modernizzazione, modificazione dei comportamenti sociali, sviluppi della vita associativa su differenti registri e nella dinamica che investe lo spettacolo e riunisce idealmente in una grande parata o una grande cavalcata tutti i soggetti che producono e consumano spettacolo.

Con regolare periodicità, nelle piazze venete più che altrove e per un arco di mesi più ampio, spettacoli ambulanti e compagnie teatrali hanno cercato e trovato ospitalità dando l'impressione di diventare parte integrante della vita cittadina.

Negli spazi urbani dei capoluoghi di provincia, ma anche nei piccoli comuni, lo spettacolo in genere e quello ottico in specie va visto come un elemento modificatore della struttura cittadina, oltre che dei comportamenti sociali e dell'immaginario collettivo. Il Veneto forma e mette in tensione fra i due secoli una civiltà dello spettacolo in cui coesistono, senza violenti conflitti frontali, produzioni originali e consumi dei repertori conosciuti da tempo, aperture europee e valorizzazione dei patrimoni dialettali, desideri trasgressivi e programmi pedagogici e crociate a difesa della morale. Terminata l'egemonia veneziana, anche nel campo dello spettacolo è necessario procedere alla ricostruzione di una mappa in cui i centri d'interesse sono moltiplicati e decentrati e dove, accanto alle forme più studiate e ai luoghi conosciuti e censiti, si dispone di una nebulosa di figure evanescenti e in perenne movimento che invadono letteralmente lo spazio, lo attraversano con la velocità di meteore, lasciando minime tracce dei loro programmi e della durata della loro presenza.

Non è possibile ricomporre il sistema nella sua totalità e neppure definire le leggi che consentono l'aggregazione dei vari insiemi: è possibile però censire le figure e osservare caratteristiche e metamorfosi di alcuni tipi di spettacolo, il fluttuare dei pubblici e l'accettazione dello spirito della festa come modalità del vivere lungo tutto l'anno, e non solo in momenti particolari.

Per quasi vent'anni periodicamente (nel '73, '81, '85, '90 e '92) Antonio Cardinali, proprietario di un Teatro Meccanico esibisce il suo spettacolo durante il carnevale di Venezia. Nel leggere il fascicolo che illustra caratteristiche e contenuti dello spettacolo ci si rende conto di come gli spettacoli ottici, grazie all'intergamia tra vedutismo, lanterne magiche, diorami e panorami, continuino a proclamare la verisimiglianza e l'illusione assoluta di realtà e come il tema del «Teatro del Mondo» raggiunga qui, in pratica, la sua apoteosi ed effetti caleidoscopici capaci ancora di ammaliare il pubblico popolare, prima di convertirsi nello spettacolo cinematografico o di soccombere ai suoi poteri:

> Al primo sguardo gettato sugli annunzi di questo Teatro si crederà ch'esso sia formato di soli dipinti veduti con illusioni ottiche, ma chi vorrà esaminarlo vedrà che è ben altra cosa.
> La pittura ci rappresenta bensì la natura, ma non vivente, mentre questo Teatro raffigura il moto e la vita per mezzo d'ingegnosi meccanismi si vedono contrade, piazze, panorami, porti di mare, tempeste, uragani, pioggia, neve, lampi tuoni, fulmini, l'estate, l'inverno, il dì e la notte. Il mare sembra calmo poi gradatamente passa alla più furiosa burrasca, le figure, le persone, gli animali sono tutti rappresentati nei loro movimenti naturali, i cavalli e le vetture circolano per le vie, i quadrupedi pascolano nelle praterie, il cacciatore percorre la foresta, i bastimenti solcano il mare, i treni ferroviari passano celermente ecc. In una parola tutto ciò che la natura può presentare di bello e di spettacoloso viene esposto con somma precisione in questo teatro per mezzo di soli meccanismi.

Questi spettacoli, in tutte le loro forme, dai Gabinetti meccanici agli spettacoli di *tableaux vivants* emettono fluidi, trasmettono energia emotiva e intellettuale. La memoria di questa energia è ancora misurabile nelle testimonianze di chi ha assistito nel Veneto, anche negli ultimi anni della dominazione austriaca, a spettacoli teatrali, di burattini o di mostri di natura o di meraviglie della scienza.

Il passaggio dagli spettacoli da fiera a quelli stabili e dalle meraviglie della visione precinematografica al cinema avviene nei termini di un vero e proprio mutamento genetico. Spostamenti e metamorfosi ci mostrano una modificazione nel paesaggio, senza che vi sia dispersione e dissipazione del patrimonio anteriore. Tutto si disperde, tutto muta, ma nulla si distrugge. I grandi pubblici di massa e gli spettacoli stessi si muovono un po' come le lumache, senza voler abbandonare nulla e cercando di portare con sé tutti i propri patrimoni visivi anteriori.

Se il Veneto si può considerare un territorio privilegiato, testimonianze di spettacoli ottici si ritrovano ovunque, in Italia, setacciando gli archivi di stato. Ecco nell'opuscolo pubblicitario di Antonio Cardinali il programma per diverse serate così come era stato proposto sulla piazza Aldovrandi di Bologna nel 1889:

L'AURORA. Siamo all'alba; i raggi del sole spandendosi a poco a poco sopra un villaggio della Svizzera e la scena diviene sempre più animata, contadini si recano alla campagna, carrettieri portano vitto alla città, viaggiatori percorrono le strade, un boaro conduce i bovi al pascolo; tutto ciò fa meraviglia allo spettatore per la precisione colla quale viene esposto.

IL PORTO DI TRIESTE. Tale porto in cui sono ancorate le più vaste navi si presenta alla sua destra il faro e in fondo la città di Trieste. Il mare è calmo e popolato di una grande quantità di barche, in una delle quali havvi il gioco della cuccagna, sulla cui cima è posta una bandiera...

L'ULTIMA ERUZIONE DEL VESUVIO A NAPOLI Il cielo è limpido, il sole illumina la ridente Napoli e si specchia nelle azzurre acque del golfo... Il giorno declina, ed il crepuscolo malinconico saluta il sole che tramonta dietro le montagne. È notte, sbuffi abbondanti di cenere e fumo escono dal cratere annunziando che il Vesuvio è agitato.

Gradatamente e ad intervalli lingue di fuoco s'innalzano al firmamento. Il cratere vomita lava infuocata che qual torrente scorre sul declivio della montagna di Somma, portando la devastazione in quelle fertili colline, atterrando quanto gli attraversa il cammino, case, ville e paesi...

SORPRENDENTE NEVICATA IN CIVIDALE Siamo in inverno; contadini e donne che vanno frettolosamente alle loro case spiegando l'ombrello, larghi fiocchi di neve cadendo ricoprono il paese... Un orologio suona mezzodì, gli operai lasciano la fucina. Un convoglio funebre passa sul ponte, ed il carro dei becchini è assalito con pallottole di neve da un birichino del villaggio.

IL LAGO DI GARDA Si mira in lontananza un gruppo di montagne, a destra il castello di Sirmione, a sinistra il lago solcato da diversi battelli e da vapori che lo percorrono in tutti i sensi. Un pescatore getta l'amo. Compariscono due cigni che per il naturale loro movimento e nuoto sembrano viventi...

LO STRETTO DI GIBILTERRA Tale pericoloso passaggio famoso per le quantità di navi di ogni sorta che ivi periscono e per i naufragi viene rappresentato colla massima naturalezza[59].

A questa prima parte segue una seconda di carattere scientifico-didattico il cui nucleo centrale è in prevalenza astronomico con

---

[59] La cartella relativa alle domande di Antonio Cardinali, con allegato il programma stampato dello spettacolo è conservata presso l'Archivio municipale di Venezia, 1890-94, XI-5-12.

un programma in cui si illustrano i movimenti dei corpi celesti.

Le lastre di questa sezione mostrano le diverse fasi della luna nel suo giro intorno alla terra, la rivoluzione della terra intorno al sole, le posizioni che la terra assume attorno al sole nel corso dell'anno, la rotazione della terra, le eclissi, le maree, l'atmosfera terrestre, i pianeti del sistema solare, e così via [60].

Non è finita: il Teatro Meccanico offre ancora una serie di cromatropi oltre a descrizioni dei fenomeni di elettricità statica e dinamica, immagini delle sette meraviglie del mondo, dei capolavori dell'arte, oltre ad una serie di vedute mobili e fisse che allargano ulteriormente l'orizzonte geografico, con fotografie virate o dipinte a mano di cascate nel Cile, o di caccia all'orso in Siberia, di un acquedotto costruito dagli antichi romani a Segovia, di una visione della folla a Benares in India, della cattedrale di Salisburgo e del mare glaciale sulle coste della Groenlandia, del tempio di Apollo in Grecia, dell'interno del Santo Sepolcro a Gerusalemme e della grotta azzurra nell'isola di Capri.

Identica assimilazione e promozione dello spettacolo di lanterna magica a panorama si può osservare proprio alla vigilia dell'invenzione dei Lumière nei programmi offerti a Trieste dal Panorama internazionale (e conservati presso il Civico Museo Teatrale), di uno spettacolo pluripremiato nelle Esposizioni mondiali di Londra del 1862, Berlino, 1865, Parigi, 1867, Vienna, 1873, Chicago, 1893, che veniva replicato dalle nove di mattina alle undici di sera in piazza della Borsa 14. Ogni settimana il programma cambiava e per venti soldi (dieci i ragazzi) gli spettatori triestini potevano godere della visione di cinquanta lastre, che illustravano i luoghi, i monumenti e la vita quotidiana di una grande città, o i paesaggi più significativi di una regione o di uno Stato:

> Chi visita il nostro Panorama può formarsi un giusto e ben dettagliato concetto di tutte le località, costumi, monumenti e capolavori più interessanti del mondo.

Nelle locandine pubblicitarie si parla di più di 10 mila

---

[60] «La perfetta precisione con cui queste esposizioni dimostrano i movimenti del nostro globo ed i fenomeni celesti possono servire di corso scolastico supplementare e di molta istruzione, come fa fede la concorrenza avuta in tutte le principali città; e si è sempre osservato che tutti i collegi e i licei sono sempre intervenuti in dette rappresentazioni».

scelte riproduzioni istantanee delle più importanti parti del mondo, risultanti dalla plastica della prospettiva, riproducendo i colori naturali.

Si poteva così passare dalla «splendida Parigi» (con la chiesa di Notre-Dame, ripresa dall'esterno e dall'interno, il Teatro dell'Opéra, la Senna, il Panthèon, la Tour Eiffel, il boulevard des Capucines, l'Arc de Triomphe, ma anche i cigni e gli elefanti nel giardino Zoologico, un tosa-cani al lavoro, un mercato, le corse al Grand Prix...), ai miracoli della natura che s'incontrano nella Savoia (il gruppo del monte Bianco visto dalla valle di Chamonix, il ghiacciaio Bosson, la vetta della Grand Jorasse, la cascata di Barberine, il forte Bramant...), alla Russia (con vedute di Mosca, Kiew, Odessa...), all'Olanda, a Baden Baden, alle regioni della Svezia, ad Amburgo. Vi sono anche programmi dedicati alla guerra franco-prussiana, o ai funerali del presidente Carnot, con il racconto per immagini che segue tutte le fasi del rito: all'Eliseo; la cappella ardente; il catafalco; sfilata del pubblico davanti al catafalco; il nuovo presidente Périer al catafalco di Carnot; arrivo del clero; il clero che celebra le esequie; arrivo del carro funebre e così via fino all'arrivo nel Pantheon dove Carnot viene tumulato).

Tra le meraviglie della sua infanzia berlinese emerge, nei ricordi di Benjamin, un kaiserpanorama: quando il piccolo Walter comincia ad andarvi periodicamente il kaiserpanorama appare all'interno della città che si muove freneticamente verso il XX secolo quasi come il residuo di ere lontane, anche se conserva intanto il senso di un rito di iniziazione. In effetti le sensazioni, i ricordi e le emozioni di Benjamin non sono meno intensi di quelli di Proust nei confronti della lanterna magica giocattolo:

Davanti agli stereoscopi di questi stabilimenti la visione delle immagini da parte del singolo riacquista la stessa pregnanza che un tempo aveva la visione dell'immagine del dio per il sacerdote della cella[61].

È questo il momento preciso in cui le meraviglie della civiltà della visione sembrano voler consegnare il proprio messaggio, che giunge da lontano e le proprie speranze di sopravvivenza a bambini che, casualmente, sono testimoni dell'atto della loro scomparsa e che ne diventeranno i cantori più significativi. Per fortuna questi

---

[61] W. Benjamin, *L'opera d'arte nell'epoca della sua riproducibilità tecnica*, Torino 1979, p. 55.

frammenti conservano intatto il senso di un *imprinting* destinato a lasciare tracce profonde:

> Una grande attrattiva delle vedute di luoghi lontani, che si proiettavano al Kaiserpanorama, stava nel fatto che era indifferente da quale si cominciasse il giro... L'accompagnamento musicale... non esisteva... (solo) una cosa da nulla... uno scampanellio che echeggiava pochi secondi avanti che l'immagine si ritraesse traballando per lasciar posto a un vuoto e poi alla successiva. E ogni volta quando esso risuonava, una struggente qualità d'addio impregnava profondamente le montagne fin nelle loro radici, le città con tutte le loro lucenti finestre, i remoti pittoreschi abitanti... Ancora una volta allora capivo... come fosse impossibile dar fondo in questa sola seduta a quel mondo di meraviglie. E così nasceva il proposito – mai mantenuto – di tornare un'altra volta il giorno dopo. Nel 1838 Daguerre aveva inaugurato il suo Panorama a Parigi. Da allora queste luccicanti scatole magiche, acquari della lontananza e del passato, sono di casa in ogni strada e in ogni passeggiata alla moda. E qui... il meridiano più bello e più avventuroso passava per il Kaiserpanorama. Quando cominciai a frequentarlo l'epoca delle preziose vedute era da tempo trascorsa. Tuttavia la loro malia... non era affatto perduta... Che questo era il singolare di quei viaggi: non sempre straniero appariva il mondo lontano, né sempre il mio struggimento era quello che si rivolge all'ignoto, anzi allora era quello, più dolce, di un ritorno a casa. Ma di ciò probabilmente ha merito l'illuminazione a gas che fasciava così morbida ogni cosa[62].

Un ricordo di emozioni simili, provate nei confronti di uno spettacolo di cosmorama visto nella piazza del paese, si trova in *Sull'Oceano con gli emigranti. Impressioni e ricordi* di Bruno Frescura, un libro del 1908 di memorie dell'emigrazione oltreoceano. Ci piace concludere questo lungo capitolo con il ricordo di immagini destinate a giocare un ruolo decisivo non solo per l'autore, ma anche per i suoi compatrioti che emigravano con lui. Sia perché di quei mondi lontani era stato possibile immaginare e percepire, grazie alla piccola cassetta ottica, la misura della grandiosità delle pianure americane e il senso di libertà sconfinata. Ma più di tutto perché quelle immagini che avevano contribuito a far nascere il desiderio di avventura e conquista in quelle terre lontane erano poi diventate un elemento indispensabile del corredo mentale dell'emigrato, un viatico che avrebbe alleviato il dolore della partenza e infiammato il desiderio di giungere al più presto in quel paradiso

---

[62] Id., *Infanzia berlinese*, Torino 1973, p. 13.

per anni immaginato e sognato. In questo minimo frammento ci sembra di vedere come il sogno di potersi muovere con la più assoluta libertà in un territorio senza confini, che abbiamo visto riunire nel corso del secolo un numero indefinito di viaggiatori sedentari, trovi modo anche di guidare milioni di persone verso il Nuovo Mondo:

La vigilia della fiera del mio paese, un martedì di ottobre che precedeva San Simeone... Mi riveggo davanti ai Cosmorami del Mondo Nuovo assieme ai miei piccoli amici. Attraverso la lente apparivano le grandi pianure americane, stranamente illuminate da un gran sole infuocato, che tramontava e saettava i suoi raggi sulle innumerevoli mandrie pascenti, guardate da arditi cavalieri, lanciati al galoppo nella folle ebbrezza di una libertà sconfinata. le regioni collinose e montuose limitano lo spazio, le pianure danno una idea della grandezza e della vastità. E perciò che l'America era sempre associata l'idea della immensità, e le grandiose città intraviste attraverso i mari azzurri suscitavano avide bramosie di ricchezza fra i miei compagni di giochi, i futuri emigranti che nei crocchi commentavano le meraviglie vedute... ripensavano con accese fantasie ai grandiosi paesaggi intravisti nel Cosmorama[63].

---

[63] B. Frescura, *Sull'Oceano con gli emigranti, impressioni e ricordi*, Genova 1908, pp. 7-8.

88. Giovanni da Fontana, *Apparentia nocturna ad terrorem videntius*, in *Bellicorum instrumentorum liber*, 1420 circa, Monaco, Biblioteca dello Stato di Baviera («Habes modum cum lanterna quam propriis oculis vidisti ex mea manu frabricatam et proprio ingegno»: nella scritta in calce al disegno Giovanni da Fontana si rivolge a un ideale interlocutore invitandolo a riprodurre la lanterna di sua invenzione).
89. Anonimo, *Le colporteur*, olio su tela, 1623. Parigi, Museo del Louvre.

90. G. Bella, *I ciarlatani in piazzetta*, olio su tela, ante 1782. Venezia, Pinacoteca Fondazione Querini Stampalia. Iscrizioni: «Intratenimenti Che Dano Ogni Giorno Li Ciarlatani in Piazza di S. Marco Al Populo d'Ogni Nazione Matina E/ Sera Che Vi Concore».
91. *Vue de la foire de St. Germain a Paris*, veduta d'ottica, seconda metà del XVIII secolo. Parigi, Basset. Scena di piazza con spettacolo di comici dell'arte.

92. Tipografia G.A. Marietti, *Tirolo italiano,* incisione a granito, 1830. Circolo di Trento. Nell'iscrizione italiana si dice tra l'altro: «I tesini sono sparsi per il mondo e vendono stampe».
93. J.A. Watteau, *Il savoiardo,* disegno a gesso rosso e nero, 1712-1715 circa. Art Institute of Chicago.
94. *La curiosidad de los Chinos,* acquaforte e bulino, seconda metà del XVIII secolo. Bassano, Remondini. È questo uno dei documenti in cui si ha l'impressione di assistere alla nascita dell'icononauta.

[92.]

[93.]

[94.]

95. G. Zompini, *Mondo Niovo*, acquaforte, tav. n. 55 tratta dall'opera *Le arti che vanno per via nella città di Venezia*, 1753.
96. P. Longhi, *Il Mondo Nuovo*, olio su tela, 1757. Vicenza, collezione Banca Cattolica del Veneto. Si tratta di una rielaborazione del tema già svolto in un dipinto oggi visibile alla Pinacoteca della Fondazione Querini Stampalia di Venezia.
97. F.-H. Drouais, *Le compte et le chevalier de Choiseul comme Savoyards*, olio su tela, 1760 circa. Dettaglio del Mondo Nuovo. New York, Frick Collection.

98. Anonimo, *Pulcinella impresario del Mondo Nuovo*, disegno a inchiostro. Roma, Biblioteca del Burcardo.
99. F. Vincent, Spettacolo di Mondo Nuovo, pastello su carta, fine del XVIII secolo.
100. Th. Rowlandson, Laterna Magica, acquaforte, 1799.

101. J.F. Cazenave, *L'Optique*, acquaforte, Parigi 1790 circa. I personaggi rappresentati sono Carlotta Corday e il figlio di Marat.
102. B. Pinelli, *La lanterna magica*, acquaforte, 1815. Pinelli torna a varie riprese su questo soggetto confondendo sempre la lanterna magica con il Mondo Nuovo.
103. Spettacolo di Mondo Nuovo in Cina, litografia. Francia, metà del XIX secolo. Particolare.

104. Kitagawa Utamaro, *Madre e figli che guardano nella scatola ottica*, incisione, inizio del XVIII secolo. Zurigo, collezione Ganz.
105. Spettacolo di Mondo Nuovo, porcellana policroma, manifattura imperiale di Vienna. Vienna, 1830 circa.
106. Piatto con raffigurazione di spettacolo di Mondo Nuovo, ceramica dipinta. Nove di Bassano, seconda metà del XIX secolo.

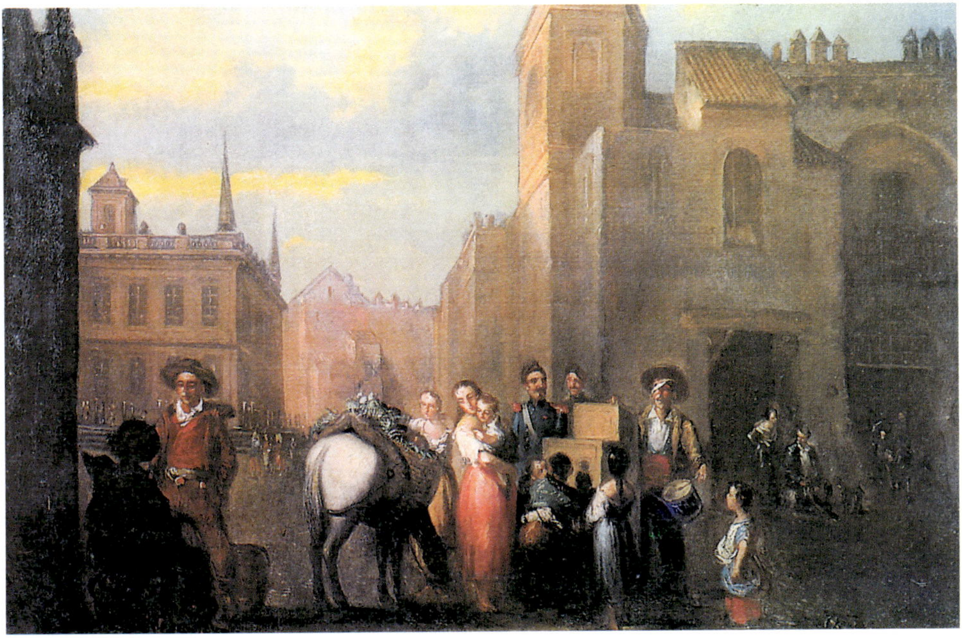

[107.]

08.]

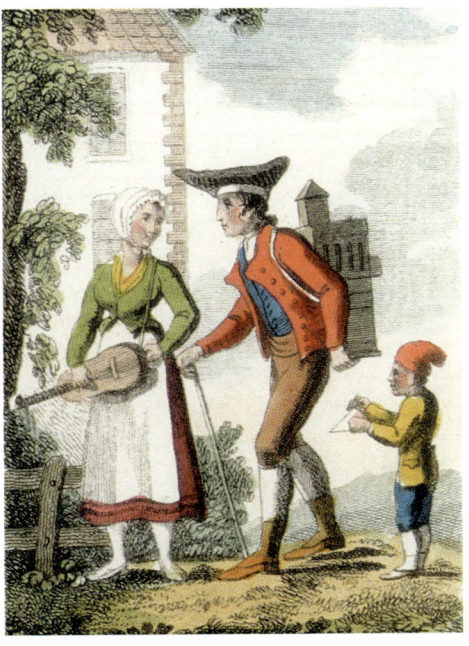

107. D. Morelli, *Scena di mercato con spettacolo di Mondo Nuovo*, olio su tela. Napoli, 1820 circa. Collezione privata.
108. Anonimo, *Savoyards*, acquaforte, 1817.

[109.]

[110.]

109. J.F. Bosio, *La lanterne magique*, acquaforte, 1804.
110. *Laterna magica*, coperchio di una scatola di una lanterna magica giocattolo prodotta dalla ditta E. P. verso la fine del XIX secolo.
111. Illustrazione per un libro infantile ottocentesco di *Le singe qui montre la lanterne magique*.
112. *Vue du Chateau d'eau, prise du Boulevard St. Martin*. Veduta d'ottica stampata da Basset a Parigi con edificio che ospita un diorama. Parigi, 1820 circa.

[113.]

[114.]

[115.]

113. H. Sheperd, *East Side of Park Square and Diorama*, litografia, Londra 1827.
114. Piano del panorama della *Battaglia di Navarino* del colonnello Langlois realizzata a Parigi nel 1830.
115. Spettacolo di Mondo Nuovo e di Panorama nella stessa piazza, litografia, 1843. Francoforte, Deutsches Filmmuseum.
116. A. Truchet, *L'arrivée d'un train à la gare de la Ciotat*, litografia, 1895. Si tratta della prima rappresentazione di una sala cinematografica dal punto di vista dello spettatore.

117. A. Mucha, *Societé populaire des Beaux Arts*, litografia, 1897. All'indomani dell'invenzione del cinema, la lanterna magica appare ancora uno strumento privilegiato per l'educazione popolare.
118. Copertina del supplemento illustrato di «Le Petit Journal» del 16 maggio 1897 dedicata alla sciagura del Bazar de la Charité in cui trovano la morte quasi centoventi persone in una sala cinematografica di fortuna.
119. Quarta di copertina della «Domenica del Corriere» dell' 11 marzo 1928 con una illustrazione di A. Beltrame dell'eroica impresa di un muratore, Guglielmo Testa, che salva con la sua forza e il suo coraggio una cinquantina di persone imprigionate in una sala in un paesino della provincia di Treviso.
120. Il camioncino ambulante di *La vela incantata* di G. Mingozzi, 1983.

[120.]

121. Manifesto per l'edizione francese di *Splendor* di Ettore Scola, 1988.
122. R. Casaro, *Cent'anni di cinema*, olio su tela, 1994.

[121

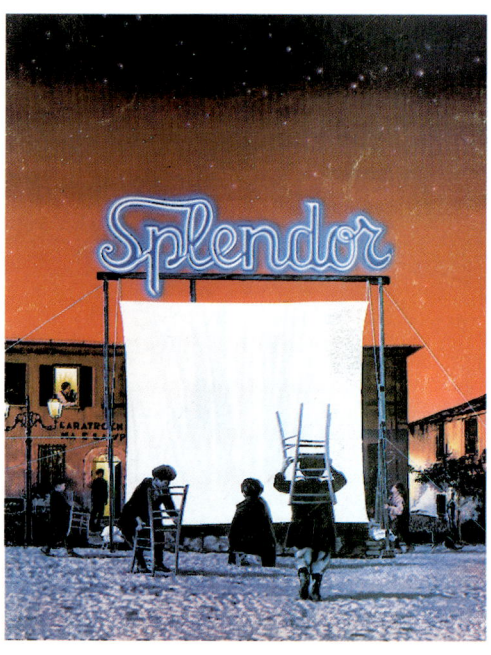

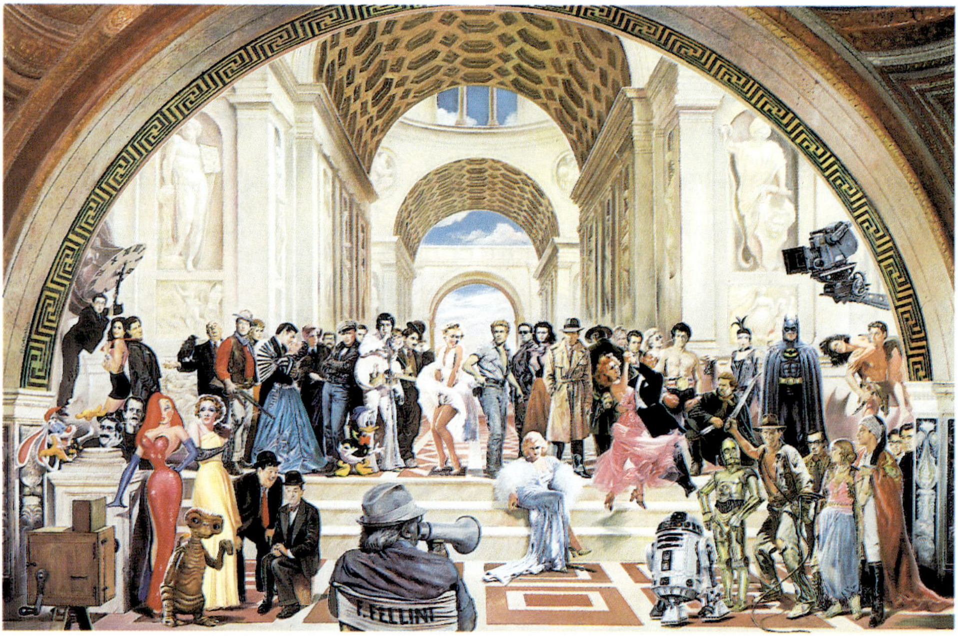


[122.]

12.

# IL LESSICO DELLA MODERNITÀ

> Le vieux Paris n'est plus (la forme d'une ville/
> Change plus vite, hélas! que le coeur d'un mortel)[1].
> CHARLES BAUDELAIRE, *Le Cygne*

## SI REALIZZA IL SOGNO DELLA COMUNICAZIONE UNIVERSALE

Quando, il 24 maggio 1844, una macchina inventata dal geniale artista e scienziato Samuel Finley Morse trasmette il primo messaggio da Baltimora a Washington, si ha subito la percezione che in quel piccolo strumento si incarni e realizzi il sogno della comunicazione universale inseguito da secoli. Immediatamente si comincia a pensare come, nel giro di poco tempo, il telegrafo possa unire, come una corda vitale, tutte le nazioni della terra, annullare lo spazio e vincere il tempo. I sogni e le profezie leonardesche si avverano l'una dopo l'altra. L'uomo è divenuto creatore, può penetrare, dominare e trasformare, a suo piacimento, la materia informe e, più di tutto, è in grado di nobilitare e condividere al massimo i frutti delle scoperte scientifiche. Grazie al telegrafo l'identificazione tra comunicazione e mezzi di trasporto viene spezzata. La comunicazione trova nuove vie indipendenti e assai più rapide di quelle dei più veloci mezzi di trasporto. La rapidità delle comunicazioni imprime una nuova velocità alle conoscenze e dilata ulteriormente l'orizzonte dei desideri. Il telegrafo non annulla solo il senso dello spazio e del tempo: modifica i ritmi della vita quotidiana, delle informazioni, della stampa, dei commerci, della politica. In una fase storica in cui si moltiplicano gli acceleratori della vita sociale, il ritmo dell'alfabeto Morse – assieme a quello dei pistoni delle mac-

---

[1] Baudelaire, *Le cygne*, in *Opere*, cit., p. 174.

chine a vapore, delle rotative e della corrente alternata e alla rapidità con cui l'occhio fotografico, da un certo momento in poi, sarà in grado di fermare e scomporre la realtà – diventa uno degli indicatori e metri fondamentali per misurare l'esperienza della modernità[2].

Da questo momento – che si situa all'incirca nei paraggi della seconda metà dell'Ottocento – possiamo seguire le grandi trasformazioni nella vita sociale, culturale, nei mezzi di comunicazione, nelle forme di spettacolo, dilatando ulteriormente lo spazio topologico del racconto. Da una parte c'è una spinta ulteriore dei viaggi di conquista visiva dell'altrove, che portano alla scoperta di continenti sconosciuti, come l'Africa, dall'altra c'è l'appropriazione, da parte delle nuove masse di protagonisti sociali, della città e dall'altra ancora c'è la proliferazione dei luoghi dello spettacolo e la penetrazione capillare e l'insediamento stabile, da parte delle macchine ottiche, in ogni spazio sociale.

### SINFONIA DELLE METROPOLI

Partiamo, ancora una volta, dalla Francia e da Parigi, epicentro di tutti i sommovimenti e dinamiche scientifico-social-spettacolari che ci interessano. A questo punto però pur considerando le capitali europee siamo anche obbligati a includere nello sguardo gli Stati Uniti per constatare l'esistenza di un movimento turbinoso e instabile, vorticoso e perpetuo, che spinge singoli individui e intere masse a modificare il proprio habitat, la forma della città, i modi di vita, i tempi del lavoro e del divertimento e, non ultima, la propria forma mentale e immaginativa in modo nuovo. Sulla base di una diversa percezione delle cose e dei ritmi vitali. I motori della povertà, dell'economia di sopravvivenza, ma anche del senso dell'avventura che avevamo visto far muovere enormi masse nomadiche in Europa, ora lasciano il posto ai motori delle fabbriche e a una

---

[2] Così, nel *Pittore della vita moderna*, in *Opere*, cit, p. 1272, Baudelaire spiega la sua concezione di modernità: «La modernità è per me il transitorio, il fuggitivo, il contingente, la metà dell'arte di cui l'altra metà è l'eterno e l'immutabile». L'artista della vita moderna è chi riesce a concentrare la propria immaginazione «sul momento fuggevole e su tutto ciò che gli suggerisce di eterno». Per un'interpretazione complessiva dei rapporti tra intellettuali e mondo moderno e soprattutto per l'originalità dell'interpretazione dell'opera e del pensiero di Baudelaire vedi il cit. Berman, *L'esperienza della modernità*.

diversa scansione del tempo e dei ritmi della vita collettiva. Che sposta i suoi epicentri nel cuore delle città, il cui aspetto medioevale e rinascimentale viene sconvolto profondamente. I miti dell'individualismo romantico entrano in crisi di fronte al ribollire magmatico delle metropoli, alla dilatazione degli spazi urbani, all'unificazione degli spazi agrari con la periferia, all'apertura, nelle strutture medioevali, di nuove arterie per la viabilità delle carrozze, dei tram a cavalli e delle folle. I boulevards, come ha indicato Berman «posero le nuove basi economiche, sociali ed estetiche per l'aggregazione di una enorme quantità di persone»[3].

L'uomo della folla descritto dall'omonima novella di Edgar Allan Poe[4], percorre tutte le strade della città investito da ondate di suggestioni e stimoli, senza avere alcun senso di orientamento, senza desiderare di possedere e senza riuscire più a dominare il mondo con un solo sguardo. Dorian Gray, l'eroe negativo del romanzo di Wilde, concepisce l'uomo come un «essere con miriadi di vite e miriadi di sensazioni, una complessa, multiforme creatura»: la grande metropoli è il suo regno e il luogo più straordinario dello spettacolo, anche se Venezia è in cima ai suoi sogni. Dorian, che passeggia per Piccadilly, osserva tutti quelli che gli passano accanto e immagina, con una folle curiosità, quale tipo di vita possano avere.

Rispetto al senso di ocularizzazione di tutto il corpo o di totale senso di appartenenza allo spazio dei panorami, i nuovi spettacoli offerti dalle città moderne si presentano come una serie di fosfeni e immagini in rapidissima successione, che non sembrano fissarsi in profondità nell'immaginazione, ma si accumulano e confondono, si moltiplicano, entrano in conflitto tra loro e frantumano in una miriade di segnali, che solo la fotografia, da un certo punto in poi, sembra in grado di fermare e raccogliere, divenendo «lo specchio con la memoria» e offrendosi come il luogo di conservazione della «pelle» o dell'aspetto esterno di tutti gli oggetti visibili presenti sulla superficie terrestre[5].

A partire dai primi decenni dell'Ottocento inoltre, anche

la scienza esce dai laboratori e invade i salotti e i bistrò. Dunque anche le immagini della scienza diventano materiali riconoscibili e riconosciuti,

---

[3] *Ibid.*, p. 192.
[4] E.A. Poe, *L'uomo della folla*, in *Racconti dell'incubo*, Milano 1958, pp. 59-69.
[5] O.W. Holmes, *Il mondo fatto immagine. Origini fotografiche del virtuale*, a cura di G. Fiorentino, Genova 1995.

ergo «reali». Che si possono trattare come materiali non più solo da laboratorio, ma da atelier, destinati non più soltanto a scienziati e studenti, ma a pittori e «amatori d'arte»[6].

La scienza da una parte invade il territorio dell'arte e dall'altra diventa sempre più consapevole delle possibilità di divulgare le proprie scoperte in forme spettacolari, servendosi indifferentemente di università, scuole, teatri, caffè, baracconi di fiere, salotti di case private.

La visione diventa un mezzo privilegiato di conoscenza ed esplorazione della realtà: la fotografia dell'altrove costituirà una garanzia assoluta di esperienza autentica e tutti gli strumenti ottici concorreranno ad arricchire, fin dai primi anni di vita, le conoscenze del mondo.

Proliferano già nella prima metà dell'Ottocento volumetti che insegnano a servirsi dei giochi e degli apparecchi ottici a scopi scientifici, didattici e spettacolari. Nel 1828, ad esempio, Giovanni Santini, professore di astronomia all'Università di Padova pubblica il volume già ricordato *Teorica degli stromenti ottici destinati a estendere i confini della visione naturale* in cui analizza vari apparecchi ottici, sia dal punto di vista delle leggi ottiche che da quello degli effetti sul pubblico; elenca quali sono le qualità indispensabili per «dilettare il popolo» e indica da cosa dipenda il successo di uno spettacolo:

> Dalla scelta e qualità dei disegni, dal bizzarro accoppiamento dei fatti e dei costumi del tutto disparati che con prontezza e maestria si fanno succedere gli uni agli altri, dall'eloquenza ed abilità del giocatore, non meno che dall'esattezza delle illuminazione e dalla conveniente disposizione della lente in rapporto all'oggetto e alla parete dipendano il buon effetto dell'apparato e il diletto del pubblico[7].

Il processo di democratizzazione culturale offerto dalle nuove forme di spettacolo ottico, la crescita della domanda, l'ingrossarsi delle schiere di spettatori borghesi e proletari divide gli intellettuali, che possono passare dall'esaltazione all'irrisione, dalla celebrazione alla condanna di questi spettacoli, che fanno toccare con mano a Baudelaire il processo di degradazione a cui sembrano condannati

---

[6] G. Celli, *Il bricolage dell'invisibile. Scienza e arte a confronto*, Venezia 1994, p. 38.
[7] Santini, *Teorica degli stromenti ottici*, cit., p. 212.

l'arte e l'artista. L'avversione nei confronti della fotografia lo porterà a identificare questa nuova invenzione con la modernità, a considerarla quasi il simbolo negativo più emblematico, in quanto per la sua capacità di riprodurre la realtà e di non cercare piuttosto di osservare e scoprire la bellezza, la fotografia gli appare come il più mortale nemico dell'arte.

### VENTIMILA CORPI RACCONTANO...

I settant'anni che precedono l'invenzione del cinematografo presentano un andamento assai articolato, con concentrazioni e moltiplicazioni di ricerche e invenzioni che non intendiamo qui esaminare analiticamente, in quanto si tratta delle storie più conosciute ed esplorate, su cui esiste una letteratura consistente e, tutto sommato, attendibile. Si può benissimo tener conto dell'ancora utile testo di Michel Coissac del 1925 (formidabile la sua lista delle invenzioni francesi legate in qualche misura al cinema dal 1890) o rinviare all'eccellente lavoro del 1984 di Virgilio Tosi, *Il cinema prima dei Lumière*, agli studi di Mannoni e a tutti i contributi monografici che di recente hanno illuminato le personalità di Marey, Muybridge, Edison, Reynaud, Le Prince[8]. La storia del susseguirsi sempre più serrato e frenetico delle invenzioni che puntano a raggiungere il movimento della fotografia è nota e ben documentata nelle sue tappe e nella sua portata internazionale, nelle sue polemiche sulla priorità delle scoperte, sulle appropriazioni indebite, sulle sfortune e sui meriti misconosciuti o sopravvalutati. Immancabilmente ogni studioso nei vari paesi cerca di rafforzare i meriti dell'autore nazionale a scapito di concorrenti stranieri, ma in genere in queste polemiche non si esce da un campanilismo di basso profilo e quasi mai si interpretano correttamente le onde prodotte da ogni invenzione sul terreno circostante e nel medio-lungo periodo. In ogni caso la storia evoluzionistica e teleologica dell'animazione delle immagini comincia con Plateau.

---

[8] Mi limito a segnalare alcuni titoli di maggior interesse, rinviando a successive integrazioni per ogni autore: per Marey l'importante monografia di M. Braun, *Picturing time*, Chicago 1992; per Muybridge H. Gordon, *Eadweard Muybridge. The Father of the Motion Picture*, London 1975, e A. Gilardi, *Muybridge. Il magnifico voyeur*, Milano 1980; per Edison J. Mattheuw, *Thomas Edison*, New York 1959; per Reynaud D. Auxel, *Emile Reynaud et l'image s'anima*, Paris 1992; per Le Prince C. Rawlence, *The Missing Reel*, New York 1990.

Nel suo pregevole libro del 1928 *Les origines du Cinématographe* Potonniée scriveva:

C'è un precursore del cinematografo il cui nome deve essere scritto in lettere d'oro sul frontespizio della storia del cinematografo. È il professore belga Joseph Plateau, senza i lavori del quale né Lumière, né nessun altro avrebbe potuto inventare alcunché[9].

Joseph A. Plateau discute nel 1829 a Liegi, nella facoltà di Scienze dell'Università, una tesi dal titolo: *Dissertazione su qualche proprietà delle impressioni prodotte dalla luce sull'organo della vista*. Il senso delle sue argomentazioni punta a dimostrare che se più oggetti differenti si presentano alla vista a intervalli regolari di tempo, le impressioni che si producono sulla retina si uniscono senza confondersi e si ha l'impressione di vedere un solo oggetto che cambia forma e posizione. Nel gioco che da questo momento porterà progressivamente gli scienziati a studiare i modi di scomporre e ricomporre il movimento mediante immagini in successione Plateau effettua in ogni caso la prima mossa.

Per dimostrare la sua tesi sulla persistenza retinica Plateau inventa il fenakistiscopio (che sarà descritto da Baudelaire), perfezionando ricerche effettuate qualche anno prima da altri in Francia e Inghilterra[10].

Plateau si disinteresserà presto al suo apparecchio lasciandone ad altri lo sfruttamento commerciale e continuerà i suoi esperimenti di laboratorio divenendo cieco a quarant'anni per aver tentato di verificare, anni prima, il limite di resistenza della retina umana all'esposizione della luce solare, sottovalutando il potere della luce.

In questa storia più nota di ricerche febbrili, di scienziati geniali che si inseriscono nel flusso delle grandi invenzioni ottocentesche, spariscono i motivi della magia nera e bianca, della meraviglia e dell'affabulazione, del racconto, del viaggio verso l'altrove e della fiducia romantica nei poteri dell'occhio e della vista di spingersi

---

[9] G. Potonniée, *Les origines du cinématographe*, Paris 1928, p. 6.
[10] Nel suo brevetto del 1833 Plateau così descrive la sua invenzione: «L'apparecchio consiste in un disco di cartone forato lungo la circonferenza da un certo numero di fessure e con delle figure dipinte su una delle facce. Quando si fa girare questo disco attorno al suo centro, di fronte a uno specchio, guardando attraverso le fessure, le figure riflesse sullo specchio invece di confondersi sembrano al contrario cessare di partecipare alla rotazione del disco, si animano ed eseguono i movimenti che sono loro propri». Cit. in G. Sadoul, *Histoire générale du cinéma*, vol. I, *L'invention du cinéma 1832-1897*, Paris 1947-48, p. 16.

oltre gli spazi del visibile. La persistenza retinica teorizzata da Plateau è tutto sommato un difetto, non una qualità e lo spettatore diventa un accessorio e un elemento trascurabile agli occhi di questi scienziati, piuttosto che un nuovo soggetto della visione. Tutto lo sforzo è concentrato sul perfezionamento della loro scoperta e sulla possibilità di animare l'inanimato. Nulla dello spirito romantico, del senso panico, della creazione di cosmogonie, del bisogno di trascendenza e di naufragio nei mari dell'infinitamente grande si ritrova nella storia delle invenzioni ottocentesche che muovono i loro primi passi con Plateau e giungono fino a Edison e Lumière. Anche se le diverse biografie – in particolare quella di Muybridge – risultano sorprendenti e affascinanti per l'incrociarsi di eventi tragici e melodrammatici, di viaggi, avventure e colpi di scena. La misura di scala del loro sguardo risulta comunque ridotta e tutta focalizzata su oggetti osservati a distanza ravvicinata, la percezione e il ruolo del paesaggio e della varietà del mondo privi di interesse (anche se Muybridge è un ottimo fotografo di paesaggi, come dimostrano le splendide fotografie del lago Atitlan in Guatemala del 1876). Le leggi della prospettiva che finora abbiamo visto giocare un ruolo fondamentale non vengono neppure prese in considerazione e il visibile è osservato nella sua dimensione bidimensionale, quasi si volesse regredire a una percezione medioevale dello spazio. E tuttavia, nel caso di Marey e Muybridge, siamo di fronte alla creazione di un mondo nuovo tutto misurabile sia in senso spaziale che temporale, visibile, scomponibile e ricomponibile in modo indefinito e ossessivo. L'occhio della macchina fotografica diventa arma e protesi visiva dello scienziato/artista, ma anche vero soggetto della visione rispetto a cui l'occhio dell'operatore può avere un ruolo ininfluente. Lo spettatore di cui ci siamo finora occupati sembra destituito a sua volta di una parte consistente dei suoi poteri, ma ne acquista di nuovi, all'interno di una nuova condizione che lo vede continuamente stimolato da forme inedite di spettacolo offertegli dalla metropoli. Il corpo gli si offre come un nuovo continente da esplorare e i suoi paradigmi visivi, le sue certezze e gli orizzonti di attese vengono del tutto modificati. Alla visione totalizzante della pittura e della prospettiva rinascimentale si sostituisce una visione parziale e frammentata della realtà che richiede una sua maggiore presenza e capacità di percepire l'unità spaziale dell'oggetto osservato.

In un articolo anonimo, ma sicuramente di Muybridge, apparso nel «San Francisco Chronicle» del 1881, così viene descritta la meraviglia data dalla esposizione al pubblico delle sue prime tavole fotografiche del volume sul movimento animale:

> Di fronte alle vetrine delle librerie a Londra, Parigi, New York e nelle altre città dove le riproduzioni di queste serie sono esposte, le folle si uniscono a commentare il curioso spettacolo interamente inedito e con un significato del tutto nuovo offerto da un animale ben conosciuto... il cavallo ripreso da un fotografo iconoclasta della vostra città...[11].

In un certo senso con Muybridge e Marey, più ancora che con gli scopritori della fotografia, ci ritroviamo all'alba di una nuova era della visione, in una situazione antropocentrica, di invenzione e di scoperta di nuovi metri prospettivi, di nuove leggi rappresentative, assai simile a quella da cui abbiamo mosso i primi passi con Leonardo. Anche Marey, come Leonardo, lo nota la sua più acuta biografa, Marta Braun

> desiderava rendere il mondo visibile; inoltre riteneva che fosse misurabile e che solo mediante la misurazione fosse realmente conoscibile. Il mondo di Marey è un mondo in movimento in tutte le sue forme; la sua conquista è il suo più grande risultato[12].

L'occhio della macchina emette un fascio di luce che fulmina il corpo umano o animale, lo cattura e ci consente di osservarlo nelle migliori condizioni nell'atto di muoversi. La luce non ha più alcun rapporto con il *lumen* divino, è qualcosa di instabile e di continuamente mutevole che fotografi e pittori cercheranno di catturare muovendosi in base a ipotesi contigue e distinte. L'immagine del corpo nelle fotografie di Muybridge viene quasi stesa su un tavolo anatomico di una più moderna *Fabrica humani corporis* vesaliana per essere nuovamente vivisezionata dall'occhio, scomposta, ricomposta e studiata in base alle leggi della meccanica e dell'anatomia. Ma anche è possibile osservare le sequenze nel loro svilupparsi come racconto lineare (la corsa di un animale) o nella loro progressione verso un climax o un anticlimax (la mamma che sculaccia il bambino, la donna che si spoglia, l'atleta che lancia un attrezzo). Il

---

[11] Cit. in P. Prodger, *The Romance and Reality of Horse in Motion*, in AA.VV., *Marey/Muybridge pionniers du cinéma*, Beaune 1996, p. 53.
[12] Braun, *Picturing time*, cit., p. XVII.

tempo diventa visibile e misurabile attraverso il succedersi dei movimenti e l'occhio acquista la precisione e la capacità di un bisturi di incidere sul corpo visibile, senza escludere le pulsioni erotiche nei confronti di corpi che si offrono in tutta la loro bellezza naturale.

Dal 1833 una serie di scienziati si mette al lavoro in Europa e negli Stati Uniti per ottenere il movimento delle immagini e creare realtà sostitutive del tutto identiche a quelle visibili dall'occhio umano, se non capaci di offrire dimensioni non percepibili normalmente dalla vista.

Nel sintetizzare il percorso delle invenzioni che si susseguono nei decenni successivi, puntando allo studio e rappresentazione del movimento, gli scienziati, di cui vogliamo evocare solo i nomi più noti e rappresentativi, appaiono così immersi nei loro studi da non curarsi di elementi secondari, come la diffusione commerciale delle loro invenzioni e il consumo da parte di potenziali pubblici.

Caso esemplare può essere quello dell'astronomo Pierre-Jules César Jannsen, che costruisce nel 1874 un revolver fotografico che definirà in seguito come «la retina dello scienziato» per studiare il passaggio di Venere in Giappone. Questo apparecchio, che utilizza il principio del tamburo a ripetizione della Colt, inventato nel 1837, è azionato da un movimento a orologeria che fa ruotare attorno al proprio asse una lastra fotografica circolare e scatta una fotografia ogni settanta secondi riuscendo a riprendere di seguito fino a quarantotto fotografie.

Anche se Jules Marey è il primo studioso a occuparsi, fin dal 1867 dei problemi del movimento degli animali mediante l'aiuto del disco di Plateau, Eadweard James Muybridge ne utilizza con successo gli studi e verifica le ipotesi riuscendo a ideare un sistema per prendere fotografie di cavalli in corsa e determinare le posizioni rispettive delle loro membra a andature differenti. Lo studio del movimento dei cavalli in particolare appassiona da secoli gli artisti e la ricerca di Muybridge punta a dimostrare che esiste un momento in cui tutte le quattro zampe dell'animale risultano sollevate da terra. Nell'aprile 1878 deposita il brevetto della sua invenzione che consta di una serie di dodici apparecchi disposti a breve distanza uno dall'altro lungo una pista d'allenamento.

I risultati, in un periodo in cui si pensa che ottenere le fotografie di animali in movimento sia «assolutamente al di fuori del campo del possibile» sono entusiasmanti e sollevano tra i rivali dubbi sul fatto che fantino e cavallo siano realmente in movimento.

Il metodo presenta vari inconvenienti, richiede la presenza di molti aiutanti alle macchine – nel frattempo gli apparecchi diventano 24 – e non sempre il cavallo al suo passaggio strappa i fili che azionano lo scatto dell'otturatore.

Nel 1881 Muybridge – che non è uno scienziato, ma è animato piuttosto dal fuoco del missionario e del divulgatore e gira incessantemente per il mondo a mostrare il frutto delle sue scoperte – va a Parigi dove sottopone a Marey i risultati del suo lavoro e tiene varie conferenze pubbliche. Un anno dopo pubblica *The Attitudes of Animals in Motion* e nel 1887 la monumentale raccolta in undici volumi di *Animal Locomotion*. Si tratta di un inventario sistematico e ipertrofico di 781 fogli contenenti 19.347 fotografie delle posizioni assunte nello spazio da corpi di uomini, donne, bambini, animali domestici, asini, elefanti, cammelli, dromedari, maiali, uccelli...

Grazie al suo lavoro fotografico su centinaia di individui differenti si cominciano da una parte a studiare e a capire i tratti comuni al movimento e dall'altra a studiare le immense differenze e singolarità di ogni individuo e a cercare di cogliere i tratti esteriori e interiori che ne caratterizzano l'identità. Analizzando ogni singola sequenza è evidente che la figura rappresentata non è solo un corpo nello spazio, ma un individuo dotato di una storia, di una struttura fisica, di una fisionomia, di una differente percezione del proprio corpo. Ora il pudore spinge una ragazza a celare il corpo e il volto alla macchina da presa, ora il piacere esibizionistico ne spinge un'altra a offrirsi all'occhio del voyeur nascosto dietro l'obiettivo con senso di sfida e piena consapevolezza dei propri poteri. Con le sue centinaia di fogli Muybridge, reincarnazione moderna di Sharadzade, costruisce un monumento e un'affabulazione visiva quasi ininterrotta delle mille e una avventura del corpo umano e animale nello spazio. Giustamente Marta Braun, nella sua monografia, pone in rilievo le capacità narrative di Muybridge assieme a quelle di riuscire a accendere le fantasie dell'osservatore dei suoi racconti, Ando Gilardi mette in luce invece quell'insieme di pulsioni voyeuristiche che fanno della sua opera un unicum autorizzato e legittimato culturalmente nel panorama della cultura visiva ottocentesca.

Muybridge fa compiere un potente salto alle ricerche fotografiche, ma più di tutto gli effetti del suo lavoro si vedranno sull'anatomia, sulla fisiologia, sull'antropometria, sull'antropologia criminale e sull'antropologia da una parte e dall'altra sulla pittura nei cui confronti agisce modificandone moduli e strutture, divenendo il punto di riferimento fondamentale per pittori e scultori e aprendo la strada alla ricerca di scomposizione degli elementi spazio-temporali delle avanguardie. Nella stessa Università di Pennsylvania, dove gli sarà concesso di proseguire a tempo pieno dal 1884 il suo viaggio di esplorazione del corpo e del movimento, lavora in quegli anni il pittore Thomas Eakins, che userà il suo stesso studio per esperimenti fotografici simili, ma quasi più influenzati dalle cronofotografie di Marey. Non possiamo a questo punto trascurare l'impatto che le fotografie di nudi femminili e maschili di Muybridge possono avere in generale nei confronti dei tabù e in particolare sul pudore di una società come quella vittoriana. Il corpo diventa un paesaggio e una superficie tutta visibile e tutta percorribile e interpretabile dall'occhio sia dello specialista che dell'osservatore comune. Una distesa peraltro tutta esteriore e impermeabile agli strumenti di analisi che si profilano all'orizzonte.

Il sistema ideato da Muybridge è complesso e costoso. Si tratta di fare ancora un passo avanti che consenta una maggior rapidità di esecuzione. Questo passo viene compiuto da Etienne-Jules Marey.

Nella sua invenzione confluiscono non solo le ricerche anteriori di Jannsen e Muybridge, ma anche quelle di Du Mont (che aveva brevettato nel 1861 un apparecchio cronofotografico), Jules Dubosq e Ducos de Hauron, che si propongono tutti, nello stesso periodo, il problema di riprendere fotografie di corpi in movimento. E rispetto al dispendioso sistema ideato da Muybridge la sua invenzione consta di un solo apparecchio in grado di riprendere in rapida successione il movimento. Al pari del personaggio ideato da Bram Stoker, il fucile inventato da Marey inchioda un essere animato nello spazio e per vivere gli succhia la vita e ne trasferisce l'energia vitale su un supporto chimico.

Marey, laureato in medicina, è uno scienziato puro, la cui genialità si manifesta molto precocemente. È dotato di una cultura che gli consente di capire i problemi estetici assieme a quelli scientifici, e questo è un elemento assolutamente straordinario nel panorama scientifico in cui opera. E molte delle sue cronofotografie geometriche anticipano di vari decenni ricerche e risultati della pittura e dell'arte contemporanea. Nel 1874 pubblica il volume *Le mouvement animal* che lo fa conoscere a livello internazionale. Dopo le prime ricerche fotografiche sul volo degli uccelli comincia a pensare, dal 1878, a un apparecchio che consenta riprese ravvicinate del volo:

Pensavo a una sorta di fucile fotografico che prendesse l'uccello in una serie di attitudini che esprimevano le fasi successive del movimento delle ali[13].

Nel febbraio 1882 scrive alla madre raccontando di avere inventato un fucile innocuo che riprende immagini di animali o uccelli in volo a una velocità di 1/500 di secondo[14].

Il limite di questo fucile è di poter riprendere al massimo dodici fotografie per volta. I risultati sono comunque soddisfacenti e verranno elaborati a lungo e pubblicati nel libro Le mouvement del 1894, libro illustrato da 214 figure e tre incisioni litografiche.

Con questo apparecchio Marey intende mettere a punto un metodo scientifico per provare la teoria di Darwin sull'evoluzione della specie. È ossessionato dalla difettosità dei nostri sensi nel percepire i fenomeni del mondo che ci circonda e dalla difettosità dei mezzi linguistici per esprimere le nostre conoscenze. Vorrebbe riuscire a rendere visibile ciò che comunemente i nostri occhi non sono capaci di osservare per la rapidità dei movimenti di un corpo nello spazio. Le immagini femminili che trionfano nelle fotografie di Muybridge sono invece del tutto assenti nel suo lavoro fotografico, che non sembra mai neppure lontanamente sfiorato da alcuna pulsione erotica o voyeuristica.

All'Esposizione Universale di Parigi del 1889 incontra Edison e gli illustra le meraviglie della sua invenzione. Con ogni probabilità l'incontro ha un effetto decisivo su Edison, spingendolo a continuare le sue ricerche sull'animazione della fotografia, sollecitato anche dal fatto che George Eastman ha inventato per il suo apparecchio fotografico un nuovo tipo di pellicola al nitrato di cellulosa che si può perforare ai lati in modo da ottenerne un avanzamento regolare.

Marey non è un fotografo come Muybridge, non pensa di mettere in vendita le proprie fotografie, ma di servirsene per le sue indagini scientifiche, è un ricercatore puro, non è interessato alla tecnologia della macchina, né alle sue possibilità spettacolari, né a quelle commerciali, e neppure alla narrazione: il suo scopo principale è quello di perfezionare i meccanismi del cronofotografo e di

---

[13] E.J. Marey, La Chronophotographie, Paris 1899, pp. 24 ss.
[14] «Il cannone di questo fucile è un tipo che contiene un obiettivo fotografico... Quando si tira il grilletto il meccanismo si mette in moto... un asse centrale che fa dodici giri al secondo comanda tutte le parti dell'apparecchio». E.J. Marey, Le mouvement, Paris 1894, p. 68.

usarlo per ottenere risultati più sicuri nello studio della fisiologia animale e umana. Non è comunque indifferente ai problemi dei rapporti delle analogie e delle differenze tra scienza e arte. Tutt'altro. La sua cultura ha modo di manifestarsi nelle sue conferenze e nei suoi scritti a tutto campo. Lo riempiono ancora di ammirazione i risultati ottenuti dagli scultori greci nel rappresentare il movimento animale, dei cavalli, in particolare, ma quelli raggiunti dalla fotografia gli appaiono infinitamente superiori a tutta l'evoluzione mimetica della storia dell'arte. Nel libro pubblicato con Demeny nel 1893, *Du mouvement de l'homme*, intitola un capitolo, in cui enumera le possibilità d'uso della cronofotografia da parte degli artisti, *Il movimento nell'uomo dal punto di vista artistico*. Nel sottolineare le possibilità di utilizzazione della natura come modello, le suggestioni che possono venire dallo studio del movimento del corpo e dei muscoli, Marey, in ogni caso, sostiene la libertà e l'indipendenza creativa dell'artista.

Quando si accorge che altri, come il suo allievo Demenÿ, o Edison, stanno facendo grandi passi in direzione del miglioramento delle capacità di ripresa fotografica, lascia volentieri il campo e riprende a occuparsi delle sue ricerche teoriche.

L'invenzione dei Lumière lo lascia del tutto indifferente – anche se nel 1903 riconoscerà nei Lumière i più geniali interpreti della sua invenzione – dal momento che la sua ricerca si muove in direzione del tutto opposta: il cinematografo riproducendo la vita ricompone sinteticamente il movimento nella sua continuità, mentre a lui interessa scomporlo analiticamente, studiare il continuum nella sua articolazione e suddivisibilità in unità discrete.

Grazie a lui e alle sue cronofotografie, in ogni caso, si osservano, nel breve periodo, degli effetti evidenti sulla pittura, e il suo lavoro, in misura superiore alle possibilità d'utilizzazione scientifica, costituisce una chiave moderna di percezione e rappresentazione dello spazio e del tempo, del dinamismo, della velocità e della simultaneità e offre paradigmi e modelli per le nuove poetiche ed estetiche artistiche: non si possono immaginare i quadri di Balla, Boccioni, Carrà e Severini, Kupka e Duchamp dei due primi decenni del Novecento senza l'esperienza cronofotografica, né tanto meno le ricerche del Fotodimismo di Anton Giulio Bragaglia e tutto lo sviluppo della poetica futurista, fondata sulla simultaneità e sul dinamismo[15].

[15] Nel già citato *Picturing Time* Marta Braun ha sviluppato questi motivi in un ampio capitolo intitolato *Marey, Modern Art and Modernism*, pp. 264-318.

## DISEGNARE LA NATURA CON LA LUCE

Facciamo un passo indietro riprendendo il discorso sul rapporto tra le invenzioni ottiche e le trasformazioni della visione collettiva considerando la fotografia, il cui termine viene inventato per analogia con litografia.

Il 19 agosto 1839 lo scienziato Arago, nel presentare l'invenzione di Daguerre all'Accademia delle Scienze e Belle Arti sottolinea il fatto che il governo francese vi abbia creduto così tanto da acquistarne i diritti e renderla subito di pubblico dominio:

> Questa scoperta la Francia l'ha adottata dal primo momento; e si è mostrata fiera di poterla mettere liberamente a disposizione di tutto il mondo.

L'invenzione era già stata annunciata il 7 gennaio dello stesso anno e soltanto pochi giorni dopo svariati giornali italiani ne riprendono la notizia: «Il Lucifero» di Napoli, in un articolo di Raffaele Liberatore, *La Nuova Camera Oscura*, affermava entusiasticamente, stabilendo un legame con l'acquatinta, che

> nessuna cosa, nessun aspetto della natura sfugge a questo metodo, che vale a riprodurre e la freschezza mattutina e lo splendore del meriggio e il color cupo della sera e la malinconica tinta d'un tempo piovoso [16].

Qualche settimana dopo viene diffusa anche la notizia dell'invenzione inglese di Talbot, che consente la riproduzione su carta di positivi stampati da negativi con procedimenti fotomeccanici: in Italia, secondo un copione sempre ripetuto e ormai previsto e prevedibile, si rivendica la priorità dell'invenzione richiamando addirittura la camera oscura di Della Porta [17].

---

[16] R. Liberatore, *Nuova camera oscura*, riprodotto in I. Zannier-P. Costantini, *Cultura fotografica in Italia*, Milano 1985, pp. 48-49. Vedi anche M. Miraglia, *Regno delle due Sicilie, Fotografia italiana dell'800*, Milano 1979, pp. 133-135 e il documentato saggio di G. Fiorentino, *Tanta di luce meraviglia arcana*, Napoli 1992.

[17] Nella «Gazzetta privilegiata di Venezia», come documenta Zannier si fa anche il nome del romano Marco Antonio Cellio, che nel 1686 fa esperimenti per «comprovare il suo metodo di trar disegni dai raggi solari». I. Zannier, *Segni di luce, Le origini della fotografia in Italia*, Ravenna 1991, p. 7.

Se finora avevamo visto diffondersi le invenzioni con movimenti di onde che si propagavano da un centro alle periferie, ora trasmissione e diffusione delle informazioni sono quasi istantanee e nel giro di poche ore coprono distanze enormi. Il successo della fotografia è dato dalla sua capacità di rispondere a più esigenze: di perfetta riproduzione e certificazione scientifica del reale[18], di forma artistica capace di ottenere risultati mimetici mai raggiunti in precedenza e di chiave magica d'accesso ai nuovi regni delle merci.

Già all'indomani dell'invenzione, nel 1840, a soli sei mesi dalla liberalizzazione del brevetto ad opera dello Stato che ne aveva acquistati i diritti, un celebre litografo francese, François Maurisette, già parla di *Dagherrotipomania*. E descrive folle di celebranti, fedeli – che già si organizzano in Sezioni dei Dagherrotipomani e dei Dagherrotipolatri – e profani del nuovo rito e un paesaggio in cui tutti gli oggetti o i nuovi mezzi di trasporto, dai treni ai palloni aerostatici, assumono la morfologia di una macchina fotografica. Le file in attesa si perdono all'orizzonte e si imbattono in una serie di forche per incisori disoccupati, con o senza impiccati, su cui campeggia la scritta «Forche da affittare».

I dagherrotipi muovono i loro primi passi e ingaggiano subito uno stretto corpo a corpo con la pittura e l'incisione. La sola differenza, agli occhi degli inventori e di chi ne esalta i poteri innovativi, è data dal fatto che il sistema di riproduzione è fotochimico anziché meccanico:

La chimica moderna possiede certe sostanze che hanno la proprietà di cangiar di colore al contatto delle luce... La luce è l'artefice di questa mirabile dipintura e a proporzione dell'intensità sua, più o meno celermente la produce...[19].

Nel libro *The Pencil of Nature* anche lo scienziato Daniel Talbot – l'inventore inglese dei calotipi che contende a Daguerre il primato – esalta il potere della natura di catturare la luce e lo considera superiore a quello di qualsiasi buon pittore:

---

[18] Vedi a questo proposito G. Freund, *Fotografia e società*, Torino 1976, p. 17 e R. Barthes, *Il messaggio fotografico*, in *L'ovvio e l'ottuso*, Torino 1985, pp. 7-8.
[19] Liberatore, *Nuova camera oscura*, cit., in Zannier e Costantini, *Cultura fotografica*, cit., p. 49.

Un vantaggio della scoperta dell'Arte Fotografica sarà dato dal fatto che consentirà di introdurre nelle nostre immagini una quantità di minuti dettagli che aggiungono alla verità e realtà della rappresentazione, ma che nessun artista si prenderebbe cura di copiare fedelmente dalla natura[20].

L'occhio del fotografo, secondo Talbot, potrebbe soffermarsi – come è accaduto ai pittori olandesi e fiamminghi – su una quantità di particolari della vita quotidiana che sfuggono o appaiono irrilevanti alla gente comune.
Inoltre la fotografia ha il potere di fissare

la più transitoria delle cose, l'ombra, l'emblema per eccellenza di tutto ciò che è fluttuante e momentaneo... può essere fissato per sempre in una posizione che sembra destinata ad occupare per un solo istante[21].

La fotografia aggiunge valore alla vista, consente di interrompere il continuum, di afferrare l'attimo, di scomporre gli insiemi del visibile, come dimostrerà Marey. Emile Zola se ne dichiarerà entusiasta sostenendo che «non si può pretendere di aver visto realmente qualcosa prima di averla fotografata».
Tutte le prime manifestazioni fotografiche di Daguerre e Talbot, Nadar e Gros, ricevono dalla pittura i principi compositivi, i tagli visivi, le pose dei soggetti, le distanze e indicazioni prospettiche, la disposizione dei volumi e il riconoscimento del ruolo dominante della luce...
La stampa dell'epoca sottolinea sia l'importanza scientifica che artistica della scoperta ed è interessante osservare che a Napoli un giornale come «Il Lucifero»

classifica il daguerrotipo alla voce Accademia delle Scienze, mentre il «Salvator Rosa» la classifica alla voce Belle arti[22].

Mentre il fronte degli scienziati si mostra abbastanza compatto quello dei letterati e artisti si divide.
Qualcuno paragona il potere della luce a quello di un grande

---

[20] È il commento all'ottava immagine in D.F. Talbot, *The Pencil of Nature*, London 1844.
[21] D. Fox Talbot, *Some Account of the Art of Photogenic Drawing*, 1839, cit. in V. Goldberg, *Photography in Print*, Albuquerque 1981, p. 41.
[22] Fiorentino, *Tanta di luce*, cit., p. 24.

organo con tutte le sue scale di ottave, mentre altri rifiutano con decisione e ribrezzo di accogliere il prodotto fotografico nella provincia dell'arte. Di fatto però come non rilevare subito che la poetica di Turner sembra confluire nelle lastre di Le Gray e come tutti i grandi movimenti artistici, dalla seconda metà dell'Ottocento, hanno stabilito rapporti assai fecondi e ininterrotti con i grandi esponenti della fotografia?

Nelle fotografie di Fenton, Le Gray, Watkins, aleggiano lo spirito e la lezione pittorica di Turner e Courbet; i ritratti femminili di Cameroun o Robinson, confrontati con i quadri di Dante Gabriel Rossetti, Gustav Moreau o John Everett Millais, paiono quasi il frutto di un parto gemellare; i paesaggi di Emerson e Goodall sembrano oscillare tra la lezione di Manet e Renoir e quella dei simbolisti.

Alcuni fotografi americani, come Watkins o Jackson, immettono nelle loro lastre una sorta di stupore panico e tentano di cogliere il potere simbolico e allegorico o il valore archetipico degli oggetti e dei paesaggi. Le nuvole, gli alberi, le rocce, i fiumi, le cascate sprigionano una quantità di significati che va ben oltre la superficie del visibile, rivelando le corde di una religiosità profonda, immanente alle cose stesse.

I poteri di perfetta riproduzione della realtà della fotografia sembrano meno interessanti rispetto alle capacità dell'occhio meccanico di trasmettere le emozioni interne dell'osservatore. Stieglitz chiamerà i suoi studi sulle nuvole *Equivalenti* in quanto li concepisce come vere e proprie trascrizioni di stati mentali.

Naturalmente da subito le poetiche e le strade intraprese dai grandi fotografi si separano: da una parte vi sono coloro che credono nella forza autorappresentativa della realtà e nel ruolo neutrale e di semplice testimone del fotografo e dall'altra invece c'è la schiera di chi esalta l'estrema soggettività dello sguardo, la legittimità della manipolazione e la possibilità di creare realtà e mondi del tutto autonomi e indipendenti dal soggetto rappresentato. Accolta con tutti gli onori nelle Esposizioni universali (nel 1855 per la prima volta viene allestita una mostra in suo onore) la fotografia potrà contare dopo pochi decenni sulla diffusione più vasta mai raggiunta da alcuna invenzione ottica precedente. Nella sola New York si contano quasi un centinaio di studi fotografici. Giornalisti, testimoni, combattenti, artisti, cantori delle nuove forme di epica popolare, gli operatori fotografici usano i loro apparecchi come cavalletto, protesi visiva, arma, registro catastale. Potenzialmente tutta la superficie del visibile è catturabile in ogni istante dalla macchina fotografica. La fotografia ridarà senso e spinte decisive a una miriade di odissee terrestri verso il cuore di tenebra di continenti sconosciuti come l'Africa o il Sud America e allo spirito di conquista e di colonizzazione dell'Altrove[23]. Nello stesso tempo si cercherà di catturare gli ectoplasmi, le forme spettrali, di dare materialità fisica ai fantasmi.

Tutto l'Ottocento è attraversato da un'ossessione visiva – come fin dai primi anni ottanta è stato messo in luce da Costa[24] – reperibile nei racconti, nel pensiero scientifico e nelle arti figurative prima e dopo l'avvento della fotografia. Philippe Dubois ha ben sintetizzato la situazione:

> L'epoca è segnata da una vera frenesia dell'estensione delle capacità umane della visione grazie all'apporto delle tecnologie ottico-chimiche: vedere più lontano (1865: prime foto al telescopio); vedere più vicino (1870: prime foto al microscopio); vedere attraverso (1895: Röntgen scopre i raggi X); e anche sconfinando verso le credenze spiritualiste di qualsiasi tipo: vedere l'anima...: la Scienza alla ricerca della visione totalizzante finisce così per affiancarsi alla Fantascienza nel momento in cui si acutizza il suo desiderio di vedere l'invisibile[25].

Ultimo e non certo minore il fatto che la fotografia, tra i suoi tanti poteri, come si è detto rivelerà quello di essere il talismano indispensabile d'accesso ai luoghi edenici delle merci, offrendo sul mercato e potendo diffondere ovunque la riproduzione di qualsiasi prodotto commerciale e riuscendo a valorizzare in termini commerciali e turistici tutti i luoghi noti e sconosciuti della terra[26].

---

[23] Segnalo per la sua ricchezza e originalità la tesi di dottorato in Geografia di L. Bonollo, *Sapere geografico e pratica delle immagini. La fotografia dell'altrove*, Padova 1996.

[24] Costa, *Introduzione* a *La meccanica del visibile*, cit., pp. 18 ss.

[25] Dubois, *La question du panorama*, cit., p. 24.

[26] Tra le moltissime opere che offrono uno sguardo d'insieme di storia della fotografia suggerisco di tener presenti almeno A. Gilardi, *Storia sociale della fotografia*, Milano 1976 e i due cataloghi di grandi mostre retrospettive tenutisi in occasione del centocinquantenario della fotografia al Museum of Modern Art di New York (J. Szarkowski, *Photography Until Now*, New York 1989), e Huston, Canberra e Londra (M. Weaver, *The Art of Photography, 1839-1989*, London 1989).

## L'OCCHIO VIVENTE

In una lettera della *Nouvelle Héloïse* di Rousseau un personaggio scrive:

> Se potessi cambiare la natura del mio essere e diventare un occhio vivente, io vorrei effettuare volontariamente questo scambio[27].

Bastano pochi decenni per offrire all'uomo che può usare la fotografia la sensazione di essere diventato un occhio vivente e di poter fermare la vita, succhiarne la superficie, ma anche l'essenza.

Le forme e le modalità della visione a cui ci si era abituati dalla camera oscura in poi con l'avvento della fotografia appaiono appartenere a una conoscenza e a dei modelli economici e socio-culturali paragonabili solo superficialmente alla nuova invenzione. Grazie all'immediata industrializzazione delle immagini i prodotti industriali godranno di una circolazione abnorme, come pure icone, staccate dal loro referente, ma importanti nei nuovi processi di consumo delle merci. Con la fotografia sembra realizzarsi il sogno di una rappresentazione del tutto oggettiva: grazie alla luce la realtà sembrerebbe depositare una parte della propria struttura atomica e della propria vita nella lastra e sulla carta. Già nel 1839 il napoletano Francesco Ruffa vede Daguerre come un erede di Newton e Lavoisier e ne celebra in versi l'impresa sottolineando la possibilità di rendere eterne le immagini che la luce è solita *pinger fugaci*:

> Emulo al duce ebreo che arresta il sole / chimica rete a la sua luce ei tende / e siccom'uom che imperioso vuole / par che le dica fermati, e la prende; / e le riflesse immagini, che suole / Ella pinger fugaci, eterne rende[28].

Nel celebrare il centenario dell'invenzione della fotografia Paul Valéry ha detto:

> La fotografia abituò gli occhi ad aspettare ciò che debbono vedere, e dunque a vederlo: ed essa li istruì a non vedere quel che non esiste, e che vedevano molto bene prima di essa[29].

---

[27] J.-J. Rousseau, *La Nouvelle Héloïse* in *Oeuvres complètes*, vol. II, Paris 1959, p. 491.
[28] F. Ruffa, *Il Dagherrotipo*, in «Poliorama pittoresco», 21 dicembre 1839, p. 151, citato in Zannier (a cura di), *Segni di luce*, cit., p. 9.
[29] P. Valéry, *Centenario della fotografia*, in L. Termine, *Paul Valéry e la mosca sul vetro. Fotografia e modernità*, Torino 1991, p. 91.

Oltre a tener presente questa nuova condizione scopica, che viene offerta a chiunque, consentendogli di fermare qualsiasi istante dello spettacolo del mondo reale, è bene sottolineare che i luoghi e le forme dello «spectare» non passano solo attraverso l'invenzione della fotografia, ma si moltiplicano in proporzione geometrica, entrano a far parte del sistema caotico, formato dall'interazione di una miriade di forze vecchie e nuove che si riversano soprattutto nei nuovi spazi cittadini e metropolitani. Questo grazie da una parte alla modificazione delle forme di vita urbana e all'avanzata di nuovi protagonisti sociali, al conflitto che si crea, anche per il semplice contatto, tra appartenenti a classi diverse, dall'altra alla disponibilità degli scienziati a spezzare il pane del sapere e delle loro scoperte a favore dei grandi pubblici popolari, senza troppo sottilizzare sui modi e sui canali di trasmissione. Non ultimo, grazie ai nuovi processi industriali che investono i giochi e le macchine degli spettacoli ottici e, più di tutto, come si è detto, all'invenzione della fotografia e della stereoscopia. Da una parte mentre la piazza perde la sua centralità di luogo d'incontro e di socializzazione i nuovi luoghi pubblici, *in primis* i *boulevards*, diventano gli scenari privilegiati entro cui la società ottocentesca, prima a Parigi e poi in tutta Europa, si mette in scena. Mette in scena il suo lusso, ma anche le sue violente difformità (vedi a questo proposito la pagina sugli «occhi dei poveri» nello *Spleen di Parigi* di Baudelaire, in cui una «famiglia d'occhi» – un uomo e i suoi due figli vestiti di stracci – osserva con sguardo adorante, come se fosse una scena teatrale, l'interno di un Caffè appena inaugurato entro cui sono seduti il poeta e un'amica, che a loro volta vengono colpiti, in modo diverso da questo spettacolo)[30], i suoi traffici caotici, convoglia il flusso della sua energia vitale, danza ai ritmi infernali del Can-can e della musica di Offenbach[31].

Intanto i nuovi giochi ottici, le nuove «récréations de la physi-

---

[30] «Gli occhi del padre dicevano: "Com'è bello! com'è bello! tutto l'oro di questa povera terra sembra approdare su queste pareti". E gli occhi del ragazzino: "Com'è bello! Com'è bello! ma è un castello dove possono entrare solo quelli diversi da noi". E gli occhi del piccolo erano troppo incantati per esprimere altro che una infelicità ebete e profonda». C. Baudelaire, *Lo Spleen di Parigi*, in Opere, cit., p. 428.

[31] D'importanza non inferiore agli scritti incompiuti di Benjamin su Parigi la biografia sociale di S. Kracauer, *Jacques Offenbach e la Parigi del suo tempo*, Casale Monferrato 1984, che, forse per la prima volta, riesce a promuovere la vita quotidiana di Parigi di metà Ottocento a scena e teatro collettivo.

que amusante» (come i thaumatropes, i fenakistiscopes, gli stroboscopes, i ségascopes, i kaléidoscopes, gli aphaneidoscopes, i pronopiographes...)[32] e i nuovi mezzi di riproduzione del mondo irrompono nel privato, vanno alla conquista delle case e dei salotti della borghesia emergente, promuovendo milioni di persone a produttori di spettacolo e soggetti e oggetti di visione nello stesso tempo. Non c'è più bisogno per diffondere i frutti della nuova scrittura, pittura o scultura luminosa, di una predicazione porta a porta. La diffusione avviene naturalmente per attrazione paramagnetica, per contatto, quasi per contagio: è la gente che viene attirata dalla luce della fotografia e dalla stereoscopia perché le viene data l'occasione non solo di viaggiare nel mondo a ritmi ben più rapidi di quelli finora praticati dagli spettacoli ottici. Ma di vedersi e potersi ritrarre in uno specchio magico capace di fissare per sempre la memoria di ogni potenziale momento della vita. Rispetto alla camera oscura che cercava di stabilire una forma di conoscenza oggettiva del mondo, sganciata dalla realtà e atemporale, la fotografia restituisce l'esperienza all'ordine temporale e visivo dello spettatore, ne implica la corporeità, il coinvolgimento fisico[33]. Mentre la camera oscura era la metafora di un occhio privo di corpo la fotografia implica metonimicamente l'occhio collettivo di una folla che si aggrega, conosce e giudica contemporaneamente la realtà attraverso le stesse immagini riprodotte in un numero indefinito.

Dal momento in cui la fotografia ha cominciato ad affermarsi e a prendere piede per Baudelaire

l'immonda compagnia si precipitò come un sol Narciso a contemplare la propria immagine triviale sulla lastra[34].

Potenzialmente la fotografia può fissare ogni istante, ogni volto, ogni oggetto, ogni luogo del flusso caotico del vivere. In un certo senso – soprattutto per quanto riguarda i ritratti – la fotografia taglia la testa del soggetto dal corpo creando una sorta di zona intermedia tra vita e morte, con un procedimento molto simile a quello della ghigliottina, come ha osservato Daniel Arasse:

---

[32] L De Fontenelle-F. Malepeyre, *Nouveau Manuel Complet de Physique Amusante ou Nouvelles Récréations Physiques*, Paris 1860, p. 73.
[33] Crary, *Techniques of the Observer*, cit., p. 98.
[34] C. Baudelaire, *Salon del 1859*, in *Opere*, cit., p. 1194.

Non ci si deve meravigliare se il termine ghigliottina indichi, negli apparecchi fotografici del XIX Secolo un tipo di otturatore il cui meccanismo... serve in particolare a riprendere un ritratto... La fotografia risuscita il fascino della testa morente, vivente e già morta...[35].

Inoltre è forse sostenibile che con l'invenzione della fotografia nel 1839 – più ancora che con la Rivoluzione francese o la rivoluzione industriale – nasce la storia contemporanea, la storia in cui agli individui anonimi è data la possibilità, per la prima volta, di prendere coscienza del presente, dell'istante, del proprio tempo vissuto e di vedersi promossi a soggetti di storia. Dall'indomani della sua invenzione, grazie a personalità geniali come Nadar, la fotografia coglie nell'attimo il senso di una vita, diventa «una biografia drammatizzata»[36].

Tra le tante voci che si sono levate nel tempo a celebrare l'importanza dell'avvento della fotografia quella di Alberto Savinio sembra, nella sua enfasi, tuttora da prendere in considerazione:

Quando la fotografia fu inventata sembrò che il mondo da un alto sonno si levasse. L'invenzione della fotografia segna un punto di trasformazione nella storia dell'umanità, supera per certi riguardi la conquista di Costantinopoli, la scoperta dell'America, altre «chiavi di volta» della storia. Se fatti di egual momento si vogliono contrapporre a questa invenzione fatale, bisogna compulsare addirittura la storia del pensiero, cercare nell'archivio degli avvenimenti che hanno mutata non la faccia, ma la psiche del mondo, citare il passaggio dalla Scolastica ai principi della filosofia nuova per opera di Bacone da Verulamio, risalire meglio ancora a Socrate e alla scoperta della coscienza. Perché la fotografia ha rivelato il colore del mondo; per meglio dire ha tolto il colore al mondo, e ha inaugurato una cruda, stupefatta, tragica «notte bianca». Microscopio per tutti, la fotografia è una macchina nonché livellatrice, ma rivelatrice... La fotografia fissa gli atteggiamenti più segreti, scopre le verità più nascoste, ferma i moti più fuggitivi, registra inesorabilmente i vari, gli infiniti attimi la cui somma compone il minuto, l'ora, la giornata, il mese, la stagione, l'anno, la vita intera dell'individuo-uomo[37].

A tutti, indifferentemente, poveri e ricchi, è data la possibilità di esorcizzare la morte, di lasciare una sia pur minima traccia anagra-

---

[35] D. Arasse, *La ghigliottina e l'immaginario del terrore*, Milano 1990, p. 198.
[36] G. Macchia, *Il fotografo di Baudelaire*, in *Baudelaire*, Milano 1975.
[37] L'articolo, apparso su «La Stampa» negli anni trenta, è stato ripreso in A. Savinio, *Torre di guardia*, Palermo 1977.

fica del proprio passaggio sulla scena della storia. Per colpa o per merito della fotografia all'uomo comune viene concesso un identico riconoscimento sociale che al poeta e all'artista.

La camera oscura è diventata lo strumento di registrazione più perfetto e onnipotente della natura e al tempo la sua matita di luce: *The Pencil of Nature*, proprio come la definisce Talbot[38].

Ha scritto Jean Louis Comolli:

Nello stesso momento in cui è affascinato e gratificato dalla molteplicità degli strumenti scopici che gli esibiscono migliaia di immagini di fronte allo sguardo l'occhio umano perde un privilegio posseduto da sempre; l'occhio meccanico della macchina fotografica vede al suo posto e in certi casi con maggiore sicurezza. La fotografia si afferma al tempo stesso come trionfo e sconfitta dell'occhio. C'è un violento decentramento del luogo dominante in cui fin dal Rinascimento lo sguardo ha regnato[39].

Lo scenario entro cui le nuove generazioni di icononauti ottocenteschi vivranno le loro avventure, a questo punto, risulta enormemente dilatato e capace di includere tre mondi distinti, autonomi e interdipendenti, in quanto uniti dal nuovo occhio meccanico o macchinico: due nuovi mondi, quello dei grandi *boulevards*, cantati da Baudelaire, in cui al poeta può accadere, nell'attraversarli in gran fretta, mentre saltella nel fango, che l'aureola scivoli «a causa di un brusco movimento, giù dal capo nel fango del macadam»[40], e quello dei salotti borghesi, immortalati dalla poesia crepuscolare. E un terzo, destinato a soccombere, ma che lotta a lungo per la sopravvivenza, quello di un'ideale piazza o fiera dello spettacolo popolare ancora capace di riunire, conservare e far rivivere la memoria di forme già conosciute e collaudate, mescolandole con nuove forme, riuscendo a riaccendere il senso della meraviglia e della magia del rito.

Va anche tenuto presente che all'occhio di un fotografo come Nadar da subito si aprono altri mondi, mondi sotterranei, creati dalla nuova civiltà, mondi vicini e praticamente invisibili:

---

[38] Fox Talbot, *The Pencil of Nature*, New York 1989. La prima edizione è del 1844.
[39] J.L. Comolli, *Machines of the Visibile*, in *The Cinematic Apparatus*, a cura di T. De Lauretis e S. Heath, New York 1985, p. 123.
[40] Baudelaire, *Lo spleen di Parigi*, cit., p. 461.

Ciò che il passante, il cittadino di una metropoli in formazione non riesce a scorgere: gli spettacoli inattesi si aprono a chi la contempli dall'alto, e il meccanismo che s'agita sotto i piedi di lui che cammina: la Parigi aerea, fotografata dai palloni aerostatici, con i segmenti delle sue vie e i laghi delle sue piazze, in tutta la sua geometria complicata ed infinita e la Parigi sotterranea. Nella perlustrazione di questa Parigi chiusa nella rete delle sue fogne, Nadar non aveva, come predecessori, degli artisti, ma due romanzieri: Balzac e Hugo [41].

Se per ogni singolo spettacolo di lanterne magiche, mondi nuovi, spettacoli di fantasmagoria si potevano raggruppare poche decine di spettatori, il fenomeno della diffusione della fotografia e ancor più della stereoscopia assumono da subito dimensioni iperboliche.
Di «migliaia di occhi avidi [che] si chinavano sui fori dello stereoscopio come sui lucernari dell'infinito» parla lo stesso Baudelaire nel suo *Salon del 1859*, investendo la nuova invenzione fotografica di tutto il suo disprezzo [42]:

In questi nostri tempi tristi è sorta una nuova industria che ha contribuito non poco a rafforzare la stupidità nella propria fede e a distruggere quanto poteva restare di divino nello spirito francese. Va da sé che questa folla idolatra esigeva un ideale degno di sé e conforme alla propria natura. Nella pittura e nella scultura il Credo attuale della società altolocata, soprattutto in Francia... è il seguente: «Credo nella natura e non credo che nella natura. Credo che l'arte sia e non possa essere se non la riproduzione fedele della natura... Perciò l'industria che ci desse un risultato identico alla natura sarebbe l'arte assoluta». Un Dio vendicatore ha esaudito i voti di questa moltitudine. E Daguerre fu il suo messia... Una frenesia, uno straordinario fanatismo si impossessò di tutti questi nuovi adoratori del sole. E si manifestarono strane abominazioni...
Siccome l'industria fotografica era il rifugio di tutti i pittori mancati, troppo poco dotati o troppo pigri per portare a piena esecuzione i loro studi, questa infatuazione collettiva aveva non soltanto il carattere dell'accecamento e dell'imbecillità, ma anche il sapore di una vendetta... Sono convinto che i progressi distortamente applicati della fotografia abbiano contribuito non poco, al pari del resto di ogni progresso unicamente materiale, all'impoverimento del genio artistico francese, già così raro.
Se si consente che la fotografia supplisca l'arte in alcune delle sue

---

[41] Macchia, *Il fotografo di Baudelaire*, cit.
[42] C. Baudelaire, *Salon del 1859*, in *Opere*, cit., p. 1195.

funzioni in breve essa l'avrà soppiantata o completamente corrotta, in virtù della naturale alleanza che troverà nell'idiozia della massa. Occorre dunque che essa torni al suo vero compito, che è quello di essere l'ancella delle scienze e delle arti, ma ancella piena di umiltà, come la stampa e la stenografia, le quali non hanno né creato né sostituito la letteratura. Che la fotografia arricchisca rapidamente l'album del viaggiatore e restituisca ai suoi occhi la precisione che può far difetto alla sua memoria, che adorni la biblioteca del naturalista e ingrandisca gli animali microscopici, rafforzando addirittura con altre notizie le ipotesi dell'astronomo... tutto questo non dà luogo a discussione. Che salvi dall'oblio le rovine cadenti, i libri, le stampe e i manoscritti che il tempo divora, le cose preziose di cui va scomparendo la forma e che richiedono un posto negli archivi della nostra memoria, questo le merita gratitudine e lode. Ma se le è concesso di sconfinare nella sfera dell'impalpabile e dell'immaginario, in tutto quello che vale soltanto perché l'uomo vi infonde qualcosa della propria anima, allora siam perduti!... Di giorno in giorno l'arte perde il rispetto di se stessa, si prosterna davanti alla realtà esteriore, e il pittore diventa sempre più incline a dipingere non già quello che sogna, ma quello che vede.

Come potrà l'osservatore in buona fede affermare che l'invasione della fotografia e la grande follia industriale sono del tutto estranee a questo tristissimo risultato? È lecito pensare che un popolo i cui occhi si abituano ad apprendere gli esiti di una scienza materiale come i prodotti del bello non abbia, nel giro di un certo periodo, diminuito sensibilmente la facoltà di giudicare e di sentire quanto vi è di più etereo e di più immateriale?[43].

Neppure Alexandre Dumas, in un racconto del 1866 dimostrerà di apprezzare troppo le qualità espressive della fotografia:

tutti coloro che non ebbero abilità sufficiente per diventare pittori si danno alla fotografia e la loro occupazione non ha altro risultato tranne quello di rendere l'arte volgare senza darle alcun lustro[44].

Più di tutto manifesterà il suo senso di repulsione per le possibilità offerte a tutti da parte della fotografia di godere di un ritratto a buon mercato:

Si offrono ritratti a chi ve li domanda come porgesi l'elemosina a un mendicante... Niuno al mondo ardisce rifiutare una cosa che ha il prezzo di dieci soldi, e se pure venisse rifiutata non di rado si può acquistare nei

---

[43] *Ibid.*, pp. 1195-97.
[44] A. Dumas, *Le fotografesse*, in *Gli scrittori e la fotografia*, a cura di D. Mormorio, Roma 1988, p. 209.

caffè dai venditori girovaghi. Ogni sorta di gente, la più indifferente per voi vi sceglie a far parte della sua raccolta, e coi vostri confratelli, con quelli con cui avete in comune l'arte o la scienza, siete ordinati in un album come una collezione di farfalle o di tignole, con questa sola differenza che gli insetti alati del tropico possono costare da cento lire l'uno; mentre i più grand'uomini contemporanei figurano nella collezione al costo di pochi centesimi al pezzo. Ciò è umiliante[45].

Nel giro di breve tempo queste posizioni risultano di retroguardia e vengono travolte, in un certo senso, dall'ondata e dai cori di voci che inneggiano non tanto alla nuova moda collettiva quanto alle possibilità di rendere presente l'assenza, di possedere immagini di eroi e di figure del Pantheon laico della storia contemporanea.

Su un piano diametralmente opposto a quello di Baudelaire e Dumas, e per molti aspetti complementare, è quanto scrive il medico e scienziato americano Oliver Wendell Holmes tra il 1859 e il 1863 sulla fotografia e sulla stereoscopia. Si tratta di tre articoli visionari di eccezionale intelligenza, in cui sembrano già gettati i semi di pensieri che matureranno e si svilupperanno a più di cent'anni di distanza nelle opere di Heidegger, Baudrillard, Virilio...[46], in cui riconoscendo nella fotografia, nel telegrafo e nella ferrovia i tre più straordinari prodigi sociali dell'epoca, l'autore inneggia più di tutto alla fotografia

prima che passi un'altra generazione sarà riconosciuto che una nuova epoca nella storia del progresso umano è cominciata nel momento in cui Colui che «in una luce infinita / regna dall'eternità» ha preso la matita di fuoco dalla mano dell'«angelo che stava nel sole» e l'ha posta nelle mani dell'umanità[47].

Holmes rilegge il mito di Apollo e Marsia sostenendo che Apollo, vincitore su Marsia, non lo lega a un albero per scorticarlo, ma

---

[45] *Ibid.*

[46] Molto opportunamente Giovanni Fiorentino, curatore degli scritti inediti per l'Italia dello scrittore americano, ha indicato le concordanze se non le congruenze perfette tra l'idea di Holmes di separazione tra forma e materia («l'immagine resta, l'originale svanisce») molte interpretazioni del reale e delle sue manifestazioni da parte di filosofi e sociologi contemporanei: «Siamo all'"epoca delle immagini del mondo" dei sentieri interrotti di Heidegger. Alla "realtà dei simulacri" di *Simulacres et simulations* di Baudrillard. All'"estetica della sparizione" di Virilio teorizzata nel libro omonimo. Approdiamo alla distruzione dell'esperienza, alla scomparsa del reale, alle riflessioni italiane contemporanee di Vattimo, Perniola, Abruzzese», F. Fiorentino, *Introduzione* a O.W. Holmes, *Il mondo fatto immagine*, cit., p. 11.

[47] Holmes, *Il mondo fatto immagine*, cit., p. 32.

in quanto Dio della luce, lo mette in posa davanti all'albero-cavalletto per fotografarlo e gli ruba l'immagine grazie alla sottile pellicola, o pelle di luce fotografica[48].

Proprio sulla scia di quell'invenzione – sostiene Holmes – noi possiamo privare della pelle noi stessi e i nostri amici in ogni momento, giorno e ora dell'anno e sottoporre allo stesso trattamento qualsiasi opera d'arte o della natura. Possiamo rubare il paesaggio senza essere accusati di furto e scorticare le pietre ai bordi della strada. Questi poteri, degni di Prometeo, sono ora alla portata di tutti. Ogni persona o oggetto che abbiamo amato può restare per sempre con noi. Gli stessi morti, sostiene ancora Holmes

non ci lasciano più come accadeva un tempo. Essi restano tra noi nel loro aspetto terreno; ci guardano dalle pareti, dai portaritratti sul tavolo, dai medaglioni portati al collo e volendo, dai sigilli sugli anelli. I nostri occhi dimenticano le immagini che passano loro davanti. Ma l'immutabile retina artificiale che li ha osservati ne ha catturato la fisionomia e un raggio di sole l'ha fissata per sempre come fosse irradiata da una figura viva. L'immagine resta, l'originale svanisce[49].

Guido Gozzano, nella poesia *L'amica di nonna Speranza*, contemplando una fotografia del 1850, con tanto di dedica «alla sua Speranza la sua Carlotta» e di data precisa, 28 giugno, che campeggia all'interno di un salotto affollato di «buone cose di pessimo gusto» (da Loreto impagliato a Venezia ritratta a musaici, dai frutti di marmo protetti da una campana di vetro ai dagherrotipi, ai cucù delle ore, alle miniature...) ha la possibilità di fare un salto all'indietro di più di mezzo secolo, di respirare l'atmosfera del passato, di recuperare una memoria e una storia della vita quotidiana di persone che altrimenti, in nessun modo, avrebbero potuto lasciar tracce della loro storia. Così troviamo scritto in un articolo della «Gazzetta Piemontese» del 1860:

Sono venute di stramoda le fotografie. Meno male! Una vostra persona diletta, un congiunto, un amico, un'amante sta per partire. Avete un immenso desiderio, un immenso bisogno di conservare, durante la sua assenza, innanzi agli occhi quelle care sembianze, che pure vi sono impresse nell'anima. Ecchè? Senza che il vostro diletto abbia ad allontanarsi a voi

---

[48] *Ibid.*, p. 33.
[49] *Ibid.*, p. 35.

che lo amate cotanto, che in ogni lineamento della sua fisionomia vedete un'espressione, un'amorevole parola, quasi direi una carezza, a voi non basta l'intrattenersi ufficiale in società...[50].

Il ritratto entra nelle case borghesi e appare nelle sue forme di piccolo monumento, di luogo della memoria privato. Ma non solo. Di queste miriadi di ritratti che fioriscono sulle pareti e nei salotti o camere da letto di tutto il mondo non importano i cognomi: i nomi da soli, le date, la disposizione dei soggetti, bastano a costruire una forma alternativa di *Histoire événementielle*, di promuovere a eventi, come teorizzava Cesare Zavattini, tutti i momenti della vita dell'uomo comune. È questo che non piace e provoca un senso di diffusa repulsione presso gli intellettuali contemporanei.

Contemporaneamente, accanto al desiderio di autocelebrazione e certificazione anagrafica si comincia anche a avvertire il bisogno di

conoscere il volto e il sembiante dei più illustri protagonisti del nostro Risorgimento, istanze queste ultime che, come è facile intuire, richiedevano ritmi produttivi tali da tenere il passo con i rapidi e radicali mutamenti della storia ancora in atto e della cronaca[51].

La perdita del senso dell'onnipotenza visiva che avevamo attribuito all'icononauta settecentesco e dei primi decenni dell'Ottocento non significa certo riconoscimento di un impoverimento dei poteri visivi. Anzi. Vuol dire ridurne i poteri nel senso di esperienza mistica e restituirli all'esperienza fisica e materiale. La realtà materiale lontana e vicina accresce la sua visibilità. La visione si frantuma e si moltiplica in maniera ipertrofica. Inizia a circolare e a diffondersi, grazie alla stampa che celebra la fotografia, la consapevolezza di nuovi poteri concessi a chiunque di esorcizzare la morte fermando per sempre l'attimo reale. Per tutti comunque il visibile si frantuma come in un caleidoscopio e produce, accanto a nuove conoscenze, traumi visivi a catena:

Muoversi attraverso il traffico comporta per il singolo una serie di choc e di collisioni. Negli incroci pericolosi, è percorso da contrazioni in rapida

---

[50] Cit. in M. Miraglia, *Henry Le Lieure de l'Aubepin e l'inizio della sua carriera a Torino*, in G. Borghini (a cura di), *Il mondo in stereoscopia*, Napoli 1996, p. 17.
[51] *Ibid.*

successione... Baudelaire parla dell'uomo che si immerge nella folla come in un serbatoio di energia elettrica[52].

Le nuove condizioni di vita nelle città, la creazione di grandi spazi pubblici, alterano il senso associativo tradizionale e creano nuove relazioni tra individui di sesso, ceto sociale e categoria professionale differenti. Mutano le forme di partecipazione, si moltiplicano i luoghi, i modi di coinvolgimento e di iniziazione e i riti di consumo. Il singolo individuo, il privato, grazie alla produzione industriale delle lanterne magiche familiari, o a una miriade di giochi ottici, diventa, nello stesso tempo, produttore e utente di spettacoli legati alla scoperta di apparecchi a larga diffusione. Mutano dunque le forme di partecipazione allo spettacolo ottico anche se – pensando in particolare agli inventori e scienziati ottocenteschi – la maggior parte di loro non sembra accorgersi di tutto ciò che sta avvenendo.

Si può parlare di dilatazione potente e di coltivazione in serra dei territori dell'immaginazione collettiva che si aprono a sempre nuove forme di inseminazione.

La mentalità scientifica è cambiata, gli scienziati trovano credito presso gli intellettuali e gli intellettuali vengono accolti con onore nei consessi scientifici ed è sempre più facile trovare un'immediata utilizzazione industriale per qualsiasi nuova scoperta ottica. In ogni caso scienziati e studiosi che faranno progredire il sistema della fotografia in movimento sono persone che giocano su più tavoli, che abbandonano, senza troppi sensi di colpa, il loro campo disciplinare per semplice curiosità e perché attirati dal piacere dell'avventura scientifica in terreni sconosciuti.

Il campo della scienza è attraversato dal 1830 in poi – per quanto riguarda almeno le ricerche che porteranno all'invenzione della fotografia in movimento – da una sorta di tensione febbrile, da una competitività sfrenata sul piano internazionale (lo si è comunque già visto con le vedute d'ottica e il panorama) che fa saltare le regole del *fair play* e calpestare il rispetto delle idee e la proprietà delle opere dell'ingegno altrui. La comunità dei dotti è popolata da persone che si spiano, si rubano le idee, i progetti, e che progressivamente cominciano a intuire le possibilità di sfruttamento economico delle loro ricerche.

---

[52] Benjamin, *Angelus novus*, cit., p. 107.

La stereoscopia, per esempio, dall'indomani della sua nascita, è vista come un prodotto artistico-industriale capace di surrogare in tutto e per tutto un'esperienza di viaggio reale in maniera assai più realistica della fotografia. Così nel 1857 il «London Literary Journal» parlerà del *viaggio stereoscopico* e della sua superiorità sulla fotografia:

Coloro i quali sono costretti a casa dalle circostanze e dalle loro occupazioni hanno in questa maniera la possibilità di visitare luoghi lontani e di acquisire idee corrette rispetto a ciò che fino a quel momento è stato vago e indeterminato. Perché la migliore fotografia non può eguagliare e non potrà mai sperare di eguagliare, la realtà di una veduta stereoscopica. Coloro che hanno viaggiato possono ripetere i loro viaggi più volte e quindi moltiplicare il piacere derivante dalla loro fatica. Giovani che aspettano con ansia il giorno in cui sarà loro permesso di vedere con i propri occhi, possono preparare le loro menti a ricevere nuove impressioni[53].

La stereoscopia offre viaggi in tutto il mondo («Around the world as if you were there») e in particolare nelle grandi città, proponendo itinerari anche nelle più sperdute zone del Sud America, o dell'Africa e dell'Australia, non trascurando le notizie mostruose, i disastri, gli incendi, i naufragi, le sfilate, tutti quei temi già presenti nei repertori delle vedute d'ottica. In parte si può dire che vengono rese vive le folle che animavano le vedute, e assai rapidamente i soggetti si moltiplicano in misura indefinibile. E più di tutto la visione individuale, il tuffare l'occhio nelle lenti, immergendosi interamente negli spazi osservati consente una vera e propria identificazione, che non è data dalla fotografia:

Grazie alla particolare costruzione dello stereoscopio lo spettatore è completamente trascinato via dal suo paese, dalla stanza in cui siede[54].

William Durrah, che ha studiato la produzione stereografica americana, ha individuato degli insiemi relativi alle città, ai villaggi, agli scenari più affascinanti dei vari stati, alle località turistiche e ai modi di vita e di lavoro.

---

[53] Cit. in W. Uricchio, *Il patrimonio rappresentativo dei documentari*, in «Bianco e Nero», a. XLIX, n. IV, ottobre-dicembre 1988, p. 64.

[54] A.E. Osborne, *A First Word*, in D.J. Ellison, *Italy through the Stereoscope*, New York 1903, p. xv.

La rappresentazione tipica di una città includeva panorami, edifici importanti, le vie commerciali, officine e fabbriche, stazioni ferroviarie, ponti e cimiteri... Ditte come H.C. White and Company, Underwood and Underwood e la London Stereoscopic Company, si affidavano a un duplice processo di replica di una sequenza di relazioni spaziali come oggetto... La trasformazione di alcuni edifici e monumenti e punti di vista specifici di questi in marchi urbani e la trasformazione di vedute caratteristiche in realtà duratura fu un processo iniziato da questo commercio. Le immagini della Torre Eiffel, di Trafalgar Square e di Champ de Mars, per esempio, si vendevano bene come immagini di Londra e Parigi...[55].

La stereoscopia si offre, proprio per il superiore realismo rispetto alla fotografia, come guida visiva: la più straordinaria esperienza integrata che si conosca a sostegno del viaggiatore è senz'altro *Italy through the Stereoscope*, una pubblicazione della Underwood & Underwood, che offre al suo ideale turista che si accinge a andare in Italia, una guida dotata di cinque mappe dei luoghi e monumenti notevoli da visitare nelle maggiori città e località turistiche italiane, con l'indicazione dei punti di vista da cui sono state prese le cento immagini stereoscopiche in dotazione e un volume accompagnatorio con la descrizione analitica dei luoghi osservati nelle stereoscopie. Un perfetto surrogato di viaggio, una straordinaria occasione di dilatare gli orizzonti conoscitivi. L'immaginazione qui però è guidata lungo un percorso obbligato e per quanto davanti a questo osservatore si apra per intero lo scenario del mondo e gli si offrano anche incursioni nelle dimensioni proibite del nudo e nei territori tabù del sesso, si ha l'impressione che il piacere solitario o quasi di questo tipo di surrogato di viaggio non regga al confronto con le altre possibilità che lo spettacolo della città o altre forme di divertimento collettivo offrono o stanno preparando.

Il *flâneur* ottocentesco descritto prima da Baudelaire e poi da Benjamin, o l'uomo della folla descritto da Poe, o la grande massa proletaria in movimento alla conquista del palcoscenico della storia, rappresentata nel *Quarto stato* di Pellizza da Volpedo, cominciano a muoversi dalla seconda metà dell'Ottocento, si affacciano alle soglie del nuovo secolo (è il caso del quadro di Pellizza da Volpedo) e, in modo naturale, orientano e coordinano i loro passi sui nuovi ritmi e nuovi metri visivi offerti da mille fonti eterogenee

---

[55] Uricchio, *Il patrimonio*, cit., p. 65.

all'interno dello spazio cittadino. Con ogni probabilità gli stereotipi visivi offerti loro dalle fotografie e dalle stereoscopie produrranno «processi di reificazione percettiva» nel medio-lungo periodo, intanto nella nuova fase, grazie all'avvento della luce elettrica, le folle drogate dalle meraviglie visive desiderano raggiungere ovunque e tutte insieme i paradisi delle merci e del divertimento.

Le città si trasformano e crescono. Nell'Oregon, in Gran Bretagna, come in Baviera, nel Tirolo, in Romagna e nel Veneto, si trasformano in giganteschi Luna park, in fiere delle meraviglie visive, funzionanti a tempo pieno tutto l'anno. Le forme di divertimento si moltiplicano in proporzione geometrica.

Non è ancora chiaro – per esempio – se la gente che affollava l'appartamento al secondo piano di rue Laffitte 1 a Parigi la sera del 15 maggio 1886 era più galvanizzata o affascinata dall'ottava mostra di pittura impressionista (la prima era stata ospitata nel 1874 nello studio del fotografo Nadar) e dalla luce che emanava dalle tele, o da quella irradiata dalle lampadine dell'impianto appena istallato dalla ditta Jablochkoff. In effetti, mentre la diffusione della luce elettrica a Montmartre segnava l'avvento di una nuova era, la pittura impressionista da tempo non costituiva più una novità. Qualcuno – viste le defezioni di Monet e Renoir – aveva l'impressione di assistere a una cerimonia funebre del movimento.

Nati come cantori dei *Déjeuners sur l'herbe*, della fuga dalle città, dell'immersione nella natura, della riscoperta della presenza di Pan, della purezza estrema della luce della Provenza, gli impressionisti, nell'apertura stereoscopica dei loro sguardi, anche grazie alla presenza delle fotografie e delle stereoscopie, cercano di sintonizzarsi coi fotografi per interpretare i nuovi ritmi delle città.

Visto sotto questa diversa angolazione – peraltro già individuata da Ezra Pound – Manet, Monet, Béraud, Caillebotte, vengono quasi ad assumere il ruolo di una squadra di geniali redattori del lessico visivo della modernità, di reporter sulla tela in gara con fotografi e gionalisti per riuscire a cogliere al volo le nuove dinamiche sociali. A un certo momento scendono nelle strade di Parigi e osservano, come Baudelaire, lo spettacolo della folla in movimento per stabilire nuove misure di scala nella rappresentazione pittorica, a partire dalle grandi costruzioni in ferro, e nuovi effetti di luce e colore, a partire dall'unità simbolica del fumo delle locomotive nelle stazioni. Pittori impressionisti e fotografi diventano insieme i cantori del nuovo epos urbano, gli interpreti della trasformazione della città e dei mutamenti dell'uomo negli interni e negli esterni per adattarsi a queste trasformazioni. Negli interni borghesi si osservano indifferentemente i gesti rituali del mangiare e quelli del lavoro e coesistono le diverse temporalità del passato e del presente. Le finestre sono come sipari che si aprono allo spettacolo della città. La fascinazione può venire indifferentemente dalla folla come dall'irruzione delle macchine nello spazio e dalla polluzione atmosferica che altera in modo profondo gli effetti di luce.

Inoltre negli ultimi decenni dell'Ottocento si tocca con mano – come ha mostrato Gaetano D'Elia analizzando *Il ritratto di Dorian Gray* di Wilde – il senso di attesa per l'avvento di una nuova arte cinetica:

qualcosa che non è né pittura né fotografia, ma che nel superarle le riassuma. Qualcosa comunque che abbia oltre alla variazione intesa come superamento della staticità, anche la chimica, come base costituente[56].

Wilde, per bocca del pittore Basil Hallward, parla di due epoche importanti nella storia del mondo, la prima in cui fu concesso un «new medium for art»[57]: anche se non vi si riferisce direttamente egli avverte, quasi con una sensibilità sciamanica, l'avvicinarsi di un mezzo espressivo capace di catturare il tempo e di aprire una nuova era per l'arte. Non a caso, proprio ad apertura del romanzo parla di pittori giapponesi

che pur servendosi d'un'arte necessariamente statica cercano di rendere il senso della velocità e del moto[58].

### EDISON, PROFETA DELLA NUOVA LUCE

Proprio a cavallo tra Otto e Novecento, quando sulla scena dello spettacolo sta per giungere il cinematografo e da buon ultimo arrivato si accontenta di sistemazioni di fortuna, il processo di trasformazione e di evoluzione genetica degli spettacoli ottici riceve una spinta e un'accelerazione decisive grazie all'avvento di una nuova fonte luminosa artificiale, la luce elettrica.

---

[56] G. D'Elia, *Il quadro in movimento di Oscar Wilde*, Pisa 1985, p. 11.
[57] «La prima quando fu dato all'arte un nuovo strumento», O. Wilde, *Il ritratto di Dorian Gray*, Milano 1982, p. 44.
[58] *Ibid.*, p. 35.

Il vero personaggio biblico capace di immettere nel corpo sociale la scintilla della nuova vita era stato Morse, ma Edison poteva legittimamente considerarsi il suo profeta. I Lumière, al massimo ne saranno gli apostoli.

La luce, questa volta, è creata dal nulla, è frutto di un nuovo gesto prometeico, e prelude a una nuova e vittoriosa scalata al cielo da parte dell'uomo.

Come per intervento dello Spirito Santo a fini sociali l'elettricità si diffonde con grande rapidità prima nelle metropoli, poi nelle città più o meno grandi, comunicando una sorta di nuova energia interna sia alle persone che alle cose e agli ambienti. Non interessa più guardare, nei decenni a cavallo del ventesimo secolo, alla piazza come al luogo dominante della vita cittadina e al giorno come all'unico momento di interrelazione sociale. Grazie al mago Edison la luce elettrica consente ai nuovi soggetti sociali che lavorano nelle fabbriche, negli uffici, nei negozi, nelle metropolitane e nei nuovi sistemi di trasporti, di muoversi, avere più ore a disposizione, andare in giro con la consapevolezza di essere protagonisti di un nuovo spettacolo collettivo. Poco a poco possiamo toccare con mano il senso di stupore, panico e eccitazione collettiva che dà, a una folla molto dinamica, l'impressione di poter andare, non periodicamente, ma ogni giorno, alla conquista di territori sconosciuti all'interno di un *habitat*, il cui orizzonte, fino a poco tempo prima, era assai più limitato.

L'ideologia della frontiera americana, adattata alla frontiera che si stende al di là delle mura e delle fortificazioni medioevali o rinascimentali delle città italiane o europee, sembra curiosamente in sintonia coi sogni di immaginazione del futuro che rimbalzano dalle pagine degli scienziati a quelle dei romanzieri come Verne o Wells a quelle di riviste popolari come «Atlantic Monthly» o «Godey's Ladies Book».

Il movimento sociale all'interno della città è accelerato dai mezzi di trasporto che usano l'energia elettrica e si sviluppa lungo direttrici che saltano direttamente i luoghi tradizionali di aggregazione e socializzazione e puntano verso i poli della periferia. L'immaginario urbano è presto del tutto ridisegnato nella testa della gente. I richiami visivi agiscono come costellazioni e sirene luminose nelle dinamiche urbane e sociali in atto. La popolazione delle città e dei piccoli centri, abituata per secoli a seguire periodicamente gli spettacoli nelle piazze in occasione delle feste del Carnevale o di quelle del Santo Patrono, comincia a dimostrare una maggiore mobilità, una nuova e crescente fame di spettacolo, un bisogno di stare insieme, di consumare ore di vita mescolandosi a persone sconosciute, immergendosi in realtà differenti, capaci di provocare una serie di emozioni visive, tattili, olfattive del tutto inedite.

Alla fine dell'Ottocento – proprio per merito dell'invenzione della luce elettrica – assistiamo a un processo di galvanizzazione sociale senza precedenti, dovuto anche, in parte, all'azione di una miriade di macchine delle meraviglie ottiche vecchie e nuove («nella nostra epoca così ricca di pano-cosmo-neo-mirio-cigo e diorami»)[59] all'interno del quale il cinema e tutto il suo sistema di richiami giocherà ben presto un ruolo dominante, quasi di stella polare, con le sue sale che si chiameranno Edison, Lux, Radium, Splendor...

Anche se Mario Morasso non la prende in considerazione, preferendo piuttosto riconoscere nell'automobile *La nuova arma* e celebrarne

il vigore enorme... l'energia immane atta a soddisfare la nostra avidità di volo, a darci la sensazione di onnipotenza[60]

in realtà è il cinematografo la vera «nuova arma», la macchina che incarna, nel modo più rappresentativo, i nuovi bisogni di conquista del mondo e gli altrettanto nuovi poteri visivi e conoscitivi nelle mani dell'uomo.

---

[59] Benjamin, *Parigi capitale del XIX secolo*, cit., p. 679.
[60] M. Morasso, *La nuova arma (la macchina)*, Torino 1905, p. 52. Vedi la recente ed. a cura di C. Ossola (Torino 1994).

13.

# I LUMIERE
# E LA MAGIA DELLA LUCE CINEMATOGRAFICA

> Perché, in effetti, lavorare, faticare, scrivere, fabbricare qualsiasi cosa, quando si può ottenere il Paradiso in un colpo solo?
> CHARLES BAUDELAIRE

### 1895: ANNUS MIRABILIS

Tra tutte le arti il cinema è stata la prima e la sola a aver goduto dell'iscrizione in un registro anagrafico, la prima con testimoni della sua nascita distribuiti su un arco di tempo di alcuni decenni: forse, come ha osservato Jérôme Prieur, «rimasti tutto quel tempo sotto lo choc della *prima volta*»[1].

Indubbiamente il cinema eredita luoghi, modi, forme dello spettacolo anteriore e, al tempo stesso, ridefinisce tutte le modalità visive, iconografiche, narrative delle forme di spettacolo ottico che l'hanno preceduto.

Inoltre ha il potere e la capacità di rappresentare, meglio di altre conquiste scientifiche contemporanee, più e meglio della fotografia, il passaggio dall'era della creazione individuale del prodotto artistico a quella della produzione in serie. Come ha indicato Benjamin, in un frammento di *Parigi capitale del XIX secolo*, il cinema è

estrinsecazione [risultato?] di tutte le forme di visualizzazione, dei tempi e dei ritmi prefigurati dalle macchine moderne, di modo che tutti i problemi dell'arte contemporanea trovano solo nell'ambito del cinema la loro formulazione definitiva[2].

---

[1] V.J. Prieur, *Le spectateur nocturne*, Paris 1993, p. 19.
[2] Benjamin, *Parigi capitale del XIX secolo*, cit., p. 516.

Anche perché nella sua storia anteriore, nel suo albero genealogico, l'epoca della riproducibilità tecnica dell'opera d'arte in funzione dello spettacolo visivo, come abbiamo visto, è cominciata ben due secoli prima e non con l'invenzione della fotografia, come ci ha insegnato Benjamin. Che pure, con le sue straordinarie intuizioni, indica tuttora strade assai feconde da percorrere per lo studio delle tappe che precedono l'invenzione del cinema[3].

Tutto il pensiero scientifico e tutte le ricerche concorrenti verso la fine dell'Ottocento alla scoperta di come poter animare la fotografia si muovono sempre più in un alveo e con obiettivi industriali, più che artistici. La portata dell'invenzione non appare comunque agli occhi degli stessi protagonisti tale da misurarsi con altre scoperte coeve in campo medico, fisico, astronomico, matematico, biologico, psichiatrico. I raggi x vengono scoperti nello stesso anno, Marconi scopre la radiotelefonia e la psicanalisi nasce con gli studi sull'isteria di Freud nel 1895[4]. Röntgen, con i suoi raggi x scoperti casualmente

viene a suffragare tutta una corrente della Naturalphilosophie che, da Swedenborg a Kerner postula l'esistenza di radiazioni invisibili in grado di metterci in comunicazione con universi misteriosi e, perché no, di far parlare i morti[5].

L'apparecchio brevettato dai fratelli Lumière nel febbraio 1895 che risolve «il rompicapo zenoniano di trascinare immagini fisse su un nastro continuo, di coniugare continuo e discontinuo, movimento e immobilità»[6] batte, in ogni caso allo sprint, invenzioni analoghe di un folto gruppo di scienziati e inventori francesi, tedeschi, inglesi, americani e italiani e produce, in seguito, una serie ininterrotta di scosse sia all'edificio tecnologico e spettacolare che a quello linguistico. Con l'avvento del cinematografo spariscono, nel giro di breve tempo, tutte le forme di spettacolo ottico che abbiamo visto diffondersi in un arco di tempo di quasi due secoli. Il cinema le

---

[3] Mi riferisco al saggio sulla fotografia nell'*Opera d'arte nell'epoca della sua riproducibilità tecnica*, cit.

[4] Nell'ottobre 1996 è stato organizzato a Roma, a cura dell'Università degli studi di Roma tre, un convegno dal titolo *1895 e dintorni: non solo cinema*, che ha esplorato l'intero territorio culturale, artistico, letterario, scientifico e storico e le interrelazioni del periodo in cui nasce e si sviluppa l'invenzione dei Lumière.

[5] Clair, *L'anatomia impossibile*, cit., p. XXVII.

[6] *Ibid.*, p. XXV.

fagocita e comprende tutte e manifesta poteri e possibilità ben più ampie rispetto a ognuno di loro[7]. Prima del cinematografo ci imbattiamo in nomi come telettroscopio, lampascopio, lucifono. A partire dal 1896 la corsa ai brevetti produce neologismi a catena. Tra le oltre duecento invenzioni francesi possiamo trovare, per esempio, il cinegrafo, il fototeatrografo, il fotopoligrafo, il cinegrafoscopio, il fototropo, lo zografo, il pantomimografo, il cromovivigrafo e così via. e ancora si possono ricordare l'artografo, il badizografo, il centografo, il cosmonografo, il cosmoscopio, il diaramiscopio, il kinebleposcopio, il movimentoscopio, il panoramografo, il pantobiografo, lo stipetiscopio, il varioscopio, il virescopio, il visionoscopio, il vitamotografo... I nomi delle macchine della visione, verso la fine dell'Ottocento, assumono due suffissoidi in *-grafo* e in *-scopio* «per evidenziare – ha osservato Raffaelli – le ricerche scientifiche della scrittura e quelle spettacolari della visione»[8]. Anche se, di fatto, si confrontano con la pittura degli impressionisti, ne riprendono in più occasioni temi e luoghi, i Lumière vogliono «scrivere» con la luce del cinematografo e «dipingere» con i colori degli autocromi, come abbiamo visto.

In molte occasioni – dal 1921 al 1948[9] – Louis Lumière ricorda come l'ispirazione a inventare il cinematografo gli sia venuta vedendo in particolare il Kinetoscopio di Edison, che aveva però il difetto di offrire solo una visione individuale:

> Una sera del 1893 osservavo tra le baracche di una fiera un curioso apparecchio che presentava a una sola persona per volta e attraverso un vetro, una rapida successione di immagini fisse. Questo apparecchio oggi si potrebbe chiamare cinematoscopio. In mancanza di termini precisi lo si considerava come una lanterna magica un po' raffinata[10].

---

[7] Per una ricostruzione aggiornata e sintetica dell'invenzione del cinema e del contesto in cui nasce si veda il bel lavoro di E. Toulet, *Cinématographe, invention du siècle*, Paris 1993. L'aggiornamento nell'edizione italiana uscita da Electa, Milano, nel 1994, col titolo *Cinematografo invenzione del secolo* è a cura di chi scrive.

[8] In un articolo del 1908 sulla «Cinematografia italiana» intitolato *Per chi cerca un nome* Gualtiero Fabbri pubblica una serie di nomi come animatoscope, biograph, cinoscope, kineograph, lifeoscope, optigraph, panoramoscope, phantibiograph, phonendoscope, stroboscope, vitagraph, zoopraxinoscope. Deduco l'informazione da S. Raffaelli, *Introduzione all'onomastica del cinema*, in «Rivista Italiana di Onomastica», a. II, n. 1, 1996, p. 114.

[9] Vedi in particolare le pp. 284-292 di Chardère, *Le roman des Lumière*, cit.

[10] La dichiarazione è rilasciata il 31 dicembre 1935 su «Minerva» a Régis-Leroi, *ibid.*, p. 284.

E ancora molti anni dopo, nel 1948, in una memorabile intervista televisiva a Georges Sadoul, Louis riconosce i meriti delle ricerche sull'animazione della fotografia, fissando all'estate del 1894 l'inizio delle ricerche assieme al fratello:

> A quell'epoca le ricerche di Marey, Edison, avevano condotto questi autori a certi risultati, ma nessuna proiezione di film su uno schermo era ancora stata fatta[11].

Riconosciuti a Edison, Marey e altri i meriti di aver per primi arato il terreno dell'animazione fotografica, Louis Lumière rivendica in più occasioni a se stesso quello di aver studiato e trovato la soluzione finale all'invenzione del cinematografo, ma, con ogni probabilità, non considera questo brevetto come la più originale delle sue invenzioni (tra l'altro è messo al corrente da Carpentier, qualche giorno prima del 28 dicembre dell'esistenza di uno spettacolo del tutto simile al loro, in corso a Colonia)[12].

### FOTO DI GRUPPO CON I LUMIÈRE

Le polemiche sulla priorità e sui meriti di Marey, Edison, Skladanowsky, continuano per decenni. Il solo Marey, fin dal 1899, riconosce ai Lumière di aver risolto per primi e in modo geniale il problema della sintesi del movimento[13].

In ogni caso gli ultimi anni dell'Ottocento vedono una tale quantità di invenzioni fondamentali per il progresso dell'umanità da non attribuire subito ai due fratelli il ruolo di individui messianici, di iniziatori di una nuova era (solo nelle dichiarazioni entusiastiche di alcuni testimoni della prima serata si possono trovare affermazioni in tal senso).

E anche quando, cinque anni dopo l'invenzione dei Lumière, nella primavera-estate del 1900 all'Esposizione universale di Parigi – il paradiso laico della modernità – nella categoria *Strumenti e procedimenti generali delle lettere scienze ed arti* il cinema riceve la

---

[11] L'intervista del 6 gennaio 1948 è pubblicata nella monografia di G. Sadoul, *Louis Lumière*, Paris 1964.
[12] In una lettera di Carpentier del 22 dicembre raccolta in Auguste e Louis Lumière, *Correspondances 1890-1953*, Paris 1994.
[13] J. Marey, *La Chronophotographie*, Parigi 1899, in Chardère, *Le roman des Lumière*, cit., p. 190.

sua definitiva consacrazione, offrendo alle masse di spettatori uno spettacolo proiettato su uno schermo gigante di quattrocento metri quadrati, la folla che manifesta la propria ammirazione non considera ancora la fotografia animata come un'invenzione d'importanza assoluta e rivoluzionaria. Agli occhi della gente il cinema non è che una variante del mareorama, del fonorama, del teatroscopio, dello stereorama e di innumerevoli altre magie luminose conosciute che si sono affollate sulla scena dello spettacolo popolare nei decenni precedenti e hanno contribuito ad accrescere la fascinazione per il mondo delle merci e il mutare caleidoscopico della scena urbana. A ben vedere, forse, è questa la ragione per cui, nel pur accuratissimo e illustratissimo volume scritto da Giovanni Berri e Cesare Hanau su questo grandioso evento di interesse mondiale, si parla a lungo della sezione Palazzo delle Lettere scienze ed arti, si descrivono le meraviglie fotografiche, i raggi x, il telegrafo senza fili, il radiofono, si descrivono i tubi di Crookes, il siderostato di Foucault e il più grande telescopio mai costruito, l'aeroscopo, e si celebrano il mareorama o il panorama transatlantico, ma non si dice una parola di quella parte della Classe dodicesima dedicata alla fotografia a cui appartiene il cinematografo. Invenzione che appare ancora agli occhi sia del mondo scientifico che del grande pubblico popolare, di semplice aggiunta del movimento alla fotografia [14].

D'altra parte la corsa nella quale i Lumière tagliano per primi il traguardo vede una schiera di concorrenti in vari paesi, dalla Germania all'Inghilterra agli Stati Uniti, che considerano i fratelli di Lione come usurpatori di diritti e invenzioni proprie o altrui. La situazione osservata al fotofinish è effettivamene confusa e resta tuttora possibile, nel quadro di un'idea di storia puramente catastale trovare qualche documento – come abbiamo osservato anche per Kircher e l'invenzione della lanterna magica – che sposti le date di qualche mese a favore di altri inventori. Le proiezioni pubbliche in Germania sono, ad esempio, ben documentate. Nella stessa Francia, del resto, anche senza tener conto del fonoscopio di Demenÿ (che tenta di perfezionare il cronofotografo di Marey, immaginando per la sua invenzione un immediato e grandioso sfruttamento commerciale, magari associandosi con i Lumière), basterà ricordare Auguste Le Prince, che nel 1886 aveva depositato il brevetto per un

---

[14] *La Photographie animée* si intitola il primo trattato sul cinema di Eugène Trutat, edito a Parigi nel 1899.

apparecchio che perfezionava l'invenzione di Marey, adottando una pellicola perforata trascinata da una croce di Malta. Le Prince ha appena fatto a tempo a offrire le prime dimostrazioni pubbliche della sua scoperta agli inizi del 1890 che, nel settembre dello stesso anno, salito sull'espresso Digione-Parigi, scompare praticamente nel nulla, come in uno spettacolo illusionistico, lasciando solo poche, eccezionali testimonianze fotografiche del suo lavoro[15]. Quasi nello stesso periodo William Friese Greene aveva costruito in Inghilterra una macchina in grado di riprendere trecento immagini stereoscopiche al ritmo di dieci al secondo su pellicola di celluloide. Greene aveva investito una fortuna nella realizzazione di questa macchina che nasceva sotto un cattivo segno e veniva presto superata da apparecchi di Demenÿ e Edison.

In genere Reynaud non è mai stato veramente visto come un inventore a cui i Lumière hanno usurpato dei meriti, ma è stato sempre considerato – anche se di recente vi sono stati contributi che ne hanno valorizzato in modo corretto l'importanza[16] – come un semplice perfezionatore dei giochi e delle curiosità ottiche. Lui stesso probabilmente non si rende conto dell'importanza del suo lavoro. In compenso capisce le possibilità spettacolari della sua macchina. Il prassinoscopio è presentato alla Società francese di Fotografia già nel luglio 1880. L'inventore, che dipinge una per una le immagini sulla pellicola, sembra scusarsi dei risultati dicendo che gli effetti sarebbero più felici se al posto dei disegni a mano che rappresentano le diverse fasi del movimento fosse possibile ottenerli per mezzo della fotografia. Convergono in questo lavoro le pratiche pittoriche che abbiamo visto caratterizzare l'iconografia delle lastre per lanterna magica fino all'invenzione della fotografia.

Reynaud realizza uno strumento assai simile a quello che verrà inventato dai Lumière. La sua prima *Pantomima luminosa* è presentata in una sala del Musée Grevin il 18 ottobre 1892. Ogni soggetto consta di cinque o seicento immagini avvolte su una bobina della durata variabile di cinque-dieci minuti.

---

[15] Il primo saggio che riporta alla luce la figura di Le Prince è di G. Potonniée, *La vie et les travaux di Le Prince*, in «Bulletin de Photographie», n. 4, 1931. Un'ampia e documentata monografia su Le Prince è stata scritta di recente da C. Rowlence, *The Missing Reel. The Untold Story of the Lost Inventor of Moving Pictures*, New York 1990.

[16] In particolare Anonimo, *Les maîtres du cinéma. Emile Reynaud, Peintre du Film*, Paris 1945 (ma in realtà 1946), ristampato nel 1993 dalla Cinémathèque française (libro che contiene preziosi documenti, come il testo del brevetto oltre a un saggio di Sadoul e una biografia scritta dal figlio Paul) e Auxel, *Emile Reynaud et l'image s'anima*, cit.

L'illusionismo ottico è combinato con un'illusione sonora in perfetta sincronia con le azioni mostrate dalle immagini. I soggetti più noti e di cui esistono ancora dei reperti consistenti sono *Autour d'une cabine* e *Pauvre Pierrot*, ma nel volume che gli è stato dedicato nel 1945 sono ricordati tutti i suoi soggetti più noti da *Un bon bock* a *Clown et ses chiens* a *Un rêve au coin du feu*. Reynaud scopre e sfrutta per qualche anno le possibilità spettacolari della sua invenzione: vuole dare alla rappresentazione un carattere magico e artistico e non si occupa certo dei dettagli scientifici ed economici e delle possibilità di sviluppo in altre direzioni della sua invenzione.

Così quando appare il cinematografo ne vede subito le imperfezioni e ne condanna l'impossibilità di divenire uno strumento di espressione artistica. Al tempo stesso però capisce che è destinato a esercitare un potere sulle masse popolari precluso al suo prassinoscopio. Un giorno prende le bande che trova sottomano e il suo apparecchio, li impacchetta con cura, esce di casa e va a buttarli nella Senna.

Per i tedeschi l'inventore del cinema è Max Skladanowsky. Nato a Berlino nel 1863, figlio di un fantasista che mostrava spettacoli di lanterna magica pieni di trucchi e fantasmagorie, Skladanowski perfeziona la tecnica paterna e compie numerose *tournées* in tutta Europa con spettacoli assai sofisticati. Nell'ottobre 1895 fa brevettare un apparecchio di sua invenzione, il Bioscopio, per la proiezione di brevissimi filmati di immagini in movimento. Dal primo novembre dello stesso anno vengono organizzate le prime proiezioni pubbliche. Il Bioscopio è pubblicizzato come

un perfezionamento del kinetoscopio di Edison, un problema su cui da anni lo stesso Edison si è invano rotto la testa.

Le scene filmate nel corso dell'estate mostrano una danza serpentina, una danza popolare italiana eseguita da due ragazzi, un canguro boxeur, un clown, i tre fratelli Tscherpov che eseguono una danza nazionale russa. I risultati commerciali sono modesti e anche quando l'invenzione sarà presentata in altri paesi europei otterrà al massimo quello che si chiama un successo di stima. Skladanowsky continuerà comunque a proclamarsi per tutta la vita come il primo e unico inventore della fotografia animata.

Quanto a Thomas Alva Edison esiste tuttora tra gli studiosi delle origini del cinema un disaccordo forse superiore a quello registrato nei confronti dei fratelli Lumière[17]. C'è chi continua a riconoscere in lui il padre della storia e dello spettacolo cinematografico, chi ne svaluta completamente il contributo, chi ne esalta la lungimirante intelligenza industriale, chi ne condanna l'assoluto disinteresse scientifico e la mancanza di percezione dell'importanza del nuovo linguaggio visivo. Comunque lo si deve riconoscere come il primo autentico catalizzatore degli interessi scientifici, di quelli industriali e della volontà popolare di cavalcare nuovi mezzi per andare alla conquista dello spazio e del tempo. Fin dal 1879 l'immaginazione giornalistica gli attribuisce l'invenzione di un apparecchio non solo capace di registrare e riprodurre la realtà, ma anche di trasmetterla a distanza. Nel «Punch's Almanach» di quell'anno si immagina una nuova meravigliosa invenzione di Edison, grazie alla quale due genitori sono in grado di parlare dalla loro casa americana alla loro figlia a Ceylon e di vederla contemporaneamente mediante il telefonoscopio, uno strumento capace di trasmettere immagini e suoni nello stesso momento. Per Edison, come del resto per i Lumière, le immagini in movimento non costituiscono un interesse e un oggetto di studio primario. Tuttavia il suo primo progetto viene messo a punto fin dal 1888: «Volevo fare – ricorderà lui stesso – per l'occhio ciò che il fonografo faceva per l'orecchio».

Il problema della priorità dal punto di vista storiografico, come si capisce, è oggi assai poco rilevante, dal momento che comunque il mito dei Lumière si è imposto da subito ed è per merito loro, forse anche della felicità della loro invenzione linguistica, oltre che della capacità di utilizzare al meglio i mezzi di comunicazione di massa, che un frutto di una ricerca internazionale ottiene una consacrazione pubblica e un battesimo certo.

Louis Lumière, il vero inventore del cinematografo, con molto senso di *understatement* così riconosce lo stato della ricerca e i meriti degli scienziati che lo hanno preceduto:

> Che cosa ho fatto? Era nell'aria. I lavori precedenti di Janssen, Edison

---

[17] Il primo dei suoi *supporters* è stato indubbiamente T. Ramsey in *A Million and One Night*, New York 1926. Tra le opere che ne sostengono la priorità da consultare almeno per la ricchezza documentaria G. Hendriks, *The Edison Motion Picture Mith*, Berkeley 1961 e W. Wachhost, *Thomas Alva Edison, an American Myth*, Massachusetts 1982 opera che raccoglie e analizza tutto il materiale critico e storiografico su Edison. L'Università di Rutgers ha dato il via negli anni ottanta alla pubblicazione del primo volume degli *Edison Papers*, un'opera gigantesca che prevede la pubblicazione di una parte dei quasi quattro milioni di documenti dell'Archivio Edison conservato presso la stessa Università.

e soprattutto di Marey e dei suoi allievi dovevano un giorno o l'altro condurre al risultato a cui ho avuto la fortuna di giungere per primo[18].

Per tutto l'Ottocento si è assistito a un senso di attesa dell'avvento di una nuova era in cui alla vista si potessero dischiudere nuovi orizzonti, dati dalla possibilità di combinare la perfezione riproduttiva col senso del movimento: «Le temps des spectacles purement oculaires est arrivé» aveva del resto annunciato profeticamente Théophile Gautier nel 1841 di fronte alle nuove meraviglie scenografiche del teatro[19]. Questa attesa mette a fuoco idealmente già alcuni decenni prima dell'invenzione del cinematografo l'immagine di un nuovo mezzo – capace di agire sul piano mondiale – in cui accanto alle immagini in movimento vi sia anche il senso di simultaneità o di bilocazione. Il cinema, in qualche modo è un anello intermedio rispetto a un apparecchio – il telettroscopio – immaginato da Bell descritto già nel 1877, un anno dopo l'invenzione del telefono, che possiede virtù superiori ed è l'antenato della televisione[20].

La rivoluzione nella visione era attesa da tempo, ma gli stessi Lumière fanno fatica a riconoscere nel semplice movimento aggiunto un carattere realmente innovativo e rivoluzionario della loro invenzione.

Per quanto riguarda ogni singolo fattore ed elemento del nuovo spettacolo ottico – dal rito della visione, al potere della luce, dall'iconografia alle tecniche di vendita, dai modi di penetrazione nell'immaginario alle modalità del vedere, alla diversa organizzazione della temporalità dell'esperienza visiva, si può – come crediamo di aver fatto – riconoscere un albero genealogico che ci riporta all'indietro nel tempo e mostra l'esistenza di una trama e di un ordito entro cui il cinema si inserisce naturalmente, facendo compiere però a tutto il sistema un decisivo passo in avanti e facendo subito nascere un differente tipo di icononauta, frutto di un'evidente evoluzione della specie e valorizzazione di alcuni caratteri.

Nei secoli che hanno preceduto l'invenzione del cinema abbia-

---

[18] Cit. in Chardère, *Le roman des Lumière*, cit., p. 283.
[19] T. Gautier, *Histoire de l'art dramatique en France*, t. XVI, Paris 1858.
[20] William Uricchio sta lavorando a una ricerca sull'evoluzione tecnologica delle immagini in movimento nel XIX secolo e parla di cinema come «Détour», o compromesso tecnologico rispetto alla maggior innovatività della possibilità di trasmettere a distanza le immagini.

mo visto la moltiplicazione progressiva dei luoghi dello spettacolo. Solo dall'Ottocento però, con l'invenzione della fotografia e della stereoscopia si può osservare un'immediata ripercussione anche oltre Oceano della nuova invenzione, una omogeneizzazione irreversibile delle forme dei messaggi, dei modi di fruizione e delle reazioni dei pubblici.

Lo schermo, in ogni caso, fin dai primissimi spettacoli, ha assolto la stessa funzione degli apparecchi che lo hanno preceduto, ora di specchio magico del reale, ora di riflesso e porta d'accesso a spazi e mondi posti al di là del visibile[21]. Questa doppia anima e doppia natura – simile ma non identica a quella delle lanterne – delle nuove macchine della visione è data dalle prime manifestazioni che includono necessariamente anche l'opera di Méliès[22]. In nessun momento un aspetto trionfa del tutto sull'altro.

Nell'*homo cinematograficus* giungono a perfezione e si manifestano a livello più vasto quegli orizzonti di attese[23] che si sono venuti modificando nel corso del Sette e Ottocento, a partire dall'esigenza di conoscere virtualmente il mondo, visitarne i luoghi più celebri, familiarizzare con i monumenti più famosi, possederne l'anima. Gautier, nel 1838, aveva celebrato di uno spettacolo teatrale (*Les pilules du diable*) «Le voyage immense que l'on fait avec les yeux sans bouger de sa loge». Quel tipo di viaggio era simbolico e tuttavia ripetibile e condivisibile dai soggetti più diversi nella scala sociale. Col cinema, anzitutto, lo schermo riflette, come uno specchio magico, un'esperienza reale. Nello stesso momento in cui gli occhi di milioni di persone vedono le stesse immagini nei vari continenti, tutti i continenti e lo spazio antropico sono alla portata dello sguardo degli operatori Lumière e l'immaginazione collettiva riesce a integrare, senza sforzo, il patrimonio conoscitivo offertogli dalle stereoscopie, dalla fotografia, dalle oleografie, dai panorami, diorami, miryorami e kaiserpanorami, col nuovo sistema di rappresentazione della realtà in movimento e a riconoscere che, col cine-

---

[21] Per quanto riguarda la possibilità di confrontare le caratteristiche dello schermo con la storia dei poteri dello specchio si vedano almeno Baltrušaitis, *Lo specchio, rivelazioni, inganni e science fiction*, Milano 1981 e il cit. lavoro di Goldberg, *Lo specchio e l'uomo*.

[22] In una bibliografia internazionale molto ricca di titoli mi limito a segnalare A. Costa, *La morale del giocattolo*, Bologna 1989.

[23] Con orizzonte di attese mi riferisco all'*Erwartungshorizont* di Hans Robert Jauss e in particolare si vedano la *Prefazione* a *Perché la storia della letteratura*, Napoli 1970 e i suoi saggi nel volume curato da Robert C. Holub, *Teoria della ricezione*, Torino 1989.

matografo Lumière, è finalmente raggiunta la sintesi del movimento e l'illusione perfetta della realtà[24].

Nei secoli precedenti i problemi da risolvere, relativi alla rappresentazione e alla visione, riguardano soprattutto lo spazio, la sua varietà e molteplicità, il suo organizzarsi in vari moduli, il suo sistema di selezione interna dei piani, l'articolazione secondo paradigmi realistici, o debitori di una tecnica che privilegia il senso pittoresco dell'insieme[25].

Dall'Ottocento si è osservata una sorta di accelerazione in tutti i meccanismi della visione nei confronti della conquista del tempo, più che della conquista dello spazio, e si è visto come l'unità di misura fondamentale sia stata quella del corpo umano, come sesto continente di cui decifrare e stabilire le leggi e procedere a vere e proprie ricognizioni e definizioni topografiche, fisiche, tipologiche e morfologiche. Da una parte la terra è ormai conosciuta, esplorata e descritta in ogni sua parte: il problema è come accorciare le distanze tra un luogo e l'altro per far trionfare la cronocrazia. Dall'altra ci si accorge che la figura umana è al momento la vera «terra incognita». Grazie agli spettacoli ottici, ma più di tutto grazie ai Lumière, sarà definitivamente possibile colonizzare a piacere il passato, il presente e il futuro, la specie umana e ogni tipo di paesaggio. La sfida ottocentesca alla visione è quella di dipingere il tempo, di tradurne il movimento su vari tipi di supporto, prima di tutto quello pittorico[26]. Le modalità del vedere si dilatano e si spingono alla conquista di nuove frontiere grazie al nuovo occhio artificiale.

Tra le sue prime emozioni di tipo nuovo, proprie della nuova invenzione, l'*homo cinematograficus* ha registrato assieme a quella della bilocazione, o della politopia (ovvero della possibilità di essere presente nello stesso momento in luoghi diversi), anche quella di essere soggetto e oggetto di visione, soggetto e testimone della grande storia. Questo avviene, di fatto, grazie ai Lumière dopo secoli in

---

[24] «Nous avons vu – scrive il giornalista del «Lyon Républicain» l'11 maggio 1895 – dix tableaux vivants, animés d'une vie absolument intense, des hommes marchant, sautant, des tramways roulant de telle façon, qu'on avait l'illusion de la réalité».

[25] Per un'indagine complessiva sull'evoluzione rappresentativa del paesaggio nella pittura moderna vedi l'ottimo lavoro più volte citato di Dubbini, *Geografie...*

[26] Peraltro come tenta di dimostrare il saggio di Anne Hollander, *Moving Pictures*, cit., il movimento del cinema non è che una fase evolutiva naturale di impulsi e aspirazioni a una tensione dinamica interiore che si possono rinvenire fin dalla tradizione pittorica rinascimentale, dalle opere di Van Eyck, Bruegel, Dürer...

cui lo spettatore si è sentito sempre più risucchiato e parte integrante dello spazio magico creato dalla macchina ottica, ma in cui questo spazio magico – almeno fino all'invenzione del panorama e della fotografia – non lo ha mai portato a vedersi come soggetto di storia e a interagire con la scena dello spettacolo[27]. Quelle persone che si muovono dal fondo della scena verso la platea sembrano voler uscire dallo schermo e comunicare con lo spettatore. Henri Béraud (*La gerbe d'or*), che registra le emozioni provate nel corso di una delle prime serate al Salon Indien, a un certo momento ha l'impressione di aver perso del tutto il senso della realtà e di essere, a sua volta, oggetto di visione da parte delle figure viventi sullo schermo:

All'improvviso, sulla tela magica, si vide rischiararsi e agitarsi una cosa che colpiva in quanto era conosciuta da tutti: la piazza dei Cordeliers. I personaggi, sempre più numerosi, vibravano nel fuoco crudo della proiezione: avevano dei gesti troppo accelerati e tremolanti. Ma si muovevano! Vivevano! Avanzando si dondolavano, poi divenivano enormi e insieme evanescenti e opachi prima di sparire a destra con un salto nel nero... Un passante girò la testa, venne verso di noi, piombò i suoi occhi verso la nostra ombra. Ci guardava guardarlo. Ci vedeva, doveva vederci.. Ci sembrava impossibile che questo simulacro vivente fosse privo di vita interiore, di senso della volontà[28].

Del tutto simili sono le reazioni di altri testimoni alle proiezioni antecedenti riservate solo agli uomini di scienza. Così scrive Henry de Parville:

Quando ho avvertito un impulso irrefrenabile di alzarmi dalla sedia per evitare che una carrozza mi piombasse addosso non ho potuto fare a meno di pensare che questi Lumière sono soprattutto dei grandi maghi[29].

E l'attore Felix Galipaux, uno dei 33 spettatori paganti del 28 dicembre:

Sono fiero di aver assistito come spettatore pagante al primo spettacolo cinematografico. Era l'inizio di una nuova era.

---

[27] Sulla posizione dello spettatore e sui mutamenti delle modalità della visione vedi il cit. Crary, *Techniques of the Observer*.
[28] Cit. in AA.VV, *Lumière. Le cinéma*, Lyon 1995, p. 38.
[29] H. de Parville, «Le correspondant», 10 maggio 1895.

La luce cinematografica ha così plasmato la geografia mentale dell'uomo del Novecento e illustrato la storia di questo secolo che si potrebbe riadattare la teoria della relatività dicendo che la velocità dei ventiquattro fotogrammi al secondo potrebbe essere l'unico elemento invariabile rispetto a qualsiasi osservatore della storia del ventesimo secolo. E che, in ventiquattro fotogrammi, si potrebbero cogliere e sintetizzare in modo fulmineo sia la storia mentale e immaginaria che quella reale dell'uomo proiettato alla conquista della modernità[30]. Un uomo desideroso di lanciarsi verso gli spazi interplanetari e tuttavia incapace di tagliare il cordone ombelicale che lo lega al mondo ai riti e alle culture primitive. Proprio per questo in grado di rinnovare e ritrovare su scala universale nel giro di pochissimi anni – grazie soprattutto ai fenomeni di culto divistico – forme di religiosità che il mondo moderno stava cancellando ovunque e in modo irreversibile. Le grandi icone divistiche di Greta Garbo, Rodolfo Valentino, o Marlene Dietrich, o di Tom Mix, evocano, per milioni di fedeli e devoti del nuovo rito laico, gli archetipi collettivi, dotano quei volti e quei corpi di un'aura che, nello stesso tempo, le immagini sacre stanno perdendo nelle chiese e nei luoghi tradizionali di culto. Se riprendiamo, in senso etimologico, il termine Babilonia come Bab-ili, la porta degli dei, dobbiamo riconoscere che la definizione che dà il titolo a un noto libro di Kenneth Anger – *Hollywood-Babilonia* – è quanto mai appropriata perché Hollywood, lungo tutto il secolo, rimane la dimora privilegiata delle divinità del cinema mondiale.

Grazie alla luce dei Lumière l'uomo cinematografico ha ottenuto, assieme al potere di invenzione e scoperta continua di mondi, anche quello di creare nuovi dei, di plasmarli di un composto in parte di celluloide e in parte, come aveva detto Shakespeare, della materia stessa di cui sono fatti i sogni.

---

[30] Nell'ultimo quindicennio è apparsa una serie importante di studi che affrontano il problema della modernità: in particolare oltre al citato libro di Crary vedi il cit. Berman, *L'esperienza della modernità*; A. Giddens, *The Consequence of Modernity*, Stanford 1990; Z. Baumann, *Modernity and Ambivalence*, Cambridge 1990 e l'antologia curata da Roger Friedland e Deirdre Boden, *NowHere, Space, Time and Modernity*, Berkeley 1994. Per quanto riguarda il cinema dei Lumière vedi J.L. Leutrat, *Modernité. Modernité?*, in AA.VV., *Lumière. Le cinéma*, cit., pp. 64-71. Per il cinema in generale si veda T. Gunning, *Cinéma des attractions et modernité*, in «Cinémathèque», a. II, n. 5, primavera 1994, pp. 129-139.

## LA GRANDE MAGIA DEL NOVECENTO

Per riuscire a vedere tutto, il reale e il fantastico, i mondi lontani e vicini, il passato e il futuro, per esplorare l'invisibile e accedere ai mondi interiori, il corpo dello spettatore deve essere dotato di molti occhi: la polioftalmia è un altro attributo fondamentale della nuova specie di spettatori, che lo ha ricevuto in eredità col codice genetico. I modi stessi della visione si moltiplicano e differenziano.

In un'intervista apparsa su «La Repubblica» dell'11 marzo 1995 Ernst Jünger, che festeggiava in quel periodo i cent'anni di vita, ha così risposto a una domanda sul cinema di Antonio Gnoli e Franco Volpi:

Il cinema è qualcosa che concerne il rapporto tra tecnica e magia. Un rapporto ancora tutto da verificare... Il rapporto con la magia emergerà probabilmente in modo ancora più impressionante: penso per esempio a una cinematografia che diventi realtà virtuale e poi quarta dimensione.

Se il cinema, nel suo statuto iniziale, sembra fondarsi soprattutto sulla capacità di riprodurre in modo perfetto la realtà, di cogliere il movimento minimo delle foglie degli alberi (come nel *Déjeuner du bébé*), o il leggero incresparsi delle onde del mare, di registrare le vibrazioni della luce e i suoi riflessi come nessun pittore impressionista è stato in grado di fare («il cinema presta agli oggetti l'inquietudine del suo movimento» scriveva Kafka nei suoi *Diari* nel 1911), il suo potere di dar vita alle cose e alle persone, di sostituire il proprio universo all'universo reale, sembra derivare ancora, in misura molto forte, dalla magia più che dal progresso scientifico. Così almeno viene vissuta l'esperienza da parte di tutti i testimoni delle prime *performances* cinematografiche.

La notte perfetta del cinema non ci offre solo il miracolo dello schermo, paese neutro in cui i sogni sono proiettati, ci offre ancora la forma più simpatica dell'avventura moderna[31].

Così scriveva Robert Desnos nel 1925: e forse i Lumière erano consapevoli, se non di essere i protagonisti, di partecipare a questa

---

[31] R. Desnos, «Journal littéraire», 25 aprile 1925, in R. Desnos, *Les rayons et les ombres. Cinéma*, Paris 1992, p. 69.

avventura. E lo stesso Desnos il 27 settembre del 1928 parla del «territorio immaginario, surrealista, poetico e magico dei raggi e delle ombre»[32].

La componente magica era, di sicuro, quanto di più lontano ed estraneo alla natura e alla mentalità dei Lumière, ma non è un caso che il primo spettatore capace di cogliere le potenzialità dello spettacolo, fin dal 28 dicembre 1895, sia stato Georges Méliès, folgorato e paralizzato sulla sedia come tutti gli spettatori della prima proiezione:

A questo spettacolo restammo tutti a bocca aperta, fulminati dallo stupore, sorpresi al di là di qualsiasi espressione.

Magica sembra già al giornalista del «Progrès» che ha assistito a uno dei primi esperimenti dei fratelli Lumière il 13 giugno del 1895 la dimostrazione di «photographie vivante», grazie alla quale i fratelli Lumière riescono a riprodurre sulla tela i gesti di due partecipanti al Congrès des Sociétés Photographiques de France

con una tale fedeltà che si sarebbe potuto supporre dietro la tela la complicità in una sorta di fantasmagoria di due personaggi in gioco.

E stregonesco appare agli operai dell'Usine Lumière, invitati ad assistere a una dimostrazione del cinématographe, il potere dei padroni di far ricomporre, sotto i loro occhi, un muro che loro stessi hanno contribuito ad abbattere. Tutto è vero, tutto riproduce alla perfezione la realtà. Eppure, fin dall'inizio e prima ancora che Méliès faccia la sua apparizione sulla scena dello spettacolo cinematografico, è difficile distinguere dove finisca la realtà e inizi la manipolazione illusionistica.

Una sensazione del tutto analoga viene documentata da Henry de Parville in un resoconto dei suoi «Annales» del 28 aprile 1896:

Quando ci si ritrova di fronte a questi quadri in movimento ci si domanda se non si hanno delle allucinazioni e se si è semplici spettatori o piuttosto attori in queste scene di stupefacente realismo[33].

---

[32] Desnos, *Théâtre et cinéma*, in Id., *Les rayons*, cit., p. 159.
[33] In AA.VV., *Lumière. Le cinéma*, cit., p. 35.

## LA SCENA PRIMARIA

Il primo vero trauma collettivo e primario della storia del cinema non è, in ogni caso, quello dell'*Arrivée du train à la gare de Lyon*, su cui è costruita in ogni caso una leggenda aurea raccolta dal cinema e trasmessa a lungo dalle comiche del muto fino ai *Carabiniers* di Godard, quanto quello di poco successivo dell'incendio del Bazar de la Charité di domenica 16 maggio in cui trovano la morte circa centoventi persone, quasi tutte donne e bambini. Il supplemento illustrato del «Petit Journal» dedica gran parte delle sue litografie e degli articoli alla descrizione di questo terribile *fait divers* per trarne soprattutto una lezione di catarsi sociale: nel momento del dolore supremo, una lettera di partecipazione al dolore delle famiglie delle vittime («per lo più ricche, felici, riunite in quel luogo per fare della carità») viene da parte di proletari e di gente del popolo. Per un momento l'odio di classe sembra dimenticato in nome di una *pietas* superiore:

> Come una luce benedetta e raggiante di riconciliazione tra le classi, di bisogno di affettuosa solidarietà, di rassegnazione alle proprie pene per il pensiero delle disgrazie altrui, le mani si sono tese le une verso le altre, i cuori hanno vibrato all'unisono, il grande malinteso sociale si è arrestato; attraverso la pietà l'amore è entrato nelle anime e noi siamo stati veramente tutti fratelli [34].

Non è improbabile che il ricordo del fuoco divoratore abbia favorito l'immagine della sala come luogo infernale e mortifero – in senso spirituale e fisico – che molto a lungo ha accompagnato i discorsi dei vertici ecclesiastici e guidato innumerevoli crociate contro il cinema di ieri e di oggi. Memorabile quanto scriveva ancora nel 1949 padre Girolamo Bortignon, poi divenuto vescovo di Padova, sul locale *Bollettino diocesano*:

> A buon diritto qualcuno ha chiamato il cinematografo il galeotto moderno, un focolaio epidemico, un pubblico immondezzaio, il pozzo nero dove sfoga tutta la fangosa colluvie della malavita.

Periodicamente, in ogni caso, la sala è diventata anche un luogo di morte, un Moloch, una prigione da cui è impossibile uscire se

---

[34] S. Levral, *La semaine*, «Le Petit Journal», domenica 16 maggio 1897, p. 2.

non a prezzo del sacrificio di una o più vittime. Solo in casi eccezionali la salvezza può avvenire per intervento di creature angeliche, quale ad esempio il muratore Guglielmo Testa, così celebrato, nella quarta di copertina disegnata da Beltrame per la «Domenica del Corriere» dell'11 marzo 1928, per il suo eroismo:

> Dotato di forza erculea salì su una scala e con sforzi fisici tremendi riuscì a divellere una delle inferriate, e cominciò a prendere tra le braccia le persone che si affacciavano sulla strada dove venivano raccolte dai paesani. Il Testa riuscì a salvare una cinquantina di persone e alla fine cadde svenuto per lo sforzo compiuto.

Sempre qualche mese dopo ancora Beltrame sulla «Domenica del Corriere» del 15 luglio disegna un altro evento tragico che avviene in un cinema all'aperto in Francia, a Epinay:

> Un cinematografo funzionava sulla piazza del paese e molti spettatori assistevano allo spettacolo. A un tratto un autocarro, proveniente da Enghien, a causa dell'oscurità piombava in mezzo alla folla. Vi sono stati due morti e ventidue feriti.

Pur in grado di assumere da subito una nuova identità il cinema non riesce mai del tutto a rescindere il cordone ombelicale che lo lega alle pratiche magiche, misteriche e alle paure che abbiamo visto agire sulle forme di spettacolo che lo hanno preceduto. La sala, di fatto, si presenta da subito come il luogo di un nuovo rito iniziatico in cui si mescolano vite (e morte in qualche caso), desideri, sogni, paure, traumi, amori, passioni, attese, energie emotive, sessuali, di milioni e milioni di persone.

La sala cinematografica, nella quale inoltre non solo l'attività visiva, ma anche l'attività onirica appare riconducibile, fin dai primissimi passi, a un comune brulichio, alla caverna uterina da cui si genera la vita – come genialmente l'ha vista e rappresentata Fellini – nel suo moltiplicarsi immediato fa nascere e battezza milioni di *homines cinematographici* sparsi in tutti i continenti dotati di nuovi organi visivi, di misure ipertrofiche e di occhi interni altrettanto potenti. Come ha scritto Andrea Zanzotto in una pagina che ho avuto più volte occasione di citare:

> La caverna donna-sogno si è esalata in una cometa che sfasciandosi è ripiovuta sul vasto mondo. Ne sono nate le mille sale, buie nel buio delle

notti, ma dall'occhio rutilante, sotto venti e piogge, in agglomerati urbani e in mezzo ai campi. Esse non sono che piccoli igloo tremolanti e fibrillanti di sogni in colore e in calore, sono attendamenti da circo dove si celebra il rito della femminile creatività e seduttività del cinema, la quale preme, sboccia e quasi si dà in un'erezione tale da mettere in rilievo nuovi, particolari organi, inventati attimo per attimo, per spegnersi in cascate e spampanii di petali fradici eppure grondanti di rinascita[35].

Milioni, miliardi di persone appartenenti a tutte le classi sociali, fin dai primi anni del Novecento, hanno ricevuto – almeno una volta nella vita – il battesimo nella caverna illuminata da un raggio di luce e hanno avuto la sensazione di volare insieme alla conquista di spazi e tempi dalle dimensioni sconfinate:

...e là nel fondo della notte... là si è cominciato con un brano musicale eseguito al pianoforte, poi una finestra si è aperta sul mondo.
Una grande luce quadrata si è accesa davanti a voi che stavate allineati su delle rozze panche di abete passate col mordente e degli uomini dal cappello di feltro e col fazzoletto attorno al collo, vi sono piombati addosso al galoppo dei loro cavalli[36].

Così scriveva negli anni venti lo scrittore Ramuz evocando l'arrivo del cinema in una sala di caffè di campagna, senza aggiungere il disprezzo che aveva accompagnato le considerazioni di Baudelaire sulla stereoscopia una sessantina d'anni prima.
Tutte le testimonianze che si possono raccogliere dall'indomani della prima serata Lumière rendono perfettamente lo stesso senso individuale e collettivo di meraviglia e stupore panico, di aquisizione di poteri illimitati e sensazione esaltante di potersi spingere oltre i confini della vita stessa. Il cinema inoltre appare da subito come un modificatore dei riti sociali e una presenza che determina i nuovi ritmi urbani, un nuovo polo per le folle che si muovono alla conquista della città sul far nella notte.

---

[35] A. Zanzotto, *Ipotesi intorno alla città delle donne*, in F. Fellini, *La città delle donne*, Milano 1980, p. 26.
[36] C.F. Ramuz, *L'amour du monde*, Paris 1925, pp. 20-21.

## DAL LUNA PARK AL CUORE DELLA CITTÀ

Nel febbraio 1907 il giornalista Oreste Fasolo, in un articolo su «Natura e arte», registra, con perfetto tempismo la fulminea presa di potere da parte del cinema dello spazio urbano e la sua diffusione a macchia d'olio in qualsiasi luogo pubblico e privato:

Cinematografo... Cinematografo! Dove non è ormai stampata questa magica parola? Non possiamo fare un passo, svoltare una grande e affollata arteria cittadina o un buio viottolo di sobborgo senza vedercela, lì dinnanzi, stampata e riprodotta in tutti i modi, in tutte le misure, in tutti i caratteri, in tutte le forme, sugli affissi, nei quadri della pubblicità ufficiale, sulle imposte dei negozi chiusi, sui muri, sul lastrico della via, sui tetti a lettere di scatola, a lettere di fuoco, in alto, in basso, dovunque.

E dove non si installa, non si annida il cinematografo? Nei grandi teatri, nei caffè, nelle birrerie... nei baracconi dei quartieri popolari e nei saloni delle famiglie signorili! In basso, in alto della scala sociale. Dovunque [37].

Un anno dopo, nella sola Milano, si registra un'ascesa irresistibile delle sale stabili: tanto da spingere un cronista, che tenta un primo sguardo a volo d'uccello su tutto il paese, a osservare non senza preoccupazione: «Dove si andrà a finire? Milano minaccia di diventare un solo cinema» [38].

Per almeno una decina d'anni il cinema ripercorre e utilizza gli stessi itinerari e si mescola e confonde nelle Fiere e nei Luna Park con gli spettacoli ottici o da circo che abbiamo visto crescere, moltiplicarsi, muoversi con maggior rapidità, grazie a carrozzoni ambulanti, dalla seconda metà dell'Ottocento e unire le grandi città e i piccoli centri d'Europa. In svariati casi sono gli stessi ambulanti che abbandonano, a cavallo del secolo, gli spettacoli di panorama, di teatro meccanico o lanterna magica per convertirsi o far posto al cinematografo [39]. Per un po' di tempo lo spettacolo cinematografico

---

[37] O. Fasolo, *Il cinematografo... svelato. Cinematografomania*, in «Natura ed Arte», a. XVI, n. 5, 1 febbraio 1907, p. 331.
[38] F. Ravagli, *Dalle Alpi Rezie al Capo Passero*, in «La cinematografia italiana», nn. 31-32, 15 gennaio 1909, p. 41.
[39] Il Comune di Venezia rifiuta nel 1885 la concessione degli spazi pubblici per il carnevale a vari ambulanti tra cui Luigi Roatto, che presentava spettacoli di lanterna magica e che sarà uno dei primi a convertirsi al cinematografo. Vedi Archivio municipale di Venezia, 1880-95, XI-5-12.

coabita con spettacoli di illusionismo, di acrobazia e di lanterna magica con tanto di conferenza educativa di sostegno.

Luigi Roatto, nel novembre 1903, in una lettera di richiesta indirizzata alla Municipalità di Venezia, ci fa toccare con mano il processo di intergamia in atto tra due forme di spettacolo. La richiesta è volta a ottenere l'autorizzazione a occupare

> un'area di metri 42 di prospettiva per 6 e 1/2 di profondità onde innalzare il padiglione... di un Museo Artistico, Plastico Meccanico Il più grandioso e ricco di capolavori che viaggia per l'Italia [con]il mio Cinematografo Lumière che offre una esecuzione accuratissima ed è sempre al corrente delle ultime novità del giorno... Il mio intrattenimento è di famiglia ed alla portata di tutti considerato che tanto il Museo come il cinematografo sono riuniti nello stesso padiglione[40].

Gli archivi di Stato, la stampa locale, le fotografie, nonché i manifesti, le locandine coi programmi ci consentirebbero di delineare un quadro molto dettagliato dei movimenti degli ambulanti in Inghilterra come in Italia e Francia e di disegnare il paesaggio dello spettacolo popolare (di cui il cinema costituisce solo una delle tante meraviglie) e delle sue metamorfosi con notevole accuratezza. In questa sede non si vuole fare alcun censimento, ma solo sottolineare come il cinema, prima di trovare la sua piena autonomia, abbia ancora bisogno di ricevere da quel luogo caotico e vitalizzante che è la piazza, utilizzata nei primi decenni del Novecento come spazio dell'effimero, quella fleboclisi di sangue e sogni che gli consentono poi di tagliare il cordone ombelicale con le altre forme di spettacolo da fiera e di trovare la propria strada in piena autonomia. A Trento, per la fiera di San Vigilio confluiscono ogni anno molti baracconi popolari in piazza Vo' e piazza Fiera:

> oltre al Circo equestre Zamperla [che in seguito accoglierà anche il cinema] e Zoppé stabilitosi sulla Piazza del Vò e che è frequentato assiduamente, in Piazza della Fiera incominciano del pari a sorgere le solite baracche che in queste due settimane danno a quella piazza quell'aspetto gaio e quell'animazione chiassosa che formano la delizia del nostro popolino. Così per intento vi sono in esercizio due altalene, una europea a ruota

---

[40] La lettera è citata in C. Montanaro, *Quando il cinema si spostava*, in «Immaginifico», a. I, n. 1, 1993, p. 7.

e una americana, a navicella. In una baracca si fa vedere Moina, la donna bruciata viva: poi c'è un Panottico contenente diverse curiosità...[41].

Molto presto – già dall'anno successivo all'invenzione dei Lumière – i proprietari di baracconi ambulanti presentano richieste di autorizzazioni a «impiantare» padiglioni per poter mostrare «vedute cinematografiche». Giuseppe Gresti, Arcangela Filigrana, il Circo Victor, Giovanni Bläser giungono a Trento sul finire del secolo e i giornalisti dell'«Alto Adige» ne celebrano subito le gesta[42].

A Bressanone, tra il 1902 e l'inizio della guerra mondiale, gli impresari ambulanti che presentano spettacoli cinematografici sono molti:

> Il signor Ferdinand Somaghi, il signor Franz Eggensberger, la società Lifka, il signor Karl Zins, il signor Pitschmann, il signor Louis Geni, il signor F.X. Fried, lo spettacolo «Die Welt auf der Leinwand» e il signor Pindaro Fay. Oltre a questi giunsero anche il signor Paul Rasom e il berlinese Schapiro: al primo non venne concesso il permesso di proiezione e il secondo fece solo una proiezione dopo la quale fuggì con l'incasso[43].

A Trieste il primo spettacolo cinematografico è del 5 dicembre 1896, combinato con uno spettacolo di agioscopio (un tipo di lanterna magica), viene organizzato da Angelo Curiel e Max Karreiter, che, per qualche tempo, continueranno la loro attività di ambulanti. Oltre al classico arrivo del treno i due impresari propongono al pubblico triestino *La scena piccante di una parigina che coricandosi è sorpresa da un impertinente adoratore nascosto nell'alcova*[44], un classico dell'erotismo della società liberty, che ha già alle spalle una ricca produzione nelle stereoscopie e che proporrà svariati titoli allettanti come *Le coucher d'Yvette*, *Il membro del comitato*, e così via.

Ormai si è capito: con qualche variazione un luogo vale l'altro, i problemi da affrontare sono simili per tutti i proprietari dei baracconi che operano nel territorio europeo. Le autorità pongono limitazioni e impongono controlli analoghi, i pubblici hanno reazioni

---

[41] In «Alto Adige», 17-18 giugno 1896.
[42] P. Caneppele, *Le vie del cinema: i pubblici spettacoli viaggianti e le prime proiezioni cinematografiche a Trento*, in «Archivio trentino di storia contemporanea», n. 3, 1996, pp. 121-136.
[43] P. Caneppele, *Il Tirolo in pellicola*, Bolzano 1996, p. 56.
[44] D. Kosanovic, *Trieste al cinema*, Gemona 1995, p. 29.

identiche in Inghilterra come in Provenza, in Spagna come in Alto Adige. Miriadi di fonti simili ci affascinano non tanto per il loro carattere ripetitivo, per il loro riproporre un identico *refrain* e una serie di rituali del tutto congruenti, quanto per la quantità di energia sociale ed emotiva che riescono ad accumulare al loro interno. La fortuna delle «serate nere» presso i pubblici maschili delle città e dei piccoli centri di provincia e le reazioni della stampa benpensante sono pressoché identiche in Italia: ecco quanto riporta Gianfranco Gori, che ha studiato l'arrivo del cinema in Romagna, dal «Diario» di Imola del 27 luglio 1905:

l'avvertimento che non era uno spettacolo per signorine, inuzzolì e trasse gli adulti viziosi, gli imberbi e gli impuberi in folla non più veduta. Una serata nera scientificamente ed umanitariamente, riguardo al male da piaceri venerei, è peggio assai che un pozzo nero. E l'autorità che chiude i pozzi neri tollera le serate nere[45].

Negli archivi comunali e di Stato è possibile trovare richieste e concessioni che ci permettono di ricomporre i movimenti non solo sul piano nazionale[46], di capire le dimensioni e le caratteristiche dei baracconi, di disporre dei costi di plateatico e d'ingresso, di giungere a un vero censimento di tutti i proprietari, di capirne la logistica, il successo e il rapido declino all'interno delle Fiere (alla Fiera milanese di porta Genova sappiamo che nel 1907 i cinematografi ambulanti sono dodici, mentre solo cinque anni dopo, ne sopravvive solo uno, quello di Küllmann)[47] distinguerne i programmi e ricostruire le reazioni dei pubblici e delle istituzioni, e perfino di fissare i gesti, i richiami e le figure degli imbonitori. Indimenticabile la figura di Giovanni Sardini, detto El Coco, che davanti al Cinematografo Bios di Küllmann è ricordato da Arturo Frizzi mentre chiama il pubblico a gran voce

imponente, dai capelli rossi, vestito di un'uniforme colorata e pittoresca che metteva soggezione, con tanto di stiffelius, cilindro e canna[48].

---

[45] G.M. Gori, *Il cinema arriva in Romagna*, Rimini 1987, p. 71.
[46] Ben documentata e intelligente la ricerca sugli ambulanti in Lombardia di Elena Bonfanti, *Il cinema ambulante in Lombardia. Figure e percorsi*, in R. De Berti, *Un secolo di cinema a Milano*, Milano 1996, pp. 81-106.
[47] *Ibid.*, p. 87
[48] A. Frizzi, *Il ciarlatano*, Mantova 1912, p. 83. A cura di A. Bergonzini è stato ristampato in *Arturo Frizzi. Vita e opere di un ciarlatano*, Milano 1979.

Il 21 agosto 1907 Ernesto Drusovini proprietario del Gran Cinématographe Pathé Frères avanza questa richiesta al sindaco di Rovigo:

Con la presente mi permetto di chiederle un posto per la seconda quindicina di ottobre e precisamente per i giorni della Fiera: per il mio padiglione di metri 20x8 ad uso di Cinematografo con propria interna ed esterna sfarzosissima illuminazione elettrica e grandi novità. Il Padiglione è nuovissimo e degno di prendere posto nelle più grandi capitali.

Qualche mese dopo, il 10 marzo 1908 sempre a Rovigo, da Zara scrive Alessandro Francovich, chiedendo informazioni sull'esistenza della luce elettrica e sulla presenza di cinematografi stabili. Gli risponde il sindaco e in poche righe riceviamo moltissime informazioni sulle differenze di sviluppo economico, sociale e urbanistico delle città venete agli inizi del secolo:

La presente per dichiararle che in questa città avvi soltanto illuminazione a gas, e che non vi sono Cinematografi permanenti, anche perché la popolazione non è tale da permettere una continua affluenza di spettatori a questo genere di divertimento. Di tanto in tanto vengono Cinematografi, ma per pochi giorni, servendosi di luce elettrica fornita da motori propri.

I primi impresari di cinematografi ambulanti che operano in Italia – ma anche in Inghilterra o in Francia – hanno dunque sempre più una fisionomia, un nome e cognome e di molti si possono ricostruire, grazie agli archivi comunali e ai giornali locali, in modo abbastanza analitico, quasi giorno per giorno, le imprese, seguendone le deambulazioni dal nord Italia fino all'estrema Sicilia, registrandone avventure e disavventure, con i pubblici e le autorità (soprattutto in occasione delle *Serate nere*): vi sono furti, fughe con la cassa e in alcuni casi vengono addirittura rubati i proiettori, come racconta «Il Corriere di Catania» del 2 aprile 1897:

Alcuni ladri, rimasti sino ad ora ignoti, rubarono l'apparecchio del cinematografo di piazza Stesicoro cagionando al proprietario un danno di lire duemila circa[49].

---

[49] N. Genovese, *Tra Ottocento e Novecento*, in «Nuove Effemeridi», a. IV, n. 13, 1991, p. 69.

Nella foto di gruppo si distinguono Luigi Roatto[50], figlio quartogenito di Luigi, panoramista, Gino e Ottorino Protti, Oreste Covini, Enrico e Filippo Leilich, i fratelli Lentini, Giovanni Gentili, Rosa Santoli, la compagnia Cesare Watry, il cavalier D'Antoni, Carlo e Enrichetta Böcher, Taddhäus Küllmann, Vittorio Todescato, Paride Tentolini, Alfonso Masi, Arnaldo Dall'Acqua, Edmondo Oger, Amilcare Marchini, Annetta Zena, Alessandro Buchovich, Italo Pacchioni, con i soci Rinaldi e Ronzoni... I loro programmi e le loro locandine non differiscono per grafica e colori dai fogli volanti, dai pianeti della fortuna. I loro baracconi multicolori, che si confondono con molti altri nelle Fiere o nelle feste popolari del Santo Patrono, a Milano come a Trento, a Mantova come a Genova, Messina o Catania, vengono illuminati da gruppi elettronici alimentati da motori a vapore, a gas o a petrolio e sono del tutto simili a quelli che in Francia a Limoges propongono il Cinématographe Pipon o il Cinématographe Chabot[51], che incontriamo in Inghilterra alle fiere di Nottingham, a Oxford a Birmingham, con gli splendidi organi, lo Stratarmonico Gavioli[52] o i Marenghi, le facciate che per il numero di statue lignee sembrano competere con i frontoni delle cattedrali gotiche o romaniche e di cui conosciamo i volti degli impresari e dei dipendenti (vedi il Crecraft's Bioscope Show, o il Murphys Show fotografato a Newcastle nel 1907, o il baraccone di Anderton o quello di Randall William di cui nel 1904 è fotografato tutto il gruppo di lavoratori). Nei primi anni, spesso, per non abbandonare del tutto la competenza e il lavoro anteriore, i gestori dei baracconi mescolano, nei diversi paesi, spettacoli di varietà (è il caso dell'Arnold Electric Bioscop operante nel 1905), di leoni ammaestrati con proiezioni di «Moving Pictures» (com'è il caso in Inghilterra del baraccone del capitano Rowlands, che offre questo spettacolo misto in Cornovaglia nel 1896 o il Crecraft's Show che

---

[50] C. Montanaro, *Gli ambulanti e impresari veneti Luigi e Almerico Roatto*, in A. Bernardini (a cura di), *Cinema e storiografia in Europa*, Reggio Emilia 1985.

[51] P. e J. Berneau, *Le spectacle cinématographique à Limoges de 1896 à 1945*, Paris 1992, p. 22. Per quanto riguarda il cinema ambulante in Francia, tra le molte pubblicazioni ricordo almeno il pionieristico R. Noell, *Histoire du spectacle cinématographique à Perpignan de 1896 à 1944*, in «Cahiers de la cinémathèque», fuori serie, 1973 e G. Olivo, *La vie cinématographique à Toulon (1896-1921)*, in «Revue d'histoire moderne et contemporaine», t. XXXIII, aprile-giugno 1986.

[52] Per una ricostruzione del lavoro del geniale artigiano che favorisce il passaggio dai piccoli strumenti portatili ai giganteschi *orchestrion* da fiera si veda A. Latanza, *Il genio meccanico di Ludovico Gavioli inventore dell'organo da fiera*, in «La ricerca folclorica», a. X, n. 19, 1989, pp. 87-92.

nel 1902 presenta uno spettacolo di *Wild Beasts and Living Pictures*). Proprio per l'Inghilterra il semplice contatto con un consistente insieme di fotografie di baracconi presenti nelle fiere tra la fine dell'Ottocento e il 1910-12 ci consente di avere un rapporto ravvicinato con i frontoni dei cinematografi ambulanti, con le troupes degli impresari, con le fisionomie dei pubblici popolari, ripresi quasi con lo sguardo rivolto verso l'obiettivo del fotografo, e con il contesto della Fiera entro cui questo tipo di spettacoli per almeno una quindicina d'anni assumono un ruolo di guida. Possiamo citare i baracconi dell'Electric Haggar Coliseum, quelli del Simon Electrograph, di Kemp & Sons, di Enoch Farrar, di William Symonds, di Tom Norman, di Patrick Collins, e ancora il Bioscope di Alf Ball, il Wingate's cinematograph, o il Palace of Light Show di Crightons, o il Chipperfield's Cinematograph Show, o il Dantor's Coliseum... Decine e decine di palazzi con facciate di almeno una quindicina di metri di lunghezza, una decina di altezza e una trentina o quarantina di profondità si spostano e si formano magicamente in pochissimo tempo all'interno di quelle città delle meraviglie che sono le Fiere, le giostre e i Luna Park. Finalmente nei nuovi spazi dell'effimero nascono insiemi di spettacoli che possono sostituire per i nuovi protagonisti della scena sociale le cerimonie religiose, i matrimoni, i funerali, le esecuzioni capitali, gli ingressi trionfali di autorità, capi di Stato, generali... Ai baracconi e ai loro richiami multicolori le piccole città, con le loro fiere periodiche dedicheranno sempre più accoglienze trionfali. E per qualche anno il cinema e soprattutto il cinema ambulante che esibirà con orgoglio la sua appartenenza a una tradizione secolare, assumerà naturalmente il ruolo di dux nel vasto insieme di spettacoli popolari che si affacciano alle soglie del nuovo secolo e sarà al tempo stesso pontifex, traghettatore ideale e materiale della visione popolare verso sedi stabili e definitive nel cuore e nelle periferie delle città, anche se la trasformazione decreterà fin dal secondo decennio del Novecento la morte rapida di tutti gli impresari ambulanti.

In ogni caso è possibile cogliere nella rivista dello spettacolo ambulante, «L'Aurora», il momento di passaggio verso le sedi stabili e l'eredità dello spettacolo viaggiante che non viene subito abbandonata:

I cinematografi si moltiplicano, se ne impiantano degli eccentrici e nei centralissimi paraggi. E nulla pel momento avremmo a dire contro gli spettacoli popolari che apprestano, se all'apparato esterno che non di rado a furia di cartelloni e manifesti deturpa le facciate degli edifici, non s'aggiungesse il vociare rumoroso e molesto che si fa sulla via e ricorda anche nel bel centro di Milano il sistema primitivo dei banditori delle fiere rurali[53].

Di tutta la letteratura e la memoria cinematografica che racconta o ricostruisce, in modo più o meno libero, le gesta del cinema ambulante e dà vita a figure memorabili mi piace ricordare per il cinema i due fratelli della *Vela incantata* di Gianfranco Mingozzi (1983), che ancora negli anni trenta stendono la loro vela magica nelle aie, nelle corti e nei casoni del Polesine o il protagonista di *Splendor* di Scola (1988) che porta in giro il suo camion nel basso Lazio nello stesso periodo e mostra ai contadini le meraviglie della modernizzazione di *Metropolis* di Lang. Tra i non pochi testi letterari ricordo almeno la figura di Cypari, il lillipuziano del romanzo di Ransmayr *Il mondo estremo*, che giunge ogni anno in una regione situata alle falde del Caucaso

con il suo carro coperto tirato da due bai... gridando già di lontano i nomi degli eroi e belle donne e annunciando il piacere e il dolore e l'afflizione e tutte le passioni di quei film che nell'oscurità dei giorni successivi avrebbe fatto sfarfallare sulla calce sfaldata del muro dietro il macello[54]

è invece tratta da un'esperienza reale, la figura di La Flèche, l'impresario del cinema ambulante disegnato con grande forza e a tutto tondo nel primo capitolo di *Ciné-Roman* di Roger Grenier[55].
Per la figura dell'imbonitore, la più emblematica e anomala perché parla di meraviglie d'altri tempi tra macerie e distruzioni è quella interpretata da Erminio Macario per un film in quattro episodi girato durante la Repubblica di Salò. Il film si intitola *Il cinema delle meraviglie* e i vari episodi sono cuciti insieme da questo richiamo dell'imbonitore:

A voi non piace il cinema? Qui si ammirano i ranocchi che saltano, le bisce che strisciano, gli uccelli che cantano. Entrate signori, entrate! Qui ammirerete la meraviglia delle meraviglie, il cinema delle meraviglie, l'ultima trovata del secolo!

---

[53] Anonimo, «L'Aurora», a. VI, n. 16, 1906, p. 6.
[54] C. Ransmayr, *Il mondo estremo*, Milano 1988, p. 17.
[55] R. Grenier, *Ciné-Roman*, Paris 1972.

Proprio negli stessi mesi in cui il Sindaco di Rovigo dichiara non esserci possibilità di impianti stabili di cinematografo nella città per mancanza di pubblico e di illuminazione elettrica, a Padova, come ci informa «Il Veneto» nel numero del 10 settembre 1908, si celebra la nascita al centro della città del Cinematografo Edison in termini di metamorfosi necessaria e attesa nella ricca e colta capitale reale del Veneto lanciata verso la modernità:

Adesso non bastano più le modeste baracche da fiera e le sale disadorne: ai Cinematografi occorre ormai una sede elegantissima con ventilatori per l'estate e riscaldamento per l'inverno, sala d'attesa, bar: gli occorre insomma, oltre alla bontà e alla perfezione del macchinario e all'interesse delle scene proiettate, un contorno di eleganze e di ricchezze. L'ideale del genere sarà dunque certamente il nuovo Cinema Teatro Concerto Edison che il 1 ottobre verrà aperto in piazza Cavour. La geniale iniziativa di avere a Padova un cinematografo che potesse rivaleggiare con i migliori d'Italia è partita da un gruppo di cittadini che seppero, con la preziosa collaborazione del Prof. Peressuti, trasformare i tetri magazzini del palazzo Zaborra in un ambiente di eccezionale ricchezza e buon gusto. Dall'atrio che dà sulla piazza Cavour, tutto bianco di stucchi, si passa nel gran salone d'aspetto che è veramente splendido, ampio ed elegantissimo, capace di oltre duecento persone. Alla metà di una parete corre una loggia per l'orchestra e sotto è il locale per il servizio di buffet, che sarà assunto dalla ditta Brigenti. Per due grandi porte si passa poi nella sala delle proiezioni: un vero miracolo di buon gusto. È vastissima... illuminata mirabilmente da numerosissime lampadine elettriche disposte con molta arte e molto buon gusto.

Una descrizione praticamente identica saluta la nascita a Milano nello stesso anno della sala Carlo Porta che punta a un pubblico più popolare:

I signori Marazzi e compagni furono fortunati nella scelta della località: piazza Verziere, quel centro così animato, così tipico, vero ventre di Milano, e ove, tanto di giorno che di sera, si raccoglie una sana e operosa popolazione mercantesca... Il locale è ad hoc e chiunque al presente stenterebbe a riconoscere nell'odierno elegantissimo ambiente, il vasto sì, ma affumicato «Trani» di un tempo. Venendo a una particolareggiata descrizione del bel cinema cominceremo col dire che la facciata ha un artistico cartello, su cui spicca il caro e venerabile nome di Porta. Le pareti dell'antisala sono in bianco e oro, con sobrie e ben trovate decorazioni. Raramente è dato trovare simile amabilità, compostezza e decoro... Venendo alla sala propriamente detta questa è di larga capacità col quadro non in fondo, ma all'ingresso... Molti eleganti ventilatori, ben disposti e ad altezza d'uomo, compiono davvero il loro ufficio. Le pareti sono di un verde cupo, simpaticissimo. Comode, eleganti, a debita distanza sono le sedie e le poltroncine, egregi assai per fattura il pavimento e il soffitto...[56].

Nel momento in cui il cinema mette piede stabilmente nelle città entriamo in una fase della sua storia più conosciuta e in qualche modo ci colleghiamo alla storia che ho già cercato di raccontare in *Buio in sala*[57].

LA GROTTA DI ALADINO

Il cinema ha appena mosso i primi passi, sta ancora compitando le sillabe più elementari del suo lessico, ma è già onnipresente, nelle città come nelle campagne, nelle feste del Santo patrono e nei Teatri sociali per proiezioni tutti i giorni dell'anno e la sua marcia sembra inarrestabile. Ha certo ancora bisogno di evangelizzatori che portino in giro per le campagne e le fiere il suo messaggio luminoso, ma rispetto alle macchine ottiche del passato non ha più bisogno di mediatori – l'imbonitore esiste ancora, ma avrà vita breve – e aspira al più presto, come si è detto, a conquistare dei luoghi stabili, capaci di assumere caratteristiche di luoghi di culto, ma anche di essere varianti eleganti, familiari e confortevoli della casa. Inoltre la marea di radiazioni luminose tracima dallo schermo e si diffonde nella città senza incontrare resistenza. Si trasforma in richiami grafici o cromatici, depositando ovunque i segni della sua presenza, mescolandoli e sovrapponendoli nello spazio ai segni della storia anteriore.

Se ne accorge Aldo Palazzeschi, che, in una poesia quasi coeva all'articolo di Fasolo (*La passeggiata*), mostra come le insegne luminose di una sala cinematografica, assieme a molti altri richiami visivi, colpiscano lo sguardo del *flâneur* novecentesco che si avventura alla scoperta delle nuove meraviglie della città e si mescolino in un unico magma indistinto al flusso interiore di pensieri e immagini:

---

[56] Anonimo, *Cinema Carlo Porta*, in «La Cinematografia italiana», n. 13-14, 25 agosto 1908, p. 101. Ho tratto la citazione dal bel saggio di Elena Mosconi, *«Venghino signori si va ad incominciare!». Nascita ed evoluzione dell'esercizio cinematografico*, in De Berti (a cura di), *Un secolo di cinema a Milano*, cit.

[57] Vedi la seconda edizione, Venezia 1997.

Cinematografo Splendor, / Il ventre di Berlino, Viaggio in Giappone, / l'onomastico di Stefanino, / Attenzione! Attenzione!

Gian Piero Lucini, in una poesia del 1910, *La solita canzone di Melibeo* diventa imbonitore e invita a entrare nel «paviglione cinematografico»:

Il Paviglione è tutto gioia e festa / è una protesta contro il pessimismo / non abbiate paura / la baracca è sicura dalle intemperie [58].

Siamo appena all'inizio del secolo: nel proliferare di fosfeni luminosi che rischiarano artificialmente la notte, le insegne coi nomi delle sale cinematografiche brillano già come stelle fisse di grande potenza radiante – dai nomi luminosi o paradisiaci come Fulgor, Astra, Radium, Solare, Smeraldo, Splendor, Iride, Excelsior, Radium, Lux, Bijou, Eden, Eden-Club, Paradiso e Palladium Lucifer, ma anche in omaggio ai progenitori con nomi come Panorama e Cosmorama – come poli magnetici per nuovi riti e movimenti collettivi periodici. E, soprattutto, fanno corpo con l'habitat, sono subito parte del paesaggio quotidiano, promettono alimento visivo e immaginativo a milioni di catecumeni.

Ultimo arrivato tra tutte le meraviglie della scienza e della tecnica il cinema si affaccia sul ventesimo secolo con la decisa intenzione di diventarne al più presto il sovrano, di costituire il punto di riferimento più importante. Nel giro di un paio di decenni diventerà addirittura la metafora della modernità e dei ritmi vertiginosi della vita urbana e metropolitana.

Nella città per gli scrittori d'avanguardia, in Italia, in Francia come nel Messico

se desenrolla rapida la cinta cinématica / de calles ortodoxas de la ciudad lumìnica [59].

Assieme alla sensazione di muoversi alla conquista di nuovi mondi i proto-testimoni del nuovo rito della visione – certamente influenzati dal pensiero freudiano (non dimentichiamoci che la

---

[58] La poesia è riportata in M. Verdone, *G.P. Lucini e il cinematografo della fiera*, in «Bianco e Nero», a. XXX, nn. 11-12, 1969, pp. 118-119.
[59] S. Gallardo, *Film* e in *El Pentagrama Eletrico*, 1925 nell'antologia curata da L.M. Schneider, *El estridentismo*, Città del Messico 1983, p. 87.

psicanalisi è sorella gemella del cinema) – sottolineano la percezione di perdita dell'Io individuale e celebrano il senso di regressione dello spettatore cinematografico a una condizione pre-natale. Vale la pena ricordare una pagina del 1919 di *Puissances de Paris* di Jules Romains in cui sono sintetizzati tutti questi motivi:

> La notte cinematografica non è lunga... Un cerchio bruscamente illumina il muro di fondo. La sala dice «Aah!» festeggia con questo vagito... il sogno della folla comincia: la folla dorme: i suoi occhi non vedono più non ha più coscienza della sua carne. in lei non c'è che una fuga di immagini, un frou frou di sogni... Tutta la sua realtà interiore trema sullo schermo... Visioni che richiamano la vita, ma una sorta di nebbia oscilla davanti a loro. Le cose non hanno lo stesso aspetto che all'esterno... Il tempo che regola questi ritmi non è il tempo che adottano la maggior parte delle folle quando non sognano... È un'anima che ricorda e immagina, è un gruppo che evoca dei gruppi simili al suo, degli uditori, dei cortei, dei raduni, delle armate...[60].

Non solo quando si insediano stabilmente nel cuore delle città, ma anche quando raggiungono, grazie alle folle di anonimi proiezionisti ambulanti, i pubblici delle campagne e dei piccoli centri, le sale diventano igloo e cattedrali del desiderio e del sogno collettivo:

> grotte di Aladino scampanellanti all'esterno, appena echeggianti all'interno per un pianoforte collocato sotto lo schermo; ma era come se sonasse «luntanamente» (rubo a Di Giacomo il bellissimo avverbio) scorrendo sui teloni silenti, rapinose immagini «della stessa sostanza dei sogni». Cinema muto e sogno sono una cosa sola[61].

La sala è uno spazio capace di svilupparsi e produrre a sua volta cosmologie e cosmogonie, che riuniscono finalmente i nuovi fedeli entro un unico magico cerchio luminoso in grado di racchiudere tutti i continenti.

Così scrive Otto Foulon negli anni venti in *Die Kunst des Lichtspiels*:

> Dove dunque c'è stata un'altra forma di rappresentazione che come il cinema allarga le possibilità del visibile fino all'indicibile? Tempo e spazio

---

[60] J. Romains, *Puissances de Paris*, Paris 1919, ora anche in Prieur, *Le spectateur nocturne*, cit. pp. 50-51.
[61] A. Bertolucci, *Greta e Marlene*, in *Aritmie*, Milano 1991, p. 260.

non offrivano più limiti. Senza scena mobile, né girevole, si realizza con una leggerezza divina il cambiamento di luogo, dall'ovest all'estremo oriente e di mondo dall'infinitamente grande all'infinitamente piccolo [62].

Lo scrittore surrealista Robert Desnos parla di viaggio in un «nuovo mondo, rispetto al quale la realtà è una finzione poco attraente» e di «oppio perfetto, che ci allontana dalle preoccupazioni materiali» [63].

Come in una situazione storica vichiana sembra di ritrovare nella storia del cinema che muove i primi passi situazioni note, ripetizioni cicliche di qualcosa già avvenuto, che abbiamo già avuto modo di incontrare, che è noto e al tempo stesso nuovo. Inoltre le prime testimonianze di spettatori del primo Novecento hanno in comune il senso del ritorno al mito della caverna o addirittura al mito della creazione: il passaggio dal *chaos* al *phaos*. Anche negli anni in cui trionferà il verbo delle avanguardie e la psicoanalisi dischiuderà le dimensioni sconfinate dell'inconscio il cinema si presenterà come l'apostolo privilegiato per la divulgazione di nuovi verbi artistici, culturali e scientifici.

Nel 1930 il *Manifesto surrealista* sostiene che il cinema «racchiude le tracce autentiche lasciate sulla retina umana dall'ago di un grande sismografo mentale» [64]. E quasi nello stesso tempo André Delons profetizza:

Giorno verrà in cui lo spettatore che si collocherà diffidente davanti allo schermo prenderà coscienza che quei raggi grigio-blu che passano nella sua testa sono destinati a rendergli visibili i cuori diversi, i corpi, le forme del coraggio, le paure, le speranze, quei gesti differenti che abbandonati a se stessi e poveri in sé lui non avrebbe mai amato [65].

E Giuseppe A. Borgese scriverà sul «Corriere della Sera» sulla fine degli anni venti:

Wagner se vivesse oggi e pensasse a una sua Bayreuth penserebbe senza dubbio ad armonizzarci la nostalgia del piccolo teatro sublime ateniese, quello di Eschilo e Sofocle con le realtà sconfinate della scena di

---

[62] Ho tratto la citazione da Aumont, *L'oeil interminable*, cit., p. 62.
[63] Desnos, *Les rayons*, cit., p. 69.
[64] *Manifeste surréaliste*, in «L'Age d'or», 1930.
[65] A. Delons, *Chronique des films perdus*, in «Du cinéma», a. III, n. 3, maggio, 1929.

oggi, alla maniera di Hollywood... il cinema condotti a perfezione i suoi mezzi, sarà la macchina moltiplicatrice del dramma e del melodramma, la stampa del teatro[66].

Il cinema si presenterà sempre più agli spettatori eccellenti come mondo perfettamente autonomo e autosufficiente.

Italo Calvino, in un saggio che mi è servito da viatico e ha illuminato la mia ricerca anteriore di *Buio in sala*, ha parlato proprio di mondo:

> Ci sono stati anni in cui il cinema è stato per me il mondo. Un altro mondo da quello che mi circondava, ma per me solo ciò che vedevo sullo schermo possedeva la proprietà di un mondo, la pienezza, la necessità, la coerenza[67].

Per milioni di giovani, soprattutto negli anni tra le due guerre, il cinema nella memoria si identifica perfettamente con la vita, è una vita parallela e per molti anni, l'unica vera vita.

Ha scritto Pavese in un racconto giovanile:

> All'Università Masino amava molto il cinema, ma aveva i suoi gusti... Masino si rifugiava al cinema che è stato per la nostra giovinezza una vera benedizione[68].

E Sciascia ha scritto alcuni anni fa, ispirato da *Nuovo Cinema Paradiso* di Tornatore:

> Studiando a Caltanissetta avevo modo di vedere più film: uno al giorno. A volte anche due. Per me e per molti altri della mia generazione il cinema era allora tutto. *Tutto*[69].

Rispetto alle emozioni forti, ma momentanee e che il più delle volte costituivano una sorta di *unicum* nel corso di un'esistenza, date nei secoli precedenti dalle camere oscure, lanterne magiche,

---

[66] G.A. Borgese, *Il mistero del cinema*, in *La città assoluta e altri scritti*, a cura di M. Robertazzi, Milano 1962.
[67] I. Calvino, *Autobiografia di uno spettatore*, in F. Fellini, *Quattro film*, Torino 1974, p. 2.
[68] C. Pavese, *Ciau Masino*, 2 voll., Torino 1973.
[69] L. Sciascia, *C'era una volta il cinema*, in *Fatti diversi di storia letteraria e civile*, Palermo 1989, p. 123.

mondi nuovi, panorami, diorami, il cinema diventa da subito un rito e un appuntamento periodico, in non pochi casi, quotidiano. Dalle memorie che ci giungono da tutti i paesi del mondo e da spettatori di ogni livello culturale e di ogni età, riusciamo a cogliere tuttora una condizione febbrile diffusa ed epidemica, un senso esaltante di espansione dell'io che accompagna e assimila le esperienze di milioni di spettatori dagli inizi del Novecento almeno agli anni sessanta:

Era una sera d'agosto del '37 non posso sbagliarmi, conservo l'agenda dei films visti con un voto accanto (e quella sera fu dieci) e presumibilmente faceva caldo, si soffocava tra le quattro mura chiuse di una sala di provincia. Non abbastanza però perché l'incantesimo non agisse, spargendo un gelo voluttuoso e notturno di bosco tra le seggiole del loggione...[70].

Se questa doppia sensazione di calore e di fresco rimane viva nel ricordo di Bufalino, così ha raccontato la condizione di ipertermia emotiva cronica provocatagli dal cinema fin dalla prima visione Ingmar Bergman:

Stavamo seduti nella prima fila della galleria. Per me fu l'inizio. Fui assalito da una febbre da cui non guarii mai più. Le ombre silenziose volgono verso di me i loro volti pallidi e parlano con voci inaudibili ai miei più segreti sentimenti. Sono passati sessant'anni, non è cambiato nulla, è la stessa febbre[71].

Certe rappresentazioni dei luoghi risultano identiche nei vari continenti, come del tutto coincidenti le percezioni del contatto individuale privilegiato con l'oggetto del desiderio: per esempio la Garbo della *Carne e il diavolo* per i giovani verso la fine degli anni venti, o Tom Mix per i ragazzi, assieme a Charlot e Laurel e Hardy, o la sintonizzazione emotiva coi pubblici con cui si condivide il rito o la comunione della carne e del sangue divistico e narrativo.

Sull'Altopiano di Asiago, agli inizi degli anni venti, nel paese in ricostruzione, il Cinema Italia risplende con le sue luci tra le macerie e trascina il pubblico di ragazzi al galoppo sulla scia di Tom Mix e del suo cavallo Tony. Così lo descrive Rigoni Stern nel romanzo *Le stagioni di Giacomo*:

---

[70] G. Bufalino, *Cere perse*, Palermo 1985.
[71] I. Bergman, *Lanterna magica*, Milano 1987, p. 18.

Come iniziò il film e apparve Tom Mix al galoppo del suo cavallo Tony ci fu un simultaneo battere di piedi sul pavimento di assi e le scarpe con le brocche sollevarono un turbine di polvere che si animò nel raggio di luce fra il proiettore e il grande telone bianco. Un coro di voci lesse le prime didascalie e poi ci fu un improvviso silenzio perché si incominciava a vivere una meravigliosa storia, e non occorreva che Bepi, detto Garibaldi, gridasse a tutta voce: Silenzio bocie!

Con la bocca aperta gli occhi fissi, gesticolando e battendo i piedi in sintonia con gli zoccoli dei cavalli i ragazzi seguivano le avventure di Tom Mix che alla fine arrivava in tempo per liberare la bella ragazza sequestrata dai banditi. Quando comparve l'ultima corsa dell'inseguimento erano tutti in piedi a gridare:

Corri! Fai presto! Ti scappano! Corri, corri.

Con Tom Mix correvano tutti i ragazzi [72].

E Dacia Maraini ha ricordato il ritorno del cinema dopo la guerra, a Bagheria in Sicilia come un vero e proprio simbolo della ricostruzione e le difficoltà per una ragazza, rispetto ai ragazzi, di assistere allo spettacolo:

In quanto al cinema ricordo ancora la prima volta che a Bagheria riapparve il proiettore dopo l'incendio al cinema Moderno. La macchina fu piazzata davanti alla chiesa. E centinaia di persone assistettero al grande prodigio di una serie di ectoplasmi bianchicci che si muovevano sulla parete della chiesa tra un vociferare di sorpresa.

Poi le cose presero una forma più precisa; al posto della chiesa fu costruita un'arena, furono sparpagliate delle seggiole dal fondo di agave intrecciata, fu sollevato un lenzuolo a mo' di schermo e su quello schermo cominciarono a correre, ben riconoscibili, i cavalli dei cow-boy americani che inseguivano gli indiani con le piume in testa...

Negli anni seguenti fu costruito un vero e proprio cinema... Man mano che l'amore, i baci, gli abbracci diventavano più evidenti e importanti nella «pellicula», però, le donne venivano escluse dalle proiezioni. Si considerava «immorale» per le ragazze andare al cinema, anche se accompagnate [73].

Tra le moltissime testimonianze sul western è possibile aggiungere almeno quella di Martin Scorsese, che, a tre anni, sognava di

---

[72] M. Rigoni Stern, *Le stagioni di Giacomo*, Torino 1995, p. 23.
[73] D. Maraini, *Bagheria*, Milano 1993, p. 20.

diventare cow-boy e che fino all'età di dieci anni pone il western al vertice dei suoi amori cinematografici[74].

La memoria del cinema o anche di un solo film, o di una sequenza di un film, in molti casi subordina e quasi cancella, ogni altro tipo di ricordo, e diventa o punto notevole e di fusione di individuo e comunità, crocevia di micro e macrostoria o marchio indelebile e segno di un destino a venire.

Vedendo il *Mago di Oz* in India Salman Rushdie viene spinto a scrivere a dieci anni il suo primo racconto, che si intitola *Over the Rainbow* («*Il mago di Oz* fece di me uno scrittore»), e più di tutto scopre, grazie a Judy Garland, che i bambini possono prendere in mano il loro destino[75].

Nel ricordo dell'iniziazione al battesimo laico sono associate assieme alle percezioni del destino a venire, innumerevoli pipì, fughe dalla sala per la paura, chiusure degli occhi, o tranquilli sonni favoriti dal caldo e dal rumore. È quanto accade a François Morenas, proprietario di un cinematografo ambulante in Provenza negli anni trenta, che di *Judex* di Feuillade, primo film visto nella vita, non conserva alcun ricordo:

Mi addormentavo ogni volta all'inizio della seduta grazie all'oscurità, al calore e al silenzio della sala, un silenzio da vespro, solamente turbato dai mormorî degli operai della Maison Fabre che scandivano a mezza voce, come una litania, tutte le sillabe delle didascalie, col ronfare del proiettore che avvolgeva le bobine di pellicola scassate e deteriorate al ritmo prudente – a causa del pericolo d'incendio – della manovella[76].

Ancora Scorsese, rievocando *Duello al sole*, visto all'età di quattro anni, ne risente a cinquant'anni di distanza tutta la potenza emotiva e ne riconosce l'importanza per la sua futura vita professionale:

La musica violenta e selvaggia di Dimitri Tiomkin, la ricchezza del colore, il senso dello spazio: tutto questo mi sconvolse. Ero terrorizzato e mi ricordo di essermi coperto gli occhi... Quella fu per me un'immensa esperienza sensuale. Questo accadeva quasi cinquant'anni fa, eppure il potere allucinatorio di quelle immagini è rimasto intatto per me in tutto

---

[74] Vedi le sue dichiarazioni in tal senso in R. Polese, *Il film della mia vita*, Milano 1995, p. 102.
[75] S. Rushdie, *Il mago di Oz*, Milano 1992.
[76] F. Morenas, *Le cinéma ambulant en Provence*, Lyon 1981, p. 11.

questo tempo. Insomma quelle poche ore di una sala di cinema mi hanno segnato per sempre[77].

Negli anni tra le due guerre in Italia per giovani che venivano da paesi sperduti della Sicilia, della Sardegna o dell'Altipiano di Asiago (come Sciascia e Bufalino, Luigi Pintor, o come Rigoni Stern) – ma la storia è identica per i giovani di tutto il mondo come ci mostrano una serie di testimonianze raccolte in alcuni libri usciti in questi ultimi anni[78] e soprattutto quella recentissima di Jacques Laurens sulla sua iniziazione cinematografica in Marocco – il cinema è il *trait d'union* privilegiato, se non unico con le forme e le conquiste della civiltà industriale, è il surrogato di tutto ciò che manca normalmente nella vita quotidiana dello spettatore comune. L'avvento del cinema nel paese di Sciascia precede addirittura l'era dell'elettricità, destinata a mutare in modo profondo il volto del paese, le morfologie del lavoro. Proprio parlando di Sciascia e del suo amore per il cinema, Vincenzo Consolo ha ricordato quanto sia stato salutare psicologicamente e socialmente

in piccoli paesi come quelli siciliani, un sogno vissuto collettivamente come il cinema [il cinema che subentrava così all'opera dei pupi e dei cantastorie] in paesi in cui le uniche occasioni di comunicazione sociale erano le feste religiose e le elezioni politiche (quando si celebravano).

Gesualdo Bufalino confessa a un suo intervistatore che, quando a diciotto anni va a Roma per la prima volta, per ricevere un premio di poesia latina, non sa ancora telefonare in quanto nel suo paese non vi sono i telefoni e gli unici telefoni li ha visti nei film americani:

Quando una persona mi chiese di telefonare a casa sua per avvisare di un ritardo, mi sono trovato in un profondo imbarazzo... Ora prenda lei un goffissimo provinciale, incapace perfino di telefonare e lo metta in contatto bruciante, improvviso, col patinato hollywoodiano: grandi saloni, feste, frac, Fred Astaire che balla: non potrà che inebriarsene e riceverne una

---

[77] In Polese, *Il film*, cit., p. 102.
[78] In particolare vedi A. Bergala e N. Bourgeois (a cura di), *Cet enfant du cinéma*, Aix-en-Provence 1993, che raccoglie più di un centinaio di testimonianze francesi e un'antologia di ricordi di registi e intellettuali di tutto il mondo da Buñuel a Bergman, da Kurosawa a Polanski.

spinta a proiettarsi in una dimensione altra; era come compiere ogni giorno un viaggio vertiginoso in Europa e nel mondo[79].

Il regista Roman Polanski ricorda perfettamente una frase scritta sui muri della sua città in polacco:

«Tylko swinie siedza w kinie! Solo i porci vanno al cinema!» Se bisognava credere a questo slogan della resistenza dipinto sui muri dei cinema di Cracovia, io dovevo essere un maledetto porco. Perché conobbi molto presto ciascuna delle sedie in legno luccicante di tutte le sale della città. Il cinema divenne la mia passione dominante, la mia sola evasione al di là della disperazione e dell'angoscia che s'impadronivano spesso di me[80].

Nell'intonare le loro orazioni notturne i rappresentanti delle nuove generazioni di «filmolatri» o «cinerasti», che, come Umberto Barbaro ricorda, venivano con disprezzo bollati i «cinedipendenti», non mancheranno di chiedere al signore di concedere il loro film quotidiano e di essere indotti il più possibile in tentazione.

Per molti invece, proprio nello stesso periodo il cinema è il «Perturbante» freudiano, l'inquietante estraneità, la «cosa» che viene da un altro mondo, il mostro che succhia e vampirizza le energie migliori. In questo senso basterà qui ricordare solo poche righe dei *Quaderni di Serafino Gubbio operatore* di Pirandello:

Quanto di vita le macchine han mangiato con la voracità delle bestie afflitte da un verme solitario, si rovescia qua, nelle ampie sale sotterranee, stenebrate appena da cupe lanterne rosse, che alluciano sinistramente d'una lieve tinta sanguigna le enormi bacinelle preparate per il bagno... L'uomo si è messo a fabbricare di ferro e d'acciaio le sue divinità ed è diventato servo, schiavo di esse. Viva la Macchina che meccanizza la vita![81].

Appena pochi anni dopo Eugenio Montale considera il cinema «fonte inevitabile di prostituzione e delinquenza» inconsapevolmente collocandosi in quel filone di pensiero antimodernista che aveva trovato in Cesare Lombroso nel primo Novecento un suo

---

[79] G. Marrone, *Gesualdo Bufalino: diceria dell'autore*, in «Nuove Effemeridi», a. IV, n. 13, 1991, p. 8.
[80] R. Polanski, *Roman*, Paris 1984, p. 8.
[81] L. Pirandello, *Quaderni di Serafino Gubbio operatore*, Milano 1954, p. 51.

autorevole interprete[82]. In Francia gli fa eco Georges Duhamel, con un giudizio di condanna del cinema come una «macchina di rimbecillimento e di dissoluzione, un passatempo per illetterati, per creature miserabili distrutte dal bisogno».

A parte alcune eccezioni, di atteggiamento fobico, o di disprezzo pregiudiziale divenute peraltro luoghi comuni della critica, gli scrittori in certe situazioni particolari, lungo tutta la storia del cinema, hanno in ogni caso affidato agli occhi, alla purezza e alla verginità dello sguardo il potere di diventare ali, per la conquista di mondi perfetti e come antidoto alla solitudine. Così annota Pavese nel suo diario:

Sei tornato a passar solo, la sera, nel piccolo cine, seduto all'angolo, fumando, assaporando la vita e la fine del giorno. Guardi il cinema come un bimbo per l'avventura, per la piccola emozione estetica e mnemonica. E godi, godi immensamente. Sarà così a settant'anni se ci arrivi[83].

Georges Perec, nel suo romanzo *Les choses*, così ha ricordato la febbre della cinefilìa parigina del dopoguerra:

C'era soprattutto il cinema. Ed era senza dubbio il solo terreno in cui la loro sensibilità aveva appreso tutto. Non dovevano nulla a dei modelli. Appartenevano per età, per formazione, a quella prima generazione per cui il cinema fu, più che un'arte, un'evidenza; avevano sempre conosciuto, e non come forma balbettante, ma subito con i suoi capolavori, la sua mitologia. E sembrava loro di essere cresciuti con lui e che loro erano in grado di capirlo meglio di chiunque altro prima di loro.

Erano cinéphiles. Era la loro prima passione: vi si abbandonavano ogni sera o quasi. Essi amavano le immagini, per quanto poco fossero belle le immagini li trascinavano, li rapivano, li affascinavano. Amavano la conquista dello spazio e del tempo, del movimento, amavano il tourbillon delle strade di New York, il torpore dei tropici, la violenza dei saloons... Si incontravano senza essersi dati appuntamento alla Cinémathèque, al Pas-

---

[82] Basti solo ricordare il fondamentale articolo apparso sulla «Nuova Antologia» il 1° marzo 1900 col titolo *Il ciclismo nel delitto* che così esordisce: «Ogni nuovo meccanismo, che entri nei congegni della vita umana, aumenta le cifre e le cause della delinquenza e della pazzia; così l'elettricità e il magnetismo... fino ai grafoni ora adoperati a scopo di calunnie di ricatti e di vendetta. Nessuno però dei nuovi congegni moderni ha assunto la straordinaria importanza del biciclo, sia come causa che come strumento del crimine». A quanto ci risulta Lombroso non interviene specificamente sui danni e sui pericoli del cinema. Ma lo faranno per tutto il secolo in molti.

[83] C. Pavese, *Il mestiere di vivere*, Milano 1964, p. 300.

sy, al Napoléon, o in quei piccoli cinema di quartiere, il Kursaal ai Gobelins, il Texas a Montparnasse, il Bikini, il Messico in place Clichy, l'Alcazar a Belleville e altri ancora, verso la Bastiglia o il quindicesimo Arrondissement, quelle sale senza grazia, mal attrezzate, che sembravano essere frequentate solo da una clientela di disoccupati, di algerini, di vecchi non cresciuti, e di cinéphiles, sale che programmavano in infami versioni doppiate i capolavori sconosciuti di cui si ricordavano dall'età di quindici anni, o quei film ritenuti geniali di cui avevano la lista in testa, e che da anni tentavano disperatamente di vedere [84].

La costruzione di una giornata tipo di un cinéphile parigino, mediamente bulimico, ancora agli inizi degli anni sessanta è ben disegnata da Antoine de Baecque:

il cinéphile di questo periodo divora. Ore 10: un peplum sui *boulevards*, se possibile un Vittorio Cottafavi o un Riccardo Freda; ore 12: appuntamento al Midi-Minuit accanto alla porta di Saint Martin per il film fantastico del giorno, per esempio Michael Powell o Roger Corman; ore 14: la seduta esclusiva, sui Champs Elysées o al Quartier latino; poi seguono le tre sedute quotidiane della Cinémathèque di rue d'Ulm, in cui tutti si ritrovano... [85].

Ultimo in ordine di tempo e vibrante dalla prima all'ultima pagina di una passione e di un fuoco che da decenni sembrava perduto nella letteratura e nelle testimonianze di autori delle generazioni nate nel dopoguerra, *Dans la salle obscure* condensa, nel ricordo di Jacques Laurens e nell'esperienza della sala vissuta nel Marocco negli anni sessanta, il senso di scoperta del mondo, di iniziazione e dilatazione sconfinata del vissuto. Fin dalle prime pagine Laurens, che va al cinema tutti i giorni, come Calvino o Bufalino («Allora vedevo un film al giorno, quando venivo a Catania per l'università nel '39, ne vedevo sino a tre in un giorno») [86] si chiede:

Colui che vede un film al giorno può sostenere di avere una doppia vita? [87].

---

[84] G. Perec, *Les choses*, Paris 1974.
[85] A. de Baecque, *Assalto al cinema. La storia dei Cahiers du Cinéma*, Milano 1993, p. 232.
[86] Marrone, *Gesualdo Bufalino*, cit., p. 9.
[87] J. Laurens, *Dans la salle obscure*, Paris 1997, p. 23.

E così ci introduce nella sua esperienza, così simile, a oltre trent'anni di distanza, a quella di Calvino e della generazione degli anni trenta:

> Dall'inizio la sala fu per me una camera ideale; un rifugio, un luogo tranquillo, lontano dagli scontri e dalle piccole guerre. Là mi lasciavo andare, tenendo però gli occhi ben aperti.
> E il mondo, ogni volta, si avvicinava di più[88].

Ecco come anche lui racconta il ruolo fondamentale del western, ma anche il senso di allargamento dei poteri visivi dato dal Cinemascope nella sua biografia:

> Davanti alla schermo allargato del Cinemascope, terra promessa di tutte le avventure, il bambino si ritrova nel personaggio del western: debutta come lui. Si riconosce in quest'uomo naturale, in questo avventuriero, nella sua forza, nell'ampiezza dei suoi orizzonti. Ammira il suo coraggio, le sue risorse e la sua mano veloce.
> Tra il destino dell'uomo del West e la necessaria iniziazione del bambino nel mondo si gioca un identico disegno sociale e storico. Deve partire da un mondo primitivo, senza memoria, né passato per raggiungere un progetto di uomo per gli altri uomini[89].

Esemplare *Bildungsroman*, *Dans la salle obscure* racconta un passaggio necessario, grazie al cinema, dalla sala come rifugio, spazio placentare alla nascita alla vita e alla scoperta dei sentimenti nei confronti degli altri. Il taglio del cordone ombelicale è avvenuto senza traumi e un mondo naturalmente si è dissolto nell'altro regalandoti anche un'educazione sentimentale che ti potrà accompagnare per tutta la vita:

> Dapprima siamo cresciuti davanti a un décor fragile come un castello di carte; i grandi Studios accoglievano i più bei paesaggi della terra. Poi, nel corso del tempo, il mondo vero – reale e rugoso, con i suoi angoli vivi – si è imposto, poco alla volta, riflettendosi nella nostra coscienza, intenerita dallo spettacolo e dalle immagini di una *prima lezione d'amore*[90].

---

[88] *Ibid.*, p. 31.
[89] *Ibid.*, p. 89.
[90] *Ibid.*, p. 125.

Al cinema gli occhi hanno finalmente riacquistato e valorizzato ulteriormente quei poteri etimologici di *idein* «che cos'è un'Idea? – si domandava Voltaire nel *Dizionario filosofico* – è un'immagine che si dipinge nel mio cervello»), di *istorein*, di vedere non solo la superficie e gli aspetti illusori delle cose, ma di investigare, certificare, testimoniare e giudicare le forme del mondo con i sentimenti, ma anche con la ragione, e di *thaumazein*, di provare stupore e meraviglia, che ci hanno accompagnato lungo tutto il viaggio.

### VERSO L'ALBA DI UNA NUOVA CIVILTÀ DELLA VISIONE

Oggi la specie degli icononauti – in seguito alla progressiva scomparsa di un tipo di visione ed esperienza collettiva – sta subendo un'ulteriore metamorfosi. Sta forse lasciando il posto al navigatore nei mari di Internet, al cybernauta. Anche se conserva nel proprio DNA tratti che continuano ad avvicinarla alla specie che ha mosso i primi passi alla scoperta dei mondi della visione assieme a Cristoforo Colombo, e a tutti coloro che, nei secoli passati, hanno spesso provato di fronte agli spettacoli di lanterna magica e fantasmagoria, assieme alla paura e alla meraviglia, il senso della divina onnipotenza creativa.

I sistemi odierni di proiezione e i luoghi e supporti materiali dove le immagini vengono proiettate sono ancora simili a quelli già teorizzati secoli fa da Leonardo, della Porta, Descartes e Kircher.

Per ora ci si serve di schermi realizzati o su supporti come le mura di una piazza, le facciate di case e palazzi, ci si ritrova in luoghi pubblici per provare emozioni simili a quelle di Benvenuto Cellini di fronte al prete siciliano che, all'interno del Colosseo, fa apparire legioni di esseri demoniaci e di diavoli. Grazie alle immagini create nel corso dei secoli, ora con l'aiuto della scienza, ora con mezzi alchemici, ora della magia parastatica o della magia catottrica, i poteri della visione si sono dilatati ininterrottamente, hanno aperte innumerevoli finestre, più che «lucernari sull'infinito» di cui parlava Baudelaire.

Già nel 1928 Paul Valéry aveva profetizzato la nascita di un villaggio visivo globale capace di alimentarsi di immagini:

Come l'acqua il gas, la corrente elettrica giungono da lontano nelle nostre case per rispondere ai nostri bisogni con uno sforzo quasi nullo, così saremo alimentati da immagini visive e uditive che appariranno e spariranno al minimo gesto, quasi a un cenno[91].

In un futuro ormai prossimo si potrà pensare di realizzare il sogno di Clair, di Barjavel o di Zavattini, di uno spettacolo proiettato sulle nuvole o sulla volta celeste, o direttamente nella mente dello spettatore[92]. Intanto la realtà virtuale sta modificando di nuovo il nostro senso di *habitat* visivo e di immaginario.

Nel nostro presente ci sono le possibilità di navigare in Internet, c'è l'Imax, lo Showscan, la comunicazione via satellite e si intravvedono continue possibilità di invenzioni interattive. Il villaggio globale di cui parlava Mc Luhan è ormai alle nostre spalle.

Ci troviamo a metà strada, o forse siamo di nuovo all'alba di una nuova era e non siamo ancora ben consapevoli dei nuovi illimitati poteri che i sistemi cibernetici ci mettono a disposizione. Viviamo comunque, in pratica, nella più perfetta solitudine nella famiglia globale. Le immagini non sono più e solo una forma di comunicazione che non ha bisogno della parola, sono diventate anche dei germi, dei virus che inquinano il nostro spazio mentale, lo soffocano, ne travolgono le barriere immunitarie.

«L'immaginazione è stata distrutta da un'overdose di immagini» ha scritto con toni apocalittici Jean Baudrillard. Proprio nel momento in cui le strutture logico-matematiche, gli spazi cibernetici, l'elettronica, riescono a scoprire di continuo nuove dimensioni del visibile e ci si ritrova quasi nella situazione leonardesca di scoperta di nuove camere delle meraviglie alla portata di tutti, non possiamo non sentire anche il pericolo di essere progressivamente condannati alla condizione di non vedenti, all'annullamento di ogni reattività visiva.

Saper andare avanti senza perdere il contatto con le radici dell'immaginazione collettiva significa rendere più allettante e affascinante il futuro dei nostri desideri. Vorremmo non abbandonare alle soglie del duemila, come relitti alla deriva, i segni, anche minimi, di una civiltà che ha modificato, in maniera straordinaria, la storia e la geografia mentale dell'uomo moderno.

Vorremmo portare con noi se non tutto un corredo di immagini affascinanti e galvanizzanti, almeno quelle suggestioni ed emozioni

---

[91] P. Valéry, *La conquista dell'ubiquità*, in *Scritti sull'arte*, Milano 1984, p. 107.
[92] A. Clarke, *July 20, 2019*, New York 1986, pp. 137-153.

della pagina del primo volume della *Recherche* di Proust in cui viene ricordata una lanterna magica e il suo potere di dilatare contemporaneamente, in maniera smisurata, lo spazio di una stanza e quello del mondo affettivo di un ragazzo. E al tempo stesso di creare un ponte lungo con un'immaginazione collettiva già alimentata dai grandi maestri delle cattedrali medioevali:

> Al passo sobbalzante del suo cavallo Golo, pervaso d'un atroce disegno, usciva dalla piccola foresta triangolare che vellutava d'un verde cupo il declivio d'una collina e avanzava sussultando verso il castello della povera Ginevra (ma è Genoveffa) di Brabante. Quel castello era tagliato secondo una linea curva che non era altro che il limite di uno degli ovali di vetro adattati nel telaio che si inseriva nelle scanalature della lanterna. Non era che un'ala del castello e davanti c'era una landa dove sognava Ginevra con una cintura turchina. Il castello e la landa erano gialli e io non avevo dovuto aspettar di vederli per sapere il loro colore, giacché priva dei vetri del telaio, la sonorità dorata del nome di Brabante me l'aveva mostrato con evidenza. Golo si fermava un minuto per ascoltare con tristezza il fervorino letto ad alta voce dalla prozia, che egli aveva l'aria di capire perfettamente, conformando il proprio atteggiamento alle indicazioni del testo con una docilità che non escludeva una certa maestà; poi s'allontanava col solito passo sobbalzante. E nulla poteva arrestare la sua lenta cavalcata. Se si faceva muovere la lanterna, scorgevo il cavallo di Golo che continuava ad avanzare sulle tende della finestra, gonfiandosi nelle pieghe, scendendo nei solchi... Certo avevano un'attrattiva per me quelle lucenti proiezioni che sembravano emanare da un passato meraviglioso e mi facevano ondeggiare attorno a riflessi di storia così antichi...[93].

Pur possedendone potenzialmente le possibilità e l'intelligenza Proust non ha mai desiderato veramente «cavalcare la luce» per andare alla conquista di spazi e tempi non appartenenti e circoscritti ai limiti del proprio vissuto.

Mentre noi, nella più rosea *joint venture* tra i futuri desiderati e quelli possibili o probabili, vorremmo poter andare ancora alla conquista di nuovi orizzonti della visione cavalcando la luce di Einstein senza mai però spegnere la fiammella della lanterna giocattolo di Proust e il ricordo delle traballanti immagini del malvagio Golo che, dopo aver fatto incatenare ingiustamente la povera Genoveffa di Brabante, cavalca lungo i muri di una stanzetta di Combray.

---

[93] Proust, *La strada di Swann*, cit., p. 14.

«Quando muoiono i mendicanti non si vedono le comete» dice Calpurnia nel *Giulio Cesare* di Shakespeare. Non si vedono certo le comete quando muore in completa miseria, a Venezia, il 4 ottobre 1833, Maria Cortina, nata a Mestre il 14 aprile 1769, dal cui atto di morte risulta essere «portatrice di lanterna magica». In poche righe è condensato il senso dell'avventura e dell'ambiente di vita di migliaia di personaggi sparsi per l'Europa di cui, pur nella lunga ricerca non siamo stati capaci di rintracciare alcun elemento significativo:

Era vedova, per quanto fu detto, di Festi Giovanni, da circa 10 anni. Dicesi che possa avere un fratello a Marsiglia che porta il nome di Festi; non essendosi potuto rilevare il nome. Ma che sia proprietario di bestie feroci. La sostanza da essa qui lasciata consiste in una lanterna magica, ed i pochi cenci che indossava, che servirono a coprirla fatta cadavere. Compagno della decessa, che diede le nozioni succitate era un certo Clementi Pietro, nativo di Venezia, detto «chiarìna» (ciarìna), girovago, suonatore di organo, domiciliato a Padova all'osteria del Moraro[94].

È proprio lei, Maria Cortina e la sua immensa famiglia di mendicanti e venditori di sogni che abbiamo voluto celebrare alle soglie del Duemila. Ci piace però pensare che gli icononauti a cui ha saputo dar vita e iniziare ai misteri della visione siano in grado di continuare a seguire il percorso della cometa fino all'Epifania della nuova era riuscendo a veder sprigionarsi dall'apparecchio inventato dai fratelli Lumière la scintilla della nuova *lux* destinata in breve tempo a divenire la stella polare dei nuovi navigatori dell'Iconosfera.

Auguriamoci che la nuova civiltà di navigatori cibernetici voglia e sappia conservare ancora a lungo questa piccola fiamma che non si è mai spenta da molti secoli.

---

[94] Il documento – ritrovato da Laura Minici Zotti – è conservato presso l'Archivio di Stato di Venezia, con collocazione B. 495-1833-Sez. E. Fasc. v - n. 46.

14.

# UNA STORIA DI MOLTE STORIE
### Nota bibliografico-metodologica

C'è una frase di un *Proemio* di Leonardo in cui presenta con umiltà il suo lavoro e le possibilità di diffonderlo, che può servire a interpretare lo spirito e illuminare il cammino della storia della visione popolare che abbiamo voluto affrontare:

Vedendo io non poter pigliare materia di grande utilità o diletto, perché li omini innanzi a me nati hanno preso per loro l'utili e necessarie teme [plurale di temi, *n.d.A.*] farò come colui il quale per povertà giugne ultimo alla fiera, e non potendo d'altro fornirsi, piglia tutte cose già da altri viste e non accettate, ma rifiutate per la loro poca valitudine. Io questa disprezzata e rifiutata mercanzia, rimanente de' molti compratori, metterò sopra la mia debole soma, e con quella, non per le grosse città, ma povere ville andrò distribuendo, pigliando tal premio qual merita la cosa da me data[1].

La differenza rispetto alla situazione descritta da Leonardo è che, in realtà, per quanto riguarda il territorio della visione popolare e del pre-cinema non ci troviamo alla fine dello sfruttamento di una miniera d'oro, o di una fiera, o di un mercato, ma solo all'inizio.

Sono consapevole di essermi imbattuto, nel corso di molti anni di lavoro, in veri e propri giacimenti di materiali e fonti di prima mano. In ogni caso molte fonti qui utilizzate e messe in relazione

---

[1] Da Vinci, *Scritti letterari*, cit., p. 148.

tra loro o sono state trascurate, o sottovalutate, o semplicemente ignorate dalle ricerche condotte finora. Soprattutto quei materiali che hanno a che fare con la ricomposizione della memoria degli spettacoli, le pubblicizzazioni degli spettacoli stessi e le emozioni e modificazioni della chimica delle passioni degli spettatori. I materiali usati sono eterogenei e difformi. Non hanno alcuna pretesa di offrire un quadro esauriente e sono stati selezionati di volta in volta in funzione del disegno che ho cercato di comporre. Come ha fatto Angelo Maria Ripellino nel suo capolavoro *Praga magica*, senza peraltro aspirare alla sua prosa visionaria e febbricitante, servendomi in pratica di fonti molto simili, mi piacerebbe essere riuscito a connettere incollare e comporre rispettandone la varietà e complessità

brandelli di quadri e dagherrotipi, antiche acqueforti, stampe rubate dal fondo di cassapanche, réclames, illustrazioni di vecchi periodici, oròscopi, brani di libri di alchimia e di viaggi stampati a caratteri gotici, storie di spettri senza annodomini, fogli d'album, chiavi dei sogni: i cimeli di una cultura svanita[2].

### AFFERRARE L'INAFFERRABILE

Nella consapevolezza dell'impossibilità di dominare, ma anche solo di coordinare tra loro alcuni tratti notevoli in un territorio così ampio e frammentato (Peter Burke, che pure ha scritto saggi memorabili, sembra scoraggiarci quando dice che «la cultura popolare dell'Europa moderna è inafferrabile»)[3] ho cercato di procedere lungo un percorso che ha, in ogni caso – almeno concettualmente – pochi punti di contatto, di fatto obbligati, con gli studi che finora si sono occupati di storia della visione popolare legata al pre-cinema. Lavori raggruppabili in insiemi omogenei, meritevoli in quanto pionieristici, ma per lo più privi di un vero humus o retroterra storiografico e metodologico. Grazie a questi lavori sono stati disegnati, fin dalle prime ricerche di Michel Coissac negli anni venti[4] e in seguito dagli studi di Sadoul e Mitry[5], forse troppo ingiusta-

---

[2] Ripellino, *Praga magica*, cit., p. 23.
[3] Burke, *Cultura popolare nell'Europa moderna*, cit., p. 65.
[4] Coissac, *Histoire du cinématographe*, cit.
[5] J. Mitry, *Histoire du cinéma*, I, Paris 1967.

mente messi da parte dalle nuove generazioni di ricercatori, percorsi lineari lungo catene che coglievano i momenti evolutivi dell'invenzione delle macchine e delle scoperte ottiche e scientifiche. Studi eruditi, benemeriti sotto molti aspetti, e non è certo chi scrive a volerne negare il valore e la spinta propulsiva, dal momento che in passato in più occasioni ne ha sostenuto l'importanza. Il limite di molti di questi studi, però, come si è detto, è di essere caratterizzati dalla mancanza di una vera mentalità storiografica in grado di spingersi oltre la superficie dei dati, di connettere e interpretare, nel modo più ampio, le fonti, di misurarsi o confrontarsi con ricerche contigue ormai dotate di una tradizione, fondate su metodologie di base condivise o su criteri e paradigmi collaudati e riadattabili a nuovi oggetti. In molti di questi lavori alla quantità, anche notevole, di informazione corrisponde, in genere, un quoziente molto basso di concettualizzazione e elaborazione dei dati all'interno di nuovi paradigmi di idee. Ben più significative le imprese pionieristiche di personaggi come Henry Langlois, Maria Adriana Prolo, i fratelli Barnes, Jacques Ledoux (e le collezioni iniziate successivamente da David Robinson e David Francis) di raccogliere la memoria del cinema e del pre-cinema cercando di trovare i denominatori comuni tra le due storie, di dar un possibile ordine a materiali caotici, mai raggruppati in insiemi omogenei. Anche se tutti hanno lasciato scritti seminali il contributo più importante viene da John Barnes che ha tentato di collocare i tesori della sua collezione in un quadro più ampio[6]. Con loro, dalla passione con cui hanno costituito le loro raccolte, è iniziata una nuova fase di ricerca storica che ci ha consentito di vedere le due storie in maniera collegata e distinta. In ogni caso ogni loro anche minimo atto di salvataggio di un lacerto, di un frammento della memoria, è stato un atto di avviamento della nuova storia ben più importante, tutto sommato, dei loro scritti.

In questi ultimi tempi sono stati fatti notevoli progressi e assolutamente necessari – è bene sottolinearlo – sul piano dell'erudizione e della moltiplicazione e raccolta dei dati: si potrebbe dire che il terreno degli studi cinematografici e pre-cinematografici è in pratica quello in cui hanno trionfato forme assai utili di neobollandismo storiografico ormai invece scomparse da tempo in tutti gli

---

[6] J. Barnes, *Precursors of the Cinema*, Saint Ives 1967 e *Catalogue of the Barnes Museum of Cinematography*, Saint Ives 1970.

altri campi della ricerca storica[7]. Grazie all'attività ventennale della Magic Lantern Society e al suo «New Magic Lantern Journal», il cui primo numero esce nell'aprile 1978, alle ricerche di microstoria delle Associazioni italiane e francesi per le ricerche di storia del cinema, alla sinergia del lavoro fra studiosi con caratteristiche differenti, al moltiplicarsi di mostre e contributi settoriali, alla riscoperta dei tesori degli archivi (in primis quelli della collezione Day della Cinémathèque française, di recente catalogata e resa pubblica da Laurent Mannoni)[8] lo scenario, per fortuna, per merito di queste ricerche di stampo neo-positivistico, è oggi assai più distinto e variegato rispetto a una quindicina d'anni fa.

Quando ho cominciato a lavorare su questo terreno non esistevano né punti di riferimento, né una tradizione di studi, al di là di cinque o sei testi comunque significativi. Ma più di tutto l'orizzonte si è enormemente dilatato e risulta assai più definito rispetto al passato. Da alcuni di questi studi – penso ai lavori del giovane studioso francese Mannoni, che appare, pur col limite di uno sguardo eccessivamente francocentrico, come il rappresentante più dotato, informato e rigoroso di questo lavoro di ridefinizione analitica e cartografica del territorio e il più capace di interrogare le proprie fonti – abbiamo imparato molte cose sulle caratteristiche delle macchine, abbiamo goduto della possibilità di accedere a fonti e materiali finora riservati solo al godimento del collezionismo privato, abbiamo arricchito le nostre occasioni di incontrare fondi, archivi, complessi museali di cui si sono schedati con cura, e in modo esemplare, i materiali.

Il lavoro da fare è però ancora tutto davanti a noi, a partire da una riflessione metodologica e da un confronto internazionale che tenga conto dello *status quaestionis* e dei risultati raggiunti, ma voglia porre i problemi entro contesti più ampi: molto resta da sapere dell'evoluzione delle forme e del loro rapporto con le tra-

---

[7] Sono intervenuto in più occasioni e varie sedi su questo tipo di problemi in particolare vedi *La storiografia italiana. Problemi e prospettive*, in «Bianco e Nero», a. XLVI, n. 2, aprile-giugno 1985, pp. 15-36, *Per una carta del navegar cinematografico*, in *Omaggio a Gianfranco Folena*, Padova 1992, pp. 2011-2023, *Héritage du passé et nouvelles frontières de l'histoire du cinéma*, in «Cinémathèque», n. 1, maggio 1992, pp. 8-16 ripreso e ampliato in *Eredità del passato e nuove frontiere per la storia del cinema* nella nuova edizione della *Storia del cinema italiano*, vol. I, Roma 1993, pp. IX-XXXIII e *Le mille e una storia della memoria cinematografica*, in L. Quaresima (a cura di), *Il cinema e le altre arti*, Venezia 1996, pp. 25-32.

[8] Vedi il già citato catalogo dei fondi conservati alla Cinémathèque française curato da Mannoni, *Le mouvement continué*.

sformazioni dei modi collettivi di conoscenza e visione del mondo, delle modificazioni morfologiche, iconografiche e iconologiche delle immagini offerte dagli spettacoli ottici[9]. E altrettanto poco abbiamo potuto apprendere delle modificazioni degli spettacoli stessi in rapporto alla trasformazione della vita e del modo di pensare comune degli uomini che hanno realizzato questi spettacoli, o iniziato l'opera di «evangelizzazione visiva» partendo da paesini dell'Alta Savoia come Apremont, Bourg Saint-Maurice, Montagnole, o del Trentino, come Castello, Cinte e Pieve Tesino. Né uno sguardo o un'attenzione minima è stata dedicata alla loro storia, e troppo poca a quella delle emozioni e passioni dei pubblici dei lanternisti o degli spettatori di diorama o kaiserpanorama, o al mutamento dei modi della visione, o al grado di risposte o delle intenzioni nei messaggi degli emittenti, o alla complessità degli intrecci culturali che distinguono gli spettacoli ottici e consentono loro di emergere come storia di molte storie finora mai osservate nella loro interferenza e interrelazione reciproca. Molte storie possibili e molti discorsi storici si vanno poco alla volta disponendo in un campo aperto alla varietà e pluralità dei procedimenti scientifici, ma pochi risultano capaci di percepirne la complessità e di muoversi in una prospettiva d'insieme.

In questo senso solo grazie a studi come quello pionieristico di Lundberg sulle teorie della visione da Al Kindi a Kepler[10], a due recenti e ben diversi lavori di Jonathan Crary[11] e Martin Jay[12], lavori discutibili, ma dotati di grande spessore teorico, culturale e metodologico, a ricerche *in progress*, di ricercatori come William Uricchio[13] o Vanessa Schwartz[14], peraltro al momento ancora in fase embrionale, è possibile incontrare testi che affrontino, su basi consistenti, problemi della visione dal punto di vista del destinata-

---

[9] I contributi più recenti e interessanti in questo senso sono la serie di saggi del catalogo sulla mostra dedicata alle lanterne magiche dal Musée D'Orsay nel settembre 1995: Le Men, *Lanternes magiques. Tableaux transparents*, cit., e il lavoro citato di Birgit Verwiebe, *Lichtspiele. Vom Mondscheintransparent zum Diorama*.

[10] D.C. Lundberg, *Theories of Vision from Al Kindi to Kepler*, Chicago 1976.

[11] Di Crary, oltre a *Techniques of the Observer* si veda *Modernizing Vision* in H. Foster (a cura di), *Vision and Visuality*, Seattle 1988, pp. 29-44.

[12] Jay, *Downcast Eyes*, cit. Dello stesso nell'appena citato volume a cura di Foster vedi *Scopic Regimes of the Modernity*, pp. 3-23.

[13] Uricchio, *Alle radici del documentario*, cit.

[14] V.R. Schwartz-L. Charney (a cura di), *Cinema and the Invention of Modern Life*, Berkeley-Los Angeles-London 1995.

rio o delle forze politico-culturali operanti nel campo della visione stessa.

«Tutto ciò che è interessante avviene nell'ombra. Non si sa nulla della vera storia degli uomini» ha scritto Céline. È proprio la zona d'ombra che accoglie ancora le storie per lo più simili degli anonimi portatori di immagini e dei loro anonimi pubblici, dei riti, delle passioni, delle modificazioni della geografia immaginaria, della nuova forma di «religio» che si crea dal Seicento in poi, che è divenuta l'oggetto di questa ricerca, che, dati i limiti delle fonti, ha avuto spesso un carattere congetturale, procedendo per abduzioni e tentando salti acrobatici da un territorio a un altro, senza preoccuparsi troppo dell'esistenza di forti reti di protezione di dati sicuri. Con uno sguardo che ha cercato di osservare la nascita mono o policentrica dei diversi fenomeni e di seguirne, insieme, lo sviluppo iconografico, topologico e mercantile sullo scenario europeo, abbiamo tentato di lavorare tenendo presenti, idealmente, anche i metodi della geografia antropica. Abbiamo immaginato di osservare ora da vicino e ora nell'insieme le caratteristiche, gli andamenti periodici e la gittata dei fenomeni nomadici e dei vari insediamenti culturali e le diverse forme di economia e coltivazione del territorio mentale [15] delle comunità di icononauti che abbiamo visto proliferare nel territorio europeo.

Non esiste una sola retta, o prospettiva lineare, che unisca la storia del cinema con quella della sua lunga incubazione e preparazione anteriore. Tutto ciò che ha preceduto e consentito il verificarsi delle condizioni per l'avvento della storia del cinema è storia di molte storie confluenti, parallele, comunicanti e divergenti. Negli ultimi anni proprio gli studi sulle origini del cinema hanno dato risultati significativi sul piano di una maturazione congruente dei livelli teorici, metodologici e filologici ed è con questo tipo di lavori che gli studi del pre-cinema debbono oggi confrontarsi [16].

---

[15] Per questo aspetto rinvio alle considerazioni attuali dell'impatto sociale dei media di J. Meyrowitz, *Oltre il senso del luogo*, Bologna 1993.

[16] Segnalo solo alcuni titoli nel paesaggio storiografico degli ultimi anni che mi sembrano rilevanti agli effetti di questa ricerca: J. Fell (a cura di), *Film Before Griffith*, Berkeley 1983; A. Gaudreault (a cura di), *Ce que je vois de mon ciné*, Paris 1988; C. Musser, *The Emergence of Cinema: The American Screen to 1907*, New York 1990; N. Burch, *La lucarne de l'infini*, Paris 1992 (trad. it. *Il lucernario dell'infinito*, Parma 1993); P. Cherchi Usai, *Una passione infiammabile: Guida allo studio del cinema muto*, Torino 1991; T. Elsaesser, *Early Cinema: Space-Frame-Narrative*, London 1991.

Questa storia presenta una struttura policentrica e tenta di abbracciare all'interno di un unico sguardo, dotato di lenti a focalità variabile, l'intrecciarsi tra le ricerche ottiche e scientifiche e le pratiche della magia nera e bianca, le caratteristiche e le metamorfosi dell'iconografia e iconologia, assieme a quelle dei sogni, degli orizzonti di attese, dei desideri, dei luoghi delle esperienze dei singoli, dei gruppi, delle folle, ai mutamenti delle modalità dello spectare, ai racconti di viaggio di anonimi venditori ambulanti. Come in un gioco di matrioske le storie sono contenute le une nelle altre: le caratteristiche narrative e affabulatorie degli spettacoli ottici non possono essere separate dalle emozioni e passioni provocate dalle immagini, dalla formazione delle credenze... Con passaggi successivi, di gittata sempre più ampia ci si è voluti spingere fino alla trasmissione di idee, visioni del mondo più o meno sovvertitrici e alla capacità di produrre su scala vastissima fenomeni di breve o lunga durata...

Punto di riferimento costante oltre ai lavori di Foucault[17] e Michel de Certeau[18] alcuni studi sulla storia delle mentalità[19], sui rapporti tra immaginazione e vita quotidiana[20] sui rapporti tra iconografia e storia delle mentalità[21] e sulle immagini come luogo di raccordo della memoria popolare e colta e luogo della memoria *tout court*[22].

Negli ultimi decenni le indicazioni più utili per affrontare la complessità dell'oggetto e misurarne, o solo percepirne, l'ampiezza topologica, o l'entropia, in Italia ci sembrano venute da personaggi come Eugenio Battisti[23], Ruggero Pierantoni[24], Manlio Brusatin[25], Adalgisa Lugli[26], Lea Ritter Santini[27] (senza dimenticare fuori d'Ita-

---

[17] M. Foucault, *Sorvegliare e punire. Nascita della prigione*, Torino 1978 e *Le parole e le cose. Un'archeologia delle scienze umane*, Milano 1978.

[18] M. de Certeau, *L'écriture de l'histoire*, Paris 1975.

[19] L. Febvre, *Le problème de l'incroyance au XVIe siècle. La religion de Rabelais*, Paris 1952; J. Le Goff, *Les mentalités*, in J. Le Goff-P. Nora (a cura di), *Faire de l'histoire. III. Nouveaux objets*, Paris 1974, pp. 106-129; M. Vovelle, *Idéologie et mentalité*, Paris 1982.

[20] M. de Certeau, *L'invention du quotidien. 1. Arts de faire*, Paris 1990.

[21] V.P. Joutard, *Iconographie et tradition orale. Iconographie et histoire des mentalités*, Marseille 1979.

[22] J. le Goff, *Storia e memoria*, Torino 1982.

[23] Mi riferisco in particolare a E. Battisti, *Antirinascimento*, Milano 1962.

[24] Vedi *L'occhio e l'idea. Fisiologia e storia della visione*, Torino 1981 e *Forma fluens*, Torino 1986.

[25] M. Brusatin, *Storia dei colori*, *Arte della meraviglia* e *Storia delle immagini*, cit.

[26] Lugli, *Naturalia et mirabilia*, cit.

[27] L. Ritter Santini, *Le immagini incrociate*, Bologna 1986.

lia i classici lavori di Julius von Schlosser[28], Erwin Panofsky[29], Walter Benjamin[30], Maurice Merleau Ponty[31] Jurgis Baltrušaitis[32], e Ernst Gombrich[33], Roland Barthes[34], Paul Virilio[35] e in Italia almeno le illuminanti lezioni di estetica degli anni sessanta di Sergio Bettini[36], nonché alcuni suoi scritti su argomenti diversi dalla *Prefazione* alla *Vie de formes* di Focillon, all'*Introduzione* a *Industria artistica tardo-romana* di Riegl, all'*Idea di Venezia*, ai *Problemi di semiologia*[37]). Studiosi che hanno praticato l'indisciplina disciplinare, hanno allargato gli orizzonti metodologici, suggerito percorsi trasversali, utilizzato nuovi strumenti, insegnato a far interagire tra loro fonti disomogenee e appartenenti a insiemi diversi, trovato continuità e similarità in fenomeni in apparenza distanti nello spazio e nel tempo. Non vanno dimenticati o sottovalutati gli apporti più pertinenti di studiosi che hanno esplorato singoli aspetti (come l'importante monografia sui panorami di Silvia Bordini[38], o l'analisi delle modificazioni della visione e della rappresentazione del paesaggio nel contributo di Renzo Dubbini) o i rapporti tra vedutismo pittorico e vedute d'ottica (il lavoro di Carlo Alberto Zotti Minici a cui spetta il merito di aver studiato sia l'intero sistema iconografico dei Remondini[39] e di aver lavorato sui rapporti tra scienza e

---

[28] J. von Schlosser, *Raccolta d'arte e di meraviglie del tardo Rinascimento*, Firenze 1974 (l'opera è stata scritta nel 1907).
[29] E. Panofsky, *La prospettiva come forma simbolica*, Milano 1961; *Studi di iconologia. I temi umanistici nell'arte del Rinascimento*, Torino 1975.
[30] Benjamin, *Angelus Novus*, cit., *L'opera d'arte nell'epoca della sua riproducibilità tecnica*, cit., *Infanzia berlinese*, cit., *Parigi capitale del XIX secolo*, cit.
[31] M. Merleau Ponty, *Le visible et l'invisible*, Paris 1964 e *Fenomenologia della percezione*, Milano 1965.
[32] J. Baltrušaitis, *Anamorphoses, jeu de perspective*, Paris 1976; *Le miroir. Révélations, science-fiction et fallacies*, Paris 1978; *Anamorphoses. Thaumaturgus opticus*, Paris 1984.
[33] E. Gombrich, *A cavallo di un manico di scopa. Saggi di teoria dell'arte*, Torino 1971, *Arte e illusione*, Torino 1972, *Immagini simboliche. Studi sull'arte del Rinascimento*, Torino 1978.
[34] R. Barthes, *La chambre claire. Notes sur la photographie*, Paris 1980 (trad. it. *La camera chiara. Nota sulla fotografia*, Torino 1980).
[35] Si veda almeno *Guerre et cinéma. Logistique de la perception*, Paris 1984, *Lo spazio critico*, Roma-Bari 1988, *Esthétique de la disparition*, Paris 1990.
[36] Purtroppo ciclostilate e destinate solo ai suoi studenti. Penso in particolare alle lezioni dell'anno accademico 1963-64 intitolate *Storia delle poetiche*.
[37] La bibliografia più completa degli scritti bettiniani, curata da Andrea Cavalletti, è in appendice al citato *Tempo e forma*.
[38] Bordini, *Storia del Panorama*, cit. Della stessa da segnalare anche il saggio *Pittura come spettacolo: le ore del giorno tra paesaggio romantico e nuove tecnologie*, in «Ricerche di storia dell'arte», n. 25, 1985, pp. 5-16.
[39] A. Zotti Minici, *Le stampe popolari dei Remondini*, Vicenza 1994, nonché la cura dei

spettacoli ottici nel Sette e Ottocento[40], o sulla fantasmagoria, su Robertson e sulla presenza dei ricordi di spettacoli ottici nella letteratura francese dell'Ottocento. Penso alla monografia su Robertson di Françoise Levie[41], al saggio *Séance de lanterne magique* di Prieur, egualmente ricordato molte volte, la cui originalità risiede soprattutto nella capacità di dissimulare l'ampiezza e l'originalità della ricerca nel piacere della narrazione, o ai lavori di Max Milner[42], al lavoro, peraltro modesto, di Peter Galassi sui rapporti tra pittura e fotografia[43], al lavoro di ampio respiro di Italo Zannier sulla storia della fotografia in Italia[44], ai capitoli iniziali dell'*Occhio interminabile* di Jacques Aumont[45], o al contributo discutibile, ma assai stimolante di Hassan el Nouty su teatro e pre-cinema[46], ai saggi di Philippe Dubois sui rapporti tra fotografia, panorami e cinema[47] a studi su singoli fenomeni o figure (gli studi su Della Porta di Maria Teresa Muraro[48], le indagini su Kircher e la rivalutazione della sua figura all'interno della cultura seicentesca[49], o quello più recente e fondamentale di Marta Braun su Marey[50]), o per osservare ricerche più circoscritte i contributi di Giovanni Fiorentino[51] le ricerche di Albano Trevisan sulle varie forme di spet-

---

citati cataloghi e delle mostre *Prima del cinema*, Padova 1988, *Il Mondo Nuovo. le meraviglie della visione*, Bassano 1988 e il più recente *Mirabili visioni. Vedute ottiche della stamperia Remondini*, Trento 1996.

[40] Il cit. *Dispositivi ottici alle origini del cinema: immaginario scientifico e spettacolo nel XVII e XVIII secolo*.

[41] F. Levie, *Etienne-Gaspard Robertson. La vie d'un Fantasmagore*, cit. Della stessa si veda il catalogo per il Musée National des techniques *Lanterne magique et fantasmagorie*, Paris 1990.

[42] Si vedano almeno le pagine relative alla Fantasmagoria nel libro di Max Milner, *La fantasmagorie. Essai sur l'optique fantastique*, Paris 1982 (trad. it., *La fantasmagoria. Saggio sull'ottica fantastica*, Bologna 1989).

[43] P. Galassi, *Prima della fotografia. La pittura e l'invenzione della fotografia*, Torino 1989.

[44] I. Zannier, *Storia della fotografia in Italia*, Roma-Bari 1986.

[45] Aumont, *L'occhio interminabile*, cit.

[46] El Nouty, *Théâtre et pré-cinéma*, cit.

[47] P. Dubois, *L'acte photographique et autres essais*, Paris 1990 e *La question du panorama*, cit.

[48] Muraro, *Giambattista della Porta mago e scienziato*, cit.

[49] Indispensabile il volume a più voci, più volte ricordato, curato da Maristella Casciato, Maria Grazia Ianniello, Maria Vitale, *Enciclopedismo in Roma Barocca, Athanasius Kircher e il Museo del Collegio romano tra Wunderkammer e museo scientifico*. Ricordo ancora il lavoro di Rivosecchi, *Esotismo in Roma barocca, Studi su padre Kircher*.

[50] M. Braun, *Picturing Time. The Work of Etienne-Jules Marey (1830-1904)*, Chicago 1992.

[51] G. Fiorentino, *Tanta di luce meraviglia arcana. Origini della fotografia a Napoli*, cit. e

tacolo popolare a Venezia[52], o l'indagine sullo spettacolo a Treviso a cavallo dell'Ottocento di Livio Fantina[53].

Dagli inizi degli anni ottanta Antonio Costa ha lavorato con continuità e in modo originale su vari temi legati alla visione e all'iconografia[54]. Dietro suo impulso Sileno Salvagnini ha effettuato una ricerca sullo spettacolo a Este dal Cinquecento a oggi e ha realizzato nel 1985 una mostra molto ricca di materiali[55].

La scadenza del centenario del cinema ha visto inoltre la proliferazione di una serie di più o meno importanti contributi francesi sui Lumière[56]. Un intelligente sforzo metodologico di collegare la storia del pre-cinema a quella del cinema, valorizzando il tema del viaggio nell'esperienza visiva – sia pure espresso in una sintesi fulminea – è in Jean-Louis Leutrat, *Cinéma en perspective: une histoire*[57].

Ancora sul versante degli studi italiani Virgilio Tosi ha scritto nei primi anni ottanta un saggio molto documentato e pionieristico e realizzato vari programmi cinematografici e televisivi sulle origini del cinema scientifico e, grazie alle sue ricerche, è stato possibile chiarire i legami tra le esigenze della ricerca scientifica e le ragioni che portano all'invenzione del cinematografo, fondandone la grammatica di base[58]. Oggi lo scenario appare più ricco e complesso, la bibliografia è cresciuta con un ritmo malthusiano, non si può più lavorare in solitudine ignorando le ricerche che, in parallelo, si stan-

---

la già citata introduzione a O.W. Holmes, *Il mondo fatto immagine. Origini fotografiche del virtuale*.

[52] Oltre ai molti contributi in rivista segnalo di nuovo *A Venezia l'altro teatro*, Venezia 1990.

[53] L. Fantina, *Tempo e passatempo*, Padova 1988.

[54] V. oltre alla citata voce *Visione* scritta con Brusatin, *Paesaggio e cinema* in T. Maldonado (a cura di), *Paesaggio immagine realtà*, Milano 1981, *La meccanica del visibile. Il cinema delle origini in Europa*, Firenze 1983, *Lo sguardo del «flâneur» e il magazzino culturale* in G. Tinazzi (a cura di), *Michelangelo Antonioni, Identificazione di un autore*, Parma 1985, *Cinema e pittura*, Torino 1991, *Archeologia del cinema e ottica fantastica*, in G. Celli (a cura di), *I gabinetti di ottica. Tra leggi fisiche e visioni dell'immaginario*, Firenze 1992, pp. 54-61.

[55] Salvagnini (a cura di), *La scena e la memoria. Teatri a Este 1521-1978*, cit. Vedi in questo catalogo il saggio di A. Costa, *Dal cinematografo al panorama: appunti per un viaggio a ritroso nell'immaginario ottocentesco*, pp. 37-43.

[56] Mi limito a ricordare solo gli studi più interessanti tra quelli pubblicati di recente: V. Pinel, *Louis Lumière inventeur et cinéaste*, Paris 1994; J. Rittaud-Hutinet, *Antoine, Auguste et Louis Lumière*, Paris 1990 e *Les frères Lumière. L'invention du cinéma*, Paris 1995, Chardère, *Le roman des Lumière*, cit. e *Les images des Lumière*, Paris 1995.

[57] J.L. Leutrat, *Il cinema in prospettiva: una storia*, Genova 1997. L'edizione francese è del 1992.

[58] Tosi, *Il cinema prima dei Lumière*, cit.

no svolgendo in altre parti del mondo, ci si è accorti che l'intreccio tra scienza e visione non privilegia né esalta le ragioni e il primato della scienza e tuttavia il percorso del cinema scientifico ci appare in tutta la sua evidenza e nel suo ruolo di volano e cinghia di trasmissione per tutta la storia del cinema.

Qualsiasi ricerca si intenda condurre sul pre-cinema il testo fondamentale di riferimento bibliografico è il lavoro di Hermann Hecht *Pre-cinema History*, pubblicato postumo, a quasi dieci anni dalla morte dell'autore[59]. Un lavoro tutt'altro che completo, ma talmente ampio da risultare punto di partenza e vademecum necessario per tutti. Qualche anno prima è stato ripubblicato dalla Magic Lantern Society, in edizione inglese, il mitico volume di Paul Liesegang del 1926 *Zahlen und Quellen zur Geschichte des Projections-Kunst und Kinematographia*, che, a sua volta, costituisce un punto di partenza e riferimento importante[60].

Negli anni ottanta e novanta in Italia vengono realizzate alcune mostre pionieristiche e avviate ricerche sistematiche su problemi della visione popolare che iniziano a proporre percorsi e paradigmi interpretativi nuovi[61] e vanno segnalati alcuni lavori che hanno tentato di ridisegnare il percorso del pre-cinema arricchendo le strade già aperte dai pionieri di ulteriori elementi[62].

---

[59] Hecht, *Pre-cinema History*, cit.
[60] P. Liesegang, *Dates and Sources*, London 1986.
[61] Molti meriti pionieristici vanno riconosciuti alla mostra ideata e curata a Rimini nel 1983 da Antonio Costa, *La meccanica del visibile* (il cui catalogo è stato edito dalla Casa Usher). Dal 1983 è stata avviata e diretta da chi scrive, assieme a Claudio Meldolesi e con alcuni docenti dell'Università di Bologna, tra cui Antonio Costa e Fabrizio Cruciani, una ricerca di medio-lungo periodo sui dispositivi della visione popolare nello spettacolo dal Rinascimento al Novecento. Per quanto mi riguarda, soprattutto in collaborazione con Alberto Zotti Minici, partendo dalla ricerca sulla visione popolare, e procedendo per tappe nell'esplorazione del territorio, ho potuto scandire la ricerca attraverso una serie di mostre realizzate a Padova, Bassano, Bologna, Roma e Trento, a partire dalla seconda metà degli anni ottanta: *Le lanterne magiche*, Venezia 1988, *Il Mondo Nuovo. Le meraviglie della visione dal 700 alla nascita del cinema*, cit., *Geografia del pre-cinema. Percorsi della visione dalla Camera Oscura alla Luce dei Lumière*, Bologna 1994, *Il giro del mondo con le macchine ottiche*, Bologna 1995, *La città del cinema*, Roma 1995, *Mirabili visioni. Vedute ottiche della stamperia Remondini*, cit.

A Pordenone, nell'ambito delle Giornate del cinema muto, sono state organizzate dalla fine degli anni ottanta – a cura di David Robinson – una serie di piccole, ma significative mostre su temi del pre-cinema legate alla sua collezione privata.

[62] Di Robinson va segnalata la capacità di unire la passione collezionistica con quella di istancabile animatore di eventi divulgativi. In particolare si ricordano oltre alle sue mostre alle Giornate del cinema muto di Pordenone anche i volumi iconografici D. Robinson, *The Lantern Image: Iconography of the Magic Lantern*, London 1993 e il supplemento n. 1 del

Tra tutte le iniziative realizzate negli ultimi anni, oltre all'apertura dei due musei del Moving Image di Londra e New York ricordo la mostra *Von der Camera Oscura zum Film* del 1992 di Mülheim, a cura di Werner Nekes, la memorabile mostra sui Panorami – *Sehsucht* – realizzata a Bonn del 1993, quella organizzata in Spagna a Lisbona dal Museo del cinema di Torino e poi ripresa a Torino stessa[63], quella del Musée d'Orsay del 1995 sulle lanterne magiche...

Un discorso a parte e una considerazione del tutto particolare merita il lavoro di Giancarlo Pretini, appassionata e carismatica figura di «storico selvaggio», che, senza offrire particolari contributi originali alla storia del pre-cinema, con la sua ricerca, i cui primi risultati si sono avuti agli inizi degli anni ottanta, ha creato il più ricco e articolato monumento alle forme dello spettacolo ambulante in Europa dal Medioevo ad oggi[64].

### IL RUOLO DELLO SPETTACOLO OTTICO
### NELLA SCACCHIERA DELLA MODERNITÀ

Il presente saggio si è proposto anche, tra i suoi obiettivi primari, di considerare lo spettacolo ottico come una pedina importante nel gioco di forze che, nel mondo moderno, tentano di riunire e ricucire le parti separate o in conflitto del territorio europeo. Si è tentato di illuminare alcune zone della storia del pre-cinema finora rimaste in parte o del tutto in ombra, scegliendo punti di vista differenti da coloro che, da Coissac[65] a Sadoul[66], da Martin Qui-

---

1997. In Francia negli ultimi anni come si è detto si è distinto per il rigore e la capacità di documentazione il lavoro di Laurent Mannoni: in particolare si veda il citato *Le grande art de la lumière et de l'ombre. Archéologie du cinéma*, Tra i più recenti contributi italiani, oltre al lavoro di Virgilio Tosi, vedi il lavoro assai utile per un primo accostamento generale ai fenomeni del pre-cinema, di D. Pesenti Campagnoni, *Verso il cinema*, Torino 1995.

[63] Col titolo *La magia dell'immagine*, Torino 1996. Il catalogo è a cura di P. Bertetto e D. Pesenti Compagnoni.

[64] G. Pretini, *La grande cavalcata*, Udine 1984; *Dalla Fiera al Luna Park, Storie di mestieri e giostre dal Medievo ad oggi*, Udine 1985; *Facanapa e gli altri. Storia e storie di marionette, burattini e marionettisti*, Udine 1986; *Ambulante come spettacolo. Vita e fatiche degli ambulanti per le strade del mondo*, Udine 1987; *Antonio Franconi e il suo circo*, Udine 1986.

[65] Coissac, *Histoire du cinématographe*, cit.

[66] G. Sadoul, *Histoire générale du cinéma*, vol. I, *L'invention du cinéma, 1832-1897*, Paris 1947-48, ed. it. *Storia generale del cinema*, Torino 1965.

gley[67] a Ceram[68], a Jacques Remise[69], fino ai contributi di sintesi più recenti di Vincent Pinel[70] o Emmanuelle Toulet[71], hanno, in pratica, seguito con ordine le stesse strade, offrendo soluzioni per lo più semplici e lineari a problemi complessi.

Pur nel rispetto della tradizione storiografica che ha sempre accompagnato il mio lavoro ho voluto dedicare un'eguale attenzione, oltre che ad aspetti specifici di iconologia e iconografia, ai diversi soggetti dello spettacolo, ai luoghi, alla morfologia e alle metamorfosi dello spettacolo ottico nel corso di alcuni secoli e ai rapporti profondi che si stabiliscono tra le azioni individuali, il vissuto e le dinamiche della mentalità collettiva.

Ho studiato il territorio della visione popolare nella sua varietà e viscosità nei confronti delle altre forme di spettacolo e cultura popolare, nell'estrema concatenazione e coesione dei fenomeni, nella sua capacità di entrare nella vita quotidiana modificandone i ritmi, la curva delle emozioni, dilatando la geografia mentale di migliaia di persone. Era mia intenzione cercare di abbracciarne, in uno sguardo stereoscopico, le forme, le metamorfosi, i luoghi, i soggetti e le forze che lo determinano e vi interagiscono e si formano con caratteristiche simili o ben distinte nel corso di un paio di secoli. Forze economiche, culturali, scientifiche e religiose, cariche di energia emotiva, che vengono immagazzinate e possono essere alimentate e trasmesse a lungo.

Nei limiti di una narrazione che procedeva a delineare a grandi linee e per problemi, più che per accumulazione di dati (tralasciando volutamente di soffermarci su tutte quelle storie che consideriamo più conosciute, dall'Eidophusykon al Kinetoscopio), si è voluto osservare la mappa di un territorio molto esteso, muoverci ambiziosamente sotto il segno di una «storia totale» – una totalità però ben consapevole della sua precarietà e del suo carattere congetturale – o di quello «sguardo a strapiombo» di cui ha parlato Starobinski. Diciamo meglio: una storia e uno sguardo «tendenzialmente totalizzanti» in cui sono entrati, a vario titolo, come soggetti importanti

---

[67] M. Quigley, *Magic Shadows*, Washington 1948.
[68] C.W. Ceram, *Eine Archäologie des Kinos*, trad. it. *Archeologia del cinema*, Milano 1965.
[69] J. Remise *et al.*, *Magie lumineuse*, Paris 1979.
[70] V. Pinel, *«Ca bouge!», les débuts de l'image animée*, Le Havre 1980; *Chronologie commentée de l'invention du cinéma*, in «1895», fuori serie, 1992.
[71] E. Toulet, *Cinématographe, invention du siècle*, Paris 1988.

e protagonisti, accanto agli icononauti, che come si è capito costituiscono solo una parte del paesaggio antropico e spettatoriale, ai prodotti e alle forme dello spettacolo viste nella loro specificità, figure anonime che si sono finora confuse col paesaggio, i cui gesti reiterati nello spazio e nel tempo e la cui azione è divenuta decisiva per la modificazione del paesaggio mentale e immaginativo lungo tre secoli e per la creazione di un tessuto comunicativo di cui abbiamo ereditato e goduto i frutti fino ad oggi.

### RINGRAZIAMENTI

Anzitutto desidero ringraziare Tönle Bintarn, il protagonista del romanzo di Mario Rigoni Stern, incontrato nel dicembre del 1978, nell'anno del mio primo soggiorno a Asiago. È lui che ha ispirato questa ricerca, ne ha saputo attendere con pazienza la maturazione e la sua presenza mi ha accompagnato nei lunghi, felici e creativi soggiorni sull'Altopiano trascorsi, con Giuliana, Lorenzo e Alessandra e tre gatte, Daisy, Mimì e l'amatissima Ambra. E non solo: Tönle mi ha spinto a viaggiare sulle orme dei Remondini a Monaco e Vienna, Praga e Mosca, Amsterdam, Bruxelles... A conoscere materialmente e distinguere le stampe remondiniane mi ha invece aiutato mia moglie Giuliana, che ha lavorato per alcuni anni al Museo di Bassano a schedarne una parte consistente del corpus. Senza il suo appoggio, la sua comprensione e la sua presenza forte e discreta, questo lavoro, come del resto tutti i miei precedenti, non avrebbe mai visto la luce.

Interlocutore privilegiato è stato Antonio Costa, con cui ho dialogato e avuto un costante scambio di idee fin dai primi anni ottanta, e con cui ho avviato dal 1983 la ricerca sulla «Visione popolare» che ha goduto di sovvenzioni ministeriali del 40%. Partners di questa ricerca sono stati Claudio Meldolesi e il compianto Fabrizio Cruciani.

Alberto Zotti Minici, dapprima mio studente e laureato, è diventato presto compagno d'avventura e studioso di vaste competenze nel territorio della visione popolare e dello studio dei rapporti tra scienza e spettacolo ottico tra Seicento e Ottocento. Con lui ho ideato e realizzato molte imprese espositive e di esplorazione del pre-cinema dalla metà degli anni ottanta. Zotti mi ha guidato per primo alla scoperta della cosmologia remondiniana; senza il suo aiuto molti problemi e molte zone di questa ricerca sarebbero rimaste in ombra. A sua madre Laura e alla Compagnia Mondo Niovo devo la conoscenza dal vivo della lanterna magica e una straordinaria quantità di emozioni che si rinnovano a ogni nuovo spettacolo.

Un particolare ringraziamento a Paola Marini per gli incoraggiamenti e la pazienza con cui ha coordinato e promosso la ricerca e la mostra sul Mondo Nuovo di Bassano del 1988.

Paolo Preto mi ha fatto conoscere la storia del Cosmorama e aiutato fornendomi tutti i materiali del suo archivio.

Tra le molte persone che mi hanno aiutato e da cui ho avuto indicazioni e suggerimenti ricordo Maria Adriana Prolo, i cui tesori, raccolti al Museo del cinema di Torino, mi hanno consentito di capire le caratteristiche e l'estensione del territorio da studiare. Max Milner, Ruggero Pierantoni, Manlio Brusatin e Jérôme Prieur hanno costituito un costante punto di riferimento per le loro ricerche così affini allo spirito che mi ha sempre guidato. Gianfranco Folena mi ha dato utili consigli sui viaggiatori del Settecento. Inoltre, in vario modo e a vario titolo sono riconoscente a Giorgio Bertellini, Marco Bertozzi, Alessandra Burigana, Livio Fantina, Angela Iacopetta, Antonio Gesualdi, Thomas Levine, Carlo Montanaro, Alberto Milano, Albano Trevisan, Valentina Ruffin, Rosanna Maule, Sileno Salvagnini, William Uricchio, Marcello Zane, Carlo Zilio...

Mario Isnenghi ha seguito questo lavoro nel corso degli anni, lo ha letto in anteprima nel suo farsi capitolo per capitolo e mi ha sempre dato consigli e indicazioni preziose passeggiando per le contrade e i boschi dell'Altopiano asiaghese. Sono molto grato, come sempre, a Maria Grazia Ciani per la curiosità e l'affetto con cui ha letto il manoscritto definitivo oltre che per avermi reso più familiare la lettura dei poemi omerici. Anche Susanna Biadene, lettrice attenta, mi ha dato preziosi suggerimenti per la redazione finale.

Questa volta non c'era mio padre tra i miei primi lettori. Il suo aiuto e il suo sostegno mi sono mancati molto. Mi hanno però ispirato e tenuto compagnia i suoi burattini, in particolare Sganapino, che ho sempre tenuto qui davanti a me e che ha continuato a incoraggiarmi, anche nei momenti meno facili, col suo sorriso beffardo, ironico e protettivo.

# INDICE DEI NOMI

Abbiati, S., 82n
Abruzzese, A., 45n
Achard, 118
Ackermann, S.J., 57n
Adami, G., 344
Adams, 221
Adorno, C., 361
Adorno, M., 351, 356, 360, 361
Agostino, santo, 80
Agnonetto, A., 82n
Agostini, G., 20
Agrippa, C., 74, 75 e n, 78, 187
Albano, L., 332n
Alberto Magno, 67, 184
Aldovrandi, U., 156
Aleman, M., 115
Alembert, J.B. d', 212
Alfieri, V., 247 e n
Algarotti, F., 168, 169n, 172 e n
Al-hazen, 50, 72, 87
Alibert, 118
Al Kindi, 493
Alpers, S., 170n
Altick, R., 373n
Amedeo II, V., 122
Amici, G.B., 55n
Andersen, H.C., 222
Anderton, 468
Andorfère, 343, 346 e n
André, J. e M., 398n
Angeli, A., 143
Anger, K., 457
Arago, F., 422
Arasse, D., 429, 430n

Archita, 51
Ariosto, L., 105, 111
Aristotele, 51, 105, 184
Arnim, A. von, 312
Arnott, N., 341n
Astaire, F., 480
Aston, H., 378
Auguillon, F. d', 88, 89 e n, 90
Aumont, J., 376 e n, 475, 497
Auxel, D., 413n, 450n
Avanzo, A. e G., 116, 118

Bacadel, J.L. von, 187
Baccetti Poli, R., 117n
Bachtin, M., 109n
Bacone, F., 161
Bacone, R., 51, 52 e n, 64, 72, 78, 105, 161
Baecque, A. de, 483 e n
Baillet, A., 86n
Ball, A., 469
Balla, G., 421
Balsamo, G., 317
Baltrušaitis, J., 454n, 496 e n
Balzac, H. de, 326, 332, 392, 432
Bamforth, J., 242
Banvard, J. e E., 391
Banville, T. de, 13, 14, 220 e n
Bapst, G., 366 e n, 382, 384, 393n
Baratta, A., 259
Baratto, M., 267 e n
Barbari, J. de', 364
Barbaro, D., 51n, 55n, 71
Barbaro, U., 481
Barbault, J., 263

## INDICE DEI NOMI

Barbieri, G., 332n
Barezzi, B., 113n
Barioli, G., 148n
Barjavel, R., 486
Barker, H., 388n
Barker, R., 340, 367, 372, 373, 374, 375, 377, 378, 379-382, 385, 388n, 389
Barnes, J., 185n, 186 e n, 188n, 240n, 241, 330n, 372, 491 e n
Barocchi, P., 54
Barthes, R., 277, 378n, 423n, 496 e n
Bartoli, D., 168
Basset, 255
Bassi, F., 400
Battafarano, I.M., 114n
Battisti, E., 99n, 101n, 187n, 188n, 205n, 495 e n
Battistini, A., 97n, 165n, 166n, 167 e n
Baudelaire, C., 210, 281, 282n, 409 e n, 410, 414, 428 e n, 429 e n, 431n, 432 e n, 434, 437, 439, 440, 445, 485
Baudrillard, J., 434 e n, 486
Bazzanella, G., 118n
Beaumarchais, P.A.C. de, 325
Becia, B., 144
Becia, M., 144
Beinard, 357, 359
Bella, G., 269
Bellotto, B., 146, 170, 172, 276
Beltrame, 200n, 461
Belzoni, G.B., 331
Benedetto, A., 59
Bénézit, E., 393n
Benjamin, W., 342, 367, 389 e n, 392n, 395 e n, 405 e n, 428, 437n, 439, 443n, 445 e n, 446, 496 e n
Béraud, H., 440, 456
Berengo, G., 400
Bergala, A., 480n
Bergman, I., 477 e n, 480n
Berman, M., 300, 410n, 457n
Bernard, 118
Bernardini, A., 468n
Bernau, P. e J., 468n
Berri, G., 449
Bertolucci, A., 474
Bertondelli, G., 143 e n
Bertozzi, M., 24n
Bettagno, A., 170n
Bettini, M., 89, 90n
Bettini, S., 18 e n, 367n, 496
Biadene, S., 160n
Biasion, G.B., 147
Biasiori, G., 118n
Bibiena, F.M., 292

Bienvenu, 331
Bignamini, I., 248n
Binni, W., 162n
Biondi, A., 76n
Blaeu, W., 263
Blangy, M.G.O. de, 280
Blankaert, 263
Bläser, G., 465
Blon, P., 308
Boccioni, U., 421
Böcher, C. e E., 468
Boerhaave, H., 205
Bogatyrëv, P., 109n
Bolzoni, L., 158n
Bonfanti, E., 466n
Bonollo, J., 426n
Bonora, E., 169n
Bordini, S., 241, 245, 340n, 342n, 346, 365n, 371n, 373n, 377n, 386n, 388 e n, 496 e n
Borgese, G.A., 475, 476n
Borghini, G., 436n
Bortignon, G., 460
Bosch, H., 202
Bossoli, C., 345
Botero, G., 217 e n
Boucher, F., 202, 280
Boulanger, P., 398
Bourgeois, N., 480n
Bowles, C., 249, 255
Bowles, J., 249
Bowles, T., 259
Bragaglia, A.G., 421
Brahe, T., 95
Branca, V., 171n, 289n
Brandi, C., 171 e n
Braudel, F., 115 e n
Braun, M., 413n, 416 e n, 418, 421, 497n
Bravi, L., 400
Bredekamp, H., 156n
Brentari, O., 147n
Brescon, P., 144
Brewster, D., 181, 330 e n
Breysig, 377, 378n, 382
Briganti, G., 173n
Brizio, A.M., 53n, 55n
Broccato, 147
Bruchet, M., 123n
Bruegel, P., 202, 455n
Brugnatelli, L.V., 308, 323 e n
Brunelleschi, F., 251
Bruni, D., 138
Bruno, G., 36, 74, 76 e n, 77-79, 95, 104 e n, 159
Brusatin, M., 31n, 32n, 34 e n, 70n, 92n,

## INDICE DEI NOMI

158n, 231 e n, 253n, 274 e n, 297n, 495 e n, 498n
Buchovich, A., 468
Buddemeier, H., 372n
Bufalino, G., 477 e n, 480, 483
Buffa, D.B., 116, 147
Buffa, M., 118n
Buffier, C., 263
Buganza, G., 30 e n, 94n, 119, 194
Buñuel, L., 480n
Burch, N., 494n
Burford, J., 366
Burfort, R., 388n
Burke, P., 29 e n, 33, 58n, 113n, 490 e n
Busarello, P., 121
Buscaroli, P., 327n
Businello, A., 283, 285
Buttera, S., 144

Cacciari, M., 29n
Cagliostro (G. Balsamo, detto), A. conte di, 321
Caillebotte, F., 440
Cairoli, N., 400
Cajori, 62n
Calceolari, M., 156
Callot, J., 178, 202
Calvino, I., 476 e n, 483, 484
Camerlengo, L., 252n
Cameroun, 425
Camesasca, E., 47, 170n, 171 e n
Camillo, G., 78, 99, 157, 158 e n
Campanella, T., 74, 77 e n, 84, 85 e n, 159, 163n, 181n
Campardon, E., 287n
Camporesi, P., 43n, 107n, 109 e n, 111n, 261
Canaletto, G.A. Canal detto il, 38, 170, 171 e n, 172, 202, 257, 259, 263, 276, 364, 365
Caneppele, P., 137, 465n
Cappuccio, S., 361
Caprin, G., 275n
Caramella, A., 118
Caramelle, G., 116
Cardano, G., 55n, 62 e n, 63, 64n, 65, 69, 72, 74, 78, 106
Cardinali, A., 20, 401, 403 e n
Cardini, L., 285
Cardini, V.F., 338n
Carlevarijs, L., 170, 171n, 259, 275, 276, 278, 282, 365
Carlo Magno, 110
Carluccio, L., 204n, 272n
Carmine, J., 234

Carnot, M.F.S., 405
Caro, T.L., 55n
Carpenter, Ph., 240
Carpentier, P., 448 e n
Carrà, G., 421
Casariano, C., 65
Casciato, M., 497n
Cassanelli, L., 180n
Casselle, P., 256n
Castellani, C., 398
Cattaneo, M., 20
Catullo, G.V., 308
Cavalletti, A., 496n
Cavazza, G., 112
Cazenave, G.F., 254
Cazotte, J., 299
Cedarmas, B., 144
Céline, L.F., 494
Celli, G., 412n, 498n
Cellini, B., 65, 66n, 485
Cellio, M.A., 423n
Ceram, C.W., 500, 501n
Cerchi Usai, P., 494n
Cesariano, C., 58n, 66n
Cézanne, P., 230
Chambers, E., 176
Charavay, E., 124n
Chardère, B., 182n, 447n, 448n, 453n, 498n
Charney, L., 493n
Chateaubriand, F.A.R. de, 326, 386, 387n
Chéreau, J., 255, 259
Chevreul, M., 384
Childe, H.L., 240, 241
Chindemi, S., 360n
Chiusole, A., 262
Ciampa, M., 22 e n
Ciani, M.G., 20n
Cicerone, M.T., 67, 196
Cimabue, 170n
Cipper, G.F., detto il Tedeschini, 112
Clair, R., 13n, 446, 486
Clare, 241
Clark, K., 80n
Clarke, P., 486n
Clemencig, S., 144
Clementi, P., 488
Clignon, M., 144
Coghetto, M., 169, 170
Coissac, M., 19n, 413, 490 e n, 500
Collins, P., 469
Colobin, 118
Colombo, C., 47, 48, 50, 64, 485
Combs, O., 177
Comenio, J.A., 36

Comisso, G., 137, 138n
Comolli, J.L., 44n, 431 e n
Comte, L., 321
Conor, P., 94
Conrad, J., 152
Consolo, V., 480
Copernico, N., 13, 86, 95
Coppa, I., 111
Corboz, A.L., 170n, 171n
Corelli, V., 262
Corgnati, M., 260n
Corman, R., 483
Cortina, M., 488
Costa, A., 31n, 32, 44n, 158n, 245n, 426n, 454n, 498 e n, 499n
Costantini, G., 266
Costantini, P., 422n, 423n
Cottafavi, V., 483
Courbet, G., 425
Courboin, 368
Courbould, H., 181
Covini, O., 468
Crary, J., 49n, 87n, 456n, 457n, 493 e n
Crightons, 469
Crisippo, 51
Crookes, W., 449
Cropton, D., 185n, 239n
Cruciani, F., 499n
Crucil, S., 144
Cuff, J., 177
Cuningham, W., 60 e n
Curiel, A., 465

d'Adda, G., 58
D'Antoni, 468
D'Elia, G., 441 e n
da Vinci, L. *vedi* Leonardo da Vinci
Daguerre, L.J.M., 19, 238 e n, 392, 393 e n, 394, 396, 406, 422, 423, 427
Dalgarno, F., 36
Dall'Acqua, A., 468
Dallemule, G., 147
Dalmazi, V., 283
Damish, H., 372n
Danti, E., 51n, 71 e n, 72
Danton, G.J., 254
Daumont, 255
Davanzati, B., 156n
David, J.L., 366
Dawes, E.A., 329n, 331n
Daziaro, 118, 147
De Benedictis, E., 350n, 352n, 354 e n, 355, 357, 358n
De Berti, R., 466n
de Certeau, M., 26n, 495n

De Fontenelle, L., 429n
De Giovanni, B., 74n
De Jèze, L., 123 e n, 193 e n
De Keyser, E., 255n
De Laurentis, T., 44n, 431n
De Liebich, G., 344
De Nevio, G.B. e G., 116
De Sepis, G., 184, 185n
De Seta, C., 25n, 248n
Dee, J., 74 e n, 78, 99, 187
Defrance, L., 126
Degas, E., 230
Degotti, I.E.M., 393
Del Carretto, F.S., 361 e n
Del Pedro, F., 260
Del Pozzo Toscanelli, P., 188n
della Bella, S., 252
della Maria, G., 147
della Noce, G., 342n
Della Porta, G.B., 55n, 71 e n, 72, 73 e n, 74, 75, 77, 78, 85, 87, 105, 106, 164 e n, 187, 305, 308, 309, 422, 485
Delle Mule, L., 121
delle Rose, D., 116n
Delons, A., 475 e n
Delumeau, J., 337n
Delyen, J.F., 120
Demenÿ, G., 421, 449, 450
Desaix, 325
Descartes, R., 16 e n, 49, 61, 68 e n, 70 e n, 71, 86 e n, 87 e n, 92, 160, 161 e n, 306, 485
Desnos, R., 458 e n, 459 e n, 475
Deville, G., 394 e n
di Duccio Manetti, A., 251
Di Giacomo, S., 474
Di Nola, A.M., 261n
Di Stasi, L., 82n
Dickens, C., 222
Diderot, D., 211, 306
Dietrich, M., 457
Digges, L., 51n
Donat-Cattin, M.P., 312n
Doumont, 259
Drebbel, C., 188
Drouais, F.H., 124
Drusovini, E., 467
Du Mont, H., 419
Dubbini, R., 249, 250n, 291, 292n, 295n, 370n, 377n, 392, 496
Dubois, P., 372n, 426 e n, 497n
Dubosq, J., 221, 419
Duchamp, M., 421
Duchartre, P.L., 44n
Dudley, H.B., 381

## INDICE DEI NOMI

Duffand, L., 344
Dufour, L., 349n, 361
Dufourny, L., 370, 380, 382 e n
Duhamel, G., 482
Dumas, A., 433 e n, 434
Dupont, F., 40 e n
Dürer, A., 106, 455n
Durrah, W., 438
Duval, 118

Eakins, T., 419
Eastman, G., 420
Eberhard, J.A., 385
Eckartshausen, K. von, 317
Eco, U., 36n, 80, 81n, 93 e n, 187, 190 e n
Edgerton, S.Y., 61n
Edison, T.A., 20, 332, 413 e n, 415, 420, 442, 447, 448, 450-452
Edmonstone, R., 271
Eggensberger, F., 465
Ehrenberger, B.H., 185 e n, 200n, 201n
Einstein, A., 13
El-Nouty, H., 380n, 383n, 497n
Ellison, D.J., 438n
Elsaesser, T., 494n
Emerson, P.H., 425
Engel, G.G., 294 e n
Engelbrecht, M., 266, 271
Epicuro, 51
Erasmo, 78, 159
Ermete Trismegisto, 61, 98, 100, 219
Errico, S. d', 167
Eschilo, 475
Eschinardi, F., 189
Esiodo, 22
Esquirol, V.E., 324n
Euclide, 51, 71, 72
Eyriès, J.B.B., 326

Fabbri, G., 447n
Faentino, A., 111
Faentino, B., 111
Faldi, S., 283-285
Fantina, L., 125n, 204 e n, 217, 218n, 498 e n
Farrar, E., 469
Fasolo, O., 463 e n, 472
Fay, P., 465
Febvre, L., 48 e n, 60, 495n
Fell, J.L., 222n, 494n
Fellini, F., 200n, 476n
Fenton, R., 425
Ferdinando II, 361
Ferri, D., 344
Festi, G., 488

Feuillade, L., 479
Ficino, M., 55, 61, 74, 78
Fido, F., 266n, 268, 269
Fidone, A., 354
Fietta, B., 116
Fietta, E., 42n, 118 e n, 128, 129, 131, 135, 136, 140, 147, 150, 151n
Fietta, G., 129, 144n
Filigrana, A., 465
Filippi, E., 366n
Filippo, L., 133
Filonardi, G., 284
Filone, 105
Fiorentino, G., 45n 422n, 434n, 497
Fisher, A., 345
Flaubert, G., 326
Floccia, F., 28n, 29n
Florenskij, P., 14 e n
Florian, J.P.C. de, 195, 196n
Fludd, R., 99
Focillon, H., 496
Fogazzaro, A., 220n
Folena, G., 177n
Fontana, G., 187n, 188n
Ford, J., 187
Formaleoni, V., 276 e n
Forte, J.F., 132n
Fortini, F., 301n
Fossati, G., 259
Foster, H., 493n
Foucault, M., 449, 495 e n
Foucher, 118
Foulon, O., 474
Fournel, V., 321, 326
Fourrier, M., 308
Fracastori, G., 55n
Fragonard, J.H., 202, 280
Francescotti, R., 43 e n
Francis, D., 491
Francovich, A., 467
Franklin, R., 185n, 239n
Franz, A., 144
Frattini, A., 118
Freda, R., 483
Frescura, B., 406, 407n
Freud, S., 208, 227, 228, 326, 332, 338, 339n, 385, 446
Freund, G., 423n
Frianoro, R., 112
Fried, F.X., 465
Friedland, R., 457n
Friedrich, C.D., 370, 371
Frizzi, A., 466
Frye, N., 14n
Fulton, R., 382

## INDICE DEI NOMI

Furetière, A., 178n
Fusco, M.A., 173n

Gaddi, A., 66
Galassi, P., 497n
Galasso, G., 112n
Galeno, C., 51
Galigai, L. Dori detta, 311
Galilei, G., 55n, 86, 92, 95, 161 e n, 165 e n, 166n, 168
Galipaux, F., 456
Gallardo, S., 473n
Galle, P., 286
Galli, M., 297n
Gallici, R., 344
Galvani, L., 307, 310, 312
Gamberini, G., 278
Ganci, R., 355
Gangel, 44
Ganz, T., 30n, 207n, 279
Garavaglia, D., 344
Garavaglia, R., 345
Garbo, G., 457, 477
Garin, E., 16n, 75n
Garland, J., 479
Garnier, C., 398
Garzoni, T., 65, 78 e n, 105, 106 e n, 107 e n
Gaudreault, A., 494n
Gaumour, 221
Gaurico, P., 105
Gautier, T., 453 e n, 454
Gavarni, P., 209 e n
Gazzera, 340, 341
Gecele, A., 121, 147
Gély, S., 254
Geni, L., 465
Genlis, M. de, 212
Genovese, N., 467n
Gentili, G., 468
Geremek, B., 110n
Gernsheim, H. e A., 392
Gérome, J.L., 398
Ghidetti, E., 162n, 335n
Giddens, A., 457n
Gilardi, A., 413n, 418, 426n
Gille, H. e P., 263
Ginzburg, C., 15n, 22n, 31 e n, 34, 181n
Gioseffi, D., 171n
Giovio, P., 72n
Girtin, T., 380 e n, 381
Giubert, G., 283
Gnoli, A., 458
Godard, J.L., 460
Godwin, G., 92n

Goethe, W., 18, 44, 133, 134n, 162, 212, 213, 248, 300, 312
Goldberg, B., 78n
Goldberg, V., 424n, 454n
Goldoni, C., 171n, 264n, 265, 268 e n, 275
Gombrich, E., 496 e n
Gomez de Liano, I., 95n
Goncourt, E. e J. de, 209 e n
Goodall, T.F., 425
Gor'kij, M., 245 e n
Gori, G., 466 e n
Gott, S., 84
Gougenot, 122
Gounod, C., 321
Gourier, 197n
Govenzasch, T., 144
Gozzano, G., 435
Graffigni, M. de, 211 e n
Grand-Carteret, J., 253 e n
Grandville, J., 209, 219 e n
Graneri, 278
Gravesande, G.J., 176, 302
Gravesande, W., 177
Greenblatt, S., 64 e n, 68n
Greene, W.F., 450
Grenier, R., 470
Gresti, G., 465
Greuze, J.B., 122
Grew, 167
Griffiths, A., 256
Grimaldi, F.M., 55n, 90, 91n
Grimm, J. e W., 33, 35, 202, 222
Grinel, M., 256n
Griselini, G., 233, 235 e n
Guardi, F., 170, 171n, 202
Guelard, 196
Guérard, N., 120
Guendalino, A., 342n
Guillaume Guizot, F.P., 204
Gunning, T., 457n
Gurisatti, G., 314n
Guyot, E.-G., 238, 311 e n

Haffner, G., 311
Hahn, C., 344
Hall, J., 327n
Hallward, B., 441
Hamberger, 200
Hammond, J.H., 51n
Hanau, C., 449
Hardy, O., 477
Hatlnkt, C., 345
Hauron, D. de, 419
Heath, S., 44n, 431n
Hecht, A., 51n

## INDICE DEI NOMI

Hecht, H., 51n, 52n, 131n, 197n, 235n, 239, 240n, 341n, 499 e n
Heidegger, M., 434 e n
Heine, H., 48
Heinrich Rode, S. von, 180
Hendrinks, G., 452n
Herbert, S., 185n, 239n
Hetzel, J., 209
Hill, W.R., 203, 241
Hillmann, J., 305 e n
Hitchcock, A., 297
Hocquart, 259
Hoffman, E.T.A., 214n, 219, 297 e n, 307, 312, 332
Hoffman, K., 30n
Hogarth, W., 271, 278, 282
Hogenborg, 255
Holbein, H., 184
Hollander, A., 371, 455n
Holmes, O.W., 411, 434 e n, 435, 498n
Holub, R.C., 454
Honeheim, T. von, 339n
Hooke, R., 167, 169, 199 e n, 203
Hooper, W., 312
Hornor, T., 389 e n, 390
Hortze, M., 344
Huet, C., 196
Hughes, 221
Hugo, V., 121, 122n, 332, 362, 432
Humboldt, A. von, 312
Huquier, 255
Hutinet, 498n
Huygens, C., 156 e n, 167, 184, 186 e n, 187, 188n
Hyde, R., 340n, 341n, 374n, 377n

Ianniello, M.G., 100n, 497n
Imperato, 156
Infelise, M., 42n
Ingegno, A., 62n
Isidoro di Siviglia, 67

Jackson, W.H., 425
Jakobson, R., 109n
James, H., 312
Jannsen, P.J.C., 417, 419, 452
Jansche, L., 382
Jauss, H.R., 454
Jay, M., 60n, 88, 493 e n
Jean Paul (pseudonimo di J.P. Richter), 212
Jean-Baptiste M.P., 126
Jesi, F., 74n
Jones, P., 271
Joutard, V.P., 37n, 495n
Jung, C.G., 326

Jünger, E., 458

Kaaz, C.L., 382
Kafka, F., 458
Kaldenbach, C.J., 255n, 256n
Kappler, C., 67n, 69n
Karasek, J., 187
Karreiter, M., 465
Kartel, 171n
Keates, J., 226
Keats, J., 15
Kepler, J., 64 e n, 86, 87, 92, 95, 493
Kerner, 446
Kircher, A., 30, 36, 67, 85, 91-100, 101, 175, 180, 183, 185n, 186, 187, 189, 199, 237 e n, 239, 305, 308, 310, 339, 449, 485
Klark, K., 34n
Klein, R., 79n
Kleiner, S., 260
Kleist, H. von, 374, 386
Knox, J., 370
Kobell, W.A.W. von, 129
Kohlhans, J.C., 88 e n, 185, 249 e n
Komensky, J.A., 114
König, F.N., 371
Kosanovic, D., 465n
Kotzebue, A. von, 322 e n
Kozakiewicz, 171n
Kracauer, S., 428n
Krafft-Pourrat, C., 118n
Kramer, H., 81n
Kubovy, V.M., 21n, 55n
Kubrick, S., 88, 281
Küllmann, T., 466, 468
Kupka, F., 421
Kurosawa, A., 480n
Kuyper, E. de, 372n

La Fare, C.A. de, 202
La Flèche, 470
Lambert, J.H., 204
La Mettrie, J.O. de, 205
Lampugnani, A., 167
Lana Terzi, F., 97 e n
Lang, F., 470
Langenheim, 240
Langlois, H., 491
Langlois, J.Ch., 383, 384, 388n
Lanza, C., 354, 361
Latanza, A., 468n
Laucouture, J., 92n
Laurel, S., 477
Laurens, J., 480, 483 e n
Lavater, J.G.C., 314 e n, 324, 327
Lavoisier, A.L., 427

## INDICE DEI NOMI

Lazzati, M.R., 82n
Le Bitouzé, C., 256n
Le Brun, C., 205, 239n, 314
Le Clerc, S., 176
Le Goff, J., 68n, 69, 495n
Le Gray, G., 425
Le Guin, U., 275, 276n
Le Men, S., 197n, 212n, 219n, 493n
Le Prince, A., 413 e n, 449, 450 e n
Leclerc, S., 120
Ledoux, J., 491
Lefebvre, J., 398
Lefrancq, J.M., 229
Leibniz, G.W., 36, 88
Leilich, E. e F., 468
Leonardo da Vinci, 16, 44, 47-49, 52-58, 61, 63, 65, 74, 81, 86, 161 e n, 162, 164, 181, 214, 416, 485, 489 e n
Leopardi, G., 155, 162n
Lepicq, A.M., 349, 358 e n
Leroi, R., 447n
Leroy, I., 372
Leutrat, J.L., 457n, 498 e n
Leuwenhoek, 214
Levie, F., 126n, 303 e n, 304, 310, 311n, 315n, 318n, 319n, 327, 497n
Lewis, M.G., 300, 312, 321
Leydi, R., 110n
Li Voti, F., 361
Liberatore, R., 422 e n, 423n
Lichtenberg, G.C., 314 e n
Liesegang, P., 499 e n
L'Isle Adam, V. de, 312, 332
Littleton, L., 325, 326
Locatelli, A., 332
Locke, J., 88
Lojacono, E., 61n, 87n, 161n
Lombroso, C., 481
Longhi, R., 170n, 268-270 e n, 278, 282, 400
Loret, J., 188
Lorrain, C., 292
Lucano, 105, 308
Lucini, G.P., 473
Lugli, A., 61 e n, 67 e n, 98n, 156 e n, 157n, 182n, 495 e n
Luigi xv, 296
Luigi xvi, 320
Luigi Filippo, 204
Lullo, R., 157, 158
Lumière, A. e L., 13, 17, 19, 20, 24, 224, 225, 229, 297, 413, 415, 442, 446, 447, 448 e n, 449, 450, 452, 453, 455, 457 e n, 458, 459, 498
Lundberg, D.C., 493 e n

Macario, E., 470
Macchia, G., 430n, 432n
Maczak, A., 25n
Magarotto, L., 245
Magazzatri, G., 342n
Maggiotto, D., 191
Magini, G.A., 133
Magnasco, A., 112
Mahy, 321
Maillet, 255
Malamani, V., 275n
Maldonado, T., 498n
Maloney, C., 82n
Malot, H., 127 e n, 132 e n, 134n
Malpeyre, F., 429n
Malpierre, don, 344, 346
Malpighi, M., 167, 205
Mandelbrot, B.B., 27n
Mandeville, J., 155 e n
Mandrou, R., 35n, 48 e n, 60
Manet, E., 230, 425, 440
Manetti, A., 252n
Mannoni, L., 30n, 175n, 178n, 186 e n, 188n, 194n, 200n, 202, 203n, 211n, 214n, 259n, 310n, 413, 492n, 500n
Mantegna, A., 55
Manuel, F., 159n
Manzato, E., 169n, 170n
Manzoni, A., 352
Maraini, D., 478 e n
Marat, J.P., 320, 321
Marchetto, S., 121
Marchini, A., 468
Marconi, A., 446
Marenco, F., 155n, 156n
Marey, E.J., 413 e n, 415, 416, 417, 418, 419, 420, 424, 448 e n, 449, 450, 453
Marieschi, M., 170 e n, 171n, 257, 259, 263, 276
Marietti, G.A., 135, 143
Marini, G., 263n
Marini, P., 42n, 173n, 263n
Marino, G., 165
Marinoni, A., 56 e n, 58n
Marrone, C., 190n
Marrone, G., 481n, 483n
Martin, B., 239 e n
Mashar, A., '59
Masi, A., 468
Mathey, J., 120n
Maturin, C., 312
Mauceri, E., 354n
Maurisette, F., 423
Maurolico, F., 51 e n, 55n
Mayall, J.E., 242

## INDICE DEI NOMI

Mayer, J., 176
Mazo, 221
Mc Luhan, H.M., 486
Melbin, M., 15n
Meldolesi, C., 499n
Méliès, G., 230, 454, 459
Melville, H., 152
Menapace, F., 344
Mendelssohn, F., 220
Meneghini Casarin, F., 43n
Mercier, S., 116n, 120, 121, 123 e n, 292, 293n
Mercuri, S., 110, 111n
Mérimée, P., 332
Merleau Ponty, M., 496 e n
Mesmer, F.A., 312, 322
Meyer, J.H.K. von, 272
Meyrink, G., 187, 312
Meyrowitz, J., 494n
Miceli, E., 354
Michelson, A., 332n
Midorge, 309
Milano, A., 37n, 166n, 248 e n, 273n
Millais, J.E., 425
Milner, M., 22n, 31n, 219, 301 e n, 306n, 307n, 319n, 328n, 497n
Milton, J., 81, 271
Mingozzi, G., 470
Miraglia, M., 422n, 436n
Mistretta, F., 356
Mitchell, R., 378
Mitelli, G.M., 109
Mitford, N., 211 e n
Mitry, J., 490 e n
Moigno, A., 220, 221 e n, 241
Molineux, W., 178
Molitor, U., 82
Molmenti, P., 270n
Molteni, A., 221 e n
Monestier, A., 113n
Monet, C., 230, 440
Montague, R.J., 227
Montale, E., 481
Montanaro, C., 464, 468n
Montesano, G., 282n
Montesquieu, C. de Secondat, 308
Montgolfier, J.-M., 364
Morandi, G., 170n
Moranduzzo, T., 121
Morasso, M., 294, 443 e n
Moreau, G., 425
Morenas, F., 479 e n
Mori, N., 284
Mörike, E., 214 e n
Mormorio, D., 433n

Moro, T., 84, 159
Morse, S.F., 409, 442
Mortillaro, G., 147
Mucha, A., 222
Müller, 177
Munhall, E., 121n
Muraro, B., 121
Muraro, M.T., 72n, 75n, 497n
Muratori, V., 400
Muscio, G., 348n
Musschenbroeck, P. van, 169
Musser, C., 494n
Muybridge, E., 413 e n, 415, 416, 417, 418, 419, 420

Nadar, P., 430
Nagler, 378n
Napoleone, 296, 321, 369, 384, 388n
Nekes, W., 500
Nettesheim, C.A. von, 51n, 72
Newton, T., 86, 92, 221, 310, 427
Niceron, J.F., 177 e n
Niepce, N., 19
Noden, D., 457n
Noell, R., 468n
Nollet, J.A., 167n, 176, 183, 210 e n, 236, 239, 294
Noman, T., 469
Nora, P., 495n
Northcote, J., 376n
Novelli, P.A., 278
Nuti, L., 60n

Oddo, V., 349, 354
Oertel, G.J., 171n
Oettermann, S., 372n, 373n
Offenbach, J., 428
Oger, E., 468
Ognibeni, G., 147
Olivieri, I., 282n, 287n
Olivo, G., 468n
Omero, 308
Orazio, 308
Orio, A., 148, 280
Orléans, Ph. d', 202
Osborne, A.E., 438n
Ossola, C., 294n, 443n
Ottonelli, G.D., 105
Overton, H., 249, 254
Ovidio, 308
Ozanam, J., 178 e n
Ozanne, 263

Pacchioni, I., 468
Pagel, W., 79n

## INDICE DEI NOMI

Palazzeschi, A., 472
Pallucchini, R., 171n
Pancali, barone di (E. Francica), 354 e n, 359, 360
Pancino, M., 177n
Pannini, G.P., 292
Panofskj, E., 30n, 34n, 251 e n, 496 e n
Panuzio, 65
Paolella, L., 284
Papa, E., 335n
Paracelso, 74, 79, 310, 339
Pardo, A., 345
Parker, K.T., 120n
Parmenide, 51
Paroy, J.P. de, 124 e n, 317
Parville, H. de, 456 e n, 459
Pasinetti, P.M., 289n
Pasquali, 268
Pasqualini, E., 118 e n, 150
Passamani, B., 42n
Passerone, L., 262
Patin, C., 182
Pavese, C., 476 e n, 482 e n
Peale, C.W., 271
Peckam, J., 51, 72
Pellerey, V.R., 36n
Pellizza, G. detto da Volpedo, 439
Pellizzaro, B., 118n, 121, 147
Pena, J., 51n
Perec, G., 482, 483n
Perelle, 263
Perini, 146
Perosa, S., 313n
Perriault, J., 28 e n, 189n, 195n
Perthuis, 118
Pesenti Campagnoni, D., 30n, 194n, 310n, 500n
Philadelphia, J., 329
Philidor, P., 302, 315, 317
Philippoteaux, F., 368, 398
Philistal, P. de, 330
Phillips, J., 89n
Piantanida, S., 110n, 112n
Pico della Mirandola, G.B., 61, 74, 75 e n, 76n, 78, 105, 157
Pierantoni, R., 51n, 53n, 179n, 495
Pignatti, T., 170
Pinel, V., 498n, 501 e n
Pinelli, B., 44, 130, 282
Pinet, G., 383
Pintor, L., 480
Pirandello, L., 333 e n, 481 e n
Piranesi, G., 259, 260 e n, 263, 292
Pirerias, S., 82
Pitagora, 51

Pitré, G., 208n
Pitsch, M., 129n
Pitschmann, 465
Plateau, J.A., 389, 413, 414 e n, 415, 417
Platone, 51, 100
Plinio, 59
Ploch, 400
Poe, E.A., 219, 332, 411 e n, 439
Poilly, G.B., 148
Poilpot, T., 398
Polanski, R., 480n, 481n, 482
Polato, L., 161n
Poleni, G., 176, 183, 201
Polese, R., 479n, 480n
Poppe, E., 372n
Porta Oratrice, G., 285
Porter, R.K., 380
Posateri, S., 361
Postl, 382
Potocki, J., 312
Potonniée, G., 169, 414 e n, 450n
Poultier-Delmotte, F., 316 e n, 319
Pound, E., 440
Powell, M., 483
Pragnell, H.J., 381n
Prattico, F., 13n
Praz, M., 156n, 198 e n, 289n
Préaud, M., 256n
Prenne, M.H.L., 53n
Pretini, G., 500 e n
Preto, P., 23, 112n, 337n, 338n, 339n
Prévost, P., 369, 377 e n, 386, 388
Prieur, J., 196n, 236, 237n, 306n, 319n, 445 e n, 474
Privitera, S., 349n, 350, 353n, 354, 356n, 358n
Probst, G.B., 260n
Prodger, P., 416n
Prolo, M.A., 204n, 272n, 491
Protti, G. e O., 468
Proust, M., 222, 244n, 405, 486n, 487
Puppi, L., 84 e n, 170n, 171n, 172 e n, 366n

Quaresima, L., 492n
Quiccheberg, S., 156, 158
Quigley Jr., M., 62n, 500, 501n

Rabelais, F., 195
Raboni, G.T., 282n
Racine, J., 321
Raclence, C., 413n
Raffaelli, S., 447 e n
Raffaello Sanzio, 372
Raimondi, E., 166n
Ralegh, W., 50, 155 e n

## INDICE DEI NOMI

Ramsey, T., 452n
Ramusio, G.B., 50
Ramuz, C.F., 462 e n
Ransmayr, C., 470
Rasom, P., 465
Rategno da Como, B., 82
Ravagli, F., 463n
Recorde, R., 51n
Reilly, J., 94n
Reinhardt, M., 275
Reinhold, E., 51n
Remise, J., 327 e n, 501 e n
Remondini, G., 41, 144, 145, 148, 149, 232, 256, 257 e n, 260 e n, 496
Remondini, G.A., 145
Remshart, 263
Renoir, A., 230, 425, 440
Renoir, J., 258
Reynaud, E., 20, 413, 450, 451
Reynolds, J., 375 e n
Rhaneus, S.J., 185, 199, 200
Ricci, A., 284
Ricci, C., 225, 226n
Ricci, F.M., 226 e n
Riccioli, G., 175
Richardson, M., 177
Richelet, C.P., 178
Riegl, A., 496
Rigoni Stern, M., 141 e n, 151, 152n, 244 e n, 477, 478n, 480
Rimbaud, A., 333 e n
Rinaldi, O., 468
Ripa, C., 198 e n, 327n
Ripellino, A.M., 29 e n, 114n, 187 e n, 490 e n
Rippa, A., 128
Rippa, G., 121
Risi, G., 345
Rispoli, G., 354
Rittaud, J., 498n
Ritter, J.W., 312
Ritter Santini, L., 495 e n
Rivosecchi, V., 93, 94n, 97n, 98n, 497n
Rizzà, G. e P., 41
Roatto, A., 400
Roatto, L., 463n, 464, 468
Robertazzi, M., 476n
Robertson, E.G., 15, 20, 31, 33, 76, 126n, 212, 239, 296, 300, 301, 302, 303, 304 e n, 305, 306 e n, 307, 308-314, 319 e n, 320, 322-328, 333
Robespierre, M. de, 321
Robichon, F., 372
Robinson, D., 30n, 194n, 310n, 380n, 425, 491, 499n

Rodente, G., 361
Romains, J., 474
Romani, 147
Romoli, V., 66
Ronchi, T., 350
Ronchi, V., 55n, 57n, 62n, 69n
Ronzoni, 468
Roscher, W.H., 305
Rossetti, D.G., 425
Rossi, P.A., 36n, 69n, 160n, 167 e n
Rousseau, J.J., 162 e n, 195, 212 e n, 427 e n
Roversi, G., 346n
Rowlands, 468
Rowlandson, T., 272
Rowlence, C., 450n
Rucellai, G., 55n
Ruffa, F., 427 e n
Ruffinato, A., 114n
Rushdie, S., 479 e n
Ruskin, J., 172, 173n
Russo, S., 335n, 336n, 349n
Ruzante, A. Beolco, 195

Saccaro Battisti, E. e G., 187n, 188n
Sacrobosco, G., 59
Sadoul, G., 414n, 448 e n, 450n, 490, 500 e n
Saggiante, M., 147
Sagredo, 168
Saint-Cloud, G. de, 51
Saint Sauveur, S.G., 124
Salandin, G.A., 177n
Salisbury, G. di, 103
Salmon, 260
Salvagnini, S., 400n, 498 e n
Samonato, P., 147, 149
Sanga, G., 43n, 114 e n, 128
Sansone, A., 349n, 354, 355 e n, 357n, 358n, 360, 361n
Sansot, P., 41n
Santi Pupieni, A., 266 e n, 267n
Santini, G., 396 e n, 412 e n, 466
Santoli, R., 468
Sarrieu, 118
Sassonia, A. di, 59
Sattler, H., 345
Savinio, A., 430 e n
Scarlett, E., 177
Schall, J.F.A., 180
Schapiro, 465
Scharf, A., 51n
Scheiner, J., 86
Schelling, F.W., 312
Schenau, J.E., 208

## INDICE DEI NOMI

Schenda, R., 33n, 58n, 136n, 139n, 143, 200n
Schiller, F., 299, 300, 312 e n, 313, 314
Schinkel, H.F., 371
Schlosser, J. von, 157n, 496 e n
Schmidt, K., 287n
Schneider, L.M., 473n
Schopenhauer, 21 e n, 299 e n, 312, 315 e n, 327 e n
Schott, C., 16, 97, 237 e n, 308
Schwartz, C., 344
Schwartz, V.R., 493 e n
Schwentzer, G., 286, 343, 346, 349 e n, 350, 351-354, 355, 356, 359, 360
Sciascia, L., 476 e n, 480
Scola, E., 296, 470
Scorsese, M., 478, 479
Scoto, M., 59
Scott, W., 312
Seeger, 136
Seitz, W., 256n, 263 e n, 273n
Selva, D., 177
Semler, 312
Seneca, L.A., 105
Séraphin, 315
Seroni, A., 163n
Servandoni, G.G., 393
Severini, G., 421
Sgarlata, C., 361
Sgarlata, G., 361
Shakespeare, W., 156 e n, 224, 325, 488
Sharf, A., 376n
Siebers, T., 82n
Silvestrini, E., 29n, 30n, 42n, 283 e n, 287, 288 e n
Simon, G., 51n
Siviglia, I. di, 67
Sizi, F., 55n
Skladanowsky, M., 448, 451
Smith, M., 391
Smollet, T., 120
Snyder, J., 170n
Sofocle, 475
Somaghi, F., 465
Spalletti, E., 263n
Spinoza, B., 70n, 71
Sprenger, J., 81n
Starobinski, J., 18n, 27 e n, 28n, 79n, 162n
Stechow, W., 377
Stendhal, H. Beyle detto, 326, 373 e n
Stephenson, R., 390n
Stevenson, R.L., 152, 219
Stigliani, T., 167
Stockman, 282
Stoker, B., 332, 419
Stratico, S., 176

Sturm, J.C., 199
Sudhoff, K., 339n
Sue, E., 350n
Swammerdam, E., 167
Swedenborg, 446
Swift, J., 191, 192n, 289n
Symonds, W., 469
Szarkowski, S., 426n

Tadini, E., 312n
Tajoli, L., 276n
Talbot, D.F., 422, 423, 424 e n, 431 e n
Taramelli, E., 156n, 167n
Taravacci, P., 114n
Tatin, J.J., 197n
Tell, G., 320
Tellini, G., 336n
Tentolini, P., 468
Teocrito, 308
Termine, L., 427
Terzi, L., 97 e n
Tesauro, E., 167
Tessari, 118, 147
Tessaro, G., 116, 121
Testa, G., 461
Thayer, J., 382, 383n
Thordike, L., 60n, 160
Tibullo, A., 308
Tiepolo, G., 270, 274, 278, 282
Tinazzi, G., 498n
Tintoretto, I., 22, 372
Tiomkin, D., 479
Todescato, V., 468
Tolomeo, C., 50, 51, 59
Tomaselli, A., 139, 150, 151, 152
Tommaso, santo, 79
Tornatore, G., 476
Torricelli, E., 55n
Toselli, A., 343, 345
Tosi, V., 413, 498 e n, 500n
Toulet, E., 447n, 501 e n
Toyonobu, I., 278
Trara Genoino, C., 138 e n
Trevisan, A., 20n, 27n, 345
Tristan, F., 31n
Trutat, E., 449n
Turner, J.M.W., 371, 425

Uricchio, W., 438n, 453n, 493 e n
Utamaro, K., 278, 282

Valdes, F., 114
Valentin Andreae, J., 84
Valentino, R., 457
Valéry, P., 427, 485, 486n

## INDICE DEI NOMI

Van de Watt, 382
van der Heyden, J., 365
van Dijk, M., 250n
Van Eyck, J., 455n
Van Hasten, 263
van Heemskerck, M., 263, 286
van Musschenbroek, J., 177
van Musschenbroek, P., 176, 201 e n
Van Wittel, G., 173, 260n, 276, 365
Varchi, B., 110n
Varignana, F., 109n
Vasoli, C., 96n
Vendramini, A., 41 n, 81, 232 e n
Verdone, M., 473n
Verga, G., 335 e n, 336n, 347 e n
Verne, J., 24, 219, 312, 332, 442
Vernet, J.C., 191, 263, 364
Verstege, M., 263
Verwiebe, B., 271n, 493n
Vesalio, A., 13, 21 e n, 73, 74, 78
Vicini Mastrangeli, A., 282n, 287n
Vico, G., 354
Vidali, P., 332n
Vigarani, 292
Villa, L., 106
Villars, A. de, 312
Villebressieu, 86
Villette, F., 302, 303
Virgilio, 308, 320
Virilio, P., 365 e n, 434, 496
Visentini, A., 259
Vitale, M., 497n
Vitali Angrisani, S., 266n
Vitelio, 51, 87
Vitellione, 105
Vitruvio Pollione, L., 51n, 65, 66n
Volpato, G., 124, 191
Volpi, F., 458
Volta, A., 307, 308, 310, 312, 323
Voltaire, F.M. Arouet detto, 211, 308, 320, 485
Vovelle, M., 38 e n, 495n

Wagner, R., 475
Walgenstein, T., 183
Walker, D.P., 75n
Walpole, H., 300
Wanderdrossel, C., 93

Warburg, A., 38
Watherhouse, J., 64n
Watkins, J., 425
Watry, C., 468
Watteau, J.A., 119n, 121, 202, 280
Weaver, M., 426
Webster, C., 75n
Wegener, P., 187
Weigel, B., 200
Weigel, C., 200n
Wells, H.G., 442
Werner, 263
Weynants, T., 239n
Wier, J., 82, 83 e n
Wild, J., 391
Wilde, O., 219, 312, 441 e n
Wildt, 17
Wilkins, J., 36
William, R., 468
Wilton, A., 248n
Winter, M.H., 326
Witelo, 51n, 72
Walpole, H., 312

Young, E., 325
Yourcenar, M., 25 e n

Zahn, J., 169, 199, 308
Zais, G., 170
Zambelli, P., 75n
Zampiero, G., 121
Zanetti, A.M., 170n
Zannier, I., 422n, 423n, 427, 497n
Zanzotto, A., 461, 462n
Zatta, 268
Zavattini, C., 436, 486
Zellini, L., 145n
Zemon Davis, V.N., 58n
Zena, A., 468
Zins, K., 465
Ziolkowski, T., 312n
Zocchi, G., 260, 263
Zola, E., 424
Zompini, G., 120, 272, 278, 282
Zotti Minici, C.A., 36n, 42n, 88n, 169n, 173n, 185n, 222n, 241, 252n, 256n, 257, 259n, 260 e n, 263n, 266n, 279n, 311 e n, 496 e n, 499n

Stampato da
La Grafica & Stampa editrice s.r.l., Vicenza
per conto di Marsilio Editori® in Venezia

EDIZIONE

10 9 8 7 6 5 4 3 2 1

ANNO

1997 1998 1999 2000 2001

V 09261967
IL VIAGGIO
DELL'ICONONAUTA
COLLANA SAGGI
GIAN PIERO
BRUNETTA

MARSILIO
EDITORI